PHOTIUS

BIBLIOTHÈQUE

CODICES 242 - 245

COLLECTION DES UNIVERSITÉS DE FRANCE
publiée sous le patronage de l'ASSOCIATION GUILLAUME BUDÉ

PHOTIUS

BIBLIOTHÈQUE

TOME VI

CODICES 242 - 245

TEXTE ÉTABLI ET TRADUIT

PAR

RENÉ HENRY

Docteur en Philosophie et Lettres
Professeur honoraire de l'Athénée Royal de Charleroi

Deuxième tirage

PARIS

LES BELLES LETTRES

2003

Conformément aux statuts de l'Association Guillaume Budé, ce volume a été soumis à l'approbation de la commission technique, qui a chargé M. Albert Severyns d'en faire la révision et d'en surveiller la correction en collaboration avec M. René Henry.

M. Albert Severyns étant décédé entre temps, Mme Marie Delcourt a bien voulu surveiller la correction des épreuves de ce volume avec M. René Henry.

95 boulevard Raspail, 75006 Paris
www.lesbelleslettres.com

Première édition 1971

ISBN : 2-251-32225-6
ISSN : 0184-7155

SIGLES

A = Marcianus gr. 450, xe s.
M = Marcianus gr. 451, xiie s.
B = Parisinus gr. 1266, xiiie s.
Bekker = éd. de Bekker, Berlin, 1824-1825.

BIBLIOTHÈQUE

242*.

[335 a 20] Lu, en partie[1], la *Vie du philosophe Isidore*[2].

1. Que les Égyptiens soient donc les plus anciens de presque tous les hommes dont nous avons entendu parler, il n'est pour ainsi dire personne d'assez arriéré pour ne pas l'avoir entendu dire ou lu chez nombre d'auteurs*. 2. Cette sorte de sagesse intérieure, cachée dans le sanctuaire secret de cette vérité enveloppée de fables, se révèle tout doucement et petit à petit aux yeux de celui qui est capable d'élever vers Dieu le saint regard de l'âme*. 3. Les Égyptiens, dit l'auteur, adoraient entre tous les dieux surtout Osiris et Isis ; l'un, croyaient-ils, crée tout en disposant la matière selon des formes et des nombres, l'autre arrose et féconde la création du premier par les veines immenses de la vie éternelle*. 4. « En troisième lieu » pour « troisièmement*. » 5. Et peut-être est-ce là l'union au divin* ou plutôt l'unité absolue, le retour de nos âmes qui reviennent à la divinité et se réunissent à elle après avoir échappé à l'infinie division — et pourquoi ne pas dire crûment au déchirement? — au cours duquel elles avaient glissé vers ce monde, reçu un corps terreux et été arrachées à elles-mêmes pour être dispersées en de nombreux

1. Zintzen (cité dorénavant par Z.), p. x, note 4, rejette la leçon de Photius A *quia dubitari non potest quin Photius totam vitam Isidori perlegerit*. Je me suis expliqué là-dessus dans la *Revue belge de Philologie et d'Histoire*, t. XLVI (1968), p. 853-858. Je pense que le ἀνεγνώσθη ἐκ du ms. A ne vise que la première série d'extraits et que l'intitulé du ms. M est d'un lecteur qui a lu tout le « codex » et constaté la présence des trois séries d'extraits.

2. Titre reconstitué d'après le « codex » 181 et Suidas. Sur Isidore scholarque d'Athènes, cf. Kroll, s. v. *Isidoros*, *R. E.*, t. IX, 1916, col. 2062.

ΒΙΒΛΙΟΘΗΚΗ

242 [335 a 20]

Ἀνεγνώσθη ἐκ τοῦ Ἰσιδώρου βίου τοῦ φιλοσόφου.

1 Αἰγύπτιοι τοίνυν ὅτι μὲν παλαίτατοι ἀνθρώπων εἰσίν, ὧν ἀκοῇ γινώσκομεν, ὀλίγου τι πάντων, οὐδεὶς οὕτως ἐστὶν ὀψιμαθὴς ὃς οὐχὶ πολλῶν ἀκήκοε λεγόντων τε καὶ γραφόντων. 2 Εἴσω δὲ ἡ τοιαύτη σοφία κρυπτομένη ἐν τῷ ἀδύτῳ τῆς μυθολόγου ταύτης ἀληθείας, οὕτως ἠρέμα παραγυμνοῦται κατὰ βραχὺ τῷ δυναμένῳ πρὸς θεὸν ἀνακλῖναι τὴν ἱερὰν αὐγὴν τῆς ψυχῆς. 3 Ὅτι οἱ Αἰγύπτιοι ἔσεβον θεῶν μάλιστά φησιν Ὄσιρίν τε καὶ Ἶσιν, τὸν μὲν ἅπαντα δημιουργεῖν νομίζοντες, εἴδέσι τε καὶ ἀριθμοῖς τὴν ὕλην διακοσμοῦντα, τὴν δὲ κατάρδουσάν τε καὶ πιαίνουσαν τὴν τούτου δημιουργίαν ἀενάου ζωῆς ὀχετοῖς ἀμετρήτοις. 4 Ἐκ τρίτων ἀντὶ τοῦ τρίτον. 5 Καὶ τοῦτ᾽ ἂν εἴη θεοκρασία, μᾶλλον δὲ ἕνωσις παντελής, ἐπάνοδος τῶν ἡμετέρων ψυχῶν πρὸς τὸ θεῖον ἐπιστρεφομένων καὶ συναθροιζομένων ἀπὸ τοῦ πολλοῦ μερισμοῦ καὶ τί γὰρ οὐ λέγω σπαραγμοῦ διαρρήδην, ὃν ἐνταῦθα ῥυεῖσαι καὶ σῶμα γήϊνον λαβοῦσαι διεσπάσθησαν αὐταὶ ἀφ᾽ ἑαυτῶν, καὶ πολλαχῇ διῳκίσθησαν ὑπὸ τῶν Τυφωνείων τῷ ὄντι καὶ ἄλλως

[335 a] **20** 242] σμ̄β M : σμ̄α A ‖ **21** ἐκ — βίου A : Ἰσιδώρου βίος M ‖ **23** ὧν A : ὡς M ‖ **24** ὃς A^1 : ὡς AM ‖ **26** μυθολόγου M : μύθω λόγος A *ut vid.* μυθωλόγου A^2 ‖ **29** ἔσεβον AM : ἐσέβοντο A^2 ‖ **32** τὴν AM : τὸν M^x ‖ **33** ζωῆς A : ζώσης M ‖ **39** αὐταὶ A^3 *v. l.* : αὗται M αὖ τε A ‖ **40** ὑπὸ A : ἀπὸ M.

[335 b] habitats sous l'effet de passions terrestres vraiment aussi monstrueuses que Typhon et qui ne sont pas seulement aussi monstrueuses que lui, mais qui ont des replis encore beaucoup plus tortueux[1].

6. Mais la raison pour laquelle nous avons entrepris tout ce discours, il serait temps de la donner et de ramener du même coup à sa démarche notre exposé qui sort de son sujet[2]. 7. Et, dans son vol, elle descend de la voûte céleste s'attacher à la vie terrestre[3].

8. Mais on pourrait croire que, comme on dit, je « chante des béatitudes[4] », car c'est le moment de demander : pourquoi, mon ami, est-il évident, pourrait dire quelqu'un, que ton philosophe était issu de cette race d'âmes? A quoi je répondrai non pas sur le ton de la polémique, comme devant un tribunal, mais avec modération et non pas avec ce souci de la discussion où on rivalise pour la plus grande précision, mais dans le cadre d'une biographie, et n'avançant que ce que je crois vrai et que j'ai entendu de mon maître[5]. 9. Sévère était Romain et père de Romains selon le principe de la loi; cet homme disait avoir vu une pierre sur laquelle apparaissaient tous les aspects des phases de la lune; ils changeaient constamment et la lune croissait ou décroissait au soleil, qui figurait lui-même sur la pierre*. 10. Isidore avait l'air de quelqu'un qui sait ce dont il s'agit, mais il ne voulait pas parler[6]. 11. Et cela, il prétendait le savoir de façon certaine par un songe merveilleux[7].

12. En effet, le grand* Isidore était si heureusement doué par la nature de rêves révélateurs qu'il m'arrive souvent, après l'événement, de m'étonner devant une telle aptitude à prédire l'avenir. D'ailleurs presque tous les Alexandrins sont bien doués pour l'interprétation des rêves et c'est pour cela que, maintenant encore, ils donnent aux rêves le nom d'oracles*.

1. Asmus (cité dorénavant A.), p. 5, 33 ; Z., p. 8.
2. A., p. 6, 8 ; Z., p. 8.
3. A., p. 6, 21 ; Z., p. 8. « Elle », c'est l'âme d'Isidore.
4. *In proverbiorum collectionibus deesse videtur*. Z., p. 8, note à 8, 13.
5. A., p. 6, 28 ; Z., p. 8-10.
6. A., p. 8, 1 ; Z., p. 70.
7. A., p. 8, 6, et Z., p. 10, situent après ce paragraphe 11 Ph. 234 et 235 (Bekker, p. 349 b 37-38 et 349 b 38-350 a 1, *infra*, p. 47).

[335 b] γηγενῶν παθημάτων, ὄντων γε οὐ κατὰ τὸν Τυφῶνα μόνον, ἀλλ' ἔτι οἶμαι καὶ τούτου πολυπλοκωτέρων.

6 'Αλλ' οὗ δὴ ἕνεκα τὸν λόγον ἅπαντα τοῦτον ἠγείραμεν, καιρὸς ἂν εἴη προσαποδοῦναι, καὶ ἅμα ἀνακαλέσασθαι τὴν διήγησιν ἔξω φερομένην τῆς ὑποθέσεως.

7 Καὶ ἔχεται αὕτη καταπτᾶσα τῆς οὐρανίας ἀψῖδος τοῦ χθονίου βίου. 8 'Αλλὰ τάχα ἄν τις ὑπολάβοι τὸ λεγόμενον ᾄδειν μακαρίας. Ἕτοιμον γὰρ εἰς ἐρώτησιν· πόθεν, ὦ ἑταῖρε, δῆλον, εἴποι τις ἄν, ὅτι ὁ σὸς φιλόσοφος ἀπὸ τοῦδε τοῦ ἔθνους ὥρμητο τῶν ψυχῶν; 'Εγὼ δὲ πρὸς ταῦτα ἀποκρινοῦμαι οὔτι γε μαχητικῶς ὥσπερ ἐν δικαστηρίῳ, ἀλλὰ πρᾳότερον, οὐδέ γε διὰ σπουδῆς οἵας ἐν διαλέκτῳ πρὸς τὸ ἀκριβέστατον ἁμιλλωμένης, ἀλλ' οἷα μέτρα βιογραφίας, αὐτὰ μόνα, ἅπερ ἀληθῆ εἶναι πιστεύω καὶ τοῦ ἐμοῦ καθηγεμόνος ἀκήκοα, προφερόμενος. 9 Ἦν δ' ὁ Σεβῆρος 'Ρωμαῖος καὶ 'Ρωμαίων πατὴρ κατὰ τὴν τοῦ νόμου ἀξίωσιν· ὃς ἔλεγε καὶ λίθον ἰδεῖν ἐν ᾧ σελήνης ἐγίνετο σχήματα μεταμορφουμένης παντοῖα μέν, ἄλλοτε δὲ ἄλλα, πρὸς ἥλιον αὐξομένης καὶ μειουμένης, ἐνόντα τῷ λίθῳ καὶ αὐτὸν τὸν ἥλιον. 10 'Ο γοῦν 'Ισίδωρος ἐῴκει μὲν τὸ ζητούμενον εἰδότι, λέγειν δ' οὐκ ἠβούλετο. 11 Καὶ τοῦτο δὲ μαθεῖν ἐξ ὀνείρου θαυμασίου τινὸς ἐναργέστατα διετείνετο. 12 Καὶ γὰρ ἦν ὁ μέγας 'Ισίδωρος εἰς τοσοῦτον εὖ ἥκων φύσεώς τε καὶ τύχης ὀνειρωττούσης, ὥστε ἔμοιγε θαυμάζειν ἔπεισι πολλάκις, ἀποπειρωμένῳ τῶν ἔργων ἀποβαινόντων, τῆς τοιαύτης αὐτοῦ προρρήσεως. Εἰσὶ μὲν δὴ καὶ 'Αλεξανδρεῖς ὀλίγου πάντες εὐφυεῖς τε καὶ εὐτυχεῖς ὀνειροπολεῖσθαι· καὶ τοὺς ὀνείρους ἐκεῖνοι διὰ τοῦτο καὶ νῦν χρησμοὺς ὀνομάζου-

[335 b] **3** ἅπαντα A : *om.* M ‖ **7** βίου M : *om.* A ‖ **13** ἁμιλλωμένης A²M : *quid prius praeb.* A *non liquet* ‖ **15** προφερόμενος A : προσφερόμενος M ‖ **17** τοῦ M : *om.* A ‖ **18** ἰδεῖν M : *om.* A ‖ **19** αὐξομένης A : αὐξανομένης M ‖ **21** τὸ A²M : τὸν A ‖ **22** ἠβούλετο A : ἐβούλετο M.

13. A l'état de veille, Isidore n'avait pas cet ineffable don de vision, car la lumière qui émanait de lui était trop peu éclatante et pleine pour s'allumer et briller néanmoins au-dedans de lui quand elle était éclipsée par l'éclat contraire des choses sensibles. Mais quand son âme était située en dehors du monde sensible et que sa sensibilité était inactive, relâchée qu'elle était dans le sommeil, alors, isolée en elle-même et libérée de ses entraves, la lumière du divin qui était toujours en lui brillait d'un feu plus vif et se répandait au maximum au dehors jusqu'à éclairer suprêmement l'imagination [336 a] elle-même[1]. 14. A la suite de quoi il disait qu'il existe deux sortes de visions divines : l'une sensible et qui est celle des gens en état de veille, l'autre qui procède de l'imagination pendant le sommeil. Elles sont vraies l'une et l'autre[2]. 15. Il demandait un moyen d'échapper au flux engloutissant du devenir[3]. 16. Isidore avait l'aspect d'un homme sage et âgé, grave aussi, et ferme de caractère. Son visage était un peu carré[4], sainte image de l'Hermès éloquent ; quant à ses yeux, comment dire la grâce véritable d'Aphrodite qui était en eux et comment faire sentir la souveraine sagesse d'Athéna qu'ils contenaient ? Je ne m'avancerais pas en disant qu'ils réalisaient le mélange harmonieux des contraires dans une même image impossible à tracer, vu qu'ils étaient à la fois posés et rapides à se mouvoir, tournoyant tout à la fois pour ainsi dire au même point et autour du même point ; ils reflétaient à la fois la gravité et la grâce, tantôt profonds, tantôt candides à volonté. Pour le dire en un mot, ces yeux-là reflétaient fidèlement son âme et non pas elle seule, mais aussi l'influx divin qui l'habitait[5].

1. A., p. 9-14 ; Z., p. 12.
2. A., p. 9, 31 ; Z., p. 14. A la suite de ce paragraphe 14, A., p. 9, et Z., p. 15, situent Ph. 312 (Bekker, p. 353 a 17-20 ; *infra*, p. 56).
3. A., p. 10, 5 ; Z., p. 16.
4. Sur l'intérêt des néoplatoniciens pour la physiognomonie, cf. A., p. 144, et sur la valeur symbolique du nombre quatre, Ib., *loc. cit.*, et Z., p. 16, note à 16, 3.
5. A., p. 10, 9 ; Z., p. 16.

σιν. 13 Ἐγρηγορότι μὲν τῷ Ἰσιδώρῳ οὐ παρῆν ἡ ἄρρητος αὐτοψία· οὐ γὰρ οὕτω λαμπρὰν οὐδὲ βαθεῖαν παρείχετο τὴν μαρμαρυγήν, ὥστε καὶ ὑπὸ τῶν αἰσθητῶν ἐπὶ θάτερα ἀνταυγούντων ἐπηλυγαζομένην εἴσω ὅμως ἀνάπτεσθαι καὶ διαλάμπειν. Ἀλλ᾽ ὅτε ἔξω τούτων καθίστατο ἡ ψυχή, μηκέτι τῆς αἰσθήσεως ἐνεργούσης, ἤδη δὲ παρειμένης ὑπὸ τοῦ ὕπνου, τότε μονουμένη καθ᾽ ἑαυτὴν ἡ ἀεὶ ἔνδον ἑστῶσα τοῦ θείου ἀστραπή, καὶ ἀπαλλαττομένη τῶν ἐμποδίων, ἐπὶ μᾶλλον ἀνεζωπυρεῖτο καὶ ἐξεχεῖτο πρὸς τὸ ἐκτὸς ἐπὶ πλεῖστον, ἕως ἂν καὶ αὐτὴν καταστράψειεν ἐπ᾽ ἐσχάτῳ τὴν φαντασίαν. 14 Ὅτι διττὸν ἔλε-
[336 a] γεν ἐκ τούτου τὸν τρόπον τῶν θείων αὐτοψιῶν, τὸν μὲν αἰσθητικὸν τῶν ἐγρηγορότων, φαντασιώδη δὲ τῶν καθευδόντων, ἀληθῆ δὲ ἑκάτερον. 15 Ἀπαλλαγὴν ᾔτει τοῦ κατακλύζοντος ὀχετοῦ τῆς γενέσεως. 16 Ἦν δὲ ἰδεῖν ὁ Ἰσίδωρος ἔμφρων καὶ πρεσβυτικός, ἔτι δ᾽ ἐμβριθὴς καὶ βεβαιότροπος. Τὸ μὲν πρόσωπον ὀλίγου τετράγωνον ἦν, Ἑρμοῦ λογίου τύπος ἱερός· οἱ δὲ ὀφθαλμοί, πῶς μὲν ἂν φράσαιμι τὴν ἐν αὐτοῖς ἱδρυμένην χαρίεσσαν ἀληθῶς Ἀφροδίτην, πῶς δ᾽ ἀπαγγείλαιμι τὴν ἐνοῦσαν αὐταῖς Ἀθηνᾶν σοφωτάτην; Οὐκ ἂν δὲ φθάνοιμι λέγων αὐτοὺς ἀπὸ τῶν ἐναντίων εἰς τὸ αὐτὸ συνηρμοσμένους ἓν εἶδος ἀμήχανον, ἑστῶτας ἅμα βεβαίους καὶ ἐπίτροχα κινουμένους πῶς φάναι τὸ πᾶν ἐν τῷ αὐτῷ καὶ περὶ τὸ αὐτὸ δινουμένους, ἅμα μὲν τὸ σεμνὸν ἅμα δὲ τὸ χαρίεν ἐπιφαίνοντας, βαθυτέρους τοὺς αὐτοὺς καὶ ἁπλουστέρους εἶναι βουλομένους. Ἁπλῶς δ᾽ εἰπεῖν, ἀγάλματα ἦσαν ὀφθαλμοὶ ἐκεῖνοι τῆς ψυχῆς ἀκριβῆ, οὐ μόνης γε, ἀλλὰ καὶ τῆς ἐνοικούσης αὐτῇ θείας ἀπορροῆς.

33 ἀνάπτεσθαι A²M : *quid prius praeb.* A *non liquet* || **34** ἀλλ᾽ ὅτε A²M : ἄλλω τε A || **36** ἡ A : ἦν M || **38** ἀνεζωπυρεῖτο A : ἀνεζωπυροῦτο M || **40** ἐσχάτῳ AM : ἐσχάτων A².

[336 a] **3** ἑκάτερον M : ἑκατέραν A *ut vid.* ἑκατέρων A² || **9** πῶς A : ποῦ M || ἀπαγγείλαιμι A : ἀγγεῖλαι μοι M || **11** συνηρμοσμένους M : συνηρμένους A.

17. Ses aptitudes sensibles étaient normales et ne s'employaient que dans les limites nécessaires; tels étaient non seulement ses sens mais aussi cette cire molle qu'est l'imagination : elle n'était pas, quant à la mémoire, supérieure à la moyenne ni non plus absolument exempte de défaillances. On dirait, en effet, que la divinité avait voulu montrer qu'il était une âme plutôt qu'un couple composé d'une âme et d'un corps, et qu'elle n'avait pas voulu placer le dépôt de la sagesse dans le couple âme-corps, mais l'ériger dans l'âme elle-même toute seule. Ainsi ai-je déjà rencontré certaines gens qui, extérieurement, pratiquaient la philosophie avec éclat, aidés par une mémoire riche de nombreuses idées, par une habileté prestigieuse à raisonner sans fin et par l'atout constant d'une sensibilité merveilleuse, alors que, en eux-mêmes, dans leur âme, ils étaient dénués et pauvres de vrai savoir[1]. 18. Si on le voyait s'emporter et s'irriter, c'était toujours sous le contrôle de la raison et la colère ne faisait que la suivre. Car il était incapable de douceur et de calme en révélant les méchancetés humaines. En effet, enclin à pratiquer le bien, il l'était encore plus à reprendre la méchanceté. Dès lors, il choquait souvent beaucoup de gens parce qu'il ne sup-
[336 b] portait pas de parler à demi-mot de leur malice et que, en guise d'amitié véritable, il ne pratiquait pas la détestable flatterie[2]. 19. Il ne témoignait envers personne d'un esprit chicanier ni querelleur[3]. 20. Voilà ce qu'avait éprouvé notre philosophe à cause de son ardeur à corriger les actions humaines et à cause de son hostilité et de sa haine inflexible envers les manifestations des mauvais penchants[4]. 21. Intelligent et attentif, il

1. A., p. 10, 30 ; Z., p. 18.

2. A., p. 11, 14 ; Z., p. 18. Mes devanciers (A., p. 11, et Z., p. 21) situent, après ce paragraphe 18, Ph. 236 (Bekker, p. 350 a 1-3 ; *infra*, p. 47).

3. A., p. 12, 16 ; Z., p. 22. Après ce paragraphe 19, A., p. 12, et Z., p. 20, placent Ph. 237 (Bekker, p. 350 a 3-5 ; *infra*, p. 47).

4. A., p. 12, 25 ; Z., p. 22.

17 Αἱ δέ γε αἰσθήσεις μετρίως αὐτῷ διέκειντο, πρὸς μόνην ὑπηρετοῦσαι τὴν χρείαν. Καὶ οὐχὶ αἱ αἰσθήσεις μόναι, ἀλλὰ καὶ τὸ κήρινον ἐκμαγεῖον, ἡ φαντασία, οὔτε πρὸς μνήμην τι τῶν πολλῶν διαφέρουσα, καὶ τῆς λήθης οὐ τὸ παράπαν ἀπηλλαγμένη. Καὶ γὰρ ἠβουλήθη αὐτὸν ὁ θεός, ὡς ἔοικε, ψυχὴν μᾶλλον ὄντα ἐπιδεῖξαι ἢ τὸ συναμφότερον μετὰ τοῦ σώματος, καὶ τὴν φιλοσοφίαν οὐ τῷ συναμφοτέρῳ ἐναποθεῖναι, ἀλλ' αὐτῇ μόνῃ τῇ ψυχῇ ἐνιδρύσαι. Ὡς ἔγωγε ἐνίοις ἤδη περιτετύχηκα τὰ μὲν ἔξω φιλοσοφοῦσι λαμπρῶς ἔν τε μνήμῃ βαθείᾳ πολλῶν δοξασμάτων καὶ ἐν ἀγχιστρόφῳ δεινότητι συλλογισμῶν ἀπεράντων καὶ ἐν δυνάμει συχνῇ δαιμονίας αἰσθήσεως, εἴσω δὲ τὰ τῆς ψυχῆς ἀποροῦσι καὶ πενομένοις ἀληθοῦς ἐπιστήμης. 18 Εἰ δέ που θυμούμενος ἑωρᾶτο καὶ ἀγανακτῶν, ἀλλὰ τοῦ λογισμοῦ ἡγουμένου καὶ ὁ θυμὸς δὴ κατόπιν εἵπετο. Οὐδὲ γὰρ οἷός τε ἦν γίνεσθαι πρᾷος οὐδὲ ἄθυμος ἐν τῷ ἐλέγχῳ τῶν ἀνθρωπίνων πονηρευμάτων. Ὧν γὰρ ἑτοιμότατος εἰς εὐεργεσίαν, ἔτι καὶ τούτου προχειρότερος ἦν εἰς ἐπιτίμησιν τῆς πονηρίας. Διὸ καὶ θαμὰ δὴ πολλοῖς προσέκρουεν, οὐκ ἀνεχόμενος αὐτῶν τὴν κακίαν ὑπο-
[336 b] κορίζεσθαι, οὐδὲ μελετῶν ἀντὶ τῆς ἀληθινῆς φιλίας τὴν πολυάρατον κολακείαν. 19 Οὔτε φιλαιτίως οὔτε ἐθελέχθρως πρὸς οὐδένα διέκειτο. 20 Τοιαῦτα ὁ ἡμέτερος ἐπεπόνθει φιλόσοφος ὑπ' ἔρωτος μὲν τῆς περὶ τὰ ἀνθρώπινα πράγματα διορθώσεως, ἔχθρας δὲ καὶ μίσους ἀδιαλλάκτου τῶν κακοήθων ἐπιτηδευμάτων. 21 Ἀγχίνους δὲ ὢν καὶ ἐπιστρεφὴς ὅμως τι καὶ

37 εὐεργεσίαν A : ἐργασίαν M.

[336 b] **2** *post* κολακείαν *cum edd. verba* δοκεῖ μοι ταῦτα ἀξιόμομφα καθεστάναι *omisi* : *habent* AM, *exp.* A[3] *cum his verbis in mg.* ἐν τῷ μετώπῳ τῆς πρωτοτύπου βίβλου · ὁ δὲ μεταγράψας καὶ τοῦτο ἐντὸς τέθεικε || **3** τοιαῦτα A : ταῦτα M || **5** περὶ A : πρὸς M || **6** ἀδιαλλάκτου A[2]M : *quid prius praeb.* A *non liquet.*

montrait pourtant quelque naïveté. On l'aurait, en effet, aisément classé parmi les gens qui se montraient d'un caractère indulgent car, à cause de sa bonté peu soupçonneuse, il ne prêtait pas une attention exacte à l'interlocuteur ; mais celui qui méritait d'avance le soupçon n'aurait pu réussir à lui dissimuler qu'il lui tendait un piège ou manigançait des ruses contre lui[1]. 22. Comme il y a trois parties dans l'âme ou qu'il y en a trois aspects — quelque terme qu'on veuille employer — il avait accoutumé de dire qu'il existe un triple genre de vie* dont chacun contient les trois genres, mais est modelé dans son ensemble par le seul genre qui domine. Le premier procède surtout conformément à la raison ; c'est celui qu'on pourrait nommer, je crois, la vie du temps de Cronos ou l'âge d'or ou la race parente des dieux que célèbrent sous forme de fables les poètes assis sur le trépied de la Muse[2]. 23. Et lui, en plus de la simplicité, était épris de vérité à un tel point qu'on le tenait pour un homme qui poussait la franchise au-delà du nécessaire et qui n'avait en lui rien de factice[3]. Il fut d'ailleurs loin de connaître ce défaut*. 24. Il n'était pas cupide mais il avait un don inné pour conduire une maison. Il était, en effet, à tous égards, un sage administrateur de son bien et il consacrait à cette tâche une grande partie de sa journée, tantôt pour mettre lui-même la main à la besogne, tantôt pour donner des ordres*.

25. Et lui, aussitôt l'aurore parue, se leva l'âme encore possédée par la voix qu'il avait entendue et il se mit à raconter son rêve. Et moi, ce n'est pas « un songe pour un songe » mais une vérité pour une vérité, une vérité d'homme éveillé et non une vérité onirique que je livrais en racontant ce que j'avais entendu*.

26. Accablé d'un revers qui faisait mettre ses biens sous séquestre, celui qui l'avait auparavant frustré d'un dépôt prit des précautions et confia ce dépôt même et tout ce qu'il put de ses biens au plus sûr de ses concitoyens.

1. A., p. 12, 34 ; Z., p. 21.

2. A., p. 13, 19 ; Z., p. 26. Ce paragraphe 22 se retrouve à peu près textuellement en Ph. 238 (Bekker, p. 350 a 5-20 ; *infra*, p. 47-48).

3. A., p. 16, 32 ; Z., p. 38 (pour qui ἐδοξάζετο est peut-être une addition de Photius).

εὐπαράγωγον ἐπεδείκνυτο. Τῶν μὲν γὰρ ἐπιεικῶν εἶναι προσποιουμένων ῥᾳδίως ἄν τις αὐτὸν παρήγαγεν, ἅτε οὐκ ἐπιφέροντα ἐπὶ τοῦτον ἀκριβῆ ἐξέτασιν διὰ τὸ τῆς ἐπιεικείας ἀνύποπτον · ὁ δὲ τῆς προλαμβανούσης ὑποψίας ἄξιος οὐκ ἂν αὐτὸν ἔλαθεν ἐνεδρεύων οὐδὲ πλέκων δόλους. 22 Τριῶν δὲ ὄντων μερῶν ἢ εἰδῶν τῆς ψυχῆς, ἢ ὅπως ἄν τις ἐθέλοι καλεῖν, τριττὴν ἔφασκε γίνεσθαι πολιτείαν, ἔχουσαν μὲν ἑκάστην τὰς τρεῖς, ἀλλὰ τῷ κρατοῦντι ἑνὶ τὸ πᾶν μορφουμένην · καὶ τὴν μὲν προϊέναι μάλιστα κατὰ λόγον, ἣν ἄν τις οἶμαι τὸν ἐπὶ Κρόνου βίον ἐπονομάσειεν ἢ τὴν χρυσῆν γενεὰν ἢ τὸ θεῶν ἀγχίσπορον γένος, οἷα ἐν σχήματι μύθου σεμνύνουσιν ἐν τῷ τρίποδι τῆς Μούσης καθήμενοι ποιηταί. 23 Ὁ δὲ πρὸς τῇ ἀφελείᾳ οὕτω καὶ τὴν ἀψευδείαν ἠγάπα, ὥστε καὶ εὐθύγλωττος εἶναι πέρα τοῦ δέοντος ἐδοξάζετο, καὶ οὐδ' ὁτιοῦν ἔχειν ἐν ἑαυτῷ προσποιούμενον. Πολλοῦ γε καὶ ἐδέησε τοῦτο παθεῖν. 24 Οὐκ ἦν φιλοχρήματος ἀλλ' οἰκονομικὸς κατὰ φύσιν · ἦν γὰρ καὶ τὰ ἄλλα πάντα σοφὸς οἴκου διαθέτης, καὶ πολύ τι τῆς ἡμέρας εἰς ταῦτα ἀνήλισκε μέρος, τὰ μὲν αὐτουργῶν, τὰ δὲ διατάττων.

25 Καὶ ὁ μὲν διαναστάς, ἐπειδὴ ἕως ἐγεγόνει, ἔτι τὴν ψυχὴν ὑπὸ τῆς ὀμφῆς κατεχόμενος διηγεῖτο τὸν ὄνειρον. Ἐγὼ δὲ οὐκ ὄναρ ἀντὶ ὀνείρατος, ἀντὶ δὲ ἀληθείας ἀλήθειαν, ἐγρηγορυῖαν ἀντὶ ὑπνωττούσης ἐπεδίδουν, ἅπερ ἀκήκοα διεξιών. 26 Ὑποπεσὼν δὲ συμφορᾷ δημευούσῃ τὰ ὄντα ὁ πρὶν τὴν παραθήκην ἀποστερήσας, κἀκείνην καὶ τῶν αὑτοῦ ὅσα ἠδύνατο προλαβὼν παρέθετο τῷ πιστοτάτῳ τῶν πολιτῶν. Ὡς δὲ παρε-

9 προσποιουμένων Bekker : ποιουμένων *codd.* ‖ **10** τοῦτον AM : τούτων A^2 ‖ **11** ὁ δὲ M : οὐδὲ A ‖ **12** ἄξιος A : ἄξιον M ‖ ἐνεδρεύων AM : ἐνεδρεῦον A^2 ‖ πλέκων A^{2}M : πλέκον AM^2 ‖ **13** τῆς A : *om.* M ‖ **14** ἢ M : *om.* A ‖ **21** ἀφελείᾳ M : ἀσφαλείᾳ A ‖ **23** ἔχειν A^{3}M : ἔχει A ‖ **26** σοφὸς M : σαφῶς A ‖ **33** ὑποπεσὼν δὲ συμφορᾷ M : ὑπὸ πεσυμφόρᾳ A ‖ **35** αὑτοῦ Kassel : αὐτοῦ *codd.*

Et quand l'homme d'Épidaure fut en possession, avec les autres biens, du dépôt détourné et qu'il le reconnut, il se trouva des gens pour lui conseiller de garder ce [337 a] qui lui appartenait et de ne pas le remettre à celui qui l'avait d'abord dépouillé. Il ne crut pas devoir être malhonnête quand on lui avait fait confiance ni souiller la plus utile de toutes les vertus, la bonne foi, par un manquement soi-disant bien fondé à la parole donnée ; son ambition n'était pas de sembler juste mais de l'être et il en tirait réellement lui-même une abondante moisson pour son esprit[1]. 27. Grâce à l'exposé détaillé de notre propos, on aura la preuve qu'il n'en était pas ainsi désormais*... 28. Il parlait très peu et la plupart du temps, il écoutait des propos qui venaient du bon vieux temps*. 29. Le grand homme n'accepte aucun combat sans importance mais, là où par lâcheté les autres fuient et désertent, lui descend dans l'arène où, comme dit le Poète, « se fait voir le courage des hommes* ».

30. En effet, il semblait formuler réellement de justes reproches, du moins aux yeux de ceux qui raisonnent exactement ; mais selon le raisonnement du commun, il aurait souvent semblé passer la mesure. Ceux qu'il blâmait s'en étonnaient fréquemment et avaient pour lui les sentiments qu'on a pour un homme ami de la dispute. Mais lui, qui portait vraiment en lui-même un exemple de vraie concorde, jugeait les autres d'après cette disposition intérieure*.

31. Tout le monde s'accorde à dire que trois principes essentiels sont le fondement de la recherche contemplative des êtres : d'abord l'amour qui est le plus habile à suivre la piste du Beau et du Bien ; ensuite, un don naturel de pénétration et d'intelligence capable de se porter en peu de temps vers beaucoup d'objets et apte par excellence à sentir et à reconnaître les traces des objets poursuivis et ce qui est vrai et faux but de poursuite ; enfin, une activité infatigable qui ne laisse aucun répit à l'âme avant qu'elle ait atteint le terme

1. A., p. 19, 1 ; Z., p. 44.

δέξατο ὁ Ἐπιδαύριος μετὰ τῶν ἄλλων καὶ ἣν ἀπεστέρητο παραθήκην, καὶ ἐπέγνω ταύτην, ἦσαν μὲν οἳ συνεβούλευον κατέχειν τὰ οἰκεῖα καὶ μὴ ἀποδοῦναι τῷ [337 a] κατ' ἀρχὰς ἀπεστερηκότι, ὁ δὲ ἐν οἷς ἐπιστεύθη οὐκ ᾤετο δεῖν ἄπιστος γενέσθαι, οὐδὲ καταρρυπαίνειν τὴν πασῶν ἀρετῶν ὠφελιμωτάτην πιστότητα διὰ τῆς εὐλόγου φαινομένης ἀπιστίας, οὐ δοκεῖν δὲ δίκαιος ἀλλ' εἶναι ἤθελε, βαθεῖαν τῷ ὄντι καὶ αὐτὸς αὔλακα διὰ φρενῶν καρπούμενος. 27 Ἐπιδείξει δὲ ὅσον οὐκ ἤδη τὸ τοιοῦτον ἡ τῶν καθ' ἕκαστα τοῦ λόγου διέξοδος. 28 Ἐφθέγγετο μὲν ἐλάχιστα, τὰ πολλὰ δὲ ἠκροᾶτο λόγων γεγηρακότων. 29 Ὁ μέγας ἀνὴρ οὐδένα μικρὸν ἀγῶνα προσίεται, ἀλλ' ὅπου φυγάδες οἱ ἄλλοι δι' ἀνανδρίαν ἀποδιδράσκουσιν, ἐνταῦθα καταβαίνει παραβαλλόμενος, ἔνθα ἀρετὴ διαείδεται ἀνδρῶν κατὰ τὸν ποιητήν.

30 Καὶ δὴ ἐδόκει τῷ ὄντι δίκαια μέμφεσθαι τῷ γε ἀκριβεῖ λογισμῷ. Τῷ δὲ συνήθει καὶ ἀνθρωπίνῳ πολλαχῇ τὸ μέτριον ἔδοξεν ἂν ὑπερβαίνειν. Καὶ ἐθαύμαζον ἐπὶ πολλοῖς οἱ ἐγκαλούμενοι, καὶ ὡς φιλαιτίου περὶ αὐτοῦ διέκειντο τὰς γνώμας. Ὁ δὲ παράδειγμα ἀληθινὸν ὁμονοίας ἀληθινῆς ἐν ἑαυτῷ περιφέρων πρὸς τοῦτο τοὺς ἄλλους ἔκρινε. 31 Τρία πάντες ὁμολογοῦσι πρῶτα καὶ μέγιστα στοιχεῖα τῆς τῶν ὄντων φιλοθεάμονος ἱστορίας, ἔρωτα τῶν καλῶν καὶ ἀγαθῶν δεινότατον ἰχνευτήν, ὀξεῖαν καὶ ἀγχίνουν φύσεως δύναμιν, ἐπὶ πολλὰ δι' ὀλίγου φέρεσθαι δυναμένην, ἑτοιμοτάτην συνιέναι καὶ γνωρίζειν τὰ ἴχνη τῶν θηραμάτων, ὅσα τε ἀληθῆ καὶ ὅσα ψευδῆ ἐστι πρὸς τὴν ἄγραν· ἐκ δὲ αὖ τρίτων φιλοπονίαν ἄτρυτον, οὐκ ἐῶσαν τὴν ψυχὴν ἠρεμεῖν ἕως ἂν ἐπὶ τέλος

[337 a] **1** ἀπεστερηκότι M : ἀποστερηκότι A || **5** τῷ ὄντι A^2M : τῶν τι A *ut vid.* || **6** δὲ A : τε M ἤδη AM : ἤδη Zintzen || **10** προσίεται A : προσίετο M || ἀνανδρίαν A^2 *in textu* A^3 *mg* M : *quid prius praeb.* A *non liquet* || **11** καταβαίνει A : καταλαμβάνει M || **12** διαείδεται A : διὰ εἶδέ τε καὶ M || **14** τὸ A : *om.* M || **25** ἄγραν A^2M : *quid prius praeb.* A *non liquet* || τρίτων AM : τούτων A^2 || **26** ἂν A : *om.* M.

de sa poursuite, c'est-à-dire la découverte de la vérité[1].

32. L'intelligence et la vivacité d'esprit, disait Isidore, selon l'auteur, ce n'est ni la mobilité de l'imagination, ni le talent de former des opinions, ni, comme on pourrait le croire, la seule pensée agile et génératrice de vérité ; car elles ne sont pas des causes mais des servantes de la cause qui mène à la pensée ; et cette cause est une possession divine[2] qui ouvre et purifie doucement les yeux de l'âme et les éclaire de la lumière intelligible pour les mener à la contemplation et à la connaissance du vrai et du faux. Isidore appelait cette vertu la « bonne part » et il prétendait que, sans elle, rien ne pouvait servir à rien, tout comme de bons yeux ne servent à rien sans la lumière du ciel[3].

[337 b] 33. Il avait l'esprit élevé et pratique ; il ne l'appliquait pas aux choses d'ici-bas mais il l'élevait d'emblée d'un point de départ ténu jusqu'aux contemplations les plus vénérables. Il était attaché aux idées pures de Platon, mais non de la manière habituelle à la plupart des philosophes et, après Platon, c'est aux subtilités étonnantes de Jamblique qu'il s'intéressait[4]. 34. Nous voyons et entendons nombre de philosophes dont les uns pensent que Jamblique est inaccessible et les autres qu'il s'exalte par une grandiloquence pleine de suffisance plutôt qu'il ne s'élève par la vérité des choses[5]. 35. Il s'attacha peu à la polymathie des orateurs et des poètes, mais se tourna vers la plus divine philosophie d'Aristote[6] ; puis, voyant que celle-ci s'appuyait sur la contrainte de la logique plutôt que sur l'esprit proprement dit, et qu'elle s'efforçait d'être assez pratique sans trop se donner comme objectifs le divin ou l'intelligence, Isidore fit assez peu de cas d'elle aussi. Mais

1. A., p. 22, 1 ; Z., p. 54. On trouvera chez ce dernier une série intéressante de textes parallèles au passage de Photius.

2. Dans les notes critiques de Z., à propos de κατοκωχήν, on lit : κατοκωχήν AM : *dubito an Damascius scripserit* καταχωχήν. Les vraies données sont, comme ci-contre : κατοκωχὴν A : καταχωχὴν M.

3. A., p. 22, 14 ; Z., p. 56.

4. A., p. 23, 18 ; Z., p. 58.

5. A., p. 23, 27 ; Z., p. 58.

6. C'est la métaphysique ; cf. A., p. 150.

ἔλθῃ τοῦ κυνηγεσίου, ὅ ἐστι τῆς ἀληθείας ἡ εὕρεσις.

32 Ὅτι ἀγχίνοιαν καὶ ὀξύτητα ὁ Ἰσίδωρος, φησίν, ἔλεγεν οὐ τὴν εὐκίνητον φαντασίαν, οὐδὲ τὴν δοξαστικὴν εὐφυΐαν, οὐδὲ μόνην (ὡς ἄν τις οἰηθείη) διάνοιαν εὔτροχον καὶ γόνιμον ἀληθείας· οὐ γὰρ εἶναι ταύτας αἰτίας, ἀλλὰ τῇ αἰτίᾳ δουλεύειν εἰς νόησιν· τὴν δὲ εἶναι θείαν κατοκωχήν, ἠρέμα διανοίγουσαν καὶ ἀποκαθαίρουσαν τὰ τῆς ψυχῆς ὄμματα, καὶ τῷ νοερῷ φωτὶ καταλάμπουσαν, εἰς θέαν καὶ γνώρισιν τοῦ ἀληθοῦς καὶ τοῦ ψεύδους. Εὐμοιρίαν ταύτην ἐκεῖνος ὠνόμαζε καὶ ὡς οὐδὲν γένοιτ' ἂν ὄφελος ἄνευ εὐμοιρίας, ὡς οὐδὲ ὀφθαλμῶν ὑγιαινόντων ὄφελος ἄνευ τοῦ οὐρανίου φωτός, διετείνετο. 33 Τὸ ὑψηλόνουν καὶ τελεσιουργὸν εἶχεν οὐ περὶ [337 b] τὰ κάτω στρεφόμενον, ἀλλ' εὐθὺς ἀναθρῷσκον ἀπὸ μικρᾶς ἀφορμῆς ἐπὶ τὰ πρεσβύτατα τῶν θεαμάτων· αὐταῖς γε ταῖς Πλάτωνος ἀκηράτοις ἐννοίαις οὐ κατὰ τὰς συνήθεις τῶν πολλῶν φιλοσόφων ἐπιβολὰς ἐνεφύετο, μετὰ δέ γε Πλάτωνα καὶ ταῖς θαυμασταῖς Ἰαμβλίχου περινοίαις. 34 Ὅτι οὐκ ὀλίγους τῶν φιλοσοφούντων ὁρῶμεν καὶ ἀκούομεν τοὺς μὲν ἄβατον εἶναι τὸν Ἰάμβλιχον οἰομένους, τοὺς δὲ αὐθάδει μεγαληγορίᾳ λόγων τὸ πλέον ἢ ἀληθείᾳ πραγμάτων ἐπαιρόμενον. 35 Ῥητορικῆς καὶ ποιητικῆς πολυμαθίας μικρὰ ἥψατο, εἰς δὲ τὴν θειοτέραν φιλοσοφίαν ἐξώρμησε τὴν Ἀριστοτέλους. Ὁρῶν δὲ ταύτην τῷ ἀναγκαίῳ μᾶλλον ἢ τῷ οἰκείῳ νῷ πιστεύουσαν, καὶ τεχνικὴν μὲν ἱκανῶς εἶναι σπουδάζουσαν, τὸ δὲ ἔνθεον ἢ νοερὸν οὐ πάνυ προβαλλομένην, ὀλίγον καὶ ταύτης ὁ Ἰσίδωρος ἐποιήσατο λόγον. Ὡς δὲ τῶν Πλά-

33 κατοκωχήν A : κατακωχήν M κατοχήν A² || ἀποκαθαίρουσαν A : ὑποκαθαίρουσαν M || **39** ὑψηλόνουν M : ὑψηλὸν οὖν A.

[337 b] **2** πρεσβύτατα A²M : πρεσβυτάτων A || **8** λόγων AM : λόγῳ A² || **9** ἐπαιρόμενον A²M : ἐπαιρομένων A ἐπαιρομένους A³ *v. l.* || **12** pr. τῷ A²M : τῶν A || **15** ὁ Ἰσίδωρος A : *om.* M.

quand il goûta aux pensées de Platon, il estima, selon le mot de Pindare[1], qu'il ne devait pas « regarder plus loin », mais il espérait toucher au but s'il pouvait pénétrer dans les mystères de la pensée platonicienne et c'est vers quoi tout son effort était tendu[2]. 36. Parmi les philosophes anciens, il divinise Pythagore et Platon qui sont de ces grandes âmes ailées qui atteignent au séjour supracéleste, à la plaine de la vérité, à la prairie des formes divines. Parmi les penseurs d'époque récente, ce sont Porphyre, Jamblique, Syrianus et Proclus. D'autres ont, dans l'intervalle, accumulé, dit-il, un riche trésor de science divine. Toutefois, ceux qui s'appliquent aux choses périssables et humaines ou qui veulent comprendre trop vite ou acquérir trop de connaissances n'atteignent guère à la grande et divine sagesse. Car, parmi les anciens, Aristote et Chrysippe, qui furent les mieux doués mais aussi les plus avides de science et qui furent aussi des laborieux, n'ont pas néanmoins accompli toute l'ascension. Parmi les philosophes récents, Hiéroclès[3] et ceux qui lui ressemblent, qui n'avaient pas de lacune dans leur formation humaine, ont été, dit-il, fort déficients sur de nombreux points dans le domaine des divines idées[4].

37. Il rejetait l'abondance des livres qui engendre multiplicité d'opinions plutôt que richesse de pensées. Il s'en tenait à son seul maître[5] ; c'est sur son seul exemple [338 a] qu'il se réglait en prenant note de ce qu'il disait*. 38. On voyait bien qu'il n'aimait pas les idées de son temps* et qu'il ne voulait pas adorer les statues des dieux, mais il allait d'emblée vers les dieux eux-mêmes qui sont cachés « au-dedans » et non pas dans les lieux réservés des sanctuaires mais dans le secret même, quel qu'il soit, du mystère absolu. Et comment donc les atteignait-il alors que telle est leur nature? Par un

1. Pindare, *Pyth.*, III, 39.

2. A., p. 23, 14 ; Z., p. 58.

3. Il sera question plus longuement de cet Hiéroclès en Ph. 54 (Bekker, p. 338 b 24-339 a 7 ; *infra*, p. 18). Photius lui a consacré les « codices » 214 et 251.

4. A., p. 25, 4 ; Z., p. 60-62. Les deux éditeurs situent, à la suite de ce paragraphe 36, Ph. 243 (Bekker, p. 350 a 36-b 4 ; *infra*, p. 49).

5. Le « maître » était Héraïscus ; cf. Z., p. 62, note à 37, 9.

τωνος ἐγεύσατο νοημάτων, οὐκέτι παπταίνειν ἠξίου πόρσιον, ὡς ἔφη Πίνδαρος, ἀλλὰ τέλος ἔχειν ἤλπιζεν, εἰ τῆς Πλάτωνος διανοίας εἴσω τῶν ἀδύτων δυνηθείη διαβαλεῖν, καὶ πρὸς τοῦτο ὁ πᾶς αὐτῷ δρόμος ἐτέτατο τῆς σπουδῆς. 36 Ὅτι τῶν μὲν παλαίτατα φιλοσοφησάντων Πυθαγόραν καὶ Πλάτωνα θειάζει, καὶ τῶν ἐπτερωμένων ἐκείνων ψυχῶν εἶναι, αἳ εἰς τὸν ὑπερουράνιον τόπον, εἰς τὸ πεδίον τῆς ἀληθείας, εἰς τὸν λειμῶνα τῶν θείων νέμονται εἰδῶν, τῶν νεωστὶ δὲ Πορφύριον καὶ Ἰάμβλιχον καὶ Συριανὸν καὶ Πρόκλον· καὶ ἄλλους δὲ ἐν μέσῳ τοῦ χρόνου πολὺν θησαυρὸν συλλέξαι λέγει ἐπιστήμης θεοπρεποῦς. Τοὺς μέντοι θνητὰ καὶ ἀνθρώπινα φιλοπονουμένους ἢ συνιέντας ὀξέως ἢ φιλομαθεῖς εἶναι βουλομένους οὐδὲν μέγα ἀνύτειν εἰς τὴν θεοπρεπῆ καὶ μεγάλην σοφίαν. Τῶν γὰρ παλαιῶν Ἀριστοτέλη καὶ Χρύσιππον εὐφυεστάτους γενομένους, ἀλλὰ καὶ φιλομαθεστάτους γεγονότας, ἔτι δὲ καὶ φιλοπόνους, οὐκ ἀναβῆναι ὅμως τὴν ὅλην ἀνάβασιν. Τῶν δὲ νεωτέρων Ἱεροκλέα τε καὶ εἴ τις ὅμοιος, οὐδὲν μὲν ἐλλείποντας εἰς τὴν ἀνθρωπίνην παρασκευήν, τῶν δὲ μακαρίων νοημάτων πολλαχῇ πολλῶν ἐνδεεῖς γενομένους φησίν. 37 Ὅτι καὶ τῶν βιβλίων τὸν ὁμαδὸν παρῃτεῖτο, πολυδοξίας μᾶλλον αἴτιον ὄντα ἢ πολυνοίας. Ἑνὶ δὲ μόνῳ τῷ διδασκάλῳ ἐπαναπαυόμενος, πρὸς μόνον ἐκεῖνον [338 a] ἀπετύπου ἑαυτόν, τὰ παρ' αὐτοῦ λεγόμενα ἀπογραφόμενος. 38 Δῆλος δ' ἦν οὐκ ἀγαπῶν τὰ παρόντα οὔτε τὰ ἀγάλματα προσκυνεῖν ἐθέλων, ἀλλ' ἤδη ἐπ' αὐτοὺς τοὺς θεοὺς ἱέμενος εἴσω κρυπτομένους, οὐκ ἐν ἀδύτοις ἀλλ' ἐν αὐτῷ τῷ ἀπορρήτῳ, ὅτι ποτέ ἐστι, τῆς παντελοῦς ἀγνωσίας. Πῶς οὖν ἐπ' αὐτοὺς ἵετο τοιούτους ὄντας;

19 τοῦτο A : τούτῳ M ‖ ἐτέτατο A²M : *quid prius praeb.* A *non liquet* ‖ **32** καὶ φιλομαθεστάτους A²M : φιλομαθεστάτους A ‖ καὶ φιλοπόνους A²M : φιλοπόνους A ‖ **37** καὶ A : *om.* M.

[338 a] **4** κρυπτομένους A¹M : κρυπτόμενος A *ut vid.*

amour merveilleux et lui aussi secret. Et l'amour est-il lui-même autre chose qu'un mystère? Et ce que nous disons qu'il est, ceux qui en ont fait l'épreuve le savent, mais il est inexprimable et il n'est pas plus facile à concevoir[1]. 39. On pourrait dire qu'il faisait entendre non des mots mais l'essence des choses[2]. 40. Il était aussi des plus habiles à résoudre les difficultés qu'il proposait aux autres ou que les autres lui proposaient ; ce n'était pas en ensevelissant la vérité sous l'érudition et sous la connaissance des opinions d'autrui et en fermant la bouche à ceux qui posaient des questions ; mais par la force d'une nature noble et proche de celle des dieux et par un désir infini du transport qui emporte vers la divinité, il ressemblait, dans la recherche de la vérité, à un devin qui énonce des prédictions[3]. 41. Il était capable de distinguer là où le langage sonne faux et là où il sonne vrai[4]. 42. Marinus, le successeur de Proclus, qui enseigna notamment à Isidore l'œuvre d'Aristote, avait écrit un long commentaire sur le *Philèbe* de Platon ; il le fit lire à Isidore pour qu'il jugeât s'il fallait le publier. Isidore le lut et ne dissimula rien de ce qu'il en pensait, sans prononcer toutefois de parole excessive ; il dit simplement que l'œuvre du maître était suffisante*. Marinus comprit et brûla son livre[5]. 43. Sur les autres philosophes, il avait encore un avantage : il ne voulait pas se forcer lui-même et il ne voulait pas forcer ses disciples par le seul raisonnement à accepter une vérité qu'ils ne distinguaient pas, étant poussés par ce raisonnement à ne suivre qu'un seul chemin comme des aveugles qu'on guiderait sur la bonne voie. Il s'employait au contraire à convaincre et à donner des yeux à l'âme, ou plutôt à rendre purs ceux qu'elle a en elle[6]. 44. Il exerçait une charge dans laquelle on lui avait

1. A., p. 26, 3 ; Z., p. 64. Après ce paragraphe 38, les éditeurs situent Ph. 244 et 245 (Bekker, p. 350 b 4-6 et 6-7 ; *infra*, p. 49).
2. A., p. 26, 29 ; Z., p. 64. Ce petit texte se retrouve dans un morceau beaucoup plus étendu, en Ph. 246 (Bekker, p. 350 b 7-15 ; *infra*, p. 49).
3. A., p. 27, 9 ; Z., p. 66.
4. A., p. 27, 24 ; Z., p. 66.
5. A., p. 27, 31 ; Z., p. 66.
6. A., p. 28, 9 ; Z., p. 68.

Ἔρωτι δεινῷ, ἀπορρήτῳ καὶ τούτῳ. Καὶ τίς δὲ ἄλλος ἢ ἄγνωστος καὶ ὁ ἔρως; Καὶ τίνα τοῦτόν φαμεν, ἴσασιν οἱ πειραθέντες, εἰπεῖν δὲ ἀδύνατον, καὶ νοῆσαί γε οὐδὲν μᾶλλον ῥᾴδιον. 39 Εἶπεν ἄν τις οὐ λόγους αὐτὸν ἀλλὰ πραγμάτων φθέγγεσθαι οὐσίας. 40 Ἦν δὲ καὶ εὑρετὴς ἑτοιμότατος ὧν τε αὐτὸς ἠπόρει πρὸς ἑτέρους καὶ ὧν ἕτεροι πρὸς αὐτόν, οὐ πολυμαθίᾳ καὶ ἀλλοτρίων δοξασμάτων ἱστορίᾳ καταχωννὺς μὲν τὴν ἀλήθειαν, ἐπιστομίζων δὲ τοὺς ἀποροῦντας· ἀλλὰ ῥώμῃ γενναίας φύσεως καὶ θεῶν ἀγχιστπόρου, πόθῳ τε ἀμηχάνῳ τῆς περὶ τὸ θεῖον βακχείας, οἷον ἀπομαντευομένῳ ἐῴκει τὴν τῆς ἀληθείας εὕρεσιν. 41 Ἦν δ' ἱκανὸς διιδεῖν ὅπῃ τε σαθρὸν φθέγγεται ὁ λόγος καὶ ὅπῃ ὑγιές. 42 Μαρῖνος δὲ ὁ Πρόκλου διάδοχος, ὁ καὶ Ἰσιδώρου (μετὰ καὶ ἄλλων) τῶν Ἀριστοτέλους λόγων διδάσκαλος, ὑπόμνημα πολύστιχον εἰς Φίληβον συντάξας τοῦ Πλάτωνος, οὗτος τῷ Ἰσιδώρῳ ἐντυχεῖν τε τῷ ὑπομνήματι κελεύει, καὶ ἐπικρῖναι εἰ ἐξοιστέον. Ὁ δὲ ἀναγνοὺς οὐδὲν ἀπεκρύψατο τῶν αὐτῷ δοκούντων, οὐ μέντοι οὐδὲ ἄμουσον ἀφῆκε φωνήν, τοσοῦτον δὲ μόνον ἔφη, ἱκανὰ εἶναι τὰ τοῦ διδασκάλου. Ὁ δὲ Μαρῖνος συνεὶς πυρὶ διέφθειρε τὸ βιβλίον. 43 Ἐξαίρετον δ' ἦν αὐτῷ περὶ τοὺς ἄλλους καὶ τοῦτο φιλοσόφους, οὐκ ἠβούλετο συλλογισμοῖς ἀναγκάζειν μόνον οὔτε ἑαυτὸν οὔτε τοὺς συνόντας ἐπακολουθεῖν τῇ ἀληθείᾳ μὴ ὁρωμένῃ, κατὰ μίαν ὁδὸν πορεύεσθαι συνελαυνομένους ὑπὸ τοῦ λόγου, οἷον τυφλοὺς τὴν ὀρθὴν ἀγομένους πορείαν. Ἀλλὰ πείθειν ἐσπούδαζεν ἀεὶ καὶ ὄψιν ἐντιθέναι τῇ ψυχῇ, μᾶλλον δὲ ἐνοῦσαν διακαθαίρειν. 44 Ὑπηρεσίαν ἐτέλει, ᾗ πρὸς τάχος ἐπετέτακτο γράφειν

8 ἢ AM[2] : ὁ M ‖ **18** σαθρὸν A : θησαυρὸν M ‖ **21** πολύστιχον A[1]M : πολυστίχων A ‖ **22** οὗτος A : οὕτως M ‖ **28** ἦν A[1] *s. v.* M : *om.* A ‖ **31** ὁρωμένῃ A : ὁρωμένην M ‖ **32-33** τυφλοὺς τὴν ὀρθὴν ἀγομένους A : τυφλοῦ τινος ὀρθὴν ἀγομένου M ‖ **35** ἐπετέτακτο M : ἀπετέτακτο A.

assigné de mettre rapidement par écrit les ordonnances des magistrats[1]. 45. J'en parlerai dans la suite de mon exposé... Quoique je le sache, je n'en dirai rien ; puissé-je n'en avoir pas même entendu parler*. 46. Et Léontius, [338 b] qui croyait avoir pris un excellent parti, s'en retourna chez lui avec une liberté de langage malheureuse et mal inspirée ; n'ayant assuré ni sa fortune ni sa sécurité, comme il le croyait, il avait perdu la piété qui fait qu'on est aimé de Dieu et son âme était irrémédiablement ruinée*. 47. Cet homme donc passa toute sa vie dans le malheur*. 48. Personne n'avait une âme assez dure et assez barbare pour ne pas être convaincu et charmé par les propos qui coulaient de cette bouche sacrée, tant était grande la puissance de persuasion qui habitait les lèvres de cet homme ; c'était moins le fait d'un homme que d'un dieu*. 49. Son naturel suscitait l'admiration ; il était grand et de proportions agréables ; il avait l'aspect d'un homme de qualité ; parvenu à ce moment dans l'âge le plus raisonnable de la vie, il était sociable et agréable, efficace et utile à ceux qui le rencontraient*. 50. Il avait choisi un régime de tempérance et de rigueur qui n'était de nature ni à lui faire tort par son insuffisance ni à l'amollir par son excès, mais qui était équilibré et harmonieux et réellement réglé sur le mode dorien de la Fortune*. 51. Seul parmi les hommes dont nous avons entendu parler, il démentit en fait l'antique proverbe en se plaisant non parmi ceux de son âge mais au milieu des gens âgés et aux propos des gens âgés*.

On pourrait dire aussi « seul parmi les hommes dont il retint le souvenir par oui-dire » ou encore ainsi « ceux qui lui viennent à la mémoire » ou « ceux dont le renom vint à sa connaissance » ou « ceux que notre mémoire a gardés » ou « ceux que l'oubli n'a pas effacés » et beaucoup d'expressions du même type*.

52. Les Alexandrins appelaient « préservatifs » les linges destinés à essuyer les souillures des femmes.*

1. A., p. 28, 26 ; Z., p. 68.

τὰ ὑπὸ τῶν ἀρχόντων προσταττόμενα. 45 Περὶ οὗ ἐρῶ κατὰ τὸν ἱκνούμενον λόγον. Ὁ εἰδὼς οὐ λέγω, ὡς μηδὲ ἀκοῦσαι ὤφελον. 46 Ὁ δὲ Λεόντιος ἄριστα βεβου-
[338 b] λεῦσθαι νομίζων οἴκαδε ἐπανῄει μετὰ παρρησίας ἀτυχοῦς καὶ κακοδαίμονος, οὐ πλουτήσας οὐδὲ σωθείς, ὡς ᾤετο, ἀλλὰ ζημιωθεὶς μὲν εὐσεβείας θεοφιλοῦς, πανωλεθρίᾳ δὲ τὴν ψυχὴν διαφθαρείς. 47 Ὁ μὲν οὖν οὕτω διήντλησε πάντα τὸν βίον ἐν συμφοραῖς. 48 Οὐδεὶς δ' οὕτως ἦν τὴν ψυχὴν ἀτεράμων καὶ βάρβαρος, ὃς οὐκ ἐπείθετο καὶ κατεκηλεῖτο τοῖς ἀπὸ τοῦ ἱεροῦ στόματος ἐκείνου ῥέουσι λόγοις· τοιάδε τις ἐπεκάθητο πειθὼ τοῖς χείλεσι τοῦ ἀνδρός, οὐκ ἀνθρώπειόν τι χρῆμα, ἀλλὰ θειότερον. 49 Φύσιν ἀξιάγαστος, μέγας μὲν τὸ σῶμα καὶ εὐμήκης ἰδεῖν, καλὸς δὲ καὶ ἀγαθὸς τὴν ὄψιν, τῆς δ' ἡλικίας ἐν τῷ φρονιμωτάτῳ τότε γεγονώς, εὐόμιλός τε καὶ ἡδύς, ἱκανὸς καὶ ὠφέλιμος τοῖς ἐντυγχάνουσι. 50 Καὶ τὴν τροφὴν ἐκληρώσατο μετρίαν τινὰ καὶ ἄθρυπτον, οὔτε κακουργοῦσαν διὰ πενίαν, οὔτε διὰ πλοῦτον βλακεύουσαν, ἀλλὰ μέσην καὶ μουσικήν, τὸν δώριον τρόπον τῆς τύχης ὡς ἀληθῶς ἡρμοσμένην. 51 Μόνος δὲ ἀνθρώπων, ὧν ἀκοῇ ἴσμεν, τὴν παλαιὰν παροιμίαν ἔργῳ διήλεγξεν, οὐχ ἥλιξιν ἀλλὰ πρεσβύταις καὶ πρεσβυτικοῖς λόγοις τερπόμενος.

Εἴποις δ' ἂν καὶ μόνος ἀνθρώπων οὓς ἀκοῇ ἔσχεν ἢ ἔγνω ἢ καὶ οὕτως, οἳ πρὸς ἀκοὴν ἦλθον, ἢ ὧν εἰς κατάληψιν ἀκοὴ ἧκεν, ἢ οὓς δι' ἀκοῆς ἴσμεν, ἢ οὓς διασῴζει μνήμη, ἢ οὓς οὐκ ἔσβεσε λήθη, καὶ πολλὰ τοιαῦτα.

52 Ὅτι φυλακεῖα οἱ Ἀλεξανδρεῖς ἐκάλουν τὰ ἐκμαγεῖα τῶν γυναικείων μολυσμῶν. 53 Οὐκ ἦν δὲ γνήσιος ὁ

36 προσταττόμενα A : πραττόμενα M || **38** βεβουλεῦσθαι A : βουλεύεσθαι M.

[338 b] **4** οὖν A : *om.* M || **6** δ' A : *om.* M || **11** τὴν A : εἰς M || **17** τύχης ὡς ἀληθῶς M : ψυχῆς ἀληθῶς A.

53. Et le mariage n'était pas légitime si le prêtre de la déesse n'avait pas, de sa propre main, signé le contrat[1]. 54. Hiéroclès, qui fut l'ornement de l'école d'Alexandrie par l'élévation de la pensée et la magnificence de son langage qui allaient de pair avec sa fermeté et sa grandeur, avait une pensée extrêmement féconde ; il se distinguait par l'aisance de son langage et l'abondance avec laquelle il prodiguait les plus beaux mots et les plus belles tournures ; il ne cessait d'étonner ses auditeurs et il rivalisait constamment avec la beauté du style de Platon et la richesse de sa pensée[2]. Ce personnage commentait un jour à son auditoire le *Gorgias* de Platon ; un de ses auditeurs, Théosébius, avait pris note du commentaire. Une autre fois, Hiéroclès, comme cela arrive, reprit [339 a] le *Gorgias* après un certain temps et le même auditeur copia à nouveau le commentaire et, quand il compara ses premières notes aux dernières, il n'y retrouva pour ainsi dire rien de semblable ; cependant, les unes et les autres — fait étonnant — suivaient d'aussi près que possible le sujet traité par Platon. Voilà qui démontre quel esprit vaste était celui d'Hiéroclès[3]. 55. Il épouse une femme pour qu'elle lui donne des enfants*. 56. Comme le démon ne se laissait pas convaincre par de douces paroles de quitter la femme, Théosébius l'y contraignit par un exorcisme sans avoir appris l'art des mages ni pratiqué la théurgie. Il l'adjurait en prenant à témoin les rayons du soleil et le Dieu des Hébreux ; le démon chassé s'écriait qu'il redoutait les dieux mais qu'il avait également honte devant Théosébius*. 57. Il larguait donc toutes les voiles, faisait et disait tout en recourant à la persuasion et à la prière ; telle était l'ardeur de son tempérament qui ne supportait de rien laisser inachevé, quel que fût l'objet auquel il s'attachait*. 58. Théosébius parlait le plus souvent en prenant comme point de départ les *Entretiens* d'Épictète mais il formulait

1. A., p. 32, 16 ; Z., p. 78.

2. L'appréciation émise par Photius sur Hiéroclès au « codex » 214 (Bekker, p. 171 b 18-173 b 2 = t. III, p. 125-130, de la présente édition) n'a rien de commun avec le jugement de Damascius qu'on lit ici.

3. A., p. 34, 1 ; Z., p. 80.

γάμος, εἰ μὴ ὁ ἱερεὺς ὁ τῆς θεοῦ ἐν τοῖς γαμικοῖς συμβολαίοις ὑπεσημήνατο χειρὶ τῇ ἑαυτοῦ. 54 Ὅτι Ἱεροκλῆς, ὁ τὰς ἐν Ἀλεξανδρείᾳ διατριβὰς ὑψηλοφροσύνῃ καὶ μεγαληγορίᾳ κοσμήσας, μετὰ τοῦ ἀτρέπτου καὶ μεγαλοπρεποῦς, εὔρους τε τὴν διάνοιαν εἰς ὑπερβολὴν ἦν καὶ διαφέρων εὐγλωττίᾳ καὶ εὐπορίᾳ τῶν καλλίστων ὀνομάτων καὶ ῥημάτων κατέπληττε πανταχῇ τοὺς ἀκροωμένους, πρὸς τὴν Πλάτωνος ἁμιλλώμενος ἀεὶ καλλιρρημοσύνην καὶ πολύνοιαν. Οὗτός ποτε τὸν Πλάτωνος Γοργίαν τοῖς ἑταίροις ἐξηγεῖτο· εἷς δέ τις τῶν ἀκροατῶν, Θεοσέβιος, ἀπεγράψατο τὴν ἐξήγησιν. Πάλιν δ', οἷα εἰκός, ἐκ δευτέρου τοῦ Ἱεροκλέους εἰς τὸν Γοργίαν [339 a] καταβαλλομένου μετά τινα χρόνον τὴν ἐξήγησιν ὁ αὐτὸς ταύτην ἀπεγράψατο, καὶ ἀντιπαραβαλὼν τὰ πρότερα καὶ τὰ ὕστερα εὗρεν οὐδὲν τῶν αὐτῶν ὡς ἔπος εἰπεῖν, ἑκάτερα δὲ ὅμως, ὃ καὶ παράλογον ἀκοῦσαι, τῆς Πλάτωνος ἐχόμενα καθ' ὅσον οἷόν τε προαιρέσεως. Τούτῳ μὲν οὖν ἐπιδείκνυται τοῦ ἀνδρὸς ἡλίκον ἦν ἄρα τὸ τῶν φρενῶν πέλαγος. 55 Γυναῖκα παιδοποιὸν ἄγεται. 56 Ὡς δ' οὐκ ἐπείθετο τὸ δαιμόνιον τῆς γυναικὸς ἐξελθεῖν λόγοις ἡμερωτέροις, ὅρκῳ αὐτὸ ἐπηνάγκαζεν ὁ Θεοσέβιος, καίτοι οὔτε μαγεύειν εἰδὼς οὔτε θεουργίασμά τι μελετήσας. Ὥρκιζε δὲ τὰς τοῦ ἡλίου προτείνων ἀκτῖνας καὶ τὸν Ἑβραίων Θεόν. Ὁ δὲ ἀπελήλατο ὁ δαίμων ἀνακραγὼν εὐλαβεῖσθαι μὲν τοὺς θεούς, αἰσχύνεσθαι δὲ καὶ αὐτόν. 57 Πάντα οὖν κάλων ἐκίνει καὶ πάντα ἔπραττε καὶ ἔλεγε πείθων καὶ παρακαλῶν, οἷος ἐκείνου θυμός, οὐδὲν ἄπρακτον ἀπολιπεῖν ἀνεχόμενος ἐφ' ὅ τι ἂν ὁρμήσειεν. 58 Ἔλεγε μὲν ὁ Θεοσέβιος τὰ πολλὰ ἀπὸ τῶν Ἐπικτήτου σχολῶν, τὰ

30 ἀτρέπτου A : σεπτοῦ M || **36** ἑταίροις A^{2}M : ἑτέροις A || **37** ἀπεγράψατο M *et* A p. 339 a 2 : ἐπεγράψατο *hic* A.

[339 a] **2** ἀντιπαραβαλὼν M : ἀντιπαραβάλλων A || **6** τούτῳ A : τοῦτο A^{2}M || **9** ὅρκῳ αὐτὸ A^{2}M : ὥρκω αὐτῷ A.

aussi des pensées morales de sa propre Muse[1]. 59. Et Théosébius, le plus chaste des hommes, avait accepté de vivre avec une femme pour en avoir des enfants. Comme sa femme et lui n'en avaient pas, Théosébius fit faire l'anneau de chasteté et il dit à la femme : « Femme, autrefois, je t'ai donné un anneau destiné à sceller une union féconde en enfants. A présent, je t'offre celui-ci en gage de chasteté afin qu'il soit auprès de toi une sauvegarde constante pour la chasteté de notre vie ; cela si tu veux vivre avec moi une vie de pureté ; si non, il t'est loisible de me quitter pour un autre homme et je te marierai avec bienveillance et affection en ami qui marie une amie chère ». Et la femme en fut heureuse[2]. 60. Ammonianus aimait l'art d'expliquer les poètes et de veiller à la correction du grec. C'est à cet Ammonianus qu'il arriva, dit-on, d'acheter un âne, lequel, à force d'entendre parler poésie, délaissait souvent sa nourriture bien qu'on l'eût fait jeûner tout exprès ; ainsi vit-on que l'âne était pris du désir de connaître la poésie[3]. 61. L'auteur dit qu'Isidore ne pratiqua guère la poésie ; il s'y était peu intéressé parce que, n'ayant [339 b] pas d'emprise sur l'âme, elle reste incluse dans l'imagination et le langage et que certaines de ses productions vont à l'encontre du sens commun ; c'est pourquoi il était moins à son affaire dans ce domaine. Aussi, à propos des hymnes qu'il a écrits, on peut estimer qu'ils montrent élévation d'esprit et perfection dans la pensée, mais que leurs vers ne sont pas des mieux faits[4]. 62. Théon n'était ni très intelligent ni d'esprit très vif, mais il était plus que quiconque avide de s'instruire et travailleur. C'est ainsi qu'il acquit une très grande

1. A., p. 36, 4 ; Z., p. 84.

2. A., p. 37, 7 ; Z., p. 86. Sur le personnage, cf. Praechter, s. v. *Theosebius*, n. 1, *R. E.*, 2e sér., t. V, 1934, col. 2245-2247. On retrouve le présent texte sous une forme plus longue et plus claire en Ph. 311 (Bekker, p. 353 a 4-17 ; *infra*, p. 56).

3. A., p. 38, 13 ; Z., p. 89. Ammonianus n'est connu que par Photius et Suidas.

4. A., p. 38, 24 ; Z., p. 88.

δὲ καὶ αὐτὸς ἐπετεχνᾶτο τῆς ἠθοποιοῦ διανοήματα Μούσης. 59 Ὁ δὲ πάντων σωφρονέστατος Θεοσέβιος καὶ τὴν πρὸς γυναῖκα παιδοποιὸν ὁμιλίαν ἐδέξατο. Ἐπεὶ δὲ παῖδας οὐκ ἐγεννάτην, κατασκευασάμενος ὁ Θεοσέβιος τὸν τῆς σωφροσύνης δακτύλιον· « Ὦ γύναι, φησὶ τῇ γυναικί, πάλαι μέν σοι ἐπιδέδωκα δακτύλιον ἁρμοστὴν παιδουργοῦ συμβιώσεως· τὰ νῦν δὲ τοῦτον ἐπιδίδωμί σοι σωφρονιστήν, ἐπικουρόν σοι παρεσόμενον ἀεὶ τῆς σώφρονος οἰκουρίας, εἰ μὲν οὖν δυνήσῃ τε καὶ θελήσεις ἐμοὶ συμβιῶναι τὸν καθαρώτερον τρόπον· εἰ δὲ μή, ἔξεστιν ἀπαλλάττεσθαι πρὸς ἕτερον εὐμενῶς καὶ πρᾴως ἐκδιδομένην παρὰ φίλου φίλην ». Ἡ δὲ ἠσμένισεν. 60 Ὁ δὲ Ἀμμωνιανὸς ἠγάπα τὴν ἐπὶ ποιητῶν ἐξηγήσει καὶ διορθώσει τῆς Ἑλληνικῆς λέξεως καθημένην τέχνην. Οὗτος ἦν Ἀμμωνιανὸς ᾧ συνέβη κεκτῆσθαι ὄνον, ὅν φασιν ἀκροώμενον τῶν ποιητικῶν μαθημάτων πολλάκις τροφῆς ἀμελεῖν, καίτοι καὶ ἐκ παρασκευῆς καὶ λιμώττειν ἠναγκασμένον· οὕτως ὤφθη φιλομαθίας ποιητικῆς ἁλοὺς ὁ ὄνος. 61 Ὅτι φησὶ μετρίως μετέσχε τῶν ποιητικῶν ὁ Ἰσίδωρος, οὐ λίαν σπουδάσας περὶ [339 b] αὐτά, ἅτε οὐχ ἁπτόμενα τῆς ψυχῆς, ἀλλὰ μέχρι φαντασίας καὶ γλώσσης ἱστάμενα, τὰ δὲ αὐτῶν καὶ μαχόμενα ταῖς ὁμολογουμέναις ἐννοίαις· διὸ καὶ ἐνδεέστερος ἦν ἐν τούτοις. Ὅθεν καὶ ὕμνους ὅσους ἔγραψεν, εὕροι τις ἂν τὸ μὲν ὑψηλόνουν καὶ τελεσιουργὸν ἐπιφαίνοντας, τοῖς δ' ἔπεσιν οὐ πάνυ συνηρμοσμένους. 62 Ἦν δὲ ὁ Θέων οὐ μάλα ἀγχίνους οὐδὲ ὀξύς, φιλομαθὴς δὲ καὶ φιλόπονος, εἴ τις ἄλλος. Διὸ καὶ ποιητῶν καὶ ῥητόρων

23-24 ὦ γύναι — δακτύλιον A : *om.* M ‖ **27** σώφρονος A³ *v. l.* M : σωφροσύνης A ‖ **28** θελήσεις M : θελήσῃς A ‖ **29** πρὸς ἕτερον M : πρότερον A ‖ **30** παρὰ A : περὶ M ‖ **31** Ἀμμωνιανὸς M *et* A *infra*, *v.* 33 : Ἀμμώνιος *hic* A ‖ **32** καθημένην AM : καθειμένην A³ *v. l.* ‖ **35** πολλάκις *hic* M : *post* ἀκροώμενον (*v.* 33) *ponit* A.

[339 b] **3** ὁμολογουμέναις A²M : *quid prius praeb.* A *non liquet* ‖ ἐνδεέστερος M : ἀσθενέστερος A.

connaissance et une mémoire très sûre des poètes et des orateurs et il semblait avoir atteint au plus haut degré de sûreté dans l'une et l'autre aptitude ; mais écrire en vers ou en prose, malgré son vif désir, il en était incapable[1]. 63. Une bataille avait eu lieu devant la ville de Rome[2] entre les Romains et les Scythes d'Attila sous le règne de Valentinien, successeur d'Honorius ; il y avait eu un tel massacre de part et d'autre qu'aucun des combattants des deux partis aux prises n'en réchappa, sauf les chefs et les quelques gardes qui les entouraient. Mais le plus fantastique, c'est le récit que voici : quand les combattants furent tombés d'épuisement physique, leurs âmes les retinrent debout au combat durant trois journées et trois nuits entières, sans qu'ils le cédassent en rien dans leur façon de se battre à des vivants, tant par leurs bras que par leur courage. On voyait donc et on entendait les fantômes des combattants se jeter les uns sur les autres et entrechoquer leurs armes à grand fracas. Et on a vu, dit l'auteur, d'anciennes visions de combats du même genre se manifester jusqu'aujourd'hui, à ceci près que, dans ces combats, il se passe tout ce que feraient des vivants à la guerre, hormis que les combattants ne font pas entendre le moindre petit son de voix. Et il se produit une apparition de ce genre dans la plaine de Sogda qui était autrefois un marécage ; elle se manifeste vers l'aube quand le soleil commence déjà à éclairer la terre ; une seconde apparition a lieu à Courboi, région de Carie ; là en effet, non pas quotidiennement, mais parfois à quelques jours d'intervalle, sans que ces intervalles soient réguliers, de la première aube jusqu'au moment où le soleil se lève dans toute sa lumière, on voit apparaître, hantant l'air, « des fantômes ombreux d'âmes[3] » qui se battent

1. A., p. 39, 13 ; Z., p. 90. Nous apprenons, par un texte parallèle de Suidas, s. v. Θέων, que c'était un sophiste. Sur le personnage, cf. Stegemann, s. v. *Theon*, n. 8, *R. E.*, 2e sér., t. V, 1934, col. 2054.

2. Il y a confusion de lieu pour ce combat. Il s'agit, en effet, de la bataille des Champs Catalauniques (451). Cf. A., p. 157, et Z., p. 92, note à 63, 1.

3. Réminiscences de Platon, *Phédon*, 81 C-D.

ἐμπειρότατός τε καὶ μνημονικώτατος γέγονε καὶ τεχνικῆς ἀκριβείας ἑκατέρων εἰς ἄκρον ἥκειν ἐδόκει. Γράφειν δὲ μέτρα ἢ λόγους, καίτοι λίαν ἐρῶν, ἀδύνατος ἦν. 63 Ὅτι μάχης πρὸ τοῦ Ῥώμης ἄστεως γεγενημένης Ῥωμαίων πρὸς Σκύθας οὓς Ἀττίλας ἦγεν, Οὐαλεντινιανοῦ τοῦ μετὰ Ὁνώριον Ῥώμης βασίλευοντος, φόνος ἐρρύη ἑκατέρωθεν τοσοῦτος ὡς μηδένα τῶν συμπλακέντων τῇ μάχῃ μηδετέρου μέρους περισωθῆναι, πλὴν τῶν ἡγεμόνων καὶ τῶν περὶ αὐτοὺς ὀλίγων δορυφόρων. Τὸ δὲ παραλογώτατον, ὅτι φασίν, ἐπειδὴ πεπτώκασιν οἱ μαχόμενοι τοῖς σώμασιν ἀπειπόντες ἔτι ταῖς ψυχαῖς ἵσταντο πολεμοῦντες ἐπὶ τρεῖς ἡμέρας ὅλας καὶ νύκτας, οὐδὲν τῶν ζώντων εἰς ἀγῶνα ἀπολειπόμενοι, οὔτε κατὰ χεῖρας οὔτε κατὰ θυμόν. Ἑωρᾶτο γοῦν καὶ ἠκούετο τὰ εἴδωλα τῶν ψυχῶν ἀντιφερόμενα καὶ τοῖς ὅπλοις ἀντιπαταγοῦντα. Καὶ ἀρχαῖα δὲ ἄλλα τοιαῦτα φάσματα πολέμων μέχρι νῦν φαίνεσθαί φησι, πλὴν ὅτι ταῦτα τὰ μὲν ἄλλα, ὅσα ζῶντες ἄνθρωποι κατὰ πόλεμον δρῶσιν, οὐδὲν ὑστερεῖν, φθέγγεσθαι δὲ οὐκ ἐπὶ μικρόν. Καὶ ἓν μὲν ἐπιφαίνεσθαι ἐν τῷ περὶ Σόγδαν ποτὲ λίμνην οὖσαν πεδίῳ, φαίνεσθαι δ' ὑπὸ τὴν ἕω τὸ φάσμα, φωτὸς ἤδη τὴν γῆν ὑπαυγάζοντος, δεύτερον δ' ἐν Κούρβοις χωρίῳ τῆς Καρίας· ἐν τούτῳ γὰρ φαίνεσθαι οὐ καθ' ἑκάστην ἡμέραν, ἀλλ' ἐνίοτε διαλείποντα ὀλίγας τινάς, οὐδὲ ὡρισμένας γε ταύτας, περὶ ὄρθρον ἕως ἡλίου λαμπρᾶς ἀνατολῆς ἐν ἀέρι διαφοιτῶντα ψυχῶν ἄττα σκιοειδῆ φαντάσματα πολεμοῦντα ἀλλήλοις. Καὶ ἐν τοῖς καθ'

13 Ῥωμαίων A : *om* M || Ἀττίλας] Ἀντίλλας A : Ἀτήλλας M || **14** Οὐαλεντινιανοῦ M : Οὐαλεντινοῦ A || **24** ἀντιπαταγοῦντα M : καὶ ἀντιπαταγοῦντα A || **25** φάσματα A : φαντάσματα M || **26** φησί A : φασί M || τὰ A : *om.* M || **27** οὐδὲν A^2M : οὐδὲ A || **28** οὐκ M *et* A *ut vid.* : οὐδὲ A^x || **30** τὸ A : *om.* M || **31** χωρίῳ M : χωρίον A || **33** οὐδὲ ὡρισμένας A : οὐ διωρισμένας M || **36** φαντάσματα A : φάσματα M.

entre eux. Et de notre temps[1], des gens incapables de [340 a] mensonge ont raconté qu'en Sicile, dans la plaine dite « des quatre tours », et dans de nombreux autres endroits de ce pays, on voit des fantômes de cavaliers ennemis qui chargent, et c'est surtout l'été, en plein midi[2]. 64. Le cheval de Sévère, dit l'auteur, — ce Sévère était un Romain[3] à qui Anthémius[4] avait inspiré l'espoir que Rome tomberait et que ce serait lui qui la relèverait ; il était revenu à Rome qu'il avait quittée et il avait obtenu le consulat — ce cheval donc, qui était sa monture habituelle, quand on l'étrillait, émettait de son corps de longues gerbes d'étincelles ; ce prodige dura jusqu'au moment où cette merveille eut mené Sévère au consulat à Rome. Il y eut aussi, à ce que raconte Plutarque, de Chéronée, un âne qui, par le même phénomène, prédit l'empire à Tibère* alors qu'il était encore un jeune garçon et qu'il séjournait à Rhodes où il étudiait la rhétorique. Il y a mieux : Balimer, un des compagnons d'Attila, émettait des étincelles de son propre corps. Ce Balimer était le père de Théodoric* qui, pour l'instant*, détient la puissance souveraine sur l'Italie entière. L'auteur dit ensuite, en parlant de lui-même : « Moi aussi, au moment où je m'habille et me dévêts, il m'arrive rarement, mais il m'arrive, que des étincelles d'une longueur extraordinaire jaillissent quelquefois de mon corps en crépitant et il arrive aussi parfois que de vraies flammes illuminent mon vêtement sans le brûler ». Il dit ignorer à quoi aboutira ce prodige. Il déclare aussi avoir vu un homme qui faisait jaillir des étincelles de sa tête et qui allumait même une flamme quand il le voulait en se frottant la tête à l'aide d'une étoffe rugueuse*. 65. Il poussait son cheval de toute sa vitesse, mais il était moins rapide que les autres*. 66. Déçu dans ses

1. De toute évidence, du temps de Damascius.

2. A., p. 39, 27 ; Z., p. 92. A la suite de ce paragraphe 63, les éditeurs situent Photius, « codex » 181 (Bekker, p. 126 b 40-41 = t. II, p. 192 de la présente édition)

3. Il a déjà été question de ce personnage en Ph. 9 (*supra*, p. 9).

4. Procopius Anthémius, empereur d'Occident (467-472). Cf. Seeck, s. v. *Anthemius*, n. 3, *R. E.*, t. I, 1894, col. 2635-2638.

ἡμᾶς δὲ χρόνοις πολλοὶ διηγήσαντο, οὐχ οἷοί τε ὄντες ψεύδεσθαι, κατὰ Σικελίαν ἐν τῷ λεγομένῳ πεδίῳ [340 a] τετραπυργίῳ καὶ ἐν ἄλλοις οὐκ ὀλίγοις αὐτῆς μέρεσιν ὁρᾶσθαι ἱπποτῶν πολεμίων ἐπελαυνόντων φάσματα κατὰ τὸν τοῦ θέρους μάλιστα καιρόν, μεσημβρίας σταθηρᾶς ἱσταμένης. 64 Ὅτι τὸν Σεβήρου ἵππον φησί (Ρωμαῖος δ' ἦν οὗτος, καὶ Ἀνθεμίου παρασχόντος ἐλπίδας ὡς ἡ Ῥώμη πεσοῦσα πάλιν δι' αὐτοῦ ἀναστήσεται, ἐπὶ Ῥώμην, ταύτης προαναχωρήσας, ἐπανῆκε καὶ τιμῆς ὑπατικῆς ἔτυχε) τούτου τοίνυν ὁ ἵππος, ᾧ τὰ πολλὰ ἐχρῆτο, ψηχόμενος σπινθῆρας ἀπὸ τοῦ σώματος πολλούς τε καὶ μεγάλους ἠφίει, ἕως αὐτῷ τὸ τέρας εἰς τὴν ὑπατικὴν ἀρχὴν ἐν τῇ Ῥώμῃ κατηνύσθη. Ἀλλὰ καὶ Τιβερίῳ ὄνος, ὡς Πλούταρχος ὁ Χαιρωνεύς φησιν, ἔτι μειρακίῳ ὄντι καὶ ἐν Ῥόδῳ ἐπὶ λόγοις ῥητορικοῖς διατρίβοντι, τὴν βασιλείαν διὰ τοῦ αὐτοῦ παθήματος προεμήνυσεν. Ἀλλὰ καὶ τῶν περὶ Ἀττίλαν ἕνα ὄντα τὸν Βαλίμεριν ἀπὸ τοῦ οἰκείου σώματος ἀποβάλλειν σπινθῆρας· ὁ δὲ ἦν ὁ Βαλίμερις Θευδερίχου πατήρ, ὃς νῦν τὸ μέγιστον ἔχει κράτος Ἰταλίας πάσης. Λέγει δὲ καὶ περὶ ἑαυτοῦ ὁ συγγραφεὺς ὡς· « Καὶ ἐμοὶ ἐνδυομένῳ τε καὶ ἐκδυομένῳ, εἰ καὶ σπάνιον τοῦτο συμβαίνει, συμβαίνει δ' οὖν σπινθῆρας ἀποπηδᾶν ἐξαισίους, ἐσθ' ὅτε καὶ κτύπον παρέχοντας, ἐνίοτε καὶ φλόγας ὅλας καταλάμπειν τὸ ἱμάτιον, μὴ μέντοι καίουσας ». Καὶ τὸ τέρας ἀγνοεῖν εἰς ὃ τελευτήσει. Ἰδεῖν δὲ λέγει καὶ ἄνθρωπόν τινα ἀπὸ τῆς κεφαλῆς ἀφιέντα σπινθῆρας, ἀλλὰ καὶ φλόγα ἀνάπτοντα ὅτε βούλοιτο, ἱματίῳ τινὶ τραχεῖ παρατριβομένης. 65 Ἤλαυνε τὸν ἵππον, ὅσον εἶχε τάχους· εἶχε δὲ τῶν ἄλλων ἐνδεέστερον. 66 Τῶν πολιτι-

[340 a] **1** αὐτῆς A : αὐτοῖς M ‖ **3** μάλιστα A : *om.* M ‖ σταθηρᾶς M : *om.* A ‖ **11** τῇ A : *om.* M ‖ **14** αὐτοῦ M : *om.* A ‖ **18** πάσης A : ἁπάσης M ‖ **22** καὶ A : δὲ καὶ M.

ambitions politiques, il se tourna vers la vie calme et loin des affaires par aversion pour les déboires qu'amène la vie publique[1]. 67. Il arriva des Brahmanes chez Sévère, à Alexandrie, et il les reçut dans sa propre maison avec les égards qui leur étaient dus ; ceux-ci restaient sans quitter la maison où ils menaient une vie fort digne ; ils ne recherchaient ni les bains publics ni la possibilité de rien voir de ce qui se passait dans la ville, mais ils se désintéressaient des choses du dehors. Ils se nourrissaient de dattes et de riz et leur boisson était de l'eau. Ils n'étaient ni Brahmanes des montagnes ni Indiens qui vivent dans les villes, mais ils menaient tout simplement la vie des uns et des autres : au besoin, ils se mettaient [340 b] au service des Brahmanes dans leurs relations avec les villes et, d'autre part, au service des villes dans leurs relations avec les Brahmanes. Ils disaient, eux aussi, à propos des Brahmanes montagnards, les contes que les écrivains[2] font à leur sujet : que, par des prières, ils font la pluie et la sécheresse, qu'ils chassent les famines et les épidémies et détournent tous les maux dont le destin n'est pas d'être irrémédiables. Ils disaient qu'on trouve aussi chez eux des unijambistes et des serpents d'une taille monstrueuse qui ont sept têtes ; ils contaient encore beaucoup d'autres merveilles d'un caractère fort invraisemblable[3]. 68. Sévère disait avoir vu la plante de gorgone dont la racine était toute pareille à une jeune fille qui aurait la tête couverte de serpents en guise de chevelure[4]. 69. La divination par les nuages, que les anciens ne connaissaient pas du tout, même pas par oui-dire, fut découverte par une femme nommée Anthusa au temps de l'empereur romain Léon[5] ; cette femme provenait d'Aigai en Cilicie ; par ses origines,

1. On s'accorde pour admettre que ce texte concerne Sévère, dont il vient d'être question au paragraphe 64 (Bekker, p. 340 a 4-11 ; *supra*, p. 21).

2. Parmi ces « écrivains », le lecteur de Photius pensera naturellement à Philostrate, dont la *Vie d'Apollonius de Tyane* a été recensée au « codex » 241 (Bekker, p. 326 b 19-33 = t. V, p. 275 de la présente édition).

3. A., p. 42, 7 ; Z., p. 96.

4. A., p. 42, 33 ; Z., p. 98.

5. Empereur de 457 à 474.

κῶν πραγμάτων ἀποτυχὼν ἐπὶ τὸν ἡσύχιον καὶ ἀπράγμονα βίον ἐτράπετο, μίσει τῶν ἐν τῇ πολιτείᾳ δυσχερασμάτων. 67 Ἧκον δὲ πρὸς τὸν Σεβῆρον καὶ Βραχμᾶνες κατὰ τὴν Ἀλεξανδρείαν, καὶ ἐδέξατο σφᾶς οἴκῳ ἰδίῳ καὶ θεραπείᾳ τῇ προσηκούσῃ· οἳ κατὰ χώραν ἐπ' οἴκου μάλα σεμνῶς ἔμενον, οὔτε λουτρῶν δεόμενοι δημοσίων οὔτε ἄλλης ἐπόψεως οὐδεμιᾶς τῶν κατὰ ἄστυ γινομένων, ἀλλὰ τὸ θυραῖον ἐξετρέποντο. Ἐσιτοῦντο δὲ φοίνικας καὶ ὄρυζαν, καὶ ἦν αὐτοῖς πόμα τὸ ὕδωρ. Ἦσαν δὲ οὗτοι οὔτε τῶν ἐν ὄρεσι διατριβόντων Βραχμάνων οὔτε τῶν ἐν πόλεσι κατῳκημένων Ἰνδῶν, ἀλλ' ἀτεχνῶς ἀμφίβιοι τοῖς Βραχμάνοις ὑπηρετούμενοι τὰ [340 b] πρὸς τὰς πόλεις εἴ που δεήσειεν, καὶ ταῖς πόλεσιν αὖ τὰ πρὸς τοὺς Βραχμᾶνας. Ἔλεγον δὲ καὶ οὗτοι περὶ τῶν ὀρείων Βραχμάνων ὅσα οἱ συγγραφεῖς περὶ αὐτῶν θρυλοῦσιν, ὄμβρους τε καὶ ἀνομβρίας εὐχαῖς καταπράττειν καὶ λιμῶν καὶ λοιμῶν ἀποδιώξεις ἄλλων τε κακῶν ἀποτροπάς, ὅσα μὴ ἀνίατον ἔχει τὴν εἱμαρμένην. Ἔλεγον δὲ οὗτοι καὶ μονόποδας ἀνθρώπους παρὰ σφῖσιν ἱστορῆσαι, καὶ δράκοντας ἐξαισίους κατὰ μέγεθος ἑπτακεφάλους, καὶ ἄλλα ἄττα πολὺ τὸ παράλογον ἔχοντα. 68 Ὅτι ἔλεγεν ὁ Σεβῆρος τεθεᾶσθαι γοργονιάδα βοτάνην, ἧς εἶναι τὴν ῥίζαν ἄντικρυς ὁμοίαν παρθένῳ τὴν κεφαλὴν ἐχούσῃ κατηρεφῆ δρακοντείοις πλοκάμοις. 69 Ὅτι τὴν διὰ τῶν νεφῶν μαντικὴν οὐδαμῶς τοῖς παλαιοῖς οὐδ' ἀκοῇ ἐγνωσμένην Ἄνθουσάν τινα γυναῖκα ἐξευρεῖν ἐν ταῖς ἡμέραις Λέοντος τοῦ Ῥωμαίων βασιλέως· ἐξ Αἰγῶν δὲ κατήγετο τῶν Κιλικίων ἡ γυνή, τὸ δὲ ἀνέκαθεν ἀπὸ τῶν ἐν Καππαδοκίᾳ κα-

30 δυσχερασμάτων A : δυσχερανάντων M || **31** Βραχμᾶνες Bekker *ex cod.* B : βραχμάναι AM || **36** τὸ θυραῖον A : πᾶν τὸ θυραῖον M τὸ θεωρεῖν A^2 || **38** ὄρεσι Bekker *ex cod.* B : ὄρει AM.

[340 b] **2** αὖ A : αὐτῶν M || τοὺς AM^2 : τὰς M *ut vid.* || **10** ἔχοντα A^{2}M^2 : ἔχοντας AM || **13** τὴν A : *om.* M.

elle se rattachait aux Orestiades établis en Cappadoce au mont Coman et elle faisait remonter sa généalogie jusqu'à Pélops. Cette femme, inquiète pour son mari qui assumait un commandement dans l'armée et qu'on envoyait avec d'autres guerroyer en Sicile, pria pour obtenir de voir à l'avance en songe ce qui allait arriver ; elle fit sa prière tournée vers le Levant. Son père lui apparut en songe et lui ordonna de prier aussi en se tournant vers le Couchant. Tandis qu'elle priait, un nuage se forma dans le ciel serein autour du soleil, puis grossit et prit la forme humaine ; un autre nuage s'en détacha ; il atteignait un volume égal à celui du premier et prenait la forme d'un énorme lion qui, furieux, ouvrait une large gueule et avalait l'homme. Le nuage à silhouette humaine ressemblait à un Goth. Peu de temps après ces apparitions l'empereur Léon fit traîtreusement assassiner le chef des Goths, Aspar, et ses fils[1]. Depuis lors, jusqu'aujourd'hui, Anthusa a continué de pratiquer cette méthode de divination par les nuages[2]. 70. Les Égyptiens enseignent que Sothis est la déesse Isis, tandis que les Grecs identifient cette étoile à Sirius, représentent Sirius comme le chien qui accompagne Orion à la chasse [341 a] et montrent son image configurée dans le ciel[3]. 71. Des gens[4], en cachette, avaient brisé et détruit l'objet sacré[5] ; privés du secours divin, les Égyptiens du pays eurent beaucoup de mal à sauvegarder leur port grâce au travail et à l'art des hommes[6]. 72. Quant aux serviteurs de la femme, ils poursuivaient le chien qui s'enfuyait après avoir dérobé les chairs de l'oiseau de Libye[7]. 73. Tandis qu'ils creusaient, ils virent sortir du

1. Ardabur et Patrice, 471.
2. A., p. 42, 38 ; Z., p. 98.
3. A., p. 43, 25 ; Z., p. 98.
4. Dans τινὲς, on voit des chrétiens (A., p. 159 ; Z., p. 100, note à 71, 1).
5. Une statue d'Isis pour A., *loc. cit.* Pour Z., *loc. cit.*, un temple *nescio quo loco situm*.
6. A., p. 44, 1 ; Z., p. 100.
7. A., p. 44, 6 ; Z., p. 100. Pour les deux interprètes de Damascius, le chien dont il est question ici est le chien d'Isis. Il conduit ceux qui le suivent à la découverte d'un temple d'Isis évoquée au paragraphe suivant.

τῳκισθέντων ἐπὶ τὸν Κομανὸν τὸ ὄρος Ὀρεστιάδων· καὶ ἀνάγειν τὸ γένος εἰς Πέλοπα. Αὕτη φροντίζουσα περὶ τἀνδρὸς ἐπιτετραμμένου στρατιωτικήν τινα ἀρχὴν καὶ ἐπὶ τὸν κατὰ Σικελίαν ἀπεσταλμένου μετὰ καὶ ἄλλων πόλεμον, εὔξατο προϊδεῖν ὀνείρῳ τὰ συμβησόμενα, εὔξατο δὲ πρὸς ἥλιον ἀνίσχοντα. Ὁ δὲ πατὴρ ὄναρ αὐτῇ ἐπιστὰς ἐκέλευε καὶ πρὸς δυόμενον εὔξασθαι. Καὶ εὐχομένης ἐξ αἰθρίας τινὸς νέφος συστῆναι περὶ τὸν ἥλιον, ἐκεῖθεν δ' αὐξηθῆναι καὶ εἰς ἄνθρωπον διατυπωθῆναι· ἕτερον δ' αὐτοῦ νέφος ἀποσπασθὲν ἐπεδίδου τε εἰς μέγεθος ἶσον καὶ εἰς λέοντα διεσχηματίζετο θηρίον· ὁ δὲ ἠγρίαινε, καὶ μέγα χάσμα πεποιημένος ὁ λέων καταπίνει τὸν ἄνθρωπον. Γότθῳ ἐῴκει τὸ ἀνθρώπειον καὶ νεφοποίητον εἴδωλον. Ἐπὶ δὲ τοῖς φάσμασιν ὀλίγον ἔπειτα τὸν ἡγεμόνα τῶν Γότθων Ἄσπερα βασιλεὺς Λέων ἐδολοφόνησεν αὐτὸν καὶ παῖδας. Ἐξ ἐκείνου οὖν τοῦ χρόνου διέμεινεν ἡ Ἄνθουσα ἄχρι δεῦρο ἀεὶ ἐπιτηδεύουσα τὸν τρόπον τῆς διὰ τῶν νεφῶν μαντικῆς προγνώσεως. 70 Ὅτι τὴν Σῶθιν Αἰγύπτιοι τὴν Ἶσιν εἶναι θεολογοῦσιν, οἱ δὲ Ἕλληνες εἰς τὸν Σείριον ἀνάγουσι τοῦτο τὸ ἄστρον, καὶ ὡς κύνα τὸν Σείριον, ὀπαδὸν τοῦ Ὀρίωνος ὄντα κυνηγετοῦντος, οὕτω διαζωγραφοῦσι, μᾶλλον δὲ ἐντετυπωμένον τῷ οὐρανῷ δεικνύουσιν. 71 Τι-[341 a]νὲς δὲ ἔλαθον τὸ ἱέρωμα κατάξαντες καὶ διαφθείραντες, καὶ ἀπορούμενοι τελεστικῆς βοηθείας οἱ ἐπιχώριοι ἀνθρωπίνῃ σπουδῇ καὶ τέχνῃ τὸν λιμένα μόλις ἑαυτοῖς περισῴζουσιν οἱ Αἰγύπτιοι. 72 Οἱ δὲ ἐδίωκον, οἱ τῆς γυναικὸς θεράποντες, τὸν κύνα φεύγοντα, τῆς Λιβυκῆς στρουθοῦ τὰ κρέα ἁρπάσαντα. 73 Ὀρυττόντων δὲ

20 τινα ἀρχὴν A : ἀρχήν τινα M ‖ **22** εὔξατο *bis* A : ηὔξατο *bis* M ‖ **24** ἐπιστὰς A : *om.* M ‖ **26** εἰς A^{2}M : *quid prius praeb.* A *non liquet* ‖ **27** ἀποπσασθὲν A : ὑποσπασθὲν M ‖ **28** θηρίον A : τὸ θηρίον M.

[341 a] **1** δὲ M : *om.* A.

sol et apparaître à leurs yeux le fronton d'un temple très ancien[1].

74. Hermeias était alexandrin d'origine; c'était le père d'Ammonius et d'Héliodore. Il était d'un naturel indulgent et d'un caractère simple; il fut, avec Proclus, disciple de Syrianus. Comme travailleur, nul ne le surpassait, mais il n'était pas très intelligent ni très habile à découvrir des raisonnements probants, il n'était donc pas davantage un remarquable chercheur de vérité; aussi était-il incapable de discuter avec vigueur contre ceux qui élevaient des objections, alors qu'il se rappelait à peu près tout ce qu'il avait entendu expliquer par son maître et tout ce qu'il avait trouvé écrit dans les livres. Mais la spontanéité d'esprit ne fleurissait pas sur son érudition. Quant à la vertu, il la mettait si bien en pratique que Momus lui-même n'aurait pu le blâmer et que Jalousie n'aurait pu le prendre en haine. Un jour, comme un homme simple voulait lui vendre un livre à un prix moindre que sa valeur, il corrigea l'erreur et acheta le livre à un prix plus élevé. Et ce ne fut pas le seul cas où il montra cet esprit de justice dont les autres n'avaient cure, mais souvent, chaque fois que le vendeur ignorait le juste prix, il le lui indiquait; il n'aimait pas l'aubaine comme les autres et il ne croyait même pas ne commettre aucune injustice pour avoir fait un achat librement à quelqu'un qui vendait de son plein gré. Il trouvait, en effet, dans la transaction, un certain dol et une tromperie consistant non à mentir mais à taire la vérité. C'était à ses yeux une injustice que celle qui reste cachée aux gens et qui n'opère pas par violence mais par ruse; elle vole sans faire encourir le même danger qu'elle fait encourir à un brigand et elle échappe à la sanction de la loi, mais elle porte atteinte à l'équité[2].

75. Le frère d'Hermeias, Grégoire, était, tout au contraire, d'un esprit extrêmement vif, prompt à la recherche et à l'étude; par ailleurs, il n'était jamais en repos, il n'apportait aucun calme dans ses habitudes

1. A., p. 44, 9; Z., p. 100.
2. A., p. 44, 13; Z., p. 100-104.

ἀνακύπτει καὶ ἐκφαίνεται παλαιτάτου νεὼ ἀέτωμα. 74 Ὅτι ὁ Ἑρμείας γένος μὲν ἦν Ἀλεξανδρεύς, πατὴρ δ' Ἀμμωνίου καὶ Ἡλιοδώρου. Οὗτος ἐπιεικὴς ἦν τὴν φύσιν καὶ ἁπλοῦς τὸ ἦθος, ἠκροάσατο δὲ καὶ Συριανοῦ σὺν Πρόκλῳ. Φιλοπονίᾳ μὲν οὗτος οὐδενὸς ἦν δεύτερος, ἀγχίνους δὲ οὔτι σφόδρα ἦν οὐδὲ λόγων εὑρετὴς ἀποδεικτικῶν, οὐδὲ γενναῖος ἄρα ζητητὴς ἀληθείας· οὔκουν οὐδ' οἷός τε ἐγεγόνει πρὸς ἀποροῦντας κατὰ τὸ καρτερὸν ἀνταγωνίζεσθαι, καίτοι ἐμέμνητο ὡς εἰπεῖν πάντων ὧν τε ἀκηκόει τοῦ διδασκάλου ἐξηγουμένου καὶ τῶν ἐν βιβλίοις ἀναγεγραμμένων. Ἀλλὰ τὸ αὐτοκίνητον οὐ προσήνθει τῇ πολυμαθίᾳ. Τὰ δὲ πρὸς ἀρετὴν εὖ ἤσκητο, ὥστε μηδ' ἂν τὸν Μῶμον αὐτὸν ἐπιμωμήσασθαι μηδὲ μισῆσαι τὸν Φθόνον. Οὗτος ἰδιώτου ποτὲ πωλοῦντος αὐτῷ βιβλίον, καὶ ἔλαττον ἤπερ ἦν ἄξιον αἰτοῦντος, ἐπηνώρθωσέ τε τὴν πλάνην καὶ πλείονος ἐωνήσατο. Καὶ οὐχ ἅπαξ τὴν δικαιοσύνην ταύτην, ἧς τοῖς ἄλλοις οὐδέ τις ἦν ἐπιστροφή, ἀλλὰ πολλάκις, ὁσάκις συνέβαινεν ἀγνοεῖν τὸν πιπράσκοντα τὸ δίκαιον τίμημα, ἐπεδείκνυτο, οὐ κατὰ τοὺς ἄλλους ἀγαπῶν τὸ ἕρμαιον, οὐδὲ οἰηθεὶς ἄρα μηδὲν ἀδικεῖν εἰ ἑκὼν παρὰ ἑκόντος ὁτιοῦν ἐωνήσατο. Καὶ γὰρ ἔνεδράν τινα ἐνεῖναι τῷ πράγματι καὶ ἀπάτην, οὐ λέγουσαν τὸ ψεῦδος ἀλλὰ σιωπῶσαν τὴν ἀλήθειαν, καὶ ἀδικίαν οὖσαν λανθάνειν τοὺς πολλούς, οὐ βίαιον ἀλλὰ κλοπιμαίαν, οὐδ' ἐπικίνδυνόν τινα λῃστοῦ δίκην κλέπτουσαν, ἀλλ' ὑπὸ μὲν τοῦ νόμου ἀφειμένην, τὸ δὲ δίκαιον ἀνατρέπουσαν. 75 Ὅτι ὁ ἀδελφὸς Ἑρμείου Γρηγόριος ἅπαν ἦν τοὐναντίον, ὀξύτατος μὲν εἰς ὑπερβολὴν καὶ εὐκίνητος ἐπὶ τὰς ζητήσεις καὶ τὰς μαθήσεις, ἄλλως δὲ οὐχ ἡσύχιος οὐδὲ γαλήνην ἐν τοῖς ἤθεσι φέρων τινά,

12 δὲ A : *om.* M ‖ **18** πολυμαθίᾳ A : φιλομαθίᾳ M ‖ **22** ἐωνήσατο Zintzen : ὠνήσατο *codd.* ‖ **24** ἀλλὰ A : ἀλλὰ καὶ M ‖ **26** ἄρα A : ὅτι M ‖ **28** ἐνεῖναι Zintzen : εἶναι *codd.* ‖ **31** κλοπιμαίαν M : κλοπιμαῖον A ‖ **33** ὁ M : *om.* A.

mais il était toujours quelque peu agité ; plus tard, il tomba gravement malade et à un tel point que son cerveau [341 b] garda peu la capacité de raisonner et se trouva fort diminué[1]. 76. Hermias eut d'Aidésia un enfant qui naquit avant ceux de ses fils qui furent philosophes et Aidésia qui, comme c'est naturel, jouait avec l'enfant âgé de sept mois, l'appelait « bébé » et « mignon » pour lui donner de petits noms gentils. L'enfant, en l'entendant, témoigna de l'humeur et blâma ce langage puéril et il exprima son blâme d'une voix claire et bien articulée. L'auteur raconte encore beaucoup d'autres merveilles à propos de cet enfant et notamment que[2], parce qu'il ne supportait pas de vivre dans un corps, il quitta la vie à sept ans, car ce séjour terrestre ne pouvait suffire à son âme. « Bébé » est le nom qu'on donne en Syrie, et surtout à Damas, aux enfants nouveau-nés et même aux adolescents et il vient du nom de la déesse Babia qu'on adore dans ce pays[3]. 77. Car déjà, pour quelques-uns de ceux qui avaient les oreilles bouchées et l'esprit perverti[4], les enseignements secrets de la philosophie étaient abondamment tournés en comédie et en ridicule[5]. 78. Hiérax d'Alexandrie, le contemporain d'Ammonius, dit avoir vu une « bête de Pan » qu'on apportait d'Éthiopie à Byzance ; elle ressemblait exactement aux images qu'on en peint et qu'on en sculpte ; il dit avoir entendu son cri comme on la portait à travers Alexandrie ; on aurait dit celui d'un oiseau[6]. 79. Ammonius fut un bourreau de travail et rendit service à la plupart des exégètes de tous les temps. Il pratiquait surtout Aristote ; il se distingua non seulement parmi ses contemporains mais aussi parmi les compagnons de Proclus qui étaient ses aînés, et j'ai presque envie de dire parmi ceux de tous les temps dans la connaissance de la géométrie et de l'astronomie*. 80. Proclus admirait

1. A., p. 45, 35 ; Z., p. 104.
2. Les mots καὶ ἄλλα — καὶ ὅτι (341 b 8-9) sont de Photius.
3. A., p. 47, 28 ; Z., p. 106-108.
4. Il s'agit sans doute des chrétiens ; cf. Z., p. 108, note à 77, 9.
5. A., p. 48, 12 ; Z., p. 108.
6. A., p. 48, 30 ; Z., p. 108.

ἀλλά τι καὶ παρακεκινηκώς· ὕστερον δὲ καὶ τῇ νόσῳ ἑάλω ἐπὶ πλέον, ὥστε δύσχρηστον αὐτοῦ τοῖς λογισμοῖς

[341 b] καὶ πολὺ παραλλάττον γενέσθαι τὸ ὄργανον. 76 Ὅτι τῷ Ἑρμείᾳ ἐκ τῆς Αἰδεσίας πρεσβύτερον τῶν φιλοσόφων υἱέων τίκτεται παιδίον, καὶ ἡ Αἰδεσία τῷ υἱεῖ ἑπτὰ μῆνας ἀπὸ γενέσεως ἄγοντι προσέπαιζέ τε οἷα εἰκός, καὶ βάβιον ἢ καὶ παιδίον ἀνεκάλει, ὑποκορίζουσα τὴν φωνήν. Ὁ δὲ ἀκούσας ἠγανάκτησε καὶ ἐπετίμησε τὸν παιδικὸν τοῦτον ὑποκορισμόν, τορὰν καὶ διηρθρωμένην τὴν ἐπιτίμησιν ἐξενεγκών. Καὶ ἄλλα δὲ πολλὰ περὶ τοῦ παιδὸς τούτου τερατολογεῖ, καὶ ὅτι οὐκ ἀνεχόμενος τὴν ἐν σώματι ζωὴν ἑπτὰ ἐτῶν τοῦ βίου ἀπέστη· οὐ γὰρ ἐχώρει αὐτοῦ τὴν ψυχὴν ὁ περὶ γῆν ὅδε τόπος. Βάβια δὲ οἱ Σύροι, καὶ μάλιστα οἱ ἐν Δαμασκῷ, τὰ νεογνὰ καλοῦσι παιδία, ἤδη δὲ καὶ τὰ μειράκια ἀπὸ τῆς παρ' αὐτοῖς νομιζομένης Βαβίας θεοῦ. 77 Ἤδη γὰρ ἐνίοις τῶν τὰ ὦτα κατεαγότων καὶ ἅμα διεφθαρμένων τὰς διανοίας εἰς κωμῳδίαν ἐτράπη καὶ γέλωτα πολὺν τὰ τῆς φιλοσοφίας ἀπόρρητα. 78 Ὅτι Πανικόν τι ζῷον διακομιζόμενον θεάσασθαί φησιν ὁ Ἱέραξ ὁ Ἀλεξανδρεύς, ὁ συνακμάσας Ἀμμωνίῳ, ἐξ Αἰθιοπίας εἰς τὸ Βυζάντιον, ἐοικὸς ἀκριβῶς τοῖς γραφομένοις καὶ τυπουμένοις· ἀκηκοέναι τε αὐτοῦ τῆς φωνῆς διὰ τῆς Ἀλεξανδρείας φερομένου οἱονεὶ τριζούσης. 79 Ὅτι ὁ Ἀμμώνιος φιλοπονώτατος γέγονε, καὶ πλείστους ὠφέλησε τῶν πώποτε γεγενημένων ἐξηγητῶν· μᾶλλον δὲ τὰ Ἀριστοτέλους ἐξήσκητο, ἔτι δὲ διήνεγκεν οὐ τῶν καθ' ἑαυτὸν μόνον ἀλλὰ καὶ τῶν πρεσβυτέρων τοῦ Πρόκλου ἑταίρων, ὀλίγου δὲ ἀποδέω καὶ τῶν πώποτε γεγενημένων εἰπεῖν, τὰ ἀμφὶ γεωμετρίαν τε καὶ ἀστρονομίαν. 80 Καὶ ὁ Πρόκλος ἐθαύμαζε τὸ

[341 b] **5** ἀνεκάλει M : αὖ ἐκάλει A ‖ **7** τορὰν Kassel : τορὸν A *om.* M ‖ καὶ M : *om.* A ‖ **14** Βαβίας M : Βαβαίας A ‖ **20** τε A[1] *s. v.* M : *om.* A ‖ **25** οὐ τῶν A : οὐ τοὺς M.

dans le visage d'Isidore l'inspiration divine et la plénitude de la vie philosophique intérieure ; ses yeux reflétaient la mobilité de sa pensée et, en même temps, une gravité souriante y courait avec une pudeur sans feinte qui attirait les regards sur le philosophe[1]. 81. Le rhéteur Eunoïus avait l'esprit lent[2]. 82. Il était plein d'une vanité juvénile et excessif dans ses discours[3]. 83. Soupérianus commença l'étude de la rhétorique à trente ans et, quoiqu'un peu lourd de nature, son application extraordinaire au travail lui valut d'être plus tard proclamé sophiste dans [342 a] la brillante et illustre Athènes où il ne fut pas loin d'égaler le renom de Lacharès[4]. 84. Lacharès, lui aussi, semble s'être illustré en rhétorique plus par son application que par ses dons naturels ; la pauvreté de sa nature est visible même dans ses écrits[5]. 85. Un saint homme et animé de grands transports à l'égard des choses divines*. 86. Le sophiste Métrophane était un descendant de Lacharès*.

87. L'auteur dit avoir vu une statue d'Aphrodite érigée en offrande par le sophiste Hérode*. « Donc, dit-il, quand j'ai vu cette statue, j'en ai eu des sueurs de frayeur sacrée et d'étonnement ; mon âme était dans un tel ravissement que j'étais incapable de rentrer chez moi et qu'en m'éloignant, je me retournais constamment vers cette vision, tant l'artiste y avait mis de beauté, non point une beauté molle et sensuelle, mais une beauté grave et mâle ; elle était armée, comme si la déesse revenait d'une victoire en laissant éclater sa joie*. » 88. L'auteur dit qu'Hiérius, fils de Plutarque*, qui étudiait la philosophie sous la conduite de Proclus, vit, dans la maison dite de Cyrinus*, une tête humaine sans corps et si petite qu'elle ne différait en rien d'un

1. A., p. 49, 33 ; Z., p. 112. On retrouvera ce texte en partie en Ph. 249 (Bekker, p. 350 b 19-21 ; *infra*, p. 49). En Ph. 248 (Bekker, p. 350 b 17-19 ; *infra*, p. 49) il est question de l'admiration heureuse que la vue de Proclus procurait à Isidore.

2. A., p. 52, 8 ; Z., p. 118. Ici, les éditeurs situent, au milieu de quelques textes de Suidas, Ph. 250 (Bekker, p. 350 b 21-27 ; *infra*, p. 49-50). Tous ces morceaux concernent le philosophe Salustios.

3. A., p. 52, 9 ; Z., p. 118. « Il », c'est Salustios.

4. A., p. 52, 22 ; Z., p. 118.

5. A., p. 53, 1 ; Z., p. 120. Cf. Seeck, s. v. *Lacharès*, n. 3, *R. E.*, t. XII, 1925, col. 332.

Ἰσιδώρου πρόσωπον, ὡς ἔνθεον ἦν καὶ πλῆρες εἴσω φιλοσόφου ζωῆς· οἵ τε ὀφθαλμοὶ τὸ τῆς διανοίας εὔτροχον ἀποσαφοῦντες, καὶ ἅμα αὐτοῖς ἐπιθέουσα σεμνότης ἡδεῖα καὶ ἄπλαστος αἰδὼς ἐπέστρεφε πρὸς αὐτὸν τὸν φιλόσοφον. 81 Ὅτι Εὐνόϊος ὁ ῥήτωρ βραδύνους ἦν. 82 Ἤδη νεανικοῦ φρονήματος ὑπόπλεως καὶ σοβῶν ἐν λόγοις. 83 Ὅτι Σουπηριανὸς τριάκοντα ἐτῶν τῶν ῥητορικῶν ἀρξάμενος, καίτοι τὴν φύσιν ὑπονωθέστερος ὤν, ὅμως δι' ὑπερβολὴν φιλοπονίας ὕστερον ἐν ταῖς λιπαραῖς καὶ ἀοιδίμοις Ἀθήναις ἀνηγορεύετο σοφιστής, [342 a] οὐ πάνυ τῆς Λαχάρου δόξης ἀπολειπόμενος. 84 Ὅτι καὶ Λαχάρης ἐξ ἐπιμελείας μᾶλλον ἢ φύσεως ἔδοξε κατὰ τὴν ῥητορικὴν εὐδοκιμῆσαι. Δηλοῖ δὲ αὐτοῦ τὸ τῆς φύσεως ἀγεννέστερον καὶ τὰ συγγράμματα αὐτοῦ. 85 Ἄνδρα ἱερὸν καὶ περὶ τὰ θεῖα βακχεύοντα μεγαλοπρεπῶς.

86 Ὅτι Μητροφάνης ὁ σοφιστὴς ἔκγονος ἦν Λαχάρου.

87 Ὅτι φησὶν ὁ συγγραφεὺς ἄγαλμα τῆς Ἀφροδίτης ἰδεῖν ἱδρυμένον Ἡρώδου τοῦ σοφιστοῦ ἀνάθημα. « Τοῦτο οὖν, φησί, θεασάμενος ἵδρωσα μὲν ὑπὸ θάμβους καὶ ἐκπλήξεως, οὕτω δὲ τὴν ψυχὴν διετέθην ὑπὸ τῆς εὐφροσύνης, ὥστε οὐχ οἷός τε ἦν οἴκαδε ἐπανιέναι, πολλάκις δὲ ἀπιὼν ἐπαναστρέφειν ἐπὶ τὸ θέαμα· τοσοῦτον αὐτῷ κάλλος ἐνεκέρασεν ὁ τεχνίτης, οὐ γλυκύ τι καὶ ἀφροδίσιον, ἀλλὰ βλοσυρόν τε καὶ ἀνδρικόν, ἔνοπλον μέν, οἷον δὲ ἀπὸ νίκης ἐπανηγμένης καὶ τὸ γεγηθὸς ἐπιφαινούσης ». 88 Ὅτι Ἱέριον τὸν Πλουτάρχου, ὑπὸ Πρόκλῳ φιλοσοφοῦντα, ἐς τὴν Κυρίνου λεγομένην οἰκίαν θεάσασθαί φησι μικρὰν οὕτω κεφαλὴν μόνην ἀνθρώπου, τό τε μέγεθος καὶ τὸ εἶδος οὐδὲν ἐρεβίνθου διαφέρου-

29 πλῆρες A² : πλήρης M *et* A *ut vid.* || εἴσω AM : *del.* A² || **35** τῶν AM : ὧν A² || **37** φιλοπονίας A M² *s. v.* : φιλοσοφίας M.

[342 a] **2** ἢ A : ἢ καὶ M || **6** Λαχάρου A : Λαχάρους M || **7** φησὶ A : *om.* M || **8** ἰδεῖν AM : ἴδοι A² || **9** θάμβους A : τοῦ θάμβους M || καὶ A : τε καὶ M || **15** ἐπανηγμένης A : ἐπανερχομένης M || **17** Κυρίνου M : Δωρίνου A || **18** θεάσασθαι M : θεᾶσθαι A.

pois chiche par sa grosseur et sa forme, ce pourquoi il l'appelait le pois chiche. Par ailleurs, c'était bien une tête humaine avec des yeux et un visage surmonté d'une chevelure, avec une bouche naturelle par laquelle elle faisait entendre une voix ample comme elle d'un millier d'hommes. Après avoir rapporté cette merveille de la tête grosse comme un pois, l'auteur ajoute à son sujet nombre d'autres détails prodigieux dignes d'être écrits et admis par l'impie Damascius[1]. 89. Le philosophe cynique Salustios ne suivait pas la route habituelle de la philosophie mais celle qui s'est aiguisée au contact de la critique et de l'injure et surtout au contact du combat pour la vertu. Il était rarement chaussé ou il portait des chaussures légères attiques ou des sandales ordinaires. On ne le voyait jamais fort longtemps le corps malade ou l'âme affligée, mais il assumait la pratique de la sagesse « la nuque droite » comme on dit[2].

90. De belles actions dignes d'éloges dans la vie publique et autant de traits de bonté de la même qualité[3].

91. Le roi de Carthage, Genséric, apprenant que les Romains avaient fait mettre à mort par ruse et au mépris des serments Marcellin, qui était leur allié contre lui, [342 b] éprouva une grande joie à espérer la victoire et il trouva un mot qui parut digne moins d'un Carthaginois que d'un empereur romain ; il dit, en effet, que les Romains s'étaient coupé la main droite avec la main gauche. Marcellin était le chef indépendant de la Dalmatie et il était païen[4]. 92. Salustios, en regardant les yeux des gens qu'il rencontrait, prédisait à chaque fois la fin violente qui devait arriver à chacun*. Mais la cause de sa clairvoyance, il ne pouvait la dire lui-même.

1. A., p. 54, 32 ; Z., p. 122. La phrase τοῦτο — προστερατεύεται (p. 342 a 24-27) est, de toute évidence, une addition de Photius.

2. A., p. 58, 1 ; Z., p. 120. A ce paragraphe 89, il faut joindre Ph. 251 (Bekker, p. 350 b 27-29 ; *infra*, p. 50). Sur le personnage, cf. Seeck, s. v. *Salustius*, n. 32, et Praechter, s. v. *Salustius*, n. 40, *R. E.*, 2e sér., t. I, 1920, col. 1960 et 1967-1970.

3. A., p. 58, 22 a ; Z., p. 130. Un parallèle de Suidas, s. v. Μαρκελλῖνος montre que le texte concerne Marcellin, dont il est question au paragraphe suivant.

4. A., p. 59, 1 ; Z., p. 132. L'événement se situe en 468. Cf. Ensslin, s. v. *Marcellinus*, n. 25, *R. E.*, t. XIV, 1930, col. 1446-1448.

σαν· διὸ καὶ ἐρέβινθον αὐτὴν καλεῖσθαι· τὰ δ' ἄλλα κεφαλὴν ἀνθρωπείαν εἶναι, ὀφθαλμούς τε ἔχειν καὶ πρόσωπον καὶ τρίχας ἄνω καὶ στόμα πᾶν, καὶ ἀπὸ τοῦ στόματος φωνὴν ἀφιέναι, ὅσον ἀνθρώπων χιλίων, τοσοῦτον μεγάλην. Τοῦτο τερατευσάμενος περὶ τοῦ ἐρεβίνθου ὁ συγγραφεὺς τῆς κεφαλῆς, καὶ ἄλλα μυρία περὶ αὐτῆς ἄξια Δαμασκίῳ τῷ δυσσεβεῖ καὶ γράφειν καὶ πιστεύειν προστερατεύεται.

89 Ὁ Σαλούστιος κυνίζων οὐ τὴν εἰθισμένην ὁδὸν ἐπορεύετο τῆς φιλοσοφίας, ἀλλὰ τὴν κεχαραγμένην πρὸς ἔλεγχόν τε καὶ λοιδορίαν καὶ τὸν μάλιστα δὴ πόνον ὑπὲρ ἀρετῆς. Ὑπεδέδετο δ' οὗτος σπανιάκις, ἢ τὰς Ἀττικὰς ἰφικρατίδας ἢ τὰ συνήθη σάνδαλα περιδεδεμένος. Ἐφαίνετο δὲ οὐδέποτε ἐπὶ πλεῖστον χρόνον οὔτε ἀρρωστῶν τὸ σῶμα οὔτε ταλαιπωρούμενος τὴν ψυχήν, ἀλλά (τό λεγόμενον) εὐλόφῳ αὐχένι τὴν ἄσκησιν ὑπέμενε. 90 Καλὰ καὶ ἀξιέπαινα πολιτεύματα, καὶ ὅσα τοιαῦτα φιλανθρωπεύματα. 91 Ὁ Καρχηδονίων βασιλεὺς Γεζέριχος, ἀκούσας ὡς οἱ Ῥωμαῖοι τὸν σύμμαχον αὐτοῖς κατ' αὐτοῦ Μαρκελλῖνον δόλῳ καὶ παρὰ τοὺς ὅρκους [342 b] ἀνεῖλον, ἥσθη τε ἄγαν ἐπὶ ταῖς ἐλπίσι τῆς νίκης, καὶ ἔδοξεν εἰρηκέναι λόγον οὐ Καρχηδονίῳ προσήκοντα ἀλλὰ Ῥωμαίῳ βασιλεῖ· τοὺς γάρ τοι Ῥωμαίους ἔφατο τῇ ἀριστερᾷ χειρὶ ἀποκόψαι τὴν δεξιάν. Ὁ δὲ Μαρκελλῖνος τῆς Δαλμάτων ἦν χώρας αὐτοδέσποτος ἡγεμών, Ἕλλην τὴν δόξαν. 92 Ὅτι ὁ Σαλούστιος εἰς τοὺς τῶν ἐντυγχανόντων ὀφθαλμοὺς ἀφορῶν προέλεγεν ἑκάστοτε τὴν βίᾳ γενησομένην ἑκάστῳ τελευτήν. Τὴν δ' αἰτίαν τῆς προγνώσεως οὐδ' αὐτὸς εἶχε φράζειν· καί-

32 σάνδαλα AM : σανδάλια A² || **37** Γεζέριχος M : Γιζέριχος A.

[342 b] **5** Δαλμάτων M : Δελμάτων A || **7** ἀφορῶν AM : ἀφορᾶν A² || **8** βίᾳ A *ut vid.* : βία M βιαίαν A².

Toutefois, quand on l'interrogeait, il tentait de mettre en cause l'éclat sombre des yeux, leur aspect trouble et leur humeur abondante comme quand elle se porte dans les pupilles mêmes des gens affligés. Un certain Uranius, citoyen d'Apamée de Syrie, et qui gouverna Césarée de Palestine, reconnaissait de la même façon, dit l'auteur, les détestables magiciens d'après leurs yeux. Et un certain Nomus, simple citoyen, reconnaissait, dit l'auteur, en observant les yeux des passants, ceux qui dissimulaient un assassinat[1]. 93. Isidore, ayant franchi l'Égée avec Asclépiade[2] lui-même, dit avoir vu sur le Nil une boucle de cheveux d'une grandeur et d'une beauté surnaturelles. Une autre fois, alors qu'ils venaient prendre tous deux leur repas au bord du Nil — et notre philosophe était là en troisième spectateur — une boucle de cheveux qu'on estimait à l'œil de cinq coudées s'éleva du fleuve[3]. Et l'auteur rapporte nombre de phénomènes semblables[4]. 94. Dans la région d'Héliopolis en Syrie, Asclépiade, dit l'auteur, gravit le Liban et y vit beaucoup de pierres qu'on appelle bétylies ou bétyles, au sujet desquelles il relate pas mal d'étrangetés dignes d'une bouche impie. Il dit que lui-même et Isidore les virent aussi plus tard[5]. 95. Et la race sainte menait, repliée sur elle-même, une vie agréable aux dieux, une vie bienheureuse, celle qui pratique la philosophie et s'adonne au service des dieux*. 96. Ils embrasèrent les autels d'un feu pur*. 97. La panthère, dit l'auteur, a toujours soif, le milan, jamais; c'est pourquoi on le voit rarement boire. 98. L'hippopotame est un animal qui ne respecte pas la justice et c'est pourquoi, dans les hiéroglyphes, il représente l'injustice. Car il tue son père puis violente sa mère*. 99. Le « souchos » est juste ; c'est le nom d'une

1. A., p. 59, 23 ; Z., p. 132-134.
2. Personnage identifié par Freudenthal, s. v. *Asklepiades*, n. 35, *R. E.*, t. II, 1896, col. 1631.
3. A., p. 166, voit une explication mythologique à cette merveille ; c'est une évocation de la boucle de cheveux qu'Isis s'était coupée en signe de deuil à la mort d'Osiris.
4. A., p. 61, 21 ; Z., p. 138. La dernière phrase du paragraphe est de Photius.
5. A., p. 61, 30 a ; Z., p. 138. La phrase περὶ ὧν — ἀσεβούσης (p. 342 b 29-30) est aussi une réflexion de Photius.

τοι ἐπειρᾶτο ἐρωτώμενος τὸ σκοτεινὸν τῶν ὀφθαλμῶν αἰτιᾶσθαι καὶ ἀχλυῶδες καὶ νοτισμοῦ μεστόν, οἷον ἐπὶ πένθεσι ταῖς κόραις αὐταῖς ἐμφερόμενον. Καὶ Οὐράνιόν τινα ὄνομα, Ἀπαμείας τῆς ἐν Συρίᾳ πολίτην καὶ ἄρξαντα Καισαρείας τῆς ἐν Παλαιστίνῃ, ἀπὸ τῶν ὀφθαλμῶν γνωρίζειν τὸν ὅμοιον τρόπον τοὺς πολυαράτους γόητάς φησι. Καὶ Νόμον δέ τινα τοὔνομα, πολίτην ἴδιον, ὁ συγγραφεὺς λέγει ἀπὸ τῆς κατὰ τὰ ὄμματα τῶν ἐντυγχανόντων θέας τοὺς λανθάνοντας ἐπιγινώσκειν φονέας. 93 Ὁ δὲ τὸν Αἰγαῖον διαπεραιωθείς, ὁ Ἰσίδωρος, καὶ αὐτὸς δὲ Ἀσκληπιάδης, ἔφασκεν ἑωρακέναι πλόκαμον ἐν τῷ Νείλῳ ποταμῷ δαιμόνιον τὸ μέγεθος καὶ τὸ κάλλος. Αὖθις δέ ποτε παρὰ τὸν Νεῖλον ἑστιωμένοις ἀμφοτέροις (παρῆν δὲ ἐκ τρίτων καὶ ὁ ἡμέτερος φιλόσοφος) ἀνέδραμεν ἀπὸ τοῦ ποταμοῦ πλόκαμος ὡς ἰδεῖν πεντάπηχυς. Καὶ πολλὰ τοιαῦτα φάσματα λέγει. 94 Ὅτι κατὰ τὴν Ἡλιούπολιν τῆς Συρίας εἰς ὄρος τὸ τοῦ Λιβάνου τὸν Ἀσκληπιάδην ἀνελθεῖν φησι, καὶ ἰδεῖν πολλὰ τῶν λεγομένων βαιτυλίων ἢ βαιτύλων, περὶ ὧν μυρία τερατολογεῖ ἄξια γλώσσης ἀσεβούσης. Λέγει δὲ καὶ ἑαυτὸν καὶ τὸν Ἰσίδωρον ταῦτα χρόνῳ ὕστερον θεάσασθαι. 95 Ἡ δὲ ἱερὰ γενεὰ καθ' ἑαυτὴν διέζη βίον θεοφιλῆ καὶ εὐδαίμονα, τόν τε φιλοσοφοῦντα καὶ τὸν τὰ θεῖα θεραπεύοντα. 96 Ἀνέκαιον ὁσίῳ πυρὶ τοὺς βωμούς.

97 Ὅτι ἡ πάρδαλις ἀεί, φησί, διψῇ, ὁ ἱέραξ οὐδέποτε· διὸ σπανιάκις ὁρᾶται πίνων. 98 Ὁ ἱπποπόταμος ἄδικον ζῷον, ὅθεν καὶ ἐν τοῖς ἱερογλυφικοῖς γράμμασιν ἀδικίαν δηλοῖ· τὸν γὰρ πατέρα ἀποκτείνας βιάζεται τὴν μητέρα. 99 Ὁ σοῦχος δίκαιος· ὄνομα δὲ κροκο-

10 ἐπειρᾶτο A : ἐπεπειρᾶτο M ‖ **13** Ἀπαμείας τῆς Bekker *ex cod.* B : ἀπάμας τῆς A ἀπανάστη οὐ M ‖ **23** παρὰ τὸν Νεῖλον A : περὶ τὸν Νεῖλον M ‖ **27** τῆς A : *om.* M ‖ **33** τὰ A^2 *s. v.* M : *om.* A ‖ **35** ἡ A : *om.* M ‖ φησὶ A : *om.* M ‖ διψῇ A : διψᾷ M.

[343 a] espèce de crocodile. Il ne nuit en effet à aucune bête[1].

100. Les douze heures sont marquées par la chatte qui, nuit et jour, urine régulièrement à toutes les heures qu'elle marque comme une horloge. Mais elle compte aussi, dit l'auteur, les jours des lunaisons par ses portées mêmes. La chatte, en effet, a sept petits à sa première portée, six à la deuxième, cinq à la troisième, quatre à la quatrième, trois à la cinquième, puis deux à la sixième et, pour finir, un à la septième et les chatons sont aussi nombreux que la lunaison a de jours[2]. 101. Le « cèbe » — c'est une race de singes — féconde au moment de la conjonction du soleil et de la lune[3]. 102. L'oryx annonce en éternuant le lever de Sothis[4]. 103. Jusqu'au moment où leurs chefs se divisèrent dans une querelle destructrice de citoyens*. 104. Il faisait ses prédictions d'après la vision secrète*. 105. Et la tache lumineuse apparue sur le mur se condensait en quelque sorte et prenait la forme d'un visage réellement divin et surnaturel qui était orné d'agréments, non pas gracieux mais plutôt imposants ; il était toutefois d'une grande beauté et il montrait néanmoins de la douceur dans sa sévérité*. 106. Celui que les Alexandrins honorèrent comme Osiris et Adonis dans leur mystique union divine*. 107. Il y avait, dit-on, dans la nature du philosophe Héraïscus, un instinct qui répugnait aux impuretés de la procréation*. Si donc il entendait n'importe où et n'importe comment parler une femme en état d'impureté, il souffrait aussitôt de la tête. Ainsi, durant sa vie, il eut toujours en lui quelque chose de divin. Quand il fut mort, Asclépiade se disposait à accomplir en son honneur les rites coutumiers pour les prêtres, notamment à envelopper son corps dans les bandelettes d'Osiris ; aussitôt, une lumière

1. A., p. 62, 25 ; Z., p. 142. A., p. 166, note que le crocodile était honoré principalement à Arsinoé, la « ville du crocodile », comme un représentant de la sagesse divine amie de la lumière.

2. A., p. 62, 28 et p. 166-167 ; Z., p. 142.

3. A., p. 63, 1 ; Z., p. 142.

4. A., p. 63, 4 ; Z., p. 142. « Oryx » est le nom d'une antilope de Libye ou d'Égypte aux « cornes de sabre ». A la suite de ce paragraphe 102, les éditeurs situent Ph. 253-255 (Bekker, p. 350 b 32-36 ; *infra*, p. 50).

[343 a] δείλου καὶ εἶδος ὁ σοῦχος. οὐ γὰρ ἀδικεῖ ζῷον οὐδέν. 100 Τὰς δώδεκα ὥρας ἡ αἴλουρος διακρίνει, νύκτας καὶ ἡμέρας οὐροῦσα καθ' ἑκάστην ἀεί, δίκην ὀργάνου τινὸς ὡρογνωμονοῦσα. Ἀλλὰ καὶ τῆς σελήνης, φησίν, ἀπαριθμεῖται τὰ φῶτα τοῖς οἰκείοις γεννήμασι. Καὶ γὰρ τὴν αἴλουρον ζ' μὲν τὸν πρῶτον, ϛ' δὲ τὸν δεύτερον τόκον, τὸν τρίτον ε', καὶ δ' τὸν τέταρτον, καὶ γ' τὸν πέμπτον, ἐφ' οἷς δύο τὸν ἕκτον καὶ ἕνα ἐπὶ πᾶσι τὸν ἕβδομον· καὶ εἶναι τοσαῦτα γεννήματα τῆς αἰλούρου, ὅσα καὶ τὰ τῆς σελήνης φῶτα. 101 Ὁ κῆβος (ἔστι δὲ πιθήκου εἶδος) ἀποσπερμαίνει κατὰ τὴν σύνοδον ἡλίου καὶ σελήνης. 102 Ὁ ὄρυξ τὸ ζῷον πταρνύμενος ἀνατέλλειν διασημαίνει τὴν Σῶθιν. 103 Ἕως οἱ ἡγεμόνες αὐτῶν διέστησαν εἰς ἔριν πολιτοφθόρον.

104 Καὶ προέλεγε κατὰ τὴν ἀπόρρητον θέαν. 105 Ὁ δ' ἐν τῷ τοίχῳ τοῦ φωτὸς φανεὶς ὄγκος οἷον παγεὶς εἰς πρόσωπον διεμορφοῦτο, πρόσωπον ἀτεχνῶς θεσπέσιον δή τι καὶ ὑπερφυές, οὐ γλυκείαις χάρισιν ἀλλὰ βλοσυραῖς ἀγαλλόμενον, κάλλιστον δὲ ὅμως ἰδεῖν καὶ οὐδὲν ἧττον ἐπὶ τῷ βλοσυρῷ τὸ ἤπιον ἐπιδεικνύμενον. 106 Ὃν Ἀλεξανδρεῖς ἐτίμησαν Ὄσιριν ὄντα καὶ Ἄδωνιν κατὰ τὴν μυστικὴν θεοκρασίαν. 107 Ὅτι ἐνῆν, φασί, τῇ τοῦ Ἡραΐσκου τοῦ φιλοσόφου φύσει καί τι τοὺς μολυσμοὺς τῆς γενέσεως ἀναινόμενον· εἰ γοῦν αἴσθοιτο φθεγγομένης ὅπως δὴ καὶ ὅθεν γυναικὸς ἀκαθάρτου τινός, ἤλγει παραχρῆμα τὴν κεφαλήν. Οὕτω μὲν ζῶντι συνῆν ἀεί τι θεοειδές· ἀποθανόντι δὲ ἐπειδὴ τὰ νομιζόμενα τοῖς ἱερεῦσιν ὁ Ἀσκληπιάδης ἀποδιδόναι παρεσκευάζετο, τά τε ἄλλα καὶ τὰς Ὀσιριάδας ἐπὶ τῷ σώματι περιβολάς, αὐτίκα φωτὶ κατελάμπετο πανταχῇ

[343 a] **5** τοῖς οἰκείοις γεννήμασι A : γεννήμασι τοῖς οἰκείοις M ‖ **7** καὶ δ' M : δ τέσσαρα A ‖ **21** Ὄσιριν AM : Σείριον A² ‖ **22** ὅτι M : ὅτι ὁ A ‖ **23** φασί A : φησί M ‖ καί τι AM : καίτοι A² ‖ **24** ἀναινόμενον A : ἀναιρούμενον M ‖ **30** σώματι A : ὄμματι M.

se mit à éclairer de partout les signes secrets tracés sur la toile et, autour d'eux, on voyait des images d'apparitions divines. Ses tout premiers moments furent marqués d'un caractère sacré et mystique. A peine né, il parut à la lumière avec, posé sur les lèvres, le doigt qui enjoint le silence ; c'est ainsi que les légendes égyptiennes racontent la naissance de Horus et, avant celle de Horus, celle du Soleil. Et comme son doigt en se développant [343 b] s'était soudé aux lèvres, il fallut pratiquer une incision et sa lèvre resta toujours fendue, attestant le signe mystérieux qui avait marqué sa naissance. Proclus reconnaissait, dit-on, que Héraïscus lui était supérieur, car ce qu'il savait lui-même, Héraïscus le savait aussi, mais ce que l'autre savait, Proclus l'ignorait [1]. 108. L'auteur dit qu'Anthémius, qui fut empereur des Romains, était un païen, qu'il partageait les idées de Sévère adonné au culte des idoles. Il le fit consul et tous deux auraient eu le dessein secret de restaurer l'odieuse idolâtrie [2]. 109. Damascius prétend qu'Illous et Léonce, que le premier proclama empereur pour l'opposer à Zénon, avaient les mêmes idées et les mêmes desseins à l'égard du paganisme ; c'était Pamprépius qui les y avait entraînés [3]. 110. A propos de Pamprépius, l'auteur note, comme les autres historiens, son goût pour le fantastique, son manque absolu de bonne foi envers ses amis et sa mort violente ; il était Égyptien d'origine, grammairien de métier*. 111. Je n'ai aucun goût pour rapporter une chose dont la véracité n'est pas claire et qui est de nature à susciter l'inimitié*. 112. Je veux maintenant laisser le dieu pythien pour en revenir à Héraïscus l'Eubéen*. 113. Il criait tant qu'il pouvait*. 114. Ses cheveux descen-

1. A., p. 64, 33 ; Z., p. 146.

2. A., p. 65, 31 ; Z., p. 148. Il a déjà été question d'Anthémius et de Sévère au paragraphe 64 (Bekker, p. 340 a 4-27 ; *supra*, p. 21). Dans le texte, les mots τοῦ εἰδώλοις προσανακειμένου (343 b 6) et τὸ τῶν εἰδώλων μύσος (343 b 8) sont évidemment de Photius.

3. A., p. 66, 3 ; Z., p. 150. Ce texte fait allusion à la révolte des Isauriens en 481-488. Sur Illous, cf. J. B. Bury, *Hist. of the later Roman Empire*, t. II, p. 390-398 ; E. Stein, *Hist. du Bas-Empire*, éd. J.-R. Palanque, Paris-Bruxelles, 1949, t. II, p. 28-31.

τῶν σινδόνων ἀπόρρητα διαγράμματα, καὶ περὶ αὐτὰ καθεωρᾶτο φασμάτων εἴδη θεοπρεπῶν. Ἦν δὲ αὐτοῦ καὶ ἡ πρώτη γένεσις ἱερὰ καὶ μυστική. Λέγεται δὲ κατελθεῖν ἀπὸ τῆς μητρὸς εἰς τὸ φῶς ἐπὶ τοῖς χείλεσιν ἔχων τὸν κατασιγάζοντα δάκτυλον, οἷον Αἰγύπτιοι μυθολογοῦσι γενέσθαι τὸν Ὧρον, καὶ πρὸ τοῦ Ὥρου τὸν Ἥλιον. Καὶ ἐπεὶ συνεπεφύκει τοῖς χείλεσιν ὁ δάκτυλος, ἐδεήθη τομῆς, καὶ διέμεινεν ἀεὶ τὸ χεῖλος ὑποτετμη-
[343 b] μένον ἰδεῖν, φανεροῦν τὸ σημεῖον τῆς ἀπορρήτου γενέσεως. Λέγεται δὲ καὶ ὁ Πρόκλος ἑαυτοῦ ἀμείνονα τὸν Ἡραΐσκον ὁμολογεῖν · ἃ μὲν γὰρ αὐτὸς ᾔδει, καὶ ἐκεῖνον εἰδέναι, ἃ δὲ Ἡραΐσκος, οὐκέτι Πρόκλον. 108 Ὅτι Ἀνθέμιον οὗτος τὸν Ῥώμης βασιλεύσαντα ἑλληνόφρονα καὶ ὁμόφρονα Σεβήρου τοῦ εἰδώλοις προσανακειμένου λέγει, ὃν αὐτὸς ὕπατον χειροτονεῖ, καὶ ἀμφοῖν εἶναι κρυφίαν βουλὴν τὸ τῶν εἰδώλων μύσος ἀνανεώσασθαι. 109 Ὅτι καὶ Ἴλλουν οὗτος καὶ Λεόντιον, ὃν ἐκεῖνος ἀντιχειροτονεῖ Ζήνωνι βασιλέα, τὰ αὐτὰ καὶ φρονεῖν καὶ βούλεσθαι πρὸς ἀσέβειαν, Παμπρεπίου πρὸς ταύτην αὐτοὺς ἑλκύσαντος, διατείνεται. 110 Ὅτι περὶ Παμπρεπίου τὸ τερατολόγον καὶ ἀπιστότατον φίλοις, καὶ τὸν βίαιον θάνατον ὁμοίως τοῖς ἄλλοις καὶ αὐτὸς ἱστορεῖ · ἦν δ' Αἰγύπτιος γένος, τέχνην γραμματικὸς ὁ Παμπρέπιος.

111 Οὐκ εἰμὶ πρόθυμος πρᾶγμα λέγειν καὶ ἄδηλον εἰς ἀλήθειαν καὶ πρόχειρον εἰς φιλαπεχθημοσύνην. 112 Βούλομαι δὲ καὶ ἀφεὶς ἤδη τὸν Πύθιον ἐπὶ τὸν Ἡραΐσκον ἐπανελθεῖν τὸν Εὐβοέα. 113 Ἀνεβόα μέγιστον ὅσον. 114 Τῆς κεφαλῆς αἱ κόμαι καθεῖντο μέχρι τῶν ὤμων.

33 καὶ ἡ A : ὁ καὶ ἡ M || **35** τὸν A : *om.* M.

[343 b] **1** φανεροῦν A : φανερὸν M || **2** ἀμείνονα A : ἀμείνω M || **5** οὗτος A : οὕτως M || **6** προσανακειμένου A : ἀνακειμένου M || **8** τὸ τῶν A[2] : τὸ M *quid prius praeb.* A *non liquet* || **10** ἀντιχειροτονεῖ A : χειροτονεῖ M || **12** περὶ A : *om.* M || **13** τερατολόγον M : τε ῥᾷστον A || **15** ὁ Παμπρέπιος A : *om.* M || **19** τὸν Εὐβοέα A[2] : *om.* M *quid prius praeb.* A *non liquet* || ἀνεβόα M : ὢ A.

daient de sa tête jusqu'à ses épaules[1]. 115. Les Phéniciens et les Syriens donnent à Cronos les surnoms de El, Bel et Bolathès[2]. 116. Ils entrèrent dans le courant du Méandre pour traverser le fleuve à la nage, lui-même et Asclépiodote qui avait été autrefois son maître ; le Méandre les saisit dans ses tourbillons et il allait les submerger jusqu'au moment où Asclépiodote revint un instant à la surface, juste assez pour voir le soleil. « Nous allons mourir[3] », dit-il, et il put encore ajouter une parole mystérieuse. Alors, soudain, sans aucune aide visible, ils se retrouvèrent gisants à demi morts sur la berge du fleuve, puis, revenus à eux, ils s'éloignèrent des flots mêmes de l'Hadès. Telle était la puissance divine qu'Asclépiodote, possédait, et cela alors qu'il était encore enchaîné à son corps[4]. 117. Les Cariens appellent cet endroit les « Demeures d'Apollon ». Asclépiodote donc revenait des « Demeures » à Aphrodisias ; le soleil était déjà couché et [344 a] lui vit tout à coup la lune qui se levait comme au moment de la pleine lune quoiqu'elle ne fût pas dans le signe à l'opposé du soleil[5]. 118. Mais cette statue fut aussi détruite par Nécessité qui détruit tout ce qui est vieux[6]. 119. Il était Alexandrin d'origine, né de parents qui ne brillaient pas par les dons de la fortune mais qui, par ailleurs, étaient des gens honnêtes et pieux*. 120. Au sujet de Jacques, le médecin, dont l'ascendance proche était d'Alexandrie* et l'ascendance plus lointaine de Damas, il dit que c'était le fils d'un médecin qui avait pratiqué pendant quarante ans et avait parcouru à peu près le monde entier pour l'exercice et l'étude de son art. Il enseigna la médecine à son fils Jacques pendant le même nombre d'années ; sur ce Jacques, Damascius raconte tout comme d'autres, de nombreuses merveilles et notamment que, pour avoir entendu dire d'une femme

1. A., p. 67, 30 ; Z., p. 154.
2. A., p. 68, 36 ; Z., p. 156.
3. Cette phrase, selon Z., p. 156, note à 116, 6-7, cache un sens mystique : c'est une allusion à quelque initiation à des mystères.
4. A., p. 69, 4 ; Z., p. 156.
5. A., p. 69, 20 ; Z., p. 156.
6. A., p. 69, 28 ; Z., p. 158. A., p. 171, souligne que Damascius rend à plusieurs reprises le sort responsable de la fin du paganisme.

115 Ὅτι Φοίνικες καὶ Σύροι τὸν Κρόνον Ἦλ καὶ Βὴλ καὶ Βωλαθὴν ἐπονομάζουσιν. 116 Ἐνέβησαν μὲν εἰς τὸ ῥεῖθρον τοῦ Μαιάνδρου διανήξασθαι ποταμοῦ αὐτός τε καὶ ὁ Ἀσκληπιόδοτος ὁ πάλαι γεγονὼς παιδαγωγὸς αὐτοῦ· ὁ δὲ σφᾶς ἐν μέσαις ταῖς δίναις ἀπολαβών, ὁ Μαίανδρος, ὑποβρυχίους ἐποίει, ἕως ὁ Ἀσκληπιόδοτος ἐπὶ μικρὸν ἀναδύς, ὅσον θεάσασθαι τὸν ἥλιον, « ἀποθνήσκομεν » ἔφη, καί τι προσθεῖναι καὶ ἀπόρρητον ἠδυνήθη. Τότε δὲ ἐξαίφνης, ἀπ' οὐδεμιᾶς φανερᾶς προμηθείας, ἐπὶ τῆς ὄχθης ἔκειντο τοῦ ποταμοῦ ἡμιθνῆτες· εἶτα ἀνακτησάμενοι τὰς ψυχὰς ἀνεχώρησαν ἐξ αὐτῶν τῶν γε τοῦ Ἅιδου ῥευμάτων. Οὕτως ἔνθεον ἐκτήσατο δύναμιν ὁ Ἀσκληπιόδοτος, καὶ ταῦτα μετὰ τοῦ σώματος ἔτι ὤν. 117 Ἀπόλλωνος αὐλὰς τοῦτο δὴ τὸ χωρίον οἱ Κᾶρες καλοῦσιν. Ὁ Ἀσκληπιόδοτος τοίνυν ἀπὸ τῶν αὐλῶν εἰς Ἀφροδισιάδα οἴκαδε ἐπανερχόμενος, ἤδη μὲν ὁ ἥλιος ἐδεδύκει, ὁ δὲ παραχρῆμα ἀνατέλλουσαν ἐθεάσατο τὴν σελήνην οἷα πανσέληνον οὖσαν [344 a] καίτοι οὐκ ἦν ἐν τῷ διαμετροῦντι ζῳδίῳ τὸν ἥλιον.

118 Ἀλλὰ δὴ καὶ τοῦτο τὸ ἄγαλμα καθεῖλεν ἡ πάντα τὰ ἀρχαῖα καθελοῦσα ἀνάγκη. 119 Ἀλεξανδρεὺς ἦν τὸ γένος, οὐκ ἐπιφανῶν γονέων τὰ ἀπὸ τῆς τύχης, ἐπιεικῶν δὲ ἄλλως καὶ ἱερῶν. 120 Ὅτι περὶ Ἰακώβου τοῦ ἰατροῦ, ὃς ἐγγὺς μὲν τὸ γένος Ἀλεξανδρεὺς ἦν, πορρώτερον δ' ἐκ Δαμασκοῦ, υἱὸς δ' ἰατροῦ μ' ἔτη τῇ πείρᾳ σχολάσαντος καὶ μικροῦ τὴν οἰκουμένην ἐπὶ γυμνασίᾳ καὶ κρίσει τῆς τέχνης ἐπελθόντος, ὃς καὶ τὸν Ἰάκωβον τὴν ἰατρικὴν τὸν παῖδα ἐπὶ ἔτη τὰ ἴσα ἐδιδάξατο· περὶ τοίνυν τοῦδε τοῦ Ἰακώβου, ὥσπερ καὶ ἄλλοι, πολλὰ παράδοξα λέγει, καὶ ὡς ἀκούσας γυναῖκα

22 ἐνέβησαν A : ἀνέβησαν M ‖ 24 ὁ Ἀσκληπιόδοτος A : *om.* M.

[344 a] 1 διαμετροῦντι M : διμετροῦντι A ‖ 2 τὰ A : *om.* M ‖ 6 ὃς A : ὅσον M ‖ 10 τὴν ἰατρικὴν A : τῆς ἰατρικῆς M ‖ ἐδιδάξατο A : ἐδιδάξατο τὴν τέχνην M ‖ 12 πολλὰ A : *om.* M.

qui éternuait trop souvent qu'elle avait perdu toutes ses dents, il aurait, d'après ce seul accident, révélé tout ce qui concernait cette femme : son allure, son teint, la taille de son corps et toutes les caractéristiques naturelles de son âme[1]. 121. Le père de Jacques, après sa longue course par le monde, arriva également à Byzance, dit l'auteur, et il trouva les médecins de cette ville dépourvus de connaissances précises dans leur art ; ils n'avaient aucune expérience personnelle mais ils se fondaient sur l'opinion d'autrui, non pour prodiguer leurs soins mais pour discuter à vide. Père et fils étaient tous deux païens[2]. 122. Ils utilisaient pour combattre les maladies de nombreux remèdes dépuratifs et des bains ; ils n'étaient guère enclins à intervenir par le fer et le feu, mais ils combattaient les ulcères même les plus malins par un régime et ils n'admettaient pas la phlébotomie*. 123. Jacques, quand il soignait les riches, leur persuadait de venir en aide aux malades pauvres et lui-même soignait gratuitement en se contentant de la seule allocation qu'il recevait de la ville*. 124. L'auteur dit : « J'ai vu une statue de Jacques en Athènes et l'homme ne m'a pas paru fort bien fait mais grave et digne*. » 125. Ce Jacques, au cours de son séjour dans Athènes où on l'admirait beaucoup, prescrivit à Proclus souffrant de s'abstenir de chou et de se rassasier de mauve, mais Proclus, respectueux de la règle pythagoricienne, refusa de manger de la mauve*. 126. Asclépiodote n'était pas, sous le rapport des dons naturels, un homme accompli ; ainsi en ont jugé la plupart des gens ; en revanche, il était prompt à objecter mais non très vif pour comprendre et il manquait de suite dans les idées notamment en ce qui concerne les notions relatives au domaine divin qui sont invisibles et intelligibles et qui sont les données par excellence de la [344 b] pensée de Platon*. Et vis-à-vis de la sagesse sublime de l'orphisme et du chaldaïsme qui dépasse le niveau de la

1. A., p. 71, 18 a ; Z., p. 162. Les éditeurs situent ici Ph. 258 (Bekker, p. 350 b 40 ; *infra*, p. 50).

2. A., p. 73, 20 ; Z., p. 166-168. La remarque qui termine le paragraphe est évidemment de Photius.

παρεῖσαν ἀθροώτερον πάντας ἀποβαλεῖν τοὺς ὀδόντας, ἐκ τούτου μόνου τοῦ συμβεβηκότος ἀνειπεῖν τὰ περὶ τῆς γυναικὸς ἅπαντα, εἶδός τε καὶ χρῶμα σώματος καὶ μέγεθος καὶ τῆς ψυχῆς ὅσα φυσικώτερα τῶν ἠθῶν. 121 Ὅτι ὁ τοῦ Ἰακώβου πατὴρ μετὰ τὴν πολλὴν τῆς οἰκουμένης πλάνην ἦλθε καὶ εἰς τὸ Βυζάντιον, φησί, καὶ τοὺς ἐνταῦθα κατέλαβεν ἰατροὺς οὐδὲν ἄρα τῆς τέχνης ἐπισταμένους ἀκριβὲς οὐδὲ αὐτόπειρον ἀλλ' ἀπὸ τῶν ἀλλοτρίων δοξασμάτων οὐ θεραπεύοντας ἀλλὰ φλυαροῦντας. (Ἄμφω δέ, καὶ ὁ παῖς καὶ ὁ φύς, ἀσέβεε ἤστην). 122 Ὅτι ἐχρῶντο κατὰ τῶν νόσων οὗτοι καθαρσίοις πολλοῖς καὶ βαλανείοις, χειρουργεῖν δὲ σιδήρῳ καὶ πυρὶ οὐ λίαν ἦσαν ἕτοιμοι, ἀλλὰ καὶ τὰ μοχθηρότερα τῶν ἑλκῶν διαίτῃ κατηγωνίζοντο· φλεβοτομίαν δ' οὐ προσίετο. 123 Ἔπειθεν ὁ Ἰάκωβος τοὺς πλουσίους ἰατρεύων βοηθεῖν τῇ νοσούσῃ πενίᾳ, καὶ αὐτὸς προῖκα ἰάτρευε, τῷ δημοσίῳ μόνῳ ἀρκούμενος σιτηρεσίῳ. 124 Ὅτι φησὶν ὁ συγγραφεύς· « Εἶδον εἰκόνα τοῦ Ἰακώβου Ἀθήνησι, καί μοι ἔδοξεν ὁ ἀνὴρ εὐφυὴς μὲν οὐ πάνυ εἶναι, σεμνὸς δὲ καὶ ἐμβριθής ». 125 Οὗτος δὲ ὁ Ἰάκωβος Πρόκλῳ νοσοῦντι, ἐν Ἀθήναις διατρίβων καὶ θαυμαζόμενος, προσέταξεν ἀπέχεσθαι μὲν κράμβης, ἐμφορεῖσθαι δὲ τῶν μαλαχῶν· ὁ δὲ κατὰ τὸν Πυθαγόρειον νόμον οὐκ ἠνέσχετο μαλάχης ἐσθίειν. 126 Ἦν δὲ ὁ Ἀσκληπιόδοτος οὐχ ὁλόκληρος τὴν εὐφυΐαν, ὡς τοῖς πλείστοις ἔδοξε τῶν ἀνθρώπων, ἀλλ' ἀπορεῖν μὲν ὀξύτατος, συνεῖναι δὲ οὐ λίαν ἀγχίνους οὐδὲ αὐτὸς ἑαυτῷ ὅμοιος, ἄλλως τε καὶ τὰ θειότερα τῶν πραγμάτων, ὅσα ἀφανῆ [344 b] καὶ νοητὰ καὶ τῆς Πλάτωνος ἐξαίρετα διανοίας. Πρὸς δὲ τὴν Ὀρφικήν τε καὶ Χαλδαϊκὴν τὴν ὑψηλοτέραν

14 μόνου A^{1}M : μόνον A ‖ **22** ἀσέβεε M : ἄβιοι A^{2} *quid prius praeb.* A *non liquet* ‖ **32** οὗτος δὲ A : οὗτος M ‖ **33** Ἀθήναις A : Ἀθηναίοις M ‖ **35** μαλαχῶν A : λαχάνων M ‖ νόμον M : *om.* A ‖ **36** μαλάχης A : μαλάχην M ‖ **40** ὅσα A : *om.* M.

philosophie ordinaire, sa faiblesse était encore plus accusée. Dans l'étude de la nature, au contraire, il était le plus fort de ses contemporains ; il en allait de même pour les mathématiques et c'est par là qu'il s'attira le renom de grand génie même dans les autres domaines. Sur le terrain de la morale et de la vertu, il tentait toujours des innovations et il essayait de réduire la connaissance aux choses d'ici-bas et aux phénomènes visibles, sans faire sienne, pour ainsi dire, aucune des idées anciennes mais en refoulant ensemble tous les problèmes pour les ramener au niveau de la nature du monde qui nous entoure[1]. 127. Malgré ses dons remarquables pour la musique, Asclépiodote ne réussit pas à ressusciter le genre *enharmonique* qui avait cessé d'être vivant (à son époque). Et pourtant, il y avait réussi pour les deux autres genres, le *chromatique* — comme on dit — et le *diatonique* ; il avait pour cela pratiqué la division (du monocorde) et fait sonner la corde en la grattant. Mais l'enharmonique, il ne le retrouva pas bien qu'il eût fait insensiblement glisser, et cela à différentes places, jusqu'à deux cent vingts chevalets, comme il disait. S'il ne l'a pas retrouvé, la cause en est dans la dimension très réduite des intervalles qui caractérisent l'enharmonique — il s'agit d'un intervalle appelé « diesis ». Notre oreille a cessé de percevoir cet intervalle sorti de l'usage et cela a entraîné la disparition de tout le genre enharmonique*. 128. Initié à la médecine par Jacques, Asclépiodote, tout en marchant sur ses traces, le surpassa dans certains domaines ; en effet, il remit en pratique l'emploi de l'ellébore blanc, perdu depuis longtemps et que Jacques lui-même n'avait pas sauvé ; au moyen de ce remède, il guérit contre toute attente des maladies incurables[2]. 129. Asclépiodote, parmi les médecins d'époque récente, ne reconnaissait de valeur qu'à Jacques et, parmi les anciens, après Hippocrate, au Ciclicien Soranus de Mallos[3]. 130. Donc, Asclépiodote, ayant épousé la pudique et peu raisonnable Damianè,

1. A., p. 75, 5 ; Z., p. 170.
2. A., p. 76, 32 a ; Z., p. 174.
3. A., p. 77, 1 b ; Z., p. 174. Après ce paragraphe 129, les éditeurs situent Ph. 259 (Bekker, p. 351 a 1-3 ; *infra*, p. 50).

σοφίαν, καὶ τὸν κοινὸν φιλοσοφίας νοῦν ὑπεραίρουσαν, ἔτι μᾶλλον ἐλείπετο. Πρὸς δὲ φυσιολογίαν τῶν καθ' ἑαυτὸν πάντων ἦν ἐρρωμενέστατος · ὡσαύτως καὶ ἐν τοῖς μαθήμασιν, ἀφ' ὧν καὶ ἐπὶ τὰ ἄλλα τὸ μέγα τῆς φύσεως ἀπηνέγκατο κλέος. Ἐν τοῖς περὶ ἠθῶν δὲ καὶ ἀρετῶν, ἀεί τι καινουργεῖν ἐπεχείρει, καὶ πρὸς τὰ κάτω καὶ τὰ φαινόμενα συστέλλειν τὴν θεωρίαν, οὐδὲν μὲν (ὡς ἔπος εἰπεῖν) τῶν ἀρχαίων νοημάτων ἀποικονομούμενος, πάντα δὲ συνωθῶν καὶ κατάγων εἰς τήνδε τὴν φύσιν τὴν περικόσμιον. 127 Ὅτι εὐφυέστατος ὁ Ἀσκληπιόδοτος περὶ μουσικὴν γεγονώς, τὸ ἐναρμόνιον γένος ἀπολωλὸς οὐχ οἷός τε ἐγένετο ἀνασώσασθαι, καίτοι ἄλλα δύο γένη κατατεμὼν καὶ ἀνακρουσάμενος, τό τε χρωματικὸν ὀνομαζόμενον καὶ τὸ διατονικόν. Τὸ δὲ ἐναρμόνιον οὐχ εὗρε καίτοι μαγάδας, ὡς ἔλεγεν, ὑπαλλάξας καὶ μεταθεὶς οὐκ ἐλάττους εἴκοσι καὶ διακοσίων. Αἴτιον δὲ τῆς μὴ εὑρέσεως τὸ ἐλάχιστον μέτρον τῶν ἐναρμονίων διαστημάτων, ὅπερ δίεσιν ὀνομάζουσι. Τοῦτο δὴ ἀπολωλὸς ἐκ τῆς ἡμετέρας αἰσθήσεως καὶ τὸ ἄλλο γένος τὸ ἐναρμόνιον προσαπώλεσεν. 128 Ὅτι Ἰακώβῳ τὰ κατὰ τὴν ἰατρικὴν μαθητευθεὶς ὁ Ἀσκληπιόδοτος, καὶ κατ' ἴχνη βαίνων ἐκείνου, ἔστιν οἷς καὶ ὑπερεβάλετο · καὶ γὰρ καὶ τοῦ λευκοῦ ἐλλεβόρου πάλαι τὴν χρῆσιν ἀπολωλυῖαν καὶ μηδ' Ἰακώβῳ ἀνασωθεῖσαν αὐτὸς ἀνεκαίνισε, καὶ δι' αὐτοῦ ἀνιάτους νόσους παραδόξως ἐξιάσατο. 129 Ὅτι ὁ Ἀσκληπιόδοτος τῶν μὲν νεωτέρων ἰατρῶν τὸν Ἰάκωβον μόνον ἀπεδέχετο, τῶν δὲ πρεσβυτέρων μετὰ τὸν Ἱπποκράτην Σωρανὸν τὸν Κίλικα τὸν Μαλλώτην. 130 Τοιγάρτοι καὶ ἀπετέλεσεν ὁ Ἀσκληπιόδοτος τὴν Δαμιανὴν αἰδημονεστάτην καὶ παράλογον

[344 b] **9** τὰ M : *om.* A || **17** ὑπαλλάξας A : ἀπαλλάξας M || **22** προσαπώλεσεν A : ἀπώλεσεν M || **24** ὑπερεβάλετο Bekker : ὑπερεβάλλετο *codd.* || **25** ἐλλεβόρου A : ἐλεβόρου M² ἐλεφόρου M *ut vid.* || **27** ἐξιάσατο A : ἰάσατο M || **31** Μαλλώτην Zintzen : Μαλεώτην *codd.*

fit d'elle une compagne pleine de bon sens et d'énergie pour la gestion de sa maison tout comme elle était sage et ferme dans la vie commune[1].

131. A Hiérapolis, en Phrygie, il y avait un temple d'Apollon et, sous ce temple, descendait un couloir souterrain qui exhalait des vapeurs mortelles[2]. Il est impossible de passer sans danger même par-dessus ce gouffre, impossible même pour les oiseaux : tout être qui parvient dans ses parages meurt. Mais, dit l'auteur, [345 a] il était possible aux initiés de descendre dans la crevasse même et d'y séjourner sans dommage. L'auteur dit que lui-même et le philosophe Dorus, entraînés par la curiosité, y descendirent et en remontèrent indemmes. L'auteur dit : « Je m'étais alors endormi à Hiérapolis et il me sembla en songe que j'étais Attis et que, sur l'ordre de la Mère des dieux, je célébrais ce qu'on appelle la fête des Hilaries[3]; ce songe signifiait notre libération des enfers. De retour à Aphrodisias, je racontai à Asclépiodote la vision que j'avais eue en songe. Et lui, plein d'admiration pour ce qui m'était arrivé, me raconta non « un songe pour un songe », mais une grande merveille en échange d'une petite. Il disait en effet que, dans sa jeunesse, il était allé à cet endroit et en avait étudié la nature. Il avait enroulé deux et trois fois son manteau devant ses narines afin, même en cas de fréquentes inspirations, d'aspirer non pas l'air vicié et délétère, mais l'air pur et salutaire qu'il avait apporté du dehors capté dans son manteau. En procédant ainsi, il était entré dans la descente en suivant le courant des eaux chaudes qui en sort et cela sur la plus grande longueur de l'inaccessible crevasse; toutefois, il n'avait pas atteint le bas de la descente, car l'accès du fond était déjà coupé par l'abondance des eaux et le passage était impossible à un homme ordinaire, mais le « des-

1. A., p. 78, 3 ; Z., p. 176.
2. On l'appelait « Ploutoneion » ou « Chairôneion » et on croyait que c'était l'entrée de l'Hadès. Cf. A., p. 174.
3. Fête en l'honneur d'Attis retrouvé. Cf. A., p. 175.

οὖσαν, τὴν ἑαυτοῦ γαμετὴν ὑψηλόφρονα καὶ ἀνδρόβουλον εἰς οἰκονομίαν, ὥσπερ σώφρονα καὶ ἄθρυπτον εἰς συμβίωσιν. 131 Ὅτι ἐν Ἱεραπόλει τῆς Φρυγίας ἱερὸν ἦν Ἀπόλλωνος, ὑπὸ δὲ τὸν ναὸν καταβάσιον ὑπέκειτο θανασίμους ἀναπνοὰς παρεχόμενον. Τοῦτον τὸν βόθρον οὐδ' ἄνωθέν ἐστιν ἀκίνδυνον οὐδὲ τοῖς πτηνοῖς τῶν ζῴων διελθεῖν, ἀλλ' ὅσα κατ' αὐτὸν γίνεται, ἀπόλλυται. Τοῖς δὲ τετελεσμένοις, φησί, δυνατὸν ἦν [345 a] κατιόντας καὶ εἰς αὐτὸν τὸν μυχὸν ἀβλαβῶς διάγειν. Λέγει δ' ὁ συγγραφεὺς ὡς αὐτός τε καὶ Δῶρος ὁ φιλόσοφος, ὑπὸ προθυμίας ἐκνικηθέντες, κατέβησάν τε καὶ ἀπαθεῖς κακῶν ἀνέβησαν. Λέγει δ' ὁ συγγραφεὺς ὅτι « Τότε τῇ Ἱεραπόλει ἐγκαθευδήσας ἐδόκουν ὄναρ ὁ Ἄττης γενέσθαι, καί μοι ἐπιτελεῖσθαι παρὰ τῆς μητρὸς τῶν θεῶν τὴν τῶν Ἱλαρίων καλουμένων ἑορτήν· ὅπερ ἐδήλου τὴν ἐξ Ἅιδου γεγονυῖαν ἡμῶν σωτηρίαν. Διηγησάμην δὲ τῷ Ἀσκληπιοδότῳ, ἐπανελθὼν εἰς Ἀφροδισιάδα, τὴν τοῦ ὀνείρου ὄψιν. Ὁ δὲ ἐθαύμασέ τε τὸ συμβεβηκός, καὶ διηγήσατο οὐκ ὄναρ ἀντὶ ὀνείρατος, ἀλλὰ θαῦμα μεῖζον ἀντὶ ἐλάττονος. Νεώτερος γὰρ ἔλεγεν εἰς τὸ χωρίον ἐλθεῖν τοῦτο καὶ ἀποπειραθῆναι αὐτοῦ τῆς φύσεως. Δὶς οὖν καὶ τρὶς ἐπιπτύξας τὸ ἱμάτιον περὶ τὰς ῥῖνας ἵνα, κἂν ἀναπνέῃ πολλάκις, μὴ τὸ διεφθαρμένον καὶ λυμαντικὸν ἀέρα ἀναπνῇ, ἀλλὰ τὸν ἀπαθῆ καὶ σωτήριον, ὃν ἔξωθεν εἰσήγαγε παραλαβὼν ἐν τῷ ἱματίῳ, οὕτω πράξας εἰσῄει τε ἐν τῇ καταδύσει, τῇ ἐκροῇ τῶν θερμῶν ὑδάτων ἐπακολουθῶν, ἐπὶ πλεῖστον τοῦ ἀβάτου μυχοῦ, οὐ μὴν εἰς τέλος ἀφίκετο τῆς καταβάσεως· ἡ γὰρ εἴσοδος ἀπερρώγει πρὸς βάθος ἤδη πολὺ τῶν ὑδάτων, καὶ ἀνθρώπῳ γε οὐ διαβατὸν ἦν,

[345 a] **7** τὴν A : *om.* M ‖ καλουμένων M : καλουμένην A ‖ **14** οὖν A[2] *s. v.* M : *om.* A ‖ **21** ἀπερρώγει M : ἀπερράγη A[2] ἀπεράγει A ‖ βάθος A : τὸ βάθος M.

cendeur[1] » possédé par la divinité était porté jusqu'au fond. Asclépiodote donc remonta de ce lieu sans dommage grâce à son ingéniosité[2] ; plus tard, il tenta même d'obtenir au moyen d'ingrédients divers de l'air pareil à l'exhalaison mortelle[3] ». 132. Autre est le domaine des philosophes, autre celui des prêtres ; ils sont aussi séparés que « les territoires des Mysiens et ceux des Phrygiens[4] » comme on dit. Cependant Patricius osa, en enfreignant la règle philosophique, se lancer dans l'autre domaine*. 133. Et elle dit : je suis paysanne et de mœurs campagnardes*. 134. Il s'éveilla, s'appuya du coude sur son lit et dit*... 135. Il était distingué et d'un commerce agréable non seulement avec des gens sérieux mais parfois aussi avec des gens qui plaisantaient, de sorte qu'il était très agréable à ceux qui l'approchaient, en plus du bien qu'il leur faisait*. 136. Il appelait le dieu à l'aide dans les douleurs atroces que les évacuations lui provoquaient à l'anus*. 137. Il amenait avec lui sa femme qui se trouvait sur le point d'accoucher*. 138. Tandis qu'il était étendu sur son lit, il lui arriva soudain de voir la Justice : c'était une élégante jeune fille vêtue d'une tunique courte de couleur vert pomme ornée [345 b] de larges bandes de pourpre ; elle avait la tête ceinte d'un bandeau, elle ne portait pas de manteau et elle avait une certaine sévérité dans le regard et fronçait le sourcil non pas à son adresse, mais en direction de l'entrée*. 139. Le philosophe Asclépiodote, disciple de Proclus, lisait, dit l'auteur, des caractères d'écriture dans une obscurité profonde et sans lumière, et il identifiait les gens qui étaient là*. 140. Une tête de serpent tomba un jour en Carie dans le champ du Carien Pythéas et on l'apporta à Pythéas ; Isidore disait l'avoir vue et elle avait la grosseur d'une énorme tête de taureau.

1. Je mets entre guillemets ce mot employé à défaut d'autre pour marquer que je me rends compte de l'insuffisance de ce néologisme sportif en face du mot qui a, dans ce contexte, un sens religieux.

2. On met en parallèle avec cette phrase Ph. 260-262 (Bekker, p. 351 a 3-5 ; *infra*, p. 50).

3. A., p. 78, 3 ; Z., p. 176-178.

4. Sur le caractère proverbial de l'expression, cf. A., p. 175.

ἀλλ' ὁ καταιβάτης ἐνθουσιῶν ἐφέρετο μέχρι τοῦ πέρατος. Ὁ μέντοι Ἀσκληπιόδοτος ἐκεῖθεν ἀνῆλθε σοφίᾳ τῇ αὐτοῦ κακῶν ἀπαθής· ἀλλὰ καὶ πνοὴν παραπλησίαν ὕστερον τῇ θανασίμῳ ἐκ διαφόρων εἰδῶν κατασκευασάμενος ἐμηχανήσατο ». 132 Χωρὶς τὰ φιλοσόφων καὶ τὰ τῶν ἱερέων ὁρίσματα, οὐδὲν ἧττον ἢ τὰ λεγόμενα Μυσῶν καὶ Φρυγῶν. Ἀλλ' ὅμως ὁ Πατρίκιος ἐτόλμησε, παρὰ νόμον τὸν φιλοσοφίας, ἐπὶ ταῦτα ῥυείς.

133 Ἡ δὲ ἔφη, ἐγὼ χωρῖτίς εἰμι καὶ ἄγροικος. 134 Ἀλλὰ διαναστὰς ἀπὸ τοῦ ὕπνου καὶ διαγκωνισάμενος ἐπὶ τοῦ σκίμποδος ἔφη. 135 Ἀστεῖός τε ἦν καὶ εὐόμιλος, οὐ μόνον πρὸς τὴν σπουδάζουσαν, ἀλλὰ καὶ πρὸς τὴν παίζουσαν ἐνίοτε συνουσίαν, ὥστε καὶ ἥδιστος εἶναι τοῖς πλησιάζουσι πρὸς τῷ ὠφελίμῳ. 136 Τὸν θεὸν προὐκαλεῖτο ἐπὶ πάθει περιωδύνῳ τῆς τῶν ὀπισθίων ὀχετῶν ἀφέσεως. 137 Ἐπίτεκα οὖσαν τὴν γαμετὴν συνεπῆγεν.

138 Ἐπὶ τῆς κλίνης ἀνακειμένῳ ἐξαπίνης τὴν Δίκην ἰδεῖν συνέβη, λαμπρὰν κόρην, εὔζωνον, κολοβὸν χι-
[345 b] τῶνα μηλινόχρουν ἀνεζωσμένην, πορφυροῖς πλατέσι σημαδίοις κεκοσμημένον, ἀναδεδεμένην μὲν τὴν κεφαλὴν ἀναδέσμῃ, γυμνὴν δὲ περιβολαίου, βλοσυρόν τι ὁρῶσαν καὶ συνωφρυωμένον, οὔτι γε πρὸς αὐτὸν ἀλλὰ πρὸς τὴν εἴσοδον. 139 Ὅτι Ἀσκληπιόδοτος ὁ φιλόσοφος, ὁ Πρόκλου μαθητής, ἐν σκότῳ βαθεῖ γράμματά τε ἀνεγίνωσκε, φησίν, ἄνευ φωτὸς καὶ τοὺς παρόντας τῶν ἀνθρώπων διεγίνωσκεν. 140 Κεφαλὴν γοῦν ποτὲ δρακοντείαν ἐν Καρίᾳ εἰς ἀγρὸν πεσοῦσαν Πυθέου τοῦ Καρός, ἐνεχθεῖσαν δὲ αὐτῷ τῷ Πυθέᾳ, καὶ αὐτὸς ἔφη θεάσασθαι μέγεθος οὖσαν ταύρου μεγίστου κατὰ

23 καταιβάτης A² : καταβάτης M κατεβάτης A ‖ **25** αὑτοῦ *edd.* : αὐτοῦ *codd.* ‖ **36** προὐκαλεῖτο A² : προκαλεῖτο M *quid prius praeb.* A *non liquet* ‖ **37** ὀπισθίων A²M : πυθίων A *ut vid.* ‖ **38** ἐπίτεκα *edd.* : ἐπίτοκα AM ἔπειτα A² *malim* ἐπίτοκον ‖ οὖσαν AM : κλάουσαν A².

[345 b] **5** πρὸς A : καὶ M ‖ **7** φησὶν A : *om.* M ‖ **8** γοῦν A : δὲ M.

Asclépiodote aurait même vu entre ciel et terre un serpent vivant ; il était immobile dans le ciel nuageux et, pris par le vent dans l'épaisseur des nuages, il restait sans bouger, étendu de tout son long, comme une longue perche ; Asclépiodote, quand il le vit, le montra même aux gens qui étaient là puis, comme les nuages se faisaient plus denses, le monstre disparut[1]. 141. Le successeur de Proclus, Marinus, était, dit l'auteur, originaire de Néapolis en Palestine, ville située dans le voisinage du mont Argarizos[2]. Ensuite, notre impie ajoute en blasphémant : « Sur lequel avait été érigé un temple vénérable de Zeus le Très-Haut à qui Abraham, l'ancêtre des anciens Hébreux, s'était consacré, comme le disait Marinus lui-même ». Marinus donc, qui avait d'abord été Samaritain, rejeta cette foi parce qu'elle était une déviation de la religion d'Abraham et il s'attacha à celle des Hellènes[3]. 142. Néanmoins, par son amour du travail et son application à des tâches continuelles, Marinus éclipsa par son propre renom la gloire de beaucoup de gens mieux doués et plus âgés que lui[4]. 143. Isidore ne permettait pas qu'on interrogeât Marinus gêné par sa faiblesse physique de peur qu'on ne l'importunât[5].

144. Toutefois Marinus, d'après ses entretiens et d'après ses écrits — lesquels sont peu nombreux — montrait qu'il ne moissonnait pas au sillon profond d'où germent les vues savantes sur la nature des êtres*. 145. Ptolémée, le meilleur guide dans la science de la contemplation des astres*. 146. Il mettait par écrit les opinions des commentateurs et, en prévision de la perte de mémoire qu'amène la vieillesse, selon le mot de Platon, il gardait en réserve un trésor de notes à son propre [346 a] usage*. 147. Et voyant l'épuisement de son corps, Proclus craignait pour le jeune homme*. 148. Et le mort,

1. A., p. 140, 36 a ; Z., p. 194. Après ce paragraphe 140, les éditeurs situent Ph. 272-274 (Bekker, p. 351 a 25-30 ; *infra*, p. 51).
2. Néapolis en Palestine = Samarie et l'Argarizos est le mont Garizim.
3. A., p. 87, 28 ; Z., p. 196.
4. A., p. 88, 16 ; Z., p. 196.
5. A., p. 88, 26 ; Z., p. 196.

κεφαλήν. Ἰδεῖν δὲ τὸν Ἀσκληπιόδοτον καὶ ζῶντα δράκοντα μετέωρον ἐν ἀέρι συννεφεῖ πεπηγότα καὶ συνειλημμένον ὑπὸ τοῦ πνεύματος, ἐν τῇ πυκνότητι τῶν νεφῶν ἀκίνητον ἑστῶτα, ὅσον δὴ κοντόν τινα μέγαν ἀποτεταμένον · ἰδεῖν τε τοῦτον, καὶ ἐπιδεῖξαι καὶ τοῖς παροῦσι, πυκνωθέντων δὲ ἐπὶ μᾶλλον τῶν νεφῶν ἀφανισθῆναι τὸ θήριον. 141 Ὅτι ὁ διάδοχος Πρόκλου, φησίν, ὁ Μαρῖνος, γένος ἦν ἀπὸ τῆς ἐν Παλαιστίνῃ Νέας Πόλεως, πρὸς ὄρει κατῳκισμένης τῷ Ἀργαρίζῳ καλουμένῳ. Εἶτα, βλασφημῶν ὁ δυσσεβὴς φησιν ὁ συγγραφεύς · « Ἐν ᾧ Διὸς ὑψίστου ἁγιώτατον ἱερόν, ᾧ καθιέρωτο Ἄβραμος ὁ τῶν πάλαι Ἑβραίων πρόγονος, ὡς αὐτὸς ἔλεγεν ὁ Μαρῖνος ». Σαμαρείτης οὖν τὸ ἀπ' ἀρχῆς ὁ Μαρῖνος γεγονὼς ἀπετάξατο μὲν πρὸς τὴν ἐκείνων δόξαν, ἅτε εἰς καινοτομίαν ἀπὸ τῆς Ἀβράμου θρησκείας ἀπορρυεῖσαν, τὰ δὲ Ἑλλήνων ἠγάπησεν. 142 Ὅμως φιλοπονίᾳ τε καὶ ἀτρύτοις πόνοις ἐγκείμενος εὐφυεστέρων ἤδη πολλῶν καὶ τῶν πρεσβυτέρων κατέχωσε δόξας τῷ ἑαυτοῦ ὀνόματι ὁ Μαρῖνος.

143 Οὐκ εἴα δὲ αὐτὸν ἐρωτᾶν ὁ Ἰσίδωρος ἀσθενείᾳ σώματος ἐνοχλούμενον, εὐλαβείᾳ τοῦ ὀχλώδους. 144 Πλὴν ὁ Μαρῖνος ἐξ ὧν τε διελέγετο καὶ ἐξ ὧν ἔγραψεν (ὀλίγα δὲ ταῦτά ἐστι) δῆλος ἦν οὐ βαθεῖαν αὖλακα τῶν νοημάτων καρπούμενος, ἐξ ὧν τὰ σοφὰ βλαστάνει θεάματα τῆς τῶν ὄντων φύσεως. 145 Ὁ ἄριστος ἡγεμὼν Πτολεμαῖος τῆς ἀστροθεάμονος ἐπιστήμης.

146 Τὰ ἀρέσκοντα τοῖς ἐξηγηταῖς ἀπεγράφετο, εἰς τὸ τῆς λήθης γῆρας, ὡς ἔφη Πλάτων, ὑπομνήματα καταλιπὼν ἑαυτῷ καὶ ἀποθησαυριζόμενος. 147 Καὶ τὴν [346 a] τοῦ σώματος ἀπορροὴν βλέπων ὁ Πρόκλος ἐδεδίει περὶ τῷ νεανίσκῳ. 148 Ὁ τοίνυν τεθνηκώς, ὁ εὐτυχὴς οὖ-

12 ἰδεῖν A²M : *quid prius praeb.* A *non liquet* || 17 ἐπὶ A¹ *s. v.* M : *om.* A || 27 θρησκείας A : θυσίας M || 33 τε A : *om.* M.

celui qui est heureux maintenant, je veux dire son âme et l'image de son âme, se présentèrent à moi nettement tandis que j'étais installé sur ce lit[1]. 149. On n'a pas le droit de refuser créance au récit : il est attesté par la vision bien distincte du sage qui est notre maître ; il l'est par ce qu'en a entendu celui qui vient en second lieu après lui pour garantir la vérité ; au troisième degré, il aboutit au présent écrit sous la garantie véridique de mon message[2]. 150. Et Proclus ajoutait aux espoirs qu'on mettait en lui de ne pas voir mésestimer Platon ni mépriser le jugement de Jamblique ou celui de Plutarque et de n'avoir pas d'ambition plus haute que celle d'être utile à la communauté. Mais plus la grandeur de la succession se faisait sentir dans ses propos, plus Isidore était porté à croire qu'il avait assumé une charge plus lourde que celle qu'il pouvait porter[3]. 151. Proclus craignait pour la véritable « chaîne d'or » de Platon qu'elle ne quittât la cité d'Athéna[4]. 152. Il craignait pour Marinus à cause de sa faiblesse physique[5]. 153. Un véritable amour de la philosophie s'implante en lui ; il rompt tout lien terrestre, foule aux pieds toute espérance d'honneurs aussi bien que de richesse et il arrive à Athènes[6]. 154. Mais tel fut aussi, raconte-t-on, le philosophe Zénodote, seul digne d'être appelé le mignon de Proclus : c'est sur lui qu'il fondait les plus grandes espérances[7]. 155. Et à son égard, nul n'était ni suffisant ni grossier ni arrogant en l'abordant*. 156. Par sa noblesse de vieille souche, par ses manières de grand seigneur et par le zèle et le soin manifestes qu'il avait pour l'éloquence*.

157. En effet, vis-à-vis des autres appelés au grand conseil, Théagène n'était pas seulement un homme supé-

1. A., p. 90, 25 ; Z., p. 202.
2. A., p. 90, 30 ; Z., p. 200. Pour ce dernier, le κορυφαῖος est Proclus, le δεύτερος, Isidore, et le τρίτος ἐν τῷ βήματι, Damascius.
3. A., p. 91, 5 ; Z., p. 204.
4. A., p. 91, 33 ; Z., p. 206. La « chaîne d'or », c'est l'Académie.
5. A., p. 91, 34 ; Z., p. 206. Cf. Ph. 147 (Bekker, p. 345 b 40-346 a 1 ; *supra*, p. 36).
6. A., p. 92, 4 ; Z., p. 206.
7. A., p. 92, 12 ; Z., p. 206. Sur Zénodote, cf. Zeller, *Phil. der Gr.*, III, 2, 1903, p. 90.

τος νῦν, ἡ ψυχή φημι καὶ τὸ τῆς ψυχῆς εἴδωλον, παρέστη μοι ἀναφανδὸν ἐπὶ τοῦδε τοῦ σκίμποδος ἀνακειμένῳ. 149 Ἀπιστεῖν δὲ οὐ δίκαιον τῷ λόγῳ βεβαιουμένῳ θέᾳ τε ἐναργεῖ τοῦ κορυφαίου σοφοῦ καὶ ἀκοῇ προσφάτῳ, τοῦ δευτέρου μετ' ἐκεῖνον πρὸς ἀλήθειαν, καὶ ἔτι τῷ τρίτῳ βήματι καὶ εἰς ταύτην καταβεβηκότι τὴν συγγραφὴν ὑπὸ τῇ φιλαλήθει πομπῇ τῆς ἐμῆς ἀγγελίας. 150 Καὶ ὁ Πρόκλος ἐπεδίδου ταῖς εἰς αὐτὸν ὁρώσαις ἐλπίσι μηδὲ τὸ τοῦ Πλάτωνος ἀτιμάζειν ἀξίωμα, μηδὲ τὴν Ἰαμβλίχου κρίσιν μηδὲ τὴν Πλουτάρχου κατανωτίζεσθαι, μηδ' αὖ μεῖζον φρονεῖν τῆς κοινωφελοῦς προαιρέσεως. Ἀλλ' ὅσῳ ηὔξετο τῆς διαδοχῆς τὸ μέγεθος ἐν τῷ λόγῳ, τοσούτῳ μᾶλλον ὁ Ἰσίδωρος πρὸς τὴν πειθὼ συνεστέλλετο μεῖζόν γε ὂν ἢ καθ' ἑαυτὸν ἄρασθαι φορτίον. 151 Δεδιὼς δ' ὁ Πρόκλος περὶ τῇ Πλάτωνος χρυσῇ τῷ ὄντι σειρᾷ, μὴ ἡμῖν ἀπολίπῃ τὴν πόλιν τῆς Ἀθηνᾶς. 152 Δεδιὼς δὲ ἐπὶ τῷ Μαρίνῳ διὰ τὴν τοῦ σώματος ἀσθένειαν. 153 Ἀληθινὸς ἔρως ἐμφυτεύεται φιλοσοφίας· καὶ πάντα γηγενῆ δεσμὸν ἀπορρήξας, ἐλπίδας τε πάσας ὁμοῦ τιμῶν τε καὶ χρημάτων καταπατήσας, ἀφικνεῖται Ἀθήναζε. 154 Ἀλλά γε τοιοῦτος καὶ ὁ φιλόσοφος ἱστορεῖται Ζηνόδοτος, παιδικὰ τοῦ Πρόκλου καλεῖσθαι μόνος ἀξιωθείς, ἐφ' ᾧ δὴ καὶ τὰς μάλιστα ἐπεῖχεν ἐλπίδας. 155 Καὶ οὐκ ἦν τις ἄρα πρὸς αὐτὸν ἀλαζὼν οὐδὲ σκαιὸς οὐδὲ σοβαρὸς τὴν ἔντευξιν. 156 Τῇ τε ἐξ ἀρχῆς εὐγενείᾳ καὶ τῇ μεγαλειότητι τῶν τρόπων καὶ τῇ περὶ λόγους διαφανεῖ σπουδῇ τε καὶ ἐπιμελείᾳ. 157 Πρὸς γάρ τοι τοὺς ἄλλους τοὺς εἰς βουλὴν τὴν μεγάλην συγκαλουμένους οὐ μόνον τὰ ἄλλα διαφέρων ἄνθρωπος ἦν

[346 a] **7** δευτέρου M : δ' ἑτέρου A || μετ' ἐκεῖνον πρὸς ἀλήθειαν A : πρὸς ἀλήθειαν μετ' ἐκεῖνον M || **14** διαδοχῆς A : διαγωγῆς M || **15** τὸ A : *om.* M || **18** ἀπολίπῃ M : ἀπολείπει A || **23** ὁ M : *om.* A || **24** ἱστορεῖται A : ἱστορείσθω M || **25-26** ἐφ' ᾧ — οὐκ ἦν M : *om.* A || **29** τε M : *om.* A || **30** εἰς M *et* A *ut vid.* : τῆς A[2].

rieur mais aussi, dans un certain sens, un philosophe[1]. 158. Les biens que possédaient les successeurs de Platon n'avaient pas pour origine, comme la plupart des gens le croient, la fortune de Platon. Platon, en effet, était pauvre et ne possédait que le jardin de l'Académie dont le revenu était de trois sous d'or ; le revenu de leur fortune totale était de mille sous ou davantage sous Proclus parce que beaucoup de gens, en mourant, léguaient [346 b] leurs biens à l'école[2]. 159. Retournons désormais notre proue vers le propos que nous avions abandonné. 160. Asclépiodote était paré de tout ce qui fait l'éclat d'une vie ; l'autre, Isidore, n'avait aucun de ces avantages, lui qui ne pouvait se prévaloir d'une alliance mais qui n'était qu'un vrai philosophe ; tous deux allaient s'élevant : l'un étant d'une nature droite ; l'autre, Asclépiodote, gendre du grand Asclépiodote dont il avait déjà épousé la fille, étant d'une minutieuse exactitude[3]. 161. Source qui donne une eau sacrée et bonne à boire*. 162. En sorte qu'un poète aurait dit de sa bouche et de tout son visage que les Grâces elles-mêmes en avaient fait leur demeure*. 163. Car si eux-mêmes éprouvaient quelque difficulté, ils allaient aussitôt chez lui en amis qui vont chez un ami*. 164. Isidore différait beaucoup d'Hypatie, non seulement comme un homme diffère d'une femme, mais comme un vrai philosophe diffère d'une femme versée en géométrie*.

165. Sévérien était d'un caractère énergique et, dans sa hâte à réaliser tout ce à quoi il pensait, l'action, chez lui, devançait la réflexion et, de ce fait, sa vie connut plus d'un échec*. 166. Car il n'était pas possible de progresser aisément ni d'avancer coudée par coudée comme Théodore d'Asina le fit sous la direction de Porphyre*.

1. A., p. 94, 1 b ; Z., p. 210. Sur le personnage, cf. Ensslin, s. v. *Theagenes*, n. 7, *R. E.*, 2e sér., t. V, 1934, col. 1346-1347. C'est de lui qu'il s'agissait déjà en Ph. 155 et 156 (Bekker, p. 346 a 26-29 ; *supra*, p. 37).

2. A., p. 94, 19 ; Z., p. 212. Sur l'appréciation de ce revenu, cf. Saffrey-Westerink, p. xiv, note 3. Après ce paragraphe 158, les éditeurs situent Ph. 277 (Bekker, p. 351 a 3739. ; *infra*, p. 51).

3. A., p. 95, 13 ; Z., p. 212. J'adopte pour ce passage la reconstitution de Z. Le second Asclépiodote ne semble connu que par ce texte à la suite duquel on place Ph. 278 (Bekker, p. 351 a 39-b 1 ; *infra*, p. 51).

ὁ Θεαγένης, ἀλλ' ἤδη τις καὶ φιλόσοφος. 158 Ἡ τῶν διαδόχων οὐσία οὐχ ὡς οἱ πολλοὶ νομίζουσι Πλάτωνος ἦν τὸ ἀνέκαθεν· πένης γὰρ ἦν ὁ Πλάτων, καὶ μόνον τὸν ἐν Ἀκαδημίᾳ ἐκέκτητο κῆπον, οὗ ἡ πρόσοδος νομισμάτων τριῶν, ἡ δὲ τῆς οὐσίας ὅλης χιλίων ἢ καὶ ἔτι πλειόνων ὑπῆρχεν ἐπὶ Πρόκλου, πολλῶν τῶν ἀποθνῃσκόντων κτήματα τῇ σχολῇ καταλιμπανόντων. 159 Ἤδη [346 b] τοίνυν κρουώμεθα πρύμναν ἐπὶ τὸν λόγον ὃν ἀπελίπομεν. 160 Ὁ μὲν Ἀσκληπιόδοτος ἐκοσμεῖτο πᾶσι τοῖς τοῦ βίου λαμπροῖς, ὁ δὲ Ἰσίδωρος οὐδενὶ τούτων, οὐ προβεβλημένος τὴν γαμικὴν προβολήν, ἀλλὰ μόνον ἦν τῷ ὄντι φιλόσοφος· ἐπ' ἄκρον ἑκάτερος ἥκων, ὁ μὲν ἰθυβόλου φύσεως, ὁ δ' ἐπὶ θυγατρὶ γαμβρὸς τοῦ μεγάλου Ἀσκληπιοδότου Ἀσκληπιόδοτος, ἣν ἤδη ἐμνήστευεν, ἐπιμελοῦς ἀκριβείας. 161 Πηγὴ ἀναδίδωσιν ὕδωρ ἱερόν τε καὶ εὔποτον. 162 Ὥστε ποιητικὸς ἀνὴρ ἔφη ἂν τὸ στόμα αὐτοῦ καὶ τὸ ἄλλο πρόσωπον οἰκητήριον εἶναι αὐτῶν τῶν Χαρίτων. 163 Εἴ ποτε γὰρ καὶ αὐτοί τινος ἠπορήθησαν, ᾔεσαν αὐτίκα παρ' αὐτὸν φίλοι παρὰ φίλον. 164 Ὁ Ἰσίδωρος πολὺ διαφέρων ἦν τῆς Ὑπατίας, οὐ μόνον οἷα γυναικὸς ἀνήρ, ἀλλὰ καὶ οἷα γεωμετρικῆς τῷ ὄντι φιλόσοφος. 165 Στερρὸς δὲ τὸ ἦθος ὁ Σεβηριανὸς ὤν, καὶ ἅπερ ἂν διανοηθείη, ταῦτα πράττειν ἐσπουδακώς, ἔφθανε τῷ πρακτικῷ τὸ βουλευτικόν, καὶ διὰ τοῦτο ὁ βίος αὐτῷ πολλαχῇ διεσφάλη. 166 Οὐ γὰρ ἐπιδιδόναι ῥᾳδίως, οὐδὲ ἦν αὔξεσθαι κατὰ πῆχυν, ὥσπερ Θεόδωρος ὁ Ἀσιναῖος ηὐξήθη

35-36 νομισμάτων τριῶν A : νομίσματα τριά M || **36** ἔτι *edd.* : ἐπὶ A *om.* M.

[346 b] **1** κρουώμεθα Kassel : κρουόμεθα *codd.* || **3** ὁ Zintzen : οἱ *codd.* || Ἰσίδωρος *hic* Zintzen : *post* ἀκριβείας (*v.* 8) *codd.* || οὐ προβεβλημένος Zintzen : οἱ προβεβλημένοι *codd.* || **4-5** ἦν... φιλόσοφος Zintzen : ἦσαν... φιλόσοφοι *codd.* || **6** ὁ δ' Zintzen : ὁ *codd.* || **7** ἣν Zintzen : ὃν *codd.* || **9-10** ἂν τὸ M : αὐτὸ A || **13** φίλον A¹M : φίλων A || **15** γεωμετρικῆς A : γεωμετρικὴ M.

167. De sorte que, dès sa jeunesse, il n'accorda à son corps que le strict nécessaire et resta toute sa vie à l'abri des plaisirs charnels[1]. 168. En peu de temps, Pamprépius apparut l'homme le plus remarquable et le plus érudit, tant il s'appliquait à la formation préliminaire que la poétique et la grammaire dispensent dans l'éducation. C'était un Égyptien ; il avait étudié la poésie dans son pays et ensuite il vint à Athènes. Les Athéniens firent de lui un maître de grammaire et un professeur pour les jeunes gens[2].

169. Zénon était d'un caractère faible et, voyant qu'Illous s'était fait légitimement aimer et qu'il avait déjà beaucoup d'influence, il se mit à s'entourer de précautions à son égard ; sa méfiance ne lui laissait aucun repos, mais il cherchait toutes les voies et tramait toutes les machinations possibles pour se débarrasser d'Illous[3]. 170. Le chef de ceux qui avaient alors la majorité dans l'état et à qui il était échu de surveiller leur croyance s'appelait Pierre ; c'était un homme sans vergogne et pervers[4]. 171. Mais sans doute, à ce moment encore, les oracles de Pamprépius l'emportèrent-ils : ils [347 a] poussaient à l'inaction et faisaient sans cesse reporter la guerre à plus tard*. 172. Pamprépius, à son arrivée en Égypte, donna à Isidore par ses discours l'impression qu'il n'était pas honnête à l'égard d'Illous*. 173. Mais il a déjà l'air de quelqu'un qui va trahir et qui observe la situation dans l'empire romain avec attention*. 174. Ce rocher a une grande surface à sa partie supérieure ; sa base est étroite mais suffit à soutenir la partie large qui est suspendue en l'air, celle-ci dépasse de beaucoup la base de montagne qui est sous elle et qui la soutient. On pourrait comparer ce rocher à un long cou qui porte une tête d'une grosseur démesurée

1. A., p. 102, 19 ; Z., p. 230. « Il », c'est Sarapion.
2. A., p. 103, 29 ; Z., p. 234.
3. A., p. 104, 29 ; Z., p. 236. Les personnages sont déjà connus par Ph. 109 (Bekker, p. 343 b 9-12 ; *supra*, p. 30).
4. A., p. 105, 4 ; Z., p. 236. Après ce paragraphe 170, les éditeurs situent Ph. 294-296 (Bekker, p. 351 b 23-27 ; *infra*, p. 53-54). Ph. 296 est manifestement une glose. Pierre est le patriarche Pierre Monge d'Alexandrie mort en 489. Cf. G. Fritz, s. v. *Pierre Monge*, *D. Th. C.*, t. XII, 2, p. 2029-2031.

ὑπὸ τῷ Πορφυρίῳ. 167 Ὥστε εὐθὺς ἐξ ἀρχῆς τὰ ἀναγκαῖα μόνα προσφέρειν τῷ σώματι, ἀφροδισίων δὲ ἄχραντον εἶναι διὰ βίου παντός. 168 Ὁ Παμπρέπιος ἐν ὀλίγῳ χρόνῳ λογιμώτατος εἶναι ἔδοξε καὶ πολυμαθέστατος· οὕτω διεπονεῖτο περὶ τὴν ἄλλην προπαιδείαν, ὅσην ποιητική τε καὶ γραμματικὴ σοφίζει παιδεύουσα. Αἰγύπτιος δ' ἦν, καὶ τὴν ποιητικὴν ἐν τῇ πατρίδι ἀσκήσας εἶτα Ἀθήναζε παρεγένετο. Οἱ δὲ Ἀθηναῖοι γραμματικὸν αὐτὸν ἐποιήσαντο, καὶ ἐπὶ νέοις διδάσκαλον ἔστησαν. 168 Δειλὸς δὲ ὢν ὁ Ζήνων φύσει καὶ τὸν Ἴλλουν ὁρῶν ἐν δίκῃ ἀγαπώμενον καὶ μέγα ἤδη δυνάμενον, εὐλαβεῖτο περὶ αὐτῷ, καὶ δι' ἀπιστίαν οὐχ οἷός τε ἦν ἠρεμεῖν, ἀλλὰ πάσας ὁδοὺς διεξῄει καὶ πάσας ἔπλεκε μηχανὰς ὅπως ἂν ἐκποδὼν ποιήσοιτο τὸν Ἴλλουν ὁ Ζήνων. 170 Ὁ δὲ τῶν κρατούντων τῆς πολιτείας ἡγεμὼν τὴν δόξαν ἐπισκοπεῖν εἰληχώς, ὄνομα Πέτρος, ἀνὴρ ἰταμὸς ὢν καὶ περιπόνηρος. 171 Ἀλλ' ἴσως καὶ ἐνταῦθα ἐκράτουν οἱ Παμπρεπίου χρησμοὶ βλακεύοντες [347 a] ἀεὶ καὶ ἀναβάλλοντες εἰς χρόνους τὸν πόλεμον. 172 Ὁ δὲ Παμπρέπιος κατὰ τὴν Αἴγυπτον παραγεγονὼς Ἰσιδώρῳ παρέσχεν ἐκ τῶν λόγων αἴσθησιν ὡς οὐχ ὑγιαίνοι πρὸς Ἴλλουν. 173 Ἀλλ' ἤδη προδωσείοντι ἔοικε, καὶ μέντοι καὶ περιορωμένῳ τὴν Ῥωμαίων βασιλείαν. 174 Ἡ πέτρα αὕτη τὰ μὲν ἄνωθεν ἐκπεπετασμένη πολὺ εἰς εὖρος, τὰ δὲ κάτωθεν ἀποστενουμένη τοσοῦτον ὅσον ὑπερείδειν τὴν ἐπικρεμαμένην εὐρύτητα μετέωρον, πολλαχῇ ὑπερέχουσαν τῆς ὑποκειμένης καὶ ἀνεχούσης κρηπῖδος ὀρείας· εἰκάσαις ἂν αὐτὴν αὐχένι μεγάλῳ, φέροντι κε-

21 Πορφυρίῳ M : πορίῳ A² *quid prius praeb.* A *non liquet* || **24** πολυμαθέστατος A : περιμαθέστατος M || **31-32** καὶ μέγα ἤδη δυνάμενον M : *om.* A || **32** αὐτῷ A : αὐτῶν M || ἀπιστίαν AM : ἀπληστίαν A² || **38** βλακεύοντες A : βασιλεύοντες M.

[347 a] **4** προδωσείοντι A² : προδοσείοντι M προδοσίοντι A || **6** πολὺ A : *om.* M || **7** ὑπερείδειν AM : ὑπεριδεῖν A² || **9** ὑποκειμένης M : ὑπερκειμένης A.

et qui fait l'étonnement de ceux qui la voient[1]. 175. Ramenons notre propos à Isidore[2]. 176. Isidore n'était ni aveuglé par l'orgueil ni d'un commerce désagréable et il n'ignorait pas ce qu'on appelle la condescendance stoïcienne[3]. 177. Et on pouvait le voir à ce moment-là épanoui et joyeux, en pleine forme physique, l'âme exaltée, et cela tandis que le souci de la mort était toujours présent*. 178. Un méchant et d'une existence mal famée[4].

179. ... avec Athanase qui était alors le censeur de la doctrine dominante*. 180. Ils les jetaient dans les bagages de Julien*. 181. Isidore disposa le coffret et les autres bagages de manière à ce qu'ils fussent prêts à portée de la main comme pour les envoyer à l'embarcadère*. 182. Une troupe d'hommes rassemblés pour l'attaque*. 183. Et lui ordonnait aux serviteurs de saisir aussitôt les racloirs*. 184. Et il emprisonna de nouveau les philosophes après qu'on eut décidé d'autres enquêtes*. 185. Et Julien reçut en silence et avec endurance la volée de coups de bâton qui s'abattait sur son dos. En effet, on le bâtonnait à grands coups sans qu'il fît entendre le moindre son de voix*. 186. Voyant les bagages prêts pour l'embarquement : « Pourquoi fais-tu cela, l'homme ? », dit-il ; « tu seras pris par les gardiens du port* ».

187. Il arriva donc peu après et il vivait dans ma maison*. 188. Il arriva alors à Athènes et apporta la cassolette pour Proclus qu'on allait enterrer*. 189. La malice extrême et incurable mérite le châtiment immédiat ; celle qui ne s'est que peu corrigée mérite aussi la répression la plus rapide. Pour la plupart des pécheurs

1. A., p. 106, 19 a ; Z., p. 238. Ce texte décrit la citadelle isaurienne dans laquelle Illous fut assiégé en 480-484. Les éditeurs situent ici Ph. 308 (Bekker, p. 353 a 1 ; *infra*, p. 55), puis le long paragraphe 290 (Bekker, p. 351 b 27-352 a 9 ; *infra*, p. 52-53), dont les premières lignes sont un morceau de raccord de Photius.

2. A., p. 108, 25 ; Z., p. 244. C'est après le paragraphe 167 que l'auteur s'était écarté de son personnage principal. Z. situe ici Ph. 307 (Bekker, p. 352 b 34-39 ; *infra*, p. 55).

3. A., p. 108, 31 ; Z., p. 244. Ce dernier situe ici Ph. 309 (Bekker, p. 353 a 1-3 ; *infra*, p. 56) que A. place tout à la fin de la *Vie*.

4. A., p. 110, 12 ; Z., p. 250.

φαλὴν ὑπερμεγέθη τινὰ καὶ ἀξιοθέατον. 175 Πάλιν δ' ἐπὶ τὸν Ἰσίδωρον ἀνακαλεσώμεθα τὴν συγγραφήν. 176 Οὐκ ἦν τετυφωμένος ὁ Ἰσίδωρος οὔτε δυσόμιλος οὐδὲ ἠγνόει τὴν στωϊκὴν συμπεριφορὰν λεγομένην. 177 Καὶ ἦν τότε αὐτὸν θεάσασθαι φαιδρόν τε καὶ γεγηθότα, τό τε σῶμα ἀνθοῦντα, καὶ τὴν ψυχὴν ὑψοῦ διεγηγερμένον ἔτι, καὶ ταῦτα τῶν περὶ θανάτου φροντίδων ὑπολειπομένων. 178 Πονηρὸν δὲ ἄνθρωπον καὶ τὸν βίον ἐπίρρητον. 179 Πρὸς τὸν ἐπισκοποῦντα τὸ τηνικαῦτα τὴν κρατοῦσαν δόξαν Ἀθανάσιον. 180 Ἐνέβαλλον αὐτὰ τοῖς Ἰουλιανοῦ σκευαρίοις. 181 Ὁ δὲ Ἰσίδωρος τό τε κιβώτιον καὶ τὰ ἄλλα σκευάρια διέθηκεν ἕτοιμα εἶναι καὶ πρόχειρα, ὡς ἀποπέμψων εἰς τὸ ἐμπόριον. 182 Στῖφος ἀνδρῶν συγκεκροτημένον εἰς ἔφοδον. 183 Ὁ δὲ καὶ ξύστρας ἤδη ἅπτεσθαι διεκελεύετο τοὺς ὑπηρέτας. 184 Καὶ τοὺς φιλοσόφους εἰς τὸ δεσμωτήριον πάλιν ἐνέβαλεν ἐπὶ ψήφῳ δευτέρων ἐλέγχων. 183 Ὁ δὲ Ἰουλιανὸς σιωπῇ ἐδέξατο καρτερῶν τὰς πολλὰς ἐπὶ τοῦ νώτου διὰ τῶν τυμπάνων πληγάς · καὶ γὰρ πολλαῖς ἐπαίετο βακτηρίαις, μηδὲν ὅλως φθεγξάμενος. 186 Ἰδὼν τὰ σκευάρια συνδούμενα πρὸς τὸν ἀπόπλουν « Τί τοῦτο, ἔφη, ποιεῖς ἄνθρωπε; ἁλώσῃ δὲ ὑπὸ τῶν λιμενιτῶν φυλακτήρων ». 187 Ἀφίκετο τοίνυν οὐ πολλῷ ὕστερον, καὶ ἐν ἐμοῦ τῷ οἴκῳ διῃτᾶτο. 188 Ἀφίκετο μὲν Ἀθήναζε τότε τῷ Πρόκλῳ ἐπὶ ταφῆς ὄντι τὴν θυμιατρίδα φέρων. 189 Ἡ μὲν ἐσχάτη κακία καὶ ἀβοήθητος ἀξία τῆς παραυτίκα κολάσεως, ἡ δὲ ἐπ' ὀλίγον παρατετραμμένη ἀξία καὶ αὐτὴ τῆς ταχίστης ἐπαφῆς · πλείστοις δὲ τῶν μέσων ἀναβάλλεται ἡ

12 ἀνακαλεσώμεθα A : ἀνακαλεσόμεθα M || **13** οὐκ ἦν τετυφωμένος A : οὔτε τετυφωμένος ἦν M || **17** ὑπολειπομένων M : ὑπολειπόμενον A || **20** ἐνέβαλλον *codd.* : ἐνέβαλον Bekker || **26** ἐνέβαλεν A : ἐνέβαλλεν A^2 ἔβαλλε M || **30** φθεγξάμενος A^2M : *quid prius praeb.* A *non liquet* || **35** ἐπὶ ταφῆς ὄντι A : ἐπιταφήσων M || **38** ἐπαφῆς A : ἐπιστροφῆς M || τῶν μέσων A : τὴν μέσην M.

moyens toutefois la justice retarde le remède à leurs fautes, soit parce qu'ils trouvent une aide dans leur courage [347 b] s'ils échappent au fer et au feu, ou bien parce que l'énormité du mal les rend indignes du remède immédiat ou parce que quelques-uns méritent la récompense de leurs bonnes actions avant le châtiment de leurs fautes[1]. 190. Le mépris des philosophes pour la convocation qu'on leur avait adressée suffisait pour exaspérer un barbare; néanmoins les philosophes estimaient qu'il fallait supporter ce qui leur arrivait la tête haute[2]. 191. Il rencontra une femme sainte qui tenait de la faveur divine une nature exceptionnelle; car elle versait de l'eau pure dans un récipient de verre et, dans ce récipient, elle voyait l'image des événements futurs apparaître sous l'eau et elle prédisait d'après cette vision absolument tout ce qui allait arriver. L'occasion d'éprouver le phénomène ne nous a pas manqué*.

192. Anatolius fit mutiler Jean et le fit dépouiller de ses biens*. 193. Toutefois, lui aussi mourut aussitôt*. 194. Je rencontrai Emésion par nécessité, car je n'aurais pas supporté de plein gré sa grossièreté, mais ma mission m'y obligea*. 195. En Arabie où sourd aussi l'eau du Styx*. 196. Il partit pour Bostra en Arabie; ce n'était pas une cité ancienne, car l'empereur Sévère l'avait fondée, mais c'est un ancien poste fortifié par les rois d'Arabie contre leurs voisins les Dionysiens*. 197. Quand il eut appris que la légende d'Io était très répandue et qu'on expliquait le nom de la ville par celui de l'aiguillon qui torturait la génisse, il apprécia la relation entre le nom de la ville et cette fable de la course errante d'Io*. 198. Il apprit à connaître dans ce pays le dieu Théandritès, divinité à l'aspect viril qui inspire aux âmes un mode de vie rien moins qu'efféminé*. 199. Cette eau est aussi, dit-on, de l'eau du Styx. L'endroit même

1. A., p. 114, 12 ; Z., p. 258. Dans sa note à ce paragraphe, Z. fait remarquer que ce texte est un reflet fidèle de la pensée de Proclus.

2. A., p. 114, 26 ; Z., p. 260. Le « barbare » dont il est question ici est soit le représentant de Zénon à Alexandrie, soit Zénon lui-même. Il faut rattacher à ce paragraphe 190 Ph. 298-301 (Bekker, p. 352 a 34-b 11 ; *infra*, p. 54-55) et Photius, « codex » 181 (Bekker, p. 127 a 10-14 = t. II, p. 192 de la présente édition).

δίκῃ τὰ τῶν παθῶν ἰατρεύματα, ἤτοι ὡς βοήθειαν ἔχουσιν ἀπὸ τῆς ἀρετῆς, εἴ πως ἐκφύγοιεν μᾶλλον τὰς [347 b] τομὰς καὶ τὰς καύσεις, ἢ ὡς ἀναξίοις τοῦ παραυτίκα φαρμάκου διὰ κακίας μέγεθος, ἢ ὀφείλεται ἐνίοις πρὸ τῆς τῶν κακῶν ἡ ἀμοιβὴ τῶν ἀγαθῶν. 190 Ἡ τῶν φιλοσόφων ὑπεροψία τῆς παρακλήσεως ἱκανὴ ἐκτραχύνειν ἄνδρα βάρβαρον· ἀλλ' ὅμως οἱ φιλόσοφοι καρτερεῖν ᾤοντο δεῖν καὶ τὰ συμβαίνοντα φέρειν εὐλόφως. 191 Καὶ γυναικὶ ἐνέτυχεν ἱερᾷ θεόμοιρον ἐχούσῃ φύσιν παραλογωτάτην. Ὕδωρ γὰρ ἀκραιφνὲς ἐγχέασα ποτηρίῳ τινὶ τῶν ὑαλίνων, ἑώρα κατὰ τοῦ ὕδατος εἴσω τοῦ ποτηρίου τὰ φάσματα τῶν ἐσομένων πραγμάτων, καὶ προὔλεγεν ἀπὸ τῆς ὄψεως αὐτά, ἅπερ ἔμελλεν ἔσεσθαι πάντως. Ἡ δὲ πεῖρα τοῦ πράγματος οὐδὲ ἡμᾶς παρελήλυθε. 192 Τὸν δὲ Ἰωάννην ὁ Ἀνατόλιος αἰκισάμενός τε καὶ τῶν ὑπαρχόντων γυμνώσας. 193 Αὐτίκα μέντοι καὶ οὗτος ἀπέρρηξε τὸν βίον. 194 Ἐνέτυχον ἐξ ἀνάγκης τῷ Ἐμεσίωνι· οὐ γὰρ ἄν ποτε ἑκὼν ἠνεσχόμην τῆς αὐτοῦ ὑηνείας, ἀλλ' ἡ πρεσβεία με διηνάγκασε. 195 Τῆς Ἀραβίας τὸ Στυγαῖον ὕδωρ κατειβόμενον. 196 Ἀπεδήμησεν εἰς τὰ Βόστρα τῆς Ἀραβίας, πόλιν μὲν οὐκ ἀρχαίαν (ὑπὸ γὰρ Σεβήρου τοῦ βασιλέως πολίζεται), φρούριον δὲ παλαιόν, ἐπιτετειχισμένον τοῖς πέλας Διονυσιεῦσιν ὑπὸ τῶν Ἀραβικῶν βασιλέων. 197 Ἀκούσας τὴν Ἰὼ θρυλουμένην καὶ τὸ ὄνομα τῆς πόλεως εἰς τὸν οἶστρον τῆς βοὸς ἀναλυόμενον, ἠγάπησε τὴν συνέχειαν τῆς περὶ τῆς Ἰὼ πλάνης μυθευομένης. 198 Ἔγνω δὲ ἐνταῦθα τὸν Θεανδρίτην, ἀρρενωπὸν ὄντα θεόν, καὶ τὸν ἄθηλυν βίον ἐμπνέοντα ταῖς ψυχαῖς. 199 Λέγεται δὲ καὶ τοῦτο τὸ ὕδωρ εἶναι Στύγιον.

[347 b] **6** εὐλόφως AM : εὐφρόνως A² || **16** ἠνεσχόμην A : ἀνεσχόμην M || **17** ὑηνείας AM : ἀπηνείας A² || διηνάγκασε A : ἠνάγκασε M || **18** τὸ AM : καὶ τὸ A² || **21** ἐπιτετειχισμένον Scaliger : ἀποτετειχισμένον *codd.* || **26** ἔγνω M : ἔγνων A.

où on la trouve est une plaine d'Arabie qui s'étend toute unie depuis le Levant jusqu'à la ville abandonnée de Dia[1]. Ensuite s'ouvre brusquement une crevasse profonde, toute hérissée de rochers et de plantes sauvages qui poussent parmi les pierres. Pour y descendre, il y a, sur la gauche, un sentier en pente, étroit et malaisé car, outre qu'il est pierreux, il est aussi encombré d'une végétation sauvage, touffue et désordonnée ; il est long d'environ quinze stades ; pourtant, il y descend non seulement des hommes mais aussi celles des femmes qui sont les plus agiles. Celui qui y descend découvre des jardins et de nombreuses cultures dans la plaine qu'on atteint plus loin. Donc, à son sommet, à sa partie la plus étroite, cette crevasse a un bassin où s'écoulent les eaux du Styx qui se déversent sur tout son pourtour ; [348 a] à cause de la hauteur de la chute, ces eaux rejaillissent en l'air et se rassemblent ensuite en masse au fond du gouffre donnant le spectacle d'une œuvre imposante et effrayante de la nature ; il n'est homme qui l'ait vue sans être rempli d'une crainte religieuse. Parmi les offrandes que les gens jettent à l'eau, les unes coulent à pic, même quand elles sont légères, si la divinité est favorable à ceux qui les font ; quand elle ne l'est pas, même si les offrandes sont très pesantes, elles flottent et sont rejetées d'une façon étonnante. Le serment prononcé par ce lieu et par ces eaux, les gens du pays le redoutent à cause de l'expérience qu'ils en ont ; aussi le font-ils fort peu souvent. Celui qui viole son serment meurt dans l'année, disent-ils : l'hydropisie enfle son corps et personne n'échappe au châtiment[2]. 200. Dionysos, dit l'auteur, vainquit Lycurgue et les Arabes qui le suivaient en aspergeant l'armée ennemie avec du vin qu'il tirait d'une outre et c'est pourquoi il appela la ville Damaskos. D'autres expliquent le nom de la ville

1. Cf. H. D. Müller, s. v. *Dia*, n. 9, in *R. E.*, t. V, 1905, col. 299.

2. A., p. 119, 23 ; Z., p. 272-274. Aucun autre lecteur ancien de la *Vie d'Isidore* n'a retenu ce morceau curieux. Z., dans sa note à Ph. 179, renvoie à un texte de Porphyre, περὶ Στυγός, conservé par Stobée, I, 66, éd. Wachsmuth.

Τὸ δὲ χωρίον, ἐν ᾧ ἐστί, πεδίον τῆς Ἀραβίας, ἀνηπλωμένον ἀπὸ τῆς ἕω μέχρι Δίας τῆς ἐρήμου πόλεως. Εἶτα ἐξαίφνης ἀναρρήγνυται χάσμα εἰς ἄβυθον πέτραις πανταχόθεν συνηρεφὲς καί τισιν ἀγρίοις φυτοῖς τῶν πετρῶν ἀποφυομένοις· κάθοδος ἐξ ἀριστερᾶς κατιόντι στενὴ καὶ τραχεῖα (πρὸς γὰρ τῷ πετρώδει καὶ φυτοῖς ἀνημέροις καὶ ἀτάκτοις δασύνεται), μακρὰ δὲ ὅσον ἐπὶ σταδίους πεντεκαίδεκα· πλὴν καταβαίνουσιν αὐτὴν οὐ μόνον ἄνδρες, ἀλλὰ καὶ γυναικῶν αἱ εὐζωνότεραι. Κατελθόντι δὲ κῆποι καὶ γεωργίαι πολλαί εἰσιν ἐν τῷ διαδεχομένῳ αὐλῶνι. Τὸ δ' οὖν ἄκρον αὐτοῦ καὶ στενώτατον ὑποδοχὴν ἔχει τῶν καταλειβομένων ἐν κύκλῳ Στυγίων ὑδάτων· καὶ [348 a] διὰ τὴν ἀπὸ πολλοῦ ὕψους φορὰν εἰς ἀέρα σκεδαννυμένων, εἶτα αὖ πάλιν εἰς τὸ κάτω συμπηγνυμένων, θέαμα τοῦτο καὶ φύσεως ἔργον σεμνὸν καὶ φρικῶδες· οὐκ ἔστιν οὐδεὶς ἀνὴρ ὃς ἰδὼν οὐκ ἂν πληρωθείη σεβασμίου φόβου. Τῶν δὲ ῥιπτουμένων τῷ ὕδατι ἀναθημάτων τὰ μὲν καταδύεται εἰς ἄβυθον, κἂν ἐλαφρὰ ᾖ, οἷς εὐμενῶς ἔχει τὸ θεῖον· οἷς δὲ μή, ταῦτα δὲ ἄρα, κἂν βαρύτατα ᾖ, ἐπιπολάζει καὶ εἰς τὸ ἐκτὸς ἀποπτύεται θαυμαστόν τινα τρόπον. Τὸ δὲ ὅρκιον τοῦ τε χωρίου καὶ τῶν ὑδάτων πεφρίκασι διὰ πείρας οἱ ἐπιχώριοι, διὸ καὶ ἥκιστα ὀμνύουσιν. Εἰ δέ ποτέ τις ἐπιορκήσει, εἴσω ἐνιαυτοῦ ἀπόλλυται, φασί, φυσηθεὶς ὑδέρῳ τὸ σῶμα, καὶ οὐδεὶς τὴν δίκην διέφυγεν. 200 Ὅτι Διόνυσος, φησί, Λυκοῦργον καὶ τοὺς ἑπομένους αὐτῷ Ἄραβας κατηγωνίσατο οἴνῳ ἀπ' ἀσκοῦ καταρράνας τὴν πολεμίαν στρατιάν· ἐξ οὗ καὶ τὴν πόλιν ἐκάλεσε Δαμασκόν. Οἱ δὲ

32 συνηρεφὲς M : συνηρεφέσιν A ‖ φυτοῖς τῶν A : φυτοῖς ἀνηρμένοις καὶ ἀτάκτοις δασύνεται τῶν M ‖ **34-35** πρὸς γὰρ — δασύνεται A : *om.* M ‖ **35** σταδίους A : σταδίοις M ‖ **37** γυναικῶν A : γυναῖκες M ‖ **38** εἰσιν *hic* A : *post* αὐλῶνι (*v.* 39) *ponit* M.

[348 a] **2** εἶτα — συμπηγνυμένων M : *om.* A ‖ **6** κἂν A : καὶ M ‖ **15** οἴνῳ A²M : *quid prius praeb.* A *non liquet.*

par celui d'un géant, Askos, que Zeus dompta à cet endroit. D'autres donnent encore d'autres explications à cette appellation. L'auteur était originaire de cette ville[1]. 201. Car l'étude de l'art oratoire m'était dure : elle concentrait toute mon attention sur ma bouche et sur ma langue et elle la détournait de mon âme et des enseignements bienheureux et divins qui la purifient. Ces réflexions, dit l'auteur, m'arrachaient de temps à autre aux commentaires des rhéteurs. Neuf de mes années se passèrent ainsi[2]. 202. Nous passions ensemble jours et nuits pendant huit mois[3]. 203. J'ai vu, dit l'auteur, le bétyle* se mouvoir dans l'espace et je l'ai vu tantôt caché dans les vêtements de son gardien et tantôt porté dans ses mains. Le nom de ce gardien du bétyle était Eusèbe[4] ; il racontait qu'il lui était venu un jour une envie insolite de s'éloigner de la ville d'Émèse vers minuit pour s'en aller très loin vers la montagne où est bâti un antique temple d'Athéna ; il était arrivé très vite au pied de la montagne et il s'y était assis comme on le fait pour se reposer d'une marche ; il vit tout à coup une boule de feu qui tombait du ciel et un lion énorme qui s'approchait d'elle ; cet animal disparut aussitôt ; Eusèbe courut tout de suite vers la boule alors que [348 b] son feu s'éteignait déjà et il vit que c'était le bétyle ; il le ramassa et lui demanda à quel dieu il appartenait ; la pierre répondit qu'elle appartenait à Gennaios* — c'est un dieu que les gens d'Héliopolis adorent dans le temple de Zeus où ils ont érigé une statue à forme de lion. Il emporta, dit-il, le bétyle chez lui ; il n'avait pas parcouru moins de deux cent et dix stades d'une seule traite au cours de la même nuit. Eusèbe, par ailleurs,

1. A., p. 120, 24 ; Z., p. 274. Les deux jeux de mots étymologiques qu'offre ce passage sont intraduisibles en français. A., p. 190, affirme que l'histoire du géant Askos est une pure invention de Damascius.

2. A., p. 120, 38 ; Z., p. 274. En parallèle à la dernière phrase du paragraphe, il faut citer Photius, « codex » 181 (Bekker, p. 124 b 41 = t. II, p. 192 de la présente édition).

3. A., p. 121, 21 ; Z., p. 274.

4. Selon A., p. 194, ce personnage serait un parent du sophiste d'Émèse qui portait le même nom ; il fut un des maîtres de Julien et il aurait été exécuté en 354 comme martyr de l'hellénisme.

τὴν ἐπωνυμίαν διδόασι τῇ πόλει ἀπὸ γίγαντός τινος, ᾧ ὄνομα Ἀσκός, ὃν ὁ Ζεὺς ἐδάμασεν ἐνταῦθα. Ἄλλοι δὲ καὶ ἄλλας λέγουσι τῆς ἐπωνυμίας αἰτίας. Ὁ δὲ συγγραφεὺς ἐκ ταύτης ὥρμητο τῆς πόλεως. 201 Ὡς ἡ ἀσχολία τοῦ ῥητορεύειν δεινή, στρέφουσα μὲν περὶ στόμα καὶ γλῶτταν τὴν ὅλην μου σπουδήν, ἀποστρέφουσα δὲ τῆς ψυχῆς καὶ τῶν ἀποκαθαιρόντων αὐτὴν μακαρίων τε καὶ θεοφιλῶν ἀκουσμάτων. Ταῦτα δ' ἐννοῶν, φησὶν ὁ συγγραφεύς, ἐνίοτε διεκοπτόμην τῶν ῥητορικῶν ἐξηγήσεων. Ἔνατον ἔτος οὕτω μοι διεληλύθει. 202 Συνδιήγομεν ἀλλήλοις ὅσαι τε ἡμέραι καὶ ὅσαι νύκτες, ἐπὶ μῆνας η'. 203 Εἶδον, φησί, τὸν βαίτυλον διὰ τοῦ ἀέρος κινούμενον, ποτὲ δ' ἐν τοῖς ἱματίοις κρυπτόμενον, ἤδη δέ ποτε καὶ ἐν χερσὶ βασταζόμενον τοῦ θεραπεύοντος. Ὄνομα δ' ἦν τῷ θεραπεύοντι τὸν βαίτυλον Εὐσέβιος, ὃς καὶ ἔλεγεν ἐπελθεῖν αὐτῷ ποτε ἀδόκητον ἐξαίφνης προθυμίαν ἀποπλανηθῆναι τοῦ ἄστεος Ἐμίσης ἐν νυκτὶ μεσούσῃ σχεδὸν ὡς πορρωτάτω πρὸς τὸ ὄρος αὐτό, ἐν ᾧ τῆς Ἀθηνᾶς ἵδρυται νεὼς ἀρχαιοπρεπής· ἀφικέσθαι δὲ τὴν ταχίστην εἰς τὴν ὑπωρείαν τοῦ ὄρους, καὶ αὐτόθι καθίσαντα ἀναπαύεσθαι ὥσπερ ἐξ ὁδοῦ· σφαῖραν δὲ πυρὸς ὑψόθεν καταθοροῦσαν ἐξαίφνης ἰδεῖν, καὶ λέοντα μέγαν τῇ σφαίρᾳ παριστάμενον· τὸν μὲν δὴ παραχρῆμα ἀφανῆ γενέσθαι, αὐτὸν δὲ ἐπὶ τὴν σφαῖραν δραμεῖν ἤδη [348 b] τοῦ πυρὸς ἀποσβεννυμένου καὶ καταλαβεῖν αὐτὴν οὖσαν τὸν βαίτυλον, καὶ ἀναλαβεῖν αὐτόν, καὶ διερωτῆσαι ὅσου θεῶν ἂν εἴη, φάναι δ' ἐκεῖνον εἶναι τοῦ Γενναίου (τὸν δὲ Γενναῖον οἱ Ἡλιουπολῖται τιμῶσιν ἐν Διὸς ἱδρυσάμενοι μορφήν τινα λέοντος), ἀπαγαγεῖν τε οἴκαδε τῆς αὐτῆς νυκτὸς οὐκ ἐλάττω σταδίων δέκα καὶ διακοσίων, ὡς ἔφη, διηνυκώς. Οὐκ ἦν δὲ κύριος ὁ Εὐσέβιος τῆς τοῦ

33 Ἐμίσης AM : Ἐμέσης Bekker *ex cod.* B || **37** καθίσαντα A : καθιζήσαντα M.

[348 b] **7** τοῦ Bekker : *om. codd.*

ne maîtrisait pas les mouvements du bétyle comme d'autres maîtrisent d'autres objets, mais il demandait et priait et la pierre écoutait ses incantations. Après ces inepties et d'autres du même genre, cet auteur bien digne des bétyles décrit la pierre et sa forme. C'était dit-il, une sphère parfaite, d'une couleur blanchâtre et d'un empan de diamètre, mais parfois elle se dilatait et parfois elle rétrécissait ; d'autres fois, elle se teintait de pourpre. Il nous expliqua[1] les caractères gravés dans la pierre, imprimés dans une teinte qu'on appelle le vermillon et qu'il avait reproduits sur un mur[2] ; c'est avec leur aide qu'il rendait au postulant l'oracle désiré et la pierre émettait un léger sifflement qu'Eusèbe interprétait. Donc, après ces contes fantastiques et d'autres plus extravagants encore, cet auteur sans cervelle ajoute : « Pour moi, je croyais que l'objet dit bétyle était une sorte d'être divin. Isidore, de son côté, lui accordait plutôt la nature d'un démon, car il était mu par quelque démon ; ce démon n'était ni d'une espèce nuisible ni d'une nature proche de la matière ; il n'était non plus ni de ceux qui appartiennent à une espèce immatérielle ni de ceux qui sont tout à fait purs ». Le bétyle, au dire de ce blasphémateur, est associé par chacun au culte d'un dieu différent, à celui de Cronos, à celui de Zeus et à celui d'autres divinités ainsi qu'à celui du soleil[3]. 204. Maximin, dit l'auteur — c'était un païen — quand il fixait ses regards, lançait des traits si effrayants et si méchants qu'il faisait baisser les yeux à ceux qui le voyaient. Et l'auteur dit que, comme il en avait conscience, il regardait le plus souvent vers le sol et non vers les gens qu'il rencontrait. De plus, ce

1. Je préfère la leçon ἀνεδίδαξεν de A à la leçon ἀνέδειξεν de M, qui me paraît une « lectio facilior ». Ce qui milite encore en faveur de la leçon de A, c'est que le verbe ἀναδιδάσκω fait partie du langage oraculaire (cf. par ex. Aristoph., *Cav.*, 1045 sq.) et convient donc particulièrement bien à un contexte comme celui-ci.

2. Traduction conjecturale qui se réclame un peu de ce qu'on lit chez Jamblique, *De Mysteriis*, III, 14, p. 118, éd. Des Places, Paris, 1966.

3. A., p. 121, 26 ; Z., p. 274-278.

βαιτύλου κινήσεως, ὥσπερ ἄλλοι ἄλλων · ἀλλ' ὁ μὲν ἐδεῖτο καὶ ηὔχετο, ὁ δὲ ὑπήκουε πρὸς τὰς χρησμῳδίας. Ταῦτα ληρήσας καὶ πολλὰ τοιαῦτα, ὁ τῶν βαιτυλίων ὡς ἀληθῶς ἄξιος, τὸν λίθον διαγράφει καὶ τὸ εἶδος αὐτοῦ. Σφαῖρα μὲν γάρ φησιν ἀκριβὴς ἐτύγχανεν ὤν, ὑπόλευκος δὲ τὸ χρῶμα, σπιθαμιαία δὲ τὴν διάμετρον κατὰ μέγεθος · ἀλλ' ἐνίοτε μείζων ἐγίνετο καὶ ἐλάττων. Καὶ πορφυροειδὴς ἄλλοτε. Καὶ γράμματα ἀνεδίδαξεν ἡμῖν ἐν τῷ λίθῳ γεγραμμένα, χρώματι τῷ καλουμένῳ τιγγαβαρίνῳ κατακεχρωσμένα, καὶ ἐν τοίχῳ δὲ † ἐγκρούσας † · δι' ὧν ἀπεδίδου τὸν ζητούμενον τῷ πυνθανομένῳ χρησμόν, καὶ φωνὴν ἀφίει λεπτοῦ συρίσματος ἣν ἡρμήνευεν ὁ Εὐσέβιος. Τερατολογήσας οὖν τὰ εἰρημένα ὁ κενόφρων οὗτος καὶ μυρία ἄλλα παραλογώτερα περὶ τοῦ βαιτύλου, ἐπάγει · « Ἐγὼ μὲν ᾤμην θειότερον εἶναι τὸ χρῆμα τοῦ βαιτύλου, ὁ δὲ Ἰσίδωρος δαιμόνιον μᾶλλον ἔλεγεν · εἶναι γάρ τινα δαίμονα τὸν κινοῦντα αὐτόν, οὔτε τῶν βλαβερῶν, οὔτε τῶν ἄγαν προσύλων, οὐ μέντοι τῶν ἀνηγμένων εἰς τὸ ἄϋλον εἶδος οὐδὲ τῶν καθαρῶν παντάπασι ». Τῶν δὲ βαιτύλων ἄλλον ἄλλῳ ἀνακεῖσθαι, ὡς ἐκεῖνος δυσφημῶν λέγει, θεῷ, Κρόνῳ, Διί, Ἡλίῳ, τοῖς ἄλλοις. 204 Ὅτι Μαξιμῖνος, φησίν, (Ἕλλην δ' οὗτος ἦν τὸ σέβας) τὰς βολὰς τῶν ὀμμάτων ἀφιεὶς οὕτω φοβερόν τι καὶ βλαβερὸν ἐνέβλεπεν ὥστε τῶν ὁρώντων ἀποστρέφειν τὰς ὄψεις · καὶ τοῦτο, φησίν, ἐκεῖνος συνειδὼς ἑαυτῷ τὰ πολλὰ κάτω καὶ οὐ πρὸς τοὺς ἐντυγχάνοντας ἔβλεπεν. Ἀλλὰ καὶ πολλῶν

9 ὑπήκουε A : ὑπήκουσε M || **10** τῶν A : *om.* M || **11** τὸν λίθον A² : τῶν λίθων M *et* A *ut vid.* || **15** ἀνεδίδαξεν A : ἀνέδειξεν M || **19** ἀφίει AM : ἠφίει A² || **22** βαιτύλου A : βαιτυλίου M || **23** χρῆμα A : χρῆσμα M || **26** ἀνηγμένων M : ἀνηνεγμένων A || **27** τῶν δὲ βαιτύλων AM : τὸν δὲ βαίτυλον A² || **29** τοῖς A : καὶ τοῖς M || Μαξιμῖνος A¹M : Μαξιμίανος A || **31** ἀφιεὶς A : *om.* M || ἐνέβλεπεν A : ἀνέβλεπεν M || **32** ὁρώντων A : ἐνορώντων M || **33** φησίν Bekker *ex cod.* B : φασίν AM.

personnage voyait beaucoup d'apparitions invisibles pour les autres. Il était aussi capable d'envoyer des démons malfaisants et de repousser ceux qui étaient envoyés d'ailleurs. Arrêté à Byzance pour impiété[1], il n'échappa pas au châtiment par le glaive[2]. 205. ... car il n'avait pas compris ce qu'est la vie philosophique. Si quelqu'un du commun se porte aux excès d'origine humaine[3]... [349 a] 206. Il était étranger à ces actions brutales et irréparables[4]. 207. Le délai fut plus long que les espérances qui le portaient vers la Carie et vers Athènes[5]. 208. Je vais invoquer le dieu[6].

209. Comme le Cyllénien se comportait mollement et remettait les affaires à plus tard, Isidore n'aboutissait à aucun résultat[7]. 210. Sans avoir évité la dépense la plus coûteuse, le temps, comme a dit le sage[8].

211. En me voyant entouré de la lumière divine, quel fut, penses-tu, l'élan de mon âme? 212. Il perdit la tête, prit sa hache et se trancha les parties génitales*.

213. Et moi, je rapportai le fait à Isidore qui accordait toujours aux fables sacrées une attention sage et inspirée*. 214. Croyant que ma vie allait être en danger*. 215. Mais c'est là, sans doute, la marque du mode de vie d'un profane*. 216. ... pour témoigner peu de reconnaissance en échange de beaucoup de bienfaits*. 217. Nous voguions vers Samos*. 218. Le corps enflait par le bas à partir des pieds jusqu'à l'aine et aux parties*. 219. Je m'étais endormi sur le bateau et j'éprouvai des émotions voluptueuses en songe*. 220. Serre-tête, en latin *orarium*, linge pour essuyer le visage*.

221. Car, aussi loin que remontent nos souvenirs, nous n'avons jamais vu mépriser la philosophie à Athènes

1. Les mots δυσσεβῶν ἁλοὺς sont évidemment de Photius.
2. A., p. 123, 5 ; Z., p. 278.
3. A., p. 123, 31 ; Z., p. 278. Texte obscur ; j'ignore d'où A., *loc. cit.*, a pu tirer les éléments de sa traduction.
4. A., p. 124, 14 ; Z., p. 280.
5. A., p. 124, 16 ; Z., p. 280.
6. A., p. 124, 19 ; Z., p. 280. Le dieu, c'est sans doute Asclépios.
7. A., p. 124, 20 ; Z., p. 280.
8. A., p. 124, 24 ; Z., p. 280.

οὗτος φασμάτων ἐγίνετο θεατής, ἄλλοις οὐχ ὁρωμένων. Ἱκανὸς δὲ ἦν καὶ δαίμονας ἐπιπέμπειν φθοροεργούς, καὶ ἄλλοθεν ἐπιπεμπομένους ἀναστέλλειν. Πλὴν δυσσεβῶν ἁλοὺς κατὰ τὸ Βυζάντιον τὴν διὰ ξίφους οὐκ ἐξέφυγε δίκην. 205 Οὔτε φιλόσοφον βίον ἐννοήσας. Εἴ τις ὢν τῶν πολλῶν ὑβρίζει ὕβρεις τὰς ἐξ ἀνθρώπων. 206 Ἄπειρος ὢν [349 a] τῶν πληκτικῶν τούτων καὶ ἀνιάτων πραγμάτων.

207 Ἡ ἀναβολὴ μακροτέρα αὐτῷ γέγονε τῶν τε εἰς Καρίαν καὶ τῶν Ἀθήναζε σπευδουσῶν ἐλπίδων. 208 Καὶ πρὸς θεοῦ λιπαρήσεις ἔρχομαι. 209 Τοῦ Κυλληνίου βλακεύοντος καὶ τὰ πράγματα ἀναβάλλοντος οὐδὲν ἤνυτεν ὁ Ἰσίδωρος. 210 Οὐ φεισάμενος τοῦ πολυτελεστάτου τῷ ὄντι δαπανήματος, τοῦ χρόνου, κατὰ τὸν εἰπόντα σοφόν.

211 Ὁρῶν δὲ ἐμαυτὸν τῷ θείῳ φωτὶ περιρρεόμενον, πῶς οἴει σφόδρα τὴν ψυχὴν ἐτανυσκόμην; 212 Ἐκμανὴς γενόμενος, ἀνελὼν τὸν πέλεκυν, ἀποτέμνει τὴν αὐτὸς ἑαυτοῦ παιδοσπόρον φύσιν. 213 Καὶ ἐγὼ ταῦτα ἀπήγγειλα τῷ Ἰσιδώρῳ σοφήν τε καὶ ἔνθεον ἀεὶ προτείνοντι πρὸς τοὺς μύθους τοὺς ἱεροὺς ἀκοήν. 214 Οἰηθέντα περὶ τῷ σώματι κινδυνεύσειν. 215 Ἀλλὰ τοῦτο μὲν τῆς ἰδιώτιδος ἄρα δεῖγμα προαιρέσεως. 216 Ὀλίγα ἀντὶ πολλῶν ἀποδιδόντι χαρίσια. 217 Ἐναυστολούμεθα πρὸς τὴν Σάμον. 218 Τὸ σῶμα δὲ ἐφυσᾶτο, κάτωθεν ἀρξάμενον ἀπὸ τῶν ποδῶν ἕως ἤδη τῶν βουβώνων καὶ τῆς αἰδοῦς. 219 Κατεκοιμήθην ἐπὶ τῆς νεώς, καὶ πῶς ἀφροδισιάζομαι τοῖς ὀνείρασι. 220 Κρήδεμνον, φωσσώνιον, ὀράριον ῥωμαϊκῶς, προσώπου ἐκμαγεῖον, ἡμιτύβιον. 221 Εἰς τοσοῦτον γὰρ ἀκηκόαμεν φιλοσοφίαν καταφρονηθεῖσαν οὐδὲ πώποτε Ἀθήνησιν, ὅσον ἑωράκαμεν ἀτιμαζομένην

37 ἀναστέλλειν A : ἀνατέλλει M || δυσσεβῶν A[1] : δυσσεβεῖν AM || **38** ἁλοὺς M : ἄλλως A || **39** ὢν A : ἦν M οὖν Zintzen.

[349 a] **1** πληκτικῶν A : πολιτικῶν M || **2** τε A : τότε M || **14** περὶ τῷ σώματι κινδυνεύσειν A : περὶ τὸ σῶμα κινδυνεύειν M || τοῦτο AM : τούτω A[2] || **15** ἄρα δεῖγμα A : παράδειγμα M || **21** ῥωμαϊκῶς Zintzen : ρω' A *om.* M || ἡμιτύβιον M : ἢ τύβιον A.

comme nous l'avons vu déshonorer sous Hégias[1]. 222. Archiadas, dans l'ensemble, l'emportait de beaucoup sur son père et sur quantité d'autres dans la vertu, mais il suivait avec indolence les voies de la philosophie, car il ne se sentait aucun attrait pour elle, vu la fortune de son père qui ne manquait pas de lui attirer des flatteurs ; mais il avait choisi plus que quiconque la voie d'une vie pure[2].

223. Eupeithius était mieux doué, mais son comportement le rabaissait au niveau de vie d'un profane et, quelquefois, son comportement était encore plus quelconque que celui d'un profane*. 224. Le corps affaibli et bien près de mourir*. 225. Et lui, sur le moment, écouta sa défense avec déplaisir parce que sa bonne intention ne répondait pas à son attente*. 226. Avec tant de propos de ce genre et d'adjurations, Marinus convainquit Isidore de se laisser élire pour lui succéder ; Isidore se laissa porter à cette succession plus pour l'honneur que pour le fait d'expliquer Platon*. 227. Et si c'est, comme tu l'affirmes, Hégias, disait Isidore, une chose divine que la [349 b] pratique de la théurgie, je le dis, moi aussi ; mais il faut que ceux qui seront des dieux soient d'abord des hommes*. C'est pourquoi Platon disait, lui aussi, que, chez les hommes, il n'était pas advenu de bien plus grand que la philosophie*. Mais il se fait maintenant que ce bien n'est plus à son moment critique* mais dans son extrême vieillesse*. 228. Il ne voyait pas que la situation était sans remède et que sa dégradation était extrême alors qu'il essayait en vain de la redresser*.

229. Au début du printemps, quand Marinus fut mort, Isidore méditait de quitter Athènes*. 230. Isidore fortifiait Syrianus et Hégias dans l'idée qu'il était urgent de restaurer la philosophie en décadence*.

Morceaux qui ont été laissés de côté et qu'il faut ajouter aux extraits pour la beauté de leur expression.*

1. A., p. 126, 27 ; Z., p. 284. Cf. Praechter, s. v. *Hegias*, n. 5, in *R. E.*, t. VII, 1912, col. 2614-2615, et Saffrey-Westerink, p. XXXIII-XXXIV et L.

2. A., p. 128, 2 ; Z., p. 286.

ἐπὶ Ἡγίου. 222 Ὁ δὲ Ἀρχιάδας τὸ μὲν ὅλον τοῦ πατρὸς οὐκ ὀλίγῳ ἦν διαφέρων καὶ πολλῶν ἄλλων εἰς ἀρετήν, τὰ δὲ εἰς φιλοσοφίαν ἄγοντα παρειμένος, ἅτε πρὸς ταῦτα ἀνάγωγος ὢν διὰ τὴν οὐκ ἀκολάκευτον πατρῴαν οὐσίαν, ἱερὰν δὲ ζωὴν προβεβλημένος, εἴπερ τις ἕτερος. 223 Ὁ μὲν οὖν Εὐπείθιος εὐφυέστερος μὲν ἐγένετο, τὰ δὲ ἤθη ἐπισεσυρμένος εἰς ἰδιωτισμόν, ἤδη δὲ καὶ ἀτοπώτερον ἔχων ἢ κατ' ἰδιώτην. 224 Ἀσθενῶν αὐτὸς τὸ σῶμα καὶ οὐ πόρρω τείνων θανάτου. 225 Ὁ δὲ πρὸς μὲν τὸ παραυτίκα δυσχερῶς ἤκουσε τῆς ἀπολογίας, ἅτε μὴ κατ' ἐλπίδας αὐτῷ πραττούσης τῆς ἀγαθοειδοῦς προαιρέσεως. 226 Τοιαῦτα πολλὰ λέγων τε καὶ ἐπᾴδων ἔπεισε τὸν Ἰσίδωρον ὁ Μαρῖνος δέξασθαι τὸ ψήφισμα τῆς διαδοχῆς· καὶ ἐψηφίσθη διάδοχος ἐπ' ἀξιώματι μᾶλλον ἢ πράγματι τῆς Πλατωνικῆς ἐξηγήσεως. 227 Εἰ δὲ θειότερον χρῆμα, ὡς σὺ φῄς, ὦ Ἡγία, ἔλεγε πρὸς [349 b] αὐτὸν ὁ Ἰσίδωρος, ἡ ἱερατικὴ πραγματεία, φημὶ μὲν τοῦτο κἀγώ· ἀλλὰ πρῶτον ἀνθρώπους γενέσθαι τοὺς ἐσομένους θεοὺς δεῖ. Διὰ τοῦτο καὶ ὁ Πλάτων ἔφη μὴ ἐλθεῖν εἰς ἀνθρώπους μεῖζον ἀγαθὸν φιλοσοφίας. Ἀλλὰ τοῦτο συμβέβηκε νῦν ἐπὶ ξυροῦ ἑστάναι οὐ τῆς ἀκμῆς, τοῦ δὲ ἐσχάτου γήρως ὡς ἀληθῶς. 228 Ἐλάνθανε δὲ ἑαυτὸν ἀνίατα πράγματα καὶ πόρρω μοχθηρίας προβεβηκότα διορθώσασθαι ἐπιχειρῶν· ἤνυτε δὲ οὐδὲν ἐπὶ πλέον. 229 Ἦρι δὲ ἀρχομένῳ, τοῦ Μαρίνου τὸ σῶμα ἀπολιπόντος, ἐβουλεύετο τὰς Ἀθήνας ἀπολιπεῖν ὁ Ἰσίδωρος. 230 Παρῄνει δὲ Συριανὸν καὶ Ἡγίαν ὁ Ἰσίδωρος ὡς χρεὼν εἴη φιλοσοφίαν ὑπορρέουσαν ἀνασώσασθαι.

Ὅσα παρεῖται χρεὼν ταῖς ἐκλογαῖς συντετάχθαι καλλιέπειαν ἔχοντα.

24 Ἡγίου A²M : *quid prius praeb.* A *non liquet.*

[349 b] **1** ἡ M : *om.* A ‖ **7** ἀνίατα M : ἄνω τὰ A² *quid prius praeb.* A *non liquet* ‖ **8** ἤνυτε A : ἤνυε M ‖ οὐδὲν A¹M : οὐδὲ A ‖ ἐπὶ A : *om.* M ‖ **9** ἀρχομένῳ A : ἀρχομένου M ‖ Μαρίνου M : ρινου A ‖ **13** παρεῖται A²M : παρεῖνται A ‖ **14** ἔχοντα A² *v. l.* M : ἔχοντι A.

231. Par un moyen difficile et qui se situe au-delà de ce que les hommes peuvent attendre, ils cherchaient à atteindre les secrets dans les choses secrètes pour réaliser leur propre espérance du ciel et pour le bien général des autres Égyptiens[1]. 232. Mais quelque part, à la troisième cause universelle, accrocher les amarres du salut spirituel*. 233. Et Sévère, un patricien romain racontait entre autres choses que, au cours d'un séjour à Alexandrie avec Isidore, il avait vu une pierre sur laquelle apparaissaient tous les aspects des phases de la lune ; elles changeaient constamment et la lune croissait ou décroissait en face du soleil qui figurait lui-même sur la pierre*. C'est pourquoi, en langage courant, on appelle ces pierres « pierres de conjonction* ». Il disait aussi avoir vu une pierre solaire, non pas du genre de celles que beaucoup d'entre nous ont vue, et de l'épaisseur de laquelle émanent des rayons d'or, mais un disque ayant la forme du soleil occupait le centre de la pierre, ce qui lui donnait l'apparence d'un globe de feu ; les rayons qui en sortaient perçaient jusqu'à la surface extérieure car la pierre entière aussi était sphérique. Il aurait aussi vu une pierre de lune, non pas celle qui, mouillée d'eau fait apparaître ainsi le croissant et que, pour cette raison, on appelle une hydrosélénite, mais une pierre qui changeait naturellement au moment où la lune changeait et de la même façon qu'elle ; c'était là une merveille de la nature*. 234. Le bruit, obscur et vague, se répandait*. 235. L'opinion la plus répandue était que l'Égyptien était mort, mais il courait un bruit différent selon lequel [350 a] il était sauf*. 236. Et peut-être cette affection échapperait-elle au domaine de la volonté et atteindrait-elle de ce fait les âmes pures*.

237. Prodiguant les meilleurs conseils et stimulant par la parole ceux qui étaient mous dans l'action*. 238. De même qu'il y a trois sortes d'âmes, il existe aussi un triple genre de vie et chacun contient les trois genres

1. A., p. 3, 32 ; Z., p. 5. A partir d'ici, les références à mes deux devanciers indiquent les endroits où ils ont intercalé les extraits de la deuxième série parmi ceux de la première.

231 Διὰ μηχανῆς τινὸς ἀπόρου καὶ ἀνθρωπίνης ἐλπίδος ἔξω καθεστηκυίας ἐν ἀπορρήτοις τὰ ἀπόρρητα διαμηχανωμένους ὑπέρ τε σφῶν αὐτῶν τῆς οὐρανίας ἐλπίδος καὶ ὑπὲρ τῶν ἄλλων Αἰγυπτίων τῆς ὅλης εὐθημοσύνης. 232 Ἀλλ' ἐντεῦθέν ποθεν ἀπὸ τῆς τρίτης καὶ περικοσμίου γενέσεως ἀναδήσασθαι τὰ πείσματα τῆς ἀναγώγου σωτηρίας. 233 Καὶ δὴ Σεβῆρος, ἀνὴρ τῆς Ῥώμης πατρίκιος, ἄλλα τε διηγεῖτο ἐν Ἀλεξανδρείᾳ συνδιαιτώμενος, καὶ ὅτι λίθον ἐθεάσατο ἐν ᾧ σελήνης ἐγίνετο σχήματα μεταμορφουμένης παντοῖα μέν, ἄλλοτε δ' ἄλλα πρὸς ἥλιον αὐξομένης καὶ μειουμένης ἐνόντα τῷ λίθῳ καὶ αὐτὸν τὸν ἥλιον· ὅθεν ἡ φήμη τοὺς τοιούτους λίθους καλεῖ συνοδίτας. Καὶ ἡλίτην δὲ λίθον ἔλεγεν ἑωρακέναι, οὐχ οἷον οἱ πολλοὶ ἑωράκαμεν, ἀκτῖνας διαφαίνοντα ἀπὸ τοῦ βάθους χρυσίτιδας, ἀλλὰ δίσκον ἡλιοειδῆ κείμενον μέσον τοῦ λίθου, σφαῖραν αὐτόθεν πυρὸς ὡς ἰδεῖν· ἀπ' αὐτῆς δὲ τὰς ἀκτῖνας ἐκθρώσκειν ἕως ἐπὶ τὴν ἴτυν· εἶναι γὰρ σφαιροειδῆ καὶ ὅλον τὸν λίθον. Ἰδεῖν δὲ καὶ σεληνίτην, οὐ τὸν ὕδατι τεγγόμενον, εἶτα ἐκφαίνοντα τὸν μηνίσκον, καὶ διὰ τοῦτο ὑδροσεληνίτην καλούμενον, ἀλλὰ κατὰ φύσιν τὴν ἑαυτοῦ τρεπόμενον ὅτε καὶ ὅπως ἡ σελήνη τρέποιτο, θαυμάσιον χρῆμα τοῦτό γε φύσεως. 234 Τυφλῆς δὲ καὶ ἀσαφοῦς τῆς φήμης περιπλανωμένης. 235 Ὁ μὲν οὖν πλεῖστος λόγος ἀπολωλέναι τὸν Αἰγύπτιον, διεφέρετο δὲ ὅμως [350 a] καὶ σωτηρίας τις ἄγγελος φήμη. 236 Καὶ τάχα ἂν ἥδε ἡ πάθη ἀπροαίρετος ἂν εἴη, καὶ διὰ τοῦτο συμβαίνοι ἂν ἴσως καὶ ταῖς ἀκηράτοις. 237 Τὰ βέλτιστα παραινῶν, καὶ παροξύνων τῷ λόγῳ τοὺς ἐν τῷ ἔργῳ βλακεύοντας. 238 Ὅτι τριῶν ὄντων εἰδῶν τῆς ψυχῆς τριττὴ καὶ ἡ πολιτεία, καὶ ἔχει μὲν ἑκάστη τὰς τρεῖς, ἀλλ'

26 καὶ A : *om.* M || **37** χρῆμα A : *om.* M.
[350 a] **4** παροξύνων A²M : παροξύνειν A.

mais il est modelé et nommé par le seul genre qui domine. C'est la raison qui dirige la vie pareille à celle du temps de Cronos, ou l'âge d'or, ou la génération parente des dieux que célèbrent sous forme de fables les poètes assis sur le trépied de la Muse. Le genre de vie qui relève d'un tempérament ardent voué aux guerres et aux combats et qui, en général, lutte pour les premiers rangs et pour la gloire, a été, comme nous l'entendons dire, celle dont on parle en toute occasion dans l'histoire. Et celle qui se laisse aller tout entière à la passion, corrompue par une mollesse sans frein, au milieu de pensées basses et indignes d'un homme, compagne de la veulerie, vautrée dans la fange, avide de richesses, avec un idéal terre à terre et résignée à une sécurité d'esclave ressemble à la vie que mènent les gens de notre génération[1]. 239. Il aimait beaucoup les voyages ; non point l'inutile voyage de luxe qui va béer d'étonnement devant les édifices humains et l'étendue et les beautés des villes ; mais, s'il avait entendu parler quelque part d'une merveille sacrée, secrète ou accessible, il voulait la voir de ses propres yeux[2]. 240. L'âme elle-même, dans les prières sacrées, face à tout l'océan du divin, commence, disait-il, par se séparer du corps pour se concentrer sur elle-même ; ensuite, elle sort de son propre comportement et s'écarte des pensées rationnelles pour aller vers celles qui sont du même monde que l'esprit et, en troisième lieu, elle est possédée par le divin et se transporte dans une sérénité insolite qui est divine et non humaine*. 241. C'est pour le louer que le philosophe Isidore avait son nom à la bouche*. 242. Car pour la plupart des gens, les moyens de persuasion qu'on cherche dans l'histoire sont plus efficaces que ceux qu'on tire d'autres récits, et ceux qu'on cherche dans l'histoire récente, qui apportent aux auditeurs des faits mieux connus d'eux, le sont plus que

1. A., p. 13, 39 ; Z., p. 27 a. Nous avons ici un extrait plus étendu que celui de Ph. 22 (Bekker, p. 336 b 13-21 ; *supra*, p. 12). Pour A., *loc. cit.*, le genre de vie stigmatisé ici comme une « vie d'esclave », c'est le christianisme, auquel on sait combien Damascius était hostile. Cf. Photius, « codex » 181 (Bekker, p. 125 b 13 = t. II, p. 189 de la présente édition).

2. A., p. 15, 21 a ; Z., p. 35. Il s'agit ici du caractère d'Isidore.

ἑνὶ διαμορφοῦται καὶ ὀνομάζεται τῷ ἐπικρατοῦντι. Καὶ λόγῳ μὲν ἰθύνεται, ὡς ὁ ἐπὶ Κρόνου βίος, ἡ λεγομένη χρυσῆ γενεά, ἢ τὸ θεῶν ἀγχίσπορον γένος, οἷα ἐν σχήματι μύθου σεμνύνουσιν οἱ ἐν τῷ τρίποδι τῆς Μούσης καθήμενοι ποιηταί. Θυμῷ δὲ διανισταμένην πολιτείαν τὴν ἐπὶ πολέμους καὶ μάχας, καὶ ὡς ἐπίπαν φάναι, τὴν περὶ πρωτείων καὶ δόξης ἀγωνιζομένην, οἵαν γενέσθαι τὴν ἐπὶ τῆς ἱστορίας ἑκάστοτε θρυλουμένην ἀκούομεν. Ἐπιθυμίᾳ δὲ τὴν πανταχῇ διαρρέουσαν καὶ ὑπὸ τρυφῆς ἀκολάστου διεφθαρμένην, ταπεινὰ καὶ γυναικεῖα φρονοῦσαν, δειλίᾳ σύνοικον καὶ ἐν πάσῃ ὑηνείᾳ καλινδουμένην, φιλοχρήμονα, μακροπρεπῆ, δουλεύειν ἀσφαλῶς ἐθέλουσαν, οἷα τῶν ἐν τῇ νῦν γενέσει πολιτευομένων ἡ ζωή. 239 Προθυμότατος εἰς ἀποδημίαν οὐ τὴν μάταιον καὶ τρυφῶσαν, εἰς ἀνθρώπινα οἰκοδομήματα καὶ μεγέθη καὶ κάλλη πόλεων διαχαίνουσαν· ἀλλ' εἴ πού τι θαυμαστὸν ἀκήκοεν ἢ ἱεροπρεπὲς ἢ ἀφανὲς ἢ φανόν, αὐτόπτης ἠβούλετο γενέσθαι τοῦ θαύματος. 240 Αὐτὴν δὲ τὴν ψυχὴν ἐν ταῖς ἱεραῖς εὐχαῖς πρὸς ὅλον τὸ θεῖον πέλαγος ἔλεγε, τὰ μὲν πρῶτα συναγειρομένην ἀπὸ τοῦ σώματος εἰς ἑαυτήν, αὖθις δὲ ἐξισταμένην τῶν ἰδίων ἠθῶν καὶ ἀναχωροῦσαν ἀπὸ τῶν λογικῶν ἐννοιῶν ἐπὶ τὰς τῷ νῷ συγγενεῖς, ἐκ δ' αὖ τρίτων ἐνθουσιῶσαν καὶ παραλλάττουσαν εἰς ἀήθη τινὰ γαλήνην θεοπρεπῆ καὶ οὐκ ἀνθρωπίνην. 241 Τοῦτον ἐπαινῶν Ἰσίδωρος ὁ φιλόσοφος κατὰ στόμα εἶχε. 242 Μετριωτέρα γὰρ πειθὼ καὶ παραίνεσις τῆς ἀπὸ τῶν ἄλλων λόγων τοῖς πολλοῖς ἡ ἀπὸ τῆς ἱστορίας, καὶ μᾶλλον τῆς παλαιοτέρας ἢ ἀπὸ τῆς νεωτέρας καὶ τοῖς ἀκροωμένοις

8 ὡς ὁ *codd.* : ὁ ὡς Zintzen || **11** δὲ M : *om.* A || **13** οἵαν M : οἷον A || **14** ἐπιθυμίᾳ M *et* A *ut vid.* : ἐπιθυμίαν A² || **17** ὑηνείᾳ AM : κυβείᾳ M² || **18** ἐθέλουσαν A : θέλουσαν M || **23** ἢ ἀφανὲς A : ἀφανὲς M || φανόν A² : φανερὸν M *quid prius praeb.* A *non liquet* || **33** τῆς A : τοῖς M || ἄλλων A¹ *s. v.* M : *om.* A.

les arguments qu'on tire de l'histoire ancienne[1]. 243. Et ceux-ci, même dans les questions de philosophie égyptienne, prenaient Isidore comme compagnon de travail et de chasse dans la poursuite de la vérité authentiquement sainte cachée dans un abîme[2]. Et souvent, il les [350 b] éclairait dans leur quête de l'antique sagesse. Et toute son habileté ne lui venait pas de livres et d'opinions d'autrui qu'il avait en mémoire, mais il possédait depuis toujours une aptitude sûre et largement dispensatrice de vérité, en tout cas dans cet ordre de vérité-là[3]. 244. Et elle disparaîtra aux yeux des hommes parce qu'ils sont incapables de supporter sa divine montée[4]. 245. Il était contraint de s'occuper de la bonne éducation de ses enfants[5]. 246. D'ailleurs, dans ses commentaires, il parlait trop peu pour expliquer suffisamment ses opinions. Pourtant, dans ce domaine-là non plus, il ne manquait ni de dons naturels ni de pratique ; mais il mettait tous ses soins à la poursuite de la clarté et, laissant à d'autres les heureux agencements de mots, il s'attachait à mettre les faits en relief et, le plus souvent, ce n'étaient pas des phrases qu'il faisait entendre mais des pensées et même encore moins des pensées que les essences mêmes des choses qu'il mettait en lumière[6]. 247. La loi qui règle les rites envers la divinité*. 248. Et Isidore éprouvait de la joie à regarder Proclus dont l'aspect était à la fois vénérable et impressionnant ; il croyait voir vraîment en lui le visage de la philosophie*. 249. Car Proclus, de son côté, admirait le visage d'Isidore qui avait un air inspiré et qui resplendissait de la sagesse qui vivait en lui*. 250. Et Salustios s'adonnait non plus au métier d'avocat mais à celui de sophiste. Il avait étudié à fond tous les discours politiques de Démosthène ; c'était aussi

1. A., p. 18, 25 ; Z., p. 45. Il s'agit encore ici du caractère d'Isidore.
2. Allusion à Démocrite, fr. 117 (*Vorsokr.*, t. III, p. 166).
3. A., p. 25, 22 ; Z., p. 63. Ce dernier, dans sa note à Ph. 243, rapproche ce passage de Ph. 36 (Bekker, p. 337 b 20-37 ; *supra*, p. 15).
4. A., p. 26, 21 ; Z., p. 65. « Elle », c'est la lumière de la vérité.
5. A., p. 26, 27 ; Z., p. 65. C'est d'Isidore qu'il s'agit.
6. A., p. 26, 29 ; Z., p. 65. Ce texte se rapporte au même sujet que Ph. 34 (Bekker, p. 338 a 10-11 ; *supra*, p. 16).

φέρουσά τι γνωριμώτερον. 243 Οἱ δὲ καὶ ἐν τοῖς Αἰγυπτίοις φιλοσοφήμασι τὸν Ἰσίδωρον συνεργὸν καὶ συγκυνηγέτην παρελάμβανον τῆς ἐν βυθῷ κεκρυμμένης ὡς ἀληθῶς ἱερᾶς ἀληθείας· καὶ πολλαχοῦ φῶς ἀνῆπτεν αὐτοῖς ἐν ταῖς ζητήσεσι τῆς ἀρχαιοτρόπου [350 b] σοφίας. Τὸ δὲ σύμπαν αὐτῷ τῆς εὐπορίας οὐκ ἀπὸ βιβλίων καὶ δοξασμάτων ἐπορίζετο ἀλλοτρίων διὰ μνήμης, ἀλλ' ἕξιν τινὰ βεβαίαν καὶ πάμφορον ἀληθείας τῆς γε τοιαύτης ἀπ' ἀρχῆς ἐκτήσατο. 244 Καὶ δύσεται τοῖς ἀνθρώποις, ἅτε οὐ δυναμένοις αὐτοῦ φέρειν τὴν θείαν ἀνατολήν. 245 Ἠναγκάζετο ἐπιμελεῖσθαι τῆς τῶν παίδων εὐαγωγίας. 246 Καὶ μὴν καὶ ἐν ταῖς ἐξηγήσεσιν ἐνδεέστερος τῷ λόγῳ ἢ ὥστε ἑρμηνεύειν τὰ δοκοῦντα ἀποχρώντως. Οὐ μὴν οὐδὲ ἐνταῦθα ἀβοήθητος ἦν ὑπὸ τῆς φύσεως καὶ τῆς ἄλλης μελέτης, ἀλλὰ κατεβάλλετο μὲν σπουδὴν πρὸς τὴν σαφήνειαν, τὴν δὲ τῶν ὀνομάτων εὐρυθμίαν ἀφιεὶς ἑτέροις, πρὸς ἐπίδειξιν εἴχετο τῶν πραγμάτων, οὐ λόγους τὸ πλέον ἢ νοήσεις φθεγγόμενος, οὐδὲ νοήσεις μᾶλλον ἢ τὰς οὐσίας αὐτῶν τῶν πραγμάτων ἄγων εἰς φῶς. 247 Τὴν περὶ τὸ θεῖον ἁγιστεύουσαν θέμιν. 248 Εὐφραίνετο δὲ ὁρῶν τὸν Πρόκλον ὁ Ἰσίδωρος αἰδοῖόν τε ἅμα καὶ δεινὸν ἰδεῖν, αὐτὸ δοκῶν ἐκεῖ ὁρᾶν τὸ φιλοσοφίας τῷ ὄντι πρόσωπον. 249 Ἐπεὶ καὶ ὁ Πρόκλος ἐθαύμαζε τοῦ Ἰσιδώρου τὸ εἶδος ὡς ἔνθεον καὶ πλῆρες εἴσω φιλοσόφου ζωῆς. 250 Ὁ δὲ Σαλούστιος οὐκέτι τῷ δικανικῷ ἀλλ' ἤδη τῷ σοφιστικῷ βίῳ προσεῖχε τὸν νοῦν. Ἐξέμαθε δὲ καὶ τοὺς δημοσίους ἅπαντας τοῦ Δημοσθέ-

37 τὸν Ἰσίδωρον A : *om.* M.

[350 b] **6** θείαν M : ἀλήθειαν A || ἠναγκάζετο M : εἶναι εἰκάζετο A || **8** ἢ A : *om.* M || **11** κατεβάλλετο M : κατεβάλετο A || **13** λόγους A : λόγοις M || **14** φθεγγόμενος οὐδὲ νοήσεις M : *om.* A || **16** τὸ θεῖον M : τῶν θείων A || **17** αἰδοῖον M : αἰδοῖ A || **18** δεινὸν AM : δείμω A² || **18** ἐκεῖ ὁρᾶν M *et* A *ut vid.* : ἐκεῖνον ὁρῶν A² || **20** πλῆρες A² : πλήρης AM.

un orateur de valeur qui n'imitait pas les sophistes d'époque récente mais qui rivalisait par le ton[1] avec l'éloquence ancienne. D'ailleurs, il écrivit même des discours qui n'étaient pas tellement inférieurs à ceux des anciens orateurs[2]. 251. Parcourant pour ainsi dire le monde entier à pieds nus[3]. 252. Il emploie le mot « sièges » pour désigner les lieux sacrés eux-mêmes. On l'emploie aussi dans le sens de « statues ». On appelle aussi « siège » l'assise du temple[4]. 253. En songe, les manifestations de la parole ne se comptaient pour ainsi dire plus, mais elle ne se manifesta qu'une seule fois durant la veille*. 254. « Observant l'homme » au lieu de « regardant avec soin, examinant » à l'encontre de l'usage courant*.
255. Ils restaient libres des entraves habituelles à l'être humain*. 256. Personne n'est assez aveugle à l'égard de la divinité pour ne pas se rendre compte de toute son action et surtout des châtiments qu'elle envoie aux pécheurs*. 257. « Il ne s'écarterait pas de la Muse véridique » ou « il ne s'écarterait pas de la sainte vérité »*. [351 a] 258. Les disciples et sectateurs de la doctrine étrangère*. 259. Et ils s'appliquaient de toutes leurs forces à la philosophie bien que, à leurs débuts, ils eussent manqué d'une bonne initiation dans ce domaine*. 260. Et quand il eut prié, il revint au sentiment commun et humain des choses après ses visions étranges*.

261. Et il la donna en mariage au moment venu*. 262. Mais il mit sur l'épousée le manteau du philosophe parce qu'elle était philosophe*. 263. Le culte relatif aux choses divines, le culte non secret aussi bien que le culte secret*. 264. Il ne partit pas pour Aphrodisias quoiqu'on l'eût invité*. 265. Il vécut avec sa femme sans avoir d'enfant*.

266. Hilaire, qui était philosophe mais aimait les

1. Dans un parallèle tiré de Suidas, s. v. Σαλούστιος (cité par Z., p. 115), au lieu de τόνος, on lit πίνος, qui est un mot beaucoup plus recherché. Je crois que τόνος est une glose de Photius.

2. A., p. 51, 17 ; Z., p. 117.

3. A., p. 58, 18 ; Z., p. 136. Ce paragraphe 251 est à rapprocher de Ph. 89 (Bekker, p. 324 a 27-35 ; *supra*, p. 27).

4. Gloses de Photius. Cf. A., p. 62, 11 ; Z., p. 141.

νους λόγους. Καί δὴ λέγειν ἦν ἱκανός, οὐ τοὺς νέους μιμούμενος σοφιστάς, ἀλλὰ πρὸς τὸν ἀρχαῖον τόνον τῆς λογογραφίας ἁμιλλώμενος. Ἀμέλει καὶ ἔγραψε λόγους οὐ πολύ τι ἐκείνων λειπομένους. 251 Ἀνυπόδετος περιιὼν τὴν οἰκουμένην, ὡς φάναι λόγον, ἅπασαν. 252 Ὅτι τὰ ἕδη καὶ ἐπὶ αὐτῶν λαμβάνει τῶν τεμενῶν, τάττεται δὲ καὶ ἐπὶ τῶν ἀγαλμάτων· λέγεται δὲ ἕδος καὶ τὸ ἔδαφος τοῦ νεώ. 253 Ὄναρ μὲν μυριάκις παρῆν ὡς φάναι τὸ ἔπος, ἅπαξ δὲ καὶ ὕπαρ ἐφάνη τὸ φάσμα. 254 Περιορώμενον τὸν ἄνθρωπον ἀντὶ τοῦ ἐμβλέπον ἀκριβῶς, ἐπισκοποῦν, ἐναντίως τῆς τῶν πολλῶν χρήσεως. 255 Ἀκώλυτοι διέμενον ὑπὸ τῶν εἰωθότων κατὰ τὸ ἀνθρώπινον κωλυμάτων. 256 Οὐδείς ἐστιν οὕτω τὸ θεῖον ἐκκεκωφημένος, ὃς οὐκ αἰσθάνεται αὐτοῦ τῆς ἐνεργείας πάσης μέν, οὐχ ἥκιστα δὲ τῆς κολαζούσης τοὺς ἁμαρτάνοντας. 257 Οὐκ ἂν ἁμάρτοι Μούσης ἀληθοῦς, ἢ οὐκ ἂν ἁμάρτοι ἀληθείας ἱερᾶς. 258 Οἱ τῆς [351 a] ἀλλοφύλου δόξης ἑταῖροι καὶ συστασιῶται. 259 Καὶ πρὸς φιλοσοφίαν ἔρρωντο, καίτοι ἀρχὴν ἀτυχοῦντες εὐαγωγίας φιλοσόφου. 260 Καὶ τῇ εὐχῇ χρησάμενος εἰς τὴν συνήθη καὶ ἀνθρωπίνην αἴσθησιν ἀπὸ τῶν ἀλλοκότων ὄψεων ἐπανῆλθε. 261 Καὶ δὴ ἐξέδωκεν ἱκνουμένῳ τῷ τοῦ γάμου καιρῷ. 262 Ἀλλὰ καὶ τρίβωνα φιλοσοφίας περιβαλών, ὡς φιλόσοφον, τὴν νύμφην. 263 Τῆς περὶ τὰ θεῖα διατριβούσης θρησκείας, ὅση τε ῥητὴ καὶ ὅση ἀπόρρητος. 264 Οὐδ' εἰς Ἀφροδισιάδα μετεχώρησε παρακληθείς. 265 Ἄπαιδα βίον τῇ γυναικὶ συμβεβίωκεν. 266 Ὁ δὲ Ἱλάριος φιλοσοφῶν μέν, ἐκδεδιῃτημένος δὲ τὰς

25 τόνον A : πόνον M ‖ **28** λόγον AM : λόγων A² ‖ **32** ὕπαρ ἐφάνη A : ὑπερεφάνη M ‖ **34** ἐπισκοποῦν A : διεσκόπουν M ‖ **36** τὸ ἀνθρώπινον M : τὸν ἄνθρωπον A.

[351 a] **2** πρὸς M : οἷς A ‖ **3** χρησάμενος A : χρησάμενοι M ‖ **5** ἱκνουμένῳ A² : ἱκνομένῳ A ἱκανουμένῳ M ‖ **9** οὐδ' A : ὁ δ' M ‖ **10** παρακληθείς A : παράκλητος M.

plaisirs du ventre, n'avait pas eu Proclus pour maître[1].

267. Il était convaincu, disait-il, que sa vie physique serait allongée par les bons soins de sa femme. Et il le disait, non pas, comme on pourrait le croire, en homme qui exprimait de la reconnaissance mais en homme qu'impatientait son séjour dans un corps et il la rendait responsable, dans la mesure des possibilités humaines, de son trépas retardé[2]. 268. Et il louait l'humeur facile de sa femme et il partageait sa joie*. 269. Par pitié pour les premières espérances de son mariage, la divinité lui donna un signe d'une prochaine naissance et, de ce moment, le mari vit sa femme enceinte*. 270. Et pour Asclépiodote, l'obscurité n'était pas un obstacle à la lecture*. 271. Il racontait d'autres choses qu'il avait entendues et bien d'autres encore qu'il avait vues lui-même et qui étaient étonnantes*. 272. Et la voix d'on ne sait qui ordonnait au vaisseau de rester à l'ancre*. 273. « Ὀμμακοΐου » se dit de la vision et de l'audition simultanées*. 274. Et il vécut jusqu'à sa mort sans contact avec un corps et il n'y eut personne, même parmi ses pires ennemis, pour lui intenter une accusation fondée sur de telles calomnies*. 275. Marinus, avec son naturel sans vigueur, ne put suivre l'élévation de pensée de son maître qui commentait le *Parménide* et, des unités surnaturelles, il rabaissa son attention aux formes en se laissant entraîner plus souvent par les idées de Firmus ou de Galien que par les pures conceptions des hommes bienheureux*. 276. Il menait une vie juste et conforme à la philosophie, exempte de flatterie et de vulgarité*. 277. A cause des troubles, Marinus s'en alla d'Athènes à Épidaure parce qu'il craignait des attentats contre sa vie*. 278. Marinus et Proclus lui-même retenaient Isidore [351 b] non d'une main, mais des deux*. 279. Et Proclus,

1. A., p. 84, 3 b ; Z., p. 187.

2. A., p. 85, 20 ; Z., p. 193. Les éditeurs pensent qu'il s'agit ici d'Asclépiodote malade. Devant un pareil texte, on songe tout naturellement à la thèse platonicienne selon laquelle le corps est une entrave pour l'âme, mais aussi à l'exclamation de l'Apôtre sur le « corps de mort ». L'attention de Photius pour un personnage comme celui-ci semble montrer qu'il était sensible à ce que le paganisme avait d'élevé.

ὑπογαστρίους ἡδονάς, οὐκ ἔτυχε Πρόκλου διδασκάλου. 267 Πεπεῖσθαι ἔλεγε πολυχρονιώτερόν οἱ γενέσθαι τὸν μετὰ τοῦ σώματος βίον διὰ τὴν δεξιότητα τῆς γυναικός. Καὶ ταῦτα ἔλεγεν οὐ χάριν ὁμολογῶν, ὡς ἄν τῳ δόξειεν, ἀλλὰ δυσχεραίνων πρὸς τὴν ἐν σώματι διατριβήν, καὶ εἰς ἐκείνην ἀναφέρων, ὅσα γε εἰς ἄνθρωπον, τὴν τοῦ θανάτου ἀναβολήν. 268 Καὶ τῆς γυναικὸς ἐπῄνει τὴν εὐαγωγίαν καὶ συνήδετο. 269 Κατελεήσας τοῦ γάμου τὰς πρώτας ἐλπίδας ὁ θεὸς ἐδίδου σύμβολον τῆς ἐσομένης γονῆς · καὶ τὴν γαμετὴν λοιπὸν ἑώρα ἐπίτεκα οὖσαν ὁ ἀνήρ. 270 Καὶ οὐδὲν ἐμποδὼν πρὸς τὴν ἀνάγνωσιν τῷ Ἀσκληπιοδότῳ ὁ σκότος ἐγίνετο. 271 Διηγεῖτο δὲ ἄλλα τε ὧν ἀκήκοε, καὶ δὴ καὶ τῆς αὐτοῦ ὄψεως οὐκ ὀλίγα θαύματος ἄξια. 272 Ἡ δ' ἄγνωστος φωνὴ ὅτου εἴη τὴν ναῦν ἀνακωχάζειν ἐκέλευε. 273 Τοῦ ὀμμακοΐου τῆς αὐτοψίας καὶ ἀκοῆς ἅμα. 274 Καὶ διετέλεσεν ἄχρι θανάτου ἀμιγὴς παντὸς σώματος. Οὐδ' ἔστιν ὅστις ἐσυκοφάντησεν αὐτὸν ἐπὶ τοιαύταις διαβολαῖς, οὐδὲ τῶν ἐχθίστων. 275 Ὁ δὲ Μαρῖνος τῷ ἀτόνῳ τῆς φύσεως οὐδὲ τοῦ Παρμενίδου τὴν ὑπεραίρουσαν ἐξήγησιν τοῦ διδασκάλου ἤνεγκεν, ἐπὶ τὰ εἴδη δὲ τὴν θεωρίαν κατήγαγεν ἀπὸ τῶν ὑπερουσίων ἑνάδων, ταῖς Φίρμου καὶ Γαληνοῦ τὸ πλέον ἐννοίαις ἐπισπώμενος ἢ ταῖς ἀκηράτοις ἐπιβολαῖς τῶν μακαρίων ἀνδρῶν. 276 Ἐθεράπευε τὰ δίκαια καὶ φιλοσοφίᾳ πρέποντα, ἀλλ' οὐ τὸν θῶπα τρόπον καὶ βάναυσον. 277 Διὰ τὴν στάσιν ὁ Μαρῖνος ἐξ Ἀθηνῶν εἰς Ἐπίδαυρον ἀνεχώρησε, τὰς ἄχρι τοῦ σώματος ἐκβαινούσας ἐπιβουλὰς ὑφορώμενος. 278 Ὁ δὲ Μαρῖνος, καὶ αὐτὸς ὁ Πρόκλος, οὐ τῇ ἑτέρᾳ μόνον [351 b] ἀλλ' ἀμφοῖν τοῖν χεροῖν τοῦ Ἰσιδώρου περιείχοντο.

21 ἐπίτεκα *edd.* : ἐπίτοκα *codd.* *malim* ἐπίτοκον || **23** ἐγίνετο A : ἐγένετο M || ἄλλα AM : ἄλλως A[2] || **30** Μαρῖνος M : Μαριανός A || **33** ἑνάδων M *et* A *ut vid.* : ἐν ᾅδου A[2].

voyant son zèle infatigable et son amour insatiable de l'étude, ouvrit à son âme les ressources des saints discours de la philosophie et poursuivit, heureux de le voir posséder un esprit vaste et docile à recevoir sa pensée[1]. 280. Il céda parce qu'il redoutait de leur part à tous deux un blâme en même temps que leur chagrin courroucé[2]. 281. ... suscita un tremblement de terre extraordinaire et qui n'était pas l'œuvre de la nature[3]. 282. Il y avait une femme d'Attique qui connaissait beaucoup de moyens de persuasion comme elle le fit voir*. 283. Donnant non d'une main mais des deux, comme dit le proverbe*. 284. Tels étaient chez cet homme les dons du corps et de l'âme : à ceux qu'il rencontrait, il en imposait par son air méditatif quand c'était le moment de la sévérité et de la gravité dans les attitudes et dans les propos ; en revanche, il était charmant avec ceux qui l'étaient*. 285. En effet, délaissant la philosophie et une vie bienheureuse étrangère aux affaires, il se tourna vers la politique et les charges publiques. D'un naturel combatif, incapable d'admettre un échec quel que fût le but à atteindre, fier plus que quiconque d'actions et de paroles qui honorent leur auteur et mettent en relief la vertu de l'âme, il fut toujours prêt à lutter et à rivaliser avec ceux qui étaient au-dessus de lui*. 286. Mais le requérant ne voulait que l'honneur de rencontrer le gouverneur pour lui présenter ses hommages*. 287. La plupart, dans leurs espérances, se retournaient vers les choses anciennes*. 288. Pamprépius était vraiment l'instrument de la Nécessité ennemie du meilleur parti*. 289. « Dans le temps qui arrive » au lieu de « dans le temps qui suit*. » 290. En dénombrant ceux qui se sont déchaînés contre notre sainte et indestructible foi, Damascius, à contrecœur, sans doute, et contraint par l'éclat de la vérité, écrit ce qui suit* : « En effet, l'empereur

1. A., p. 95, 29 a ; Z., p. 215.

2. A., p. 96, 1 ; Z., p. 215. Les paragraphes 278-280 évoquent le choix d'Isidore comme scholarque d'Athènes et ses résistances à se laisser élire.

3. A., p. 96, 5 ; Z., p. 215. Le sujet qui manque à cette phrase est, sans doute, « la divinité ». Le phénomène a eu lieu en 478 ou 479.

279 Ὁ δὲ Πρόκλος ὁρῶν αὐτοῦ τὴν προθυμίαν ἄτρυτον οὖσαν καὶ τὴν φιλομάθειαν ἀκόρεστον, πηγὰς λόγων εἰς τὴν ἐκείνου ψυχὴν ἀφιεὶς ἱερῶν τε καὶ φιλοσόφων, γαννύμενος αὐτῷ διετέλει πλατεῖαν ὑπέχοντι καὶ ἀριήκοον τὴν τῆς διανοίας ὑποδοχήν. 280 Εἶξε δεδιὼς τὴν ἑκατέρου ἐπιτίμησιν καὶ ἅμα λύπην ἀγανακτοῦσαν. 281 Ἔσεισεν ὑπερφυῆ τινα σεισμὸν καὶ οὐ φύσεως ἔκγονον. 282 Ἦν ἄρα τις Ἀττικὴ γυνή, πολλὰς εἰδυῖα μηχανὰς εἰς πειθώ, ὡς διέδειξεν. 283 Οὐ μιᾷ χειρὶ δωρούμενος ἀλλ' ἀμφοῖν, κατὰ τὴν παροιμίαν. 284 Τοιοῦτος ἦν τό τε σῶμα καὶ τὴν ψυχήν, ὥστε καταπληγνύναι τῇ συννοίᾳ τοὺς ἐντυγχάνοντας, ἡνίκα καιρὸς ἦν σεμνότητος καὶ ἐμβριθεστέρων ἠθῶν τε καὶ λόγων· χαρίεις δ' αὖ πρὸς τοὺς χαρίεντας. 285 Ἀντὶ γὰρ φιλοσοφίας καὶ ἀπραγμοσύνης εὐδαίμονος εἰς πολιτείαν ἑαυτὸν καὶ εἰς ἀρχὰς ἐξέωσε φέρων. Φύσει δὲ ὢν φιλόνεικος καὶ ἀήττητος ἐφ' ὅ τι ἂν ὁρμήσειε, καὶ φιλόδοξος ὡς οὐκ οἶδ' ἕτερος, ἐπὶ τιμίοις ἔργοις τε καὶ λόγοις καὶ τὴν ἀρετὴν εἰς τὸ ἔξω προάγουσι τῆς ψυχῆς, προσκρουστικὸς ἀεὶ καὶ ἁμιλλητικὸς πρὸς τοὺς ὑπερέχοντας ἦν. 286 Ἠβούλετο δὲ μόνον ἀξιωθῆναι ὁ δεόμενος τῆς τὸν ἄρχοντα προσκυνούσης ἐντεύξεως. 287 Οἱ δὲ πλεῖστοι ὠρθοῦντο πρὸς τὰ ἀρχαῖα ταῖς ἐλπίσιν. 288 Ὄργανον ὁ Παμπρέπιος ἐπιτήδειον τῆς πρὸς τὸ κάλλιον ἀντιπνεούσης ἀνάγκης ἦν. 289 Κατὰ τὸν ἱκνούμενον χρόνον, ἀντὶ τοῦ κατὰ τὸν ἐπιόντα. 290 Ὅτι τοὺς κατὰ τῆς ἱερᾶς ἡμῶν καὶ ἀκαταλύτου πίστεως ἐπιλυττήσαντας ὁ Δαμάσκιος ἀριθμούμενος καὶ ἄκων καὶ ὑπὸ τῆς κατὰ τὴν ἐνάργειαν ἀληθείας βιαζόμενος τάδε ἀναγράφει· « Ἐπεχεί-

[351 b] **2** προθυμίαν A²M : *quid prius praeb.* A *non liquet* || **10** διέδειξεν A : διεδίδαξεν M || **11** τό τε A : *om.* M || **12** καταπληγνύναι Bekker : παραπηγνύναι A καταπλαγῆναι M || **19** ἐπὶ τιμίοις M : ἐπιτίμοις A || **27** τοὺς A¹ *s. v.* M : *om.* A || τῆς ἱερᾶς AM : τὴν ἱερὰν Mˣ || **29** καὶ ἄκων A : καὶ ἄκων ὡς ἔοικε M || ἐνάργειαν A : ἐνέργειαν M.

Julien fit une tentative mais n'alla pas au-delà de quatre ans[1]. Plus tard, il y eut aussi une tentative de Lucius, un général de Byzance, sous l'empereur Théodose ; il avait comploté d'assassiner l'empereur et il était entré au palais ; à trois reprises, il voulut dégaîner son épée, mais il fut détourné par la terreur : il vit en effet aussitôt une femme de haute taille et d'un aspect terrible qui, derrière Théodose, l'entourait de ses bras[2]. Dans la suite, le grand stratège d'Anatolie l'entreprit mais il fut arrêté [352 a] par une mort violente. En effet, il tomba de cheval, eut une jambe vilainement fracassée et mourut[3]. Ensuite, dit l'auteur, Sévérien[4], notre conciyoyen, reprit de nos jours le projet avec plusieurs complices, mais peu s'en fallut qu'il ne subît la peine capitale à cause de la trahison des conjurés et notamment d'Herménérich, fils d'Aspar, qui dénonça le complot à Zénon. Après eux, il y eut Marsus et Illous. De ceux-ci, Marsus mourut de maladie en pleine rébellion[5] ; Illous fut arrêté et périt par l'épée »[6]. 291. Il jette la tête dans le camp ennemi comme on lance un disque, du haut d'un rocher[7]. 292. Ammonius, dont l'avidité au gain était scandaleuse et qui considérait tout sous l'angle du profit, quel qu'il fût, conclut un accord avec celui qui était alors le censeur de la foi commune*. 293. Il y avait là un sac de livres de toute sorte*. 294. Quand tu brûleras du désir de procréer des enfants pour l'État*. 295. Je faisais autrefois, dit l'auteur, des discours sous le manteau d'orateur, en sorte que le manteau était, aussi bien que celui du rhéteur, celui du philosophe*. 296. Les hommes donnent naturellement

1. Mai 360-juin 363. Le règne de Julien, écrit A., p. 185, fut l'âge d'or pour les néoplatoniciens qui espéraient qu'il allait faire triompher leur philosophie religieuse sur le christianisme.

2. Il s'agit de Théodose II. Le Lucius dont il est question ici semble bien inconnu par ailleurs. Cf. Z., p. 241, note à 290, 12.

3. Il s'agit de Zénon, consul en 448, selon A., p. 195.

4. C'est le personnage dont il a été question en Ph. 165 (Bekker, p. 346 b 15-19 ; *supra*, p. 38) et 285 (Bekker, p. 351 b 15-21 ; *supra*, p. 52).

5. En 484. Cf. A., p. 186.

6. A., p. 107, 5 ; Z., p. 241-243. Illous a été exécuté en 488. Son échec a ruiné les dernières espérances des païens. Cf. A., p. 186.

7. A., p. 108, 21 a ; Z., p. 245. « Il », c'est Illous ; la victime est Pamprépius.

ρησε μὲν γὰρ Ἰουλιανὸς ὁ βασιλεύς, ἀλλ' ἐτέων οὐκ ἐπέβη πισύρων, ἐπεχείρησε δὲ χρόνοις ὕστερον καὶ Λούκιος, ἀνὴρ ἐν Βυζαντίῳ τὴν στρατηγίδα ἀρχὴν ὑπὸ βασιλεῖ Θεοδοσίῳ κοσμῶν, ὃς πειραθεὶς τὸν βασιλέα ἀνελεῖν εἴσω τῶν βασιλείων παρῆλθε, καὶ τρὶς θελήσας ἐξελκύσαι τοῦ κολεοῦ τὸ ξίφος ἀπετρέπετο καταπεπληγμένος· ἑώρα γὰρ ἐξαίφνης γυναῖκα μεγάλην καὶ βλοσυρὰν περιπτυσσομένην κατὰ νώτων Θεοδόσιον. Μετὰ ταῦτα ὁ μέγας τῆς Ἕω στρατηλάτης ἐπεχείρησεν, ἀλλ' ἐπεσχέθη βίαιον εὑράμενος θάνατον· ἀπὸ γὰρ τοῦ [352 a] ἵππου πεσὼν καὶ τὸ σκέλος κακῶς διατεθεὶς ἐτελεύτησε τὸν βίον. Εἶτα Σεβηριανός, φησίν, ὁ πολίτης ἡμῶν ἐν τοῖς καθ' ἡμᾶς χρόνοις μετὰ καὶ ἄλλων συχνῶν· ἀλλ' ὀλίγου δεῖν θανάτῳ ἐζημιώθη δι' ἀπιστίαν τῶν συνειδότων, ἄλλων τε ἴσως, καὶ Ἑρμενερίχου τοῦ Ἄσπερος παιδὸς ἐξειπόντος τὴν συνωμοσίαν τῷ Ζήνωνι. Πρὸς οἷς Μάρσος καὶ Ἴλλους· ὧν ὁ μὲν Μάρσος ἐν αὐτῇ τῇ ἐπαναστάσει νόσῳ τέθνηκεν, ὁ δὲ Ἴλλους συλληφθεὶς ξίφει τὸν βίον κατέστρεψεν ». 291 Ἀκοντίζει τὴν κεφαλὴν εἰς τὸ τῶν πολεμίων στρατόπεδον, ἄνωθεν ἀπὸ τῆς πέτρας ἀποδισκεύσας. 292 Ὁ δὲ Ἀμμώνιος αἰσχροκερδὴς ὢν καὶ πάντα ὁρῶν εἰς χρηματισμὸν ὁντιναοῦν, ὁμολογίας τίθεται πρὸς τὸν ἐπισκοποῦντα τηνικαῦτα τὴν κρατοῦσαν δόξαν. 293 Γρυμαία ἔκειτο παντοδαπῶν βιβλίων. 294 Ὅταν ἀφροδισιάζῃ ἐπὶ παιδοποιίᾳ πολιτικῇ. 295 Λόγους, φησὶν ὁ συγγραφεύς, ἐπεδεικνύμην πρότερον, τὸν ἐπὶ ῥητορικῇ τρίβωνα περιθέμενος, ὥστε ἦν καὶ τρίβων ῥητορικός, ὡς καὶ φιλόσοφος. 296 Πεφύ-

31 γὰρ A : γὰρ καὶ M || οὐκ A²M *quid prius praeb.* A *non liquet* || **32** χρόνοις AMˣ : χρόνους M *ut vid.* || **33** ἀρχὴν A : ἄρχειν M || **36** κολεοῦ AM : κουλεοῦ A²M² || **38** νώτων A : νώτου M || Θεοδόσιον A : τὸν Θεοδόσιον M.

[352 a] **5** Ἑρμενερίχου A : ἁρμενερίχου M || **13** τηνικαῦτα A : τὸ τηνικαῦτα M.

volontiers un renom de vertu à la vie qui fuit l'action alors que, selon moi du moins, elle ne le mérite pas. Car la vertu qui se débat en pleine vie publique dans l'action et les discours politiques exerce l'âme à acquérir plus de force et affermit par l'expérience ce qu'elle a de sain et d'accompli ; et tout ce qui se cache de faux et d'artificiel dans les existences humaines est tout entier révélé et mis sur la voie du redressement. Et combien n'y a-t-il pas d'occasions, dans les affaires publiques, d'agir dans le sens du bon et de l'utile? Et combien n'y faut-il pas d'assurance et de fermeté? C'est pourquoi les doctes qui restent assis dans leur coin à philosopher gravement et longuement sur la justice et la sagesse, quand ils sont forcés d'en venir à l'action, font piètre figure[1]. 297. Il gagne Athènes auprès de Proclus qui se maintenait encore dans son corps[2]. 298. A la fois grave et sociable, Agapius avait étudié plus qu'on ne le fait d'ordinaire l'ancienne langue et il attira sur lui l'attention des gens de Byzance[3] ; il suscita aussi l'admiration des érudits alexandrins. Il s'appuyait, en effet, sur une culture complète ; il voulait [352 b] être un chercheur et un critique en matière de grammaire et de lettres ; en un mot, il passait pour un savant accompli et il en était un[4]. 299. Et Gésius acquit un grand renom non seulement par la compétence médicale dont il faisait preuve tant dans sa façon d'enseigner que dans la pratique, mais aussi par sa culture générale[5]. 300. Rafraîchissant son âme dans les discussions[6]. 301. Quand Isidore eut épousé Domna, il lui naquit d'elle un fils ; il appela l'enfant Proclus et Domna mourut le cinquième jour après ses couches, délivrant le philo-

1. A., p. 113, 4 ; Z., p. 257.

2. A., p. 113, 34 ; Z., p. 259. Il s'agit d'Isidore qui s'en retourne d'Alexandrie à Athènes auprès de Proclus malade. On rapprochera de ce paragraphe Ph. 188 (Bekker, p. 347 a 34-35 ; *supra*, p. 40).

3. Il y expliquait Platon et Aristote vers 511. Cf. A., p. 188, et Freudenthal, s. v. *Agapios*, n. 3, in *R. E.*, t. I, 1894, col. 735.

4. A., p. 115, 8 a ; Z., p. 263.

5. A., p. 116, 10 ; Z., p. 265. Selon Suidas, s. v. *Gesios* (cité par Z., p. 265), c'était un médecin renommé qui vivait sous Zénon.

6. A., p. 117, 7 ; Z., p. 267. Cf. Photius, « codex » 181 (Bekker, p. 127 a 10-14 = t. II, p. 192 de la présente édition).

κασι δὲ ἄνθρωποι τῇ μισοπράγμονι ζωῇ τὴν ἀρετὴν ἐπιφημίζειν, οὐχ οὕτως ἔχον κατά γε τὴν ἐμὴν κρίσιν. Ἡ γὰρ ἐν μέσῃ τῇ πολιτείᾳ διὰ τῶν πολιτικῶν ἔργων τε καὶ λόγων ἀναστρεφομένη ἀρετὴ γυμνάζει τε τὴν ψυχὴν πρὸς τὸ ἐρρωμενέστερον, καὶ βεβαιοῦται μᾶλλον ἐπὶ τῆς πείρας ὅσον αὐτῆς ὑγιές τε καὶ ὁλόκληρον· ὅσον δὲ κίβδηλον καὶ ἐπίπλαστον ἐμφωλεύει ταῖς ἀνθρωπίναις ζωαῖς, τοῦτο πᾶν διελέγχεται καὶ ἑτοιμότερον καθίσταται πρὸς διόρθωσιν. Τὸ δὲ ἀγαθοεργόν τε καὶ ὠφελητικὸν ὅσον ἐστὶν ἐν τοῖς πολιτεύμασι; Τὸ δὲ θαρραλέον καὶ βέβαιον, ἡλίκον; Τοιγαροῦν οἱ ἐν γωνίᾳ καθήμενοι λόγιοι, καὶ πολλὰ φιλοσοφοῦντες εὖ μάλα σεμνῶς περὶ δικαίου καὶ σωφροσύνης, ἐκβαίνειν ἐπὶ τὰς πράξεις ἀναγκαζόμενοι δεινὰ ἀσχημονοῦσιν. 297 Εἰς Ἀθήνας καὶ Πρόκλον ἀπαίρει ἔτι διακρατούμενον ἐν τῷ σώματι. 298 Σεμνὸς ὢν ἅμα καὶ εὐόμιλος ὁ Ἀγάπιος, τήν τε ἀρχαίαν γλῶτταν ὑπὲρ τὸν ἰδιώτην μελετήσας, ἐπέστρεψεν εἰς ἑαυτὸν τοὺς ἐν Βυζαντίῳ ἀνθρώπους, θαῦμα δὲ ἑαυτοῦ παρέσχετο καὶ ἐν Ἀλεξανδρείᾳ τοῖς λογιμωτέροις· ὥρμητο γὰρ ἀπὸ πάσης τῆς παιδείας, ζητητικός τε καὶ κριτικὸς ἠβούλετο εἶναι γραμματικῶν [352 b] τε καὶ ῥητορικῶν, καὶ συλλήβδην εἰπεῖν, ἐδόκει τετράγωνος εἶναι καὶ ἦν τὴν σοφίαν. 299 Καὶ εἰς κλέος ὁ Γέσιος μέγα ἀνέβη, οὐ μόνον ἰατρικῆς εἵνεκα παρασκευῆς, τῆς τε διδασκαλικῆς καὶ τῆς ἐργάτιδος, ἀλλὰ καὶ τῆς ἄλλης πάσης παιδείας. 300 Διαλεκτικαῖς συνουσίαις ἀρδόμενος τὴν ψυχήν. 301 Ὅτι ἀγαγομένῳ Ἰσιδώρῳ Δόμναν γυναῖκα τίκτεται αὐτῷ παῖς ἐξ αὐτῆς· Πρόκλον τὸ παιδίον ἐπωνόμασε. Καὶ ἡ Δόμνα ἐπί γε τῷ τόκῳ πέμπτῃ ὕστερον ἡμέρᾳ ἀποθνῄσκει, κακοῦ θη-

29 βέβαιον M : ἰσχυρὸν A ‖ ἐν γωνίᾳ A²M : *quid prius praeb.* A *non liquet* ‖ **30** λόγιοι *edd.* : λόγοι *codd.*

[352 b] **6** ἀγαγομένῳ A : ἀναγομένῳ M ‖ **8** ἐπωνόμασε M *et* A *ut vid.* : ἐπονομασθέν A² ‖ **9** πέμπτῃ... ἡμέρᾳ M : πέμπτην... ἡμέραν A.

sophe d'elle, c'est-à-dire d'une bête méchante et d'une détestable compagne[1]. 302. L'Asclépios de Beyrouth n'est dit l'auteur, ni un dieu grec ni un dieu égyptien mais un dieu phénicien de la région. Saducus, en effet, avait eu des fils dans lesquels ils voient les Dioscures et les Cabires. Le huitième d'entre eux fut Esmounos dans lequel ils voient Asclépios. Ce dernier était un très beau jeune homme dont la vue attirait les regards ; il fut aimé, dit la fable, par Astronoé, la déesse phénicienne, mère des dieux. Il avait l'habitude de chasser dans les vallons du pays ; quand il vit que la déesse le poursuivait dans sa fuite et qu'elle allait se saisir de lui, il se trancha les parties génitales d'un coup de hache. La déesse, affligée de ce drame, appela le jeune homme Péan ; elle lui rendit la chaleur de la vie grâce à sa chaleur créatrice et fit de lui un dieu que les Phéniciens appellent Esmounos à cause de la chaleur vitale. D'autres disent qu'il faut expliquer le mot Esmounos par le mot « huitième » parce que c'était le huitième fils de Saducus[2]. 303. Dans une obscurité opaque, il suscita une vive lumière[3]. 304. Cette explication que donna le jeune homme, les compagnons de Marinus l'acceptèrent et ils furent saisis d'une grande admiration*. 305. Les difficultés du sujet n'étaient pas encore apparues*. 306. Pour moi, l'élan de mon exposé m'a entraîné à une digression sur des événements qui s'étaient produits plus tard en suivant le cours de la vie des successeurs que Proclus avait choisis*. 307. Et lui — c'est paradoxal — en même temps qu'il était d'une noble et ferme gravité, se montrait charmant pour ceux qui le fréquentaient. Il s'inquiétait surtout de l'utilité commune de ses auditeurs en détendant parfois son sérieux dans une plaisanterie et en se moquant si finement de ceux qui se trompaient qu'il dissimulait la réprimande sous le rire*. 308. A une [353 a] hauteur et à une étendue étonnantes*. 309. A tel

1. A., p. 118, 4 ; Z., p. 269.

2. A., p. 124, 34 ; Z., p. 283. La phrase ἀποτέμνει — φύσιν (352 b 21-22) se trouve sous une forme différente en Ph. 212 (Bekker, p. 349 a 9-11 ; *supra*, p. 45).

3. A., p. 129, 32 ; Z., p. 293. « Il », c'est Proclus et « l'obscurité », le christianisme.

ρίου καὶ πικροῦ συνοικεσίου ἐλευθερώσασα τὸν φιλόσοφον ἑαυτῆς. 302 Ὅτι ὁ ἐν Βηρυτῷ, φησίν, Ἀσκληπιὸς οὐκ ἔστιν Ἕλλην οὐδὲ Αἰγύπτιος, ἀλλά τις ἐπιχώριος Φοῖνιξ. Σαδύκῳ γὰρ ἐγένοντο παῖδες, οὓς Διοσκούρους ἑρμηνεύουσι καὶ Καβείρους. Ὄγδοος δὲ ἐγένετο ἐπὶ τούτοις ὁ Ἔσμουνος, ὃν Ἀσκληπιὸν ἑρμηνεύουσιν. Οὗτος κάλλιστος ὢν θέαν καὶ νεανίας ἰδεῖν ἀξιάγαστος, ἐρώμενος γέγονεν, ὥς φησιν ὁ μῦθος, Ἀστρονόης θεοῦ Φοινίσσης, μητρὸς θεῶν. Εἰωθώς τε κυνηγετεῖν ἐν ταῖσδε ταῖς νάπαις, ἐπειδὴ ἐθεάσατο τὴν θεὸν αὐτὸν ἐκκυνηγετοῦσαν καὶ φεύγοντα ἐπιδιώκουσαν καὶ ἤδη καταληψομένην, ἀποτέμνει πελέκει τὴν αὐτὸς αὑτοῦ παιδοσπόρον φύσιν. Ἡ δὲ τῷ πάθει περιαλγήσασα, καὶ Παιᾶνα καλέσασα τὸν νεανίσκον, τῇ τε ζωογόνῳ θέρμῃ ἀναζωπυρήσασα θεὸν ἐποίησεν, Ἔσμουνον ὑπὸ Φοινίκων ὠνομασμένον ἐπὶ τῇ θέρμῃ τῆς ζωῆς. Οἱ δὲ τὸν Ἔσμουνον ὄγδοον ἀξιοῦσιν ἑρμηνεύειν ὅτι ὄγδοος ἦν τῷ Σαδύκῳ παῖς. 303 Ἐν σκότῳ διωλυγίῳ πολὺ φῶς ἀνάψας. 304 Τοῦτον ἀπεδέξαντο τοῦ νεανίσκου τὸν λόγον καὶ ἠγάσθησαν οἱ ἀμφὶ τὸν Μαρῖνον, πῶς οἴει σφόδρα. 305 Οὔπω ἐξερρώγει τὰ δύσκολα τῆς ὑποθέσεως. 306 Ἐμὲ δὲ ἐπεσπάσατο ἡ ῥύμη τοῦ λόγου πρὸς τὰ μετὰ ταῦτα ἐκβεβηκότα ποιήσασθαι τὴν ἐκβολήν, ἐπακολουθήσαντα παριόντι τῷ βίῳ τῶν διαδόχων, οὓς εἵλετο Πρόκλος. 307 Ὁ δὲ καὶ παράδοξον ἀκοῦσαι, μετὰ σεμνότητος εὐγενοῦς καὶ βεβαίας ἐφαίνετο τοῖς παροῦσι χαρίεις, τὰ μὲν πολλὰ σπουδάζων εἰς τὸ κοινὸν τοῖς ἀκούουσιν ὄφελος, ἀνιεὶς δὲ ἐνίοτε τῷ παίζοντι τὴν σπουδήν, καὶ σκώπτων εὐφυῶς τοὺς ἁμαρτάνοντας, ὥστε ἐπικαλύπτειν τῷ γελοίῳ τὸν ἔλεγχον. [353 a] 308 Εἰς ὕψος καὶ μῆκος οἷον θαυμάσιον.

12 τις A²M : *quid prius praeb.* A *non liquet* ‖ **13** Διοσκούρους A : Διοσκόρους M ‖ **22-23** καὶ — καλέσασα M : *om.* A.

point que les vieux récits en forme de fable n'étaient plus incroyables[1]. 310. Et il me demandait d'être accueilli en cachette chez moi[2]. 311. Et Théosébius prépara l'anneau de chasteté que le Chaldéen lui avait donné en entrant ; il alla vers sa femme et il lui dit : « Autrefois, je t'ai donné un anneau destiné à sceller une union féconde en enfants. A présent, je t'offre celui-ci en gage de chasteté pour qu'il sauvegarde notre vie de chasteté ». Et la femme l'accepta avec joie et elle vécut le reste de sa vie avec son mari sans commerce charnel. Et c'était pour lui une vieille habitude d'attester l'efficacité de ce talisman non seulement sur sa femme mais aussi sur lui-même ; il reconnaissait, en effet, que, quand il était plus jeune, il menait lui-même le combat pour son éducation contre les ennemis qui poussent aux œuvres de la chair, tant ceux qui attaquent du dehors que ceux qui trahissent du dedans[3]. 312. Tout en décriant tous les sens, il décriait surtout celui du toucher en disant qu'il est en effet réellement d'origine terrestre, qu'il est rétif et qu'il entraîne l'âme dans le flux incessant du monde de la génération[4].

243.

Lu, parmi les œuvres du sophiste Himérius, *Divers exercices oratoires* ; les plus beaux de ses discours sont recueillis dans le choix qui enrichit la présente publication*.

Du discours d'Hypéride pour Démosthène[5] ; tiré de la préface du discours.

Il est suspect et périlleux aux yeux de tous un débat comme celui-ci et il peut heurter très fort l'auditeur

1. A., p. 108, 29 ; Z., p. 245. Cet extrait a sa place après Ph. 175 (Bekker, p. 347 a 11-12 ; *supra*, p. 40).
2. A., p. 112, 7 ; Z., p. 255. Vient après Ph. 186 (Bekker, p. 347 a 30-32 ; *supra*, p. 40).
3. A., p. 37, 7 ; Z., p. 87. Répète à peu près Ph. 59 (Bekker, p. 339 a 20-31 ; *supra*, p. 19).
4. A., p. 9, 38, et Z., p. 15, situent ce dernier paragraphe après Ph. 14 (Bekker, p. 335 b 40-336 a 3 ; *supra*, p. 10).
5. Déclamation connue par Photius seul ; c'est l'*Oratio* I de Co-

309 Ὥστε τὰ ἀρχαῖα καὶ πρὸς τὸ μυθῶδες ἐκνενικηκότα μηκέτι ἄπιστα εἶναι. 310 Καὶ ᾔτει παρ' ἐμοὶ ὑποδοχὴν λανθάνουσαν. 311 Ὁ δὲ Θεοσέβιος τὸν τῆς σωφροσύνης δακτύλιον, ὃν ὁ Χαλδαῖος εἰσιὼν παραδίδωσι, τοῦτον οὗτος κατασκευασάμενος, προσελθὼν τῇ γυναικὶ ἔφη· « Πάλαι μέν σοι ἐπιδέδωκα δακτύλιον ἁρμοστὴν παιδουργοῦ συμβιώσεως· τὰ νῦν δὲ τοῦτον ἐπιδίδωμί σοι σωφρονιστήν, ἐπίκουρον παρεσόμενον τῆς σώφρονος οἰκουρίας ». Ἡ δὲ ἀσμένως ἐδέξατο, καὶ συνέζησε τῷ ἀνδρὶ τὸν λοιπὸν χρόνον ἄνευ σωματικῆς κοινωνίας. Τῷ δὲ φυλακτηρίῳ τούτῳ τὸ δραστήριον οὐκ ἐπὶ τῇ γαμετῇ μόνον ἀλλὰ καὶ ἐφ' ἑαυτοῦ πάλαι εἰώθει μαρτυρεῖν· καὶ γὰρ ὅτε νεώτερος ἦν, ὡμολόγει καὶ αὐτὸς ἀγωνιεῖσθαι τὸν παιδείας ἀγῶνα πρὸς τοὺς γενεσιουργοὺς πολεμίους, τούς τε ἔξωθεν ἐπιτιθεμένους καὶ τοὺς ἔνδον προδιδόντας. 312 Καταβοῶν δὲ τῶν αἰσθήσεων πασῶν, μᾶλλον τῶν ἄλλων τῆς ἁπτικῆς κατεβόα· εἶναι γὰρ αὐτὴν τῷ ὄντι χθονίαν καὶ ἀντίτυπον καὶ κατασπῶσαν τὴν ψυχὴν εἰς τὸν τῆς γενέσεως ἀέναον ὀχετόν.

243

Ἀνεγνώσθη ἐκ τῶν Ἱμερίου τοῦ σοφιστοῦ διάφοροι μελέται. Τοὺς ὡραιοτέρους δὲ τῶν αὐτοῦ λόγων ἡ ἐκλογὴ δρεπομένη τὴν τούτων ἔκδοσιν ἀποθησαυρίζει.

Ἐκ τοῦ ὑπὲρ Δημοσθένους Ὑπερίδου· ἐκ τῆς θεωρίας.

Ὕποπτος μὲν καὶ σφαλερὰ παντὶ δήμῳ τοιαύτη συμβουλή, καὶ οὐ μικρὰ λυποῦσα πρὸς πειθὼ τὸν ἀκού-

[353 a] 5 Χαλδαῖος A : χυδαῖος M || τοῦτον A^2M : τούτων A || 9 ἐπίκουρον A : ἐπίκουρόν σοι M || 12 τῇ A : *om.* M || 16 τούς τε A^2M : ποτε A *ut vid.* || ἔνδον AM : ἔνδοθεν A^x || 21 243] σμγ M : σμβ A^2 || 22-24 ἀνεγνώσθη — ἀποθησαυρίζει A : ἀνεγνώσθη ἐκ τῶν Ἱμερίου τοῦ σοφιστοῦ μελετῶν M.

qu'on cherche à persuader. Les deux discours sont, en effet, adressés au peuple et tendent au bien.

User non pas des mots ordinaires mais de ceux qui énoncent ce qu'on veut dire avec une force expressive[1].

Tiré de la déclamation; l'exorde même.

Philippe croyait, en effet, Athéniens, au moyen de ce seul décret, vous priver non seulement de Démosthène mais encore de nous tous, les guides du peuple, qui nous étions donnés avec lui à la conduite de l'État et qui avons, jusqu'à ce jour, rendu l'Attique inaccessible à Philippe et gardé intacte la liberté de la cité. Car nous aurons l'air, désormais, de gens malheureux et soumis à Philippe délibérément et non malgré eux. Et lui [353 b] s'était d'abord tourné contre les barbares et, après avoir dépeuplé l'autre continent, il se porta vers les régions vitales pour la cité et pour les Hellènes en nous investissant de toutes parts à la façon des chasseurs habiles qui épargnent le gibier juste pendant le temps où ils en sont encore aux préparatifs. Et rien ne nous a fait bouger ni ne nous a contraints à prendre en main les événements : ni le Péloponnèse traversé de part en part, ni la chute de la Phocide, ni l'Eubée réduite en esclavage avec les trophées pris aux Mèdes, ni l'Arcadie asservie, ni les malheurs de l'Élide ; mais nous avons vu attaquer la Chersonèse et nous sommes restés hésitants en voyant l'Hellespont passer dans des mains étrangères. Car quel fléau ou quel séisme a vidé autant de cités, supprimé et anéanti autant de tribus humaines que Philippe et son époque? Il sait bien, en effet, que ce qu'il ne tient pas encore, c'est à cause de ce seul homme qu'il en est privé et

lonna, p. 13-16. Sur le mot θεωρία et son équivalent προθεωρία, cf. Orth, *Photiana*, p. 123-126.

1. En parallèle à 353 a 30-32 (οὐδὲ — σημαίνουσιν) on peut citer un morceau de Longin (*Exc.*, 24, t. I, p. 216 éd. Spengel-Hammer) : ὅτι ἐπὶ δεινῷ λόγῳ οὐ χρὴ τοῖς γυμνοῖς χρῆσθαι τῶν ὀνομάτων, ἀλλὰ τοῖς δι' ἐμφάσεως τὸ βούλημα σημαίνουσιν.

οντα. Ἀμφότεροι γὰρ δημοτικοὶ καὶ πρὸς τὸ βέλτιον ὑπειλημμένοι τυγχάνουσιν. Οὐδὲ τοῖς γυμνοῖς χρῆσθαι τῶν ὀνομάτων, ἀλλὰ τοῖς δι' ἐμφάσεως τὸ βούλημα σημαίνουσιν.

Ἐκ τῆς μελέτης αὐτὸ τὸ προοίμιον.

Ὤιετο μέν, ὦ Ἀθηναῖοι, Φίλιππος δι' ἑνὸς τούτου κηρύγματος οὐ Δημοσθένην μόνον ἀλλὰ καὶ πάντας ὑμῶν ἀφαιρήσεσθαι τοὺς δημαγωγούς, ὅσοι μετ' ἐκείνου δόντες ἑαυτοὺς τῇ πολιτείᾳ, Φιλίππῳ μὲν ἄβατον τὴν Ἀττικήν, τῇ πόλει δὲ ἀκέραιον μέχρι νῦν τὴν ἐλευθερίαν διετηρήσαμεν. Δόξομεν γὰρ ἑκόντες ἤδη καὶ οὐκ ἄκοντες δυστυχεῖν τε καὶ ὑποβεβλῆσθαι Φιλίππῳ. Ὁ δὲ [353 b] ἐπὶ τοὺς βαρβάρους ἐτράπετο πρότερον, καὶ τὴν ἐκεῖ κενώσας ἤπειρον ἐπὶ τὰ καίρια μέρη λοιπὸν τῆς πόλεως καὶ τῶν Ἑλλήνων ἐφέρετο, πανταχόθεν ἡμᾶς περιστοιχιζόμενος κατὰ τοὺς δεινοὺς τῶν θηρατῶν, οἳ τοσοῦτον φείδονται τῶν θηρίων χρόνον, ὅσον ἔτι παρασκευάζονται. Ἐκίνησε δὲ ἡμᾶς οὐδὲν οὐδὲ ἀντιλαβέσθαι τῶν πραγμάτων ἠνάγκασεν, οὐ διορυττομένη Πελοπόννησος, οὐ τὸ πτῶμα τὸ Φωκικόν, οὐκ Εὔβοια μετὰ τῶν τροπαίων τῶν Μηδικῶν τυραννουμένη, οὐκ Ἀρκαδία δουλεύουσα, οὐ τὰ Ἠλεῖα ἀτυχήματα· ἀλλὰ καὶ Χερρόνησον πειραζομένην ἐπείδομεν, καὶ τὸν Ἑλλήσποντον ἀλλοτριούμενον ὁρῶντες ἐμέλλομεν. Τίς γὰρ λοιμὸς ἢ σεισμὸς τοσαύτας πόλεις ἐκένωσεν ἢ τοσαῦτα γένη ἀνθρώπων ἠφάνισε καὶ κατέδυσεν, ὅσα Φίλιππος καὶ ὁ Φιλίππου χρόνος; Οἶδε γὰρ ἀκριβῶς, ὧν τε μηδέπω τυγχάνει, διὰ τοῦτον ἀποστερούμενος,

36 ἀφαιρήσεσθαι A[3] *mg* M : ἀφαιρεθήσεσθαι A ‖ **38** τὴν ἐλευθερίαν *hic* A : *ante* ἀκέραιον *ponit* M.

[353 b] **1** τὴν ἐκεῖ AM : πᾶσαν (*mg*) τὴν ἐκεῖ A[3] ‖ **4** περιστοιχιζόμενος AM[2] : περιστοιχόμενος M ‖ φείδονται A[2]M : *quid prius praeb.* A *non liquet* ‖ **5** χρόνον A[1]M : χρόνων A ‖ **10** ἠλεῖα ἀτυχήματα A[2] : ἠλειατυχήματα A εἰλῆ ἀτυχήματα M δυστυχήματα A[3] *mg*.

qu'il n'aurait rien pris de ce qu'il détient si on avait obéi aux conseils de Démosthène. Et il ne se contente pas, Philippe, exalté qu'il est par les conseils des traîtres, d'exercer la corruption contre les cités et d'offrir nos patries comme récompenses et d'armer ses bandes contre nos populations, mais il a tourné ses machinations contre les orateurs et les guides du peuple. Mais au contraire, tous ont décrété que ce haut fait serait une fête solennelle.

Alors, lui[1] se mit à dépasser la mesure non dans ses propos, mais en s'attaquant à la nature. Il entreprit, en effet, d'établir un continent sur la mer, de naviguer en montagne, de traiter la mer comme une terre et la terre comme une mer.

Et la cité avait quitté l'Attique pour vivre sur ses trières et tout ce qu'on accomplit dans les temples, elle l'accomplissait sur mer. Ne sont-ce pas les Macédoniens qui sont les maîtres de la situation, eux qui, auparavant, étaient heureux de se mettre à l'abri en payant tribut? Ils ont évincé notre cité de l'hégémonie et se sont ensuite glissés à la place éminente où nos ancêtres nous avaient laissés. Quelle loi a mené Philippe vers la mer et l'a contraint à s'en prendre à un domaine où il n'a rien à voir? Car lorsque la loi et la conjoncture imposent la même conduite, je leur obéis à toutes deux puisque c'est mon avantage ; mais lorsque le besoin et la loi tiennent un langage différent, je ferme [354 a] l'oreille aux paroles de la loi et je suis mon intérêt.

Et qui ignore que ces gens-là[2] ont, depuis longtemps, dit définitivement adieu à nos législateurs, à Solon, à Dracon et à tous les autres, pour considérer l'or macédo-

1. Bien qu'aucune référence à un texte complet ne puisse éclairer le sens de l'extrait, il semble bien, d'après le seul contexte, qu'il s'agit ici de Xerxès et non de Philippe.
2. Sans doute, le parti macédonien dans Athènes.

καὶ ὧν ἔχει μηδὲν ἂν λαβών, εἰ συμβουλεύοντι Δημοσθένει τις ἐπείθετο. Οὐδὲ κατὰ τῶν πόλεων μόνων δωροδοκεῖ ταῖς τῶν προδοτῶν ἐπηρμένος γνώμαις ὁ Φίλιππος, οὐδὲ ἆθλα τῶν πατρίδων προτίθησιν, οὐδὲ κατὰ τῶν δήμων ὁπλίζει τοὺς ἀλάστορας· ἀλλ' ἐπὶ τοὺς ῥήτορας, ἐπὶ τοὺς δημαγωγοὺς μετενήνοχε τὸ μηχάνημα. Ἀλλὰ καὶ τοὐναντίον ἑορτὴν εἶναι καὶ πανήγυριν ἐκείνην τὴν πρᾶξιν ἅπαντες ἐνομοθέτησαν. Τότε ἐκεῖνος παρανομεῖν οὐκ ἀπὸ ῥημάτων ἀλλ' ἀπὸ τῆς φύσεως ἤρχετο. Ἐπετίθει γὰρ θαλάττῃ μὲν ἤπειρον, δι' ὀρῶν δὲ μέσων ἐναυτίλλετο, θαλάττῃ μὲν ὅσα γῇ, γῇ δὲ ὅσα θαλάττῃ χρώμενος.

Καὶ τὰς τριήρεις ἀντὶ τῆς Ἀττικῆς μετοικήσασα, καὶ πάντα ὅσα ἐν ἀνακτόροις, ἐπὶ τῆς θαλάττης ἡ πόλις ἔπραττεν. Οὐ Μακεδόνες ἐπιπολάζουσι τοῖς πράγμασιν, οἱ πρόσθεν ἀγαπητῶς μετὰ τῶν φόρων σῳζόμενοι; Παρωσάμενοι δὲ τῆς ἀρχῆς τὴν ἡμετέραν πόλιν αὐτοὶ παρέδυσαν εἰς τὴν τάξιν ἐκείνην, ἐφ' ἧς ἡμᾶς οἱ πρόγονοι κατέλιπον. Τίς νόμος κατήγαγεν ἐπὶ θάλατταν Φίλιππον καὶ στοιχείου μηδὲν αὐτῷ διαφέροντος προσάψασθαι κατηνάγκασεν; Ὅταν μὲν γὰρ τὰ αὐτὰ κελεύωσιν ὅ τε νόμος καὶ ὁ τῶν πραγμάτων καιρός, ἀμφοτέροις διὰ τὸ συμφέρον πείθομαι· ὅταν δὲ ἕτερα μὲν ἡ χρεία ἕτερα δὲ οἱ νόμοι φράζωσι, παρεὶς [354 a] ἀκούειν τῶν συλλαβῶν ἀκολουθῶ τῷ συμφέροντι.

Καὶ τίς οὐκ οἶδεν ὡς ἐκεῖνοι πάλαι τοῖς παρ' ἡμῖν νομοθέταις ἐρρῶσθαι φράσαντες, καὶ πολλὰ χαίρειν Σόλωνι καὶ Δράκοντι καὶ τοῖς ἄλλοις εἰπόντες ἅπασι, τὸ

17 ἂν λαβών M : ἀναλαβών A ‖ συμβουλεύοντι A^{2}M : συμβουλεύτι A ‖ **18** μόνων A : μόνον M ‖ **19** ἐπηρμένος A^{2}M : ἐπηρμέναις A *ut vid.* ‖ **29** μετοικήσασα A : μετοικίσασα A^2 μετῳκίσασα M ‖ **31** οὐ AM : οἱ A^2 ‖ **33** ἀρχῆς M : τύχης A^2 ψυχῆς A ‖ **34-35** ἐφ' ἧς A^2 : ἐφ' ἣν AM κατὰ τῆς A^3 *mg* ‖ **35** κατέλιπον A^{1}M : κατέλειπον A ‖ νόμος A : νόμον M ‖ **40** φράζωσι A^2 : φράζουσι AM.

[354 a] **2** ἡμῖν A^2 : ἡμῶν AM ‖ **3** πολλὰ A : πολλὰ μὲν M.

nien et l'amitié de Philippe comme leurs lois, leur patrie, leur cité et tout ce qu'il y a de plus précieux? « Il est marqué d'infamie pour la divinité » [au lieu de « être exposé au mépris public sur une stèle pour ce qu'il a osé faire[1] ».]

Je me méfie d'Eschine ; je suis bouleversé, en effet, par le drame de la Phocide que cet étonnant tritagoniste nous a joué non sur une scène mais dans la réalité.

Néanmoins, même dans cet état de choses, ils raillent l'homme et lui prêtent souvent le personnage de Pisistrate et ils n'ont pas honte tantôt de le brocarder comme étant faible et lâche, tantôt de redouter qu'il n'instaure la dictature dans la cité : attitudes extrêmes l'une par rapport à l'autre. Celui qui, avec toute la flotte, quitte le Pirée pour aller combattre les tyrans. Ils ruinent la situation de la cité mais ils préparent les voies à Philippe.

De la déclamation dans laquelle il met en scène Démosthène qui conseille de rappeler Eschine, le bruit s'étant répandu qu'Alexandre allait rappeler les bannis[2].

Ce sont là deux partis pénibles, qu'il s'agisse d'abolir volontairement un décret ou de subir cette éventualité malgré nous et par ordre ; je crois qu'abolir le décret est un mal moindre que de le laisser abolir malgré nous. Le premier parti, en effet, peut se voir qualifier un jour de geste d'humanité, tandis que ceux qui cèdent à autrui sont les artisans de leur propre honte en même temps que du renom de ceux qui leur commandent.

Eschine communique avec les rois même après son jugement et, après le procès de Ctésiphon et son exil, il s'insinue encore auprès des tyrans. Un homme qui l'avait emporté sur toute l'Asie par ses armes et qui, désormais, brave la nature parce qu'il n'a pas d'ennemi à combattre. Ceux grâce à qui Philippe s'est élevé si

1. Le passage mis entre crochets (p. 354 a 7-8) est une glose de Photius ou bien du manuscrit d'Himérius dont il s'est servi.

2. Cette déclamation (*Oratio II* de Colonna, p. 16-21) ne nous est connue que par Photius.

Μακεδονικὸν χρυσίον καὶ τὴν Φιλίππου φιλίαν νόμους καὶ πατρίδα καὶ πολιτείαν καὶ πάντα τα τιμιώτατα νομίζουσι; Στηλίτην παρὰ τῷ θεῷ γινόμενον [ἀντὶ τοῦ ἐν στήλῃ θριαμβευόμενον ὧν ἐτόλμησεν.] Ὑφορῶμαι Αἰσχίνην· ταράττει γάρ με τὸ δρᾶμα τὸ Φωκικόν, ὅπερ οὐκ ἐπὶ σκηνῆς ἡμῖν ἀλλ' ἐπὶ τῆς ἀληθείας αὐτῆς ὁ θαυμαστὸς οὗτος τριταγωνιστὴς ἐπεδείξατο. Ἀλλ' ὅμως καὶ τούτων οὕτως ἐχόντων, εἰρωνεύονται τὸν ἄνθρωπον, καὶ τὸν Πεισίστρατον πολλάκις παραφέρουσι, καὶ οὐκ αἰσχύνονται νῦν μὲν εἰς δειλίαν καὶ μαλακίαν σκώπτοντες, νῦν δὲ μὴ τυραννήσῃ τῆς πόλεως δεδιότες· ἃ πλεῖστον ἀλλήλων κεχώρισται. Ὁ στόλοις ὅλοις ἐκ τοῦ Πειραιῶς ἐπὶ τοὺς τυράννους ἀναγόμενος. Φθείρουσι μὲν τὰ περὶ αὐτὴν τὴν πόλιν, Φιλίππῳ δὲ ὁδοποιοῦσι τὰ πράγματα.

Ἐκ τῆς μελέτης ᾗ Δημοσθένην εἰσάγει συμβουλεύοντα κατάγειν Αἰσχίνην, φήμης ῥυείσης ὅτι Ἀλέξανδρος τοὺς φυγάδας κατάξει.

Ὄντος γὰρ ἑκατέρου δεινοῦ, καὶ τοῦ λύειν ψῆφον ἑκόντας καὶ τοῦ ταῦτα ὑπομεῖναι παρὰ γνώμην ἐξ ἐπιτάγματος, ἧττον ἑκόντας κακὸν τοῦ λύειν ἄκοντας ὑπείληφα. Τὸ μὲν γὰρ ἐνδέχεταί ποτε καὶ φιλανθρωπίας δόξαν λαβεῖν· οἱ δὲ ἑτέροις ὑπακούοντες τὴν μὲν αἰσχύνην ἑαυτῶν ποιοῦσι, τῶν δὲ προσταξάντων τὴν εὔκλειαν. Κοινολογεῖται καὶ μετὰ βῆμα βασιλεῦσιν Αἰσχίνης, καὶ μετὰ Κτησιφῶντα καὶ τὴν φυγὴν τυράννους ἔτι περιεργάζεται. Ἄνθρωπος τὴν Ἀσίαν ὅλην ὑπερπηδήσας τοῖς ὅπλοις, καὶ τῇ φύσει φιλονεικῶν λοιπὸν ὅτι πολεμίους μὴ κέκτηται. Δι' οὓς ἤρθη τοσοῦτος Φίλιππος, δι' οὓς ἔπεσε τὰ τῶν Ἑλλήνων φρο-

7-8 ἀντὶ — ἐτόλμησεν *secl. edd.* : σχόλιον A[3] *mg* ‖ **20** ᾗ A[2] : ἧς AM ‖ **31** Ἀσίαν M : οὐσίαν A ‖ **33** κέκτηται A : κέκτημαι M ‖ **33-34** τοσοῦτος Φίλιππος AM : εἰς τοσοῦτον ὁ Φίλιππος A[2].

haut, ceux à cause de qui le moral des Grecs a été ruiné : eux de qui nous tenions alliés, positions favorables, circonstances propices et toute occasion de succès. Mais le malheur de Thèbes couvrait la voix des Hellènes. Et Alexandre, même après la destruction de Thèbes, avait des scrupules à l'égard de notre cité quoiqu'il eût alors quelques griefs contre elle. Nous autres, en effet, après la chute de Thèbes, avons interrompu la célébration des mystères pour ne pas répondre aux lamentations thébaines par l'hymne d'Iacchos [1]. Car, tout comme, à l'apparition [354 b] d'un homme de bien qui méritait sa reconnaissance, la cité devait participer à sa gloire, de même, elle devait participer au déshonneur si un méchant était démasqué. Non ! si même un autre proposait une motion illégale, je n'aurais pas gardé le silence, mais je me serais précipité à la tribune en clamant le nom de Solon et en invoquant la constitution : « Je n'abolirai pas les lois », aurais-je dit, « et je n'accueille pas les bannis sur ordre et je ne traite pas sur l'injonction d'autrui avec le bourreau des Phocidiens ; mais tant que j'ai des ports, tant que j'ai des hommes à la fleur de l'âge, tant que je puis compter mes trophées, aussi longtemps du moins qu'une trière peut appareiller du Pirée, je ne trahis pas les lois, je ne m'écarte pas de la constitution, je ne transforme pas notre renom en ruine de la cité elle-même et je ne vais pas, parce que je redoute l'incertitude du sort, devancer la servitude par mon propre choix volontaire ». Qu'Eschine rentre donc sur l'ordre de Démosthène et non d'Alexandre, grâce à une illégalité de l'orateur et non sur l'injonction du roi, comme un banni dont on a pitié et non comme un homme qu'un ordre rend redoutable. Ce sont là des paroles d'Athéniens et je reconnais la cité à ce langage. Car vous êtes ceux qui avez rempli la terre entière et la mer entière de trophées en combattant pour les lois et pour la liberté. Xerxès entreprenait la guerre en changeant la mer en terre parce que ceux qui avaient exigé la terre et l'eau avaient été mis dans un

1. Sur l'événement, cf. G. Glotz, *Hist. gr.*, t. IV, 1, 1945, p. 49. Hi-

νήματα· παρ' ὧν σύμμαχοι, τόποι, καιροί, πᾶσα τῶν μεγάλων κατορθωμάτων ἡ πρόφασις. Ἀλλὰ τὸ μὲν Θηβῶν πάθος ὑπερεφώνει τοὺς Ἕλληνας· Ἀλέξανδρος δὲ τὴν πόλιν καὶ μετὰ Θήβας ᾐσχύνετο. Καίτοι γε εἶχέ τι τότε τῇ πόλει καὶ μέμψασθαι· ἡμεῖς γὰρ Θηβαίων πεσόντων τὴν τελετὴν ἀπεκλείσαμεν, ἵνα μὴ τοῖς Θηβαίων θρήνοις ἀντιβοῶμεν τὸν Ἴακχον. Ὥσπερ [354 b] γὰρ ἀγαθοῦ φανέντος τοῦ κομιζομένου τὴν χάριν μεθέξειν ἡ πόλις τὸ μέρος τῆς δόξης ἤμελλεν, οὕτω τῆς αἰσχύνης, εἰ πονηρὸς ἐξηλέγχετο. Οὔτ' ἂν ἑτέρου γράφοντος καὶ παρανομοῦντος ἐσίγησα, ἀλλὰ προσδραμὼν ἂν τῷ βήματι, τὸν Σόλωνα κεκραγώς, τὴν πολιτείαν ἐπιβοώμενος· « Οὐ λύσω τοὺς νόμους, ἂν ἔφην, οὐδὲ δέχομαι φυγάδας ἐξ ἐπιτάγματος, οὐδὲ τῷ Φωκέων αὐθέντῃ κελεύοντος ἄλλου σπένδομαι· ἀλλ' ἕως ἂν ἔχω λιμένας, ἕως ἡλικίαν ἀκμάζουσαν, ἕως ἀριθμῶ τὰ τρόπαια, ἕως μία γοῦν ἐκ Πειραιῶς ἔτι τριήρης ἀνάγεται, οὐ προίεμαι τοὺς νόμους, οὐδὲ τῆς πολιτείας ἀφίσταμαι, οὐδὲ ποιῶ τὴν φήμην αὐτῆς τῆς πόλεως πόρθησιν, οὐδ' ὑποπτεύων τὰ παρὰ τῆς τύχης ἀμφίβολα φθάνω τὴν δουλείαν αὐτὸς ἑκουσίως αἱρούμενος ». Κατίτω τοίνυν Αἰσχίνης Δημοσθένους ἀλλὰ μὴ Ἀλεξάνδρου κελεύοντος· παρανομοῦντος ῥήτορος, ἀλλὰ μὴ βασιλέως προστάττοντος· ὡς φυγὰς ἐλεούμενος, μὴ φοβερὸς ἡμῖν ἐκ προστάγματος. Ἀθηναίων οἱ λόγοι, καὶ γνωρίζω τὴν πόλιν ἀπὸ τοῦ ῥήματος· ὑμεῖς γάρ ἐστε οἱ πᾶσαν μὲν γῆν πᾶσαν δὲ θάλασσαν τροπαίων ὑπὲρ τῶν νόμων καὶ τῆς ἐλευθερίας πληρώσαντες. Ἐπολέμει Ξέρξης, γῆν μεταποιῶν καὶ θάλατταν, ὅτι τοὺς τὴν βῶλον καὶ τὴν κύαθον αἰτήσαντας τὸ βάραθρον ἀντὶ τῆς ἐκκλησίας ἐδέχετο. Ἀλλ' ἡ πόλις ἔμεινε τῶν στοιχείων πλέον

[354 b] **8** πονηρὸς A : πονηροῦ M || **8** ἄλλου A : ἀλλ' οὐ M || **9-10** μία γοῦν A : γοῦν μία M || **10** προίεμαι AM[2] : προσίεμαι M.

puits et non reçus par l'assemblée. Mais la cité resta plus inébranlable que les éléments. Car, même dans les autres domaines, en somme, chaque action, fût-elle apparemment semblable par nature, est mesurée d'après son motif. Ainsi, quelqu'un frappe son voisin : si c'est au cours des jeux, il reçoit la couronne du vainqueur, si c'est en dehors de la compétition, il est passible d'un châtiment. Nous nous lamentions autrefois sur la cité détruite par les tyrans. Mais, par bravoure, nous l'avons volontairement livrée à la flamme des Mèdes. Lui n'a pas pactisé avec Philippe, même après Chéronée et son cortège d'infortunes. C'était pour nous autrefois une habitude ancestrale de commander à la Grèce et de nous opposer aux tyrans au nom de la liberté. Cette coutume a commencé avec Miltiade, elle s'est épanouie pleinement sous Thémistocle ; elle a été maintenue jusqu'à Cimon, conservée par Périclès et respectée par Alcibiade ; de mon temps, elle a été respectée en principe mais ruinée par le sort et par la bassesse des traîtres. Nous avons, au profit d'autres, renoncé à l'hégémonie : tu [355 a] n'as pas protesté. Nous avons déchu du caractère de nos ancêtres : tu n'as pas protesté.

Après l'affaire de Sicile, la cité ne céda pas aux Lacédémoniens ; mais l'île avait absorbé toute notre force vive et la cité, grâce à sa résolution, resta inexpugnable même après le désastre d'Occident. Mais Eschine est ignoble. Ajoute, si tu veux, qu'il est aussi la ruine des Phocidiens, la trahison qui fit abandonner la Thrace, l'assassinat de Chersobleptès et tous les torts qu'on accuse Eschine d'avoir faits au peuple. Car, Athéniens, un mal a grandi pour le malheur des Hellènes avec l'accroissement d'Athènes. En effet, la cité a sans doute déjà plus d'une fois épargné des méchants : non qu'elle approuvât leur dessein, mais parce qu'elle avait pitié de leur infortune ; mais aucune contrainte ne l'a amenée

mérius a un peu arrangé les faits, car, si la procession d'Éleusis fut interrompue pour réunir l'Assemblée, celle-ci, sur la proposition de Démade, décida d'envoyer un ambassadeur à Alexandre pour le féliciter de sa victoire.

ἀκίνητος. Ἐπεὶ κἀν τοῖς ἄλλοις, ὡς ἔπος εἰπεῖν, τῶν πραττομένων ἕκαστον, κἂν ταὐτὸν εἶναι τῇ φύσει δοκῇ, ἀλλὰ τῇ προφάσει μερίζεται. Οἷον τύπτει τις τὸν πλησίον. Ἂν μὲν ἐν ἄθλοις, ἔχει νικήσας τὸν στέφανον· ἂν δὲ τῆς ἀγωνίας ἐκτός, ὑπέχει τὸ τίμημα. Ἐθρηνοῦμέν ποτε πορθουμένης ὑπὸ τῶν τυράννων τῆς πόλεως· ἀλλ' ἑκόντες αὐτὴν ὑπὲρ ἀνδραγαθίας τῷ πυρὶ τῶν Μήδων ἐδώκαμεν. Ὁ μὴ Φιλίππῳ σπεισάμενος, μηδὲ μετὰ τὴν μεστὴν τῆς πονηρᾶς τύχης Χαιρώνειαν. Ἦν ἡμῖν ποτε πάτριον ἡγεῖσθαι τῆς Ἑλλάδος καὶ τοῖς τυράννοις ὑπὲρ τῆς ἐλευθερίας ἀνταγωνίζεσθαι. Οὗτος ὁ νόμος ἦρξατο μὲν ἀπὸ Μιλτιάδου πρότερον, ἤκμασε δὲ ἐπὶ Θεμιστοκλέους, κατέβη δὲ εἰς Κίμωνα, ἐφυλάχθη δὲ ὑπὸ Περικλέους, ἐθαυμάσθη δὲ ὑπὸ Ἀλκιβιάδου· ἐπ' ἔμοῦ δὲ τῇ γνώμῃ μὲν ἐτηρήθη, τῇ τύχῃ δὲ καὶ τῇ κολακείᾳ τῶν προδιδόντων διέφθαρται. Ἀπέστημεν ἑτέροις τῆς ἡγεμονίας· οὐκ [355 a] ἀντεῖπες. Παρεχωρήσαμεν τοῦ πατρίου σχήματος· οὐκ ἠγανάκτησας. Οὐκ εἶξε μετὰ Σικελίαν Λακεδαιμονίοις ἡ πόλις· ἀλλ' ἡ μὲν νῆσος τὴν ἡλικίαν ὅλην ἐχώρησεν, ἡ πόλις δὲ ἔμεινε τῷ φρονήματι καὶ μετὰ τὴν ἑσπέραν ἀνάλωτος. Ἀλλὰ πονηρὸς Αἰσχίνης. Πρόσθες, εἰ βούλει, καὶ Φωκέων ὄλεθρον καὶ προδοσίαν Θρᾴκης καὶ ἀναίρεσιν Κερσοβλέπτου καὶ πάνθ' ὅσα πολλάκις Αἰσχίνης ἀδικῶν τὸν δῆμον ἐγκέκληται. Νόσημα γάρ, ὦ Ἀθηναῖοι, κατὰ τῶν Ἑλλήνων τῇ φορᾷ τῶν Ἀθηναίων συνήκμασε. Πονηροὺς μὲν γὰρ ἡ πόλις ἤδη που πολλάκις ἔσωσεν, οὐκ ἐπαινοῦσα τὴν γνώμην, ἀλλὰ τὴν τύχην οἰκτείρουσα· ὑπήκουσε δὲ οὐδενὶ

25 κἀν A : κἂν M || **33** πονηρᾶς τύχης M : πονηρίας A || **37-38** κατέβη — Περικλέους M : *om.* A || **40** τύχῃ A : ψυχῇ M || **41** ἀπέστημεν Bekker : ἀπέστη μὲν M ἀπέστη A ἀπέστης A[2].

[355 a] **1** παρεχωρήσαμεν AM : ὅτι παρεχωρήσαμεν A[2] || **11** ἤδη που A : που ἤδη M || **12** ὑπήκουε AM : ἐπήκουσε A[2].

à quelque action contraire à ses lois au temps où elle avait encore sa fierté. Pourquoi ne pas l'annoncer déjà d'avance et pourquoi ne pas quitter la vie avant de voir ma cité asservie? Pour moi, je pense aussi que sa réputation est vraie, mais je ne crois pas qu'elle soit conforme aux prodiges que certains en racontent quand j'examine d'abord, Athéniens, le caractère d'Alexandre. Quel est cet homme? Il lui suffit d'entreprendre pour réussir; bien plus, il devance les prévisions par ses actes et, par ses entreprises, ceux qui en répandent la nouvelle. Car ces nombreux et hauts exploits dont ses flatteurs font le récit complaisant, c'est bien en l'emportant plus par la rapidité que par la force sur ceux qu'il attaquait qu'il les a réussis : il était là avant qu'on l'eût annoncé, il paraissait avant qu'on l'eût entendu, pareil aux éclairs et aux coups de tonnerre qui, souvent, se rapprochent plus vite qu'on ne s'y attend. C'est ainsi qu'il a pris Sardes, ainsi qu'il a ravagé la Carie, ainsi qu'il a dévasté la Lycie au passage, qu'il s'est jeté sur la Pamphylie; c'est ainsi qu'on l'a vu en Cilicie, qu'il est tombé sur les Perses, ainsi qu'il a stupéfié Darius. Hélas! malheurs bien proches de nous! c'est ainsi qu'il a détruit Thèbes. Une cité est tombée en pleine Hellade et sa chute en a devancé la nouvelle.

Et moi aussi, j'ignorais le malheur alors que la cité n'était qu'une fosse commune. C'est cela d'abord qui m'empêche de poursuivre; et en second lieu, c'est le fait qu'Alexandre sait, même si on croit fermement que sa fortune l'enivre, etc.

Pourquoi ne vais-je pas démolir les trophées? Renverser les stèles? Marteler les inscriptions? Car, à mon avis, si tous les monuments élevés à la valeur sont l'ornement des braves, ils sont pareillement un reproche à ceux qui les déshonorent.

Ils s'étonnaient à bon droit devant le Poecile ceux qui avaient connu le danger à Salamine[1]. Ils ruinaient

1. Parce que leur victoire n'était pas représentée sur le Poecile comme l'était celle de Marathon. (Je dois ce renseignement à M. Guy Donnay, conservateur du Musée de Mariemont.)

κατὰ τῶν νόμων, ἡνίκα ἐτήρει τὸ φρόνημα. Τί οὖν οὐκ ἤδη προαγγέλλω; Τί δὲ οὐκ ἔξειμι τοῦ βίου, πρὶν ἰδεῖν τὴν πόλιν δουλεύουσαν; Ἐγὼ γοῦν καὶ αὐτὸς ἡγοῦμαι τὴν φήμην ἔχειν, οὐχ οὕτω δ' ἔχειν ὡς τερατεύονταί τινες, σκοπῶν πρῶτον μέν, ὦ Ἀθηναῖοι, τὸν Ἀλεξάνδρου τρόπον. Τίς δὲ οὗτός ἐστιν; Ὁμοῦ τε ἐγχειρεῖ καὶ πέπρακται, μᾶλλον δὲ φθάνει τοὺς μὲν λογισμοὺς ταῖς πράξεσιν, οἷς δὲ ἐγχειρεῖ, τοὺς διαγγέλλοντας· ἐπεὶ καὶ τὰ πολλὰ δὴ ταῦτα καὶ μεγάλα τῶν ἔργων, ἃ λογοποιοῦσιν οἱ κόλακες, τάχει μᾶλλον ἢ τῇ ῥώμῃ κρατῶν τούτοις οἷς ἐπῄει κατώρθωσε, πρὶν ἀγγελθῆναι παρών, πρὶν ἀκουσθῆναι φαινόμενος, κατὰ τοὺς σκηπτοὺς ἢ τὰς βροντάς, αἳ πολλάκις φθάνουσι τὴν προσδοκίαν ἐγγίσασαι. Οὕτω Σάρδεις εἷλεν, οὕτω Καρίαν ἐπόρθησεν, οὕτω Λυκίαν παρέσυρεν, οὕτω Παμφυλίαν ἐπέδραμεν, οὕτως ὤφθη Κίλιξιν, οὕτως ἐπέστη Πέρσαις, οὕτω Δαρεῖον ἐξέπληξεν· οἴμοι τῶν ἐγγὺς κακῶν, οὕτω καὶ Θήβας ἀνήρπασεν. Ἔπεσε πόλις ἐπὶ τῆς Ἑλλάδος μέσης, φθάσαντος τὴν φήμην τοῦ πτώματος. Κἀγὼ μὲν ἠγνόουν τὴν συμφοράν, τὴν δὲ πόλιν εἶχε τὸ πολυάνδριον· τοῦτο μὲν δὴ πρῶτον οὐκ ἐᾷ με προσέχειν· δεύτερον δὲ ὅτι οἶδεν Ἀλέξανδρος, κἂν εἰ σφόδρα τις αὐτὸν μεθύειν ὑπὸ τῆς εὐτυχίας ὑπείληφε, καὶ ἑξῆς.

Τί οὖν οὐ καθαιρῶ τὰ τρόπαια; Τί δὲ οὐκ ἀνατρέπω τὰς στήλας; Τί δὲ οὐκ ἐξαλείφω τὰ ἐπιγράμματα; Πάντα γὰρ οἶμαι τὰ τῆς ἀρετῆς ὑπομνήματα, ὥσπερ τοῖς ἀγαθοῖς κόσμος ἐστίν, οὕτως ἔλεγχος τοῖς καταισχύνουσι. Καλῶς ἐθαύμαζον τὴν ποικίλην οἱ Σαλαμῖνι κινδυνεύσαντες. [355 b] Ἐδαπάνων γὰρ ἐπὶ τῆς θαλάσσης τὸ τῆς

13 τῶν νόμων M : τὸν νόμον A ‖ **16** οὐχ οὕτω δ' ἔχειν *edd.* : οὐχ οὕτως ἔχειν M *om.* A ‖ **22** τούτοις *codd.* : τούτους Reiske ‖ **25** τὴν προσδοκίαν A : τῆς προσδοκίας M ‖ ἐγγίσασαι Duebner : ἡγήσασαι A ἡγήσασθαι M ‖ **36** καθαιρῶ A : καθαίρω M ‖ δὲ M : *om.* A ‖ **38** οἶμαι τα M : οἶμαι A τὰ μετὰ A² ‖ **40** Σαλαμῖνι A : σαλαμίνιοι M.

[355 b] en effet sur mer ce que la terre ferme avait épargné[1].

Le Parnasse projetait ses sommets dans la mer et ses morceaux lui servaient d'armes pour défendre son peuple. Les Hellènes se partagent les combats et se répartissent les prouesses entre eux selon les éléments : aux Lacédémoniens la terre, à nous la mer. Eux barrent les défilés avec trois cents poitrines et nous, avec autant de trières, nous bloquons les accès vers l'Hellade.

Ce jeune Macédonien qui se lance partout où le soleil luit et qui vexe ou peu s'en faut la Fortune elle-même par les succès dont il s'enorgueillit, il n'est personne pour lui tenir tête. Celui qui devait discuter les promesses au nom du roi partit sans avoir convaincu, mais il avait gagné puisque, sans avoir convaincu, il était sain et sauf. Ils vous rendent sans cesse maniables pour les tyrans afin qu'eux-mêmes puissent s'enrichir et que la cité puisse être dépouillée de ses biens.

La crainte est nécessaire, mais c'est bien tard et avec trop de lenteur que vous mettez en garde contre le caractère d'Eschine. Il mettra le feu aux navires de la cité non plus par l'intermédiaire d'Antiphon ni par des moyens secrets, comme avant, mais en jouant le rôle d'Aithia à visage découvert. Le peuple d'Athènes décrète le retour d'Eschine : il redoute comme des armes et des combats les bruits qui arrivent des Indes. Ils hésitaient à rappeler Aristide quoique la raison de son exil fût sa vertu et non sa perversité. Car, pour obéir à Solon, ils ne pouvaient éviter de paraître léser le juste lui-même. Babylone est abattue, Darius parti ; il a massacré les Indiens, les Perses sont asservis : Athènes seule reste grâce à ses exploits, Athènes dont les Perses ont senti la valeur chaque fois qu'il fallait combattre.

1. A. Reinach, qui a traduit ce paragraphe (355 b 1-2) et le précédent (355 a 40-41) dans le *Recueil Millet*, 1904, n° 52 (référence communiquée par M. G. Donnay), ne fait qu'un seul texte des deux. Les manuscrits et les éditeurs d'Himérius les séparent : je me suis aligné sur eux.

ἠπείρου λείψανον. Παρνασσὸς δὲ ἐς τὴν θάλασσαν ἐσφενδόνα τὰς κορυφάς, καὶ τοῖς ἑαυτοῦ μέρεσιν ἀντὶ βελῶν ὑπὲρ τοῦ γένους ὁπλίζεται. Μερίζονται δὲ τὰς μάχας Ἕλληνες καὶ νέμονται πρὸς ἀλλήλους μετὰ τῶν στοιχείων τὰ κατορθώματα· Λακεδαιμόνιοι τὴν ἤπειρον, ἡμεῖς τὴν θάλατταν. Ἐκεῖνοι τριακοσίοις τὰς Πύλας σώμασιν, ἡμεῖς τοσαύταις τριήρεσι τὰς τῆς Ἑλλάδος παρόδους κλείομεν. Νεανίσκου δὲ Μακεδόνος καθ' ὅλης τῆς ὑφ' ἡλίῳ κωμάζοντος, καὶ λυποῦντος μικροῦ καὶ αὐτὴν τὴν τύχην οἷς ἐνυβρίζει τοῖς εὐτυχήμασιν, οὐκ ἔστιν ὃς διανίσταται. Ὅ τε βασιλεῖ τὰς ὑποσχέσεις διακρινούμενος οὐ πείσας ἀπῆλθεν, ἀλλὰ κερδάνας ὅτι μὴ πείσας ἐσῴζετο. Ὑμᾶς δὲ χειροήθεις ἀεὶ τοῖς τυραννοῦσι παρασκευάζουσιν, ἵν' αὐτοῖς μὲν ὑπάρχῃ πλουτεῖν, τῇ πόλει δὲ τὸ τῶν οἰκείων στέρεσθαι. Ἀναγκαῖος μὲν ὁ φόβος, ὀψὲ δὲ καὶ λίαν βραδέως ἄρτι τὸν τρόπον τὸν Αἰσχίνου φυλάττεσθε. Τὰς τριήρεις ἐμπρήσει τῆς πόλεως οὐκέτι δι' Ἀντιφῶντος οὐδὲ δι' ἀπορρήτων, ὡς πρότερον, ἀλλ' αὐτοπρόσωπος τὴν Αἰθίαν ὑποκρινόμενος. Ὁ δῆμος ὁ τῶν Ἀθηναίων Αἰσχίνῃ γράφει τὴν κάθοδον, ὁ τὰς ἀπ' Ἰνδῶν φήμας ὡς ὅπλα καὶ μάχας φοβούμενος. Ὤκνουν Ἀριστείδην κατάγειν, καὶ ταῦτα οὐ κακίαν ἀλλ' ἀρετὴν τῆς φυγῆς ἔχοντα πρόφασιν. Ἵνα γὰρ πεισθῶσι τῷ Σόλωνι, οὐδ' αὐτὸν ἔφευγον ἀδικεῖν δόξαι τὸν δίκαιον. Κεῖται Βαβυλών, Δαρεῖος οἴχεται, Ἰνδοὺς ἀνῄρηκε, Πέρσαι δουλεύουσι· μόναι λείπουσιν Ἀθῆναι τοῖς κατορθώμασιν ὧν Πέρσαι τοσαυτάκις ᾔσθοντο τῆς ἀρετῆς, ὁσάκις ἔδει μάχεσθαι.

[355 b] **13** διακρινούμενος A : διακονούμενος M ‖ **15** τυραννοῦσι M : τυγχάνουσι A ‖ ὑπάρχῃ A²M : ὑπάρχει A ‖ **17** ἄρτι A : ἀντὶ M ‖ **18** φυλάττεσθε A : φυλάττεσθαι M ‖ **20** αὐτοπρόσωπος A : αὐτοπροσώπως M ‖ Αἰθίαν Colonna : Αἴθιλλαν *edd.* ἀδικίαν *codd.* ‖ **22** τὴν A : *om.* M ‖ **26** τὸν A² : τὸ AM ‖ **28** Ἀθῆναι A : αἱ Ἀθῆναι M.

De la déclamation dont le titre est : Épicure qui nie l'existence de la Providence est l'objet d'une accusation d'impiété[1].

Tiré de la préface du discours.

La rhétorique sait, en effet, se faire matière aussi des philosophies, car l'art divin de la parole est un maître absolu.

Tiré de la déclamation-même : l'exorde.

Maintenant, s'il l'ignorait auparavant, Épicure saura clairement qu'une providence administre la nature universelle ; il le saura non pas par la discussion mais par son procès. Car le procès des méchants, leur condamnation et le châtiment qu'ils subissent ne sont pas le fait [356 a] d'un monde emporté au hasard n'importe où, mais sont le témoignage manifeste d'un ordre, d'une loi, d'une organisation et, au-delà de tout, de la providence elle-même. Il s'est déjà produit au procès, Athéniens, un fait intéressant. C'est avec un visage sombre qu'Épicure est arrivé au tribunal et, par son abattement, il a ruiné son enseignement sur le plaisir. Il mérite le ressentiment pour deux raisons, tant pour ce qu'il enseigne en privé que pour ce qu'il affiche en public. D'un côté, en effet, il ne cesse de parler du plaisir pour jouir au bon moment des objets dont il use ; ici, il feint la gravité pour tromper le tribunal. Le cas est curieux : un homme a un procès contre la nature universelle et un méchant sophiste est traduit en justice contre la providence. Toute vertu est perdue par les propos et les enseignements d'Épicure ; finis les tribunaux, procès, récompenses des braves gens et châtiment des méchants. Il menace même le haut du ciel par ses injustices et il n'est pas d'endroit qui échappe à l'audace et aux témérités d'Épicure. La raison est qu'Épicure a eu honte de demeurer dans les anciennes limites de la

1. Les extraits de Photius sont tout ce qui nous reste de cette déclamation. C'est l'*Oratio III* de Colonna, p. 22-28.

Ἐκ τῆς μελέτης ἧς ἡ ἐπιγραφή « Ἐπίκουρος, πρόνοιαν οὐκ εἶναι λέγων, ἀσεβείας φεύγει γραφήν » · ἐκ τῆς θεωρίας.

Οἶδε ῥητορικὴ καὶ φιλοσοφίας ὕλην ποιήσασθαι · τύραννος γὰρ ἡ τοῦ λέγειν ἄνωθεν δύναμις.

Ἐξ αὐτῆς τῆς μελέτης · τὸ προοίμιον.

Νῦν μέν, εἰ καὶ μὴ πρότερον, εἴσεται σαφῶς Ἐπίκουρος ὅτι πρόνοια διοικεῖ τὴν τῶν ὅλων φύσιν, οὐ δογματίζων, ἀλλὰ κρινόμενος · τὸ γὰρ τοὺς πονηροὺς κρίνεσθαι καὶ κολάζεσθαι καὶ διδόναι δίκην οὐκ εἰκῇ φερομένης [356 a] **καὶ μάτην φύσεως, ἀλλὰ θεσμοῦ καὶ νόμου καὶ πολιτείας καὶ τὸ μέγιστον αὐτῆς τῆς προνοίας λαμπρὸν ὑπάρχει τεκμήριον. Ἤδη μὲν οὖν προὔργου τι τῆς γραφῆς, ἄνδρες Ἀθηναῖοι, γεγένηται. Στυγνάζων ἧκεν ἐπὶ τὴν κρίσιν Ἐπίκουρος, καὶ τὸ τῆς ἡδονῆς δόγμα τῇ κατηφείᾳ διέφθαρκε. Δι' ἀμφότερα δὲ μισεῖσθαι δίκαιος, καὶ ὧν ἰδίᾳ παιδεύει καὶ ὧν δημοσίᾳ πλάττεται. Ἐκεῖ μὲν γὰρ τὴν ἡδονὴν θρυλεῖ, ἵνα τὴν ὥραν τὴν τῶν χρωμένων καρπώσηται · ἐνταῦθα δὲ τὴν σεμνότητα καθυποκρίνεται, ἵν' ὑφαρπάσῃ τὸ δικαστήριον.**

Ἡ μὲν κρίσις παράδοξος · ἀνὴρ πρὸς τὴν φύσιν τῶν ὅλων κρίνεται, καὶ πονηρὸς σοφιστὴς πρὸς τὴν πρόνοιαν δικάζεται. Οἴχεται μὲν ἀρετὴ πᾶσα τοῖς Ἐπικούρου λόγοις καὶ δόγμασιν, οἴχεται δὲ δικαστήρια καὶ κρίσεις, καὶ τῶν μὲν ἀγαθῶν αἱ τιμαί, τῶν δὲ ἐναντίων τὸ τίμημα. Ἀναβαίνει δὲ καὶ εἰς οὐρανὸν ἄνω τοῖς ἀδικήμασι, καὶ τόπος οὐδεὶς τῆς θρασύτητος Ἐπικούρου καὶ τῶν τολμημάτων ἐξαίρετος. Τὸ δ' αἴτιον, ᾐσχύνθη τοῖς ἀρχαίοις ἐμμεῖναι φιλοσοφίας ὅροις Ἐπίκουρος,

31 ἧς ἡ A : ἡ M ‖ **34** καὶ φιλοσοφίας A : καὶ φιλοσοφίαν ἑαυτῆς M κἀκ φιλοσοφίας Duebner ‖ **36** τῆς *edd.* : *om. codd.*

[356 a] **9** τὴν *ante* τῶν *del.* A[2] : *habent* AM ‖ **11** κρίσις A : φῦσις M ‖ **12** ὅλων A : ὄντων M ‖ **17** Ἐπικούρου A : *om.* M.

philosophie et il a hésité à suivre la même voie que les philosophes plus anciens. Bien plus : il a condamné la pusillanimité de tous ceux qui, chez nous, ont été punis pour leurs enseignements pervers et il s'est proposé de les surpasser d'un seul coup par ses atteintes à la justice. Sinon, comment ne mérite-t-il pas d'être blâmé celui qui tâche de compromettre par ses mensonges un nom aussi considérable et aussi ancien? Où, en effet, se concilient ces données? Où s'accordent et se mêlent le plaisir et les épreuves, l'endurance et la mollesse, l'Académie et les filles publiques, la philosophie et la boisson, la vie dans la continence et celle des adolescents dissolus?

Et lui, quel parti a-t-il pris, qu'a-t-il osé? Il menace de guerre et bataille toutes les lois de la nature.

La démesure d'Épicure s'est attaquée à tous les âges et il a aimé d'amours coupables tous ceux qu'on admire le plus pour leur beauté. Mais commençons par examiner son apologie. — Est-ce pour mon enseignement que tu demandes un châtiment? — Non, mais pour ton impiété. Car si enseigner est permis, l'impiété est interdite. Si donc tu peux dire qu'il n'y a rien d'impie dans ce que tu as dit, je ne juge pas tes discours; mais s'il y a de l'impiété dans tes propos, ce n'est pas pour tes paroles que tu mériteras un châtiment, mais tu seras puni plus sévèrement pour avoir mis tes discours au service de ton impiété. Car si quelqu'un, alors qu'il peut employer ses discours dans le sens du licite, n'est pas puni en justice aussi s'il veut les faire servir ensuite à des [356 b] fins illicites, il aura des comptes à rendre pour avoir corrompu une chose bonne par une intention mauvaise.

Nous invitons les orateurs à la tribune; et si quelqu'un hésite, souvent la voix commune de la cité pousse à parler même celui qui ne veut pas le faire. Au respectable « pensoir[1] » d'Épicure arrive un jeune homme ou une jeune fille. Car ce sont ceux de cet âge qu'attire ce brillant cénacle. Il dépasse Ixion en audace, cet

1. J'emprunte cette traduction à l'édition d'Aristophane de la Collection des Universités de France (trad. H. van Daele), t. I, *Nuées*, 94 *et alibi*, Paris, 1934.

καὶ τὴν αὐτὴν ὁδὸν ἐλθεῖν τοῖς πρότερον φιλοσοφήσασιν ὤκνησε. Μᾶλλον δὲ μικροψυχίαν καταγνοὺς τῶν ὅσοι παρ' ἡμῖν ἐπὶ πονηροῖς δόγμασι πλημμελοῦντες ἐκολάσθησαν, ἔγνω πάντας ἀθρόως ὑπερβαλέσθαι τοῖς ἀδικήμασιν. Ἢ πῶς οὐκ ἄξιος μέμψεως τοσαύτης καὶ τηλικαύτης ἐπωνυμίας ἐπιχειρῶν καταψεύδεσθαι; Ποῦ γὰρ ὁμολογεῖ ταῦτα; Ποῦ δὲ συμβαίνει καὶ μίγυνται ἡδονὴ πόνοις, καρτερία τρυφῇ, Ἀκαδημία καὶ πόρναι, φιλοσοφία καὶ πότος, σωφρονούντων βίος καὶ ἀκόλαστα μειράκια; Ὁ δὲ τί προῄρηται καὶ τί τετόλμηκε; πόλεμον ἀπειλεῖ καὶ μάχην τοῖς νόμοις ὅλοις τῆς φύσεως.

Ἐμάνη μανίαν καθ' ἡλικίας ἁπάσης Ἐπίκουρος, καὶ δυσσεβεῖς ἔρωτας ἠράσθη πάντων ὅσοι τὴν ὥραν ὑπὲρ τοὺς ἄλλους θαυμάζονται. Πρότερον δὲ αὐτοῦ τὴν ἀπολογίαν σκεψώμεθα. — Δόγματος οὖν ἀπαιτεῖς δίκας; — Οὔκ, ἀλλ' ἀσεβείας· δογματίζειν μὲν γὰρ ἐξόν, ἀσεβεῖν δὲ οὐκ ἐπιτέτραπται. Εἰ μὲν οὖν ἔχεις εἰπεῖν ὡς οὐκ ἀσεβεῖς οἷς εἴρηκας, οὐ κρίνω τοὺς λόγους· εἰ δ' ἀσέβεια τοῖς λόγοις πρόσεστιν, οὐ διὰ τοὺς λόγους κερδανεῖς τὴν δίκην, ἀλλὰ κολασθήσῃ πλέον οἷς ἐπὶ τὸ ἀδικεῖν τοῖς λόγοις κέχρησαι. Οὐ γὰρ εἴ τις, ἐξὸν χρῆσθαι πρὸς ἃ δεῖ, κἂν πρὸς ἃ μὴ δεῖ θέλει, δίκην οὐ δώσει κρινόμενος· [356 b] τοὐναντίον δὲ ὑφέξει λόγον, ὅτι καλὸν πρᾶγμα πονηρᾷ γνώμῃ διέφθειρε. Καλοῦμεν ἐπὶ τὸ βῆμα τοὺς ῥήτορας· κἂν ὄκνῃ τις, πολλάκις ἡ κοινὴ φωνὴ τῆς πόλεως ἐπὶ τὸ λέγειν ἐγείρει καὶ τὸν οὐ λέγειν βουλόμενον. Παρέρχεταί τις εἰς τὸ σεμνὸν Ἐπικούρου φροντιστήριον νέος ἢ νέα· ἄγει ταύτην τὴν ἡλικίαν τὸ λαμπρὸν τοῦτο συνέδριον. Ὑπὲρ τὸν Ἰξίονα τὸ θρά-

26 ὁμολογεῖ A : ὁμολογεῖται A^{2}M || **27** καρτερία A : καρτερίαι M || **29** προῄρηται A : προῄρηκε M || τί τετόλμηκε A : τετόλμηκε τί M || **30** ὅλοις A : ὅλης M || **36** ἔχεις A^2 : ἔχων AM || **39** ἀλλὰ A^{1}M : *om.* A || **40** εἴ τις A^1 *s. v.* M : *om.* A || **41** θέλει A : θέλῃ A^{2}M.

[356 b] **1** δὲ A : *om.* M || **6** ἄγει Colonna : εἰς γὰρ *codd.*

homme ; il dépasse Salmoneus en démence et Tantale en témérité. Mais là, il s'agit de fables et la scène a grand peine à nous y faire croire. Épicure, lui, ce n'est pas dans le domaine des légendes mais dans son enseignement et dans ses actes qu'on le voit surpasser ces héros. Et encore, ces derniers passent pour avoir exercé leurs audaces quelque part loin d'ici, les uns sur les montagnes, les autres dans les vallées et les autres encore dans je ne sais quelles régions barbares et lointaines : la nature de ces lieux-là vaut quelque rémission à leurs fautes. Mais Épicure, c'est dans Athènes qu'il professe cette philosophie ; et quand je dis Athènes, je cite la plus grande capitale de la piété. Socrate ne te paraît à imiter en rien? Et, dit-il, quelle impiété ai-je commise qui tombe sous le coup de la loi? Par là-même, Épicure, tu m'énonces le plus lourd des griefs parce que tu es capable non seulement d'impiétés mais d'impiétés nouvelles : en quoi tu es doublement coupable. Tu n'as pas renversé d'autels, mais tu as démontré qu'on les a dressés pour rien en ruinant l'idée de providence qui nous les a fait ériger. Tu n'as pas offert de sacrifices nouveaux mais tu les as abolis tous d'un seul coup. Qu'Épicure n'échappe pas à son châtiment même s'il n'a pas, comme l'ont fait les impies d'avant lui, dressé son audace contre les dieux. En effet, personne, dans une cité, ne peut commettre l'impiété sous toutes ses formes ; mais si chacun met en avant ce qu'il n'a pas fait pour contrebalancer ce qu'il a fait et s'il échappe au châtiment, qui punira-t-on parmi les fauteurs d'impiété, puisqu'il n'est pas possible à chacun de commettre toutes les impiétés et qu'il est permis à ceux qu'on juge de mettre en balance le mal qu'ils ont fait et celui qu'ils n'ont pas fait? Les gens de bon sens ne peuvent admettre ces échappatoires. Il n'est pas normal, en effet, que quelqu'un se défende de ce dont on ne l'accuse pas, mais bien des griefs sur lesquels les accusateurs le poursuivent et pour lesquels les juges siègent. Mais ces gens-là dé-

σος ἄνθρωπος, ὑπὲρ τὸν Σαλμωνέα τὴν ὕβριν, τὴν τόλμαν ὑπὲρ τὸν Τάνταλον. Ἀλλ' ἐκεῖνα μὲν μῦθοι καὶ τῇ σκηνῇ μόλις τά γε τοιαῦτα πιστεύομεν. Ἐπίκουρος δὲ οὐκ ἐν μύθοις ἀλλ' ἐν δόγμασι καὶ πράξεσι νικῶν ἐκείνους εὑρίσκεται. Κἀκεῖνοι μὲν ἑτέρωθί που ταῦτα τολμῆσαι λέγονται, οἱ μὲν ἐν ὄρεσιν, οἱ δ' ἐν νάπαις, οἱ δ' ἐν βαρβάροις τισὶ καὶ ἀπερριμμένοις χωρίοις. Δίδωσι δέ πως συγγνώμην καὶ τόπου φύσις ἐγκλήμασιν. Ἐπίκουρος δὲ Ἀθήνῃσι ταῦτα φιλοσοφεῖ. Ἀθήνῃσι δὲ ὅταν εἴπω, τὸ μέγιστον εἶπον τῆς εὐσεβείας κεφάλαιον. Οὐδὲν ὁ Σωκράτης σοι δοκεῖ πρὸς μίμησιν; Καὶ τί, φησι, τῶν ὑπευθύνων ἠσέβησα; Αὐτό μοι λέγεις, Ἐπίκουρε, τὸ μεῖζον ἔγκλημα, ὅτι μὴ δυσσεβεῖς μόνον, ἀλλ' ὅτι καὶ καινά· ὅθεν διχόθεν ὑπεύθυνος. Βωμοὺς οὐκ ἀνέτρεφας, ἀλλὰ μάτην ἑστῶτας ἔδειξας πρόνοιαν ἀνελών, δι' ἣν βωμοὺς ἱδρυσάμεθα. Θυσίαν καινὴν οὐκ ἔθυσας, ἀλλὰ πάσας ἀθρόως ἀνῄρηκας. Μηδὲ ῥυέσθω τῆς τιμωρίας Ἐπίκουρος, ὅτι μὴ κατὰ τοὺς πρότερον κατὰ θεῶν ἐθρασύνατο. Πάντας μὲν γὰρ ἀσεβῆσαι τρόπους ἑνὶ τῶν κατὰ τὴν πόλιν ἀδύνατον· εἰ δὲ ἕκαστος, ἀνθ' ὧν ἔδρασε προβαλλόμενος ἃ μὴ πεποίηκε, τὴν τιμωρίαν ἐκφεύξεται, τίς ὑφέξει τῶν ἀσεβῶν δίκην, οὐ πάντας ἀσεβεῖν ἐγχωροῦντος ἑκάστῳ, καὶ τοῖς κρινομένοις ἐξὸν ἀντὶ τῶν πεπραγμένων τὰ μὴ πεπραγμένα προτείνεσθαι; Οὐ δὴ ταῦτά γε νοῦν ἐχόντων τὰς διαδύσεις προσίεσθαι. Οὐ γὰρ ὑπὲρ ὧν τις οὐκ εὐθύνεται, τὴν ἀπολογίαν προσῆκε ποιεῖσθαι, ἀλλ' ἐφ' οἷς οἵ τε κρίνοντες κατηγοροῦσιν οἵ τε δικάζοντες κάθηνται. Οἱ δὲ ἀφέντες τὸ δικαιότα-

15 πως A : ποτε M || **21** καὶ M : *om.* A || **24** καινὴν A²M : κενὴν A || οὐκ ἔθυσας A : οὐ θῦσας M || ἀθρόως A : *om.* M || **25** μηδὲ AM : μὴ A² || **30** δίκην M : *om.* A || ἀσεβεῖν *hic* A : *post* ἑκάστῳ (*v. 31*) *ponit* M || **31** ἑκάστῳ AM : ἑκάστου A² || **32** δὴ A : δεῖ M || **33** προσίεσθαι A : προίεσθαι M.

laissent le terrain de la stricte justice et vont au plus aisé : la vraie justice, en effet, c'est de détruire le chef d'accusation en vertu duquel on vous met en jugement ; le plus facile est de présenter une défense sur des sujets pour lesquels on n'est pas attaqué. Si donc c'est parce que tu n'as pas encore été puni que tu rejettes l'existence de la providence, tu as bien calculé ; mais si c'est à [357 a] cause de la nature universelle, ton raisonnement ne vaut rien. Mais, au nom des atomes et de ce fameux vide, d'où as-tu tiré cette doctrine? C'est un élan et un mouvement désordonnés qui ébranlent la nature universelle ; mais c'est une vieille notion que celle du chaos et elle est plus ancienne que tes discours ! Mais il n'est pas soumis aux lois bien définies de la nature ; et cependant, tout se meut en ordre et je tiens pour le meilleur témoignage en faveur de cette providence le fait que tout se conserve, car le désordre provoque la ruine et l'ordre le salut. Pourquoi dépouiller Delphes comme le ciel de la providence? Et pourtant, le Parnasse bougeait et s'ébranlait contre les Perses ; les rocs de ses sommets partaient comme des projectiles et les Perses qui tombaient avaient les rochers pour tombeaux[1]. Et quoique Épicure ait eu l'audace de tenir ces propos impies contre la déesse, les montagnes ne bougent pas, l'Hymette n'est pas ébranlé et il n'y a ni ouragans ni coups de foudre pour l'anéantir avec l'Académie-même. Je comprends la tactique des dieux : ils l'ont réservé à votre jugement pour que ce soit un tribunal d'Attique qui décide comme le ferait le dieu pythique. Si donc il avait osé écrire juste de quoi renverser les statues de la providence, il devrait être puni pour impiété ; mais s'il se conduit d'une manière impie à l'égard de celle-là même dont le ciel, la terre et les éléments de l'univers sont les statues, allons-nous l'épargner comme quelqu'un qui n'a commis qu'un délit mineur? En effet, ils sont heureux les méchants, dit-il. Mais y a-t-il un malheur plus grand que d'être un mé-

1. On se souviendra sans peine qu'Himérius a déjà évoqué cette merveille dans la déclamation précédente (Bekker, p. 355 b 2-4 ; *supra*, p. 63).

τον ἐπὶ τὸ ῥᾷστον βαδίζουσι· τὸ μὲν γὰρ δικαιότατον λύειν τὸ ἔγκλημα δι' ὃ κρίνεται, τὸ ῥᾷστον δὲ ἀπολογεῖσθαι περὶ τούτων ἐφ' οἷς οὐ φεύγει τις δίκας. Εἴπερ οὖν ὅτι μή πω δέδωκας δίκην, οὐκ εἶναι νομίζεις πρόνοιαν, ὀρθῶς βεβούλευσαι· εἰ δὲ διὰ τὴν φύσιν τῶν [357 a] ὅλων, ὁ λόγος μάταιος. Ἀλλὰ πόθεν, πρὸς τῶν ἀτόμων καὶ τοῦ κενοῦ τοῦ πολυθρυλήτου, ταύτην τὴν δόξαν ἐξεύρηκας; Ἄτακτός τις ἐνοχλεῖ τὴν τῶν ὅλων φύσιν φορὰ καὶ κίνησις; ἀλλ' ἀρχαῖον τὸ χάος καὶ τῶν σῶν λόγων πρεσβύτερον. Ἀλλ' οὐδὲ πείθεται τοῖς ὡρισμένοις νόμοις τῆς φύσεως· καὶ μὴν ἅπαντα καὶ τάξει χωρεῖ, καὶ τῆς προνοίας ταύτης μέγιστον οἶμαι τεκμήριον τὸ πάντα σῴζεσθαι· ἀταξία μὲν γὰρ φθοράν, τάξις δὲ σωτηρίαν ἐργάζεται. Τί συλᾷς ἐκ Δελφῶν, ὡς ἐξ οὐρανοῦ, τὴν πρόνοιαν; Ἀλλ' ὅμως ἐκινεῖτο μὲν Παρνασσὸς καὶ κατὰ Περσῶν ἐκραδαίνετο, κορυφαὶ δὲ ὀρῶν ἀντὶ βελῶν ἐτοξεύοντο, Πέρσαι δὲ ἔπιπτον τάφοις ταῖς πέτραις χρησάμενοι. Ἐπικούρου δὲ ταῦτα λέγειν κατὰ τῆς θεοῦ τολμήσαντος, οὐκ ὄρη σείεται, οὐχ Ὑμηττος συγκραδαίνεται, οὐ πρηστῆρες οὐδὲ σκηπτοὶ αὐτῇ τοῦτον Ἀκαδημίᾳ συναφανίζουσι. Συνίημι τὸ στρατήγημα τῶν θεῶν· ὑμετέραις ψήφοις τοῦτον ἐτήρησαν, ἵνα Ἀττικὸν δικαστήριον ἴσα Πυθίῳ βουλεύσηται. Εἰ μὲν οὖν γράψαι τοσοῦτον μόνον ἐτόλμησεν ὅσον καθαιρεῖν τὰ τῆς προνοίας ἀγάλματα, ἔδει διδόναι δίκην ὡς ἀσεβήσαντα· εἰ δὲ εἰς αὐτὴν ἐκείνην ἀσεβεῖ, ἧς οὐρανὸς καὶ γῆ καὶ στοιχείων φύσεις ἀγάλματα, ὡς μέτριόν τι δρᾶσαι διανοηθέντος φεισόμεθα; Εὐτυχοῦσι γάρ, φησίν, οἱ κακοί. Καὶ τί κακίας μεῖζον

38 δι' ὃ A : διότι M ‖ **39** εἴπερ A : εἰ μὲν M ‖ **40** νομίζεις A : νομίζειν M.

[357 a] **2** κενοῦ A : χαρνοῦ M ‖ τὴν A²M : *om.* A ‖ **13** χρησάμενοι A²M : χρησάμενος A ‖ **14** τῆς AM : τοῦ A² ‖ **17** ὑμετέραις A : ὑμετέροις M ‖ **24** καὶ M : *om.* A.

chant? Les sages sont, en effet, malheureux; donc, tu crois qu'il existe un bonheur supérieur à la vertu? La vie de l'homme n'a pas d'unité de nature ni d'intention; mais les buts que visent les vivants se diversifient et attribuent à chacun la fin qui lui convient. Le sage ne désire absolument rien de tous les biens à cause desquels les gens estiment heureux ceux qui les possèdent : il ne voit pas un châtiment dans le fait de ne pas les obtenir. Quelle est donc sa fin? Sur quel idéal a-t-il les yeux fixés pendant qu'il peine, qu'il veille la nuit et s'évertue tout le jour? C'est pour posséder la vertu, mon cher! Et celle-ci, comment l'obtient-il et comment maîtrise-t-il cette divine proie? Ce n'est pas par la richesse et les biens matériels qu'on acquiert la vertu. Est-ce par la force physique? Sa couronne vaut plus que toute couronne d'olivier. Est-ce par la valeur guerrière? Et quelles victoires sont plus belles que celles qu'on remporte sur le vice? Ne reproche donc pas au sage indigent sa pauvreté car la richesse n'était pas son but; ne lui reproche pas, s'il est malade, sa mauvaise santé puisqu'il est bien portant dans la meilleure partie [357 b] de lui-même; ne lui reproche pas d'être soumis aux maîtres des cités puisqu'il est le maître dans ce que nous avons de meilleur. Un homme sérieux est tellement éloigné de poursuivre la possession de pareils biens ou de penser qu'il est malheureux d'en être privé que déjà certains, et des plus renommés pour leur sagesse, s'en sont détournés de leur plein gré pour se libérer eux-mêmes de toute préoccupation extérieure afin d'acquérir en échange l'impérissable richesse de la vertu. Anaxagore laissa toutes ses terres en pâturages; il enseignait par le fait même quel genre d'exploitation agricole convient aux sages. Démocrite restait volontairement malade de corps pour avoir la santé dans la meilleure partie de lui-même. Pourquoi donc reprocher à la providence de ne pas répartir la justice selon le

δυστύχημα; Δυστυχοῦσι γὰρ οἱ σοφοί· εἶτα εὐτυχίαν ἄλλην ἀρετῆς ἡγῇ βελτίονα; Οὐχ εἷς βίος ἀνθρώπου γνώμης ὑπάρχει καὶ φύσεως, ἀλλὰ σχίζονται μὲν οἱ τῶν βιούντων σκοποί, συμμερίζονται δὲ πέρας ἑκάστῳ τὸ πρόσφορον. Οὐκ ἐρᾷ σοφὸς τὴν ἀρχὴν οὐδενὸς τῶν πάντων, ἐφ' οἷς οἱ πλεῖστοι τοὺς κεκτημένους εὐδαιμονίζουσιν· οὔκουν οὐδὲ ζημίαν τὸ μὴ τυγχάνειν ὑπείληφε. Τί οὖν ἐκείνῳ τέλος, καὶ πρὸς τί βλέπων καὶ πόνους πονεῖ καὶ νύκτωρ ἀγρυπνεῖ καὶ μεθ' ἡμέρας ἐσπούδακεν; Ἀρετῆς κτῆσις, ὦ τάν. Ταύτην δὲ πῶς αἱρεῖ, κἀκ τίνος τρόπου τῆς θείας ἐκείνης θήρας ἐγκρατὴς γίνεται; Πλούτῳ καὶ χρήμασιν οὐκ ἔστιν ἀρετή. Ῥώμῃ τοῦ σώματος; Ὑπὲρ ἅπαντα κότινον ὁ ταύτης στέφανος. Δυνάμει τῇ κατὰ πόλεμον; Καὶ τίνα τρόπαια τῶν ἀπὸ κακίας μείζονα; Μήτ' οὖν πενομένῳ τῷ σοφῷ πενίαν πρόφερε (οὐ γὰρ ἦν σκοπὸς τὰ χρήματα), μήτε νοσοῦντι τὴν ἀρρωστίαν ὀνείδιζε, εἴπερ ὑγιαίνει τὰ κρείττονα, [357 b] μήτε ἡττωμένῳ τῶν δυναστευόντων ἐν πόλεσιν, εἴπερ κρατεῖ τοῖς ἀμείνοσι. Τοσοῦτον γὰρ ἂν δέοι σπουδαῖος ἀνὴρ μεταδιώκειν τὴν τῶν τοιούτων κτῆσιν ἢ δυστυχεῖν ὑπολαμβάνειν τῷ στέρεσθαι, ὥστε ἤδη τινὲς καὶ μάλα τῶν ὀνομαστῶν ἐπὶ σοφίᾳ καὶ ἀρετῇ οἳ τούτων ἑκόντες ἀπέστησαν, ἵνα πάσης ἑαυτοὺς τῆς ἔξωθεν ἀσχολίας ἐλευθερώσαντες τὸν ἀθάνατον τῆς ἀρετῆς πλοῦτον ἀλλάξωνται. Ἀναξαγόρας γῆν ἀνῆκε τὴν ἑαυτοῦ πᾶσαν μηλόβοτον, ἔργῳ νομοθετῶν τίς γεωργία τοῖς σοφωτέροις ἁρμόττουσα. Ἑκὼν δὲ ἐνόσει σῶμα Δημόκριτος, ἵνα ὑγιαίνῃ τὰ κρείττονα. Τί οὖν ἐγκαλεῖς προνοίᾳ ὡς μὴ μεριζούσῃ κατ' ἀξίαν τὸ δίκαιον; Εἰ γὰρ καὶ

26 βελτίονα A : βελτιῶναι M ‖ **30** εὐδαιμονίζουσιν A : εὐδαίμονας M ‖ **31** οὔκουν M : οὐκοῦν A ‖ **32** βλέπων A : κλέπτων M ‖ **36** ἀρετή AM : αἱρετή A[3] *mg* ‖ τοῦ A : τε M ‖ **38** κατὰ A : κατὰ τὸν M ‖ ἀπὸ M : ὑπὸ A.

[357 b] **2** τοσοῦτον A : τοσοῦτο M ‖ **4** τῷ A : τὸ M ‖ **5** οἳ *secl.* Bekker : *habent codd.*

mérite? Car s'ils méprisent tous les biens extérieurs qui les entourent, comment les sages seraient-ils affectés par leur absence ou s'évertueraient-ils à les posséder? Quel riche, en effet, n'a pas pour occupation principale ses richesses-mêmes? Et la connaissance des réalités divines et humaines, et la majesté d'une sagesse si grande et si profonde, te semblent-elles l'occupation secondaire du financier, le fardeau du maniaque, l'accessoire de celui qui brigue les honneurs dans la cité? N'appelle donc pas malheureux les hommes qui jouissent du plus grand des bonheurs, ni malchanceux ceux qui sont les égaux des puissants, ni pauvres ceux dont le trésor est impérissable, ni indignes d'honneurs ceux que nous admirons à l'égal des dieux.

Souvent, en effet, beaucoup de gens qui ont l'esprit pervers sont l'objet des louanges de quelques-uns, mais c'est le besoin plus que la réalité qui suscite l'éloge.

Cependant, je demanderais volontiers à ceux qui veulent reprocher leur malchance aux sages si ces derniers étaient dans cette condition avant d'être des sages ou si c'est après l'être devenus qu'ils ont été privés de leurs soi-disant biens. S'ils en ont été privés auparavant, ce n'est pas à la vertu qu'il faut en faire grief, et si c'est après avoir acquis la sagesse, ce n'est pas de ce qu'ils désiraient mais de ce qu'ils ne désiraient pas qu'ils ont été privés.*

Mais cet homme se moque de nos malheurs et il commence par contester les formes du procès. Car du fait qu'il n'a commis, je crois, aucune des fautes habituelles, il a entrepris de démontrer qu'il n'a même pas commis la moindre faute, comme s'il ne méritait pas une indignation plus grande et une accusation plus lourde pour avoir commis de si grands méfaits et d'une telle gravité qu'il n'est pas possible de leur trouver des précédents. Et si ceux qui ont eu les plus grandes audaces ne subissent pas de châtiment du fait qu'ils ont commis des fautes très graves, quelle raison y a-t-il encore de vouloir châtier ceux qui ont commis des délits moins graves? Et

περιόντων ὑπερορῶσι τῶν ἐκτὸς ἁπάντων, πῶς ἢ ἄχθονται μὴ παρόντων, ἢ ὅπως ὑπάρχῃ σπουδάζουσι; Τίς γὰρ πλουτῶν οὐκ ἀσχολίαν ἄγει μεγίστην αὐτὰ τὰ χρήματα; Θείων δὲ γνῶσις καὶ ἀνθρωπίνων πραγμάτων, καὶ τοσαύτης καὶ τηλικαύτης σοφίας μέγεθος, ἆρά σοι δοκεῖ πάρεργον μὲν εἶναι τοῦ χρηματιστοῦ, τοῦ δὲ περιεργοῦντος ἐφόλκιον, τοῦ δὲ τὰς ἐν πόλει τιμὰς διώκοντος ἐπακολούθημα; Μὴ τοίνυν κακοδαίμονας κάλει τοὺς τὴν μεγίστην εὐδαιμονίαν εὐδαιμονήσαντας, μηδὲ δυστυχεῖς τοὺς ὁμοιουμένους τοῖς κρείττοσι, μηδὲ πένητας ὧν θησαυρὸς ἀθάνατος, μηδὲ ἀτίμους οὓς ἴσα θεοῖς θαυμάζομεν. Πολλοὶ γὰρ πολλάκις κακοὶ μὲν γνώμην τυγχάνουσιν, ἐπαινοῦνται δὲ πολλάκις παρ' ἐνίων, τῆς χρείας ποιούσης ἀντὶ τῆς ἀληθείας τὸν ἔπαινον.

Καίτοι γε ἡδέως ἂν ἐροίμην τοὺς ὀνειδίζειν τοῖς σοφοῖς τὴν δυστυχίαν ἐθέλοντας, πότερον ἦσαν τοιοῦτοι πρὶν γενέσθαι σοφοί, ἢ μετὰ ταῦτα τῶν λεγομένων εὐτυχημάτων ἀφῄρηνται. Εἰ μὲν πρότερον, οὐ τῆς ἀρετῆς τὸ ἔγκλημα· εἰ δὲ ἐξ οὗ ταύτην εἰλήφασιν, οὐχ' ὧν ἐπόθουν ἀλλ' ὧν οὐκ ἐπόθουν ἐστέρηνται.

Ὁ δὲ καὶ κατειρωνεύεται τὰς συμφορὰς καὶ παραγράφεται τὸν τρόπον ἤδη τῆς κρίσεως. Οἷς γὰρ οὐδ' ὁτιοῦν (οἶμαι) τῶν εἰωθότων ἠδίκηκε, τούτοις ὅτι μηδὲ τὴν ἀρχὴν ἠδίκηκε δείξειν ὑπείληφεν, ὥσπερ οὐ διὰ τοῦτο μείζονος ὀργῆς καὶ κατηγορίας ὑπάρχων ἄξιος, ὅτι τοιαῦτα καὶ τηλικαῦτα πεποίηκεν ὧν οὐκ ἔστιν εὑρεῖν παραδείγματα. Εἰ δ' οἱ τὰ μείζω τολμήσαντες, ὅτι τὰ μείζω δεδράκασι, τὴν τιμωρίαν οὐ δώσουσι, τίς ἔτι λόγος κολάζειν ἐθέλειν τοὺς τὰ μικρότερα; Τί δέ, εἰ τοὺς μὴ τὰ συνήθη

14 ὑπάρχῃ A²M : ὑπάρχει A ‖ **18** περιεργοῦντος Scaliger : παρεργοῦντος *codd.* ‖ **19** διώκοντος A² : διάγοντος AM ‖ **21** τὴν A : *om.* M ‖ **23** ἀθάνατος A : ὁ θάντατος M ‖ **32** καὶ A : *om.* M ‖ *post* ἐστέρηνται *deest titulus orationis* IV κατὰ πλουσίου ‖ **33** τὰς συμφορὰς AM : τῆς συμφορᾶς A² ‖ **41** ἐθέλειν A² : ἐθέλει AM.

[358 a] quoi? Si nous laissons quittes ceux qui ont transgressé la loi d'une façon exceptionnelle, comment toute licence ne sera-t-elle pas donnée à ceux qui voudront commettre des fautes extraordinaires, quand les premiers qui auront eu ces audaces auront échappé au châtiment tout comme ceux qui n'ont rien fait de mal? Il ne faut pas que les excès dans le mal soient un moyen d'échapper à la justice, mais il faut, au contraire, qu'ils soient des griefs d'autant plus graves que, outre les actes perpétrés, l'intention est plus odieuse. Car vouloir aggraver les fautes qu'on commet par leur caractère inédit aurait de quoi faire imputer de la malice à un double titre : de vouloir commettre des écarts et de vouloir commettre ce que personne auparavant n'avait commis. Tu n'as eu, dis-tu, aucune des audaces habituelles. Tu énonces là l'excès même de nos malheurs. Car ceux qui subissent des torts dont ils savent que d'autres les ont soufferts avant eux supportent plus aisément leurs infortunes parce qu'ils pensent que celles des gens qui les entourent sont une consolation de leurs souffrances; mais ceux qui ne connaissent pas de précédent aux injustices d'un genre tout neuf dont ils sont les victimes estiment leur malheur insupportable du fait qu'ils ne peuvent découvrir des infortunes semblables aux leurs.

Quelqu'un a-t-il souffert d'un mal fait à son enfant? Sa femme n'a-t-elle pas souffert avec lui? Le mal ne les a-t-il pas atteints tous les deux? Un meurtre ne vient pas s'ajouter aux torts subis. Quelqu'un est-il coupable de meurtre? L'ignorance où on est vis-à-vis du coupable atténue le malheur. Il ose commettre un adultère et, par des manœuvres sournoises, il ruine un foyer vertueux; bien plus, un mal si grand, il le rend plus affreux encore par un mal plus grand en précipitant un fils contre sa mère, et en faisant en sorte que, pour les coupables, la faute d'adultère elle-même paraisse légère. Il a une âme impérissable mais il ne gardera pas, grâce à nous, un foyer à l'abri de la corruption.

Tu n'as pas fait mentir tes menaces par tes actes, riche! Nous sommes pris, nous sommes vaincus, nous nous

[358 a] παρανομοῦντας ἀφήσομεν, πῶς οὐκ ἐξουσία πᾶσα γενήσεται τοῖς θέλουσι πλημμελεῖν ἃ μὴ συνείθισται, ὅταν οἱ πρῶτοι ταῦτα τολμήσαντες ὡς οὐκ ἀδικοῦντες ἐκφύγοιεν; Χρὴ δὲ οὐκ ἀφέσεις τῶν κρίσεων τὰς ὑπερβολὰς τῶν ἀδικημάτων μᾶλλον ἢ τοὐναντίον αἰτίας γίγνεσθαι, ὅσῳ μετὰ τῶν ἔργων καὶ τὸ τῆς γνώμης μεμίσηται. Τὸ γὰρ οἷς ἀδικεῖ τις καὶ φύσιν ἀδικημάτων καινὴν προσάγειν βούλεσθαι διχόθεν ἂν εἴη τὴν μοχθηρίαν ἐλέγχοντος, καὶ τῷ πλημμελεῖν ἃ μὴ δεῖ, καὶ τῷ ποιεῖν ἐθέλειν ἃ μή τις πρότερος δράσειεν. Οὐδέν σοι, φῄς, τῶν εἰωθότων τετόλμηται. Αὐτήν μοι λέγεις τὴν ὑπερβολὴν ὧν ἠτυχήκαμεν. Οἱ μὲν γὰρ ἠδικημένοι ταῦθ' ἅπερ καὶ ἑτέρους ἠδικημένους ἐπίστανται, φέρουσι ῥᾷον τὰς συμφοράς, παραμυθίαν ὧν πεπόνθασι τὴν τῶν πέλας δυστυχίαν νομίζοντες· οἱ δὲ νεωτέρων ἀδικημάτων οὐκ ἔχοντες παραδείγματα ἀφόρητον ἡγοῦνται τὴν συμφορὰν τῷ μὴ τῶν ὁμοίων εὐπορεῖν ἔχειν ἐφ' οἷς ἠτύχησαν.

'Ηδίκηταί τις εἰς παῖδα; Ουχὶ καὶ γυνὴ προσηδίκηται. Δι' ἀμφοῖν ἡ βλάβη κεχώρηκεν· οὐ πρόσκειται φόνος τοῖς ἀδικήμασι. Σφαγῆς τις αἴτιος γέγονε; Τὸ λαθεῖν θεραπεύει τὴν συμφοράν. Μοιχείαν τολμᾷ, καὶ λαθραίοις μηχανήμασιν οἶκον διαλύει σώφρονα· οὐ μὴν τοσοῦτον κακὸν κακῷ μείζονι κατασκευάζει δεινότερον, παῖδα ἐπιβάλλων μητρί, καὶ τοῖς τῶν μοιχευόντων σώμασι κοῦφον ποιῶν καὶ αὐτὸ τὸ τῆς μοιχείας δοκοῦν ἀδίκημα εἶναι. 'Αδιάφθορον τὴν ψυχὴν ἔσχηκεν, ἀλλ' οὐχὶ καὶ τὴν ἑστίαν ἕξει δι' ἡμᾶς ἀδιάφθορον. Οὐκ ἐψεύσω τοῖς ἔργοις τὰς ἀπειλάς, ὦ πλούσιε· ἑαλώκαμεν, νενικήμεθα, σιωπῶμεν, τῆς πολι-

[358 a] **2** θέλουσι A : ἐθέλουσι M ‖ **5** γίγνεσθαι A : γίνεσθαι M ‖ **9** τῷ (*bis*) A : τὸ M ‖ **14** τῶν A : τοῦ M ‖ δυστυχίαν A^2 : δυστυχεῖν A^1 τυχεῖν AM τύχην C. Schenkl ‖ **15** νομίζοντες A^2M : *quid prius praeb.* A *non liquet* ‖ **21** τὸ M : τῷ A ‖ **24** ἐπιβάλλων Bekker : ἐπιβαλὼν *codd.* ‖ **26** ἀδιάφθορον τὴν ψυχὴν M : ἀδιάφορον τὴν τύχην A.

taisons et nous avons oublié notre qualité de citoyens. Tu nous as coupé la parole par tes meurtres et tu nous as fermé la bouche par ces signes de reconnaissance tragiques. C'est à grand peine que j'arrive à dire juste ce qu'il faut et que je parle. Désormais, je ne suis plus l'orateur de la cité mais de mon seul malheur. De qui viennent ces abominables souillures? Ne sont-elles pas toutes de toi? N'est-ce pas par ma main, mais par ta volonté que tous ont péri? Je n'ai pas encore parlé de tes fautes les plus graves : les marques de reconnaissance dévoilées au bon moment sur ton illustre théâtre, à toi qui as donné à des situations tragiques un dénouement de comédie et qui as aggravé le malheur par des moyens qui, dans les comédies, dénouent les épreuves. Ainsi donc, [358 b] après nous avoir fait subir tout et tout, il va et vient en disant : « Que pourrais-tu dire sur le pauvre? Il veut ce que n'interdit aucune loi : accuser et être accusé ». Puis il me demande : « Il n'est donc pas permis d'adopter un enfant? » Mais il n'est pas permis de commettre un délit en l'adoptant. Et si la loi permet l'un et l'autre, et si tu as choisi ce qui est permis et fait de surcroît ce qui ne l'est pas, tu ne seras pas tenu quitte pour une des deux actions et tu ne seras pas puni davantage pour avoir ajouté ce qui n'est pas permis? « Cela m'est permis, à moi », dit-il. C'est là un langage de riche, une réponse hautaine de maître. Et moi, je te réponds avec une grande douceur et en termes familiers; car tu seras puni tant que ces juges-ci siégeront. As-tu pensé agir d'une manière irréprochable? Tu en as la liberté, mais si tu transformes la liberté en licence, je réprime cette liberté parce que, par ton intention, elle a pris la nature de ce qui n'est pas permis. Vivre en commun est beau, pour autant que l'agrément de cette vie soit à l'abri du soupçon. Mais si quelqu'un perce les murs des maisons, s'en prend aux épouses, souille les familles, détruit les foyers, feint une amitié qui déborde de haine, les actes qui, jusqu'alors, se faisaient librement parce que l'injustice ne s'y ajoutait pas,

τείας ἐπελαθόμεθα. Ἀπέτεμες ἡμῶν τὴν φωνὴν τοῖς φόνοις, καὶ τὸ στόμα τὸ λάλον ἀπέφραξας τοῖς τραγικοῖς τούτοις γνωρίσμασι. Μόλις τἀναγκαῖα λέγω καὶ φθέγγομαι· ῥήτωρ εἰμὶ λοιπὸν οὐκέτι τῆς πόλεως, ἀλλ' ἤδη μόνης τῆς συμφορᾶς. Τίνος τὰ τηλικαῦτα μιάσματα; Οὐ σὰ πάντα; Οὐ τῇ μὲν δεξιᾷ τῇ ἐμῇ, τῇ σῇ δὲ γνώμῃ πάντες ἀνάλωνται; Οὔπω τὸ κεφάλαιον τῶν ἀδικημάτων εἶπον, τῆς λαμπρᾶς σου σκηνῆς τὰ κατὰ καιρὸν ἀναφανέντα γνωρίσματα. Ὦ κωμικὸν πέρας τραγικαῖς τύχαις ἐπαγαγών, καὶ τούτοις αὐξήσας τὴν συμφοράν, οἷς ἐν κωμῳδίαις πάθη λύεται. Οὕτω τοίνυν πάντα τὰ καθ' ἡμῶν διαπεπραγμένος περιιὼν [358 b] λέγει· « Τί δ' ἂν εἴποις περὶ τοῦ πένητος; Ὅσα μηδεὶς κωλύει νόμος, κατηγορεῖν ἐθέλει καὶ γράφεσθαι ». Εἶτά με ἐρωτᾷ· « Οὐκ ἔξεστιν οὖν ἀνελέσθαι παιδίον; » Οὐκ ἔξεστιν οὖν [μηδὲν] ἀδικεῖν ἀναλαμβάνοντα. Εἰ δ' ἑκάτερον τοῦ νόμου διδόντος καὶ τὸ ἐξὸν εἵλω καὶ τὸ μὴ ἐξὸν προσέθηκας, οὐ διὰ θάτερον ἀφεθήσῃ μᾶλλον ἢ δίκην ὑφέξεις οἷς τούτῳ προσάγεις καὶ ἃ μὴ ἔξεστιν; « Ἔξεστί μοι », φησί· πλουσίου λόγος, τυραννικῆς ὑπερηφανίας ἀπόκρισις. Ἐγὼ δέ σοι πρᾴως οὕτω καὶ δημοτικῶς ἀποκρίνομαι· δώσεις γὰρ δίκας τέως ἂν οὗτοι δικάζωσιν. Ἔγνωκάς τι ποιεῖν ἀνεύθυνον; Ἔχεις τὴν ἐξουσίαν. Εἰ δὲ τὴν ἐξουσίαν εἰς παρανομίαν μετήνεγκας, κολάζω ταύτην ὅτι τῇ προφάσει τὴν φύσιν τοῦ μηκέτι ἐξεῖναι μετείληφε. Τὸ κοινωνεῖν καλόν, ἀλλ' ὅταν ἡ χάρις ἀνύποπτος. Ἂν δὲ διορύττῃ μὲν οἰκίας τις, ἐπιβουλεύῃ δὲ γάμοις, λυμαίνηται δὲ γένη, διαφθείρῃ δὲ ἑστιάς, ὑποκρίνηται δὲ φιλανθρωπίαν ἀπανθρωπίας ἁπάσης γέμουσαν, ἃ τὴν προσθήκην οὐκ ἔχοντα τέως τὴν ἀδι-

40 οἷς M : ὡς A || **41** περιιὼν M : περιὼν A.

[358 b] **4** μηδὲν *secl.* Colonna : *habent codd.* || **5** ἐξὸν A : ἐξ ὧν M || **10** δικάζωσιν A² : δικάζουσιν AM || **11** ποιεῖν A²M : ποιεῖ A || ἔχεις M : ἔχειν A || **18** ἀδικίαν A : ἄδικον M.

voici que, l'injustice s'y ajoutant, ils deviennent injustices plus graves par leur apparence d'innocence.

Mais tu cherchais peut-être un enfant pour l'adopter? Pourquoi donc n'avoir pas annoncé ton intention avant sa naissance ou pourquoi n'as-tu pas demandé l'enfant après l'accouchement? Ou bien par hasard ne voulais-tu ni l'un ni l'autre; mais tu l'as enlevé alors qu'il était seul et tu n'as pas fait part de ton projet? Tu n'as pas fait une adoption conforme aux lois. Qui refusera d'admettre que nous n'avons pas agi légalement?

Un abominable adultère a été osé par fraude, et un malheureux fils a été pernicieusement enivré d'un seul coup contre sa mère en buvant à un cratère maudit, et la main d'un père a été, par un artifice criminel, armée pour le meurtre de ce qu'il avait de plus cher. Je me lamente maintenant sur ceux que j'ai tués comme des ennemis et je suis là, pleurant devant les meurtres que je croyais commettre en toute justice. Et en celui que je prenais pour un adultère avant la tuerie, j'ai reconnu mon fils après l'avoir égorgé. Et maintenant, te voilà vraiment frappé, c'est maintenant que tu reçois le coup mortel, mon enfant. Car je te donnerai désormais non pas les noms qui découlent de tes fautes, mais ceux des liens du sang ; ce n'est pas toi, en effet, qui es responsable de nos malheurs, mais c'est un autre. Je demanderais donc d'abord volontiers ceci à ce riche : le jeune garçon lui paraissait-il avoir un caractère droit ou, au contraire, [359 a] était-il enclin à la fraude? Car s'il était bon, l'auteur des actes n'est pas inconnu. Et s'il était pervers il fallait le rendre à son père naturel. En outre, a-t-il commis ses méfaits à ton insu ou bien n'as-tu pas essayé de les empêcher alors que tu les prévoyais? Car si tu les ignorais, tu peux bien parler de surveillance paternelle ; et si tu ne les ignorais pas, ce qui est vraisemblable, tu devais — chose normale — l'en détourner alors qu'il allait les commettre sans attendre qu'il les eût commis.

κίαν μετ' ἐξουσίας ἐπράττετο, ταῦτα ὅτι ταύτην προσείληφε τῷ δοκεῖν ἀνεύθυνα φαίνεσθαι, προσθήκη τῶν ἀδικημάτων γίνεται. Ἀλλ' εἰς θέσιν ἴσως ἐζήτεις παιδίον ; Τί δὲ οὐ πρὸ τοῦ τόκου τὴν γνώμην σου κατεμήνυες, ἢ τὸ παιδίον μετὰ τὰς ὠδῖνας οὐκ ᾔτησας ; Ἢ τυχὸν οὐδέτερον τούτων ἤθελες · ἀλλ' οὖν ἐκ τῆς ἐρημίας ἀνελὼν εὐθύς, οὐκ ἐκοινολογήσω περὶ τοῦ πράγματος ; Οὐ κατὰ νόμους τὴν θέσιν ἔπραττες... ταῦτα ἀφαιρήσεταί τις ἡμᾶς, ὡς παρὰ τοὺς νόμους οὐ πέπρακται ;

Ἐναγὴς μοιχεία διὰ σοφισμάτων τετόλμηται, καὶ παῖς δυστυχὴς κατὰ μητρὸς ἀθρόως ἐξ ἐναγοῦς κρατῆρος ἐμεθύσθη κακῶς, καὶ δεξιὰ πατρὸς ἐπὶ φόνους τῶν φιλτάτων ὑπὸ κακοήθους τέχνης ἐξώπλισται. Θρηνῶ νῦν οὓς ὡς πολεμίους ἐφόνευσα, καὶ σφαγαῖς παρακάθημαι δακρύων, ἃς ᾤμην μετὰ τῶν νόμων ἐργάζεσθαι. Καὶ ὃν πρὸ τῶν φόνων μοιχὸν ἐνόμιζον, τοῦτον παῖδα μετὰ τὴν σφαγὴν ἐγνώρισα. Νῦν ὄντως τιτρώσκῃ, νῦν τὴν καιρίαν λαμβάνεις, παιδίον. Καλέσω γάρ σε λοιπὸν οὐ τοῖς τῶν ἀδικημάτων ἀλλὰ τοῖς τοῦ γένους ὀνόμασιν · οὐ γάρ σύ μοι τῶν ἀτυχημάτων ἀλλ' ἕτερος αἴτιος. Ἡδέως δ' ἂν ἐροίμην ἐκεῖνο δή που πρῶτον τὸν πλούσιον · χρηστὸς αὐτῷ τὸν τρόπον ὁ νεανίσκος ἐφαίνετο, ἢ τοὐναντίον παράνομος ; [359 a] Εἰ μὲν γὰρ χρηστός, τίνος αἱ πράξεις, οὐκ ἄδηλον · εἰ δὲ πονηρός, ἐχρῆν ἀποδιδόναι τῷ φύσαντι. Πρὸς δὲ τούτοις πότερον ἐλελήθει σε ταῦτα ποιῶν, ἢ προειδὼς οὐκ ἐκώλυες ; Εἰ μὲν γὰρ ἠγνόεις, πατρός γε ὄντως φυλακὴν λέγεις · εἰ δ' οὐκ ἠγνόεις, ὥσπερ εἰκός, μέλλοντα κωλύειν, οὐ πεποιηκότα ἐχρῆν. Τὸ μὲν γὰρ προ-

20 τῷ A² : τὸ AM ‖ **27** ἡμᾶς M : ὑμᾶς AM² ‖ **28** ἐναγὴς AM : ἐνάγεις A² ‖ μοιχεία M : μοι χεῖρα A ‖ **29** ἀθρόως A : ἀθλίας M ‖ ἐξ ἐναγοῦς Scaliger : ξεναγοῦς *codd.* ‖ **32** ὡς A² *s. v.* M : *om.* A ‖ **37** λοιπὸν A²M : λιπὼν A *ut vid.*

[359 a] **3** πότερον A²M² : πρότερον AM.

La première attitude est une preuve de prévoyance, la seconde, une preuve de malhonnêteté, la première révèle l'homme bien intentionné, la seconde, l'homme faux. Le jeune homme est coupable de tout. Que ne peut-il parler ! Que quelque dieu ne peut-il, comme cela se voit souvent chez les poètes, le laisser revenir un moment, le temps d'assister au procès ! Ne s'écrierait-il pas sous les coups et les blessures : « Moi, un adultère? Moi, un contempteur des lois ! Riche odieux ! c'est trop tard, en effet, que tu m'as enseigné les noms qui te conviennent ! » Mais, dit-il, dans ma pitié pour ton malheur, j'ai montré les signes de reconnaissance parce que je veux que tu juges le jeune homme digne d'aller dans le tombeau de ses ancêtres. Et c'est au bon moment, n'est-ce pas, que tu as pensé aux accommodements et tu t'es avisé de réunir la famille quand, par le glaive et l'adultère, tu as eu rendu la guerre implacable.

S'il pouvait parler et plaider et retrouver la règle de vie de son père, je ne demanderais plus de signes car je reconnaîtrais sa personnalité à la tribune.

Supposons qu'on l'a porté en terre mort de maladie ou de quelque peste. Je déplorerais alors aussi le malheureux hasard qui m'a fait te reconnaître parce que tu ne m'as gardé le nom de père que pour aller au tombeau ; ce qui me consolerait toutefois, ce serait d'avoir remis aux dieux infernaux mon fils mort de maladie et non d'une mort dramatique. Et maintenant, ô révélation tragique, tardive et cruelle des signes de reconnaissance ! A présent, je suis contraint de reconnaître mon fils quand il eût mieux valu ne pas le reconnaître, et on me nomme père au moment où je découvre en moi le meurtrier de mon enfant ! Laissez-moi ne déplorer que l'adultère, souffrez que mes malheurs tiennent en un seul drame ! Pourquoi me partager entre les poètes? Pourquoi, pour chacune de mes infortunes susciter une pièce de théâtre? Maintenant, tu m'as suivi en dénombrant mes malheurs. Et

νοίας, τὸ δ' ἀδικίας τεκμήριον· καὶ τὸ μὲν τὸν εὔνουν, τὸ δὲ τὸν προσποιούμενον δείκνυσιν. Ὁ νεανίσκος ἁπάντων αἴτιος. Εἰ γὰρ οἷός τε ἦν ἀφεῖναι φωνήν. Εἰ γάρ τις αὐτὸν θεῶν, οἷα πολλὰ πολλάκις παρὰ τῶν ποιητῶν ἀκούομεν, πρὸς μικρὸν ἀνῆκεν, ὅσον παραγενέσθαι τῇ κρίσει. Οὐκ ἂν ἐκ μέσων τῶν πληγῶν καὶ τῶν τραυμάτων ἀνέκραγεν· « Ἔγωγε μοιχός; Ἐγὼ παράνομος; Ἐχθρὲ καὶ πλούσιε· ὀψὲ γάρ με τὰς σεαυτῷ πρεπούσας ἐπωνυμίας ἐδίδαξας ». Ἀλλ' οἰκτείρας (φησί) τὸ πάθος ἐπέδειξα τὰ γνωρίσματα, τάφων πατρῴων ἀξιωθῆναι παρά σου τὸν νεανίσκον βουλόμενος. Εἰς καιρόν γε (οὐ γάρ;) τὰς διαλλαγὰς ἐτήρησας, καὶ τότε ἀνεμνήσθης συνάψαι τὸ γένος, ὅτε τὸν πόλεμον ἄσπονδον ἐν ξίφει καὶ μοιχείᾳ πεποίηκας.

Εἰ λέγει καὶ γράφει καὶ τὴν πατρικὴν τοῦ βίου τάξιν εὑρίσκεται, οὐ δεήσομαι γνωρισμάτων πλειόνων, γνωριῶ τὴν φύσιν ἀπὸ τοῦ βήματος. Δός μοι νόσῳ καὶ λοιμῷ δαπανηθέντα κομίσασθαι. Θρηνήσω μὲν καὶ τότε τὴν συντυχίαν τῆς γνώσεως, ὅτι μου τὴν ἐπωνυμίαν τὴν τοῦ πατρὸς μόνῳ τῷ τάφῳ τετήρηκας· παραμυθήσεται δέ με τὸ πέμψαι τὸν παῖδα τοῖς κάτω θεοῖς νόσῳ λυθέντα, μὴ δράμασι. Νυνὶ δέ, ὦ τῆς τραγικῆς ὄντως, ὦ τῆς ἀώρου καὶ ἀπηνοῦς τῶν γνωρισμάτων καταμηνύσεως. Νῦν ἠνάγκασμαι γνωρίζειν τὸν παῖδα, ὅτε ἀγνοεῖν συνέφερε, καὶ τότε πατὴρ ἀναγορεύομαι, ὅτε καὶ παιδοκτόνος εὑρίσκομαι. Ἔα με μόνην τὴν μοιχείαν θρηνεῖν, ἑνί μοι παραχώρησον τὰ δυστυχήματα δράματι. Τί δέ με μερίζεις τοῖς ποιηταῖς; Τί δὲ καθ' ἕκαστον τῶν ἐμῶν ἀτυχημάτων σκηνὴν ἐγείρεις καὶ θέατρα; Νυνὶ δὲ παρηκολούθηκας ἀριθμῶν μου τὰ δυστυχήματα. Καὶ

8 τὸν A : τὸ M ‖ 9 ἁπάντων A : ὁ πάντων ‖ 11 πρὸς A[2] : ὡς M *quid prius praeb.* A *non liquet* ‖ 16 ἐπέδειξα M : ἐπέδειξας A ‖ 24 θρηνήσω μὲν M : θρηνήσωμεν A ‖ 29 καὶ ἀπηνοῦς A : κἀπηνοῦς M ‖ τῶν A : *om.* M ‖ καταμηνύσεως A : καταμηνύως M.

tu veux remplir mon tombeau au moment où tu as vidé ma maison. Tu veux que j'ensevelisse mon enfant ?

Tu me cèdes là, n'est-ce pas, une belle marque d'amitié. Laisse-moi gémir sur mes malheurs et toi, ensevelis, si tu veux, celui que tu m'as enlevé et, au lieu d'ornements [359 b] funéraires, laisse-lui porter ses langes. Tes mains sont dignes de semblables funérailles. Et d'où ferai-je partir le cortège funèbre ? De mon foyer ? Quelle fosse est plus sinistre que ce foyer de malheur ? Autour de lui, de pitoyables corps et du sang à faire peur. Il en est tout baigné ; il y en a une grande flaque en son centre : sombre spectacle ! Il est cerné par un essaim de divinités vengeresses, de démons, de mauvais génies.

Et maintenant, ô comble, ô excès de malheur ! un père s'est armé contre son enfant, une mère a été contrainte à une monstrueuse union contre nature avec son fils ! Mais toi, adversaire plus terrible que guerre et peste et tyrannie, ennemi de ta patrie plus que de nos lois, quelle reconnaisance tu témoignes ainsi à ta cité et en échange de quels dons ! En échange du pouvoir, des honneurs, en échange de tant et de si grands biens dont elle t'a jugé digne alors que tu en étais indigne, tu l'as livrée à la scène et tu as fait de notre cité un sujet de concours de tragédie ; et mon malheur, à moi aura pour terme ma vie, mais la souillure et ta perversité dureront autant que la cité vivra. Mais toi, parle, plaide, légifère, négocie ! Et, si tu veux, commence par proposer la loi que voici : qu'un pauvre ne prenne plus la parole désormais. S'il l'ose, qu'on le punisse en faisant de lui le bourreau des siens. Mais qu'as-tu encore besoin de mots et de syllabes ? Ta loi a été écrite trop clairement par mon malheur ; la tribune a été solidement gardée pour toi avec plus d'éclat que jamais et tous les pauvres ont

τότε μου πληρῶσαι τὸν τάφον θέλεις, ὅτε τὸν οἶκον ἐκένωσας. Θάψαι μου βούλει τὸν παῖδα; Καλῆς γε (οὐ γάρ;) μοι φιλοτησίας παρεχώρησας. Ἐμὲ δὲ ἄφες στένειν τὰς συμφοράς. Σὺ καὶ θάψον, εἰ θέλεις, τὸν ἀνῃρημένον, καὶ δὸς αὐτῷ φέρειν ἀντὶ τῶν ἐνταφίων τὰ [359 b] σπάργανα. Αἱ σαὶ χεῖρές εἰσι τοιαύτης ταφῆς ἐπάξιαι. Πόθεν δὲ καὶ τὴν ἐκφορὰν ποιήσομαι; Ἀπὸ τῆς ἑστίας; Καὶ ποῖον ὄρυγμα τῆς δυστυχοῦς ἐκείνης στυγνότερον; Περὶ αὐτὴν δυστυχῆ σώματα, καὶ φοβερὸν αἷμα κατὰ πᾶν μέρος ἐκκέχυται, καὶ πολὺς φόνος ἐν μέσῳ κατηφὲς θέαμα πρόκειται. Περικάθηται ταύτην ποινῶν καὶ δαιμόνων καὶ ἀλαστόρων στρατόπεδον. Νυνὶ δέ, ὢ τῆς ὑπερβολῆς, ὢ τῆς ὑπερηφανίας τῶν κακῶν· πατὴρ ὡπλίσθη κατὰ παιδός, μητὴρ εἰς μῖξιν ἀθέμιτον παιδὸς βεβίασται. Ἀλλ' ὦ πολέμου καὶ λοιμοῦ καὶ τυραννίδος ἐχθρὲ βαρύτερε, ἀλλ' ὦ τῆς πατρίδος πλέον ἢ τῆς πολιτείας τῆς ἡμετέρας πολέμιε, οἵας ἀνθ' οἵων ἐκτίνεις τῇ πόλει ταύτας τὰς χάριτας. Ἀντὶ προεδρίας, ἀντὶ τιμῶν, ἀνθ' ὧν ἀνάξιον ὄντα σε τοσούτων πολλάκις καὶ τηλικούτων ἠξίωσεν, ἐκδέδωκας αὐτὴν τῇ σκηνῇ, καὶ τραγῳδῶν πεποίηκας τὴν πόλιν ἡμῶν ἀγώνισμα, καὶ ἡ μὲν ἐμὴ συμφορὰ τῷ βίῳ τῷ ἐμῷ περιγραφήσεται, τὸ μίασμα δὲ καὶ ὁ σὸς τρόπος τῷ τῆς πόλεως βίῳ συνεκταθήσεται. Σὺ δὲ λέγε καὶ γράφε καὶ νομοθέτει καὶ πρέσβευε. Καὶ πρῶτον, εἰ θέλεις, τοῦτον τὸν νόμον εἰσενέγκε « μὴ λέγειν ἔτι τοῦ λοιποῦ πένητα· τολμήσαντι δὲ τίμημα ἐπικεῖσθαι τοῦ γένους γίνεσθαι δήμιον ». Μᾶλλον δὲ (τί γάρ σοι δεῖ ῥημάτων ἔτι καὶ συλλαβῶν;) ἐναργέστερόν σοι διὰ τῆς ἐμῆς συμφορᾶς ὁ νόμος γέγραπται· ἀποτετείχισταί σοι λαμπρῶς

39 φιλοτησίας A : φιλοτιμίας M.

[359 b] **17** ἐμὴ A : *om.* M ‖ **19** λέγε A : καὶ λέγε M ‖ **24** ἐναργέστερον AM : ἐναργέστερος A².

eu la parole coupée par mon exemple. Parle à toi tout seul ! Gouverne seul ! Personne ne te contredira. Peut-être cependant ne traiteras-tu plus les petites choses dorénavant et ne limiteras-tu plus ta puissance à la tribune. C'est une scène plus en vue que celle-là qu'il te faudra bientôt et des drames dont le tragique ne sera plus secret. Et pour mieux effrayer tout le monde, représente et peins mon épreuve et expose mon infortune dans un tableau. Il est difficile de trouver un art capable de représenter la nature réelle d'une action aussi insolite. Il est vrai que, pour le riche, il n'y a rien du tout qu'il n'ose ! Que les couleurs viennent de quelque prairie de la déesse du Châtiment et des Erynies ; que le tableau qui portera la peinture soit fait de quelque bois maudit et chargé de souillure ; et que le feu grave l'image, un feu pareil à ceux qu'allument les divinités qui vengent de tels assassinats ! Cherche aussi un peintre dont la main sache exprimer le tragique et dont l'inspiration soit plus [360 a] tragique encore. Ordonne-lui que la succession de mes malheurs lui fournisse aussi le thème de sa peinture, mais qu'il ne représente rien de ce qui s'est passé avant l'enterrement : qu'il ne me représente ni quand je parle, ni quand je m'adresse au peuple, ni quand on me couronne ; qu'il ne peigne rien de ce que j'ai connu de plus heureux ; que le tableau tout entier soit plein de mon destin le plus sombre. Qu'on y place d'abord le malheureux père qui, dans ses bras, porte son nouveau-né au désert en gémissant sur son malheur, en se lamentant sur son infortune, allant, venant, le déposant, le reprenant, cédant à la nature et puis vaincu par la nécessité. Que le tableau représente encore, si c'est possible, ses pensées sur son visage sombre et que tout le monde, à son attitude, entende ses propos. Représente ensuite ces belles amours. Plutôt, garde-toi de mentir en représen-

τὸ βῆμα, καὶ πᾶσα πένητος ἐκκέκοπται γλῶττα τῷ παραδείγματι. Λέγε μόνος, πολιτεύου μόνος· ἀντερεῖ δὲ οὐδείς. Τυχὸν δὲ ἴσως οὐδὲ μικρολογήσεις λοιπόν, οὐδὲ ὁριεῖς τὴν δυναστείαν ἄχρι τοῦ βήματος. Σκηνῆς ὑψηλοτέρας τῶν ἐνταῦθα τάχα δεήσει σοι καὶ δραμάτων οὐκ ἐχόντων τὴν τραγῳδίαν ἀπόρρητον. Ἵνα δὲ πλέον φοβήσῃς ἅπαντας, μίμησαι καὶ γράφε τὸ πάθος, καὶ δὸς ἐν εἰκόνι τὴν συμφοράν. Χαλεπὸν εὑρεῖν τέχνην οἵαν τε οὖσαν ὑποκρίνασθαι πράγματος φύσιν οὕτως ἀλλόκοτον. Πλὴν ἀλλὰ τῷ πλουσίῳ τῶν πάντων οὐδὲν ἀτόλμητον. Ἔστω μὲν ἔκ τινος Ποινῆς λειμώνων καὶ Ἐριννύων τὰ φάρμακα· ὑποκείσθω δὲ ὁ πίναξ τῇ γραφῇ ἐξ ἐπαράτου ποθὲν καὶ ἐναγοῦς ὕλης γενόμενος· πῦρ δὲ ὑπηρετείσθω τῇ γραφῇ, οἷον ἀνάπτειν πεφύκασι τιμωροὶ τοιούτων θανάτων δαίμονες. Ζήτησον δὲ καὶ ζωγράφον τραγικὸν μὲν τὴν χεῖρα, τὴν δὲ ψυχὴν τραγικώτερον. [360 a] Κέλευε δὲ αὐτῷ τὴν τάξιν τῶν ἐμῶν ἀτυχημάτων τάξιν ποιεῖσθαι καὶ τῆς γραφῆς, μηδὲν δὲ γράφειν πρὸ τῆς ἐκθέσεως, μὴ λέγοντα, μὴ δημηγοροῦντα, μὴ στεφανούμενον, μή τι τῶν εὐτυχεστέρων ἕτερον· ὅλη γενέσθω μεστὴ τῆς σκυθρωποτέρας τύχης ἡ γραφή. Ὁ δυστυχὴς πρῶτος ἔστω πατήρ, φέρων εἰς τὴν ἐρημίαν ταῖς ἑαυτοῦ χερσὶ τὸ βρέφος, ὀδυρόμενος τὴν τύχην, θρηνῶν τὴν συμφοράν, ἐξιών, ἀναστρέφων, τιθείς, ἀναιρούμενος, εἴκων τῇ φύσει, τῆς ἀνάγκης πάλιν ἡττώμενος. Μιμησάσθω καὶ λόγους (εἰ δυνατόν) ἡ γραφὴ διὰ προσώπου στυγνάζοντος, καὶ πᾶς τις τῶν ῥημάτων ἀκουσάτω διὰ τοῦ σχήματος. Γράφε μετὰ τοῦτο τοὺς καλοὺς ἔρωτας, μᾶλλον δὲ μὴ καταψεύσῃ μου κἂν τῇ

26 γλῶττα A : γλῶσσα M || **30** τάχα δεήσει σοι A : δεήσει σοι τάχα M || **35** πλουσίῳ A : πλησιόνων M || **36** ποινῆς λειμώνων *codd.* : ποινῶν λειμῶνος *edd.* || **38** ἐπαράτου A : ἐπεράτου M || **41** χεῖρα A^2 : χεῖραν A χρείαν M.

[360 a] **11** τις A : *om.* M.

tant mon fils ; représente-le indécis, hésitant, s'en allant vers son forfait, revenant l'âme bouleversée, contraint par la peur, redoutant l'adultère et ne comprenant pas encore qu'on le force à faire violence à sa mère. Qu'il y ait encore quelque part, si le cœur t'en dit, une malheureuse vieille ; représente-la amoureuse, mais la peau ridée et les cheveux gris pour mieux frapper par l'étrangeté du drame. Passe enfin au sujet principal du tableau : arme le pauvre diable contre ceux qui lui sont les plus chers et représente autant d'actions qu'il faut en imaginer pour assouvir ta cruauté. Ajoute enfin, pour couronner le drame, toi-même, apparaissant sur la scène du crime avec les objets qui vont provoquer la reconnaissance, souriant, brillant, heureux de ta réussite. Garde-moi aussi, au nom des dieux, une place dans le tableau afin que personne n'ait à se demander : « Où est le pauvre diable? Comment vivait-il? Comment a-t-il pu continuer à vivre après de si grands malheurs? » Mais ta joie ne sera pas complète, riche ! Il te faut à toi aussi un rôle dans le drame. Personne ne connaît de tragédie sublime où les tyrans ne tombent pas !

De la déclamation intitulée : Après les guerres médiques, les Athéniens ont décidé la guerre contre les barbares. A cette nouvelle, le roi a promis de réparer les dommages qu'il a occasionnés à condition qu'ils arrêtent la guerre. Les Athéniens sont d'accord, mais Thémistocle fait opposition[1].

L'exorde même.

Il semble, Athéniens, que le roi ne renonce pas encore [360 b] à ses manœuvres contre nous et trouve toujours l'attitude de la cité plus forte que sa propre astuce. Pour

1. Cette déclamation ne nous est connue que par Photius. C'est l'*Oratio V* de Colonna, p. 37-47.

γραφῇ τοῦ παιδός· ποίησον ὀκνοῦντα, μέλλοντα χωροῦντα πρὸς τὴν πρᾶξιν, ἀναδυόμενον, ἰλιγγιῶντα μὲν τῇ ψυχῇ, τῷ φόβῳ δὲ βιαζόμενον, δεδιότα μὲν τὴν μοιχείαν, οὔπω δὲ συνιέντα ὅτι καὶ κατὰ μητρὸς ἀναγκάζεται. Ἔστω που καὶ δυστυχὴς πρεσβύτις, εἰ θέλεις· γράψον αὐτὴν ἐρῶσαν, ἀλλὰ μετὰ τῆς ῥυτίδος, ἀλλὰ μετὰ τῆς κόμης τῆς πολιᾶς, ἵνα μᾶλλον ἐκπλήξῃς τῷ παραλόγῳ τοῦ δράματος. Ἐλθὲ λοιπὸν ἐπὶ τὸ κεφάλαιον τῆς γραφῆς· ὅπλισον τὸν δυστυχῆ πένητα κατὰ τῶν φιλτάτων, καὶ τοσαῦτα μίμησαι πράγματα, ὁπόσα ἐμπλήσει τὴν σὴν ἀπανθρωπίαν πλαττόμενα. Πρόσθες ἤδη λοιπὸν τὸν κολοφῶνα τοῦ δράματος, σαυτὸν τοῖς φόνοις μετὰ τῶν γνωρισμάτων ἐπιφαινόμενον, μειδιῶντα, φαιδρόν, τοῖς κατωρθωμένοις γανύμενον. Τήρησον πρὸς θεῶν κἀμοί τι μέρος τοῦ πίνακος, ἵνα μή τις ἐπιζητήσῃ· « Ποῦ δὲ ὁ δυστυχὴς πένης; Πῶς ἔζη; Πῶς ἐβίω μετὰ τοιαύτας συμφοράς; » Ἀλλ' οὐ πάντα χαιρήσῃ, πλούσιε. Δεῖ γενέσθαι καί σε μέρος τοῦ δράματος· οὐδεὶς οἶδεν ὑψηλὴν τραγῳδίαν, ὅπου μὴ πίπτουσι τύραννοι.

Ἐκ τῆς ἐπιγραφομένης μελέτης « Μετὰ τὰ Μηδικὰ ἐψηφίσαντο Ἀθηναῖοι πρὸς τοὺς βαρβάρους πόλεμον. Πυθόμενος ὁ βασιλεὺς ὑπέσχετο τὰ λελυμασμένα ἐπανορθώσασθαι, εἰ τὸν πόλεμον καταλύσειαν. Βουλομένων αὐτῶν Θεμιστοκλῆς ἀντιλέγει ».

Αὐτὸ τὸ προοίμιον.

Οὔπω τῆς πείρας, ὡς ἔοικεν, ὦ Ἀθηναῖοι, τῆς καθ' ἡμῶν βασιλεὺς παύεται, καὶ ἀεὶ κρείττω τῆς ἑαυτοῦ
[360 b] **τέχνης τὸν τρόπον εὑρίσκει τῆς πόλεως. Ἐγὼ δὲ**

17 συνιέντα A^2 : συνιόντα AM ‖ **18** πρεσβύτις A^2M : πρεσβύτης A ‖ εἰ A^x : *om.* AM ‖ **30** τοιαύτας A : τοσαύτας M ‖ χαιρήσῃ A : χαρήσῃ M ‖ **41** καὶ AM : κἂν A^3.

[360 b] **1** εὑρίσκει AM : εὑρίσκῃ A^3.

moi, je ne crois pas étonnant que le roi vous entreprenne à nouveau par les mêmes moyens ; car il n'est pas étonnant que ceux qui se trouvent dans une situation difficile et inquiétante ne puissent découvrir les moyens de réparer leurs revers. Il n'y a donc là rien d'étrange, mais nos orateurs pourraient être un plus juste sujet d'étonnement quand ils croient que, chez nous, c'est encore le moment de trahir, alors que le roi a reconnu qu'il ne pouvait même pas nier notre supériorité sur sa propre puissance ; mais il convient que vous, tous ensemble, vous ne vous révéliez pas inférieurs aux plans d'un seul homme, car il est absurde de vous vanter d'être plus forts que les barbares par les armes et de vous trouver plus faibles qu'eux dans les décisions à prendre. Déjà sur la situation générale, il parlait comme les dieux et il exprimait sur notre flotte la même opinion que le dieu pythique. Pourquoi fatiguer les détroits à cause de moi? Pourquoi éventrer les montagnes pour en faire une mer? Pourquoi noyer le continent sous les vagues? Laisse l'Athos debout et ne m'envoie pas ta flotte à travers les montagnes mais par la mer. Mais même si tu fais peu de cas de ces éléments, garde-toi au moins de toucher au ciel et épargne le domaine d'en-haut ! Ne change pas le jour en nuit par tes flèches et que, sous le soleil, ne coure pas une nuée faite des traits lancés par tes soldats. Mais tu ne laisses rien en repos pour que la cité d'Athènes fournisse un chapitre à l'histoire des Mèdes.

Tu te montres dans l'action plus redoutable que ton renom ; tantôt tu transportes tes merveilles sur terre, tantôt tu fais passer tes œuvres de géant sur mer ; tu lances tantôt ton armée sur les eaux et tantôt tes flèches au soleil et tes fouets sur la mer. Un mont battu par les flots portait tes bateaux, un détroit était recouvert d'un pont sur toute sa largeur et franchi par tes fan-

οὐδὲν βασιλέα τοῖς αὐτοῖς αὖθις ἐπιχειρεῖν θαυμαστὸν οἴομαι· τοὺς γὰρ ἐν ἀπορίᾳ καθεστηκότας καὶ φόβοις οὐδὲν θαυμαστὸν μηδὲ ἀφ' ὧν διορθώσονται τὰς συμφορὰς εὑρίσκειν δύνασθαι. Καὶ τοῦτο μὲν οὐδαμῶς ἄτοπον· τοὺς δὲ ῥήτορας ἄν τις δικαίως μᾶλλον τοὺς παρ' ἡμῖν θαυμάσειεν, εἰ καιρὸν αὑτοῖς ἔτι τῆς παρ' ἡμῖν προδοσίας νομίζουσιν, ὅτε μηδὲ βασιλεὺς ἀρνεῖσθαι τὸ κρείττους εἶναι τῆς ἑαυτοῦ δυναστείας διέγνωκε· προσήκει δὲ καὶ ὑμᾶς μὴ χείρους ἐν κοινῷ τῆς ἑνὸς ἀνδρὸς γνώμης ἐλέγχεσθαι, ὡς ἔστιν ἄτοπον φιλοτιμεῖσθαι μὲν ἐπὶ τῷ τοὺς βαρβάρους τοῖς ὅπλοις νικᾶν, ἁλίσκεσθαι δὲ ἐλάττους ἐν τῷ βουλεύεσθαι. Ἤδη δὲ καὶ τὰς αὐτὰς ἠφίει φωνὰς ὑπὲρ τῶν ὅλων τοῖς θεοῖς, καὶ τὰ αὐτὰ τῷ Πυθίῳ περὶ τῶν τριήρων ἐδόξαζε. Τί πορθμοῖς ἐνοχλεῖς δι' ἐμέ; Τί δὲ ὄρη τέμνεις εἰς θάλασσαν; Τί καλύπτεις ἠπείρῳ τὸ ῥόθιον; Ἔασον ἑστᾶναι τὸν Ἄθω, καὶ μὴ πέμπε μοι διὰ τῶν ὀρῶν ἀλλὰ διὰ τοῦ ῥοθίου τὸν στόλον. Ἀλλ' εἰ καὶ τούτων ὀλίγον τινὰ ἐποιήσω λόγον, τῶν οὐρανίων ἀπέχου μοι, καὶ φεῖσαι τῆς ἄνω λήξεως· μή μοι νύκτα ποίει τὴν ἡμέραν τοῖς βέλεσι μηδ' ὑποτρεχέτω τὸν ἥλιον νέφος ἐκ τῶν βελῶν τῆς σῆς στρατιᾶς συγκείμενον. Ἀλλ' οὐδὲν ἐᾷς ἀκίνητον, ἵνα ἓν γένηται τῶν Μηδικῶν διηγημάτων ἡ πόλις ἡ Ἀθηναίων. Φοβερώτερος δὲ τῆς φήμης ἐπὶ τῆς πείρας φαινόμενος, νῦν μὲν ἐπὶ τῆς ἠπείρου τὰ θαύματα, νῦν δὲ μεταφέρων τὴν μεγαλουργίαν ἐπὶ τὴν θάλατταν, καὶ νῦν μὲν ἐπαφιεὶς τοῖς ποταμοῖς τὸ στράτευμα, νῦν δὲ ἡλίῳ τὰ βέλη, νῦν δὲ τῷ ῥοθίῳ τὰς μάστιγας. Ὄρος ἐπλεῖτο χειμαζόμενον, καὶ πορθμὸς ὅλος γεφυρωθεὶς

2 αὑτοῖς A : ἑαυτοῦ M || **5** καὶ Castiglioni : ὡς A ὥστε M || **6** δὲ M : *om.* A || **7** αὑτοῖς M : αὐτοῖς A || παρ' ἡμῖν *codd.* : *secl.* Wernsdorf Bekker *del.* Duebner || **11** μὲν M : *om.* A || **13** βουλεύεσθαι A : βούλεσθαι M || **15** ἐδόξαζε(ν) A : ἐδόξαζον M || **17** τὸν AM² : τῶν M || **17-18** μὴ πέμπε μοι AM : πέμπε μὴ A² || **30** ἐπλεῖτο M : ἐπεὶ τὸ A ἔπειτα A².

tassins. L'Athos laissait passer en son milieu des vaisseaux et l'Hellespont laissait passer les cavaliers mèdes au galop sur ses eaux. C'est à trois cents hoplites que se chiffrait l'aide venue de Lacédémone et les autres Hellènes se groupaient au petit bonheur par cités[1]. Tu n'as pu nous cacher que tu nous amenais une autre guerre plus terrible que la précédente. Tu n'armes plus douze cents trières pour les lancer contre notre cité ; tu ne fais plus disparaître les flots sous la terre ; tu n'étouffes plus le sol sous tes armées ; tu ne forces plus les éléments à se modifier selon tes besoins. Tu sais, en effet, que j'ai triomphé de tous ces atouts en combattant. C'est [361 a] de Babylone que tu attaques la cité ; c'est par tes hérauts que tu dresses tes machines contre nous, par tes ambassadeurs que tu mines l'élan de la cité vers les plus beaux exploits : voilà ce que tu appelles dons et faveurs. Non ! par les trophées de victoire que nous avons élevés sur terre et sur mer ! Si donc vous pensez qu'il faut décider ce qu'il y a lieu de faire pour ne pas exécuter ensuite ce que vous décrétez et de vous montrer brillants dans vos décisions, mais inégaux à elles dans l'action, c'est bien. En effet, quelqu'un décide avec brio : si l'action ne suit pas de même, il ne s'attire pas une louange sans réserve car l'éloge qu'on fait de lui est toujours réticent ; tous attendent, en effet, l'issue de l'action pour admirer son plan. Et celui qui accepte aussi les risques de l'action pour des décisions qu'il a bien prises est admiré à un double titre : dans l'ordre de la décision, pour sa détermination, dans l'ordre de l'action, parce qu'il n'a pas démenti ses décisions par ses actes. Je demanderais volontiers à mes contradicteurs s'ils ont marqué leur opposition quand nous décidions d'entrer en guerre ou bien s'ils restaient passifs et étaient d'avis

1. Passage obscur et difficile ; ma traduction est toute conjecturale. Schott traduit : *Reliqui vero diversarum erant gentium*, et Duebner : *Reliqui patriam fortunae arbitrio relinquebant.*

ἐπεζεύετο. Ἄθως διὰ μέσου τριήρεις ἔπεμπε, καὶ τὴν ἵππον ὑπὲρ τοῦ ῥοθίου θέουσαν τὴν Μηδικὴν Ἑλλήσποντος. Εἰς τριακοσίους ἦν ὁπλίτας τὸ παρὰ Λακεδαιμονίοις ὄφελος, οἱ δὲ λοιποὶ τύχῃ τὸ γένος ἐμέριζον. Οὐ λέληθας ἡμᾶς ἄλλον δεινότερον ἐπάγων τοῦ προτέρου πόλεμον. Οὐκέτι χιλίας καὶ διακοσίας τριήρεις πληροῖς κατὰ τῆς πόλεως, οὐδὲ ἀποκρύπτεις ἠπείρῳ τὸ ῥόθιον οὐδὲ στενοχωρεῖς στρατιώταις τὴν ἤπειρον, οὐδὲ τὰ στοιχεῖα πρὸς τὴν σαυτοῦ χρείαν καταναγκάζεις μετασκευάζεσθαι· οἶδας γὰρ ὡς πάντων ἐκείνων κρείττων ἐγενόμην μαχόμενος. Ἀπὸ Βαβυλῶνος προσβάλλεις τῇ [361 a] πόλει, καὶ διὰ τῶν κηρύκων ἡμῖν ἐφίστης μηχανήματα, καὶ ταῖς πρεσβείαις διορύττεις τὴν ἐπὶ τῶν καλλίστων φιλοτιμίαν τῆς πόλεως, καὶ ταῦτα δωρεὰς ὀνομάζεις καὶ χάριτας. Μὴ πρὸς τροπαίων διὰ γῆς καὶ θαλάσσης ἐγηγερμένων... Εἰ μὲν οὖν οἴεσθε δεῖν γράφειν μὲν ἃ χρὴ ποιεῖν, ἃ δ' ἂν γράψητε μὴ ποιεῖν, καὶ λαμπροὶ μὲν ἐπὶ τῶν ψηφισμάτων φαίνεσθαι, διὰ δὲ τῶν ἔργων οὐχ ὅμοιοι, καλῶς ἔχει. Ὁ μὲν γὰρ ἐν τῷ βουλεύεσθαί τι λαμπρός, τῷ μήπω δῆλος εἶναι ὅτι καὶ πράξειεν, οὔπω καθαρῶς τὴν εὐφημίαν κομίζεται, ἀλλ' ἔτι πρὸς τοὺς ἐπαίνους ἀμφίβολος· περιμένουσι γὰρ τὸ τέλος ἅπαντες, ἵνα τὴν γνώμην θαυμάσωσιν. Ὁ δ' οἷς ἔγνω καλῶς καὶ τὴν ἀπὸ τῶν ἔργων πεῖραν ἑλόμενος, ἐπ' ἀμφοτέροις θαυμάζεται, τὴν μὲν γνώμην, οἷς ἔκρινε, τὴν δε πρᾶξιν, οἷς οὐκ ἤλεγξε τὰ ψηφισθέντα τοῖς πράγμασιν. Ἡδέως δ' ἂν ἐροίμην τοὺς ἀντιλέγοντας, πότερον ἀντεῖπον ἡνίκα ἐκυροῦμεν τὸν πόλεμον, ἢ τὴν

32 Ἑλλήσηπντος A : Ἑλλήσποντον M || **36** διακοσίας A : τριακοσίας M || **40** οἶδας M : οἶδα A εἶδες A[3] *v. l.* || **41** προσβάλλεις M[2] : προσβάλλει AM.

[361 a] **1** ἐφίστης AM : ἐφιστᾶς A[2] || **3** τῆς πόλεως A : τῇ πόλει M || **6** γράφητε A : γράφηται M || **9** εἶναι Estienne : *om. codd.* || **10** πράξειεν A : πράξειν M || **12** ὁ δ' AM[2] : οὐδ' M || **14** ἀμφοτέροις M : ἀμφότερος A || **15** πρᾶξιν A : τάξιν M.

qu'il fallait céder à nos conseillers? Car, s'ils n'ont pas marqué d'opposition, il est évident que ce n'est pas contre nous seulement mais aussi contre eux-mêmes qu'ils agissent quand ils s'empressent de blâmer ceux dont ils approuvaient le silence dans l'idée qu'ils avaient raison. Car ils ne diront sans doute pas que c'est par malveillance qu'ils ont dissimulé sciemment ce qui était notre avantage. Mais certes, s'ils ont eu le dessous quand ils ont fait opposition, comment ne mériteraient-ils pas d'être taxés de cynisme s'ils se mettaient à répéter ce qui les avait mis en état d'infériorité manifeste par rapport à leurs contradicteurs? Et certes, si nous annulons ce que nous avons décidé, il est clair dès lors que nous serons taxés à la fois d'inconstance et de bêtise : de bêtise parce que, alors qu'il fallait, dès le début, découvrir ce qui était notre avantage, nous en avons été incapables ; d'inconstance pour avoir rapidement abandonné le parti que nous avions pris. Et je n'ai pas encore parlé du reproche le plus grave : c'est que nous aurons l'air de vouloir nous condamner nous-mêmes sous la contrainte de la nécessité, ce qui, je pense, rend le reproche irrécusable. Car ce qui, même sans tenir compte d'une accusation aussi grave, rend intolérable que nous soyons convaincus d'erreur, comment n'est-ce pas absolument impardonnable si nous avons l'air de troquer notre vilenie contre un profit? Et si un des alliés de la cité avait accepté une largesse du roi et entreprenait d'abolir les décisions prises par la cité, ou s'il osait rompre son alliance avec elle, ne vous mettriez-vous pas en colère et ne réclameriez-vous pas réparation de ceux qui entreprendraient de rendre caduc ce que vous aviez [361 b] décidé? Moi, j'en suis sûr. Et puis, quand vous auriez interdit aux autres d'enfreindre une seule de vos décisions, on vous verrait en faire autant vous-mêmes? Et là où vous n'auriez pas supporté, vu l'action d'autrui, de ne pas tirer réparation, vous auriez l'air de commettre vous-mêmes délibérément l'erreur? Certes, il faut bien, en toute chose, se garder également de faire ce qui est réellement mal et ce qui le paraît, et surtout de

ἡσυχίαν ἄγοντες εἴκειν ἠξίουν τοῖς συμβουλεύουσιν; Εἰ μὲν γὰρ οὐκ ἀντεῖπον, οὐχ ἡμῖν μόνον ἀλλὰ καὶ σφίσιν αὐτοῖς τἀναντία διαπράττοντες φαίνονται, τούτοις ἐγκαλεῖν σπουδάζοντες, οἷς ὡς κάλλιστα ἔχουσι σιωπὴν ἐπεφήμιζον. Οὐ γάρ που δυσνοίᾳ γε φήσουσι τὸ συμφέρον ἑκόντες ἀποκρύψασθαι. Ἀλλὰ μὴν εἴ γε ἀντειπόντες ἡττήθησαν, πῶς οὐκ ἀναιδείας ὑπεύθυνοι τὰ αὐτὰ λέγειν ἐπιχειροῦντες δεύτερον, ἃ πρόσθεν εἰπεῖν τολμήσαντες ἥττους εἶναι τῶν ἀντιλεγόντων ἠλέγχθησαν; Καὶ μὴν εἴ γε λύσομεν ἃ κεκυρώκαμεν, οὐκ ἄδηλον δήπουθεν ὡς εὐχερείας τε ὁμοῦ καὶ ἀβουλίας ὄνειδος ἕξομεν, ἀβουλίας μὲν ὡς ἐν ἀρχῇ δέον εὑρεῖν τὸ συμφέρον ἀδυνατήσαντες, εὐχερείας δὲ ὡς ἀφ' ὧν ἐκρίναμεν ταχέως αὖθις μεταβαλλόμενοι. Καὶ οὔπω λέγω τὸ μεῖζον ἔγκλημα, ὅτι καὶ χρείας ἡττημένοι δόξομεν ἐθέλειν ἡμῶν αὐτῶν καταψηφίζεσθαι· ὅπερ (οἶμαι) καὶ ἀπαραίτητον ποιεῖ τὸ ἔγκλημα. Ἃ γὰρ καὶ χωρὶς τοιαύτης αἰτίας οὐκ ἀνεκτὸν ἡμαρτηκότας ἐλέγχεσθαι, πῶς οὐχ ἅπαξ ἀσύγγνωστον, ὅταν καὶ λήμματος ἀλλάττεσθαι τὴν ἀδοξίαν φαινώμεθα; Εἰ δέ τις τῶν συμμάχων τῆς πολέως δωρεὰν παρὰ βασιλέως δεξάμενος λύειν ἐπεχείρει τὸ δόγμα τῆς πόλεως ἢ καταλύειν τὴν συμμαχίαν ἐτόλμησεν, ἶρ' οὐκ ἂν ὠργίσθητε καὶ δίκην ἀπῃτήσατε παρὰ τῶν ἀναιρεῖν ἐπιχειρούντων ἃ κεκυρώκατε; Ἐγὼ μὲν ἀκριβῶς [361 b] οἶμαι. Εἶθ' ἑτέροις ἄν τι λῦσαι τῶν ὑμετέρων οὐ συγχωρήσαντες, αὐτοὶ τοῦτο ποιοῦντες ὀφθήσεσθε; Καὶ ἐφ' οἷς ἄλλου πράξαντος οὐκ ἂν ἠνέσχεσθε τὸ μὴ καὶ δίκας εἰσπράξασθαι, ταῦτα ἑκόντες αὐτοὶ πλημμελεῖν δόξετε; Καὶ μὴν ἅπαντα μὲν εὐλαβητέον ἐργάζεσθαι τὰ καὶ ὄντα πονηρὰ καὶ νομιζόμενα, ἐκεῖνα δὲ πλεῖον,

18 εἴκειν A : ἥξειν M || 21 ἐπεφήμιζον A : ἐπεψήφιζον M || 22 δυσνοίᾳ A : δυσνοίας M || 24 ἀναιδείας Reiske : ἂν δειλίας *codd.* || 32-34 ὅτι — ἔγκλημα A : *om.* M.

[361 b] 3 ἂν ἠνέσχεσθε A : ἀνείχεσθε M.

faire ce qu'on a été soi-même le premier à condamner. Car celui qui montre son mécontentement à propos de certaines choses qu'il trouve mauvaises, s'il était pris plus tard à les commettre, serait à la fois odieux et scélérat : scélérat parce qu'il est pris à faire ce qu'il ne faut pas faire ; odieux parce que, ce qu'il essaye d'empêcher les autres de faire et qu'il feint en paroles de détester, il se fait prendre à le rechercher dans ses actions. Dis-moi, s'il te plaît, les paroles de nos législateurs ; dénombre aussi, si tu veux, les trophées de victoire de la cité, car j'appelle lois prises contre l'ennemi les succès de la cité. Qu'a-t-on recherché dans tout cela? Qu'on ne traite pas avec les barbares, qu'on exècre leur race comme une race maudite, que l'on considère la guerre entre eux et nous comme une guerre sans merci. Et c'est bien normal ; car ceux qu'ils considéraient comme des ennemis naturels, ils s'attendaient toujours de leur part à quelque méfait et ils se sont mis en état, par une loi, de ne pas en subir en se disant que la meilleure sauvegarde de la cité était la méfiance à leur égard. Car ceux des hommes qui sont pervers et qui ne voient en tout que leur avantage tirent d'habitude plus de profit d'une contrefaçon d'amitié qu'ils n'en tiraient en se mettant en guerre ouverte. Car les décrets des Athéniens, je les appelle, moi, des oracles du dieu pythique. Le Perse est l'ennemi, et cela non pas dans une occasion ni à un moment uniques ni au seul instant même où la guerre éclate, mais pour tout le temps que la cité durera.

Plût au ciel qu'il n'eût détruit que Platées et fait de son peuple seul, venu spontanément à la guerre pour la liberté, un peuple sans patrie ! Car il ne faut pas prendre en considération les revers du roi pour le décharger de la réprobation qu'il mérite, mais nous devons songer à tout ce qu'il aurait fait dans la victoire et penser que tout châtiment est inférieur à ce qu'il mérite. Et il n'est pas juste que nous ne fassions pas dans la victoire

ὧν αὐτός τις φθάσας κατέγνωκεν. Ἐφ' οἷς γάρ τις ἀγανακτῶν ὡς φαύλοις ἐπιδείκνυται, εἰ τὰ αὐτὰ πράττων ἁλίσκοιτο, φιλαπεχθήμων ὁμοῦ καὶ πονηρός· πονηρὸς μέν, οἷς ἃ μὴ χρὴ πράττων ἐλέγχεται, φιλαπεχθήμων δέ, ὅτι τούτων τοὺς πλησίον εἴργειν ζητεῖ, ἃ τῷ λόγῳ μισεῖν προσποιούμενος ἔργοις μεταδιώκων ἁλίσκεται. Λέγε μοι τὰ τῶν νομοθετῶν, εἰ βούλει, ῥήματα· ἀρίθμει μοι μετὰ τούτων, εἰ θέλεις, καὶ τὰ τῆς πόλεως τρόπαια· νόμους γὰρ ἐγὼ πολεμικοὺς ὀνομάζω τὰ τῆς πόλεως κατορθώματα. Τί νῦν ἐν ἅπασι τούτοις διεσπούδασται; Μὴ σπένδεσθαι βαρβάροις, μισεῖν τὸ γένος ὡς ἀλιτήριον, ἀδιάλλακτον ἡγεῖσθαι τὸν πρὸς ἀλλήλους πόλεμον. Καὶ μάλα εἰκότως· οὓς γὰρ τῇ φύσει πολεμίους ἐνόμιζον, παρὰ τούτων ἀεί τι κακὸν προσδοκήσαντες νόμῳ τὸ μὴ παθεῖν ἐφυλάξαντο, μέγιστον εἶναι τῆς πόλεως φυλακτήριον τὴν ἀπιστίαν τὴν πρὸς αὐτοὺς ἡγησάμενοι. Εἰώθασι γὰρ οἱ πονηροὶ τῶν ἀνθρώπων καὶ πρὸς πλεονεξίαν τὰ πάντα βλέποντες πλείονα κερδαίνειν ἐπὶ φιλίας προσχήματι τῶν ὅτε φανερῶς ὡμολόγουν τὸν πόλεμον. Ψηφίσματα γὰρ Ἀθηναίων ἐγὼ καλῶ τὰ τοῦ θείου Πυθίου μαντεύματα. Πολέμιος ὁ Πέρσης οὐ καθ' ἕνα καιρὸν οὐδὲ χρόνον, οὐδὲ παρ' αὐτὴν μόνην τὴν τοῦ πολέμου καταβολήν, ἀλλ' εἰς πάντα τὸν βίον τῆς πόλεως.

Εἰ γὰρ Πλαταιὰς μόνας κατέσκαψε, καὶ δῆμον εἰς τοὺς ὑπὲρ τῆς ἐλευθερίας πολέμους αὐτόκλητον ἐποίησεν ἄπολιν. Οὐ γὰρ ἃ πέπονθε βασιλεύς, ταῦτα διαλογιζομένους ἐκεῖνον ἀπαλλάττειν τῆς μέμψεως δεῖ, ἀλλ' ἅπερ ἂν κρατήσας ἔδρασεν ἐν νῷ λαβόντας, πᾶσαν ἧττω νομίζειν δίκην τῆς ἀξίας κομίζεσθαι. Οὐδὲ δίκαιον τὰ αὐτὰ μὴ δρᾶσαι κρατήσαντας, ἅπερ ἡτ-

8 εἰ τὰ AM : εἶτα A² || **9-11** ὁμοῦ — φιλαπεχθήμων M : *om.* A || **11** ὅτι A : ὅς A² διότι M || **14-15** τρόπαια — τῆς πόλεως M : *om.* A || **18** τὸν A : *om.* M || **33** διαλογιζομένους A : διαλογιζόμενος M || **35** ἧττω Reiske : ἴσως A ἴσην M.

ce que nous aurions subi de nos vainqueurs dans la défaite. Car lui, avant que ses adversaires se soient relevés de leurs pertes, survient et exerce des représailles sans même leur laisser l'occasion de se défendre et il s'assure une sécurité absolue en interdisant à ses victimes, par ses [362 a] attaques opportunes, tout redressement ultérieur. Et ils disent que le roi a envoyé des présents au peuple. Ce sont des propos d'enfant[1] que tu me tiens et tu reprends à ton compte un méchant discours ; c'est à Athènes que tu as entrepris de tenir ces propos, à cause desquels nous avons transformé en tombeau l'endroit où il parlait pour celui qui a tenu ce langage avant toi. Et comme on ne sait pas quelle sera l'issue du combat sur mer, il n'est pas beau de décider d'enlever maintenant leur valeur aux avantages qui font notre renom et grâce auxquels nous avons subsisté.

En effet, ceux qui, depuis toujours, ont fait peu de cas de la valeur ne courent pas de grand risque même quand ils déchoient, mais ceux devant qui se dressent tant de si grands exemples de vertu, quelle excuse auraient-ils aux yeux de l'étranger d'effacer par leurs derniers actes leur gloire d'autrefois? Car, en matière de cadeaux et de faveur, je préfère n'importe qui à Xerxès. Encore, s'il faisait des largesses sans contrepartie, il y aurait peut-être quelque raison chez ceux qui parlent en faveur du roi ; et pourtant, cette attitude non plus n'est pas digne des Athéniens. Mais s'il exige en échange que la cité lui soit reconnaissante, il est évident dès lors que, par les avantages qu'il essaye d'obtenir de nous en échange de ses dons, il démontre bien qu'il ne nous fait aucune faveur. Et s'il n'est pas raisonnable d'accepter des cadeaux désintéressés, comment ne l'est-il pas encore moins quand il ne donne évidemment pas pour rien mais en vue d'une contrepartie aussi considérable en échange de laquelle il reconnaît qu'il fait ses cadeaux?

1. Κυρσίλου (p. 362 a 3) est un nom commun rare que le correcteur A[2] de Photius a commenté en marge : κυρσίλου · παιδίου μικροῦ. On peut rapprocher de cette note la glose d'Hésychius : κυρσίου · μειράκιον.

τηθέντες ὑπὸ τῶν κεκρατηκότων ἂν ἐπάθομεν. Ὁ γάρ, πρὶν ἀνενεγκεῖν αὖθις τοὺς ἐναντίους ἀφ' ὧν ἐσφάλησαν ἐπεξιὼν καὶ τιμωρούμενος, οὐδὲ ἐκείνοις καιρὸν ἐπὶ τῆς ἀμύνης ἐνδίδωσι, καὶ πᾶσαν ἑαυτῷ προξενεῖ τοῦ μήτι παθεῖν ἀσφάλειαν, οἷς κατὰ καιρὸν ἐπέξεισι, [362 a] τούτοις περιγράφων ἅπασαν τὴν ἐν ὑστέρῳ παρὰ τῶν πεπονθότων ἐπίδοσιν. Καί φασι· δωρεὰς τῷ δήμῳ βασιλεὺς πέπομφε. Κυρσίλου μοι λέγεις ῥήματα, καὶ πονηρᾶς εἶ δημηγορίας διάδοχος, καὶ ταῦτα λέγειν ἐν Ἀθήναις ἐπικεχείρηκας, ἐφ' οἷς τῷ προειπόντι τάφον ἐποιήσαμεν τὸν τόπον ἐφ' οὗπερ εἱστήκει φθεγγόμενος. Ἀδήλου δὲ ὄντος τίνα τρόπον ἡ ναυμαχία κριθήσεται, οὐ δὴ καλόν, ἀφ' ὧν εὐδοκιμοῦντες φαινόμεθα καὶ μεθ' ὧν ἐπιτηδευμάτων διαγεγόναμεν, ἄκυρα ποιεῖν ἐπὶ τοῦ παρόντος βουλεύεσθαι. Οἷς μὲν γὰρ ἐξ ἀρχῆς ὀλίγος τῆς ἀρετῆς λόγος, οὐ μέγας τούτοις οὐδὲ σφαλεῖσιν ὁ κίνδυνος· οἷς δὲ τοσαῦτα καὶ τηλικαῦτα παραδείγματα τῆς ἀρετῆς ἕστηκε, τίς συγγνώμη παρὰ τοῖς ἔξωθεν, εἰ τοῖς τελευταίοις ἀφανίζοντες τὴν ἔμπροσθεν δόξαν ἐλέγχοιντο; Πᾶς γὰρ ἐμοὶ Ξέρξου πρὸς δωρεὰν καὶ χάριν ἐγγύτερος. Ἔτι τοίνυν, εἰ μὲν προῖκα παρεῖχε τὴν δωρεάν, ἦν ἄν τις λόγος ἴσως τοῖς βασιλεῖ συναγορεύουσι· καίτοι γε οὐδὲ τοῦτο τῶν Ἀθηναίων ἄξιον. Εἰ δ' ἀνταιτεῖ χάριν παρὰ τῆς πόλεως, εὔδηλον δήπουθεν ὡς οἷς παρ' ἡμῶν ἀντ' ἐκείνων τυχεῖν ἐσπούδασε, τούτοις ἐπιδείκνυσι μηδὲν αὐτὸς χαριζόμενος. Εἰ δὲ ἁπλῶς διδόντος λαβεῖν οὐκ εὔλογον, πῶς οὐ πλέον, ὅτε μηδὲ προῖκα τὴν δωρεὰν ἀλλ' ἐπ' ἀντιδόσει τοσαύτῃ, ᾗ καὶ αὐτὸς δῆλός ἐστιν ἃ δίδωσιν ὁμολογῶν ἀνταλλάξασθαι. Φέρε

38 τοὺς ἐναντίους A[2] : τοῖς ἐναντίοις AM.

[362 a] **3** βασιλεὺς A : *om.* M || **11** λόγος A : ὁ λόγος M || **18** συναγορεύουσι A : προσαγορεύουσι M || **19** τοῦτο A[1]M : τούτων A || **23** λαβεῖν AM[x] : λαβὴν M.

Mais allons, examinons ses promesses mêmes. Je réparerai, dit-il, les dégâts que j'ai causés au cours de la guerre. Ce que tu m'énonces là est la cause même de la guerre et ce que tu me lis est le signal de la lutte plutôt que de l'accommodement : et tu ne vois pas que les raisons par lesquelles tu essayes de réconcilier la cité avec le roi ne font que nous pousser davantage à la guerre ! Inégale valeur des mots ! Celui-là même qui fut mon bourreau, tu l'appelles mon ami et celui qui fut mon assassin, tu l'appelles maintenant un allié. Tu lis dans la même lettre une accumulation de dommages et de cadeaux en y mélangeant ce qui ne peut se mêler : souffrances, [cadeaux], faveurs, catastrophes, barbares, Hellènes ; tu déploies un zèle apparent pour les intérêts de la cité mais, en fait, tu fondes la gloire du roi sur la ruine de la cité. Pourquoi donc ne courons-nous pas à nos vaisseaux alors que nous admettons que le roi nous apporte notre ruine ?

Xerxès s'est beaucoup intéressé à mes récits [362 b] comme s'il voulait combattre jusqu'aux éloges de notre cité. Si donc les dommages nous venaient d'un homme et les bons offices d'un autre, il faudrait traiter l'un en ennemi et récompenser l'autre en bienfaiteur. Mais c'est le même homme de qui nous viennent et les dommages et les bons offices : pourquoi faut-il lui être reconnaissant de ses promesses plutôt que tirer vengeance des dommages dont il s'avère le responsable ? Et qu'appelle-t-il dégâts causés ? En effet, ses lettres montrent aussi qu'il cherche à esquiver son bienfait. Il promet de rebâtir complètement Athènes ; c'est, en effet, ce qu'il cherche à faire entendre même s'il n'ose pas le dire en termes propres. « Je rebâtirai Athènes », dit-il. Toi ? rebâtir la cité d'Athéna ? Toi ? rebâtir la cité de Thésée et de Cécrops ? Et alors, on n'entendra plus parler d'Érichtonius et de Cécrops et de Thésée et de Codrus ? Et c'est Xerxès qui sera tout pour la cité : son fondateur, l'ancêtre de son peuple, la raison d'être des éloges et

δὴ καὶ αὐτὰς τὰς ὑποσχέσεις σκεψώμεθα. Ἀντικαταστήσω (φησίν) οἷς ἐλυμηνάμην κατὰ τὸν πόλεμον. Αὐτήν μοι λέγεις τοῦ πολέμου τὴν πρόφασιν, καὶ μάχης μᾶλλον ἢ διαλλαγῆς μοι ἀναγινώσκεις συνθήματα, καὶ λανθάνεις οἷς διαλλάξει βασιλεῖ τὴν πόλιν ἐσπούδακας, τούτοις ἡμᾶς ἐγείρων πλέον ἐπὶ τὸν πόλεμον. Ὢ τῶν ἀνομοίων ῥημάτων· λυμεῶνά μοι τὸν αὐτὸν προσαγορεύεις καὶ φίλον, αὐτόχειρα καὶ πάλιν ἔνσπονδον. Καὶ τὴν αὐτὴν ἀναγινώσκεις ἐπιστολὴν μεστὴν ἀδικημάτων καὶ δωρεῶν, μιγνὺς τὰ ἄμικτα· πάθη, [δωρεάς], χάριτας, συμφοράς, βαρβάρους, Ἕλληνας· καὶ τῷ μὲν δοκεῖν σπουδάζεις ὑπὲρ τῆς πόλεως, τὸ δ' ἀληθές, βασιλεῖ ποιεῖς φιλοτιμίας ὑπόθεσιν τὸ πτῶμα τῆς πόλεως. Τί οὖν οὐκ ἐπὶ τὰς τριήρεις ἴμεν, ἀλλ' ἀνεχόμεθα προφέροντος ἡμῖν βασιλέως τὴν πόρθησιν;

Ἐπολυπραγμόνησέ μου Ξέρξης τὰ διηγήματα, ὥσπερ καὶ τοῖς ἐγκωμίοις πολεμῆσαι θέλων τῆς πόλεως. Εἰ μὲν [362 b] οὖν παρ' ἑτέρου μὲν ἦν τὸ ἀδίκημα, παρ' ἑτέρου δὲ ἡ χάρις, τῷ μὲν ἐχρῆν ὡς πολεμίῳ χρῆσθαι, τὸν δὲ ὡς εὐεργέτην ἀμείβεσθαι. Εἰ δὲ ὁ αὐτὸς ἀμφότερα, τί μᾶλλον εἰδέναι χάριν ἀνθ' ὧν ὑπισχνεῖται προσῆκεν ἢ τιμωρίαν ἀπαιτεῖν ἐφ' οἷς ἀδικῶν ἐλέγχεται; Τίνα δὲ καὶ τὰ λελυμασμένα καλεῖ; Ἀφοσιοῦται γὰρ καὶ διὰ τῶν γραμμάτων τὴν χάριν. Τὰς Ἀθήνας πάντως ἀνοικιεῖν ἐπαγγέλλεται· τοῦτο γὰρ ὑπαινίττεται δήπου, κἂν μὴ τολμᾷ φανερῶς ὀνομάζειν τῷ ῥήματι. « Ἀθήνας ἀνοικιῶ », φησί. Σὺ τὴν τῆς Ἀθηνᾶς πόλιν; Σὺ τὴν Θησέως καὶ Κέκροπος; Εἶτα σιωπηθήσονται Ἐριχθόνιοι καὶ Κέκροπες, ἔτι δὲ Θησεῖς καὶ Κόδροι; Πάντα δὲ ἔσται Ξέρξης τῇ πόλει, οἰκιστής, ἀρχηγέτης, τῶν ἐπαίνων, τῶν ἐγκω-

29 ἀναγινώσκεις A : λέγεις M ‖ **35** δωρεάς *secl.* Bekker : *habent codd.* ‖ **36** τῷ A : τὸ M ‖ **39** ἴμεν *edd.* : ἦμεν *codd.*

[362 b] **3** ὁ M : *om.* A ‖ **12** δὲ *post* πάυτα A[2] : δὴ A *om.* M ‖ ἔσται M : ἧ A[2].

des louanges qu'on lui décerne ! Malheur ! Xerxès que j'ai vaincu s'empare de la cité ! Et quoi ? Supposons qu'il nous ordonne à nous aussi de le suivre à la guerre contre les Hellènes ? Car il serait injuste de ne pas lutter par tous les moyens aux côtés de celui qui affiche tant de magnanimité à l'égard de la cité ! Beau coude-à-coude, n'est-ce pas, et bien digne des trophées que nous avons élevés que celui dans lequel nous nous rangerions sous le commandement de Xerxès pour porter la guerre contre nos frères de race ! Et pour ceux à cause de qui il est apparu aux Perses sous l'aspect d'un esclave en fuite et d'un banni plutôt que d'un vainqueur, il consentira à fonder une cité ? Il consentira à être leur bienfaiteur ?

Mais s'il croyait réparer d'un seul coup sa défaite par les armes, c'est une armée qu'il enverrait et non une ambassade ; mais comme il désespère de ses forces, c'est la ruse qu'il met désormais en œuvre au lieu des armes. Cependant, il s'est encore évertué à calomnier notre cité devant les Hellènes afin de nous priver de leur alliance pour apporter ensuite la guerre contre nous seuls. Et d'ailleurs, d'après ses propres paroles, il est évident qu'il cherche à se faire tenir quitte de ses dons. En effet, celui qui veut rebâtir notre cité n'avait qu'à l'énoncer clairement dans ses lettres ; et lui, il n'a pas dit cela, mais il s'est borné à dire qu'il réparerait les dommages de guerre et il a maladroitement montré sa malice dans ses lettres par ses ambiguïtés de rédaction.

Et qu'est-ce qui distinguait notre cité ? La majesté de ses édifices, les monuments, partout présents, de son antique vertu, l'ordre naturel qui, plus que l'art, conférait sa beauté à la cité. Qu'elle était belle à voir, l'Acropole [363 a] qui, après le ciel, était comme un autre séjour pour les dieux ! Qu'ils étaient beaux le temple

μίων ὑπόθεσις; Οἴμοι τῶν κακῶν· ἡττημένος μου Ξέρξης λαμβάνει τὴν πόλιν. Τί δ' ἂν καὶ ἡμᾶς αὐτοὺς κατὰ τῶν Ἑλλήνων συστρατεύεσθαι κελεύῃ; Οὐ γὰρ εἶναι δίκαιον τῷ τοσαύτην ἐνδεικνυμένῳ περὶ τὴν πόλιν μεγαλοψυχίαν μὴ πάντα τρόπον συναγωνίζεσθαι. Καλάς γε (οὐ γάρ;) τότε καὶ τῶν τροπαίων ἀξίας τῶν ἐγηγερμένων τὰς παρατάξεις παραταξόμεθα, ὑπὸ Ξέρξῃ στρατηγῷ τοὺς κατὰ τῶν ὁμοφύλων πολέμους ἐκφέροντες. Δι' οὓς ὤφθη Πέρσαις ἀντὶ νικηφόρου σχῆμα δραπέτου καὶ φυγάδος περικείμενος, τούτοις πόλιν οἰκίζειν, τούτους εὐεργετεῖν ἀνέξεται; Εἰ μὲν γὰρ εὐθὺς ἀναμάχεσθαι τοῖς ὅπλοις τὴν ἧτταν ἐπίστευεν, ἐστράτευσεν ἄν, οὐκ ἐπρεσβεύετο· ἐπεὶ δὲ ἀπογινώσκει τῶν δυνάμεων, τὴν ἀπάτην τέως ἀντὶ τῶν ὅπλων προβέβληται. Ἔτι τοίνυν καὶ διαβάλλειν πρὸς τοὺς Ἕλληνας τὴν πόλιν ἐσπούδασεν, ἵνα ἐρήμους τῆς παρ' ἐκείνων συμμαχίας ἐργασάμενος πρὸς μόνους ἡμᾶς ὕστερον ἐξενέγκῃ τὸν πόλεμον. Καὶ μὴν ἐξ αὐτῶν τῶν ῥημάτων δῆλός ἐστι πρὸς τὴν δωρεὰν ἀφοσιούμενος. Τοῦ μὲν γὰρ ἀνοικίσαι τὴν πόλιν τὴν ἡμετέραν θέλοντος ἔργον ἦν αὐτὸ τοῦτο σαφῶς ἐγγράψαι τοῖς γράμμασιν· ὁ δὲ τοῦτο μὲν οὐκ εἰπών, ἁπλῶς δὲ ἀντικαταστῆσαι φήσας οἷς ἐλυμήνατο κατὰ τὸν πόλεμον, τῇ τοῦ προσρήματος ἀμφιβολίᾳ καλῶς ὃ κακουργεῖ διὰ τῶν γραμμάτων δεδήλωκε. Τί δὲ ἦν τῆς πόλεως τῆς ἡμετέρας τὸ ἐπίσημον; Σεμνότης οἰκοδομημάτων, πανταχοῦ τῆς ἀρχαίας ἀρετῆς ὑπομνήματα, ὁ παρὰ τῆς φύσεως κόσμος μεῖζον τοῦ παρὰ τῆς τέχνης προστιθεὶς τῇ πόλει τὸ κάλλος. Οἵα μὲν ἰδεῖν ἀκρόπολις, οἷον ἄλλο θεῶν
[363 a] μετ' οὐρανὸν ἐνδιαίτημα. Οἷος δὲ ὁ τῆς Πολιάδος

24 τούτους A : τούτοις M || **25** ἀναμάχεσθαι A : ἀναμαχέσασθαι M || **28** πρὸς τοὺς Ἕλληνας Castiglioni : τοὺς Ἕλληνας πρὸς *codd.* || **31** τῶν Wernsdorf : *om. codd.* || **37** καλῶς M : κακῶς A || **42** θεῶν A : *om.* M.

d'Athéna Poliade et le sanctuaire proche de Poseidon ! Car, grâce à nos temples, nous avons réconcilié les divinités entre elles après leur rivalité. Je n'accepte pas d'un homme pour les initiations un lieu interdit par la proclamation qui ouvre nos mystères. Qui ressuscitera les hommes qu'il a fait périr ? Et des cadavres des morts, qui effacera les souillures qu'il leur a fait subir au cours de cette guerre ? Car ce sont les hommes — il le dit — qui font les cités, ce ne sont pas les édifices[1]. Et s'il nous promet réparation de nos dommages sans qu'il nous soit possible de recevoir réparation de certains d'entre eux et que nous ne puissions recevoir que des réparations inégales à ce que nous avions perdu, comment la promesse qu'il nous a faite n'apparaît-elle pas totalement dérisoire ? Ils n'ont même pas pu, eux, soutenir le combat contre trois cents Lacédémoniens aux Thermopyles, mais, sous les yeux de leur roi, elles tombaient ces foules de guerriers que le fouet avait rangés pour affronter une seule compagnie ! C'est lui en personne, le roi, qui nous appelle vers l'Asie et, à ceux à qui il demande de ne pas se battre, il montre ainsi que lui faire la guerre est sans danger pour eux. Une seule compagnie en ligne contre toute l'Asie ! Et trois cents Spartiates fermant les défilés par leurs armes d'abord, par leur mort ensuite. Elle est plus vénérable qu'un trophée la tombe commune que vous avez érigée. Je me suis aussi évertué à réclamer des peines des Thébains. Une tribu hellénique a été convaincue de trahir ses frères de race à cause des Perses et ma cité accueillerait un camp perse pour combattre les Hellènes !

Ce n'est pas un avantage pour les seuls Athéniens mais un avantage commun pour tous les Hellènes que la défaite des Perses. Plût au ciel que nous l'eussions aussi rencontré aux Thermopyles ! C'est un trophée et non leur tombeau que montreraient maintenant les Lacédémoniens. C'est contre Xerxès, contre Xerxès que je t'appelle, Apollon, contre celui qui a porté la guerre

1. Scaliger avait décelé dans les mots ἄνδρες — οἰκοδομήματα (363 a 8-9) les éléments d'un trimètre iambique. Smith, in *Classical Journal of Philology*, t. II (1907), a réuni des lieux parallèles de poètes à ce passage.

νεώς, καὶ τὸ πλησίον τὸ Ποσειδῶνος τέμενος. Συνήψαμεν γὰρ διὰ τῶν ἀνακτόρων τοὺς θεοὺς ἀλλήλοις μετὰ τὴν ἅμιλλαν. Οὐ λαμβάνω παρὰ ἀνδρὸς τὸν τελετῆς τόπον ὃν εἴργει τῆς τελετῆς τῆς ἡμετέρας τὸ κήρυγμα. Τίς ἀναστήσει τοὺς ἄνδρας, οὓς ἀπολώλεκε; Τίς τὰ σώματα τῶν πεσόντων, οἷς οὗτος κατὰ τοὺς πολέμους λελύμανται; Ἄνδρες γάρ (φησίν) αἱ πόλεις, οὐκ οἰκοδομήματα. Εἰ δὲ τὰ λελυμασμένα ἡμῖν ἀποδώσειν ἐπαγγέλλεται, τούτων δὲ τὰ μὲν οὐδ' ὅλως ἐγχωρεῖ λαβεῖν, τὰ δὲ τοῖς διεφθαρμένοις οὐχ ὅμοια, πῶς οὐκ ἀδύνατος ἐλέγχεται τοῖς πᾶσιν ἡ περὶ τούτων ὑπόσχεσις; Οὐκ ἤνεγκαν οὐδὲ τριακοσίους ἐκεῖνοι Λακεδαιμονίων ἐν Πύλαις, ἀλλ' ἐν ὀφθαλμοῖς βασιλέως ἔπιπτον αἱ τοσαῦται μυριάδες πρὸς ἕνα λόχον ὑπὸ μαστίγων παραταττομέναι. Αὐτὸς ἡμᾶς ἐπὶ τὴν Ἀσίαν καλεῖ βασιλεύς, οἷς παραιτεῖται τὰς μάχας, τούτοις ἀκίνδυνον εἶναι τὸν πρὸς αὐτὸν δεικνύων πόλεμον. Λόχος εἷς πρὸς ὅλην τὴν Ἀσίαν παραταττόμενος καὶ τριακόσιοι Σπαρτιᾶται κλείοντες πρότερον μὲν τοῖς ὅπλοις ὕστερον δὲ τῷ θανάτῳ τὰς Πύλας. Σεμνότερον ἠγείρατε τροπαίου τὸ πολυάνδριον. Ἐγὼ καὶ ὑπὲρ Θηβαίων ἀπαιτῆσαι δίκας ἐσπούδακα. Δῆμος Ἕλλην διὰ Πέρσας τοῦ κοινοῦ γένους προδοσίαν κατέγνωσται, καὶ πόλις ἐμὴ Περσικὸν ἐδέξατο κατὰ τῶν Ἑλλήνων στρατόπεδον. Κέρδος οὐκ Ἀθηναίων μόνον, ἀλλὰ καὶ κοινὸν τῶν Ἑλλήνων ἁπάντων, Πέρσαι νικώμενοι. Εἴθε καὶ εἰς Πύλας ἀπηντήσαμεν· τρόπαιον ἂν ἐδείκνυσαν νῦν ἀντὶ τοῦ τάφου Λακεδαιμόνιοι. Ἐπὶ Ξέρξην καλῶ, ἐπὶ Ξέρξην, Ἄπολλον, τὸν μέχρι τῶν ἀδύτων στρατεύσαντα,

[363 a] **2** τὸ Ποσειδῶνος AM : τοῦ Ποσειδῶνος A^{2} ‖ **5** τόπον AM : τύπον A^{2} ‖ **7** οὗτος A : οὐ τοῦ M ‖ **9** λελυμασμένα A : λελυσμένα M ‖ **13** Λακεδαιμονίων AM : Λακεδαιμονίους A^{2} ‖ **15** παραταττομέναι M : παραταττόμενοι A ‖ **22** ἀπαιτῆσαι A^{2} : ἀπαντῆσαι AM ‖ **24** ἐμὴ *codd.* : ἑλληνικὴ Wernsdorf.

jusqu'à ton sanctuaire et qui a voulu mettre le feu à tes trépieds sacrés ; c'est contre lui que tu as suscité des fantômes de combattants. Je veux donner aux lieux des noms tirés de mes succès et nommer les mers et les fleuves plutôt par mes victoires que par leurs anciens noms. Quand donc et avec quelles ressources rebâtirons-nous la cité? a objecté quelqu'un. Quelle cité veux-tu encore chercher, toi qui as la flotte et le dieu pythique pour fondateur de la nouvelle cité ! Devant elle, au lieu de rempart, elle met la mer, au lieu de tours, elle dresse les îles et au lieu d'ornements, elle brandit les trophées. Et si tu cherches à connaître ses frontières, fais en pensée [363 b] le tour de l'univers entier, de toute la terre accessible et de toute la mer où on peut naviguer. Voilà les frontières de l'Athènes de Thémistocle ! Je réclamerai à Xerxès, en échange du rameau d'olivier d'Athéna, le platane afin qu'on voie sur l'Acropole deux trophées de victoire de la déesse : l'olivier pour sa victoire sur Poséidon, le platane pour celle sur les barbares.

Du Discours sur la guerre[1] ; *l'exorde.*

Je ne m'associerai pas à ceux qui critiquent la loi sur la coutume de prononcer des discours auprès du monument aux morts, mais je m'associerai à ceux qui l'approuvent. Il est en effet anormal qu'après avoir reçu grâce à elle la liberté de parler, on use de cette liberté de parole contre elle[2]. Car la crainte de la mort, le législateur l'adoucit par l'honneur qu'apporte le discours d'éloge et il inspire à tous l'audace résolue dans les dangers[3]. La justification des éloges funèbres est apparemment commune à tous les citoyens, mais en réalité,

1. Ce discours (*Oratio* VI de Colonna) est conservé par Himérius A (*Monacensis gr.* 564, XIVe siècle). Pour les discours conservés en tradition directe, je renvoie de l'extrait à l'édition de Colonna (page et lignes ; celles-ci sont numérotées par discours).

2. P. 48, 2.

3. P. 48, 14.

τὸν τοῖς ἱεροῖς σου τρίποσι τὸ πῦρ προσάγειν φιλονεικήσαντα, δι' ὃν ἐκίνησας φάσματα. Δοῦναι θέλω καὶ τοῖς χωρίοις ἀπὸ τῶν ἐμῶν κατορθωμάτων ὀνόματα, καὶ τὰ πελάγη καὶ τοὺς ποταμοὺς ἀπὸ τῶν ἐμῶν τροπαίων μᾶλλον ἢ τῶν ἀρχαίων ὀνομάτων προσαγορεύεσθαι. Πότε οὖν ἢ πόθεν ἀνοικιοῦμεν τὴν πόλιν; ὑπέκρουσέ τις. Ποίαν γὰρ ἐπιζητεῖς ἔτι πόλιν, τὰς τριήρεις ἔχων, τῆς νέας πόλεως οἰκιστὴν ἔχων τὸν Πύθιον; Προβάλλεται δὲ αὐτῆς ἀντὶ μὲν τειχῶν τὴν θάλασσαν, ἀντὶ δὲ πύργων τὰς νήσους, ἀντὶ δὲ κόσμου τὰ τρόπαια. Εἰ δὲ καὶ τοὺς ὅρους αὐτῆς ἐπιζητεῖς μαθεῖν, περίελθε κύκλῳ τῷ λογισμῷ τὴν οἰκουμένην ἅπασαν, καὶ γῆν ὅση [363 b] βατή, καὶ θάλασσαν ὁπόση πλόϊμος· οὗτοι τῶν Ἀθηνῶν τῶν ἐπὶ Θεμιστοκλέους οἱ ὅροι. Ἀπαιτήσω Ξέρξην ἀντὶ τοῦ θαλλοῦ τῆς Ἀθηνᾶς τὴν πλάτανον, ἵνα δύο βλέπηται τῆς θεοῦ κατὰ τὴν ἀκρόπολιν τρόπαια, κατὰ μὲν Ποσειδῶνος ὁ θαλλός, κατὰ δὲ τῶν βαρβάρων ἡ πλάτανος.

Ἐκ τοῦ πολεμαρχικοῦ·
τὸ προοίμιον.

Οὐ τοῖς ψέγουσι τὸν νόμον τῶν ἐπὶ τοῦ μνήματος εἰωθότων λέγειν, ἀλλὰ τοῖς ἐπαινοῦσι συνθήσομαι. Καὶ γὰρ ἄτοπον τὴν τοῦ λέγειν ἐξουσίαν παρ' αὐτοῦ λαβόντας, κατ' αὐτοῦ τῇ παρὰ τοῦ λέγειν ἐξουσίᾳ χρῆσθαι. Τὸν γὰρ ἐκ τοῦ θανάτου φόβον ὁ νομοθέτης τῇ παρὰ τοῦ λόγου τιμῇ παραμυθούμενος, ἄοκνον πᾶσι τὴν τόλμαν τὴν ὑπὲρ τῶν κινδύνων καθίστησιν. Ἡ δὲ τῶν ἐγκωμίων ἀρχὴ τῷ μὲν δοκεῖν κοινὴ πρὸς ἅπαντας, τὸ δ'

39 αὐτῆς M : αὑτῆς A.

[363 b] **12** κατ' αὐτοῦ A^3 *v. l. et* Himerius A : καθ' αὑτοῦ A καθ' ἑαυτοῦ M ‖ παρὰ *codd.* : *secl.* Bekker ‖ **15** καθίστησιν A *et* Himerius A : παρίστησιν M ‖ **16** μὲν M : *om.* A ‖ ἅπαντας M *et* Himerius A : ἅπαν A.

ce sont par excellence ces morts qui sont ici qui les justifient. En effet, ceux qui s'attachent à faire l'éloge des autres, pour célébrer leur lignée, vont chercher la matière de leurs discours jusque dans la louange de leurs ancêtres ou jusqu'à la terre dont sont issus les ancêtres de ceux dont on fait l'éloge. Car tous les ancêtres de ceux qu'on admire partout sont probablement des immigrés. Cependant, cette loi ne prévaut pas dans le cas de ces morts-ci car, du fait que tu les appelles Athéniens, tu révèles, par leur nom même, qu'il s'agit de gens issus du sol même[1]. La cité vivait sans armes; elle se fit un rempart des armes des hommes qui affrontaient le danger. Elle ignorait l'usage qu'on fait des chevaux : elle fut la première à destiner le cheval aux jeux et aux besoins de la guerre[2]. Le débat étant ouvert entre l'olivier et la mer, ils se prononcent pour l'olivier, et, quand je dis pour l'olivier, je veux dire pour la déesse; car c'est, je pense bien, le signe d'Athéna[3].

Mais ce n'est pas que ce qu'on pourrait dire dans cet ordre d'idées[4] soit difficile à trouver, mais il faut prendre garde de ne pas se laisser entraîner par ces sujets-là et de ne pas s'éloigner des exploits que, d'un côté, les ancêtres des morts qui gisent ici ont accomplis pour la défense de la cité ni de ceux que, de leur côté, les fils, imitant leurs pères et marchant d'âge en âge à chaque génération sur les traces de leur vaillance, ont accomplis pour la défense de l'Hellade entière[5]. Quand ils eurent accueilli les Héraclides, ils mirent un terme aux méfaits de celui qui les maltraitait et, changeant leur sort, des bannis qu'ils étaient, ils firent les rois de tout le Péloponnèse[6]. L'envie qu'on vouait à la cité lui suscita un jour, pour la troisième fois, une guerre contre Doriens [364 a] et Béotiens à la fois avec, en plus, les Chalci-

1. P. 49, 26.
2. P. 51, 72.
3. P. 51, 82.
4. Il s'agit de l'histoire mythique d'Athènes dont Himérius vient de passer plusieurs épisodes en revue.
5. P. 52, 93.
6. P. 53, 121.

ἀληθὲς τῶν ἀνδρῶν τούτων ἐξαίρετος. Οἱ μὲν γὰρ τοὺς ἄλλους ἐπαινεῖν σπουδάζοντες, ἵνα τὸ γένος ὑμνήσωσιν, εἰς προγόνων τινὰς εὐφημίας τὴν τοῦ λέγειν φύσιν ἀναβιβάζουσιν, ἢ τὴν γῆν ὅθεν οἱ πρόγονοι τῶν ἐπαινουμένων ἐγένοντο. Πάντες γὰρ ἐπιεικῶς οἱ πρόγονοι τῶν πανταχοῦ θαυμαζομένων ἐπήλυδες. Οὐ μὴν καὶ κατὰ τούτων ὁ νόμος οὗτος νενίκηκεν, ἀλλ' ὁμοῦ τε Ἀθηναίους εἴρηκας, καὶ μετὰ τῆς ἐπωνυμίας δηλοῖς τοὺς αὐτόχθονας. Ἄοπλος ἦν ὁ βίος· ὅπλα τῶν κινδυνευόντων προὐβάλετο. Ἵππων χρῆσιν οὐκ ἠπίστατο· μερίζει πρώτη πρὸς ἄθλους καὶ πολέμου χρείαν τὴν ἵππων γένεσιν. Κριθείσης δὲ τῆς ἁμίλλης θαλλῷ τε καὶ κύματι, τῷ θαλλῷ τὴν ψῆφον τίθενται. Τῷ θαλλῷ δ' ὅταν εἴπω, τῇ θεῷ λέγω· Ἀθηνᾶς γάρ (οἶμαι) τὸ γνώρισμα.

Ἀλλὰ γὰρ οὐχ ὅτι τις τοιοῦτον εἴπῃ χαλεπὸν εὑρεῖν, ἀλλ' ὅπως μὴ τούτοις ἑπόμενος πόρρω τῶν πράξεων γένηται, ἃς τοῦτο μὲν ὑπὲρ τῆς πόλεως οἱ τῶν τῇδε κειμένων πρόγονοι, τοῦτο δὲ ὑπὲρ τῆς ὅλης Ἑλλάδος ἤραντο, παῖδες πατέρας μιμούμενοι, καὶ διὰ πάσης ἡλικίας τε ὁμοῦ καὶ διαδοχῆς τοῦ γένους τὴν εὐψυχίαν καταβιβάζοντες. Ἡρακλείδας δὲ ὑποδεξάμενοι τὸν μὲν ὑβρίζοντα τῆς παρανομίας ἔπαυσαν, αὐτοὺς δὲ τὴν τύχην ἀμείψαντες βασιλέας Πελοποννήσου πάσης ἀντὶ φυγάδων εἰργάσαντο. Ἐκίνησε φθόνος ποτὲ κατὰ τῆς πόλεως Δωρικὸν ὁμοῦ καὶ Βοιώτιον καὶ προσέτι Χαλκιδέων τῶν ἀπ' Εὐβοίας ἐκ τρίτων πόλεμον. [364 a] Πῶς οὖν ἅπασι τούτοις ἡ πόλις ἀντέστη; Ἔπιπτον

26 προὐβάλετο *edd.* : προεβάλετο Himerius A προὐβάλλετο AM || **28** τε A : τε ἐλαίας M *et* Himerius A || **30** τῇ A^2 *et* Himerius A : τῷ AM || **31** τοιοῦτον A *et* Himerius A : τοιοῦτος M || **32** ὅπως M *et* Himerius A : οὖν ὅπως A || **34** ὅλης A *et* Himerius A : *om.* M || **35** πατέρας A *et* Himerius A : πατέρα M || **38** αὐτοὺς Himerius A : αὐτοῖς AM || **41** βοιώτιον A^2M *et* Himerius A : βοιωτικὸς A || **42** τρίτων AM : τρίτου A^2.

[364 a] **1** ἀντέστη A^2 : ἀντέστησε AM.

diens d'Eubée. Comment donc la cité résista-t-elle à tous ces ennemis? Les Béotiens étaient abattus, les Doriens étaient heureux de se tirer d'affaire, tous les Chalcidiens étaient emmenés et trois trophées étaient dressés. Et la rapidité de la victoire est plus remarquable que la victoire elle-même car, contre l'Eubée et les Béotiens, les deux victoires furent le fait d'une seule journée. Mais je donne l'impression, tout en voulant accorder leur part d'éloges à tous ceux qui, dans les temps anciens, ont brillé au premier rang dans les combats pour leur patrie et pour toute leur lignée, de ne pas leur consacrer le temps qu'ils méritent parce que la grandeur de leurs exploits semble effacée par la rapidité des mots et parce que je ne touche pas encore à ceux dont l'attente de mes auditeurs espère depuis longtemps l'éloge en s'impatientant, semble-t-il, de ce que leur désir n'est pas encore comblé. Il faut donc que mon discours s'y consacre désormais. Mais être inférieur aux exploits qu'on célèbre ne pourrait être un juste sujet de reproche pour personne, puisque c'est un reproche que méritent tous les orateurs[1].

Les Perses, qui voulaient montrer par leurs armes que tout ce qu'éclaire le soleil n'était qu'un seul domaine, étaient empêchés de satisfaire leur désir à cause d'un petit morceau du monde occidental[2]. Dès que la flotte eut appareillé d'Ionie et qu'elle eut à nouveau bouché l'horizon par le nombre de ses bâtiments, elle commença à se scinder dans les parages des îles de l'Égée ; elle s'empare aussitôt de la cité des Naxiens, située au bord de la mer, elle ne lui laisse que son nom avec ses fondements et embarque la population sur les trières ; quant au peuple d'Érétrie, les Perses le jugèrent indigne de leurs armes, estimant que sa condition ne valait pas une guerre avec eux ; se tenant tous par la main, ils firent du sac d'Érétrie une scène de chasse au filet. Mais quand ils eurent abordé à Marathon, une partie de leurs espérances s'évanouit et ils apprirent de belle façon, par la leçon de l'expérience, toute la différence qui sépare Érétrie de notre cité[3]. C'est alors qu'un soldat de la

1. P. 53, 139.
2. P. 54, 155.
3. P. 56, 205.

Βοιωτοί, Δωριεῖς ἠγάπων σῳζόμενοι, Χαλκιδεῖς ἅπαντες ἤγοντο, τρία δὲ εἱστήκει τρόπαια. Τῶν δὲ τροπαίων τὸ τάχος ἐστὶ λαμπρότερον· τὸ γὰρ κατ' Εὐβοίας καὶ Βοιωτῶν μιᾶς ἦν ἡμέρας τὸ συναμφότερον. Ἀλλὰ γὰρ ἔοικα, πᾶσι τὸ μέρος ἀποδιδόναι τῆς εὐφημίας βουλόμενος τοῖς ἄνω χρόνοις ὑπὲρ τῆς πατρίδος καὶ παντὸς τοῦ γένους κατὰ τὰς μάχας πρωτεύσασιν, οὔτε τούτοις τὴν ἀξίαν τηρεῖν τῷ τὸ μέγεθος τῶν πράξεων ἐν τῷ τῶν λόγων τάχει συγκρύπτεσθαι, καὶ μήπω τούτων προσάπτεσθαι, ὧν ἡ τῶν ἀκροωμένων προσδοκία ζητοῦσα πάλαι τὸν ἔπαινον ἀσχάλλειν ἔοικεν ὅτι μήπω τῆς ἐπιθυμίας ἐμπίπλαται. Οὐκοῦν ἐπὶ ταῦτα ἤδη ἰτέον τῷ λόγῳ. Τὸ δὲ ἐξ ἀνάγκης ἀπολείπεσθαι μέλλειν τῶν πράξεων, ὅτι κοινὸν ἁπάντων, οὐδενὸς ἂν εἴη δίκαιον ἔγκλημα.

Πέρσαι κλῆρον ἕνα τὴν ὑφ' ἡλίῳ πᾶσαν δεῖξαι τοῖς ὅπλοις βουλόμενοι, μικρῷ μέρει τῷ πρὸς ἑσπέραν πληρῶσαι τὴν ἐπιθυμίαν ἀπείργοντο. Ὡς δ' ἀφεθεὶς ἀπ' Ἰωνίας ὁ στόλος, καὶ πάλιν ἀποκρύψας πλήθει νεῶν τὸ φαινόμενον, περὶ τὰς νήσους τὰς κατ' Αἰγαῖον ἐσχίζετο, τὴν μὲν Ναξίων πόλιν πρὸς τὴν θάλατταν εὐθὺς μερίζεται, τῇ μὲν ἀφεὶς μετὰ τῆς ἐπωνυμίας τοὔδαφος, αὐτὸς δὲ τὸ γένος εἰς τὰς τριήρεις ἐνθέμενος· τὸν δὲ Ἐρετριέων δῆμον ὅπλων μὲν οὐκ ἠξίωσαν, ἐλάττονα Περσικοῦ πολέμου τὴν τύχην αὐτῶν νομίσαντες, χειρὶ δὲ χεῖρα πάντες ἀλλήλων συνέχοντες σαγηνείας εἰκόνα τὴν Ἐρετριέων ἔδειξαν πόρθησιν. Ἐπεὶ δὲ καὶ Μαραθῶνος ἥψαντο, τὰ μὲν τῶν ἐλπίδων ἠφάνιστο, ἐγνώρισαν δὲ καλῶς διὰ τῆς πείρας μαθόντες ὅσον τὸ μέσον Ἐρετριέων καὶ τῆς ἡμετέρας πόλεως. Τότε τις καὶ κατὰ τριήρους ὅλης ναυτικὸς στρατιώτης ἐτόλ-

4 Εὐβοίας A : Εὐβοίαν M || **18** ἀφεθεὶς Wernsdorf : ἀφεὶς AM || **19** ἀπ' A : ἐπ' M || **22** ἀφεὶς Himerius : ἀφεῖσα Photius || **24** ἠξίωσαν A² : ἠξίωσεν M *et* A *ut vid.*

flotte osa s'attaquer à tout un vaisseau ; lancé à la poursuite des fuyards jusque dans la mer, il s'accrocha en effet à un bateau phénicien, croyant sans doute sa main plus forte que tout un vaisseau. De peur que leur bateau ne devînt la capture d'une seule dextre attique, les barbares lui tranchèrent la main d'un coup de hache. Et le blessé était là, la main coupée, mais accroché à la trière. Ô vous les premiers à avoir confondu la fortune des Perses ! Ô vous qui avez remporté des victoires qui dépassent la condition humaine ! Ô vous qui êtes tombés en héros de récits que nul temps, avant ou après vous, n'a connus ! Ô vous qui avez un tombeau plus [364 b] vénérable qu'un trophée ! Ô vous qui étendez le nom de Marathon jusqu'à l'extrémité de la course du soleil[1] ! C'est Marathon qui garde vos corps ; vos âmes, ce sont les dieux, vos compagnons de combat, qui les gardent ; la terre et la mer gardent votre gloire[2].

Xerxès, dans sa colère contre la cité, ne laissait rien en repos, mais il agitait et remuait tout, comme si Poséidon lui-même ébranlait la terre entière ainsi que la mer[3]. La terre et la mer échangeaient leurs natures. Il jetait un continent sur les détroits et envoyait les navires phéniciens traverser les isthmes. On vit alors des merveilles dépassant toute attente : la cavalerie mède sur l'Hellespont et une flotte envoyée à travers l'Athos. Et Xerxès n'épargnait même pas le ciel dans ses audaces mais il allait, bondissait, grâce à ses prodiges, de la mer à la terre et de la terre au ciel et de là au soleil : le soleil, il en voilait la lumière en lançant des traits ; la terre, il en changeait la nature en naviguant dessus et il bravait les contraintes de la mer en la franchissant à pied. Et je ne dis rien des flots disparaissant sous les trières, des armées dont le nombre dépassait la notion de nombre, des populations incapables de faire

1. P. 57, 231.
2. P. 58, 243.
3. P. 58, 252.

μησεν· ἐπιδραμὼν γὰρ τοῖς φεύγουσιν εἰς τὴν θάλασσαν, Φοινίσσης νεὼς λαμβάνεται, κρείττονα δεξιὰν ἔχειν τριήρους ὅλης οἰόμενος. Δείσαντες δὲ ὑπὲρ τῆς τριήρους οἱ βάρβαροι, μὴ δεξιὰ Ἀττικῆς γένηται λάφυρον, πελέκει τὴν χεῖρα μερίζουσιν. Ὁ δὲ πληγεὶς ἔκειτο τῆς μὲν χειρὸς ἀφαιρεθείσης, τῆς δὲ τριήρους ἐχόμενος. Ὦ πρῶτοι τὴν Περσῶν τύχην ἐλέγξαντες· ὦ κρείττους τῆς ἀνθρωπίνης φύσεως νίκας νικήσαντες· ὦ μετὰ διηγημάτων πεσόντες, ἃ μήτε πρὸ ὑμῶν μήτε μεθ' ὑμᾶς ὁ χρόνος ἤνεγκεν· ὦ σεμνότερον τροπαίου τάφον [364 b] κτησάμενοι· ὦ τὸ Μαραθῶνος ὄνομα τοῖς ἡλίου δρόμοις συναποτείνοντες· Μαραθὼν μὲν ἔχει τὰ σώματα, τὰς δὲ ψυχὰς οἱ συστρατιῶται θεοί, γῆ δὲ τὸ κλέος καὶ θάλαττα. Θυμουμένου δὲ τοῦ Ξέρξου κατὰ τῆς πόλεως οὐδὲν τῶν πάντων ἡσύχαζεν, ἀλλὰ πᾶν αὐτῷ συνεκινεῖτο καὶ συνεσείετο, καθάπερ Ποσειδῶνος αὐτοῦ τινάσσοντος γῆν ὁμοῦ πᾶσαν καὶ θάλασσαν. Γῆ δὲ καὶ θάλαττα τὴν ἀλλήλων φύσιν ἠλλάττοντο. Τοῖς μὲν πορθμοῖς ἐπετίθει τὴν ἤπειρον, τὰς δὲ Φοινίσσας διὰ τῶν ἰσθμῶν ἔπεμπεν. Ὤφθη τότε πάσης ἐλπίδος κρείττονα θαύματα, ἵππος καθ' Ἑλλησπόντου Μηδική, καὶ δι' Ἄθω μέσου στόλος τριήρων πεμπόμενος. Ἀπείχετο δὲ Ξέρξης οὐδὲ οὐρανοῦ τοῖς τολμήμασιν, ἀλλὰ μετῄει καὶ μετεπήδα τοῖς θαύμασιν ἀπὸ θαλάσσης ἐπ' ἤπειρον, ἀπὸ γῆς ἐπ' οὐρανὸν ἐκεῖθεν καὶ ἐπὶ τὸν ἥλιον· τοῦ μὲν γὰρ τοξεύων τὸ φῶς ἀπέκρυπτε, τῆς δὲ πλέων τὴν φύσιν ἤμειβε, τῆς δὲ πεζεύων τὴν χρείαν ἤλεγχε. Καὶ σιωπῶ πελάγη ὑπὸ τριήρων κρυπτόμενα, στρατόπεδα τῆς ἀριθμοῦ φύσεως κρείττονα, ἔθνη δὲ δείπνων

37 ἀφαιρεθείσης A : ἀφαιρεθεὶς M *et* Himerius A ‖ **40** ἃ A² *et* Himerius A : ὦ AM.

[364 b] **3** γῇ M : γῆ A ‖ **4** τοῦ A : *om.* M *et* Himerius A ‖ **10** διὰ A² : *om.* AM διὰ μέσων Himerius A ‖ **11** Ἑλλησπόντου A *et* Himerius A : Ἑλλήσποντον M ‖ **13** Ξέρξης AM *et* Himerius A : ὁ Ξέρξης A² ‖ **15** ἐπὶ τὸν Himerius A : *om.* Photius.

les frais du ravitaillement, du roi présent partout par la peur qu'il inspirait sans qu'on pût savoir, au milieu des masses d'hommes, en quel endroit il était. Ce grand bruit fit retentir toute la terre et tout désavantageait l'Hellade ; tous les autres, dans ce péril, s'estimaient avantagés dans la mesure où les Perses étaient loin de leurs cités[1]. Mais la nôtre ne céda pas au roi qui ébranlait tout ; la peur de son renom ne lui fit décider avant l'expérience aucune action honteuse mais, dès la première ambassade, elle triompha du roi. Celui-ci exigeait les symboles de la servitude ; eux lui renvoyèrent ceux de la liberté, car c'est la mort qui fut la réponse à l'ambassade[2]. Il n'y avait absolument rien qui les effrayât ou qui leur fît oublier leur valeur : ni les Lacédémoniens tombés en faisant pour les Hellènes ce qu'on peut faire quand on a fermement décidé de mourir, ni les flots fouettés ni les vents châtiés ni le barbare exerçant son arrogance contre la nature[3]. Ô vous qui avez osé plus que Xerxès ! Ô vous qui avez montré des âmes plus inébranlables que les éléments ! Ô vous dont les traits des Perses n'ont pas obnubilé[4] la décision ! Ô vous qui, en deux victoires, avez fait oublier une expédition de dix ans[5] ! Ô vous qui avez forcé celui qui parcourait la terre et la mer entières à se contenter de chercher furtivement son salut[6] ! Ô vous qui êtes les seuls à avoir [365 a] montré au genre humain que toute force est domptée par la valeur[7] !

Mais nous passons cela sous silence et rappelons la paix faite avec le roi et qui donne encore à la cité plus de majesté que tout trophée. Et c'est bien naturel ! Les trophées, en effet, résultent souvent de la chance ;

1. P. 59, 263.
2. P. 59, 285.
3. P. 60, 294.
4. Sur le choix de cette variante, cf. Colonna, *Il testo*..., p. 7.
5. La guerre de Troie.
6. P. 60, 304.
7. P. 61, 311.

δαπάνης ἧττονα, βασιλέα δὲ πανταχοῦ μὲν ὄντα τῷ φόβῳ, οὗ δὲ γῆς εἴη, διὰ τὸ πλῆθος λανθάνοντα. Τοσούτου τοίνυν θορύβου γῆς διὰ πάσης ἠχήσαντος, καὶ κρινομένων ἐπὶ τῆς Ἑλλάδος τῶν ὅλων, οἱ μὲν ἄλλοι σύμπαντες τοσοῦτον ἐν τοῖς δεινοῖς κερδαίνειν ᾤοντο ὅσον ἀπεῖναι Πέρσας τῶν πόλεων. Οὐ μὴν καὶ ἡ πόλις εἶξε βασιλεῖ τὰ πάντα σείοντι, οὐδὲ φόβῳ τῆς φήμης αἰσχρόν τι καὶ πρὸ τῆς πείρας ἐβούλευσεν, ἀλλ' ἀπὸ τῆς πρεσβείας πρώτης κρείττων βασιλέως ἐγίγνετο. Ὁ μὲν τὰ τῆς δουλείας ἀπῄτει σύμβολα, οἱ δὲ τὰ τῆς ἐλευθερίας ἀντέπεμπον· ἦν γὰρ θάνατος ἡ τῆς πρεσβείας ἀντίδοσις. Ἐφόβει δὲ αὐτοὺς οὐδὲν τῶν ἁπάντων, οὐδὲ ἐποίει τῆς ἀρετῆς ἐπιλανθάνεσθαι, οὐ Λακεδαιμόνιοι πίπτοντες καὶ τοσοῦτον συντελοῦντες τοῖς Ἕλλησιν ὅσον ἀνδρείως ὑπὲρ θανάτου βουλεύσασθαι, οὐ μαστιζόμενα κύματα καὶ κολαζόμενα πνεύματα καὶ τρυφῶν βάρβαρος κατὰ τῆς φύσεως. Ὦ μείζονα Ξέρξου τολμήσαντες· ὦ ψυχὰς στοιχείων βεβαιοτέρας ἐπιδειξάμενοι· ὦ τοῖς Περσῶν τοξεύμασιν οὐ καλυφθέντες τὸ φρόνημα· ὦ δύο τροπαίοις δεκαετῆ στόλον ἐλέγξαντες. Ὑμεῖς τὸν ἐπὶ πᾶσαν ἰόντα γῆν καὶ θάλασσαν ἀγαπητῶς κλέψαι τὴν σωτηρίαν κατηναγκάσατε. Ὦ μόνοι δείξαντες ἀνθρώποις [365 a] ἅπασιν ὅτι πᾶσα χεὶρ ὑπ' ἀρετῆς ἐλέγχεται.

Ἀλλὰ κἂν ταῦτα σιγῇ παρέλθωμεν, κἂν τῆς εἰρήνης πρὸς βασιλέα γεγενημένης μνημονεύσωμεν, ἣ παντὸς τροπαίου σεμνοτέραν ἔτι τὴν πόλιν ἐργάζεται. Καὶ μάλα εἰκότως. Αἱ μὲν γὰρ καὶ τύχης ἔργον πολλάκις· τὸ δὲ

21 εἴη *edd.* : ἴη M ᾗ A *et* Himerius A || **22** γῆς διὰ πάσης *edd.* : γῆς ἁπάσης AM διὰ πάσης γῆς Himerius A || **24** ἐν τοῖς δεινοῖς A^2 : ἔτι τὰ δεινὰ AM ἐπὶ τὰ δεινὰ Himerius A || **27** καὶ — ἐβούλευσεν M : *om.* A πεποίηκεν A^2 *mg* || ἀλλ' ἀπὸ AM : ἀλλὰ καὶ πρὸ A^2 || **28** πρώτης M *et* Himerius A : αὐτῆς A^2 *quid prius praeb.* A *non liquet* || **38** καλυφθέντες A^1 *et* Himerius A : καμφθέντες AM || **40** ἰόντα Scaliger : ἰδόντα *codd.* || **41** ἀνθρώποις A *et* Himerius A : *om.* M.

[365 a] **5** αἱ AM *et* Himerius A : τὰ Himerius A *mg.* ἃ Bekker.

mais que le roi ait concédé spontanément à la cité qu'il se tiendrait à une journée de cheval de la mer et qu'il n'enverrait pas de flotte en-deçà des îles Chélidoniennes et des Cyanées, comment pareille concession ne vaudrait-elle pas à la cité de rencontrer partout une gloire sans mélange [1] ?

Mais en effet, les innombrables trophées des Athéniens pour des victoires, qu'elles soient navales ou terrestres, leur résistance à toute tyrannie et à toute domination, leur acceptation en des temps divers d'innombrables luttes pour notre race, ce n'est pas facile à passer en revue ni pour moi ni pour quiconque qui l'a entrepris auparavant. C'est pourquoi, comme ceux qui proclament les vainqueurs dans les stades, je pense qu'il faut leur dresser un seul et même monument et s'acquitter ainsi pieusement vis-à-vis de la loi. Ô vous qui avez rempli tout ce qu'on peut parcourir de terres et de mers par des trophées et des victoires, vous qui avez rempli de renommée et de gloire le pays inaccessible ! Ô vous qui êtes les seuls à avoir, par vos grandes actions, vaincu le temps et l'envie ! Ô vous qui avez délimité l'univers non avec des bornes mais avec des trophées [2] ! J'en ai sans doute dit moins que n'en exige le sujet, mais pas beaucoup moins que la plupart des orateurs. A vous tous de faire retentir ensemble auprès du monument vos applaudissements et de quitter ainsi la cérémonie [3].

Du discours aréopagitique,
ou pour l'affranchissement de son fils Rufin [4] ;
l'exorde.

Hommes qui décidiez autrefois qui des dieux devait l'emporter et qui décidez aujourd'hui de la liberté pour les Athéniens. Donc, j'obéis à la loi et je ne dirai que les paroles nécessaires. Je suis parmi vous un sophiste et

1. P. 61, 318.
2. P. 62, 340.
3. P. 63, 363.
4. Ce discours (*Oratio* VII de Colonna, p. 63-64) ne nous est connu que par Photius. Sur Rufin, cf. Seeck, s. v. *Rufinos*, n. 20, in *R. E.*, 2e sér., t. I, 1920, col. 1189.

ἑκόντα συγχωρῆσαι βασιλέα τῇ πόλει ἵππου μὲν δρόμον ἡμέρας θαλάττης ἀφέξειν ἄνω, εἴσω δὲ Χελιδονέων καὶ Κυανέων μὴ πέμψειν ὁλκάδα, πῶς οὐ καθαρὰν πανταχόθεν τῇ πόλει προξενεῖ τὴν εὔκλειαν;

'Αλλὰ γὰρ 'Αθηναίων τὰ μυρία τρόπαια καὶ ναυμαχίας καὶ πεζομαχίας, καὶ ὡς πρὸς ἅπασαν μὲν τυραννίδα, πρὸς ἅπασαν δὲ δυναστείαν ἀντέστησαν, ἄλλοτε κατ' ἄλλους χρόνους ὑπὲρ τοῦ γένους μυρίους ἀγῶνας ἀναδεξάμενοι, οὔτε ἐμοὶ διεξελθεῖν ῥᾴδιον οὔτε εἴ τις πρότερον ἐπικεχείρηκε. Διόπερ οἶμαι δεῖν, ὡς οἱ τοὺς ἐν τοῖς σταδίοις νικηφόρους ἀνακηρύττοντες, ἓν καὶ ταὐτὸν συνθεῖναι γνώρισμα, εἶθ' οὕτω ταύτῃ καὶ πρὸς τὸν νόμον ἀφοσιώσασθαι. Ὦ πᾶσαν γῆν καὶ θάλασσαν, ὅση μὲν βατή, νίκης καὶ τροπαίων, ὅση δ' ἄβατος, δόξης καὶ κλέους πληρώσαντες· ὦ μόνοι ταῖς μεγάλαις πράξεσι χρόνον καὶ φθόνον νικήσαντες· ὦ τὴν οἰκουμένην ἅπασαν οὐ στήλαις ἀλλὰ τροπαίοις μετρήσαντες; Εἴρηται κἀμοὶ τῆς μὲν ὑποθέσεως ἴσως ἔλαττον, τῶν δὲ πολλῶν οὐκ ἐλάττονα. Λείπεται δὲ εὐφήμῳ βοῇ προσηχήσαντας πανδημεὶ πάντας τῷ μνήματι, οὕτω τῆς τιμῆς ἀπαλλάττεσθαι.

'Εκ τοῦ 'Αρεοπαγιτικοῦ ἢ ἐλευθερωτικοῦ τοῦ υἱοῦ αὐτοῦ 'Ρουφίνου.
τὸ προοίμιον.

Ἄνδρες οἱ καὶ θεοῖς ὑπὲρ νίκης πάλαι καὶ νῦν 'Αθηναίοις ὑπὲρ ἐλευθερίας δικάζοντες. Οὐκοῦν τῷ νόμῳ πειθόμενος τὰ τῆς χρείας μόνης φθέγξομαι ῥήματα. 'Εγὼ καὶ σοφιστὴς ἐγενόμην παρ' ὑμῖν καὶ

6 συγχωρῆσαι A *et* Himerius A : ἐγχωρῆσαι M || **19** νίκης A[3] *s. v.* : *om.* AM *et* Himerius A || καὶ A : *om.* M *et* Himerius A || **25** προσηχήσαντας A *et* Himerius A : προσηχήσαντος M || πάντας AM *et* Himerius A : *del.* A[2] || **28** 'Ρουφίνου AM : τοῦ 'Ρουφίνου M[x] || **30** θεοῖς A : θεούς M || **31** 'Αθηναίοις A : 'Αθηναίους M.

un père. Suis-je un sophiste adroit? C'est vous qui le savez. Je parle en effet sans cesse et les théâtres sont les témoins de ma vie. Si je suis un père de souche attique, le sujet en discussion le démontre, car il m'est insupportable de ne pas appeler homme libre mon fils qui est Athénien. Je confie même avant l'adolescence la liberté à mon fils. Il est mien, il est Athénien, d'une cité qui honore la vieillesse de tout le monde encore plus que d'autres n'honorent celle de leurs pères. Voici le descendant de Plutarque par qui vous formez tout le monde. Voici [365 b] le descendant de Minucianus qui, par sa parole, a souvent suscité tant d'affranchissements. Je vous ai ramené le descendant de Nicagoras, mon propre fils. Je vous énumère des sophistes et des philosophes, la véritable noblesse de l'Attique. J'ai souvent fait entendre les paroles du sophiste. Maintenant, ce sont celles du père que je fais entendre. Vous m'avez donné un fils de naissance attique; accueillez-le aussi comme un homme libre par vos suffrages. Affranchissez-moi donc mon fils par votre suffrage et faites entendre la parole libératrice afin que ce soit en Athénien — car cela revient au même de dire en homme libre — qu'il parle et plaide parmi vous et, si les dieux le veulent, qu'il y joue un rôle.

De la complainte sur le même fils Rufin[1] ; *l'exorde.*

Je commets une faute, en somme, en prenant la parole alors que Rufin est mort, à moins que je n'aie été réservé par la divinité rien que pour dire ma complainte sur ce drame. Je parlerai néanmoins car il m'est interdit de ne pas pleurer aussi dans un discours le fils de mon éloquence même[2]. J'ignorais donc, malheureux que je suis, que, au lieu de bains, je t'avais construit un caveau, au lieu d'une maison, un bûcher et un tom-

1. Ce discours (*Oratio* VIII de Colonna) est conservé par Himérius R (*Par. suppl. gr.* 352, XIIIe-XIVe siècles). Photius a noté au « codex » 165 (Bekker, p. 108 a 8-9 = t. II, p. 137 de la présente édition) que ce discours et le précédent ne sont pas des discours fictifs.

2. P. 64, 21.

πατήρ. Εἰ σοφιστὴς δεξιός, ὑμεῖς ἐπίστασθε· λέγω γὰρ ἀεί, καὶ τὴν ἐμὴν πολιτείαν ἔχει τὰ θέατρα· εἰ πατὴρ Ἀττικός, ἡ παροῦσα δείκνυσι πρόφασις· οὐ γὰρ ἀνέχομαι τὸν Ἀθηναῖον παῖδα μὴ προσαγορεύειν ἐλεύθερον. Πιστεύω καὶ πρὸ ἥβης τὴν ἐλευθερίαν τῷ παιδί. Ἐμός ἐστιν, Ἀθηναῖός ἐστι, πόλεως καὶ πλέον τιμώσης τὸ κοινὸν γῆρας ἢ τὸ τῶν πατέρων ἕτεροι. Οὗτός ἐστιν ἐκ Πλουτάρχου, δι' οὗ πάντας ὑμεῖς παιδεύετε. Οὗτος ἐκ Μινουκιανοῦ τοῦ διὰ τῆς ἑαυτοῦ φωνῆς πολ-
[365 b] λοὺς πολλάκις ἐλευθερώσαντος. Τὸν ἐκ Νικαγόρου προσήγαγον ὑμῖν, τὸν ἐξ ἐμαυτοῦ. Σοφιστῶν ὑμῖν καὶ φιλοσόφων λέγω κατάλογον, Ἀττικὴν ὄντως εὐγένειαν. Ἀφῆκα πολλάκις τὰς τοῦ σοφιστοῦ φωνάς, νῦν τὰς τοῦ πατρὸς ἀφίημι. Ἐδώκατέ μοι παῖδα δι' ἀττικοῦ γένους· λάβετε τοῦτον καὶ διὰ τῆς ψήφου τῆς ὑμετέρας ἐλεύθερον. Οὐκοῦν ἄφετέ μοι τῇ ψήφῳ τὸν παῖδα, καὶ φωνὴν ἐλευθέριον συνεπηχήσατε, ἵνα ὡς Ἀθηναῖος (ἶσον γὰρ εἰπεῖν ἐλεύθερος) καὶ λέγῃ καὶ γράφῃ παρ' ὑμῖν, κἂν οἱ θεοὶ βούλωνται, καὶ πολιτεύηται.

Ἐκ τῆς μονῳδίας τῆς εἰς τὸν αὐτὸν υἱὸν
Ῥουφῖνον·
τὸ προοίμιον·

Ἀδικῶ μὲν ὅλως φθεγγόμενος Ῥουφίνου κειμένου· πλὴν ἐπεὶ τῷ δαίμονι τετήρημαι πρὸς μόνην τὴν μονῳδίαν τοῦ δράματος, φθέγξομαί γε ὅμως· οὐ γάρ μοι θέμις μὴ καὶ λόγῳ θρηνῆσαι τὸν αὐτῶν τῶν λόγων ἔκγονον. Ἠγνόουν δὲ ἄρα ὁ δείλαιος ἀντὶ μὲν λουτρῶν ἀνιστάς σοι τάφους, ἀντὶ δὲ οἰκιῶν τύμβους καὶ

37 τὸν Ἀθηναῖον A²M : τῶν Ἀθηναίων A ‖ **39** καὶ A : *om.* M ‖ **40** τὸ A² : τὰ M *et fortasse* A.

[365 b] **2** ἐμαυτοῦ A : ἑαυτοῦ M ‖ **9** λέγῃ A²M : λέγει A ‖ **16** ἐπεὶ Himerius R : ἐν AM εἰ M².

beau, qu'au lieu de te donner richesses et délices, je t'avais fait le plus tragique des dons qui soient parmi les hommes : une sépulture[1]. Tu venais de parler en public en te faisant entendre pour la première fois : tu t'étais attaché tout l'univers par tes balbutiements encore informes. Périclès savait persuader, mais il fut orateur après avoir reçu l'enseignement d'Anaxagore ; toi, tu étais orateur dès ta première enfance. Alcibiade avait captivé tout l'auditoire, mais dans la fleur de l'adolescence et de la jeunesse ; toi, tu l'as fait alors que tu étais encore au sein qui te nourrissait de lait. Ô souffrance digne de la grande voix d'Eschyle[2]. Il fallut à Héraclès un long voyage et ses douze travaux pour faire de tout l'univers le témoin de sa valeur ; toi, sans sortir de ton milieu, tu as franchi les colonnes d'Héraclès par tes prouesses[3]. Quelle divinité a retranché de mon foyer cette tête aux boucles d'or? Qui a éteint l'éclat de ma gloire[4]? Quelle Érinye a dépouillé tes joues de ton teint vermeil et ton visage de ton doux et réconfortant sourire? Hélas ! Dionysos, comment as-tu supporté que l'enfant qui t'était consacré soit ravi de ton sanctuaire? C'est là un trophée de victoire aussi bien sur toi que sur moi qu'ont dressé les Érinyes[5]. Pourquoi ne lui ai-je pas préparé la chambre dans le monde d'en bas puisque l'envie des Érinyes l'a privé de la belle demeure de ce monde-ci? Pour quelles complaintes [366 a] funèbres ai-je été gardé, moi? Moi qui ai essayé tous les genres en éloquence, je ne déclinais que les lamentations funèbres. Je ne savais donc pas que je me réservais pour mes propres chants de deuil[6] !

C'est dès longtemps donc que tu préparais ton départ d'ici ; c'est dès longtemps que tu laissais prévoir à ceux qui en étaient capables que tu valais mieux que le séjour de ce monde[7]. Ô toi qui, auparavant, as devancé les limites de ton âge par les vertus que tu possédais et

1. P. 65, 24.
2. P. 65, 29.
3. P. 66, 43.
4. P. 67, 54.
5. P. 67, 59.
6. P. 67, 70.
7. P. 68, 88.

χώματα, ἀντὶ δὲ πλούτου καὶ χλιδῆς τραγικώτατα δῶρα τῶν ἐν ἀνθρώποις, ἐντάφια. Ἐδημαγώγεις ἄρτι τὰ πρῶτα φθεγγόμενος, ἀνήρτησο πᾶσαν τὴν ὑφ' ἥλιον τοῖς ἀσήμοις ἔτι κνυζήμασιν. Ἔπειθε Περικλῆς, ἀλλὰ μετὰ Ἀναξαγόραν δημηγόρος· σὺ δὲ ἦσθα δημηγόρος ἐκ μέσων σπαργάνων. Εἷλεν Ἀλκιβιάδης ὅλον τὸ θέατρον, ἀλλ' ἀκμάζων ἤδη τὴν ὥραν καὶ τὴν ἡλικίαν μειρακιούμενος· σὺ δὲ ἔτι τῷ μαστῷ καὶ τῷ γάλακτι προσκείμενος. Ὦ πάθος τῆς Αἰσχύλου μεγαλοφωνίας ἄξιον. Ἡρακλεῖ μὲν ἐδέησε πολλῆς περιόδου καὶ τῶν ἄθλων οἶμαι τῶν δώδεκα, ἵνα μάρτυρας τῆς ἀρετῆς τὴν ὑφ' ἥλιον πᾶσαν κτήσαιτο· σὺ δὲ εἴσω τοῦ κύκλου μένων ὑπερέβης τὰς στήλας ἡμῖν τὰς Ἡρακλείους τοῖς θαύμασι. Τίς ἀπέκειρε δαίμων τῆς ἐμῆς ἑστίας τὸν χρυσοῦν βόστρυχον; Τίς τὸν πυρσὸν τῆς ἐμῆς δόξης ἔσβεσε; Τίς Ἐρινύων τὸ παρειῶν ἔρευθος καὶ τὸ προσηνὲς καὶ ἡδὺ μειδίαμα τῶν σῶν προσώπων ἐσύλησεν; Οἴμοι, Διόνυσε, πῶς ἤνεγκας ἐκ τοῦ σοῦ τεμένους παῖδα τὸν ἱερὸν ἁρπαζόμενον; Κοινὸν ἕστηκε κατὰ σοῦ καὶ τῆς ἐμῆς ἑστίας Ἐρινύσι τοῦτο τὸ τρόπαιον. Τί δὲ οὐχ ἡτοίμαζον αὐτῷ τὸν κάτω θάλαμον, ἐπειδὴ τὰς ἄνω παστάδας Ἐρινύων φθόνος [366 a] ἐξήρπασεν; Οἵαις μονῳδίαις τετήρημαι; Πάσας ὑποθέσεις τολμήσας λόγων μόνους τοὺς θρήνους ἐξέκλινον. Ἐλάνθανον δὲ ἄρα τοῖς ἐμαυτοῦ θρήνοις τηρούμενος.

Πόρρωθεν ἄρα ἐμελέτας τὴν ἐνθένδε ἀναχώρησιν, πόρρωθεν ἐδίδως τοῖς δυναμένοις τεκμήρασθαι ὅτι κρείττων ἄρα ἦσθα τῆς τῇδε λήξεως. Ὦ πρότερον τοὺς τῆς ἡλικίας ὅρους τῇ τῶν ἀρετῶν κτήσει, νῦν δὲ

23 ἀνήρτησο A² : ἀνηρτήσω AM || **28-29** σὺ δὲ — προσκείμενος A *et* Himerius R : *om.* M || **31-32** τῆς ἀρετῆς A *et* Himerius R : *om.* M || **36** ἔσβεσε A²M : ἐπέσβεσε A *ut vid.* ἀπέσβεσε Himerius R.

[366 a] **4** ἐμελέτας Himerius R : ἐμελετήσας A ἐμμελετήσας A² ἐμελέτησας M || **6** τῇδε AM : τοῦδε A² || λήξεως A²M : λέξεως A || **7** νῦν A : νυνὶ M.

qui les as devancées par la mort ! Ô toi qui as dépassé par l'amour fraternel les éloges qu'on fait des Dioscures ! Eux, en effet, guerroyaient pour Hélène mais ils n'avaient pas empêché son enlèvement ; toi, tu étais pour ta sœur une garde plus solide que n'importe quel rempart[1] !

Toi, tu as résisté à toutes les maladies par ta seule fermeté d'âme. C'est sans doute pour cela que ce méchant et sauvage démon t'en a voulu et que, vaincu dans de nombreux combats, il t'a finalement abattu en traître par un tour de ruse. Sans céder même jusqu'à la fin au démon, comme on peut l'entendre, tu lui as abandonné ton corps mais tu ne lui as pas abandonné ton esprit. Et lui t'étouffait et te violentait et toi, déjà pris dans le nœud de la corde, tu continuais à appeler ta chère nourrice[2] jusqu'au moment où il te priva de toute aide et serra la corde. Il savait bien, en effet, combien de fois il s'était retiré vaincu quand ton père était là et luttait avec toi[3]. Tu as vaincu même la résistance et l'intransigeance du tribunal ; on vit alors sourire pour la première fois ce collège toujours grave ; tu as fait naître des regrets dans des âmes que les dieux n'avaient même pas émues en plaidant[4]. Tu m'as fermé par ta mort les portes de la ville, tu m'as fermé Éleusis[5]. Comment sacrifierai-je à Athéna qui, pour toi, mon enfant, n'a pas agité la Gorgone contre le démon ? Comment prierai-je l'Apollon de nos pères, moi, père affligé par la mort de mon enfant[6] ? Ô téméraires discours ! Il est mort, Rufin, et vous, vous êtes encore en pleine jeunesse ! Ô langue infortunée, autrefois l'instrument des Muses, te voilà maintenant celui d'un démon sans culture[7] !

Ô toi dont l'éclat a été plus fugitif que celui de l'étoile du matin ! Ô toi qui m'as donné un jour plus brillant que tous les autres quand le soleil t'a vu pour la première

1. P. 68, 96.
2. Dans le texte d'Himérius, τιθήν est précisé par l'apposition Ἀθηνᾶν que Photius a omise.
3. P. 60, 109.
4. P. 70, 137.
5. P. 71, 157.
6. P. 71, 162.
7. P. 72, 172.

τῷ θανάτῳ προαρπασάμενος· ὦ φιλαδελφίᾳ νικήσας τὰ Διοσκούρων ἐγκώμια; Οἱ μὲν γὰρ ὑπὲρ Ἑλένης ἐστράτευον, τὴν δὲ ἁρπαγὴν οὐκ ἐκώλυσαν· σὺ δὲ φύλαξ τῆς αὐταδέλφου ἦσθα παντὸς τείχους ὀχυρότερος. Σὺ δὲ πρὸς πάσας νόσους ἔστης ἀεὶ μόνῳ τῷ τῆς ψυχῆς παραστήματι· φιλονεικήσας σοι διὰ τοῦτο ἴσως ὁ πονηρὸς δαίμων καὶ ἄγριος, καὶ πολλὰς ἡττηθεὶς μάχας, ὀψέ ποτε λαθραίῳ καὶ δολερῷ κατέσεισε μηχανήματι. Εἶξας δὲ οὐδὲ ἄχρι τῶν ἐσχάτων, ὡς ἔστιν ἀκούειν, τῷ δαίμονι, ἀλλὰ παραχωρῶν τοῦ σώματος, τοῦ φρονήματος οὐ παρεχώρησας. Ἀλλ' ὁ μὲν ἦγχε καὶ ἐβιάζετο, σὺ δὲ ἐκ μέσου τοῦ βρόχου διετέλεις τὴν φίλην σοι τιθὴν ἀναφθεγγόμενος, ἕως πάσης σε συμμαχίας ποιήσας ἔρημον, οὕτω προσῆγε τὸν βρόχον. Ἤιδει γὰρ ὡς πολλάκις ἡττηθεὶς ἀπῆλθε τοῦ πατρὸς παρόντος καὶ συνασπίζοντος. Ἐνίκησας καὶ τοῦ δικαστηρίου τὸ στεγανόν τε καὶ ἄτρεπτον· ὤφθη τότε μειδιᾶσαν πρῶτον τὸ σύννουν ἀεὶ συνέδριον· εἰς πόθον ψυχὰς ἐκίνησας, ἃς οὐκ ἐκίνησαν οὐδὲ θεοὶ δικαζόμενοι. Ἀπέκλεισάς μοι τῷ θανάτῳ τὰς τοῦ ἄστεως πύλας, ἀπέκλεισάς μοι τὴν Ἐλευσῖνα. Πῶς Ἀθηνᾷ θύσω, ἣ τὴν Γοργόνα κατὰ τοῦ δαίμονος ὑπὲρ σοῦ, παιδίον, οὐκ ἔσεισε; Πῶς τῷ πατρῴῳ προσεύξομαι, πατὴρ ἐπὶ παιδίῳ λυπούμενος; Ὦ τολμηροὶ λόγοι· κεῖται Ῥουφῖνος, ὑμεῖς δὲ ἔτι νεανιεύεσθε. Ὦ δυστυχὴς γλῶττα, ὦ πρότερον μὲν ὄργανον Μουσῶν, νυνὶ δὲ ἀμούσου δαίμονος. Ὦ λάμψας ἑωσφόρου ταχύτερον; ὦ πασῶν μὲν δείξας ἐμοὶ φαιδροτέραν ἡμέραν, ὅτε σε εἶδε πρῶτον ὁ ἥλιος,

8 προαρπασάμενος AM : παραμειψάμενος A² ‖ 9 ὑπὲρ A *et* Himerius R : *om.* M ‖ 13 φιλονεικήσας Colonna : ἐφιλονείκησας A ἐφιλονείκησέ A²M ‖ 18 ἦγχε M *et* A *ut vid.* : εἶχεν A² ‖ 25 ἀεὶ συνέδριον A *et* Himerius R : συνέδριον ἀεὶ M ‖ 30 παιδίῳ A : παιδὶ M *et* Himerius R ‖ 32 ὦ δυστυχὴς M *et* Himerius R : δυστυχὴς A ‖ 35 ὁ A : *om.* M.

fois et qui m'as fait voir le jour le plus sombre, celui depuis lequel j'ai reçu la malheureuse, la tragique nouvelle[1] !

A quel sort déplorable le démon m'a-t-il condamné et au lieu de quelles espérances ! Je pleure maintenant celui en qui j'ai espéré voir un orateur plus habile que Minucianus, plus grave que Nicagoras, plus disert que Plutarque, plus philosophe que Musonius, plus endurant que Sextus, plus brillant que tous ses prédécesseurs [366 b] à la fois et meilleur qu'eux ! Moi-même, en effet, je te cédais la victoire alors que tu étais encore adolescent et je jugeais tes discours supérieurs au miens. Je préférais tes balbutiements à mes travaux sérieux. Mais tout cela, le démon s'en est allé en l'emportant d'un coup et il ne m'a laissé à ta place que les lamentations et les larmes[2]. Je t'honorerai aussi par des jeux funèbres et je livrerai ton nom au temps et je serai, en cela du moins, plus fort que le démon, faisant en sorte qu'il garde bien ton corps, mais que le ciel garde ton âme et que tous les hommes gardent ta gloire[3].

De l'épithalame pour Sévère[4] ;
tiré de la préface.

Peut-être trouvera-t-on superflu qu'avant un épithalame on disserte sur les règles techniques ; car là où sont Hyménée et les chœurs et les audaces de la liberté poétique, quelle est la place du métier? Mais puisqu'il faut que celui qui est compétent, même sur de pareils sujets, ne fasse rien en dehors des règles, il vaut la peine d'en dire quelques mots. Admettons donc que la meilleure règle pour les épithalames soit de se tourner pour le style vers les poètes, pour le fond vers ce qui est dans l'usage et, pour la dimension, de s'en référer

1. P. 72, 179.
2. P. 72, 185.
3. P. 73, 212.
4. Ce discours (*Oratio* IX de Colonna) est conservé par Himérius A. Sur le personnage qui en est la vedette, cf. Seeck, s. v. *Severus*, n. 24, in *R. E.*, 2e sér., t. II, 1923, col. 2004.

πασῶν δὲ ἀφεγγεστάτην αὖ πάλιν, ἀφ' ἧς τὴν δυστυχῆ καὶ τραγικὴν φήμην κεκόμισμαι. Οἵαν τύχην ἀνθ' οἵων ἐλπίδων ὁ δαίμων μου κατεψήφισται. Θρηνῶ νῦν ὃν δεινότερον ἤλπισα Μινουκιανοῦ φθέγξασθαι, σεμνότερον δὲ Νικαγόρου, Πλουτάρχου δὲ εὐγλωττότερον, Μουσωνίου δὲ φιλοσοφώτερον, Σέξτου δὲ καρτερικώτερον, πάντων δ' ὁμοῦ τῶν προγόνων λαμπρότερόν τε καὶ
[366 b] κρείττονα. Αὐτὸς μὲν γὰρ παρεχώρουν ἔτι κουρίζοντί σοι τὰ νικητήρια, καὶ τοὺς σοὺς λόγους τῶν ἐμαυτοῦ λόγων ἡγούμην κρείττονας. Προὔκρινον τῶν ἐμῶν σπουδασμάτων τὰ σὰ ψελλίσματα. Ἀλλὰ ταῦτα πάντα ὁμοῦ συλήσας ὁ δαίμων οἴχεται, ἐμοὶ δὲ ἀφῆκεν ἀντὶ σοῦ θρήνους καὶ δάκρυα. Κοσμήσω σε καὶ ἐπιταφίοις ἀγῶσι, καὶ παραδώσω τῷ χρόνῳ τὸ σὸν ὄνομα, καὶ γενήσομαι τοῦ δαίμονος κατὰ τοῦτο γοῦν τὸ μέρος φιλονεικότερος, ἵνα ἔχῃ μὲν ἐκεῖνος τὸ σῶμα, τὴν δὲ ψυχὴν ὁ οὐρανός, τὴν δὲ δόξαν ἅπαντες ἄνθρωποι.

Ἐκ τοῦ εἰς Σεβῆρον ἐπιθαλαμίου·
ἐκ τῆς προθεωρίας.

Ἴσως μὲν ἄν τῳ περίεργον εἶναι δόξειε τὸ πρὸ τῶν ἐπιθαλαμίων τεχνολογεῖν· ὅπου γὰρ Ὑμέναιος καὶ χοροὶ καὶ ποιητικῆς αὐτονομίας ἄδεια, τίς ἐνταῦθα τέχνης καιρός; Ἐπεὶ δὲ χρὴ τὸν ἐπιστήμονα καὶ ἐν τοῖς τοιούτοις μηδὲν ἄνευ τέχνης ποιεῖν, βραχέα καὶ περὶ τούτων εἰπεῖν ἄξιον. Ἔστω τοίνυν ὁ ἄριστος ἐπιθαλαμίων κανὼν τὸ τὴν μὲν λέξιν πρὸς τοὺς ποιητὰς ὁρᾶν, τὰ πράγματα δὲ πρὸς τὴν χρείαν, τὸ δὲ μέτρον πρὸς τὴν ὑπόθεσιν.

36 ἀφεγγεστάτην A²M : *quid prius praeb.* A *non liquet* ‖ ἀφ' ἧς A : ἀφῆς M ‖ **38** μου A : μοι M.

[366 b] **1** κρείττονα AM : κρεῖττον A² ‖ **3** ἐμῶν Reiske : *om. codd.* ‖ **6** ἐπιταφίοις A : ἐπιταφίου M ‖ **12** προθεωρίας A : θεωρίας M ‖ **13** πρὸ AM : περὶ Himerius A ‖ **15** τίς A²M *et* Himerius A : τῆς A ‖ **20** δὲ πρὸς A² *et* Himerius A : πρὸς AM.

au sujet. Si mon discours a atteint à toutes ces qualités, mon texte le montrera clairement[1].

L'exorde de l'épithalame.

On dit qu'Apollon, après les grandes victoires qu'il remporta en jouant de la lyre, fit aussi entendre un chant nuptial devant une chambre d'époux[2]. Elle[3] amène aussi Aphrodite sur un char de Grâces avec un chœur d'Amours qui jouent autour d'elle. Elle noue les cheveux de la fiancée d'une guirlande d'hyacinthe et laisse ceux qui encadrent le front libres d'ondoyer aux souffles qui les viendraient frapper ; aux Amours, elle garnit d'or les ailes et les boucles et elle les envoie en avant du char pour mener le cortège et agiter des torches bien haut[4]. Lorsque sa passion pour Hippodamie décida Pélops à servir Éros et Aphrodite, alors Apollon[5] lui aussi rassembla le chœur des Néréides et dressa pour lui la couche nuptiale au haut d'une falaise ; c'était, je crois, la vague qui servait de chambre nuptiale, une vague pourpre et haute qui formait une voûte au-dessus du lit pour imiter l'aspect d'une chambre d'époux[6]. C'étaient un dieu et la nature ; lui désirait engendrer et elle désirait quelqu'un pour la féconder. En vue de cette entreprise, l'univers s'était fait chambre nuptiale pour l'univers. De ces noces furent engendrés le ciel et le soleil et aussi le chœur des [367 a] astres et le flambeau de la lune et les deux pôles autour desquels tourne la première descendance des premières épousailles du dieu. Les secondes noces que connut la nature après celles-là furent celles de l'Océan et de Téthys d'où proviennent les cours d'eau, les lacs, les fontaines, les sources, les puits et la mer qui a donné naissance à toutes les eaux[7] ; les plantes naquirent aussi et les animaux et la terre fut habitée et la mer reçut

1. P. 74, 3. — 2. P. 75, 25.
3. « Elle », c'est Sappho dont il est question dans un passage que Photius a sauté. — 4. P. 76, 41.
5. « Apollon » est de Photius. Himérius a écrit ὁ θεός.
6. P. 77, 63. — 7. P. 77, 72.
8. Allusion à *Iliade*, XXI, 195-196.

Ὧν εἰ πάντων ὁ λόγος ἐστόχασται, σαφέστερον δείξει τὸ σύγγραμμα.

Τὸ προοίμιον τοῦ ἐπιθαλαμίου.

Ἀπόλλωνά φασι μετὰ τὰς μεγάλας νίκας ἃς πλήττων τὴν λύραν ἤρατο, καὶ κατὰ παστάδων ἠχῆσαι μέλος γαμήλιον. Ἄγει καὶ Ἀφροδίτην ἐφ' ἅρμα Χαρίτων, καὶ χορὸν Ἐρώτων συμπαίστορα. Καὶ τῆς μὲν ὑακίνθῳ τὰς κόμας σφίγξασα, πλὴν ὅσαι μετώπῳ μερίζονται, τὰς λοιπὰς ταῖς αὔραις ἀφῆκεν ὑποκυμαίνειν, εἰ πλήττοιεν· τῶν δὲ τὰ πτερὰ καὶ τοὺς βοστρύχους χρυσῷ κοσμήσασα πρὸ τοῦ δίφρου σπεύδει πομπεύοντας καὶ δᾷδα κινοῦντας μετάρσιον. Ἐπεὶ δὲ Πέλοπα οἱ τῆς Ἱπποδαμείας πόθοι Ἔρωτι καὶ Ἀφροδίτῃ λατρεύειν ἔπεισαν, τότε καὶ ὁ Ἀπόλλων τὸν τῶν Νηρηΐδων χορὸν ἀθροίσας ἵστησι μὲν αὐτῷ κατ' ἄκρας ᾐόνος τὸν θάλαμον· κῦμα δὲ ἦν (οἶμαι) ὁ θάλαμος πορφῦρόν τε καὶ μετάρσιον, ὑπὲρ τοῦ λέχους κυρτούμενον, ἵνα παστάδα μιμήσηται. Ἦν θεὸς καὶ φύσις· καὶ ὁ μὲν ἐδεῖτο γονῆς, ἡ δὲ τοῦ κυΐσκειν μέλλοντος. Ἵνα δὴ ταῦτα ἄρξηται, θάλαμος τῷ παντὶ τὸ πᾶν ἐγίνετο. Ἐκ δὲ δὴ τῶν γάμων τούτων οὐρανὸς γεννᾶται καὶ ἥλιος, ἔτι δὲ ἄστρων χορός, σελήνης φέγγος, καὶ διπλοῖ πόλοι, περὶ οὓς [367 a] ἡ πρώτη γένεσις τῶν πρώτων τοῦ θεοῦ γάμων ἐλίττεται. Δευτέρους δὴ μετὰ τούτους γάμους Ὠκεανοῦ καὶ Τηθύος ἡ φύσις ἔδειξεν, ἀφ' ὧν ἀνίσχουσι μὲν ποταμοὶ καὶ λίμναι, ἔτι δὲ κρῆναι καὶ πηγαὶ καὶ φρέατα καὶ ἡ πάντων μητὴρ ναμάτων θάλασσα· τίκτεται δὲ καὶ φυτὰ καὶ ζῷα, καὶ γῆ οἰκεῖται, καὶ τὸ νηχόμενον

24 ἃς A[2] : *om.* AM ‖ **31** πομπεύοντας Duebner : πολιτεύοντας AM *om.* Himerius A ‖ καὶ M : *om.* A *et* Himerius A ‖ **31-32** δᾷδα κινοῦντας A *et* Himerius A : διανινοῦκτας M.

[367 a] **3** ἔδειξεν A : *om.* M.

les poissons et l'air se révéla accessible aux oiseaux[1].

Et c'est le contemplateur des œuvres divines, l'ouvrier des œuvres terrestres, l'homme, que le mariage engendra en dernier. Car que l'homme soit un enfant de la terre et que l'Attique ait ouvert son sein pour accoucher d'un pareil rejeton, c'est une fable amusante, d'une grâce attique[2]. C'est ce mariage aussi qui fit ouvrir les flots pour l'enfantement et qui fit apparaître, toute brillante sous le soleil, Aphrodite elle-même qui était cachée dans la mer[3]. Quant aux amours des cours d'eau, si je voulais les dire, ils seraient foule à inonder mon discours. Car ils sont tous, selon moi, épris de la mer et, dès lors, ils désirent se porter de leur source vers elle à toute vitesse, comme si chacun voulait étreindre la bien-aimée avant l'autre[4]. Et l'un d'eux s'enfle et il est heureux de bouillonner et de se creuser pour prendre la forme d'une chambre nuptiale tout comme si, sans doute, il était fier vis-à-vis des autres fleuves de s'être vu confier les amours de Poseidon[5]. Ainsi, eux aussi[6], qui étaient de naissance égale et qui avaient été élevés de la même manière, pour toutes raisons identiques furent pris du désir de cette union[7].

On raconte qu'un jour Olympias, qui eut le bonheur de mettre Alexandre au monde, participait à Samothrace aux mystères des Cabires ; elle vit, au cours de la cérémonie, Philippe qui était encore tout jeune ; quand elle vit le jeune homme, elle s'éprit de lui et accepta de l'épouser ; elle accomplit d'abord le rite préliminaire du feu nuptial. L'ascendance première de la jeune épousée était une famille thrace autochtone, je crois, et dont les origines lointaines remontaient à des destinées royales[8]. Ils fleurissent en effet ensemble comme des calices printaniers d'une seule prairie, comme des raisins qui poussent

1. P. 77, 75. — 2. P. 78, 92. — 3. P. 79, 104. — 4. P. 79, 116.
5. P. 80, 128.

6. καὶ οὗτοι désigne des divinités fluviales dont il est question dans un passage que Photius n'a pas repris dans son choix.

7. P. 80, 143. — 8. P. 81, 153.

λαμβάνει θάλασσα, καὶ ἀὴρ ἐφάνη πτεροπορεύσιμος. Τὸν δὲ θεωρὸν μὲν τῶν θείων, ἐργάτην δὲ τῶν ἐπὶ γῆς πραγμάτων ἄνθρωπον ὕστατον ὁ γάμος ἐγέννησε. Τὸ γὰρ γῆς παῖδα γενέσθαι ἄνθρωπον, καὶ τὴν Ἀττικὴν ῥαγεῖσαν ὠδῖνα τοσοῦτον βλαστῆσαι βλάστημα, μῦθός ἐστιν Ἀττικῆς χάριτος παίγνιον. Οὗτος καὶ τὴν Ἀφροδίτην αὐτὴν κατὰ θάλασσαν λανθάνουσαν, ῥήξας τῷ τόκῳ τὰ κύματα, ἔδειξεν ἡλίῳ μαρμαίρουσαν. Τοὺς δὲ ποταμῶν ἔρωτας εἰ λέγειν ἐθέλοιμι, μυρίος ἂν ἐπιρρέοι ποταμῶν ὄχλος τῷ λόγῳ. Πάντες γάρ μοι δοκοῦσι θαλάττης ἐρᾶν, καὶ διὰ τοῦτο ἐπ' αὐτὴν ἐκ πηγῶν πολλῷ τῷ τάχει κομίζεσθαι, ὥσπερ ἄλλος πρὸ ἄλλου τὴν ἐρωμένην θέλων ἀσπάσασθαι. Ὁ δὲ κυμαίνει καὶ τέρπεται πορφύρων τε καὶ εἰς παστάδα κυρτούμενος, ὥσπερ (οἶμαι) φρονῶν κατὰ ποταμῶν τῶν ἄλλων, ὅτι δὴ μόνος τοὺς Ποσειδῶνος πόθους πεπίστευται. Οὕτω καὶ οὗτοι, φύντες ἴσως καὶ ἐκτραφέντες ὁμοίως, ἀπ' ἴσων ἁπάντων τῆς κοινωνίας ἠράσθησαν. Λέγεταί ποτε καὶ Ὀλυμπιάδα τὴν ἐπὶ τοῖς Ἀλεξάνδρου τόκοις εὐδαίμονα, ὀργιάζουσαν τὰ Καβείρων ἐν Σαμοθρᾴκῃ μυστήρια, ἰδεῖν κατὰ τὴν τελετὴν τὸν Φίλιππον (ἦν δὲ ὑπηνήτης ἔτι), ἰδοῦσάν τε ἐρασθῆναι τοῦ νεανίσκου καὶ ὁμολογῆσαι τὸν γάμον, προτέλειά τε ποιησαμένην τοῦ γαμηλίου πυρὸς τὰ μυστήρια. Γένος δὲ τῇ νύμφῃ Θρᾳκῶν τὰ πρῶτα, αὐτόχθονες οἶμαι καὶ εἰς βασιλείους τύχας τὰς ἄνω ῥίζας ἀναβιβάζοντες. Ἀκμάζουσι μὲν γὰρ ἐπ' ἴσης ὥσπερ ἐαριναὶ κάλυκες ἀφ' ἑνὸς λειμῶνος ἢ βότρυες, αἳ καθ' ἕνα

7 πτεροπορεύσιμος A : πτερῷ πορεύσιμος M *et* Himerius A ‖ **12** ἀττικῆς A²M : *quid prius praeb.* A *non liquet* ‖ **16** ἐπιρρέοι (ἐπιρρεύσοι A²) ποταμῶν A : ποταμῶν ἐπιρρέοι M ‖ **18-19** πρὸ ἄλλου Jacobs : πρὸς ἄλλον *codd.* ‖ **22** τούς... πόθους Himerius A : τοῦ... πόθου AM ‖ **26** ὀργιάζουσαν A² *et* Himerius A : ὀργίζουσαν AM ‖ **28** ὑπηνήτης A : ὑπηρέτης M ‖ **31** οἶμαι A : οἶμαί τινες M ‖ **34** ἢ βότρυες Himerius : βότρυες AM βρύοντος Duebner.

ensemble et sont coupés au même moment[1]. Sages tous deux, d'un heureux caractère, séparés seulement par leurs œuvres naturelles. Car elle savait l'art de filer la laine que patronne Athéna; lui avait acquis par ses travaux la faveur d'Hermès; elle avait pour souci sa navette et lui son éloquence[2]. Lui, encore jeune garçon à qui vient de pousser le premier duvet de l'adolescence; elle, mûre pour le mariage[3]. Les Amours tressent des [367 b] couronnes de roses qu'ils cueillent à leur gré dans les jardins d'Aphrodite et ils les suspendent par toute la chambre. Persuasion, Désirs, Amour se sont réparti la besogne pour leur donner toute ta beauté : celui-ci vient se poser dans tes yeux et y resplendit d'un éclat irrésistible, les autres rosissent tes joues de pudeur plus que la nature ne colore les boutons de rose lorsqu'ils s'ouvrent aux jours de printemps sous la montée de la sève et rosissent au bout de leurs pétales. Persuasion habite tes lèvres et distille sa propre grâce avec chaque mot prononcé. Sur ta tête fleurit, abondante, la chevelure bouclée qui se gonfle et encadre ton front[4].

Mais que ne suis-je assez poète pour dire sur la fiancée des paroles qui viennent de moi[5] ! Et moi, debout près de la chambre nuptiale, je ferai ma prière à la Fortune, aux Amours et aux dieux de la fécondité; aux Amours, pour qu'ils tirent au but, à la Fortune, pour qu'elle leur donne la vie, aux dieux de la fécondité pour demander qu'ils leur donnent une descendance légitime afin que nous puissions ajouter au vin des noces la libation à la Fécondité[6].

Du dialogue intitulé Diogène *ou Discours d'adieu*[7]; *tiré de la préface.*

Quand des sujets sont communs, c'est la façon de

1. P. 82, 174.
2. P. 82, 177.
3. P. 82, 184.
4. P. 84, 222.
5. P. 85, 248.
6. P. 86, 273.
7. Cette pièce est l'*Oratio* X de Colonna (p. 87-92). En plus des

καιρὸν καὶ βλαστάνουσιν ἅμα καὶ σχίζονται. Σώφρονες ἄμφω, δεξιοὶ τὸν τρόπον, μόνοις τοῖς ἔργοις τοῖς κατὰ φύσιν σχιζόμενοι. Ἡ μὲν γὰρ ταλασίαν τὴν Ἀθηνᾶς τέχνην, ὁ δὲ τοῖς πόνοις τὴν Ἑρμοῦ χάριν κεκάρπωται· καὶ τῇ μὲν κερκίς, τῷ δὲ λόγος μέλει. Ὁ μὲν ὑπηνήτης ἔτι, πρωΐτερον τῆς ἡλικίας βλαστήσας ἴουλον· ἡ δὲ ἀκμάζει πρὸς γάμον. Ἔρωτες δὲ ῥόδων [367 b] στεφάνους πλεξάμενοι, οὓς ἐξ Ἀφροδίτης κήπων, ὅταν θέλωσι, δρέπονται, τὴν παστάδα πᾶσαν ἀνάπτουσι. Πειθὼ δὲ καὶ Πόθοι καὶ Ἵμερος τὸ σὸν κάλλος ἅπαν ἐνείμαντο, ὁ μὲν ἐφιζάνων τοῖς ὄμμασι, κἀκεῖθεν ἐκπυρσεύων ἀμήχανον· οἱ δὲ τὰς παρειὰς αἰδοῖ φοινίσσοντες πλέον ἢ τὰς τῶν ῥόδων ἡ φύσις κάλυκας, ὅταν ἠριναῖς ὥραις ὑπὸ τῆς ἀκμῆς σχιζόμεναι πετάλοις ἄκροις ἐρεύθωνται. Πειθὼ δὲ κατὰ τῶν χειλέων σκηνώσασα τὴν ἑαυτῆς χάριν συναποστάζει τοῖς ῥήμασιν. Ἐπανθεῖ δὲ τῇ κεφαλῇ πολὺς ὁ βόστρυχος, πορφύρων τε καὶ κατὰ μέτωπον σχιζόμενος. Ἀλλ' εἰ γὰρ ἐγὼ ποιητικὸς τὴν φύσιν, ὥστε ἀφεῖναι κατὰ τῆς νύμφης γλῶτταν αὐτόνομον. Ἐγὼ δὲ στὰς παρ' αὐτὸν τὸν θάλαμον Τύχῃ καὶ Ἔρωσι καὶ γενεθλίοις προσεύξομαι, τοῖς μὲν τοξεύειν εἰς τέλος, τῇ δὲ διδόναι βίον, τοῖς δὲ παίδων γνησίων γένεσιν, ἵνα τῷ γαμηλίῳ κρατῆρι καὶ τὴν γενέθλιον σπονδὴν συνάψωμεν.

Ἐκ τοῦ ἐπιγραφομένου λόγου « Διογένης ἢ προπεμπτικός »· ἐκ τῆς προθεωρίας.

Τὰς κοινότητας τῶν ὑποθέσεων ἰδίας αἱ μεταχει-

37 ταλασίαν AM : ταλασίᾳ Himerius A ‖ 39 μέλει Himerius A : μέλλει AM.

[367 b] 2 δρέπονται A : δρέπωνται M ‖ 13 δὲ M : *om.* A ‖ 14 καὶ γενεθλίοις Himerius A : γενεθλίοις AM ‖ 17 σπονδὴν Himerius A : σπουδὴν AM ‖ 20 προθεωρίας A : θεωρίας M ‖ 21 ἰδίας M : *om.* A.

les traiter qui peut les personnaliser ; c'est pourquoi, si même les discours d'adieu sont d'un usage récent, on peut, par l'art, leur donner un air plus ancien. C'est ce que nous avons fait ; en mettant, en effet, le présent sujet en forme de dialogue, nous n'avons altéré ni l'usage ni le sérieux qui convient au dialogue. Nous avons aussi, à l'exemple de Platon, quoique notre discours appartienne au genre moral, touché aux domaines de la nature et du monde divin en les mêlant aux données d'ordre moral. Platon enveloppe dans la fable les plus divins de ses propos : il faut voir si nous avons poursuivi un même dessein. Quant aux autres qualités des dialogues, à savoir les pauses, les dispositions, les épisodes et aussi les agréments et le mouvement de l'action dans son ensemble, c'est notre ouvrage qui montrera le mieux si nous les avons atteintes. Les dialogues commencent dans la forme dépouillée pour que le style soit simple ; ensuite, leur ton monte avec le sujet. Avons-nous respecté cet usage ? Nous en laissons juges ceux que leur art a rendus aptes à bien écouter.

[368 a] *Du dialogue même ; le préambule.*

L'instant est au silence et non à la parole lorsque les discours se font tristes, au moment où ils vont séparer leurs propres rejetons du troupeau. Néanmoins — car il faut parler dans toute situation qui se présente — laissez-moi vous dire moi-même, si cela vous agrée, le discours que m'a inspiré le souci qui s'est abattu sur moi. Tous deux, au départ, sont séparés l'un de l'autre par des distances aussi considérables que celles qui séparent le centre de l'Europe et les confins de l'Asie ;

passages que Photius a choisis, il y a quelques extraits de cette œuvre dans le *Neapolitanus* II C 32 (N, XIVe siècle). Je signalerai en note les passages qui sont communs à Photius et à ce manuscrit.

ρίσεις ἐργάζονται· διὸ καὶ τοὺς προπεμπτικοὺς λόγους, κἂν νέοι τῷ νόμῳ τυγχάνωσιν, ἀλλ' οὖν ἔξεστι τῇ τέχνῃ καὶ πρεσβυτέρους ἐργάσασθαι. Ὅπερ ἡμεῖς πεποιήκαμεν· τὴν γὰρ παροῦσαν ὑπόθεσιν εἰς σχῆμα διαλόγου μετασκευάσαντες οὔτε τὴν χρείαν διεφθείραμεν οὐθ' ὅσον σεμνὸν τοῖς διαλόγοις ὀφείλεται. Κατὰ Πλάτωνα δὲ καὶ ἡμεῖς, ἠθικοῦ τοῦ λόγου τυγχάνοντος, ὅμως φυσικῆς τε καὶ θεολογικῆς θεωρίας, ἐγκαταμιγνύντες ταύτας τοῖς ἠθικοῖς, ἐφαπτόμεθα. Καὶ μύθῳ δὲ τοὺς θειοτέρους τῶν λόγων τοῦ Πλάτωνος ἐναποκρύπτοντος, χρὴ σκοπεῖν εἰ τὸν τοιοῦτον ζῆλον μετεδιώξαμεν. Τὰς δὲ ἄλλας ἀρετὰς τῶν διαλόγων, ἀναπαύλας λέγω καὶ διαθέσεις καὶ ἐπεισόδια, ἔτι δὲ χάριτας καὶ τὸ δι' ὅλου δραματικόν, ἄμεινον εἰ κατωρθώθη δείξει τὸ σύγγραμμα. Τῶν δὲ διαλόγων ἀρχομένων ἀπὸ τῆς ἰσχνοτέρας ἰδέας, ἵνα τὴν ἀφέλειαν ὁ τύπος προβάλλῃ τῆς λέξεως, ἐν δὲ τοῖς ἐφεξῆς συνεξαιρομένων ὁμοῦ τοῖς πράγμασιν, εἰ καὶ τοῦτο ἡμεῖς τετηρήκαμεν, πάρεστι κρίνειν οἷς τέχνη πρὸς ἀκρόασιν τὴν ἀκοὴν παρεσκεύασεν.

[368 a] Αὐτοῦ τοῦ διαλόγου τὸ προοίμιον.

Σιωπῆς μὲν καιρός, οὐ λόγων, ὅταν οἱ λόγοι στυγνάζωσι, τοὺς ἑαυτῶν τροφίμους ἀπὸ τῆς ἑαυτῶν ἀγέλης ἐκπέμποντες. Ὅμως δέ (χρὴ γὰρ λέγειν ἐν πάσῃ τύχῃ τοὺς λόγους) φέρε καὶ αὐτός, ὃν ἡ φροντὶς ἡ προσπεσοῦσα λόγον ἐγέννησεν, εἰ φίλον ὑμῖν, καὶ πρὸς ὑμᾶς ἀφηγήσομαι. Ἑκάτερος τοσούτοις διαστήμασι τῆς ἀρχῆς ἀφεστηκότες ἀλλήλων, ὅσον Εὐρώπης τὰ μέσα πρὸς τοὺς ἄνω μύχους Ἀσίας σχίζεται, εἰς τὸν τούτου πό-

23 ἔξεστι AM : ἐξέσται A[2] || **37** προβάλλῃ Wernsdorf : προσβάλλῃ A προβάλῃ M || **38** συνεξαιρομένων Wernsdorf : συνεξαιρουμένων *codd.* || **40** παρεσκεύασεν A : παρεσκευάσαμεν M.

[368 a] **2** ὅταν οἱ A[2]M : ὅτ' οἱ A || στυγνάζωσι A[2]M : *quid prius praeb.* A *non liquet.*

ils sont accourus ensemble vers l'amour qu'il leur inspirait ; chacun voulait être le premier à capter les premiers fruits de sa parole. Tu ne t'es pas conformé à la loi des mystères qui fixe un intervalle entre le temps où on est épopte et celui où on est initié, mais tu as accueilli d'emblée le même personnage comme myste et comme interprète pour l'initiation sacrée aux paroles qui sont en toi et tu lui as donné de se gorger sans retenue des eaux qui s'en écoulent. N'as-tu pas entendu raconter que ces cigales étaient autrefois des hommes[1] et qu'ensuite, dans leur amour pour les Muses, leur chant ininterrompu les dissolvait en mélodie ; que, d'hommes, elles sont devenues des oiseaux échangeant ainsi un chant pour un autre ? Écoute donc la fable. Quand Zeus engendra les hommes, ils étaient pourvus de tous les attributs qu'ils possèdent maintenant, mais l'Amour ne s'était pas encore implanté dans les âmes humaines et, toujours pourvu de ses ailes, ce dieu ne fréquentait que les hauteurs du ciel et ne tirait ses flèches qu'aux divinités. Mais craignant que la plus belle de ses créations ne disparût, Zeus envoya l'Amour se faire le gardien de la race des hommes. Et l'Amour, quand il eut reçu de Zeus cette tutelle, ne trouva pas bon de s'établir dans toutes les âmes et d'avoir également pour temple tout être nouveau et profane ; mais la plupart des âmes, celles des hommes du commun, il les donna à garder aux Amours vulgaires qui sont les rejetons des Nymphes ; lui-même s'établit dans les âmes divines et célestes et, les possédant d'une amoureuse ardeur, il procura d'innombrables bienfaits à l'humanité. Quand donc tu vois quelqu'un lent de nature et réfractaire à l'amitié, dis-toi que jamais cet être n'a été digne d'héberger cet Amour-là[2] ; en revanche, quand tu vois quelqu'un de vif et dont la pensée chaleureuse s'élance comme une

1. Tout le monde sentira l'allusion à la fable que Socrate raconte dans Platon, *Phèdre*, 259 b-d.

2. Le passage πρὸς φιλίαν — ἠξίωται (368 a 36-38) se retrouve dans le *Neapolitanus* ; il n'y a entre nos deux sources que de légères divergences dans l'ordre des mots.

θον συνέδραμον, ἑκάτερος προαρπάσαι τὰς πρώτας ὠδῖνας τῆς τούτου γλώττης βουλόμενος. Οὐ μιμησάμενος τὸν μυστικὸν νόμον, ὃς ἐπόπτῃ τε καὶ μύστῃ μερίζει τὸν χρόνον, ἀλλὰ τὸν αὐτὸν ἐν ταὐτῷ μύστην τε ὁμοῦ καὶ προφήτην τῆς ἱερᾶς τελετῆς τῶν ἐν σοὶ λόγων δεξάμενος, ἔδωκας ἀπλήστως τῶν ἐκεῖθεν ναμάτων ἐμπλήσασθαι. Ἦ οὐκ ἀκήκοας ὡς ὄντες ἄνθρωποὶ τὸ παλαιὸν οὗτοι οἱ τέττιγες, εἶτα ἔρωτι Μουσῶν ἐκ τοῦ ᾄδειν ἀεὶ λυθέντες εἰς μέλος, ἐκ μὲν ἀνθρώπων εἰς ὄρνιθας, ἐκ δὲ ᾠδῆς εἰς ᾠδὴν ἄλλην μετέβαλον; Ἄκουε δὴ τὸν μῦθον. Ὅτε τοὺς ἀνθρώπους ὁ Ζεὺς ἐγέννησε, τὰ μὲν ἄλλα πάντα εἶχον ὡς νῦν κεκόσμηται, Ἔρως δὲ οὔπω ταῖς ψυχαῖς τῶν ἀνθρώπων ἐγκατῳκίζετο, ἀλλ' ἔχων ἔτι τὸ πτερὸν ὁ θεὸς οὗτος μετάρσιον οὐρανῷ τε ἐνωμίλει καὶ εἰς θεοὺς μόνους ἐτόξευε. Δείσας δὲ μὴ αὐτῷ ἀφανισθῇ τῶν ποιημάτων τὸ κάλλιστον, Ἔρωτα πέμπει τοῦ τῶν ἀνθρώπων γένους ἐσόμενον φύλακα. Ὁ δὲ ταύτην ἐκ Διὸς τὴν ἐπιτροπὴν λαβών, τὸ μὲν ἁπάσαις ψυχαῖς ἐγκατοικίζεσθαι ἢ πᾶν ἐπ' ἴσης ἦθος νεοτελές τε καὶ βέβηλον ἔχειν τέμενος οὐκ ἐδοκίμαζεν, ἀλλὰ τὰς μὲν πολλὰς καὶ ἀγελαίας ψυχὰς τοῖς πανδήμοις Ἔρωσι τοῖς τῶν Νυμφῶν παισὶ ποιμαίνειν ἀπένειμεν, αὐτὸς δὲ τὰς θείας καὶ οὐρανίας ψυχὰς ἐνῳκίσατο, καὶ ταύτας ἀναβακχεύων ἐπὶ μανίαν ἐρωτικὴν μυρία ἀγαθὰ τὸ τῶν ἀνθρώπων γένος εἰργάσατο. Ὅταν μὲν οὖν ἴδῃς τινὰ βραδύν τε τὴν φύσιν καὶ πρὸς φιλίαν δυσκίνητον, νόησον ὅτι τῶν Ἔρωτος ἐκείνου ξενίων οὐδαμῶς οὗτος ἠξίωται· ὅταν δὲ ὀξὺν καὶ θερμὸν τὴν γνώμην καὶ φλογὸς δίκην ἐπ' ἐρωτικὴν φιλίαν ἄττοντα, νόησον

20 μετέβαλον Wernsdorf Bekker *ex cod.* B : μετέβαλλον AM || **22** κεκόσμηται AM : κεκόσμηνται A² || **31** ἀγελαίας Colonna : ἀγελαίους *codd.* || **33** ἐνῳκίσατο] ἐνωκίσατο A² : ἐνοικίσατο M *et fortasse* A || **39** ἄττοντα M : ἄγοντα A.

flamme vers l'amitié passionnée, dis-toi que celui-là est l'hôte de cet Amour. Car toi, mon cher Socrate, toi, l'amant parfait, tu ne mentionnes qu'une partie de la vertu de Clinias : ce courage dans les dangers que la [368 b] pratique même procure souvent sans attendre qu'un discours y engage. Il lui donne cette liberté de langage qu'il avait déjà donnée auparavant à Périclès à l'époque où celui-ci dirigeait la cité. C'est là un caractère sans détours. Et si tu voyais cet homme écarté du siège des juges, pleure sur la loi parce qu'elle a été vaincue par l'or.

Il avait grandi en même temps que la ville impériale[1] autour de laquelle les vastes mers se divisent ; et les fondements qu'il avait posés pour sa propre gloire étaient les mêmes que ceux de cette ville ; tant que le corps de la cité ne faisait que prendre forme dans ses substructions, il exerçait d'autres magistratures au nom de l'empereur ; mais quand il fallut une main experte comme pour tracer les contours d'une statue, il y revint pour être celui qui aurait commencé et achevé tout l'embellissement de la cité. Des villes rebâties, des peuples florissants, la vie de Tartessos, la corne d'Amalthée, tout ce qui est le couronnement du bonheur. Mais quelle est la cause de l'empressement à l'égard du jeune homme ? Toute âme récemment séparée du séjour d'en-haut porte encore dans son souvenir la vision de ces fameuses images qu'elle a vues au moment où elle menait la ronde bienheureuse avec les chars des dieux. Quand donc elle voit ici-bas aussi une beauté qu'elle a contemplée autrefois non pas incluse dans un corps, mais cachée au dedans d'une âme divine, elle s'emplit de désir et se réjouit du spectacle et elle s'efforce d'amener cette âme avec elle vers ce pays là-bas après l'avoir allégée par la foi et la connaissance. J'ai connu moi-même un pareil mouvement à l'égard du jeune homme. Car, comme en un miroir, je voyais paraître dans son âme un reflet de ma propre pensée ; j'en ai été heureux pour lui et c'est pour cela

1. *Constantinopoli*, glose Duebner dans sa traduction. Je n'ai pu identifier le personnage. Oberhummer, s. v. *Constantinopolis*, in *R. E.*,

τοῦτον εἶναι ἐκείνου ξένον τοῦ Ἔρωτος. Ἓν γάρ μοι λέγεις, ὦ φίλε Σώκρατες, ἐραστῶν ἄριστε, ἀρετῆς Κλεινίου μόριον, ἀνδρείαν ἐν φόβοις, ἣν καὶ μελέτη πολλάκις [368 b] δίδωσιν, ἐξηγητὴν λόγον οὐκ ἀναμείνασα. Δίδωσι δ' αὐτῷ τὴν παρρησίαν, ὅπερ καὶ Περικλεῖ πρότερον, ὅτ' ἐστρατήγει τῆς πόλεως. Τοῦτο δέ ἐστι τρόπος ἄδολος. Εἰ δὲ τοῦτον ἴδοις δικαστικῶν θρόνων εἰργόμενον, στέναξον τὸν νόμον, ὅτι χρυσίου νενίκηται. Συνακμάσας γὰρ τῇ βασιλέως πόλει, περὶ ᾗ τὰ μεγάλα πελάγη σχίζεται, καὶ τὴν αὐτὴν ἐκείνῃ κρηπῖδα τῆς ἑαυτοῦ δόξης βαλόμενος, ἕως μὲν ἐν σπαργάνοις ἔτι τὸ σῶμα τῆς πόλεως ἐπλάττετο, ἑτέρας ἀρχὰς ἐκ βασιλέως κατηύθυνεν· ἐπεὶ δὲ ἔδει τῆς ἀκριβοῦς χειρὸς καθάπερ ἐν τύποις ἀγάλματος, ἐπ' αὐτὴν ἐπάνεισιν, ἵνα αὐτός τε ἀρχὴ καὶ τέλος γένοιτο τῷ παντὶ κόσμῳ τῆς πόλεως. Πόλεις ἐγειρομένας, δήμους ἀκμάζοντας, Ταρτησσοῦ βίον, Ἀμαλθείας κέρας, πᾶν ὅσον εὐδαιμονίας κεφάλαιον. Ἀλλὰ τίς τῆς περὶ τὸν νεανίσκον σπουδῆς αἰτία; Ψυχὴ πᾶσα, ἄρτι σχισθεῖσα τῆς ἄνω λήξεως ἔναυλον ἔτι φέρει τὴν θέαν τῶν ἀγαλμάτων ἐκείνων, ἃ τότε εἶδεν, ὅτε εὐδαίμονα χορείαν σὺν θεῶν δίφροις ἐχόρευεν. Ὅταν οὖν ἴδῃ καὶ τῆδε κάλλος, ὃ τότε πλάσματος ἄνευ ἱστόρησεν, εἴσω ψυχῆς θείας κρυπτόμενον, σπαργᾷ τε καὶ χαίρει τῇ θέᾳ, καὶ συμβιβάζειν ἑαυτῇ πρὸς τὸν ἐκεῖ τόπον ἐπείγεται, δόξῃ τε καὶ ἐπιστήμῃ κουφίσασα. Τοιοῦτόν τι πάθος καὶ αὐτὸς περὶ τὸν νέον ἔπαθον. Καθάπερ γὰρ ἐν κατόπτρῳ τῇ τοῦδε ψυχῇ εἴδωλόν τι τῆς ἐμαυτοῦ γνώμης ἰδὼν φαινόμενον, ἥσθην τε αὐτῷ καὶ διὰ τοῦτο

40 ξένον Reiske : ξένιον *codd.* || **42** μελέτη A²M : *quid prius praeb.* A *non liquet.*

[368 b] **1** λόγον A : λόγων M || **6** ᾗ AM : ἣν A² || **8** βαλόμενος *edd.* : βαλλόμενος *codd.* || **10** κατηύθυνεν A : κατήνθυνεν M || **16** τὸν νεανίσκον A² : τῶν νεανίσκων AM || **19** δίφροις A : διαφόροις M || **21** σπαργᾷ A : σπεργᾶ M || **22** ἑαυτῇ AM : ἑαυτὴν A².

que je l'ai aimé, que j'ai recherché et exercé son âme comme celle d'un autre moi-même. Il était donc aussi très capable de garder en mémoire tout ce qu'il avait travaillé sous la direction d'un guide.

Son esprit était celui d'un philosophe et ses discours n'étaient pas uniquement de philosophie, mais portaient sur tout ce qui abonde dans les jardins des Muses et d'Apollon. Il y a cueilli la fleur de toute culture et il a fait de son âme une sorte de couronne printanière. Et s'il fallait le dire, on n'aurait pas à chercher de qui il était le fils ni à qui il s'apparentait, tant il a imité plus fidèlement que n'importe quelle peinture l'image de son maître. C'était un bon compagnon de combat quand il lui fallait lutter aux côtés de son maître et il était vaillant aussi quand il lui fallait lutter pour son propre compte. C'est donc à juste titre que les poètes et les peintres et, avec eux, les sculpteurs, ont dépouillé l'Amour de la vieillesse et font de ce dieu un éphèbe en qui ils montrent que l'inconstance est le fait de sa [369 a] jeunesse. Ô toi qui as eu par tes discours autant d'influence que j'en vois attribuer au Thessalien Cinéas qui parcourait toute la terre et toute la mer avec le roi Pyrrhus et qui, grâce à ses discours, allait plus vite que les machines de siège pour faire tomber les villes ! Car ce n'est pas moi son maître, non ! par l'amour que j'ai pour toi, éloquence, toi pour qui, renonçant à la richesse paternelle, je me suis fixé auprès des rives sacrées de l'Ilissos. Alexandre qui a fait ses trophées de toutes les frontières du monde. En effet, la chaleur accourt du midi et une brise tempère l'ardeur du soleil[1]. Et fendre au souffle du zéphyr les vagues qui se gonflent autour de la proue.

t. IV, 1900, col. 968, et J. B. Bury, *Later Roman Empire*, t. I, p. 70, note 1, renvoient, à propos des agrandissements de Constantinople, à un autre discours d'Himérius, mais ils ne font pas mention de ce texte-ci.

1. Le texte τό τε γὰρ — τὸν ἥλιον (369 a9 -10) se retrouve tel quel dans le *Neapolitanus*.

ἐπόθησα, καὶ καθάπερ ἄλλον ἐμαυτὸν τὴν τοῦδε ψυχὴν ἐξεζήτησα [ἢ ἐξήσκησα.] Δεινὸς μὲν οὖν καὶ μνήμῃ φυλάξαι πᾶν ὅπερ ἂν ὑφ' ἡγεμόνι πονήσειε. Φιλόσοφος μὲν τὴν γνώμην, τοὺς δὲ λόγους οὐ τούτους μόνον, ἀλλὰ καὶ πᾶν ὅ τι βούλει τῶν ὅσα Μουσῶν τε καὶ Ἀπόλλωνος λειμῶνες βρύουσιν. Ἀφ' ὧν δρεψάμενος ἁπάσης παιδείας λωτόν, οἷόν τινα στέφανον ἠρινὸν τὴν ἑαυτοῦ ψυχὴν ἀπείργασται. Εἰ μὲν γὰρ λέγειν δεήσειεν, οὐκ ἔτ' ἂν ζητήσαις ὅτου παῖς εἴη καὶ ὅτῳ προσῆκεν· οὕτω πάσης γραφῆς ἀκριβέστερον τὴν εἰκόνα τοῦ καθηγεμόνος μεμίμηται. Ἀγαθὸς μὲν συμπαραστάτης, εἴ που δέοι τῷ καθηγεμόνι συναγωνίζεσθαι, ἀγαθὸς δὲ καὶ αὐτοπροσώπως. Δικαίως ἄρα οἱ ποιηταί, καὶ μετ' αὐτῶν γραφεῖς τε καὶ πλάσται, Ἔρωτος γῆρας ἀποσυλήσαντες νέον ποιοῦσι τὸν θεὸν τοῦτον καὶ ἔφηβον, τὰ τῆς ἀπιστίας αὐτοῦ τῷ νεαρῷ τῆς ἡλικίας [369 a] ἐμφαίνοντες. Ὦ τοσοῦτον ἰσχύσας τοῖς λόγοις, ὅσον καὶ τὸν Θετταλὸν ἀκούω Κινέαν, ὃς σὺν βασιλεῖ Πύρρῳ γῆν ἐπιὼν πᾶσαν καὶ θάλασσαν πρὸ τῶν μηχανημάτων τοῖς λόγοις τὰς πόλεις ἔκλινεν. Οὐ γὰρ αὐτός γε τούτου διδάσκαλος, οὐ μὰ τοὺς ὑμετέρους, ὦ λόγοι, πόθους, δι' οὓς ἐγὼ πατρικὸν ὄλβον ῥίψας εὐδαίμονα παρ' Ἰλισσοῦ μυστικαῖς ὄχθαις ἐσκήνημαι. Ἀλέξανδρος ὁ τοῖς τροπαίοις ὅροις τοῖς ὅλων χρησάμενος. Τό τε γὰρ τῆς μεσημβρίας ὑπορρεῖ ζέον, αὔρα τε πραΰνει τὸν ἥλιον. Καὶ σχίσαι Ζεφύρῳ πορφύροντα περὶ τὴν πρώραν τὰ κύματα.

28 ἐξεζήτησα Colonna : ἐξεζήτησα ἢ ἐξήσκησα A ἐξεζήτησα ἢ ἐξεκάκισα M || **30** *post* λόγους : σοφὸς *rest.* Colonna || **35** ζητήσαις M : ζητήσαι A || ὅτῳ M : ὅτου A || **36** εἰκόνα A : εἰκώ M || **37** μὲν A : *om.* M || **38** δέοι τῷ A : δέοιτο M || **39** αὐτοπροσώπως A : αὐτοπρόσωπος M || **42** τῷ νεαρῷ Bekker : τῶν νεαρῶν A τὰ νεαρά M.

[369 a] **1** ἐμφαίνοντες A : φαίνοντες M || **8** ὅλων AM : ὅλοις A^2.

Du discours d'adieu à ses amis lors de son départ pour Corinthe ; l'exorde[1].

Ceux d'autrefois qui travaillaient la lyre, quand ils partaient pour un autre pays, ne s'en allaient pas sans rien dire mais c'était avec des chants et de la musique qu'ils prenaient congé de leur entourage.

Tiré des autres discours qui sont différents et qui ont des sujets divers[2].

Les cours du roi et un destin aux ailes d'or. Car tu n'as pas été dépouillé de ton pouvoir, mais tu t'en es démis spontanément comme un amant hautain qui veut marquer son dédain à ses délices. Pour celui qui, d'une couronne de roses, colore la chevelure d'or. Mais quelle reconnaissance pour ces bienfaits ! la fuite, la dérobade et une pareille amitié reniée. J'ai vaincu sous ton arbitrage la cigale aux jours d'été ; j'ai même menacé les rossignols d'Attique, si un jour tu m'assignais un théâtre en Attique, de faire tant par les discours que je dirai sur toi que leurs chants ne soient plus qu'un sujet de légende. O toi, l'illustration la plus brillante de ta race et qui as été pour elle ce qu'a été souvent pour toi ton aïeul le soleil !

Car, de cette belle paire, l'un s'est levé précoce avec l'astre qui éclaire les hautes demeures comme une étoile du matin ; mais par ses traits, il savait imiter tes rayons ; l'autre, brillant parmi la troupe des jeunes gens, pareil au taureau fier, maître du troupeau, a gambadé dans les prairies des Muses comme un poulain à tête altière et plein d'ardeur divine ; il a aussi imité le jeune héros

1. Extrait de l'*Oratio* XI de Colonna (p. 92). C'est tout ce que nous en possédons avec, dans le *Neapolitanus*, un morceau étranger à l'extrait de Photius.

2. Selon Colonna (249-250) nous avons affaire ici à un discours en l'honneur de Constance, discours qui aurait disparu de la collection à cause de l'inimitié qui séparait Constance et Julien.

Ἐκ τῆς πρὸς τοὺς ἑταίρους συντακτικῆς, ὅτε ἐξῄει ἐπὶ Κόρινθον· τὸ προοίμιον.

Οἱ πάλαι τὴν λύραν κάμνοντες, εἴ ποτε γῆν ἐπ' ἄλλην ἔσπευδον, οὐκ ἄφθογγον τὴν ἀποδημίαν ἐποίουν, ἀλλ' ᾠδῇ καὶ μέλει τὸν χορὸν τὸν ἑαυτῶν ἀπησπάζοντο.

Ἐκ τῶν ὑπολοίπων, διαφόρων ὄντων καὶ διαφόρους ἐχόντων ὑποθέσεις.

Τὰς βασιλέως αὐλὰς καὶ χρυσῆν τύχην ὑπόπτερον.

Οὐ γὰρ ἀφῃρέθης τὴν ἀρχήν, ἀλλ' ἑκὼν ἔρριψας, ὥσπερ τις ὑπερόπτης κατὰ παιδικῶν τρυφῆσαι βουλόμενος. Τὴν χρυσῆν κόμην ῥόδων στεφάνῳ πορφύροντι. Ἀλλὰ τίς τούτων ἡ χάρις; φυγὴ καὶ δρασμὸς καὶ τοσαύτης φιλίας ἄρνησις. Ἐνίκησα μὲν ὑπὸ σοὶ κριτῇ κατὰ τὴν θερινὴν ὥραν τὸν τέττιγα, ἠπείλησα δὲ καὶ ταῖς ἀηδόσι ταῖς Ἀττικαῖς εἴ ποτέ μοι καὶ Ἀττικὸν πήξαιο θέατρον, μῦθον ὄντως τὰς ἐκείνων γλώττας ταῖς ἐπὶ σοὶ φωναῖς ἀπεργάσασθαι. Ὦ καὶ τοῦ σαυτοῦ γένους ὄμμα φανότατον, καὶ ταὐτὸν τῷ γένει γενόμενος, ὅπερ καὶ σοὶ πολλάκις ὁ προπάτωρ ἥλιος.

Τῆς γὰρ συνωρίδος ταύτης δὴ τῆς καλῆς ὁ μὲν καταυγάζοντι τοὺς μεγάλους θρόνους ὥς τις ἑωσφόρος συνανέσχεν ὄρθριος, ταῖς αὐτοῦ βολαῖς τὰς σὰς ἀκτῖνας μιμούμενος· ὁ δὲ τῆς τῶν νέων ἀγέλης ἐκλάμπων, καθάπερ τις ταῦρος ἀγελάρχης ἀγέρωχος, ἐσκίρτησε μὲν κατὰ τοὺς Μουσῶν λειμῶνας ὥσπερ τις πῶλος ὑψαύχην καὶ ἔνθεος, ἐμιμήσατο δὲ καὶ τὸν Ὁμηρικὸν νεανίσκον

12 ἑταίρους A^{2}M : ἑτέρους A *ut vid.* || **16** ἐποίουν A^2 : ἔσπευδον AM || **23** ῥόδων A^2 : ῥόδοις AM || **28** πήξαιο A^{2}M : πήξειε A *ut vid.* || **29** τοῦ A : τὸ M || **33** ὡς A : ὥσπερ M || **34** αὐτοῦ *edd.* : αὑτοῦ A ἑαυτοῦ M || **36** μὲν A : *om.* M.

d'Homère, le fils de Thétis, et il est devenu « un bon diseur d'avis, un bon faiseur d'exploits »[1].

Et si j'avais aussi la liberté des poètes en partage, je [369 b] t'aurais montré aussi cet Ilissos en pleurs et j'aurais teinté de couleurs sombres les belles eaux de Callirrhoé. Puisse Pan, le dieu des voyageurs, t'accompagner en jouant un doux chant de route sur sa flûte. Puissent Aphrodite et ses fils les Amours préparer le vin du désir et te faire cortège.

Exorde d'un discours d'adieu[2].

Le fils de Zeus, Alexandre — car la grande gloire qu'il a chez les Hellènes l'égale au ciel et à Zeus — lorsqu'il eut rempli l'Europe entière de son renom, au moment de partir en expédition en Asie pour réaliser son dessein d'unir les continents par l'admiration qu'il inspirait, fit venir l'aulète Timothée — car celui-ci avait un jeu très sonore et digne d'un aussi grand roi — et il fit larguer les amarres de la flotte aux accents de sa musique.

Mais allons, que je décrive le tableau dans mon discours, car la parole, selon moi, a aussi ses propres couleurs pour décrire. Il y avait sur cette peinture un bateau et la mer. C'était, je crois, la mer Égée, car les nombreuses îles éparses çà et là dans la mer montraient bien que c'était la mer Égée. Elle était représentée non pas menaçante ni déchaînée ni hérissée de vagues qu'elle soulève jusqu'aux nuages comme l'Égée le fait souvent quand elle se montre rude à ceux qui naviguent dans ces parages, mais les vagues étaient étales dans un calme plat et toute son eau, en touchant au rivage, ne faisait qu'une frange d'écume tandis que le flot devenait insensiblement comme une fleur verte. Ce sont en effet les Phrygiens qui passent pour avoir été les premiers à souffler dans des roseaux et à se servir des tambourins dans les cérémonies

1. On reconnaît, dans la finale de cet extrait, Homère, *Iliade*, IX. 443. Les personnages dont il est question ici sont Gallus et Julien, Cf. J. Bidez, *La vie de l'empereur Julien*, Paris, 1930, p. 95, où ce texte est traduit.

2. Ce discours n'est connu que par Photius ; c'est l'*Oratio* XII de

τὸν Θέτιδος, καὶ μύθων ῥητὴρ ἀγαθὸς καὶ πρηκτὴρ ἔργων γενόμενος. Εἰ δέ μοι καὶ τῆς ποιητῶν ἐξουσίας μετῆν, ἔδειξα ἄν σοι καὶ Ἰλισσὸν τοῦτον δακρύοντα, [369 b] ἔχρωσα δ' ἂν καὶ κατηφεῖ χρώματι τὰ καλὰ Καλλιρρόης νάματα. Πέμποι μέν σε Πᾶν ἐνόδιος, πομπαῖον καὶ γλυκὺ προσηχῶν μέλος τῇ σύριγγι. Ἀφροδίτη δὲ καὶ οἱ ταύτης παῖδες Ἔρωτες, πόθου κρατῆρα κεράσαντες, σοῦ τῆς ὁδοῦ προπομπεύοιεν.

Προοίμιον προπεμπτηρίου λόγου.

Ὁ τοῦ Διὸς παῖς Ἀλέξανδρος (συνάπτει γὰρ αὐτὸν οὐρανῷ καὶ Διὶ τὸ πολὺ κλέος καθ' Ἕλληνας) ὅτε πληρώσας τῆς ἑαυτοῦ δόξης τὴν Εὐρώπην ἅπασαν ἐπὶ τὴν Ἀσίαν ἐστέλλετο, συνάψαι τὰς ἠπείρους τῷ καθ' ἑαυτὸν ἐθέλων θαύματι, τὸν Τιμοθέου παρακαλέσας αὐλόν (οὗτος γὰρ ἤχει μέγα καὶ τοσούτου βασιλέως ἄξιον) ὑπὸ τοῖς ἐκείνου μέλεσιν ἔλυε τοῦ στόλου τὰ πείσματα. Φέρε δὴ γράψω τῷ λόγῳ τὸν πίνακα· ἔχει γὰρ (οἶμαι) πρὸς μίμησιν οἰκεῖα καὶ λόγος φάρμακα. Ναῦς ἦν κατὰ τῆς γραφῆς καὶ θάλαττα. Ἡ δὲ θάλαττα (οἶμαι) Αἰγαῖος ἦν· αἱ γὰρ πολλαὶ νῆσοι αἱ κατ' ἄλλο καὶ ἄλλο μέρος τῆς θαλάσσης σχιζόμεναι Αἰγαῖος ὑπ' αὐτῶν ἐδείκνυτο εἶναι ἡ θάλασσα. Γέγραπτο δὲ οὐκ ἀπηνής τε καὶ ἄγριος, οὐδὲ εἰς αὐτὰς ἐγείρων νεφέλας τὰ κύματα, οἷα τὰ πολλὰ Αἰγαῖος κατὰ τῶν ἐκεῖ πλωτήρων θρασύνεται, ἀλλ' ἐστόρεστο μὲν εἰς γαλήνην τὰ κύματα, τὸ δὲ ὕδωρ ὅλον ἐπόρφυρε πρὸς αὐταῖς ᾐόσιν, εἰς γλαυκὸν ἄνθος ἠρέμα μεθισταμένου τοῦ κύματος. Πρῶτοι γὰρ Φρύγες αἰτίαν ἔχουσιν αὐλῷ τε ἐμπνεῦσαι καὶ ταῖς τελεταῖς

[369 b] **3** προσηχῶν Wernsdorf : πρὸς ἤχων *codd.* ‖ **12** οὗτος Reiske : οὕτω *codd.* ‖ **13** ἔλυε A : ἔλαυνε M ‖ **14** τῷ λόγῳ A : τοῦ λόγου M ‖ **14-15** ἔχει — φάρμακα M : *om.* A ‖ **16** ἡ δὲ θάλαττα M : *om.* A ‖ **18** ὑπ' Wernsdorf : ὑπὲρ *codd.* ‖ **19** γέγραπτο Bekker : γέγραπται *codd.* ‖ τε A : τις M ‖ **20** νεφέλας AM² : νεφέλη M.

des mystères. Et les deux flancs du bateau, à l'endroit où il commence à s'effiler pour former la proue, étaient faits d'un matériau doré. Et là, il y avait vraiment de quoi admirer l'art du peintre. Car l'eau de la mer, en se brisant sur la proue, s'éclairait des reflets de l'or et semblait faire prendre la même teinte à la mer. Donnez-moi donc l'art de Zeuxis et l'ingéniosité de Parrhasios. Delphes donc, la ville sacrée d'Apollon, ne cesse de servir le dieu et de danser en chœur autour de son trépied au son des péans. Et il est vrai que les gens d'Élide pleurent quand ils voient partir le fleuve de Pisa vers sa fontaine sicilienne, comme s'ils craignaient peut-être que le fleuve ne cherche à changer de pays et n'aille faire don de ses eaux à d'autres hommes.

Bientôt les rossignols, les cygnes et tous les oiseaux chanteurs vont s'envoler avec nous. Nos Muses, en effet, [370 a] sont aujourd'hui résolues même à se construire des esquifs et elles menacent de s'enfuir par mer, quand même les flots seraient déchaînés. Il rejeta la lyre qu'il avait en main et fit taire les chants. Un vaisseau-amiral au mouillage, la voile haute, comme prête à se déployer aux souffles puissants de la mer. C'est peu de chose que l'agrément des prairies des Hespérides ; c'est peu de chose que la masse des pyramides d'Égypte, et il en va de même pour tout ce que les Perses et les Assyriens ont construit et laissé pour l'étonnement des hommes à venir. Mais c'est vers la chère Athènes que va notre course, Athènes qui t'a si fort enflammé d'amour que tu fais savoir partout à la ronde ton attachement pour elle par tes paroles mêmes ! Pourquoi hésiter à répondre quand celui qui reste notre ornement à tous va s'en aller chez d'autres ? Une fable a ravi le soleil aux Cimmériens, un peuple du Couchant, puis, dans sa

Colonna (p. 93-99). Cet éditeur identifie ce discours d'adieu avec le discours d'adieu à Flavien cité dans le catalogue des œuvres d'Himérius au « codex » 165 (Bekker, p. 108 a 15-16 = t. II, p. 138 de la présente édition).

ἀναμῖξαι τὰ κύμβαλα. Τὸ δὲ ἐπὶ θάτερα τῆς νεὼς μέρος εἰς πρώραν ἤδη θλιβόμενον, χρυσοῦν τῇ ὕλῃ πεποίητο. Ἔνθα καὶ θαυμάσαι τῆς τέχνης ἄξιον· τὸ γὰρ περὶ τὴν πρώραν τῆς θαλάσσης ὕδωρ σχιζόμενον, ταῖς τοῦ χρυσοῦ βολαῖς ἐπαυγάζον, εἰς ὅμοιον ἄνθος ἀμείβειν ἐδόκει τὴν θάλασσαν. Οὐκοῦν δότε μοι τὴν Ζεύξιδος τέχνην, τὰ Παρρασίου σοφίσματα. Δελφοὶ δὲ ἄρα, ἱερὰ πόλις Ἀπόλλωνος, λατρεύουσι μὲν ἀεὶ τῷ θεῷ καὶ περιχορεύουσι μετὰ παιάνων τὸν τρίποδα. Καὶ μὴν καὶ Ἠλεῖοι δακρύουσι, τὸν ποταμὸν τὸν Πισαῖον ἐπὶ τὴν Σικελικὴν κρήνην προπέμποντες, ὥσπερ (οἶμαι) τοῦτο φοβούμενοι, μὴ μελετῶν τὴν ἀποδημίαν ὁ ποταμὸς ἄλλοις ἀνθρώποις χαρίσηται τὰ νάματα.

Τάχα δέ σοι καὶ ἀηδόνες καὶ κύκνοι καὶ πάντα τὰ μέλη συναποπτήσεται. Αἱ μὲν γὰρ ἡμετέραι Μοῦσαι καὶ σκάφη ἤδη τολμῶσι πήγνυσθαι, καὶ ἀπειλοῦσι φυγὴν καὶ [370 a] θάλατταν κἂν ἀγριαίνῃ τοῖς κύμασι. Ῥίψας ἐκ τῶν χειρῶν τὴν λύραν, σιωπὴν τῶν μελῶν καταψηφίζεται. Ναῦς ἐν ὅρμοις στρατηγίς, ἱστίον ὑψηλόν, μετάρσιον, οἷον καὶ λαμπραῖς αὔραις καὶ πελαγίοις πετάννυσθαι. Μικροὶ μὲν εἰς χάριν Ἑσπερίδων λειμῶνες, μικραὶ δὲ εἰς μέγεθος πυραμίδες Αἰγυπτίαι, καὶ εἴ τι Περσῶν καὶ Ἀσσυρίων χεῖρες πονήσασαι θαῦμα ἀφῆκαν τοῖς ὕστερον. Ἀλλ' ἐπὶ τὰς φίλας Ἀθήνας ὁ στόλος, αἵ σε τοῖς πόθοις οὕτως ἐξέκαυσαν ὡς καὶ ἐπ' αὐτῆς περιφέρειν γλώττης τὸν ἔρωτα. Τί δὲ ὀκνεῖς τὴν ἀπόκρισιν τοῦ κοινοῦ πάντων ἀγάλματος μετασκηνοῦν παρ' ἑτέρους μέλλοντος; Κιμμερίους μὲν δή, δῆμον ἑσπέριον, ἀφείλετο μῦθος τὸν ἥλιον,

26 κύμβαλα AM : κυκλώματα A[x] || **27** εἰς A : *om.* M || τῇ ὕλῃ AM : τῆς ὕλης Bekker || **28** τῆς τέχνης AM : τὴν τέχνην A[2] || **40** συναποπτήσεται M : συναποπτήσσεται A || **41** σκάφη A : σκάφος M.

[370 a] **1** ἀγριαίνῃ M : ἀγριαίνει A ἀγριαίνειν A[2] || **12** ἑτέρους Wernsdorf : ἑτέροις *codd.*

crainte de se voir confondue, elle s'est hâtée de voiler cette rumeur sous des paroles ambiguës ; mais aucun poète ne nous paraîtrait mentir s'il prétendait, après ton départ, qu'on nous a ravi le soleil. Ô ma chère patrie, maintenant, je me rends vraiment compte que je t'ai fait tort quand j'ai dédaigné tes amours pour faire don de tout à un amant infidèle. Mais en suivant la loi qui règle ce genre de sujet, j'ai bien failli laisser le désordre se mettre dans mon discours ; les dieux exauçaient pourtant mon désir, car revoici les faisceaux, revoici les sièges de la justice. Lui, c'est Éphyra[1] qui l'a porté, une cité non seulement embellie de fables faites pour susciter l'admiration, comme c'est le cas pour la plupart des cités helléniques, mais qui laisse aux yeux le soin d'apprécier sa prospérité. Ainsi sa race à lui aussi s'enorgueillit d'innombrables récits et d'innombrables exploits analogues. Il faut à présent rappeler aussi sa race, non pas tout entière, car même une œuvre historique aurait sans doute peine à s'occuper d'une lignée aussi nombreuse. Ceux qui sont nés de ces noces-là apportaient une certaine image de son savoir dans les beautés de leurs âmes. En le baignant, le golfe ionien aplanit le rivage de son flot. Et sur ce rivage, dansait un chœur de Néréides ; toutes étaient blanches, toutes pareilles au lait qui mousse sous la main experte des pâtres ; elles avaient les yeux verts, leur chevelure était de mousse marine et, du bout de leurs boucles, s'égouttait l'écume de la mer.

Et elle rend son amour au fiancé et elle garantit le mariage par un présent ; car elle fait, du milieu de la mer, jaillir une source. Et celle-ci, comme si elle savait pour qui la fiancée l'avait fait jaillir, dérobe ses eaux aux autres navigateurs et réserve aux seuls enfants de la jeune épouse le droit de puiser chez elle la douce boisson de l'amitié. C'est ce qu'on célèbre aussi chez Aréthuse.

1. En Épire. Cf. Besnier, *Lexique de géographie ancienne*, s. v. *Ephyra*, p. 295.

εἶτα φοβηθεὶς τὸν ἔλεγχον ἀμφιβόλοις ῥήμασι κρύψαι τὴν φήμην ἐσπούδασεν· ἡμᾶς δὲ οὐδεὶς ποιητὴς ψεύδεσθαι δόξειε μετὰ τὴν σὴν ἀποδημίαν ἀφελέσθαι θέλων τὸν ἥλιον. Ὦ φίλη πατρίς, νῦν σε ὄντως ἀδικήσας αἰσθάνομαι, τοὺς σοὺς ὑπεριδὼν ἔρωτας, ἐραστῇ θέλων ἀπίστῳ πάντα χαρίσασθαι. Ἀλλὰ μικροῦ τῷ νόμῳ τῷ περὶ τούτων ἑπόμενος, εἰς ἀκοσμίαν τὸν λόγον ἔτρεψα, καίτοι μοι τῶν θεῶν πληρούντων τὸν πόθον· πάλιν γὰρ σκῆπτρα, πάλιν τῆς δίκης οἱ θρόνοι. Τοῦτον Ἐφύρα μὲν ἤνεγκε, πόλις οὐ μόνον καλλωπιζομένη μύθοις πρὸς τὸ θαυμάζεσθαι, οἷα τῶν Ἑλληνίδων αἱ πλείονες, ἀλλ' ὀφθαλμῷ κριτῇ τὴν εὐδαιμονίαν προβάλλουσα. Οὕτω καὶ τὸ τούτου γένος μυρίοις μὲν λόγοις, μυρίοις δὲ ἔργοις καὶ παραπλησίοις ἀγάλλεται. Μνηστέον ἤδη καὶ αὐτοῦ τοῦ γένους, οὔτι παντός· κάμοι γὰρ ἂν (οἶμαι) καὶ ἱστορία τοσοῦτον πλῆθος φροντίζουσα. Οἱ ἀπ' ἐκείνων τῶν γάμων ἀποβλαστήσαντες εἰκώ τινα τῆς ἐκείνου σοφίας τοῖς τῆς ψυχῆς ἔφερον ἀγάλμασι. Προσκλύζων κόλπος Ἰόνιος λεαίνει τὴν θῖνα τῷ κύματι. Κατὰ δὴ ταύτης τῆς ᾐόνος χορὸς Νηρηΐδων ἐχόρευε, λευκαὶ πᾶσαι, γάλα αὐτό, οἷον ἂν ἐκεῖνο γένοιτο τέχναις ποιμένων ἱστάμενον, γλαυκαὶ τὸ ὄμμα, κομῶσαι τῷ βρύῳ, ἔτι λευκὸν τὸν ἐκ τῆς θαλάττης ἄφρον ἐξ ἄκρων πλοκάμων στάζουσαι. Ἡ δὲ ἀντερᾷ τοῦ νυμφίου, καὶ δώρῳ πιστοῦται τὸν γάμον· ἀναδίδωσι γὰρ ἐκ μέσης θαλάττης πηγήν. Ἡ δέ, ὥσπερ ἐπισταμένη τοῦ χάριν ὑπὸ τῆς νύμφης ἐγένετο, κλέπτει μὲν τοῖς ἄλλοις πλωτῆρσι τὰ νάματα, μόνοις δὲ τηρεῖ τοῖς ἐκ τῆς νύμφης τὴν πότιμον φιλοτησίαν ἀρύσασθαι. Ὅπερ καὶ

14-17 εἶτα — ἥλιον A : *om.* M || **25** προβάλλουσα M : προβάλλουσαν A προβάλλουσαι A² || **29** τοσοῦτον πλῆθος AM : τοσούτου πλήθους A² || **31** ἔφερον *edd.* : φέρον A φέρων M || **33** ἐχόρευε A : ἐχόρευσε M || **36** τὸν A : *om.* M || **37** στάζουσαι M : βαστάζουσαι A.

[370 b] Que l'âme soit disposée à apprendre, douée de mémoire, préparée à l'éloquence, prompte à comprendre, habile à cacher, plus encore à se dérober — c'est là une habileté plus grande et plus chère aux dieux — et plus capable encore de surprendre n'importe qui ; qu'elle domine le plaisir mais qu'elle se laisse dominer par l'amitié. D'une sagesse extrême, habile à parler, incorruptible même pour l'amitié, courageux dans les dangers, éminent en tant qu'homme privé, équitable comme magistrat, il donnait par sa sagesse de la gravité à l'homme privé et tempérait par son langage la sévérité inhérente au pouvoir.

Mais certes, on pourrait voir aussi la fortune accompagnant sa vie comme un vent favorable. C'était un vieillard d'aspect vénérable qui vivait à la mode ancienne et qui parlait de même façon. Habile orateur, meilleur auditeur encore, noble en tout point. Déjà couvert de gloire et avec l'attention de toute l'Hellade attirée sur lui, il accède au rang royal par l'admiration qu'il inspire avant d'avoir atteint l'âge d'homme, avant que le premier duvet se soit répandu sur ses joues. Ce serait à un poète, en cet endroit de mon discours, de tresser la couronne de roses et d'amener les Muses de l'Hélicon. Aux environs de cette ville où l'Europe, qui commence à Gadès, se termine, se trouvant séparée de l'Asie par un bras de mer. Il se lança sur l'Ister sans craindre un fleuve barbare à qui la glace donnait l'air d'une plaine.

Et quand la divinité, qui voulait le rendre parfait en toute vertu, suscita contre lui le vent de la fortune pour qu'il montrât à tous, même dans les remous des événements et les orages de la vie, quelle était sa résolution et pour qu'il s'illustrât aussi aux yeux de tous sur ce terrain-là, alors quel poète ou quel écrivain pourrait faire entendre un langage comparable à ses exploits?

[370 b] κατὰ τῆς Ἀρεθούσης ἀνύμνηται. Εὐμαθὴς ἔστω ψυχή, ταχεῖα σύνεσιν, μνήμῃ συμφυής, ἕτοιμος πρὸς λόγους, δεινὴ μὲν κρύπτειν, κρείττων λανθάνειν (σοφώτερον δὲ τοῦτο καὶ ἅμα θεοῖς προσφιλέστερον), δεινοτέρα δὲ φωρᾶσαι τὸν ἐντυχόντα· κρείττων ἡδονῆς, ἥττων φιλίας. Ἄκρος σοφίαν, δεινὸς εἰπεῖν, ἀνάλωτος φιλίᾳ, γενναῖος ἐν φόβοις, ὑψηλὸς ἰδιώτης, ἄρχων ἐπιεικής, τὸν μὲν ἰδιώτην ἀποσεμνύνων φρονήματι, λόγῳ δὲ πραΰνων τὸ τῆς ἐξουσίας αὐθέκαστον. Ἀλλὰ μὴν καὶ τὴν τύχην ἴδοις ἂν ὥσπερ ἐξ οὐρίας τὸν τοῦδε βίον συμπαραπέμπουσαν. Πρεσβύτης τις ἦν σεμνὸς ἰδεῖν, ἀρχαῖος τὸν βίον, τὸν λόγον ὅμοιος. Σοφὸς εἰπεῖν, ἀμείνων ἀκοῦσαι, τὰ πάντα γενναῖος. Πλήρης δὲ ὢν ἤδη τοῦ κλέους, καὶ πᾶσαν εἰς ἑαυτὸν ἐπιστρέφων τὴν Ἑλλάδα, διαβαίνει καὶ εἰς βασιλέα τῷ θαύματι πρὶν ὑπηνήτης γενέσθαι, πρὶν καθερπύσαι τὸν πρῶτον ἴουλον. Ποιητοῦ δὲ ἄρα ἦν ἐνταῦθα τοῦ λόγου ῥόδοις μὲν ἀναπλέξαι τὸν στέφανον, ἄγειν δὲ ἐξ Ἑλικῶνος τὰς Μούσας. Περὶ τὴν πόλιν ἐκείνην, ἣν ἀπὸ Γαδείρων Εὐρώπη λήγουσα πορθμῷ θαλάσσης πρὸς τὴν Ἀσίαν μερίζεται. Ἤλασεν οὗτος καὶ κατ' Ἴστρου, καὶ ποταμὸν οὐκ ἔδεισε βάρβαρον κρυστάλλῳ πεδία μιμούμενον. Ἐπεὶ δὲ θεὸς πρὸς πᾶσαν αὐτὸν ἀρετὴν ἀκριβῶσαι βουλόμενος, καὶ ἀπ' ἐναντίας ποτὲ τὸ πνεῦμα τῆς τύχης ἔστησεν, ἵν' οἷος ἦν, τοιοῦτος τὴν γνώμην καὶ ἐν τρικυμίαις πραγμάτων καὶ χειμῶνι βίου δειχθείη τε πᾶσι καὶ κατ' αὐτὸ τὸ μέρος εὐδοκιμήσῃ, τίς ἐνταῦθα ποιητὴς ἢ λόγων συνθέτης φωνὴν ἀξίαν τοῖς ὑπὸ τούτου κατειργασμένοις συμβάλ-

[370 b] **1** Ἀρεθούσης Wernsdorf : ἀρετῆς *codd.* ‖ ἔστω AM : ἔστι A[2] ‖ **3** κρύπτειν *codd.* : κρύπτειν <καὶ> Duebner ‖ **6** ἄκρος M *et* A *ut vid.* : ἄκρα A[2] ‖ **11** ἦν A : *om.* M ‖ **16** καθερπύσαι AM[6] *s. v.* : καθαπερύσαι M ‖ **17** ποιητοῦ A : ποιητὰς M ‖ **19** τὴν A : *om.* M ‖ **25** ἔστησεν A : ἔστηκεν M ‖ ἦν *edd.* : ἢ *codd.* ‖ **27** τε AM : τοῖς A[2].

Ce n'est pas une quelconque Scylla ou une Charybde de Sicile, mais d'innombrables phalanges d'hommes plus cruels que le Cyclope, ce sauvage berger de Sicile, que, dressés contre lui, il terrassa dans le monde entier non pas avec des épées ou des javelots ou des lances, mais par sa prudence et son éloquence. Et celui qu'on appelait le chef et le coryphée des Telchines[1], blessé mortellement, gémit sur la guerre en pleurant. L'Asie dans son ensemble, et non le pays que nous appelons ainsi maintenant en donnant à une seule de ses parties le nom du continent tout entier, commence, à l'intérieur des terres, aux Indes ; à l'est et au nord, ce sont le golfe d'Érythrée et le Phase, au sud et au couchant l'Égypte et la mer [371 a] Ionienne qui la séparent des autres continents et qui la limitent ; une côte la prolonge, s'étendant de la Propontide à la Pamphylie ; toute cette côte est baignée par la mer Égée qui commence, elle aussi, au même endroit que cette côte. Et les habitants des villes montrent clairement, non par leur cigale ni par leur chiton, mais par leur vertu et leur sagesse, quels aïeux furent les leurs dans les temps anciens. Car ce Mélès — il n'est pas en effet permis de passer sous silence celui qui a vu naître un tel chantre — commence aux abords de Smyrne ; il naît d'innombrables sources qui jaillissent les unes près des autres ; elles grossissent le fleuve qui s'étale aussitôt comme une mer et devient navigable dès ses sources pour les chalands et les embarcations à rames. Il longe des rives couvertes toutes deux de cyprès et de roseaux et va mêler son cours à la mer proche, si on peut parler de cours, car on ne l'entend pas couler et son eau n'a pas l'air de bouger, mais, tel

1. Bien que ce texte soit cité dans l'important article de Herter, s. v. *Telchinen*, in *R. E.*, 2e sér., t. V, 1934, col. 210, je n'y ai rien trouvé qui éclaire ce passage.

λοιτο; Οὐδὲ Σικελικήν τινα Σκύλλαν καὶ Χάρυβδιν, ἀνδρῶν δὲ ἀτασθάλων ὑπὲρ τὸν ἄγριον ἐκεῖνον τὸν Σικελικόν, τὸν ποιμένα, τὸν Κύκλωπα, μυρίας ἐπ' αὐτὸν κινηθείσας φάλαγγας, οὐκ ἀγχεμάχοις ὅπλοις οὐδὲ ξυστοῖς τε καὶ δόρασιν, ἀλλὰ φρονήσει καὶ λόγῳ κατὰ γῆς ἁπάσης ἐστόρεσεν. Ὁ δὲ δὴ τῶν Τελχίνων τε ἡγεμὼν καὶ κορυφαῖος καλούμενος, πληγὴν καιρίαν δεξάμενος, στένει δακρύων τὸν πόλεμον. Ἀσία πᾶσα, οὐχ ἣν νῦν οὕτω προσαγορεύομεν τὴν τῆς ὅλης ἐπωνυμίαν ἠπείρου τῷ μέρει μόνῳ τιθέμενοι, ἄρχεται μὲν ἀπ' Ἰνδῶν ἄνω, πρὸς μὲν ἕω καὶ ἄρκτον Ἐρυθρῷ κόλπῳ καὶ Φάσιδι, πρὸς δὲ μεσημβρίαν καὶ ἀπιόντα ἥλιον Αἰγύπτῳ τε καὶ τῷ Ἰονίῳ πελάγει πρὸς τὰς ἄλλας [371 a] ἠπείρους ἀποσχιζομένη καὶ λήγουσα, παρατείνει δὲ αὐτὴν ἐκ Προποντίδος εἰς Παμφυλίαν πλευρὰ παρήκουσα, ἣν Αἰγαῖος προσκλύζει σύμπασαν, ἐκ μιᾶς καὶ αὐτὸς ἀρχῆς τῇ πλευρᾷ ταύτῃ τικτόμενος. Οἵ τε ἐνοικοῦντες τὰς πόλεις ἄνθρωποι οὐ τῷ τέττιγι καὶ τῷ χιτῶνι τοὺς προπάτορας, ἀλλ' ἀρετῇ καὶ σοφίᾳ καθαρῶς δήπου δεικνύουσιν, ὅθεν (οἶμαι) καὶ τὸ ἀρχαῖον ἐγένοντο. Ὁ γὰρ δὴ Μέλης οὗτος (οὐ γὰρ δὴ θέμις σιωπῇ παρελθεῖν γλῶσσαν τοσαύτην γεννήσαντα) ἀνίσχει μὲν ἐκ προαστείων τῆς Σμύρνης, τίκτουσι δ' αὐτὸν μυρίαι πηγαὶ καὶ πλησίον ἀλλήλων βλαστάνουσαι, ἀφ' ὧν πλημμύρων ὁ ποταμὸς πελαγίζει τε εὐθύς, ἐκ πηγῶν ἔκπλωτος καὶ ὁλκάσι καὶ κώπῃ γίνεται. Παραμείψας δὲ τὰς ἑκατέρωθεν ὄχθας κυπαρίττῳ κομώσας καὶ δόνακι, τῇ πλησίον θαλάττῃ κοινοῦται τὸ ῥεῦμα, εἰ ῥεῦμα θέμις ἐκεῖνο καλεῖν · οὐ γὰρ ἠχοῦντος ἀκούσῃ, οὐδὲ δόξειεν ἄν σοι τὸ ὕδωρ φέρεσθαι, ἀλλ' ὥσπερ τις ἐραστής,

37-38 Ἀσία πᾶσα A : Ἀσίαν πᾶσαν M.

[371 a] **2** παρήκουσα Wernsdorf : παρείκουσα A²M παράκουσα A *ut vid.* ‖ **3** προσκλύζει A²M : *quid prius praeb.* A *non liquet* ‖ **6** ἀλλ' ἀρετῇ A : ἀρετῇ δὲ μᾶλλον M.

un amant qui voudrait dissimuler ses amours, c'est furtivement qu'il s'unit à la mer dont son cours apaise les vagues.

Car maintenant, je voudrais évoquer le vent de façon poétique, et je suis incapable de parler un langage poétique ; je veux évoquer le vent en recourant à la muse de Céos[1]. Doucement, il glisse sur la mer, il ouvre autour de sa proue ses flots empourprés, car ce n'est pas poussé par le désir d'amours insensées qu'il se hâte de voguer sur tes eaux, mais parce qu'il veut initier tous les Ioniens aux vénérables mystères de la sagesse. Les Rhodiens, dit-on, furent arrosés d'une pluie d'or par Zeus qui fit crever au-dessus d'eux une nuée d'or. Mais votre fortune que vous récolterez grâce à lui, ce n'est pas une fable peu sûre qui la dira, mais ses merveilles seront produites sous vos yeux. Le beau printemps allait donc vous amener non pas des rossignols ou des cygnes ou des cigales, mais le soleil lui-même qui allait éclairer l'Ionie de ses rayons d'or. Et, devant tous les autres, le meneur de ma harde, le poulain sacré à la tête altière, pareil à ceux que les gens de Nisa élèvent pour le dieu Soleil, ce poulain, je l'ai équipé du mors des Muses et des rênes des Grâces ; je l'ai laissé entièrement libre d'entraves comme si je l'amenais à quelque dieu et je l'ai offert en prémices de mon troupeau. Puissent les astres aux feux verts se lever pour éclairer l'appareillage d'une lumière éclatante. Et mes discours ont hâte [371 b] d'anticiper un peu sur l'avenir et ils s'empressent de lier le chant du retour au chant du départ en s'imaginant sans doute ce qu'ils seront quand, l'ayant vu revenir, ils seront à nouveau prêts à faire danser en son honneur les chœurs des Muses.

1. Cette correction de Wernsdorf s'impose, car le texte des manuscrits n'est pas satisfaisant. La « muse de Céos », c'est Simonide, et on voit ici une allusion à son fr. 25 B. = 30 Page. Cf. Wilamowitz, *Sappho und Simonides*, p. 208.

παιδικῶν συνουσίαν κλέψαι βουλόμενος λάθρᾳ τῇ θαλάττῃ κιρνᾶται, λεαίνων τὸ κῦμα τῷ ῥεύματι. Νῦν γὰρ ποιητικῶς ἐθέλων καλέσαι τὸν ἄνεμον, εἶτα οὐκ ἔχων ποιητικὴν ἀφεῖναι φωνήν, ἐκ τῆς Κείας Μούσης προσειπεῖν ἐθέλω τὸν ἄνεμον. Ἁπαλὸς δ' ὑπὲρ κυμάτων χεόμενος πορφυρᾶ σχίζει περὶ τὴν πρώραν τὰ κύματα. Οὐ γὰρ ἀτασθάλους μαστεύων ἔρωτας τὴν σὴν πλεῦσαι σπουδάζει θάλασσαν, ἀλλὰ τελέσαι θέλων πάντας τοὺς Ἴωνας τὰ σεμνὰ σωφροσύνης μυστήρια. Ῥοδίους μὲν δὴ λόγος ὑσθῆναι χρυσῷ, χρυσῆν ἐπ' αὐτοὺς τοῦ Διὸς νεφέλην ῥήξαντος· τὴν δ' ὑμετέραν τύχην, ἣν διὰ τοῦδε καρπώσεσθε, οὐ μῦθος ἐρεῖ τις ἀμφίβολος, ἀλλ' ἐν ὀφθαλμοῖς ἔσται τὰ θαύματα. Ἤμελλεν ἄρα τὸ καλὸν ἔαρ οὐκ ἀηδόνας ἄξειν ἡμῖν οὐδέ τινας κύκνους ἢ τέττιγας, ἀλλ' αὐτὸν τὸν ταῖς χρυσαῖς ἀκτῖσι καταυγάζειν μέλλοντα τὴν Ἰωνίαν ἥλιον. Πρὸ δὲ τῶν ἄλλων ἁπάντων ὁ τῶν ἐμῶν πώλων ἔξαρχος πῶλος ἱερὸς καὶ ἀγέρωχος, οἵους Ἡλίῳ θεῷ Νισσαῖοι πώλους πωλεύουσι, τοῦτον ἐγὼ τὸν πῶλον ψαλίοις κοσμήσας Μουσῶν καὶ ταῖς Χαρίτων μίτραις, ὅλον ποιήσας ἀνάδετον, ὥσπερ τινὶ θεῷ τῆς ἐμῆς ἀγέλης ἀπαρχὰς φέρων, ἀνέθηκα. Γλαυκοὶ δὲ ἀστέρες ἀνίσχοιεν φαιδρῷ φωτὶ τὴν ἀναγωγὴν καταυγάζοντες. Οἱ δέ μου λόγοι καὶ προλαβεῖν μικροῦ τὸ μέλλον ὠδίνουσι, καὶ τοῖς [371 b] ἐμβατηρίοις μέλεσι τὴν ᾠδὴν τὴν ἐπιβατήριον συνάψαι σπεύδουσιν, ἐν νῷ λαμβάνοντες τίνες (οἶμαι) τότε γενήσονται, ὅταν ἐπανελθόντα προσβλέψαντες αὐτῷ πάλιν τὰ Μουσῶν χορεύειν μέλλωσιν.

20 ἐθέλων A² : γὰρ θέλων AM || **21** κείας Wernsdorf : οἰκείας AM || **24** μαστεύων A : μαντεύων M || **29** καρπώσεσθε A² : καρπώσασθαι AM καρπώσασθε Colonna || **30** ἔσται M : *om.* A.

[371 b] **1** ἐμβατηρίοις AM : ἐκβατηρίοις A².

D'un autre discours d'exhortation[1] ;
l'exorde.

Lysippe n'était pas remarquable par la seule habileté de ses mains, mais il l'était aussi par son génie. Quelles hardiesses son génie ne lui a-t-il pas inspirées ? Parmi les dieux, il place « Kairos » et, quand il lui eut donné la forme d'une statue, il exprima par l'image sa personnalité. Voici à peu près, si mes souvenirs sont bons, comment se présente l'œuvre. Il sculpte un enfant aux formes gracieuses, un adolescent dans sa fleur, chevelu des tempes jusqu'au front et chauve par derrière ; sa main droite tient un fer, sa gauche s'appuie sur une balance ; il a des ailes aux pieds, non pas pour s'élever au-dessus de la terre, mais pour paraître la frôler sans laisser voir qu'il ne prend pas appui sur elle*. Et Glaucos, qui guettait sans doute le moment critique de la lutte, arriva seul auprès du juge qui remettait les couronnes et il fut couronné le premier. Tout est bon qui se fait au bon moment et l'archer avisé est celui qui sait tirer des flèches qui portent. Les rossignols, il est vrai, s'élèvent de la terre jusqu'au ciel. La fable, en effet, ose bien élever les oiseaux jusqu'au ciel à cause de leur chant. Ils s'en vinrent donc chez le cygne ; il se trouvait dans une prairie printanière où il allait ouvrir ses ailes au zéphyr pour chanter.

*Du discours sur le nouveau venu égyptien**.

Les Égyptiens appellent coudées les montées du Nil et ils mesurent ainsi son niveau et la coudée devient chez eux un sujet de réjouissance. Et tu verras les généraux courageux proclamer leurs innombrables victoires pour de bien minces trophées. Thémistocle était un petit personnage à la bataille de l'Artémision — car il

1. *Oratio* XIII de Colonna, qui l'identifie avec le εἰς τοὺς περὶ Πείσωνα νεηλύδας du catalogue du « codex » 165 (Bekker, p. 108 a 16-17 = t. II, p. 138 de la présente édition). Cette identification est confirmée par l'intitulé des quelques extraits étrangers à ceux de Photius que contient le *Neapolitanus*.

Ἑτέρου προτρεπτικοῦ λόγου προοίμιον.

Δεινὸς δὲ ἦν ἄρα οὐ χεῖρα μόνον ἀλλὰ καὶ γνώμην ὁ Λύσιππος. Οἷα γοῦν ἐκεῖνος διὰ τῆς ἑαυτοῦ γνώμης τετόλμηκεν. Ἐγγράφει τοῖς θεοῖς τὸν Καιρόν, καὶ μορφώσας ἀγάλματι τὴν φύσιν αὐτοῦ διὰ τῆς εἰκόνος ἐξηγήσατο. Ἔχει δὲ ὧδέ πως, ὡς ἐμὲ μνημονεύειν, τὸ δαίδαλμα. Ποιεῖ παῖδα τὸ εἶδος ἁβρόν, τὴν ἀκμὴν ἔφηβον, κομῶντα μὲν τὸ ἐκ κροτάφων εἰς μέτωπον, γυμνὸν δὲ τὸ ὅσον ἐκεῖθεν ἐπὶ τὰ νῶτα μερίζεται, σιδήρῳ τὴν δεξιὰν ὡπλισμένον, ζυγῷ τὴν λαιὰν ἐπέχοντα, πτερωτὸν τὰ σφυρά, οὐχ ὡς μετάρσιον ὑπὲρ γῆς ἄνω κουφίζεσθαι, ἀλλ' ἵνα δοκῶν ἐπιψαύειν τῆς γῆς λανθάνῃ κλέπτων τὸ μὴ κατὰ γῆς ἐπερείδεσθαι. Ὁ δὲ Γλαῦκος, ὥσπερ (οἶμαι) λοχῶν αὐτὸ τῆς ἀγωνίας τὸ καίριον, ἧκέ τε ἐπὶ τὸν στεφανίτην μόνος, καὶ πρῶτος εἶχε τὸν στέφανον. Πάντα γὰρ καλὰ ἐν καιρῷ, καὶ τοξότης ἐπίσκοπος, ὅστις οἶδε καίρια βάλλειν τοξεύματα... Καὶ δὴ εἰς οὐρανὸν ἀηδόνες ἀπὸ γῆς ἵπτανται· τολμᾷ γὰρ ἀνάγειν ὑπὲρ ᾠδῆς εἰς αὐτὸν οὐρανὸν ὁ μῦθος ὄρνιθας. Ἧκον οὖν παρὰ τὸν κύκνον. Ὁ δ' ἔτυχεν ἐπί τινος λειμῶνος ἠρινοῦ ἄρτι ζεφύρῳ πρὸς ᾠδὴν ἐκδιδόναι μέλλων τὰς πτέρυγας.

Ἐκ τοῦ εἰς τὸν νέηλυν τὸν Αἰγύπτιον.

Πήχεις οἱ Αἰγύπτιοι τὴν αὔξησιν τοῦ Νείλου προσαγορεύουσι, καὶ μετροῦσι τὰ νάματα, καὶ πανήγυρις αὐτοῖς ὁ πῆχυς γίνεται. Καὶ τοὺς γενναίους ὄψει τῶν στρατηγῶν ἀπ' ἐλαττόνων τροπαίων τὰς μυρίας νίκας κηρύττοντας. Μικρὸς ἦν ἐν Ἀρτεμισίῳ Θεμιστοκλῆς (κατὰ

16 λανθάνῃ A² : λανθάνει AM ‖ **19** εἶχε A²M : *quid prius praeb.* A *non liquet* ‖ **28** οἱ A : *om.* M ‖ προσαγορεύουσι A² : προαγορεύουσι AM ‖ **29** μετροῦσι A : μέτρῳ μετροῦσι M ‖ **32** κατὰ M : καὶ A.

ne luttait encore que contre les avant-gardes du roi — il fut plus considérable à Psyttalie, il fut grand à Salamine car là, en combattant, il fit sombrer l'Asie tout entière[1].

D'un discours d'adieu[2].

Et peut-être as-tu raison d'agir ainsi. Il faut, en effet, que celui qui veut être loué aspire aux actions illustres desquelles résulte l'admiration ; car les titres de gloire de Périclès ne suffirent pas à ses fils, mais, comme ils s'étaient rendus indignes de la valeur de leur père, ils trouvèrent évidemment dans la gloire paternelle une [372 a] raison de se faire décrier davantage ; ils sont nombreux les autres grands hommes dont les fils ont tous eu dans le renom de leur père non pas un supplément de louange mais la preuve de leur vilenie. Qu'y a-t-il donc, diras-tu peut-être, au service de l'esprit ? Il y a la vertu et la raison. La première commande et donne ses ordres à la raison, l'autre, comme un serviteur adroit d'une bonne reine, accomplit ses ordres en toute diligence et les met en actes. Il est innombrable le chœur des autres vertus ; tu le découvriras tout entier quand tu auras pénétré à l'intérieur des sanctuaires de la culture. Ces vertus, je les mets à ton service comme des nourrices ou des mères des autres et je prétends que, par elles, tu parviendras aussi à capturer celles qui s'apparentent à elles. Les enfants, libérés de leurs maîtres, conduisaient ce cortège. Et le Phrygien Midas, qui voulait s'emparer du Satyre, mêla du vin aux eaux ; il enchaîna le Satyre dans un sommeil profond et il le captura.

1. Le texte ἐβάπτισε — μαχόμενος (p. 371 b 34-35) se retrouve sous une forme un peu différente dans le *Neapolitanus*.

2. C'est l'*Oratio* XV de Colonna (p. 102-103) qui identifie cette pièce avec celle que Photius, au « codex » 165 (Bekker, p. 108 a 17-18 = t. II, p. 138 de la présente édition) intitule προπεμπτικὸς ἢ Διογένης. Nous ne connaissons de cette pièce que ce que Photius en a gardé.

γὰρ τῶν προπόλων ἔτι τῶν βασιλέως ἠρίστευε), μείζων ἐν Ψυτταλίᾳ, μέγας περὶ Σαλαμῖνα· ἐβάπτισε γὰρ ὅλην ἐκεῖ τὴν Ἀσίαν μαχόμενος.

Ἐκ προπεμπτικοῦ.

Καὶ τοῦτο μὲν ἴσως καλῶς ποιεῖς· ἀνάγκη γὰρ δήπου τὸν ἐπαινεῖσθαι βουλόμενον καὶ τῶν πράξεων ἐκείνων ἐπιθυμεῖν ἀφ' ὧν ὑπάρχει τὸ θαυμάζεσθαι· οὐ γὰρ ἀπέχρησε τοῖς παισὶ τὰ τοῦ Περικλέους σεμνολογήματα, ἀλλ' ἀνάξιοι τῆς πατρῴας ἀρετῆς γενόμενοι μείζονος δήπου [372 a] διαβολῆς αἰτίαν τὴν πατρῷαν δόξαν ἐκτήσαντο. Καὶ πολλῶν δὲ ἄλλων ἀνδρῶν ἀρίστων γεγόνασι παῖδες, οἷς ἅπασιν οὐ πρὸς ἐγκωμίου πλέον, ἔλεγχος δὲ κακίας ἐγένετο τὰ τῶν πατέρων ὀνόματα. Τίς οὖν (ἴσως ἂν ἐρεῖς) ἡ θεραπεία τοῦ νοῦ; Ἀρετὴ καὶ λόγος, ἡ μὲν ἄρχουσα καὶ ἐπιστατοῦσα τῷ λόγῳ, ὁ δὲ καθάπερ τις δεξιὸς ἀγαθῆς βασιλίδος διάκονος, τὰ ἐκείνης ἐπιτελῶν σπουδῇ πάσῃ εἰς ἔργον τε ἄγων προστάγματα. Ἔστι καὶ ἄλλος ἀρετῶν μυρίος χορός, ὃν ἅπαντα εὑρήσεις εἴσω παιδείας ἀνακτόρων γενόμενος. Ταύτας δὲ ὥσπερ τιθηνοὺς καὶ μητέρας ἐκείνων προξενῶ τέ σοι καί φημι δὴ δι' ἐκείνων καὶ τῆς τῶν ἐχομένων θήρας ἐφίξεσθαι. Οἱ δὲ παῖδες ἀπολελυμένοι διδασκάλων τὴν πομπὴν ἐκείνην ἔπεμπον. Ὁ δὲ Φρὺξ ὁ Μίδας ἑλεῖν θελήσας τὸν Σάτυρον οἴνῳ φαρμάττει τὰ νάματα, καὶ δήσας ὕπνῳ καὶ κώματι θήραν ἐποιεῖτο τὸν Σάτυρον.

33 προπόλων Colonna : προπατόρων *codd.* πρόπλων Wernsdorf || **34** περὶ Duebner : ἐπὶ *codd.* || ἐβάπτισε Himerius N : ἐβάπτιζε AM || **41** τῆς πατρῴας ἀρετῆς A[2] : τὴν πατρῷαν ἀρετὴν AM.

[372 a] **9** ἀρετῶν M : *om.* A || **12** προξενῶ τε M : προξενῶν τε A προξενοῦντες A[2] || **14** πομπὴν Wernsdorf : πόλιν AM || **15** ἑλεῖν θελήσας A : ἐθελήσας M.

De l'improvisation sur le désordre qui s'était produit pendant la leçon[1] *; l'exorde.*

Y a-t-il aussi dans nos discours, mes amis, un remède capable d'apaiser la discorde? Et notre art veut-il avoir une outrecuidance pareille à celle d'Homère dans l'allusion qu'il fait au cratère d'Hélène que la fille de Zeus prépare dans le palais de Ménélas à l'intention des hôtes éplorés[2]? Ou bien le remède d'Hélène était-il non pas quelque simple ou quelque recette d'Égypte pour préparer une boisson calmante, mais une parole douce et toute de sagesse, capable, tout comme un remède, d'éteindre une ardeur qui bouillonne du fond du cœur? Le poète situe la fable en Égypte afin de désigner de façon allusive la mère des sages discours.

Le roi éprouvait-il un jour quelque découragement? Timothée ne l'y laissait pas et il élevait l'esprit du roi jusqu'au ciel — même par ses chants. S'emportait-il immodérément? Timothée était là et faisait tomber cet excès de colère par sa musique. Était-il démoralisé? Il le faisait aussitôt sourire[3]. S'adonnait-il au plaisir? On pouvait voir Alexandre redevenir grave aussitôt qu'il avait entendu de la musique. Et en un mot, on pouvait voir le roi dans l'humeur où le mettaient les airs de flûte de Timothée. Le zéphyr calme bien les flots par [372 b] son haleine. Un orateur atticiste, un langage d'Hellène ne calmera pas un tumulte dès qu'il se sera seulement fait entendre? Xénophon était en campagne ; il porta en effet la lance après avoir fréquenté Socrate.

Car l'heureux naturel est harmonie. Alcibiade vivait en raffiné lorsqu'il séjournait à Athènes ; il était grave à

1. *Oratio* XVI de Colonna (p. 103-104). En plus des extraits de Photius, nous en avons quelques lignes dans le *Neapolitanus*.

2. Allusion à Homère, *Odyssée*, IV, 219-232.

3. Le passage θυμὸς — ἐδείκνυ (p. 372 a 34-36) se retrouve également dans des extraits du *Neapolitanus*.

Ἐκ τοῦ ἐπὶ τῇ κατὰ τὴν διατριβὴν
στάσει σχεδίου·
τὸ προοίμιον.

Ἆρά τι καὶ ἐν τοῖς ἡμετέροις λόγοις ἐστίν, ὦ φίλοι, φάρμακον ἔριν κομίσαι δυνάμενον; Καί τι βούλεται τοιοῦτον καὶ ἡ παρ' ἡμῖν τέχνη νεανιεύεσθαι, ὁποῖον Ὅμηρος διὰ τοῦ κρατῆρος τοῦ τῆς Ἑλένης αἰνίττεται, ὃν ἡ τοῦ Διὸς παῖς τοῖς ξένοις ἵστησιν ἐν Μενελάου δακρύουσιν; Ἢ καὶ τὸ τῆς Ἑλένης φάρμακον οὐ πόα τις ἦν, οὐδέ τις Αἰγυπτία τέχνη νηπενθὲς πόμα σκευάζουσα, ἀλλά τις λόγος ἡδὺς καὶ πάνσοφος, φαρμάκου δίκην σβέσαι δυνάμενος θυμὸν ἐκ μέσης καρδίας ζέοντα; Ἀπάγει δὲ εἰς Αἴγυπτον τὸν μῦθον ἡ ποίησις, ἵνα τὴν μητέρα τῶν σοφῶν λόγων αἰνίξηται.

Ἐφρόνει ποτὲ βασιλεὺς μικρότερον; Οὐκ εἴα τοῦτο Τιμόθεος, ἀλλὰ καὶ εἰς οὐρανὸν αὐτὸν ἀνῆγε τὴν γνώμην τοῦ βασιλέως τοῖς μέλεσι. Θυμὸς ἐπέζει τοῦ μετρίου πλέον; Ἀφῄρει παρὼν ἐκεῖνος τὸ πλεονάζον τοῖς κρούσμασιν. Ἄθμυος ἦν; Μειδιῶντα εὐθὺς ἐδείκνυ. Ἡδοναῖς ἐνεδίδου; Εἶδες ἂν εὐθὺς σεμνὸν μετὰ τὴν μουσικὴν Ἀλέξανδρον. Καὶ τὸ σύμπαν εἰπεῖν, τοιοῦτον ἐξῆν ὁρᾶν ἐκεῖνον, ὁποῖον αὐτὸν ἐποίει διὰ τῶν αὐλημάτων Τιμόθεος. Πραΰνει Ζέφυρος ταῖς αὔραις τὰ κύματα. Ἀττικὸς δὲ ῥήτωρ καὶ λόγος Ἕλλην οὐ λύσει [372 b] στάσιν, εἰ μόνον φθέγξαιτο; Ὅ τε Ξενοφῶν ἐστρατεύετο· καὶ γὰρ καὶ δόρυ μετὰ Σωκράτην Ξενοφῶν ἤνεγκε. Τὸ γὰρ εὐφυὲς εὐάρμοστον. Ἁβρὸς ἦν Ἀλκιβιάδης, ὁπηνίκα παρ' Ἀθηναίοις εἶχε τὴν δίαιταν· σεμνὸς ἦν

18 κατὰ τὴν A^1 *s. v.* M : *om.* A || 19 σχεδίου AM : αὐτοσχεδίου A^2 || 23 τοιοῦτον Wernsdorf : τοσοῦτον *codd.* || ὁποῖον A : ὅποι M || 24 τοῦ τῆς M : τὸ τῆς A || 26 δακρύουσιν A : δάκρυσιν M || 27 νηπενθὲς AM^2 : μὴ πενθὲς M || 33 ἀνῆγε M : ἀνήγαγε A || 35 παρὼν A : παρὸν M || 36 ἐδείκνυ AM : ἐδείκνυεν A^2.

[372 b] 1 στάσιν A : τάσιν M.

Lacédémone ; il était le seul à en remontrer aux Perses pour le raffinement. Et s'il fallait aussi s'occuper de discours et discuter de philosophie, il mettait dans ses entretiens tout le Lycée et toute l'Académie. Ceux qui travaillent dans les recherches sur ces sujets.

Du discours sur l'arrivée des gens de Chypre ; l'exorde[1].

Chypre, les poètes en font hommage parmi les dieux à Aphrodite comme de Délos à Apollon. Chypre est, en effet, une importante cité ; ses gens sont indiscutablement des Hellènes par leur langage[2].

La mer enfanta Aphrodite des œuvres du ciel, mais ce que fut cet enfantement, les récits sacrés ordonnent de le tenir secret. Il fallait finalement que la déesse fût mise au monde. La mer s'arrêta donc aussitôt et se fit calme, écumant en vagues molles à l'endroit de l'enfantement.

L'Aphrodite vulgaire n'a rien de commun avec l'Aphrodite céleste. La première, en effet, engendre les amours vulgaires et dont la nature n'est pas épurée, mais l'autre, ses enfants sont en or et d'or leurs traits ; et les cibles que frappent ces traits sont des âmes jeunes et intactes.

Du discours prononcé sur quelqu'un venu de Cappadoce[3].

Ce n'est pas seulement au-delà de l'Ister même et du Tanaïs, mais sur toute la terre et sur toute la mer que le Scythe s'est répandu, porté par sa flèche. La flèche d'Apollon, c'est l'éloquence. Et un fleuve, là-bas, a une légende qui mérite d'être entendue des Hellènes. Dionysos était allé chez les Indiens, race qui rejette la faveur

1. *Oratio* XVII de Colonna (p. 105-106). En plus des extraits de Photius, nous possédons quelques lignes de cette déclamation dans le *Neapolitanus*.

2. Le texte δῆμοι — Ἕλληνες (p. 372 b 14) se retrouve tel quel dans le *Neapolitanus*.

3. C'est l'*Oratio* XVIII de Colonna (p. 106-107). Cette déclamation ne nous est connue que par les extraits de Photius.

ἐν Λακεδαίμονι· τὰ Περσῶν ἐς τρυφὴν μόνος ἐξήλεγχεν. Εἰ δέ ποτε ἔδει καὶ λόγους φροντίσαι καὶ τὰ φιλοσοφίας γυμνάσασθαι, Λύκειον ἅπαντα καὶ Ἀκαδημίαν ταῖς αὐτοῦ συνουσίαις εἰργάζετο. Οἱ κάμνοντες τὴν ἱστορίαν τὴν ἀμφὶ τούτους.

Ἐκ τοῦ εἰς τὴν τῶν Κυπρίων ἐπιδημίαν· τὸ προοίμιον.

Τὴν Κύπρον οἱ ποιηταὶ θεῶν Ἀφροδίτῃ χαρίζονται, ὥσπερ τὴν Δῆλον Ἀπόλλωνι. Ἡ γὰρ Κύπρος πόλις μεγάλη· δῆμοι τὴν γλῶτταν ἀκριβῶς Ἕλληνες. Ὤδινεν ἐξ οὐρανοῦ τὴν Ἀφροδίτην ἡ θάλαττα· τὰς δὲ ὠδίνας ταύτας, αἵ τινές ποτέ εἰσιν, μυστικοὶ λόγοι κρύπτειν κελεύουσι. Καὶ ἔδει γὰρ λοιπὸν ἐκκυηθῆναι τὴν δαίμονα. Ἵσταται μὲν εὐθὺς καὶ ἄγει γαλήνην ἡ θάλαττα, ἁπαλοῖς κύμασι περὶ τὸν τόπον πορφύρουσα. Πανδήμῳ Ἀφροδίτῃ πρὸς τὴν Οὐρανίαν οὐδὲν κοινόν. Ἡ μὲν γὰρ βεβήλους καὶ οὐ καθαροὺς τὴν φύσιν γεννᾷ τοὺς ἔρωτας· τῇ δὲ χρυσοῖ μὲν οἱ παῖδες, χρυσᾶ δὲ τὰ τούτων καὶ βέλη, σκοποὶ δὲ αὐτοῖς ψυχαὶ νεοτελεῖς καὶ ἀκήρατοι.

Ἐκ τοῦ εἰς τὸν ἐκ Καππαδοκίας ῥηθέντος.

Οὐδὲ ὑπὲρ Ἴστρον αὐτὸν καὶ Τάναϊν, ἀλλ' ἐπὶ πᾶσαν γῆν καὶ θάλατταν ἦλθεν ὁ Σκύθης ὑπὲρ τοῦ βέλους ὀχούμενος. Λόγος δὲ ἄρα τὸ βέλος Ἀπόλλωνος. Καὶ ποταμὸς ἐκεῖ μῦθον ἔχων ἀκοῆς Ἑλλήνων ἄξιον. Ἦλθεν ἐπ' Ἰνδοὺς ὁ Διόνυσος, γένος τὴν Διονύσου

6 λόγους M *et* A *ut vid.* : λόγοις A² ‖ **7** Λύκειον M : Λύκιον A ‖ **8** αὐτοῦ] αὐτοῦ A : ἑαυτοῦ M ‖ **14** δῆμοι A : δήμῳ M ‖ **19** τόπον A : τόκον M ‖ **20** Ἀφροδίτῃ A : δ' Ἀφροδίτῃ M ‖ τὴν M : *om.* A ‖ **22** παῖδες M : πόδες A ‖ **23** τὰ M : *om.* A ‖ **30** Ἰνδοὺς A²M : *quid prius praeb.* A *non liquet* ‖ ὁ A² *om.* AM.

de Dionysos. Son armée était de Bacchantes et de Satyres, leurs armes étaient des nébrides et des thyrses. Et eux, dès qu'ils virent le dieu, furent captivés ; ils jetèrent leurs armes, et ceux qui, jusqu'alors, combattaient Dionysos formèrent un chœur en son honneur. Quand ils furent amenés dans le territoire de Cappadoce, ils campèrent sur les bords du fleuve auquel ils allaient donner son nom et, comme il leur fallut se baigner dans ses eaux, le fleuve changea : son eau couleur d'argent, au contact des Indiens, noircit et eux firent en sorte que le fleuve fût ce qu'ils étaient eux-mêmes et portât leur nom. C'est de là que la renommée ramène l'adolescent. Et notre richesse n'est pas l'or de Gygès [373 a] ou de Lydie, mais ce sont des enfants d'une beauté florissante dans la pleine vigueur de leur jeunesse, superbes à voir et le front haut comme des gens sortis de la poitrine même de Zeus.

Du discours prononcé un jour qu'on lui demandait un modèle et qu'il s'était récusé puis avait parlé ; l'exorde[1].

Les Perses s'exercent beaucoup à l'arc ; carquois et flèches sont toute leur vie. J'approuve la coutume ; elle est la pierre de touche d'un esprit appliqué ; en effet, il est bon qu'elles soient rares les choses de prix*. La nature a connu cette coutume avant les Perses. Personne n'aurait voulu voir l'Océan s'il n'avait fui le centre du continent et n'avait été rejeté aux confins de la terre. Que dirait-on des pyramides si leur spectacle n'était pas lointain ? Ou que dirait-on de la pierre de Memnon en Éthiopie si sa mère ne l'avait pas placée, elle aussi, plus haut que les gens ne peuvent voir ? Et cependant, nous croyons vrai et non fabuleux ce qu'on

1. Outre les extraits de Photius, nous avons quelques fragments de cette pièce (*Oratio* XIX de Colonna, p. 107-109) dans le *Neapolitanus* qui leur donne comme titre ὅτι σπάνια τὰ καλά, titre qu'on lit également au « codex » 165 (Bekker, p. 108 a 21 = t. II, p. 138 de la présente édition).

χάριν ἀρνούμενον. Ἦν δὲ ὁ μὲν στρατὸς Βάκχαι καὶ Σάτυρος, τὰ δὲ ὅπλα νεβρῖδες καὶ θύρσοι Οἱ δὲ ἄρα ὁμοῦ τε εἶδον τὸν θεὸν καὶ ᾕρηντο, καὶ τὰ ὅπλα ῥίψαντες χορὸν οἱ τέως μαχόμενοι τῷ Διονύσῳ καθίσταντο. Ἐπεὶ δὲ ἐν ὅροις Καππαδοκῶν ἦσαν ἀγόμενοι, σκηνοῦσι μὲν ἐπὶ τῷ χείλει τοῦ ποταμοῦ, ᾧ καὶ δώσειν τὴν ἐπωνυμίαν ἤμελλον, δεῆσαν δὲ τοῖς νάμασι λούσασθαι· ἀμείβεται μὲν ὁ ποταμὸς καὶ τὸ ἀργυροῦν ὕδωρ Ἰνδοῖς ὁμιλῆσαν μελαίνεται, οἱ δὲ ὅπερ ἦσαν αὐτοί, τοῦτο καὶ εἶναι καὶ καλεῖσθαι τὸν ποταμὸν ἀπεργάζονται. Ἐντεῦθεν ἄγει τὸν νεανίσκον ἡ φήμη. Ὁ δὲ ἡμέτερος [373 a] πλοῦτος οὐ χρυσός τις Γυγάδας ἢ Λύδιος, ἀλλά τινες παῖδες ἡβῶντες μὲν τὴν ὥραν καὶ τὴν ἡλικίαν ἀκμάζοντες, σοβαροὶ μὲν ἰδεῖν καὶ ὑψαύχενες, ἅτε ἐκ μέσων Διὸς στέρνων γεινάμενοι.

Ἐκ τοῦ ὅτε τὴν ἐπίδειξιν ἀξιούμενος ἀνεβάλετο, εἶτα εἶπε· τὸ προοίμιον.

Πέρσαι τόξα σπουδάζουσι, καὶ πᾶς ὁ βίος ἐκείνοις φαρέτρα καὶ βέλη. Ἐπαινῶ τὸν νόμον, δικαία φιλοπόνου γνώμης βάσανος· σπάνια γὰρ εἶναι καθήκει τὰ τίμια. Οἶδε τοῦτον πρὸ Περσῶν ἡ φύσις τὸν νόμον. Οὐδεὶς ἂν Ὠκεανὸν ἰδεῖν ἠξίωσεν, εἰ μὴ τὴν ἐν μέσῳ φυγὼν περιεχύθη τῆς γῆς τοῖς τέρμασι. Τίς δ' ἂν εἴη πυραμίδων λόγος, εἰ μὴ πόρρω τοῦτο τὸ θέαμα; Ἢ τοῦ κατ' Αἰθίοπας λίθου τοῦ Μέμνονος, εἰ μὴ κἀκεῖνον ἄνω τῆς πολλῆς θέας ἡ μήτηρ ἔστησε; Ταῦτά τοι καὶ ἀλήθειαν, ἀλλ' οὐ μῦθον εἶναι τὸν περὶ αὐτοῦ

32 νεβρῖδες *edd.* : νευρῖδες *codd.*

[373 a] **2** τινες M : τί τινες A τιτῆνες A² ‖ καὶ τὴν M : καὶ A ‖ **5** ἀνεβάλετο *edd.* : ἀνεβάλλετο *codd.* ‖ **8** τόξα A : τὰ τόξα M *et* Himerius N ‖ **11-12** τὸν νόμον *hic* A : *post* τοῦτον (*v.* 11) *ponit* M.

raconte de la pierre : qu'au contact du soleil elle émet des sons et parle comme un homme. C'est avec difficulté que la nature a fait don de la rose aux hommes. Et cette fleur ne s'épanouit pas aussitôt qu'elle pousse mais elle vit la plus grande partie de son temps de floraisons à l'intérieur de son calice et c'est sur le tard qu'elle éclôt et s'ouvre. Mais on ne peut même pas cueillir les fruits quand on le veut, mais, même si tu veux cueillir des figues, il n'y a qu'à attendre la saison qui tient son nom de celui de la cueillette. La tradition qui dit que le bronze de Dodone retentit sans arrêt, le temps jaloux en a réduit l'artifice en fable. L'habitude, en effet, a une grande propension à engendrer la satiété et à gâter la liberté par la licence[1]. Quand nous sommes à terre, nous recherchons la mer, et quand nous naviguons, nos regards cherchent les labours. Le marin chante le bonheur du laboureur et le laboureur, à son tour, croit le marin heureux. Tout cela n'est que jeux de la satiété. L'habitude engendre le dégoût. Fuyons-le, enfants ; souvent, par son excès, il atteint les amours elles-mêmes. C'est, en effet, ce que j'ai entendu un jour dans un dicton.

Du discours à Musonius, proconsul de Grèce[2] ; *l'exorde*[3].

Moi qui redoutais les théâtres et m'évertuais à parler loin des foules, tu m'as contraint à rompre avec ma ligne de conduite. Le cygne, lui aussi, rompt le silence quand il entend Apollon toucher la lyre, et le rossignol est attiré hors des grottes vers le soleil quand le zéphyr [373 b] fait entendre son chant. Le marin ose affronter les flots et le bacchant s'enhardit et se met à bondir, le marin quand le printemps calme la mer, l'autre, quand il entend Dionysos agiter son thyrse. Pour toi,

1. Voici les fragments de texte qu'on retrouve dans le *Neapolitanus* : ὅτι λίθος — καὶ φθέγγεται (373 a 18-19) ; ῥόδον — κάλυκος (373 a 19-22) ; οὐδ' — ἄνθρωποι (373 a 23) ; τὸ δὲ ἐν Δοδώνῃ — λυμήνασθαι (373 a 25-28).

2. Sur le personnage, cf. Ensslin, s. v. *Musonius*, n. 4, in *R. E.*, t. XVI, 1935, col. 897-898.

3. *Oratio* XX de Colonna (p. 109-111). En plus des extraits de

λόγον πιστεύομεν, ὅτι λίθος ὁμιλήσας ἡλίῳ οἷον ἄνθρωπος ἠχεῖ καὶ φθέγγεται. Μόλις καὶ ῥόδον ἡ φύσις ἀνθρώποις χαρίζεται. Καὶ οὐδὲ τοῦτο ὁμοῦ τε φύει καὶ ἴσα πετάννυται, ἀλλ' οἰκουρῆσαν τὸ πολὺ τῆς ἀκμῆς εἴσω τοῦ κάλυκος ὀψὲ προκύπτει καὶ σχίζεται. 'Αλλ' οὐδ' ὀπωρίζειν ἔξεστιν, ὅταν ἐθέλωσιν ἄνθρωποι· ἀλλὰ κἂν συκάζειν ἐθέλῃς, ἀναμένεις τὴν ὥραν τὴν τῆς ὀπώρας ἐπώνυμον. Τὸ δὲ ἐν Δοδώνῃ χαλκεῖον ὅτι ἠχεῖ ἀεί, μισήσας ὁ χρόνος διέλυσεν εἰς μῦθον τὸ τέχνημα.

Δεινὴ γὰρ ἡ συνήθεια κόρον τεκεῖν καὶ τὴν ἐξουσίαν ὕβρει λυμήνασθαι. Οἰκοῦντες γῆν ζητοῦμεν θάλατταν, καὶ πλέοντες πάλιν περισκοποῦμεν τὰ λήϊα. Ὁ πλωτὴρ μακαρίζει γηπόνον, καὶ τὸν ναυτίλον ἀρότης ἡγεῖται πάλιν εὐδαίμονα. Ταῦτα πάντα τοῦ κόρου παίγνια. Κόρον γεννᾷ ἡ συνήθεια. Φεύγωμεν τὸν κόρον, ὦ παῖδες· τοξεύει πολλάκις δι' ὕβριν οὗτος καὶ αὐτοῖς ἤδη τοῖς ἔρωσι. Τοῦτο γάρ ποτε τῆς παροιμίας ἤκουσα.

'Εκ τοῦ εἰς Μουσώνιον τὸν ἀνθύπατον
Ἑλλάδος·
τὸ προοίμιον.

'Οκνοῦντά με πάνυ τὰ θέατρα, καὶ τῶν πανδήμων συλλόγων ἀπάγειν τοὺς λόγους σπεύδοντα, λῦσαι τὸν νόμον ἠνάγκασας. Λύει καὶ κύκνος σιγήν, λύραν ὅταν 'Απόλλωνος ἀκούσῃ πλήττοντος, καὶ τῶν ἄντρων ἐξάγει [373 b] τὴν ἀηδόνα πρὸς ἥλιον λυρικὸν ἠχήσας ὁ Ζέφυρος. Τολμᾷ καὶ ναύτης τὰ κύματα, καὶ βακχεῖος ἀνὴρ θαρρῶν ἐγείρει τὸ σκίρτημα, ὁ μὲν ἔαρ ὅταν κοιμίζῃ θάλατταν, ὁ δὲ ὅταν Διονύσου θύρσον δονοῦντος αἰσθά-

21 ἴσα M : εἰς ἀέρα A² *quid prius praeb.* A *non liquet* ‖ **24** ἐθέλῃς A² : ἐθέλεις A ἐθέλοις M ‖ **25** ἠχεῖ AM : ἦχει Himerius N ‖ **34** ἔρωσι M : ἐρῶσι A ‖ **39** λῦσαι M : λύσαι A.

[373 b] **1** λυρικὸν AM : λιγυρὸν Wernsdorf ‖ **3** κοιμίζῃ A² : κοιμίζον A ἴδῃ κοιμίζον M ‖ **4** δονοῦντος A : δονοῦντα M.

un poète hardi n'hésiterait pas, sans doute, à te comparer à Apollon lui-même. Arcs et flèches, tu les aimes assez pour révéler ta nature apollinienne, mais ils restent toujours purs de sang ; il n'est pas en effet permis que le sang humain touche ton trait mais, par ton suffrage, on échappe même au bourreau qui brandit déjà le glaive pour l'exécution. Voilà comment un poulain est bien aguerri et un jeune chien adroitement dressé lorsque c'est sans aiguillon ni fouet, mais en les flattant de la main que le dompteur de chevaux et le dresseur de chiens veulent éduquer celui-là un cheval et celui-ci un chien.

Qu'est-ce qui a fait la grandeur de Cyrus chez les Perses ? Un caractère doux et tranquille. Car la cité a toujours remporté des succès contre les barbares. C'est un des braves qui annonça un jour la victoire au peuple et les gens admirèrent tant son empressement que cette annonce lui valut sans tarder une statue de bronze chez les Athéniens.

Du discours à Sévère, un nouveau venu ;
l'exorde[1].

Il n'oubliait donc pas sa lyre, Achille, même au milieu des combats ; la plaine brillait des éclairs des armes et lui, dans sa tente, accordait sa cithare[2]. Et voici le sujet de ses chants : Achille était épris de vaillance et il imitait les exploits des héros tantôt en combattant, tantôt en composant des poèmes. La querelle des dieux ne concernait que leurs délices, mais ni l'Athéna armée ne luttait avec ses armes ni Poseidon qui brandit le trident ne le jetait dans la lutte, mais la déesse agitait le rameau d'olivier et le dieu lui répondait par le bruissement de la mer. Un vote trancha le débat et Athéna reçut le

Photius, nous avons quelques lignes de cette déclamation dans le *Neapolitanus*, mais seul le texte ὀκνοῦντα — ἠνάγκασας (378 a 38-40) se lit à la fois dans ce manuscrit et dans Photius.

1. *Oratio* XXI de Colonna (p. 110-111). Déclamation connue par les extraits de Photius et par quelques lignes du *Neapolitanus*.

2. Le texte ἐμέμνητο — ἥρμοζεν (373 b 23-25) se trouve également dans le *Neapolitanus*.

νηται. Σὲ μὲν ποιητής τις εὔτολμος οὐκ ἂν (οἶμαι) ὀκνήσειεν οὐδ' αὐτῷ εἰκάσαι 'Απόλλωνι. Τόξα δέ σοι καὶ βέλη τοσοῦτον φίλα ὅσον 'Απόλλωνος φύσιν ἐνδείξασθαι, ἀναίμακτα δὲ μένει ἀεί· σῆς γὰρ ἀκίδος φόνον ἀνθρώπων οὐ θέμις ἅψασθαι, ἀλλά τις ἔφυγε διὰ σὴν ψῆφον καὶ δήμιον ἤδη τὸ ξίφος κατὰ τῆς σφαγῆς ἀνατείνοντα. Οὕτω καὶ πῶλος καλῶς πωλεύεται καὶ σκύλαξ δεξιῶς σκυλακεύεται, ὅταν ἄνευ κέντρου καὶ μάστιγος ὁ μὲν πωλοδάμνης τὸν ἵππον ὁ δὲ σκυλακευτὴς τὸν κύνα χειρὶ τιθασσεύων ἐκτρέφειν βούλοιτο.

Τί Κῦρον ἐν Πέρσαις μέγαν ἐποίησεν; Ἥμερος τρόπος καὶ μείλιχος. Εὐτύχησε γὰρ ἀεὶ κατὰ βαρβάρων ἡ πόλις. 'Αγγέλλει ποτὲ τὴν νίκην τῶν τις ἀριστέων τῷ δήμῳ· οἱ δὲ οὕτως αὐτὸν τῆς προθυμίας ἠγάσθησαν, ὥστε χαλκοῦς παρὰ 'Αθηναίοις ἀπὸ τῶν λόγων ἐκείνων ἕστηκεν.

'Εκ τοῦ εἰς Σεβῆρον νέηλυν·
τὸ προοίμιον.

'Εμέμνητο δὲ ἄρα καὶ παρὰ τὰς μάχας 'Αχιλλεὺς τῆς λύρας· καὶ τὰ μὲν πεδία τοῖς ὅπλοις ἤστραπτεν, ὁ δὲ κατὰ τὴν σκηνὴν τὴν ἑαυτοῦ κιθάραν ἥρμοζεν. Ἡ δὲ τῆς ᾠδῆς ὑπόθεσις· ἦρα ἀρετῆς 'Αχιλλεύς, καὶ τὰ κλέα τῶν ἀνδρῶν νῦν μὲν πολεμῶν ἐμιμεῖτο, νῦν δὲ ᾠδὰς ἐργαζόμενος. Ἔρις ἦν ἀμφὶ τοῖς παιδικοῖς τῶν θεῶν· ἀλλ' οὔτε 'Αθηνᾶ τὰ ὅπλα ἔχουσα τοῖς ὅπλοις ἤριζεν, οὔτε Ποσειδῶν φέρων τὴν τρίαιναν ταύτην προβέβλητο, ἀλλ' ἡ μὲν τὸν θαλλὸν ἀνέσειεν, ὁ δὲ ἀντήχει τῷ κύματι. Καὶ λύει ψῆφος τὴν κρίσιν, καὶ

6 σοι A : τοι M || **9** διὰ A : *om.* M || **10** ἤδη Wernsdorf : εἶδε A² δὴ M *quid prius praeb.* A *non liquet* || **16** μείλιχος A : μειλίχιος M || **18** οὕτως M : ὄντως A || **24** πεδία A² : παιδία AM || **31** ἡ AM² : εἰ M || **32** καὶ λύει M : λύει A.

prix de la victoire. Et l'une jouait de la flûte, l'autre tenait la cithare et la troisième soufflait dans le pipeau.

Tiré de la déclamation ;
l'exorde[1].

Quand les Muses dansent sur l'Hélicon, tout pour moi se remplit de chants. Voix de la cigale qui rappelle la légende par son chant : moi, dit-elle, quand j'étais homme, je ne cessais de chanter et, quand j'ai changé de nature, je n'ai pas perdu mon amour avec mon genre de vie. Des tribus de rossignols et d'hirondelles et aussi [374 a] des troupes de cygnes dansent en chantant autour des déesses.

Du discours au comte Ursacius[2].

Tout ce dont les peintres sont capables, les paroles le peuvent aussi : bien plus, toute imitation est inférieure à celle que réalisent les discours[3]. On dit que le sage Abaris était de race hyperboréenne mais Hellène de langue, qu'il était Scythe pour l'accoutrement et le maintien mais que, s'il se mettait à parler, alors on prenait ce qu'il disait pour des propos venus du sein même de l'Académie et du Lycée[4]. On raconte que l'éphèbe d'Éleusis fut élevé par Déméter pour qu'il échangeât sa nourriture de pâtre contre du blé de culture[5].

Abaris vint en Athènes portant à l'épaule arc et carquois et serré dans sa chlamyde. Une ceinture d'or lui pendait des reins et il portait des chausses qui lui montaient des pieds jusqu'au haut des cuisses.[6] Lui, nous le trouvons partout faisant sonner, comme dans un accord de lyre, son discours en accord avec sa pensée. Il était d'un commerce agréable, habile à accomplir tranquillement une grande tâche, prompt à percevoir le présent,

1. *Oratio* XXII de Colonna (p. 111). Texte connu par Photius seul.
2. *Oratio* XXIII de Colonna. Texte conservé par Himérius R et connu aussi, en plus de Photius, par des extraits du *Neapolitanus*.
3. P. 112, 10. — 4. P. 113, 1. — 5. P. 113, 19. — 6. P. 113, 26.

Ἀθηνᾶ λαμβάνει τὰ νικητήρια. Καὶ ἡ μὲν ηὔλει ἡ δὲ κιθάραν εἶχεν, ἡ δὲ ἐνέπνει τῇ σύριγγι.

Ἐκ τῆς λαλιᾶς·
τὸ προοίμιον.

Ὅταν αἱ Μοῦσαι καθ' Ἑλικῶνα χορεύωσι, πάντα μοι ἠχῆς ἐμπίπλαται. Ἠχεῖ μὲν τέττιξ, καὶ ἀναμιμνήσκει τὸν μῦθον τῷ μέλει, ὅτι ἐγώ, φησίν, ὢν ἄνθρωπος ᾖδον ἀεί, καὶ ἐπειδὴ τὴν φύσιν ἤμειψα, οὐ συναφῆκα τῷ βίῳ τὸν πόθον. Ἀηδόνων δὲ καὶ χελιδόνων [374 a] γένη, ἔτι δὲ κύκνων ἀγέλαι περὶ τὰς θεὰς χορεύουσιν.

Ἐκ τοῦ εἰς τὸν κόμητα Οὐρσάκιον.

Ὅσα γραφεῖς, καὶ λόγοι δύνανται· μᾶλλον δὲ μικροτέρα μίμησις πᾶσα πρὸς λόγους. Ἄβαριν τὸν σοφὸν γένος μὲν Ὑπερβόρειον λέγουσιν, Ἕλληνα δὲ τὴν φωνὴν γεγενῆσθαι, καὶ Σκύθην μὲν ἄχρι στολῆς τε καὶ σχήματος, εἰ δέ που γλῶτταν κινήσειε, τοῦτο ἐκεῖνο ἐκ μέσης Ἀκαδημίας καὶ αὐτοῦ Λυκείου νομίζεσθαι. Τὸν Ἐλευσίνιον ἔφηβον ἀρθῆναι λόγος πρὸς Δήμητρος, ἵνα τὴν νομάδα τράπεζαν ἡμέροις ἀμείψῃ πυροῖς.

Ἧκεν Ἄβαρις Ἀθήναζε τόξα ἔχων, φαρέτραν ἡμμένος εἰς ὦμον, χλαμύδι σφιγγόμενος. Ζώνη ἦν κατ' ἰξύων χρυσῆ, ἀναξυρίδες ἐκ ταρσῶν ἄκρων ἄχρι καὶ γλουτῶν ἀνατείνουσαι. Τοῦτον πανταχόθεν εὑρίσκομεν, καθάπερ ἐν ἁρμονίᾳ λύρας, σύμφωνον ἠχοῦντα τῇ γνώμῃ τὸν λόγον. Ἦν ἡδὺς ἐντυχεῖν, δεινὸς ἡσυχῇ μεγάλην πρᾶξιν ἐργάσασθαι, ὀξὺς τὸ παρὸν ἰδεῖν, προμηθὴς τὸ

34 εἶχεν A²M : ηὔχεν A ‖ **38** ἐμπίπλαται M : ἐμπίμπλανται A.

[374 a] **3** Οὐρσάκιον Photius, p. 108 a 24 : Οὐρσίκιον *hic* AM ‖ **8** ἐκεῖνο M : ἐκεῖνον A ‖ **9** Λυκείου M : Λυκίου A ‖ **11** πυροῖς A : πυρροῖς M ‖ **13** ἰξύων A *et* Himerius N : ἰξὺν M.

clairvoyant pour se garder de l'avenir, soumis à la sagesse, épris d'amitié, laissant peu au hasard, pleinement confiant dans la réflexion[1].

Du discours à Sévère, son compagnon[2].

Qui plus que lui, en effet, recherchait avec célérité la nature du juste ou qui, l'ayant découverte, en toute rectitude, la répandait plus vite que lui? Qui était aussi prompt dans l'action et aussi lent à punir celui qui risquait de l'être? Qui était comme lui au-dessus des richesses et soumis à l'amitié[3] et à la pitié pour le malheureux? Généreux en paroles, il l'était plus encore en fait dans ses actions.

Du discours à Scylacius[4], *le proconsul de Grèce*[5].

Son bouclier où l'or qui rayonnait en éclairs révélait par ses merveilles la main d'Héphaistos, seule capable d'imiter la nature par l'art[6]. Le Méandre, fleuve de Carie*, est aussi inférieur au Nil par le débit de ses eaux qu'il lui est supérieur par ses qualités naturelles. En effet, la légende du Nil parle de la terre dont il fait présent aux Égyptiens ; l'autre a dérobé la mer aux marins et donné aux laboureurs d'ouvrir leurs sillons à la charrue dans les champs au lieu de sillonner les flots. On peut voir une plaine là où était auparavant une mer ; au lieu de dauphins, on peut y voir bondir le faon et on peut y entendre, au lieu des commandements du marin, la flûte du pâtre[7].

1. P. 113, 22.
2. *Oratio* XXIV de Colonna (p. 117, 48). Morceau connu par Himérius R, par Photius et par les extraits du *Neapolitanus*.
3. τίς μὲν — φιλανθρωπίας (374 a 25-26) se retrouve parmi les extraits du *Neapolitanus* dans un contexte légèrement différent.
4. Cf. Seeck, s. v. *Skylakios*, n. 1, in *R. E.*, 2e sér., t. III, 1929, col. 618-619.
5. *Oratio* XXV de Colonna (p. 119). Œuvre connue par Himérius R, par Photius et par les extraits du *Neapolitanus*.
6. P. 119, 9.
7. P. 122, 73.

μέλλον φυλάττεσθαι, σοφίας ἥττων, ἐραστὴς φιλίας, ὀλίγα μὲν τύχῃ πιστεύων, γνώμῃ δὲ τὰ πάντα πιστούμενος.

Ἐκ τοῦ εἰς Σεβῆρον ἑταῖρον.

Τίς γὰρ ἐκείνου μᾶλλον ἢ σὺν τάχει τὴν τοῦ δικαίου φύσιν ἐθήρευεν, ἢ σὺν ὀρθότητι θηρεύσας ἐδημοσίευε; Τίς μὲν οὕτως ὀξὺς πρᾶξαι, τίς δὲ βραδὺς κολάσαι τὸν κινδυνεύοντα; Τίς μὲν οὕτω κρείττων χρυσίου, τίς δὲ ἥττων φιλανθρωπίας καὶ τοῦ κατελεῆσαι τὸν δυστυχήσαντα; ἁδρὸς μὲν ἐν λόγοις, ἔργα δὲ καὶ πράξεις ἁδρότερος.

Ἐκ τοῦ εἰς Σκυλάκιον τὸν ἀνθύπατον Ἑλλάδος.

Χρυσῷ μὲν ἀσπὶς ἀστράπτουσα, καὶ τὴν Ἡφαίστου μηνύουσα χεῖρα τοῖς θαύμασιν, ὅτι μόνη διὰ σοφίαν ἠπίστατο τῇ τέχνῃ φύσιν μιμήσασθαι. Μαίανδρος ὁ Καρῶν ποταμός, ὅσον πλήθει τοῦ Νείλου λείπεται, τοσοῦτον φύσει περίεστι. Τοῦ μὲν γὰρ μῦθος ἡ γῆ ἣν Αἰγυπτίοις χαρίζεται· ὁ δὲ πλωτῆρας ἀποσυλήσας τὴν θάλατταν, γηπόνοις σχίζειν ἔδωκεν ἀρότροις ἀντὶ κυμάτων τοὺς αὔλακας. Ἴδοις ἂν πεδίον μὲν τὴν πρόσθεν θάλατταν, σκιρτῶντα δὲ ἀντὶ μὲν δελφίνων νεβρόν, ἀντὶ δὲ ναύτου κελεύοντος νομέως ἠχούσης ἀκούσῃ σύριγγος.

23 ἐδημοσίευε M : ἐδημοσίευσεν A || **25** κολάσαι A^{2}M : κολάσει A *ut vid.* || **26** ἥττων φιλανθρωπίας A : φιλανθρωπίας ἥττων M || **27** ἁδρὸς] ἁδρὸς A^2 ἀνδρὸς AM || **29** Σκυλάκιον A^3 : Σκυλάκειον M κυλάκκιον A || **34** καρῶν M : κὰρ A || **37** ἀρότροις Wernsdorf : ἀρούραις *codd.* || **38** τοὺς A : τὰς M || πεδίον A^{2}M : παιδίον A *ut vid.* || **40** δὲ A^1 *s. v.* M : *om.* A.

[374 b] *D'un discours à des nouveaux venus d'Éphèse ; l'exorde*[1].

Quand Apollon eut dressé le trépied prophétique et rendait des oracles aux gens qui venaient le consulter de partout, tous les peuples et toutes les cités, attirés par son renom, envoyèrent interroger l'oracle du dieu[2].

D'un discours à ses compatriotes ; l'exorde.

Mais, en effet, voici désormais l'heure, mes enfants, d'accorder notre lyre pour nos concitoyens aussi*. Que ferons-nous pour la cité qui nous a portés? Eh bien, puisque nous n'allons pas en char et que nous ne faisons pas œuvre de poètes, faisons à notre cité un rempart de citoyens et de discours*. Et la grande voix d'Homère, qu'est-ce qui, plus que tout, l'a déchaînée? N'est-ce pas le renom des guerriers*? Moi, c'est la vertu que je cherche et c'est en me fondant sur elle que je veux louer les hommes*. Pour la valeur de celui qui commande, il y a deux témoignages : les décisions que prend le roi et l'amour dont ses sujets l'entourent*. En même temps que les actions, il faut considérer la personnalité et on découvrira que les exploits accomplis retentissent de la même manière que la personnalité qui en est la cause.

Quels sont les signes à quoi se reconnaissent la personnalité du roi? Une réflexion rapide, une pensée élevée, la volonté de faire le bien sans hésitation, la simplicité du caractère ; quand il fallait agir, il imitait Alcibiade ; il était encore davantage attaché à la cité et insensible* à l'attrait des richesses, qualités que l'histoire attribue à Périclès ; dans l'action, il était beaucoup plus ardent que le fils de Clinias et, en un mot, il n'était

1. *Oratio* XXVI de Colonna (p. 123, 2). Ce texte est connu par Himérius R, par les extraits de Photius et par ceux du *Neapolitanus*.

2. A propos de παρὰ (374 b 5), on lit dans les notes critiques de Colonna à ce passage : ἐπὶ Φ a m : παρὰ R, mais Φm omet le passage et Φa porte παρὰ comme Himérius R.

[374 b] Ἐκ τοῦ εἰς νεήλυδας ἐφεσίους·
τὸ προοίμιον.

Ὅτε τὸν μαντικὸν Ἀπόλλων ἱδρύσας τρίποδα τοῖς πανταχόθεν ἐθέσπιζε, πάντα γένη καὶ πᾶσαι πόλεις παρὰ τὸν θεὸν ἐστέλλοντο ὑπὸ τῆς φήμης δημαγωγούμενοι.

Ἐκ τοῦ εἰς τοὺς ἑταίρους πατρίδος·
τὸ προοίμιον.

Ἀλλὰ γὰρ ὥρα λοιπόν, ὦ παῖδες, καὶ τοῖς πολίταις τὴν λύραν τὴν ἡμετέραν ἁρμόσασθαι. Τί τὴν ἐνεγκοῦσαν πόλιν ποιήσομεν; Ἀλλ' ἐπεὶ οὐκ ἐπὶ τῶν ἁρμάτων ἡμεῖς ὀχούμεθα οὐδὲ τὰ ποιητῶν σπουδάζομεν, φέρε ἀνδράσι καὶ λόγοις τὴν πόλιν τειχίσωμεν. Τὴν δὲ Ὁμήρου τὴν μεγάλην ἠχὼ τί τῶν ἁπάντων ἐξέμηνεν; Οὐκ ἀνδρῶν δόξα; Ἐγὼ δὲ ἀρετὴν ζητῶ, καὶ ἀπὸ ταύτης ἐπαινεῖν τοὺς ἄνδρας βούλομαι. Τῆς δὲ ἀρχικῆς ἀρετῆς διπλᾶ τεκμήρια· βασιλέως τε αἱ ψῆφοι καὶ τῶν ἀρχομένων οἱ πόθοι. Μετὰ τῶν ἔργων τὴν φύσιν σκέπτεσθαι ἄξιον· καὶ ἴσον τις εὑρήσει τάς τε πράξεις ἠχούσας καὶ τὴν φύσιν ὅθεν κατώρθωνται.

Τίνα δὴ τῆς φύσεως τοῦδε γνωρίσματα; Ὀξὺς φρόνησιν, ὑψηλὸς γνώμην, εὖ ποιεῖν ἄοκνος, δημοτικὸς τὸν τρόπον· εἰ μὲν εἰπεῖν δέοι, τὸν Περικλέα νικῶν, εἰ δέ τι πρᾶξαι, τὸν Ἀλκιβιάδην μιμούμενος, μᾶλλον δὲ καὶ φιλόπολις [μᾶλλον δὲ] καὶ χρημάτων κρείττων, ὅπερ ἡ συγγραφὴ τὸν Περικλέα προσείρηκεν, ἐν δὲ τῷ πράττειν πολλῷ τοῦ Κλεινίου θερμότερος,

[374 b] **1** ἐφεσίους A : ἐφεσίου M || **3-8** ὅτε — προοίμιον A : *om.* M || **7** πατρίδος A² : πάτριος A *ut vid.* || **11** ἁρμάτων A : ἀφετῶν ἁρμάτων M *et* Himerius R || **17** αἱ M : *om.* A || **20** καθώρθωνται M : καθώρθωται A || **21** τοῦδε M : τοῦ A || **22** γνώμην A : γνώμη M || **23** δέοι *ego* : δέῃ AM δέει A² δέοιτο Himerius N || **25** μᾶλλον δὲ *secl.* Bekker : *habent codd.*

pas moins accordé qu'une lyre à n'importe quelle action[1].

C'est quelqu'un comme celui que les fables d'Égypte nous montrent dans Protée, qu'elles changent tantôt en eau, tantôt en arbre, tantôt en flamme : ce sont, en effet, les aptitudes de la nature qu'on veut illustrer par son exemple[2].

Du discours au Romain Privat ;
l'exorde[3].

Donc, le désir du feu d'Éleusis a amené même le Scythe Anacharsis aux mystères.

Du discours prononcé à son retour de Corinthe.*

Si donc quelque hasard séparait les corps, prévoir à l'aide de l'âme et ne pas se laisser déchirer par le désir des beaux garçons. Je reconnais la passion ; le Poète exprime ma pensée.

[375 a] *Du discours d'adieu à Ampélius ;*
l'exorde.*

J'allais donc, mes enfants, j'allais donc, seul parmi les Hellènes, trouver les filets pour arrêter sa fuite. Hier, il nous menaçait de partir en char ; aujourd'hui, on l'a vu pris dans mes filets*. On dit qu'Alexandre lui aussi fut un sujet de concours pour les artistes d'autrefois, à telles enseignes que Lysippe et Apelle se partagèrent la tâche de faire son portrait et exprimèrent la personnalité du roi l'un par les couleurs et l'autre au moyen du bronze.

Et puisque l'éloquence dépasse le corps et vit dans le commerce de la beauté et des grâces de l'âme, il se pourrait que ce soit là aussi un peintre qui ne trompe

1. P. 129, 22.
2. P. 130, 32.
3. *Oratio* XXIX de Colonna (p. 131). Ce texte est connu par Himérius R, par les extraits de Photius et par ceux du *Neapolitanus*.

ἁπάσης ἀτεχνῶς λύρας οὐ μεῖον πρὸς πᾶσαν πρᾶξιν εὐάρμοστος. Τοιοῦτόν τινα καὶ τὸν Πρωτέα γενέσθαι μῦθοι δηλοῦσιν Αἰγύπτιοι, ὅταν αὐτὸν νῦν μὲν εἰς ὕδωρ ἀμείβωσι νῦν δὲ εἰς δένδρον καὶ φλόγα· τὸ εὔκολον γὰρ τῆς φύσεως διὰ τούτου σημῆναι βούλονται.

Ἐκ τοῦ εἰς Πρίβατον Ῥωμαῖον·
τὸ προοίμιον.

Ἤγαγε δὲ ἄρα ὁ τοῦ πυρὸς τοῦ κατ' Ἐλευσῖνα πόθος καὶ Ἀνάχαρσιν τὸν Σκύθην ἐπὶ μυστήρια.

Ἐκ τοῦ ὅτε ἀπὸ τῆς Κορίνθου ἐπανῆλθεν.

Εἰ δὲ ἄρα τύχη τις διασχίζοι τὰ σώματα, τῇ γοῦν ψυχῇ προβλέπειν καὶ μὴ τῷ πόθῳ τῶν παιδικῶν ἀποσχίζεσθαι. Γνωρίζω τὸ πάθος· ἐμὴν ἑρμηνεύει γνώμην ἡ ποίησις.

[375 a] Ἐκ τῆς εἰς Ἀμπέλιον προπεμπτικῆς·
τὸ προοίμιον.

Ἤμελλον ἄρα, ὦ παῖδες, ἤμελλον μόνος εὑρήσειν Ἑλλήνων τῆς τοῦδε φυγῆς τὰ θήρατρα. Χθὲς δρασμὸν ἠπείλει καὶ ἅρματα, τήμερον ὤφθη τοῖς ἐμοῖς δικτύοις ἁλώσιμος. Γενέσθαι μὲν καὶ Ἀλέξανδρον λόγος ταῖς πάλαι τέχναις ἀγώνισμα, ὥστε δὴ καὶ νειμάμενοι τὴν μορφὴν αὐτοῦ Λύσιππος καὶ Ἀπελλῆς, ὁ μὲν φαρμάκοις ὁ δὲ χαλκῷ τὴν φύσιν τοῦ βασιλέως ἡρμήνευσαν. Ἐπεὶ δὲ ὁ λόγος ὑπερβὰς τὸ σῶμα ψυχῆς ὁμιλεῖ καὶ κάλλει καὶ χάρισιν, εἴη ἂν καὶ οὗτος ἀψευδὴς ζωγρά-

31 ἀμείβωσι A^x *et* Himerius N : ἀμείβουσι AM || **32** διὰ τούτου A^2 : διὰ τούτων M ταύτῃ Himerius N *quid prius praeb.* A *non liquet* || **37** τῆς Κορίνθου M : τὴν Κόρινθον A.

[375 a] **10** ὁμιλεῖ Wernsdorf : ὡμίλει *codd.* || καὶ A : *om.* M.

pas[1]. Sans avoir le pilote expert dans tous les aspects de l'art nautique ; car l'inexpérience aux prises avec la pratique se trouble tandis que la pratique donne de l'assurance dans l'art qu'on a appris[2]. Des stalles, courez droit jusqu'à la borne[3]. Tu es doux? C'est là un avantage vulgaire. Tu détestes le vice? Il est allé en guerre aussi contre le vice. Tu as refusé la caresse des présents déshonnêtes? Il a fermé, lui aussi, les portes de son âme à l'or insolent qui défie la justice ; car il a reconnu que ce n'est pas la justice pourvue de peu de biens qui est un opprobre : c'est la richesse accompagnée d'iniquité qui est l'ennemie de la vertu et interdit l'admiration[4].

Voici par où je commence mes éloges parce que là aussi est le commencement de ses exploits. Mais ensuite, que dire, que retenir? Parler est, en effet, embarrassant et ne rien dire est de l'ingratitude. Ainsi, en effet, ceux qui regardent de belles statues ont l'œil accroché par la première qu'ils rencontrent puis, quand leurs yeux passent de l'une à l'autre, ils se demandent ce qu'ils contempleront d'abord ; ainsi, mieux encore — car ai-je bien besoin d'une image ancienne? — ceux qui regardent des productions artistiques nouvelles sont forcés de les regarder toutes à la fois à cause de la beauté répandue sur l'ensemble, mais comme chacune à son tour attire l'attention d'un côté différent, leur admiration éparpille leurs regards ; ainsi en va-t-il pour tes exploits : tous s'offrent à nous de toutes parts et requièrent un récit différent, mais ils ne peuvent se contenter des limites actuelles de nos discours[5]. Parlera-t-on de tes exploits ou de tes jugements? Ou bien de ton attention pour le détail des affaires ou de ton souci de leur ensemble? De ta prévenance à l'égard des pauvres cu de ton action modératrice sur les puissants[6]? Mais c'est à cause de toi que Sparte connaît la douceur de vivre de-

1. P. 136, 21.
2. P. 136, 27. Le texte τὸ γὰρ — ἔμαθεν (375 a 13-14) se retrouve tel quel dans le *Neapolitanus*.
3. P. 136, 30.
4. P. 136, 31.
5. P. 137, 33.
6. P. 137, 59.

φος. Μὴ τὸν πρωράτην ἐπιστήμονα πάσῃ ναυτιλίᾳ κτησάμενος· τὸ γὰρ ἄπειρον ἐπὶ τῆς χρείας ταράττεται, τὸ δὲ μελετῆσαν θαρρεῖ τὴν τέχνην ἣν ἔμαθεν. Ἐκ πυλῶν εἰς νύσσαν ἴσον τὸν δρόμον ἰθύνατε. Πρᾷος εἶ; Κοινὸν καὶ τοῦτο πλεονέκτημα. Κακίαν μισεῖς; Κακίᾳ συνεπεστράτευσεν. Ἀδίκων δώρων ἐξέκλινας ψαῦσιν; Ἀπέκλεισε καὶ οὗτος τὰς τῆς ψυχῆς πύλας ὑβριστῇ χρυσῷ καὶ δικαιοσύνην ἐλέγχοντι· ἔγνω γὰρ ὡς οὐ δικαιοσύνη σὺν ὀλίγοις ψόγος, ἀλλὰ σὺν ἀδικίᾳ πλοῦτος ἐχθρὸς ἀρετῆς καὶ τοῦ θαυμάζεσθαι. Αὕτη δὴ πρώτη τῶν ἐγκωμίων ἀρχή, ὅτι καὶ ἀρχὴ τῶν πράξεων. Τὸ δὲ μετὰ τοῦτο τί μὲν εἴποι τις, τί δὲ φυλάξαιτο; Καὶ γὰρ τὸ λέγειν ἄπορον, καὶ τὸ μὴ λέγειν ἀχάριστον. Ὥσπερ γὰρ οἱ τὰ κάλλη τῶν ἀγαλμάτων θεώμενοι ἔχονται μὲν τοὺς ὀφθαλμοὺς ὑπὸ τοῦ πρώτου προσπίπτοντος, μεταβιβάζοντες δὲ ἄλλοτε ἐπ' ἄλλο τὴν θέαν ἀποροῦσιν ὅ τι πρῶτον θεάσωνται· μᾶλλον δέ (τί γάρ μοι δεῖ παλαιᾶς εἰκόνος;) ὥσπερ οἵ τι τῶν νέων δημιουργημάτων θεώμενοι προσβλέπειν μὲν ἅπασιν ἀθρόως ὑπὸ τοῦ περικεχυμένου τῷ πάντι κάλλους βιάζονται, ἐν μέρει δὲ ἄλλου ἄλλοθεν δημαγωγοῦντος τὸν πόθον σχίζονται τὴν θέαν τῷ θαύματι, οὕτω καὶ αἱ σαὶ πράξεις πᾶσαι πανταχόθεν προσπίπτουσαι ἱστορίαν ἄλλην ζητοῦσιν, ἀλλ' οὐ τὸν παρόντα τῶν λόγων νόμον ἀνέχονται. Τὰς πράξεις εἴπῃ τις ἢ τὰς δίκας; ἢ τὴν ἐν μέρει σπουδὴν ἢ τὰς ὑπὲρ τῶν ὅλων φροντίδας; Πενίας πρόνοιαν ἢ τὸν σὺν πρᾳότητι τῶν δυναστευόντων σωφρονισμόν; Ἀλλὰ διά σε καὶ Σπάρτη τρυφᾷ, ῥυπῶντα

15 ἰθύνατε A : ἰθύετε M *ut vid.* || **16** κακίᾳ Wernsdorf : κακίας *codd.* || **17** ψαῦσιν Reiske : φύσιν *codd.* || **25** κάλλη τῶν ἀγαλμάτων A : τῶν ἀγαλμάτων κάλλη M || **27** ἄλλο A² : ἄλλῳ AM || πρῶτον A : καὶ πρῶτον M || **28** θεάσωνται A : θεάσονται A²M || **29** θεώμενοι A²M : θέμενοι A || **36** εἴπῃ A : εἴποι M || ἢ ante τὴν *codd.* : *secl.* Bekker || **39** Σπάρτῃ M : Σπάρτηι A.

puis qu'elle a échangé sa coiffure grossière contre une belle chevelure. Et le nombre incalculable de tes constructions, qui pourrait les faire valoir comme elles le méritent? Périclès a satisfait son amour de la gloire [375 b] avec les Propylées et le Parthénon ; Darius s'est contenté d'un palais royal, Artaxerxès d'une vigne en or, œuvre de Théodore de Samos*, ouvrage superflu d'un Mède vautré dans un luxe contre nature. Toi, des Thermopyles jusqu'à la pointe du Péloponnèse, tu as transformé en cités toute l'étendue du pays[1]. Il y avait une ruelle appelée Colytos en plein milieu de la cité ; elle avait le nom d'un dème et elle était fort connue parce qu'elle servait de marché. Sur la foi de cet antique renom, il vint lui aussi visiter ce lieu, attiré par ce qu'on en disait ; quand il vit quel endroit c'était, il fut pris d'un sentiment d'admiration ; mais voyant son état, il eut grande honte pour la cité et il ne toléra plus qu'elle eût à rougir plus longtemps de cette situation[2]. Toi, tu nous a montré que même les légendes sont dignes de croyance et qu'une pierre qui aime gémit et verse des larmes comme un amant privé de l'objet de son amour ; c'est pourquoi je crains, moi, que le regret que tu vas susciter ne soit cause de souffrance et qu'il n'y ait des gens qui se métamorphosent et donnent ensuite naissance à une fable inédite en se faisant fleur ou arbre*.

Du discours au préfet Anatolius ;
*l'exorde**.

Achille, chez Homère, pleurait la mort de son compagnon ; Zeus lui envoya du ciel un signe par Hermès et lui ordonna de prendre les armes. Laisse-nous donc, nous aussi, sous l'effet de quelque impulsion venue d'en-haut, changer ta peine en joie et danser en l'honneur d'Apollon Musagète[3]. Nous avons, par notre art, capturé l'illustre préfet[4]. Il ne s'agit pas là d'une fable ni d'une

1. P. 137, 54. Le texte Περικλεῖ — φύσεως (375 a 42-b 2) se retrouve dans le *Neapolitanus*.
2. P. 138, 62. — 3. P. 139, 2. — 4. P. 111, 40.

πλόκαμον εἰς εὐανθῆ κόμην ἀμείψασα. Τὸν δὲ ἄπειρον τῶν οἰκοδομημάτων ὄχλον τίς ἂν κατ' ἀξίαν δηλώσειε; Περικλεῖ μὲν Προπύλαια πρὸς φιλοτιμίαν ἤρκει [375 b] καὶ Παρθενών, καὶ οἶκος Δαρείῳ βασίλειος, καὶ ἄμπελος Ἀρτοξέρξῃ χρυσῆ, Θεοδώρου Σαμίου ποίημα, ἄχρηστον ἔργον τρυφῶντος Μήδου κατὰ τῆς φύσεως. Σὺ δὲ ἐκ Πυλῶν ἀρξάμενος ἄχρι καὶ Πελοποννήσου μυχοῦ πάντα τὸν ἐν μέσῳ τόπον πόλεις ἀπέφηνας.

Στενωπός τις ἦν Κολυτὸς οὕτω καλούμενος ἐν τῷ μεσαιτάτῳ τῆς πόλεως, δήμου μὲν ἔχων ἐπώνυμον, ἀγορᾶς δὲ χρείᾳ τιμώμενος. Κατὰ δὴ κλέος τὸ πάλαι ἔρχεται καὶ οὗτος ἐπὶ τὸν τόπον, ὑπὸ τῆς φήμης δημαγωγούμενος· ἰδὼν δὲ τὴν μὲν φύσιν ἠγάσθη τοῦ τόπου, τῇ κατασκευῇ δὲ ᾐσχύνθη πλέον ὑπὲρ τῆς πόλεως, οὐ μὴν ἀφῆκε πλέον ἐρυθριᾶσαι τὴν πόλιν ἐπὶ τῷ πράγματι. Σὺ καὶ τοὺς μύθους πιστοὺς ἀπέδειξας, ὅτι στένει καὶ λίθος ἐρῶν καὶ λείβει δάκρυα ὥσπερ ἐραστὴς τῆς ἐρωμένης κλεπτόμενος· ὡς ἐγὼ δέδοικα μή τι καὶ πάθος ὁ περί σε πόθος ἐργάσηται, καί τινες τὴν φύσιν ἀμείψαντες εἶτα ξένον μῦθον γεννήσωσιν, ἄνθος ἢ δένδρον γενόμενοι.

Ἐκ τοῦ εἰς Ἀνατόλιον ὕπαρχον·
τὸ προοίμιον.

Ἀχιλλέα παρ' Ὁμήρῳ φόνον ἑταίρου δακρύοντα Ζεὺς ἐξ οὐρανοῦ, δι' Ἑρμοῦ πέμψας σύνθημα, ὅπλων ἐκέλευσεν ἅψασθαι. Φέρε οὖν καὶ ἡμεῖς ὥσπερ ἔκ τινος ἄνωθεν νεύματος εἰς πανήγυριν τὸ πάθος λύσαντες, τῷ Μουσηγέτῃ χορεύσωμεν. Θήρα γέγονε τῆς ἡμετέρας τέχνης ὁ μέγας ὕπαρχος. Οὐ μῦθος ταῦτα

[375 b] **6** Κολυτὸς *edd.* : κολυττὸς A κόλπος M || **7** ἔχων A : *om.* M || **11** πλέον *codd.* : *secl.* Bekker || **21** Ὁμήρῳ A[1] : Ὁμήρου AM || **24** νεύματος Wernsdorf : ῥεύματος *codd.* || **25** ἡμετέρας A : ὑμετέρας M.

plaisanterie attique : Dionysos qui arrive de Thèbes comme un étranger, Poseidon amoureux au sein des flots, contes que font les Laconiens pour se gausser de la cité, mais il s'agit d'une authentique rencontre, d'un système d'éducation et de lois qui sont la racine et le fondement de tous les biens[1].

Lui-même plante dans sa propre âme cette plante et l'arrose des eaux attiques[2]. Les belles choses sont toujours rares et elles valent une gloire immortelle à ceux qui les conçoivent[3]. Anacharsis le sage fut le premier à venir de Scythie en Hellade, Pélops fut le premier des Lydiens : ses chevaux immortels l'emportaient sur une mer calme. Et pour prix de cette merveille inédite, il a reçu la faveur de donner son nom au pays[4]. Et mon éloge est encore au rivage et mon discours reste en mer parce qu'il ne voit pas paraître de mouillage[5].

Le mieux est donc peut-être, si on cherche à saisir sa personnalité dans un portrait, d'imiter l'exemple de Phidias. Phidias n'ignorait ni la grandeur de Zeus ni celle de son entourage car il avait plus de sagesse dans son âme que d'habileté dans sa main. Comme il voulait [376 a] donc saisir la personnalité de Zeus dans une image unique, il associa l'or et l'ivoire et, dans une statue unique, il rendit, autant que c'était possible, celui en qui les Éléens voient l'Olympien et les autres hommes Zeus*. Je veux pour toi peindre mon tableau de couleurs divines car les couleurs terrestres sont vite délavées par le temps. Et si quelqu'un veut appeler mon tableau une pensée ou une opinion, je ne le contesterai pas[6].

Quand il n'en pourra plus, ruiné par la maladie, ce grand corps de malice que nous croyons être le centre du monde divin, la terre, alors, le fuseau de Lachésis, de ses fils fendant le ciel, amènera de la demeure de Zeus une âme pure qui nous apportera l'essence des visions célestes. C'est elle qui nous apporte la justice, elle qui

1. P. 140, 13. — 2. P. 140, 21. — 3. P. 140, 23.
4. P. 140, 25. Cet extrait se retrouve tel quel dans le *Neapolitanus*.
5. P. 141, 31.
6. P. 141, 43.

οὔτε Ἀττικὰ κομψεύματα, ξένος ἐκ Θηβῶν Διόνυσος, Ποσειδῶν ἐραστὴς ἀπὸ τοῦ κύματος, οἷα κατὰ τῆς πόλεως Λάκωνες παίζουσιν, ἀλλ' ἀληθὲς ἐντύχημα, ἀλλὰ παιδεία καὶ νόμοι, ῥίζα τῶν ἀγαθῶν καὶ μητρόπολις.

Αὐτός τε φυτεύει τῷ φυτῷ τούτῳ τὴν ἑαυτοῦ ψυχήν, Ἀττικὰ ἐπάρδων τὰ νάματα. Ἀεὶ δὲ τὰ καλὰ σπάνια, καὶ δόξαν ἀθάνατον τοῖς ἐπινοοῦσι προμνώμενα. Πρῶτος μὲν ὁ σοφὸς Ἀνάχαρσις ἐκ Σκυθῶν ἦλθεν εἰς Ἕλληνας, πρῶτος δὲ Πέλοψ ἐκ Λυδῶν, ἐπ' ἀθανάτων ἵππων κατὰ γαλήνης ὀχούμενος. Καὶ μισθὸν τῆς καινοτομίας λαμβάνει δοῦναι τῇ χώρᾳ τὸ πρόσρημα. Καὶ ὁ μὲν ἔπαινος ἐν αἰγιαλοῖς ἔτι, πελαγίζει δὲ ὁ λόγος, οὐχ ὁρῶν ὅρμον φαινόμενον.

Κράτιστον οὖν ἴσως εἰκόνι τὴν τοῦδε φύσιν θηράσαντα, τὸ τοῦ Φειδίου μιμήσασθαι. Οὐκ ἠγνόει Φειδίας ὅσος καὶ ἐν ὅσοις ὁ Ζεύς, ἅτε τὴν ψυχὴν τῆς χειρὸς σοφώτερος. [376 a] Βουλόμενος οὖν ἑνὶ θηρᾶσαι τὴν Διὸς φύσιν ἀγάλματι, χρυσῷ κεράσας ἐλέφαντα, Ἠλείοις μὲν τὸν Ὀλύμπιον, τοῖς δὲ ἄλλοις ἀνθρώποις τὸν Δία εἰκόνι μιᾷ τοσοῦτον ὅσον ἐκτυπωσάμενος. Ἐθέλω δέ σοι θείων ἐκ φαρμάκων γράψαι τὸν πίνακα· ἔκπλυτα γὰρ ταχέως χρόνῳ τὰ γήϊνα. Δόγμα δὲ καὶ δόξαν εἴ τῳ φίλον καλεῖν τὸν πίνακα, οὐ διοίσομαι.

Ἐπειδὰν κάμοι τὸ πολὺ σῶμα τοῦτο κακίας νόσῳ φθειρόμενον, ὃ γῆν μὲν ἡμεῖς καὶ κέντρον ἐκείνου τοῦ θείου κόσμου νομίζομεν, τότε Λαχέσεως ἄτρακτος οὐρανὸν σχίσας τοῖς νήμασιν ἐκ τῆς Διὸς ἑστίας ἄγει ψυχὴν ἀκραιφνῆ, τῶν θείων φασμάτων παρ' ἡμᾶς τὴν οὐσίαν διαπορθμεύουσαν. Αὕτη φέρει δικαιοσύνην, αὕτη ἀν-

29 ἐντύχημα A : εὐτύχημα M || **32** ἐπάρδων A : ἀπάρδων M || **34** ἐκ Himerius N : *om.* AM.

[376 a] **9** καὶ Wernsdorf : *om. codd.* || **10** ἄτρακτος A² : ἄτρακτον AM || **12** φασμάτων A : φαντασμάτων M || **13** αὕτη ἀνδρείαν M : αὐτὴν ἀνδρείαν A.

nous apporte le courage de là-bas ; une âme comme celle-là est sans contredit la sagesse même. A sa suite vient l'immense cortège des vertus ses parentes : élévation d'âme, grandeur de la pensée, liberté de la parole, mains étrangères à la corruption, désir de l'amitié, amour de la vérité, décision inébranlable[1]. Sans juger la vertu par l'amitié, mais en pesant l'amitié d'après la vertu[2].

Du discours à Phoibos, fils du proconsul ; l'exorde[3].

Pour ceux qui ont échangé un langage modeste contre l'art du sophiste, il est naturel d'en arriver à des écrits de sophistes. Isocrate le sophiste — car tout le monde, je pense, lui reconnaît ce titre à cause de ses discours, parce que c'est grâce à lui que le langage des sophistes, rejetant celui de la poésie, s'est attaché à un usage qui lui est propre — Isocrate tenait toujours largement ouverts aux amateurs d'éloquence les palais de son art*.

*Du discours à Arcadius, médecin et comte**.

Il a décrit, en effet, les jeunes gens plaisantant autour de la chambre nuptiale et, par leurs incantations, mettant la grâce en accusation. Et maintenant, c'est une autre épreuve et un autre stade : c'est un sanctuaire des Muses qui s'ouvre aux mystes purifiés*. Ils jouent aux dés ce qu'ils ont de plus cher*. On dit aussi que c'est Démocède de Crotone qui porta le premier la médecine grecque chez les Barbares*.

*D'une exhortation à des amis qui étaient venus le trouver**.

Celui qui a l'âme fervente et qui tempère sa passion

1. P. 141, 46. — 2. P. 142, 57.
3. *Oratio* XXXIII de Colonna. Ce texte est connu par Himérius R, par Photius et par les extraits du *Neapolitanus*. Son destinataire est le fils d'Alexandre, proconsul de Constantinople en 344. Cf. Ensslin, s. v. *Phoibos*, n. 3, in *R. E.*, t. XX, 1950, col. 348.

δρείαν παρ' αὐτῆς· αὐτοφρόνησις καθαρῶς ἡ τοιαύτη ψυχή. Ἕπεται δὲ αὐτῇ καὶ ἀρετῶν συμφύτων μυρίος θίασος, ὕψος ψυχῆς, μεγαλοπρέπεια γνώμης, ἐλευθέρα φωνή, χεῖρες ἄδωροι, φιλίας πόθος, ἀληθείας ἔρως, ἄτρεπτον φρόνημα. Οὐκ ἐκ φιλίας ἀρετὴν κρίνων, ἀλλ' ἐξ ἀρετῆς τὰ τῆς φιλίας σταθμώμενος.

Ἐκ τοῦ εἰς Φοῖβον τὸν τοῦ ἀνθυπάτου παῖδα· τὸ προοίμιον.

Σοφιστοῦ δὲ θύραν ἐκ μικροτέρας γλώττης ἀμείψαντας σοφιστικοῖς εἰκὸς οἶμαι περιτυγχάνειν καὶ διηγήμασιν. Ἰσοκράτης ὁ σοφιστής (γνώριμον δὲ πᾶσιν οἶμαι μετὰ τῶν λόγων καὶ τοὔνομα, ὅτι δι' ἐκεῖνον σοφιστῶν γλῶττα τὰς ποιητικὰς ἀτιμάσασα οἰκεῖον νόμον ἠσπάσατο) λόγῳ μὲν ἀεὶ τοῖς λόγων ἐρῶσι τὰ βασίλεια τῶν ἑαυτοῦ μουσείων ἀνεπετάννυεν.

Ἐκ τοῦ εἰς Ἀρκάδιον τὸν ἰατρὸν καὶ κόμητα.

Παίζοντας γὰρ τοὺς νέους περὶ θάλαμον ἱστόρησε, καὶ ταῖς ἑαυτῶν ἴυγξι ποιεῖ τὴν χάριν ἐλέγχοντας. Νῦν δὲ ἕτερος ἆθλος, καὶ ἄλλο στάδιον, καὶ Μουσῶν τέμενος μύσταις ὁσίοις ἀνοιγόμενον. Περὶ τοῖς φιλτάτοις κυβεύουσι. Φασὶ δὲ καὶ Δημοκήδην τὸν Κροτωνιάτην ἐκεῖνον τὸν πρῶτον ἰατρικὴν Ἑλλάδα παρὰ βαρβάροις κομίσαντα.

Ἐκ τοῦ προτρεπτικοῦ τοῦ εἰς τοὺς προσελθόντας ἑταίρους.

Ὁ θυμοειδὴς τὴν ψυχήν, λόγῳ κεράσας τὸ πάθος,

19 κρίνων AM : κρίνον A[2] || **22** σοφιστοῦ δὲ M : σοφίας τοῦδε A[2] *quid prius praeb.* A *non liquet* || ἀμείψαντας Himerius R : ἀμείψαντες AM || **25** καὶ A : *om.* M || ἐκεῖνον A[1]M *et* Himerius R : ἐκείνων A *et* Himerius N || **26** γλῶττα A[2]M : *quid prius praeb.* A *non liquet* || τὰς ποιητικὰς M *et* A *ut vid.* : ποιητικὴν A[2] || **33** μύσταις M *et* Himerius R : καὶ μύσταις A || **37** προτρεπτικοῦ *ego* : προπεμπτικοῦ *codd.*

par la raison a une réputation d'homme fort ; celui qui a la vie belle, s'il met un frein à sa nature, atteint à la sagesse[1].

[376 b] La mer elle-même change sa nature et prend beaucoup de visages ; elle se teinte de pourpre lorsqu'elle étale ses flots dans un calme plat ; elle a un visage sombre lorsqu'elle se déchaîne sous les vents qui la bouleversent[2].

D'un discours d'adieu à Flavien ; l'exorde[3].

Alors, mon cher ami, que je m'exerçais sur une lyre plus favorable pour t'accueillir après ton retour de Libye, en t'enfuyant tout à coup, tu m'as rejeté vers un sombre chant. On n'a pas encore vu le printemps que l'hiver descend de l'Hellespont et gèle mon âme ; nous n'avons pas encore vu le soleil qu'il tourne ses rayons vers un autre horizon et menace de faire la nuit pour les Hellènes. Avant d'avoir souri, nous voilà tristes, avant de célébrer les rites du retour, nous prions les dieux des départs*. Des discours qui craignent plus l'épreuve que ne la craint une main et qui hésitent à faire ce qu'ose faire la cire aussi bien que le fer*. Car ta gloire faisait sans cesse la traversée de la Libye chez les Hellènes*. Il représentait le Vent badinant mollement et jouant, comme les peintres peignent sur leurs tableaux les femmes de Lydie quand leur art les représente ivres*.

Après l'avoir un peu écarté du sujet, laissons ensuite notre discours s'épancher sur la Libye*. Personne n'est vainqueur parce qu'on l'admire en tout*. Mais mon discours, entraîné par son désir comme par quelque courant violent, a failli se dérouter dans son élan. Il nous faut donc le ramener vers la Libye*. Périclès a été convaincu de n'avoir que le second rang pour persuader, Thémistocle l'a été d'avoir une vivacité d'esprit moindre, Platon l'a été pour ses dons naturels, Solon pour ses lois ; et tous savent que chacun d'entre eux se glorifie aussi

1. P. 146, 17.
2. P. 148, 57.
3. *Oratio* XXXVI de Colonna. Œuvre connue par Photius, par les

ἀνδρεῖος ἤκουσεν. ὁ τὸν βίον ἁβρός, μέτρον ἐπιθεὶς τῇ [376 b] φύσει, τὴν σωφροσύνην ἐλάμβανεν. Ἀμείβει τὴν φύσιν εἰς πολλὰς ἰδέας καὶ θάλαττα· πορφύρει μέν, ὅταν εἰς γαλήνην στορέσῃ τὰ κύματα, ζοφῶδες δὲ ἔχει τὸ πρόσωπον ὅταν ἀγριαίνῃ ταρασσομένη τοῖς κύμασιν.

Ἐκ τοῦ εἰς Φλαβιανὸν προπεμπτικοῦ·
τὸ προοίμιον.

Κρείττονά με λύραν, ὦ φίλε, κάμνοντα, ἵνα σε μετὰ Λιβύην ἀσπάσωμαι, φεύγων ἐξαίφνης εἰς στυγνὸν μέλος ἀπέρριψας. Οὔπω τὸ ἔαρ ὤφθη, καὶ χειμὼν Ἑλλησπόντιος προσβαλὼν τὴν ψυχὴν πήγνυσιν· οὔπω τὸν ἥλιον εἴδομεν, καὶ τὰς ἀκτῖνας ἑτέρωσε κλίνων ἀπειλεῖ νύκτα ποιήσειν τοῖς Ἕλλησι. Πρὶν μειδιᾶσαι στυγνάζομεν, πρὶν ἐπιδήμια θῦσαι θεοῖς ἐνοδίοις εὐχόμεθα. Λόγους δὲ χειρὸς ἀτολμοτέρους ἐλέγχεσθαι, ὀκνοῦντας ποιεῖν ἃ κηρός τε ἐθέλει καὶ σίδηρος. Διέπλει γὰρ ἀεὶ τὸ κλέος ἀπὸ Λιβύης εἰς Ἕλληνας. Τὴν μὲν Αὔραν ἐποίει καὶ τεθρυμμένην καὶ παίζουσαν, οἵας τὰς Λυδὰς ποιοῦσι ζωγράφοι κατὰ πινάκων τέχνῃ μεθύσαντες.

Μικρὸν οὖν ἀναβιβάσαντες ἐκ μέσου τὸν λόγον, εἶτα ῥυῆναι κατὰ Λιβύης ἐάσομεν. Νικᾷ δὲ οὐδείς, ὅτι τὰ πάντα θαυμάζεται. Ἀλλ' ὁ λόγος γὰρ ἀκολουθήσας τῷ πόθῳ ὥσπερ τινὶ βιαίῳ ῥεύματι, μικροῦ πρὸς ἑτέραν ὁδὸν μετωχετεύθη φερόμενος. Ἐπανακτέον οὖν ἐπὶ Λιβύην τὸν λόγον. Ἠλέγχθη Περικλῆς εἰς πειθὼ δεύτερος, ἠλέγχθη δὲ Θεμιστοκλῆς εἰς γνώμης τάχος ἀμβλύτερος, καὶ Πλάτων εἰς φύσιν, καὶ Σόλων εἰς νόμους· καὶ πάντες ἴσασιν ὅτι οἷς ἕκαστος ὡς μόνοις [ὡς]

[376 b] **3** ζοφῶδες Himerius R : ζόφον AM ‖ **11** ἑτέρωσε κλίνων AM : ἑτέρως ἐγκλίνων A² ‖ **15** διέπλει M : ἔπλει A ‖ **18** μεθύσαντες M : μεθύσας A μεθύουσας A² ‖ **20** Λιβύης A : Λιβύην M ‖ **21** γὰρ A : *om.* M ‖ **27** οἷς Reiske : εἷς AM ‖ ὡς *secl.* Castiglioni : ***habent codd.***

bien de l'ensemble des dons que des seuls qu'il possède[1]. Que faire? Que décider? Enverrai-je un préfet aux Romains? Un peuple amolli ne peut supporter un conducteur sévère[2]. Carthage s'indigne sans doute contre moi, une cité qui, autrefois, par son courage, s'est dressée contre Rome pour la Libye, une cité qui rassasiait l'Italie entière de ses splendeurs, une cité qui ne manqua d'être la première que pour autant qu'elle craignait Rome. Une grande cité est en danger et tout un continent est dirigé avec un mauvais gouvernail[3]. Envoyons-le, lui, le grand aurige de la justice. Ainsi en a décidé l'empereur et des tablettes d'or ont devancé sa pensée[4]. Parvenu à ce point de mon discours, que vais-je dire ensuite et que dirai-je enfin[5]? Car les exploits s'agitent de toute part et tout [377 a] est en suspens, et parler est aussi malaisé que ne pas parler, parce que parler est impossible à cause de l'abondance de la matière et que se taire est impossible à cause de sa grandeur. Il faut donc dire non tout ce qui est disponible, mais tout ce qu'il est permis de dire*.

Mais en le voyant envoyer sa flotte par tempête comme par temps calme et se jouer sur les vagues comme dans les eaux d'un port, les uns l'aimaient comme un amant rude et les autres le redoutaient comme un homme inaccessible à toute crainte*. Ils lui faisaient un cortège plus beau qu'à Héphaistos. La foule faisait écho au bruissement des vagues et les applaudissements venant de la ville répondaient au ressac et la clameur de Carthage dominait le mugissement de la mer*. Que tous me pardonnent, vieux et jeunes, si je m'exprime en vers ; l'amour sait, en effet, oui, il sait parler son propre langage*. Cet homme a souffert d'un mal plus grand que sa fortune et qui ne le cédait pas à sa malice. Et qu'on ne s'étonne pas si ce personnage a éprouvé ces

extraits du *Neapolitanus* et par les gloses de Lopadiotès. Son destinataire était proconsul d'Afrique en 361. Cf. Seeck, s. v. *Flavianus*, n. 11, in *R. E.*, t. VI, 1909, col. 2506.

1. Le texte ἠλέγχθη — νόμους (376 a 24-27) se retrouve dans le *Neapolitanus*. Je ne me flatte pas d'avoir bien rendu le passage.

2. P. 150, 30. — 3. P. 150, 32. — 4. P. 151, 40.

5. Réminiscence d'Homère, *Odyssée*, IX, 14.

πᾶσιν οὕτως ἀγάλλεται. Τί δράσω; Τί δὲ βουλεύσομαι; Ὕπαρχον πέμψω Ῥωμαίοις; Χλιδῶν δὲ δῆμος σεμνὸν οὐκ οἶδεν ἡνίοχον. Δυσχεραίνει μοι τάχα Καρχηδών, πόλις ἐπὶ Λιβύῃ δι' ἀρετήν ποτε κατὰ Ῥώμης φρονήσασα, πόλις Ἰταλίαν ὅλην τοῖς ἑαυτῆς κάλλεσι βόσκουσα, πόλις παρὰ τοσοῦτον οὐ πρώτη παρ' ὅσον Ῥώμην αἰσχύνεται. Κινδυνεύει μοι πόλις μεγάλη, καὶ ἤπειρος ὅλη πονηροῖς κυβερνᾶται τοῖς οἴαξι. Πέμψωμεν αὐτὸν τὸν μέγαν τῆς δίκης ἡνίοχον. Ἔγνω ταῦτα βασιλεύς, καὶ χρυσαῖ παραχρῆμα δέλτοι τὴν γνώμην ἔφθανον. Ἐνταῦθα τοῦ λόγου γενόμενος τί πρῶτον, τί ἔπειτα, τί δ' ὑστάτιον καταλέξω; Κινοῦνται μὲν γὰρ πανταχόθεν αἱ πράξεις, ἴσα δὲ πάντα, [377 a] καὶ τῷ μὴ λέγειν τὸ λέγειν ὁμοίως ἄπορον, ὅτι τὸ μὲν πλήθει τὸ δὲ μεγέθει κωλύεται. Λεκτέον οὖν οὐχ ὅσα ἔνεστιν, ἀλλ' ὅσα ἔξεστιν. Ὁρῶντες δὲ αὐτὸν κατὰ τοῦ χειμῶνος ὡς κατὰ γαλήνης τὸν στόλον πέμποντα, καὶ κατὰ κυμάτων ὡς κατὰ λιμένων ἀθύροντα, οἱ μὲν ὡς δριμὺν ἐραστὴν ἐπόθουν, οἱ δὲ ἔφριττον ὡς πᾶσι φόβοις ἀήττητον. Κρείττονα πομπὴν τῆς Ἡφαίστου ἐπόμπευον. Ἀντήχει δὲ δῆμος κύμασι, καὶ ῥοθίῳ κρότος ἐκ πόλεως· καὶ ψόφον θαλάσσης βοὴ Καρχηδόνος ἐξέπληττε. Συγγνώμην δὲ ἅπας ἐχέτω καὶ γέρων καὶ νέος, εἰ ἔπη φθέγγομαι· οἶδε γάρ, οἶδεν ἔρως καὶ λόγον ποιεῖν αὐτόνομον. Οὗτος νόσον ἐνόσησε τῆς μὲν ἑαυτοῦ τύχης μείζονα, τῆς δὲ πονηρίας οὐχ ἧττονα. Καὶ μὴ θαυμάσῃ τις εἰ ταῦτα ἐκεῖνος

28 βουλεύσομαι AM : βουλεύσωμαι A[2] || 31 Καρχηδὼν Colonna : Καρχηδὼν καὶ AM καὶ Καρχηδὼν Duebner || 36 δίκης M : νίκης A || 37 παραχρῆμα A : παραυτίκα M || 39 ἔπειτα AM : δ' ἔπειτα A[2] || ὑστάτιον A : ὕστατονM.

[377 a] 1 τῷ μὴ λέγειν τὸ λέγειν A[2] : τὸ μὴ λέγειν τὸ λέγειν A τὸ μὴ λέγειν τῷ λέγειν M τὸ μὴ λέγειν καὶ τὸ λέγειν Colonna || 4 χειμῶνος A : λειμῶνος M || 11 ἔπη φθέγγομαι M : ἐπιφθέγγομαι A ἔτι φθέγγομαι A[2].

mauvais sentiments contre un pareil homme. C'est depuis toujours que la critique contre les meilleurs des chefs se fait jour chez les médiocres. Cléon accusait Périclès, Nicias était mis en procès par Hyperbolos, Démade faisait juger Démosthène, Cléophon intentait un procès à Alcibiade, un homme de Sériphos insultait Thémistocle[1]. Car ceux qui jalousent un destin supérieur au leur sont contraints de compenser par leur audace ce qui leur manque en dignité. Ainsi, il a montré tout ce qui sépare la vertu de la scélératesse[2].

244

Lu de la *Bibliothèque* de Diodore de Sicile[3], entre autres livres, le trente-deuxième, le trente-quatrième et le quarantième, le trente-huitième et les trente et unième, trente-deuxième, trente-quatrième et trente-sixième et les trente-septième et trente-huitième[4]. La présente publication en contient un choix*.

Beaucoup d'autres auteurs ont rapporté que des gens que, d'après leur apparence on prenait pour des femmes, se sont révélés d'apparence et de nature masculines ; mais Diodore, lui aussi, au trente-deuxième livre de ses histoires, relate quelque chose de ce genre sur cette sorte de modification quand il raconte l'histoire d'Alexandre qui fut roi de Coélé-Syrie et d'Antioche[5].

Voici ce qu'il dit. Alexandre avait fui après le combat avec cinq cents hommes jusqu'à la ville d'Arabie appelée Abai, chez le tyran Dioclès auprès de qui il avait auparavant placé son fils Antiochus encore tout jeune. Ensuite, les chefs de l'entourage d'Hélias* qui étaient avec Alexandre

1. P. 151, 59. Le texte ἄνωθεν — βιάζονται (377 a 15-21) se retrouve dans le *Neapolitanus*.

2. P. 152, 67.

3. Cf. « codex » 70 (Bekker, p. 35 a 1-39 = t. I, p. 102-104 de la présente édition).

4. λη' (377 a 26) est une correction indiscutable de Rhodoman qu'il faut reporter en 377 a 27 et 381 a 9 et 16.

5. Roi en 150 a. C. Cf. Walton, t. XI, p. 395, note 4, et p. 445, note 1. Ce paragraphe (377 a 29-34) est un morceau d'introduction de Photius.

κατὰ τοιοῦδε ἀνδρὸς ἐνόσησεν. Ἄνωθεν κατὰ τῶν ἀρίστων ἀρχόντων τοῖς ἐλάττοσι μῶμος ἐμφύεται. Ἐσυκοφάντει Περικλέα Κλέων, ἔφυγε Νικίας Ὑπέρβολον, Δημάδης δ' ἔκρινε Δημοσθένην, Κλεόφων Ἀλκιβιάδην ἐγράφετο, ἀνὴρ ἐλοιδόρει Θεμιστοκλέα Σερίφιος. Τῷ γὰρ ὑπερβάλλοντι τῆς τύχης φθονοῦντες, τὸ ἐλαττούμενον τῆς ἀξίας ἀνισοῦν θράσει βιάζονται. Ἔνθα δὴ καὶ μάλιστα ἔδειξεν ὅσον τὸ μέσον ἀρετῆς τε καὶ πανούργου τρόπου καθέστηκεν.

244

Ἀνεγνώσθη τῆς Διοδώρου βιβλιοθήκης ἄλλοι τε λόγοι καὶ ὁ λβ' καὶ λδ', καὶ ὁ μ' καὶ ὁ λη', καὶ ὁ λα' καὶ ὁ β' καὶ δ', καὶ ϛ', καὶ ὁ λζ' καὶ ὁ λη'. Ὧν ἐκλογὴν ἡ παροῦσα ἔκδοσις περιέχει.

Ὅτι πολλοὶ μὲν καὶ ἄλλοι ἱστόρησαν ἀπὸ σχήματος γυναικείου καὶ ὑπολήψεως εἰς ἀνδρὸς καὶ σχῆμα καὶ φύσιν ἀναφανῆναι· ἀτὰρ καὶ Διόδωρος ἐν τῇ λβ' τῶν ἱστοριῶν τοιαῦτα περὶ ταύτης τῆς περιπετείας ἱστορεῖ, τὰ περὶ Ἀλέξανδρον τὸν κοίλης Συρίας καὶ Ἀντιοχείας βασιλεύσαντα διεξιών.

Φησὶν δέ· ὁ δὲ Ἀλέξανδρος ἀπὸ μὲν τῆς μάχης μετὰ πεντακοσίων τὴν φυγὴν ἐποιήσατο τῆς Ἀραβίας εἰς τὰς καλουμένας Ἄβας πρὸς Διοκλέα τὸν δυνάστην, πρὸς ὃν ἦν καὶ τὸν υἱὸν Ἀντίοχον προεκτεθειμένος ὄντα νήπιον. Εἶτα οἱ μὲν περὶ τὸν Ἡλιάδην ἡγεμόνες, οἳ συνῆσαν Ἀλεξάνδρῳ,

16 μῶμος A : φθόνος M ‖ ἐμφύεται Himerius N : φύεται AM ‖ **19** σερίφιος Himerius N : σέριφος AM ‖ **24** 244] σμδ' M : σμγ' A ‖ **25** τῆς A : ἐκ τῆς M ‖ **26** καὶ ὁ μ' A : *om.* M ‖ **27** λη' Rhodoman : μη' *codd.* ‖ ὁ β' A : β' M ‖ καὶ δ' M : *om.* A ‖ ὁ λζ' καὶ ὁ λη' A : λζ' καὶ λη' M ‖ **33-34** ἱστορεῖ — βασιλεύσαντα M : (καὶ τῶν A[2] *s. v.*) Συρίας καὶ Ἀντιοχείας βασιλευσάντων A ‖ **34** δὲ AM : *del.* A[2] ‖ **35** πεντακοσίων A[2] : πεντακοσίους M *et* A *ut vid.*

[377 b] envoyèrent une ambassade secrète pour négocier leur propre sauvegarde[1] ; ils promettaient d'assassiner Alexandre par surprise ; Démétrius donna son accord à leur projet et ils ne furent pas seulement des traîtres à leur roi, mais ils furent aussi ses meurtriers[2].

Il ne faudrait pas passer sous silence la métamorphose qui se produisit avant la mort d'Alexandre et qu'on aura peut-être peine à croire vu son caractère extraordinaire. En effet, comme le roi Alexandre, peu de jours avant le temps marqué pour lui, consultait un oracle en Cilicie à l'endroit où existe, dit-on, un sanctuaire d'Apollon Sarpédon, on prétend que le dieu lui répondit de se méfier du lieu qui avait porté l'être double. Dans l'instant, l'oracle parut une énigme, mais, plus tard, après la mort du roi, la véracité de la prédiction fut reconnue pour les raisons que voici.

Dans la ville d'Arabie appelée Abai[3] vivait un homme nommé Diophante ; c'était un Macédonien. Cet homme avait épousé une femme arabe du pays et en avait eu un fils qui portait le même nom que lui et une fille qu'on appelait Héraïs. Son fils, il le vit mourir avant l'âge d'homme ; quant à sa fille, qui était en âge de se marier, il la dota et la maria à un homme nommé Samiadès. Celui-ci donc vécut un an avec sa femme et partit ensuite pour un long voyage. Héraïs, elle, tomba, dit-on, dans un mal étrange et absolument incroyable : il lui vint, en effet, une forte inflammation dans la région du bas-ventre. L'endroit tuméfié enfla davantage et de fortes fièvres apparurent ensuite ; les médecins diagnostiquèrent une ulcération dans la région du col de la matrice. Ils appliquèrent des soins qu'ils supposaient de-

1. ἀσφαλείας (377 b 1) qu'on lit chez Constantin Porphyrogénète est certainement préférable à ἡγεμονίας de Photius, qui me paraît une faute de copiste amenée par association d'idée avec ἡγεμόνες qu'on vient de lire en 377 a 39.

2. Le texte 377 a 34-b 4 de Photius a un parallèle chez Constantin Porphyrogénète (cf. Walton, t. XI, p. 444-446). Il n'y a que peu de divergences entre les deux sources.

3. Ville inconnue par ailleurs.

[377 b] λάθρᾳ διεπρεσβεύσαντο περὶ τῆς ἰδίας ἀσφαλείας, ἐπαγγελλόμενοι δολοφονήσειν τὸν Ἀλέξανδρον· συγχωρήσαντος δὲ τοῦ Δημητρίου περὶ ὧν ἠξίουν, οὐ μόνον προδόται τοῦ βασιλέως ἀλλὰ καὶ φονεῖς ἐγενήθησαν.

Οὐκ ἄξιον δὲ παρελθεῖν τὴν γενομένην περιπέτειαν πρὸ τῆς Ἀλεξάνδρου τελευτῆς, διὰ δὲ τὸ παράδοξον ἴσως ἀπιστηθησομένην. Ἀλεξάνδρου γὰρ τοῦ βασιλέως βραχὺ πρὸ τῶν ἐνεστώτων χρόνων χρηστηριαζομένου κατὰ τὴν Κιλικίαν, ἔνθα φασὶν Ἀπόλλωνος Σαρπηδονίου ἱερὸν εἶναι, ἀνελεῖν αὐτῷ λέγεται τὸν θεὸν φυλάξασθαι τὸν τόπον τὸν ἐνεγκόντα τὸν δίμορφον. Καὶ τότε μὲν αἰνιγματώδη τὸν χρησμὸν εἶναι δόξαι, ὕστερον μέντοι μετὰ τὴν τελευτὴν τοῦ βασιλέως ἐπιγνωσθῆναι τὸ λόγιον διὰ τοιαύτας τινὰς αἰτίας.

Τῆς Ἀραβίας ἐν ταῖς καλουμέναις Ἄβαις ᾤκει τις Διόφαντος ὄνομα, τὸ δὲ γένος Μακεδών. Οὗτος ἐγχώριον Ἀραβίαν γυναῖκα γήμας ἐγέννησεν υἱὸν μὲν ὁμώνυμον ἑαυτῷ, θυγατέρα δὲ τὴν προσαγορευθεῖσαν Ἡραΐδα. Τὸν μὲν οὖν υἱὸν πρὸ τῆς ἀκμῆς ἐπεῖδε τελευτήσαντα, τὴν δὲ θυγατέρα γάμου ἔχουσαν ὥραν προικίσας συγκατῴκισέ τινι ὄνομα Σαμιάδῃ. Οὗτος μὲν οὖν συμβιώσας τῇ γαμηθείσῃ χρόνον ἐνιαύσιον ἀπεδήμησε μακρὰν ἀποδημίαν. Τὴν δ' Ἡραΐδα φασὶν ἀρρωστίᾳ περιπεσεῖν παραδόξῳ καὶ παντελῶς ἀπιστουμένῃ· φλεγμονὴν γὰρ ἰσχυρὰν γενέσθαι περὶ τὸ ἦτρον αὐτῆς. Ἐπὶ πλέον δὲ οἰδήσαντος τοῦ τόπου, ἔπειτα τῶν πυρετῶν μεγάλων συνεπιγινομένων, καταδοξάσαι τοὺς ἰατροὺς ἕλκωσιν γεγονέναι περὶ τὸν τράχηλον τῆς μήτρας. Χρωμένων δὲ αὐτῶν θεραπείαις αἷς ὑπελάμ-

[377 b] **1** ἀσφαλείας exc. Const. : ἡγεμονίας Photius ‖ **11** τὸν δίμορφον A *ut vid.* : θεὰν (*vel* θεὸν) δίμορφον A² θεὸν δίμορφον M ‖ **17** υἱὸν μὲν A : μὲν υἱὸν M ‖ **20** Σαμιάδῃ Rhodoman : σαμία AM σαμιάδου A² ‖ **21** οὖν A : *om.* M ‖ **22** δ' A²M : *om.* A ‖ **26** τῶν πυρετῶν A : τῷ πυρετῷ M ‖ συνεπιγινομένων A : συνεπιγενομένων M.

voir réduire la tumeur et, le septième jour, il se produisit une rupture de la peau et il sortit des organes féminins d'Héraïs un membre viril avec des testicules. La rupture des organes et le phénomène se produisirent sans qu'il y eût là ni médecin ni aucune autre personne étrangère : il n'y avait que la mère de la patiente et deux servantes[1].

Stupéfiées par l'étrangeté du phénomène, elles donnèrent à Héraïs les soins appropriés et gardèrent le silence sur ce qui s'était passé. Et la femme, quitte de son mal, portait toujours les vêtements féminins et continuait ses fonctions domestiques d'épouse ; l'opinion [378 a] de ceux qui étaient au courant de sa transformation était qu'il s'agissait d'un cas d'hermaphroditisme ; dans sa vie commune avec son mari, alors que les relations conjugales normales étaient impossibles, on estimait qu'elle s'était adonnée à des relations homosexuelles.

Cette situation était inconnue des étrangers. Samiadès revint de voyage et, comme c'était normal, il se mit en quête de sa femme ; celle-ci n'osait paraître à ses yeux dans sa honte et Samiadès, dit-on, supportait mal cette situation. Comme il revenait fréquemment à la charge et réclamait sa compagne, et comme son beau-père ne cédait pas et avait honte de dire pourquoi, le différend s'aggrava. Aussi Samiadès intenta-t-il un procès à son beau-père à propos de sa femme et, comme au théâtre, le hasard fit un grief d'une métamorphose extraordinaire. Les juges siégèrent donc et on plaida ; la personne en litige était présente au procès et les juges balançaient

1. Ce récit, à supposer qu'il repose sur quelque chose de réel, a visiblement subi un remaniement romanesque ; le suivant est plus vraisemblable. Diodore semble tout à fait libéré des superstitions qu'il signale plus loin et qui considéraient comme également maléfiques un changement de sexe et la naissance d'un enfant apparemment androgyne (note de Mme Marie Delcourt ; cf. son ouvrage : *Stérilités mystérieuses et naissances maléfiques dans l'Antiquité classique*, Paris-Liège, 1938).

βανον καταστελεῖν τὰς φλεγμονάς, ἑβδομαίας δ' οὔσης, ῥῆξιν ἐπιγενέσθαι τῆς ἐπιφανείας, καὶ προπεσεῖν ἐκ τῶν τῆς Ἡραΐδος γυναικείων αἰδοῖον ἀνδρεῖον, ἔχον διδύμους προσκειμένους. Τὴν δὲ ῥῆξιν τούτων καὶ τὸ πάθος γενέσθαι μήτε ἰατροῦ μήτ' ἄλλων τῶν ἔξωθεν παρόντων, πλὴν μητρὸς καὶ δύο θεραπαινίδων.

Τότε μὲν ἀχανεῖς γενομένας διὰ τὸ παράδοξον, τὴν ἐνδεχομένην ἐπιμέλειαν ποιήσασθαι τῆς Ἡραΐδος, καὶ κατασιωπῆσαι τὸ γεγονός. Τὴν δὲ ἀπολυθεῖσαν τῆς νόσου τὴν ἐσθῆτα φορεῖν γυναικείαν, καὶ τὴν ἄλλην ἀγωγὴν οἰκουρὸν καὶ ὕπανδρον διαφυλάττειν · καταδοξάζεσθαι δὲ ὑπὸ τῶν συνειδότων [378 a] τὴν περιπέτειαν ἑρμαφρόδιτον εἶναι, καὶ κατὰ τὴν γεγενημένην μετ' ἀνδρὸς συμβίωσιν, τῆς κατὰ φύσιν ἐπιπλοκῆς ἀντιπραττούσης, δοκεῖν αὐτὴν ταῖς ἀρρενικαῖς συμπεριφοραῖς καθωμιλῆσθαι.

Λανθανούσης δὲ τοὺς ἐκτὸς τῆς διαθέσεως ταύτης ἐπανελθεῖν τὸν Σαμιάδην καί, καθάπερ ἦν ἐπιβάλλον, τὴν γαμηθεῖσαν ἐπιζητεῖν · οὐ τολμώσης δ' ἐκείνης εἰς ὄψιν ἐλθεῖν διὰ τὴν αἰσχύνην, τὸν Σαμιάδην φασὶ βαρέως ἐνεγκεῖν. Ἐπικειμένου δὲ συνεχέστερον καὶ ἀπαιτοῦντος τὴν σύμβιον, καὶ τοῦ πατρὸς μὴ συγχωροῦντος μέν, αἰσχυνομένου δὲ τὴν αἰτίαν εἰπεῖν, εἰς μέγα ηὔξετο ἡ διαφορά. Ἐπενεγκεῖν τε διὰ τοῦτο δίκην τῷ πατρὶ περὶ τῆς ἰδίας γυναικός, τῆς τύχης ὥσπερ ἐν δράματι τὸ παράδοξον τῆς περιπετείας ἀγούσης εἰς ἔγκλημα. Συνεδρευσάντων δὲ τῶν κριτῶν καὶ λόγων ῥηθέντων, συμπαρεῖναι μὲν τῇ κρίσει τὸ ἀμφισβητούμενον σῶμα, διαπορεῖν δὲ τοὺς

29 καταστελεῖν Herwerden : καταστέλλειν *codd.* || **30** προπεσεῖν A : προσπεσεῖν M || **33** ἄλλων A : ἄλλου M || **34** μὲν AM : μὲν οὖν A[2] || **39** ὕπανδρον διαφυλάττειν M : ὑπ' ἄνδρα φυλάττειν A[2] ὑπανδιαφυλάττειν A || καταδοξάζεσθαι Bekker : κατεδοξάσθαι M κατεδόξαστο A[2] *quid prius praeb.* A *non liquet.*

[378 a] **18** δράματι A : δράμασι M.

sur le point de savoir si c'est le mari qui doit disposer de sa femme ou le père qui doit disposer de sa fille.

Finalement, les juges estimèrent que la femme devait suivre son mari et elle dévoila la vérité et sa nature masculine ; dans un mouvement courageux, elle ouvrit le vêtement qui la déguisait et se montra à tout le monde en demandant, dans un grand cri de douleur, si l'on voulait forcer son mari à vivre avec un homme. Tous furent frappés de stupeur et saluèrent le prodige par des discours étonnés et on dit qu'Héraïs, quand sa honte eut été découverte, changea sa toilette féminine pour prendre le costume d'un jeune homme ; les médecins, quand on leur montra les organes qui étaient apparus, reconnurent qu'un sexe mâle s'était trouvé caché à l'endroit correspondant[1] du sexe féminin ; une membrane avait, à l'encontre de ce qui se passe normalement, enveloppé le sexe et il s'était produit une fistule par où les excréments s'évacuaient. Aussi fallut-il inciser l'endroit où la fistule s'était produite et la faire cicatriser et, quand ils eurent mis les organes masculins dans leur état normal, ils passèrent pour avoir usé d'une thérapeutique reconnue. Héraïs, qui avait pris le nom de Diophante, fut incorporée dans la cavalerie et combattit aux côtés du roi ; elle fit retraite avec lui vers Abai. C'est ainsi que l'oracle dont on ignorait le sens auparavant fut compris au moment où le roi eut été assassiné à Abai, là-même où était né l'être double. Quant à Samiadès, on dit que, esclave des relations qu'il avait eues auparavant et accablé de honte à cause de son mariage contre nature, il désigna [378 b] par testament Diophante comme héritier de

1. La leçon ὁμοειδεῖ de A (378 a 29) me paraît parfaitement claire. Celle de M : φοειδεῖ a tout l'air d'une correction savante.

δικαστὰς πότερον προσήκει τὸν ἄνδρα τῆς γυναικὸς ἢ τὸν πατέρα τῆς θυγατρὸς κυριεύειν.

Πέρας τῶν κριτῶν οἰομένων δεῖν ἀκολουθεῖν τἀνδρὶ τὴν γαμηθεῖσαν, τὴν ἀλήθειαν διασαφῆσαι τὸ τῆς φύσεως ἄρρεν, καὶ θυμῷ τετολμηκότι τὴν καθυποκρινομένην ἐσθῆτα λύσασαν δεῖξαι πᾶσι, ῥῆξαί τε φωνὴν δεινοπαθοῦσαν, εἴ τινες ἀναγκάζουσι συνοικεῖν ἀνδρὶ τὸν ἄνδρα. Πάντων δὲ καταπλαγέντων καὶ φωνῇ θαυμαζούσῃ τὸ παράδοξον ἐπισημαινομένων, τὴν μὲν Ἡραΐδα φασὶν ἀποκαλυφθείσης τῆς αἰσχύνης μεταμφιάσασθαι τὸν γυναικεῖον κόσμον εἰς νεανίσκου διάθεσιν, τοὺς δὲ ἰατροὺς ἐπιδειχθέντων αὐτοῖς τῶν φανέντων γνῶναι ὅτι κατεκέκρυπτο φύσις ἄρρενος ἐν ὁμοειδεῖ τόπῳ φύσεως θηλείας, καὶ δέρματος περιειληφότος παρὰ τὸ σύνηθες τὴν φύσιν, σύντρησίς τις ἐγεγένητο, δι' ὧν ἐξωδεύοντο τὰ περιττώματα· διόπερ τὸν προσεσυριγγωμένον τόπον ἑλκώσαντας δεῖν κατουλῶσαι, τὴν δὲ ἀνδρὸς φύσιν εὔκοσμον ποιήσαντας σὺν ἐνδεχομένῃ δόξαι κεχρῆσθαι θεραπείᾳ. Τὴν δ' Ἡραΐδα μετονομασθεῖσαν Διόφαντον εἰς τοὺς ἱππεῖς καταλεχθῆναι, καὶ σὺν τῷ βασιλεῖ παραταξάμενον εἰς τὰς Ἄβας συναναχωρῆσαι. Διὸ καὶ τὸν πρότερον ἀγνοούμενον χρησμὸν τότε γνωσθῆναι σφαγέντος τοῦ βασιλέως ἐν ταῖς Ἄβαις, καθ' ὃν τόπον ὁ δίμορφος ἐγεγένητο. Τὸν δὲ Σαμιάδην λέγουσιν, ἔρωτι καὶ τῇ προγεγενημένῃ συνηθείᾳ δεδουλωμένον, αἰσχύνῃ τε τοῦ παρὰ φύσιν γάμου [378 b] συνεχόμενον, τῆς μὲν οὐσίας τὸν Διόφατον ἀναδεῖ-

21 λύσασαν M : λύσασα A ‖ **22** δεῖξαι A^{2}M : *quid prius praeb.* A *non liquet* ‖ ῥῆξαί τε A^{2}M : *quid prius praeb.* A *non liquet* ‖ **28** κατεκέκρυπτο M : κατέκρυπτο A ‖ **29** ὁμοειδεῖ A : ὠειδεῖ M φοειδεῖ M^x ‖ **31** σύντρησίς τις A^2 : σύντρησις M *quid prius praeb.* A *non liquet* ‖ **35** δόξαι κεχρῆσθαι A : χρῆσθαι δόξαι M **38** διὸ A : δι' ὃν M ‖ **39** σφαγέντος Wesseling : φανέντος *codd.* ‖ **40** ἐγεγένητο AM : ἐγεγέννητο A^2.

tous ses biens et se suicida, en sorte que celle qui était née femme acquit renom et caractère d'homme et que l'homme fut plus faible d'âme qu'une femme.

Une métamorphose toute pareille à ce phénomène survint trente ans plus tard dans la ville d'Épidaure. Il y avait, en effet, une Épidaurienne qui passait pour une jeune fille ; orpheline de père et de mère, elle s'appelait Kallô. Chez elle, l'ouverture du canal naturel des femmes était occluse mais, près du sexe, par un point qui s'était creusé en fistule[1], elle évacuait les surplus d'humeurs depuis sa naissance. Parvenue à la fleur de l'âge, elle fut mariée à un de ses concitoyens. Elle vécut deux ans avec son mari sans pouvoir assumer son rôle d'épouse et forcée de supporter cette union contre nature.

Plus tard, une inflammation se déclara chez elle autour du sexe[2] ; il lui vint ensuite de fortes douleurs et on appela des médecins en nombre. Personne parmi eux ne voulait s'engager à la traiter, mais un apothicaire lui promit de la guérir ; il incisa la tumeur dont il sortit un sexe masculin : des testicules et un pénis qui n'était pas percé. Tout le monde fut stupéfait du prodige et l'apothicaire entreprit de remédier aux autres déficiences de la nature.

Il pratiqua donc d'abord une incision dans le gland du pénis qu'il perça jusqu'à l'urètre ; il y passa une

1. Cf. notes critiques. Le texte des manuscrits n'offre pas de sens satisfaisant ; il faut préférer l'émendation d'Estienne.

2. La traduction de ce passage (378 b 6-31) a été revue par mon ami Robert Joly. C'est lui qui m'a signalé que κτείς, chez les médecins anciens, est parfois employé dans le sens de αἰδοῖον. — Mme M. Delcourt observe, d'autre part, que κτείς, comme *pecten*, désigne le peigne, un mollusque à coquille et le pubis. La coquille et le peigne sont souvent associés à Aphrodite et κτείς, en poésie, désigne souvent les *pudenda muliebria*.

ξαι διαθήκῃ κληρονόμον, ἑαυτὸν δὲ τοῦ ζῆν μεταστῆσαι, ὥστε τὴν μὲν γυναῖκα γεγεννημένην ἀνδρὸς ἀναλαβεῖν δόξαν καὶ τόλμαν, τὸν δ' ἄνδρα γυναικείας ψυχῆς ἀσθενέστερον γενέσθαι.

Παραπλησία δὲ ταύτῃ τῇ διαθέσει συνετελέσθη περιπετεία τριάκοντα ἔτεσιν ὕστερον ἐν τῇ πόλει τῶν Ἐπιδαυρίων. Ἦν γάρ τις Ἐπιδαυρία, κόρη μὲν εἶναι δοκοῦσα, γονέων δὲ ὀρφανή, Καλλὼ δ' ὄνομα. Αὕτη τὸν ἐπὶ τῆς φύσεως ἀποδεδειγμένον ταῖς γυναιξὶ πόρον ἄτρητον εἶχε, παρὰ δὲ τὸν καλούμενον κτένα συριγγωθέντος τόπου ἐκ γενετῆς τὰς περιττώσεις τῶν ὑγρῶν ἐξέκρινεν. Εἰς δὲ τὴν ἀκμὴν τῆς ἡλικίας παραγενομένη συνῳκίσθη τινὶ τῶν πολιτῶν. Διετῆ μὲν οὖν χρόνον συνεβίωσε τἀνδρί, τὴν μὲν γυναικείαν ἐπιπλοκὴν οὐκ ἐπιδεχομένη, τὴν δὲ παρὰ φύσιν ὁμιλίαν ὑπομένειν ἀναγκαζομένη.

Μετὰ δὲ ταῦτα φλεγμονῆς αὐτῇ συμβάσης περὶ τὸν κτένα καὶ δεινῶν ἀλγηδόνων ἐπιγενομένων, συνεκλήθη πλῆθος ἰατρῶν. Καὶ τῶν μὲν ἄλλων οὐδεὶς ὑπισχνεῖτο θεραπεύσειν, φαρμακοπώλης δέ τις ἐπαγγελλόμενος ὑγιάσειν ἔτεμε τὸν ἐπηρμένον τόπον, ἐξ οὗπερ ἐξέπεσεν ἀνδρὸς αἰδοῖα, δίδυμοι καὶ καυλὸς ἄτρητος. Πάντων δὲ τὸ παράδοξον καταπλαγέντων ὁ φαρμακοπώλης ἐβοήθει τοῖς λειπομένοις μέρεσι τῆς πηρώσεως.

Τὸ μὲν οὖν πρῶτον τὸ αἰδοῖον ἄκρον ἐπιτεμὼν συνέτρησεν εἰς τὸν οὐρητῆρα, καὶ καθεὶς ἀργυροῦν καυλίσκον ταύτῃ τὰ περιττώματα τῶν

[378 b] **3** ὥστε τὴν μὲν A^{3} *mg* M : ὥστε μὲν A ‖ γεγεννημέμην A : γεγενημένην M ‖ 8 τις A^{2}M : *quid prius praeb.* A *non liquet* ‖ **9** αὕτη AM : αὐτῇ A^{2} ‖ **11-12** παρὰ δὲ τὸν καλούμενον κτένα συριγγωθέντος τόπου Estienne : παρὰ δὲ τὸν καλούμενον συριγγωθέντος (-θέντα A^{2}) A παρ' αὐτὸν δὲ τὸν καλούμενον τόπον συριγγωθέντος M ‖ **20** θεραπεύσειν Herwerden : θεραπεύειν *codd.* ‖ **27** καυλίσκον M *et* A *ut vid.* : αὐλίσκον A^{2} ‖ ταύτῃ AM : ταυτὶ A^{2}.

fine sonde d'argent et évacua les urines par cette voie ; il scarifia la fistule et la ferma. Puis, quand il eut guéri sa patiente de cette façon, il réclama des honoraires doubles : il prétendait, en effet, avoir reçu une jeune femme malade et en avoir refait un jeune homme bien portant.

Pour Kallô, laissant les navettes à tisser et le travail féminin de la laine, elle prit le costume et toutes les autres habitudes d'un homme et changea son nom en celui de Kallôn par l'addition de la seule lettre *n* à la fin de son ancien nom. Certains disent aussi qu'avant de devenir un homme elle avait été prêtresse de Déméter et qu'on lui intenta un procès d'impiété pour avoir vu ce qu'il est interdit aux hommes de voir.

De même à Naples et en de nombreux autres lieux, on raconte qu'il s'est produit des modifications du même genre ; ce n'est pas le sexe mâle et le sexe féminin qui sont créés en un être bisexué, car c'est là chose impossible, [379 a] mais c'est la nature qui donne le change au moyen des parties corporelles pour l'étonnement et la confusion des hommes. Voici pourquoi nous avons jugé ces modifications dignes d'être relatées : ce n'est pas pour l'amusement des lecteurs, mais c'est pour leur être utile. Beaucoup de gens, en effet, estiment qu'il s'agit là de prodiges et en font des objets de peur superstitieuse ; et ce n'est pas seulement là une attitude individuelle, mais c'est aussi celle de nations et de cités.

Au début de la guerre contre les Marses[1], en tout cas, un habitant d'Italie qui vivait aux environs de Rome, dit l'auteur, avait épousé un androgyne pareil à ceux dont on vient de parler. Il en fit part au Sénat qui, pris d'une terreur superstitieuse, se laissa persuader par les haruspices étrusques de faire brûler cet être vif. Et cet être donc, qui avait une nature comme la nôtre et qui, en

1. Plus loin (Bekker 391 a 30-392 a 40 ; *infra*, p. 167-171) Photius a recueilli un long morceau emprunté aux l. XXXVII et XXXVIII de Diodore qui relatent ce conflit.

ὑγρῶν ἐξεκόμιζε, τὸν δὲ σεσυριγγωμένον τόπον ἑλκώσας συνέφυσε. Καὶ τοῦτον τὸν τρόπον ὑγιοποιήσας διπλοῦν ἀπῄτει τὸν μισθόν· ἔφη γὰρ αὐτὸν παρειληφέναι γυναῖκα νοσοῦσαν, καθεστακέναι δὲ νεανίσκον ὑγιαίνοντα.

Ἡ δὲ Καλλὼ τὰς μὲν ἐκ τῶν ἱστῶν κερκίδας καὶ τὴν ἄλλην τῶν γυναικῶν ταλασιουργίαν ἀπέθετο, μεταλαβοῦσα δὲ ἀνδρὸς ἐσθῆτα καὶ τὴν ἄλλην διάθεσιν μετωνομάσθη Κάλλων, ἑνὸς στοιχείου ἐπὶ τῷ τέλει τοῦ ν̄ προστεθέντος. Λέγεται δ' ὑπό τινων ὅτι πρὸ τοῦ μεταλαβεῖν τὴν εἰς ἄνδρα μορφὴν ἱέρεια τῆς Δήμητρος ἐγεγένητο, καὶ τὰ τοῖς ἄρρεσιν ἀόρατα ἰδοῦσα κρίσιν ἔσχεν ἀσεβείας.

Ὁμοίως δ' ἐν τῇ Νεαπόλει καὶ κατ' ἄλλους τόπους πλείονας ἱστοροῦνται γεγονέναι τοιαῦται περιπέτειαι, οὐκ ἄρρενος καὶ θηλείας φύσεως εἰς δίμορφον [379 a] τύπον δημιουργηθείσης (ἀδύνατον γὰρ τοῦτο), ἀλλὰ τῆς φύσεως διὰ τῶν τοῦ σώματος μερῶν ψευδογραφούσης εἰς ἔκπληξιν καὶ ἀπάτην τῶν ἀνθρώπων. Διόπερ ἡμεῖς τὰς περιπετείας ταύτας ἀναγραφῆς ἠξιώσαμεν, οὐ ψυχαγωγίας ἀλλ' ὠφελείας ἕνεκα τῶν ἀναγινωσκόντων. Πολλοὶ γὰρ τέρατα τὰ τοιαῦτα νομίζοντες εἶναι δεισιδαιμονοῦσιν, οὐκ ἰδιῶται μόνον ἀλλὰ καὶ ἔθνη καὶ πόλεις.

Κατ' ἀρχὰς γοῦν τοῦ Μαρσικοῦ πολέμου πλησίον τῆς Ῥώμης οἰκοῦντά φησιν Ἰταλικόν γεγαμηκότα παραπλήσιον τοῖς εἰρημένοις ἀνδρόγυνον προσαγγεῖλαι τῇ συγκλήτῳ, τὴν δὲ δεισιδαιμονήσασαν καὶ τοῖς ἀπὸ Τυρρηνίας ἱεροσκόποις πεισθεῖσαν ζῶντα προστάξαι καῦσαι. Τοῦτον μὲν οὖν ὁμοίας κεκοινωνηκότα

29 συνέφυσε Reiske : ἐνέφυσε *codd.* ‖ **38** ἐγεγένητο M : ἐγεγέννητο A ‖ **41** πλείονας AM : πλείονες A^{2}.

[379 a] **1** τύπον A^{1} : τόπον AM ‖ τοῦτο A^{1}M : τοῦτον A ‖ **4** ἡμεῖς AM : καὶ ἡμεῖς Bekker *ex col.* B ‖ **10** ἀνδρόγυνον A^{2}M : *quid prius praeb.* A *non liquet.*

réalité, n'était pas un monstre, périt sans raison, dit-on, à cause de l'ignorance où on était de son cas.

Peu après, un être du même genre naquit à Athènes et, à cause de l'ignorance où on était de son état, il fut, dit-on, brûlé vif[1].

D'ailleurs, au sujet des animaux qu'on appelle les hyènes, certains colportent la fable qu'ils sont à la fois mâles et femelles et se saillent alternativement d'une année à l'autre alors qu'en réalité il n'en est pas ainsi. En effet, chacun des deux sexes a une nature simple et qui ne souffre pas le mélange ; cette fausse idée n'induit en erreur que ceux qui observent superficiellement ; la femelle a, en effet, sur elle un organe naturel qui ressemble un peu au sexe du mâle et le mâle, inversement, en a un qui est apparemment semblable à celui de la femelle. La même explication vaut aussi pour tous les êtres vivants ; il naît en réalité beaucoup de monstres de toute sorte, mais ils ne se développent pas et ne peuvent atteindre leur épanouissement complet. Ceci soit dit pour corriger la superstition[2].

Diodore donc, vers la fin du trente-deuxième livre* de son histoire, raconte tous ces faits et d'autres auteurs très nombreux ont relaté des modifications de cette sorte.

Tiré du livre XXXIV.

Le roi Antiochus, dit l'auteur, faisait le siège de Jérusalem et les Juifs lui résistèrent un certain temps, mais, quand tous leurs approvisionnements furent épuisés, ils furent contraints de négocier un armistice. La plupart des amis du roi lui conseillaient d'enlever la place de

1. Au folio 380 v. a. du ms. A, le correcteur A[3] (Théodore Skutariotès, XIIIe siècle) a écrit ce qui suit : τοιοῦτόν τι τέρας ἐφάνη κἀν τοῖς καθ' ἡμᾶς χρόνοις ὃ καὶ πρὸς ἄμφω τὰ γένη ἐγνώσθη μεθαρμοζόμενον, πάσχον τε καὶ πρᾶττον τὰ φυσικά · πλέον, δ' ὡς ἔλεγε, κατεκράτει τούτου ὁ τοῦ ποιεῖν ἔρως, εἰ δέ που καὶ ἔπασχεν, οὐ κατὰ τὸ ἑκούσιον, ἀλλ' ἀναγκαζόμενος.

2. La relation de toute cette série de « mirabilia » (377 b 5-379 a 30) ne nous est connue que par Photius. Cf. Walton, t. XI, p. 446-456.

φύσεως, ἀλλ' οὐ πρὸς ἀλήθειαν τέρας γεγενημένον, φασίν, ἀγνοίᾳ τῆς νόσου παρὰ τὸ προσῆκον ἀπολωλέναι. Μετ' ὀλίγον δὲ καὶ παρὰ Ἀθηναίοις τοῦ τοιούτου γενομένου, διὰ τὴν ἄγνοιαν τοῦ πάθους ζῶντά φασι κατακαῆναι.

Καὶ γὰρ τὰς λεγομένας ὕαινάς τινες μυθολογοῦσιν ἄρρενας ἅμα καὶ θηλείας ὑπάρχειν, καὶ παρ' ἐνιαυτὸν ἀλλήλας ὀχεύειν, τῆς ἀληθείας οὐχ οὕτως ἐχούσης. Ἑκατέρου γὰρ τοῦ γένους ἁπλῆν ἔχοντος καὶ ἀνεπίμικτον τὴν φύσιν, προσώρισται τὸ ψευδογραφοῦν καὶ παρακρουόμενον τοὺς εἰκῇ θεωροῦντας· τῇ μὲν γὰρ θηλείᾳ πρόσκειταί τι κατὰ τὴν φύσιν παρεμφερὲς ἄρρενι μορίῳ, τῷ δὲ ἄρρενι κατὰ τὸ ἐναντίον ἔμφασις θηλείας φύσεως. Ὁ δ' αὐτὸς λόγος καὶ ἐπὶ πάντων τῶν ζῴων, γινομένων μὲν πρὸς ἀλήθειαν πολλῶν καὶ παντοδαπῶν τεράτων, μὴ τρεφομένων δὲ καὶ εἰς τελείαν αὔξησιν ἐλθεῖν οὐ δυναμένων. Ταῦτα μὲν εἰρήσθω πρὸς διόρθωσιν δεισιδαιμονίας.

Ὁ μὲν οὖν Διόδωρος πρὸς τῷ τέλει που τοῦ λβ' λόγου τῆς ἱστορικῆς αὐτοῦ πραγματείας τοσαῦτα διέξεισι· καὶ ἄλλοι δὲ πλεῖστοι τοιαύτας περιπετείας ἱστορήκασιν.

Ἐκ τοῦ λδ'

Ὡς Ἀντίοχος ὁ βασιλεύς, φησίν, ἐπολιόρκει τὰ Ἱεροσόλυμα, οἱ δὲ Ἰουδαῖοι μέχρι μέν τινος ἀντέσχον, ἐξαναλωθέντων δὲ τῶν ἐπιτηδείων ἁπάντων ἠναγκάσθησαν περὶ διαλύσεως διαπρεσβεύσασθαι. Οἱ δὲ πλείους αὐτῷ τῶν φίλων συνεβούλευον κατὰ κράτος αἱρήσειν

14 γεγενημένον M : γεγεννημένον A ‖ **16** τοῦ A : *om.* M ‖ **17** φασί(ν) A : φησὶ M ‖ **18** καὶ γὰρ A : καὶ γὰρ καὶ M ‖ **22** προσώρισται τὸ A^2M : *quid prius praeb.* A *non liquet* ‖ **25** ἔμφασις A^2 : ἐμφάσης A ἐμφάσεις M ‖ **26** γινομένων Bekker : γενομένων *codd.* ‖ μὲν M : *om.* A ‖ **31** που A : *om.* M ‖ **36** ἀντέσχον A^2M : ἀντεῖχον A ‖ **38** διαλύσεως A : συλλύσεως M.

vive force et d'exterminer complètement la race juive; c'était, en effet, le seul peuple à s'abstenir de toute commerce avec une autre nation et à considérer tous les [379 b] autres peuples comme des ennemis. Les amis du roi[1] lui représentaient aussi que les ancêtres des Juifs, à cause de leur impiété et de l'exécration que leur vouaient tous les dieux, avaient été chassés de l'Égypte entière[2]. En effet, ceux qui portaient sur eux des marques de dartre blanche ou de lèpre, on les rassemblait comme des gens chargés d'une souillure et qu'on veut purifier; on les rejetait de la ville et les bannis, après s'être emparés des régions voisines de Jérusalem, avaient organisé le peuple juif et, de leur haine pour les hommes, ils avaient fait une tradition; c'est pourquoi ils affichèrent des coutumes absolument étranges : ne partager sa table avec personne qui fût d'un autre peuple et ne pas lui témoigner le moindre sentiment de bienveillance. Les amis d'Antiochus lui rappelèrent aussi la haine qu'avaient autrefois nourrie ses aïeux pour ce peuple.

En effet, Antiochus surnommé Épiphane, après avoir vaincu les Juifs[3], était entré dans le Saint des Saints où la coutume ne permet qu'au seul prêtre d'entrer; il y avait trouvé, sculptée dans la pierre, la statue d'un homme à longue barbe assis sur un âne et un livre à la main; il avait supposé que c'était là l'image de Moïse, le fondateur de Jérusalem et l'organisateur de la nation qui avait, entre autres règles, prescrit aux Juifs ces coutumes de haine contraires à toute loi. Antiochus, dans son horreur pour leur haine à l'égard de toutes les nations, eut à cœur d'abolir leurs lois. C'est pourquoi, devant la statue et devant l'autel de Dieu qui était en plein air, il sacrifia une énorme truie; il répandit le sang de la victime devant la statue et devant l'autel, il fit accommoder ses viandes et il ordonna d'effacer avec

1. Antiochus VII Évergète (139/8-128). Cf. Walton, t. XII, p. 52, note 1.

2. Cette croyance que les Juifs avaient été chassés d'Égypte était devenue un thème de la polémique antijuive. Cf. Origène, *Contre Celse*, III, 5 (t. II, p. 20 et note 2, éd. Borret, Paris, Éd. du Cerf, 1966. « Sources chrétiennes », n° 136) et V, 26 (t. III, p. 76, 1969. « Sources chrétiennes », n° 147).

3. En 169 a. C.

τὴν πόλιν καὶ τὸ γένος ἄρδην ἀνελεῖν τῶν Ἰουδαίων. μόνους γὰρ ἁπάντων ἐθνῶν ἀκοινωνήτους εἶναι τῆς πρὸς [379 b] ἄλλο ἔθνος ἐπιμιξίας καὶ πολεμίους ὑπολαμβάνειν πάντας. Ἀπεδείκνυον δὲ καὶ τοὺς προγόνους αὐτῶν ὡς ἀσεβεῖς καὶ μισουμένους ὑπὸ τῶν θεῶν ἐξ ἁπάσης τῆς Αἰγύπτου πεφυγαδευμένους. Τοὺς γὰρ ἀλφοὺς ἢ λέπρας ἔχοντας ἐν τοῖς σώμασι, καθαρμοῦ χάριν ὡς ἐναγεῖς συναθροισθέντας, ὑπερορίους ἐκβεβλῆσθαι· τοὺς δὲ ἐξορισθέντας καταλαβέσθαι μὲν τοὺς περὶ τὰ Ἱεροσόλυμα τόπους, συστησαμένους δὲ τὸ τῶν Ἰουδαίων ἔθνος παραδόσιμον ποιῆσαι τὸ μῖσος τὸ πρὸς τοὺς ἀνθρώπους· διὰ τοῦτο δὲ καὶ νόμιμα παντελῶς ἐξηλλαγμένα καταδεῖξαι, τὸ μηδενὶ ἄλλῳ ἔθνει τραπέζης κοινωνεῖν μηδ' εὐνοεῖν τὸ παράπαν. Ὑπέμνησαν δὲ αὐτὸν καὶ περὶ τοῦ προγενομένου μίσους τοῖς προγόνοις πρὸς τοῦτο το ἔθνος.

Ἀντίοχος γὰρ ὁ προσαγορευθεὶς Ἐπιφανής, καταπολεμήσας τοὺς Ἰουδαίους, εἰσῆλθεν εἰς τὸν ἄδυτον τοῦ θεοῦ σηκόν, οὗ νόμιμον εἰσιέναι μόνον τὸν ἱερέα· εὑρὼν δὲ ἐν αὐτῷ λίθινον ἄγαλμα ἀνδρὸς βαθυπώγωνος, καθήμενον ἐπ' ὄνου, μετὰ χεῖρας ἔχον βιβλίον, τοῦτο μὲν ὑπέλαβε Μωϋσέως εἶναι τοῦ κτίσαντος τὰ Ἱεροσόλυμα καὶ συστησαμένου τὸ ἔθνος, πρὸς δὲ τούτοις νομοθετήσαντος τὰ μισάνθρωπα καὶ παράνομα ἔθη τοῖς Ἰουδαίοις, αὐτὸς δὲ στυγήσας τὴν μισανθρωπίαν πάντων ἐθνῶν ἐφιλοτιμήθη καταλῦσαι τὰ νόμιμα. Διὸ τῷ ἀγάλματι τοῦ κτίστου καὶ τῷ ὑπαίθρῳ βωμῷ τοῦ θεοῦ μεγάλην ὗν θύσας τό τε αἷμα προσέχεεν αὐτοῖς καὶ τὰ κρέα σκευάσας προσέταξε τῷ μὲν ἀπὸ τούτων

40 ἄρδην A[2] : ἄρδειν AM.

[379 b] **3** ὑπὸ τῶν A : παρὰ M ‖ **9** τὸ πρὸς A : πρὸς M ‖ **11-12** μηδ' εὐνοεῖν τὸ παράπαν A : τὸ παράπαν μηδ' εὐνοεῖν M ‖ **12** προγενομένου A : γενομένου M ‖ **16** οὗ M[2] : ἧ A *quid prius praeb.* M *non liquet malim* οἷ Bekker ‖ **18** ἔχον M : ἔχων A ‖ **19** Μωϋσέως A : Μωσέως M ‖ **21** καὶ A : *om.* M ‖ ἔθη AM[2] : ἔθνη M ‖ **22** στυγήσας Wetsten : συστήσας *codd.*

leur jus le texte des livres sacrés de Moïse qui contenaient leurs lois xénophobes et il fit éteindre la lampe qu'ils appelaient la lampe immortelle qui brûlait sans arrêt dans leur temple; auparavant, il avait forcé le grand-prêtre et les autres Juifs à goûter aux viandes.

Par ces considérations, les amis d'Antiochus voulaient avant tout le décider à supprimer complètement le peuple juif ou, tout au moins, à détruire ses lois et à le contraindre à changer son genre de vie. Mais le roi, qui était magnanime et d'un caractère doux, ne retint pas contre les Juifs les griefs qu'on leur faisait; il prit des otages, fit payer le tribut qu'on lui devait et démantela les fortifications de Jérusalem[1].

Voilà les mensonges qu'a contés Diodore sur les usages et les lois du peuple juif et aussi sur le fondateur de Jérusalem et sur la sortie même des Juifs d'Égypte et, en prévision de la preuve qu'on pourrait faire de [380 a] son mensonge, comme s'il voulait s'arranger pour ne pas être pris en défaut lui-même, il met sur le compte d'autrui l'exposé des mensonges qu'il raconte, mensonges auxquels il ajoute celui de l'amitié d'Antiochus pour les Juifs[2].

Dans le quarantième livre de la même *Bibliothèque*, il écrit aussi ce qui suit à propos des Juifs[3].

Tiré du livre XL, vers le milieu.

Pour nous, au moment où nous allons raconter la guerre contre les Juifs, nous jugeons opportun de passer d'abord sommairement en revue la fondation de ce peuple à ses débuts et ses coutumes.

En Égypte, il y a longtemps, à un moment où s'était déclarée une maladie pestilentielle, la plupart des gens

1. Cet extrait du livre XXXIV (379 a 39-b 38) n'est connu que par Photius. Cf. Walton, t. XII, p. 52-54.

2. Ce passage (379 b 39-380 a 6) est un morceau de transition ménagé par Photius.

3. Il est clair que c'est la parenté des sujets qui a fait placer par

ζωμῷ τὰς ἱερὰς αὐτοῦ βίβλους καὶ περιεχούσας τὰ μισόξενα νόμιμα καταρρᾶναι, τὸν δὲ ἀθάνατον λεγόμενον παρ' αὐτοῖς λύχνον καὶ καιόμενον ἀδιαλείπτως ἐν τῷ ναῷ κατασβέσαι, τῶν τε κρεῶν ἀναγκάσαι προσενεγκάσθαι τὸν ἀρχιερέα καὶ τοὺς ἄλλους Ἰουδαίους.

Ταῦτα δὴ διεξιόντες οἱ φίλοι τὸν Ἀντίοχον παρεκάλουν μάλιστα μὲν ἄρδην ἀνελεῖν τὸ ἔθνος, εἰ δὲ μή, καταλῦσαι τὰ νόμιμα καὶ συναναγκάσαι τὰς ἀγωγὰς μεταθέσθαι. Ὁ δὲ βασιλεὺς μεγαλόψυχος ὢν καὶ τὸ ἦθος ἥμερος, λαβὼν ὁμήρους ἀπέλυσε τῶν ἐγκλημάτων τοὺς Ἰουδαίους, φόρους τε τοὺς ὀφειλομένους πραξάμενος, καὶ τὰ τείχη περιελὼν τῶν Ἱεροσολύμων.

Ταῦτα Διόδωρος περὶ τῶν Μωσαϊκῶν ἐθῶν καὶ νομίμων, ἀλλὰ καὶ τοῦ τῶν Ἱεροσολύμων κτίστου καταψευσάμενος καὶ αὐτῆς τῆς ἐξ Αἰγύπτου τῶν Ἰουδαίων [380 a] ἐξόδου, καὶ πρὸς τὸν ἔλεγχον τοῦ ψεύδους ὥσπερ ἑαυτῷ τὸ μὴ αὐτὸς ἁλῶναι διοικονομούμενος, ἑτέροις περιτίθησι προσώποις τὴν περὶ τῶν διεψευσμένων ἀφήγησιν, τὴν Ἀντιόχου φιλίαν τούτοις προσεπισυνάπτων.

Γράφει δὲ καὶ ἐν τῷ μ' λόγῳ τῆς αὐτῆς βιβλιοθήκης περὶ Ἰουδαίων ταῦτα.

Ἐκ τοῦ μ' λόγου περὶ τὸ μέσον.

Ἡμεῖς δὲ μέλλοντες ἀναγράφειν τὸν πρὸς Ἰουδαίους πόλεμον, οἰκεῖον εἶναι διαλαμβάνομεν προδιελθεῖν ἐν κεφαλαίοις τήν τε τοῦ ἔθνους τούτου ἐξ ἀρχῆς κτίσιν καὶ τὰ παρ' αὐτοῖς νόμιμα.

Κατὰ τὴν Αἴγυπτον τὸ παλαιὸν λοιμικῆς περιστάσεως γενομένης, ἀνένεμπον οἱ

27 αὐτοῦ A : αὐτῶν M ‖ **30** ἀναγκάσαι A[2] : ἀναγκάσας AM ‖ **39** περὶ *edd.* : *om. codd.*

attribuaient la cause de leurs maux à l'intervention de la divinité ; en effet, la présence de nombreux étrangers de toute sorte qui vivaient en Égypte et observaient des coutumes différentes dans leur culte et dans leurs sacrifices avait fait que parfois, chez les Égyptiens, le culte ancestral rendu aux dieux s'était altéré. Aussi les gens du pays pensaient-ils que, s'ils n'expulsaient pas les autres peuples, ils ne verraient pas la fin de leurs maux. Aussitôt donc, les peuples étrangers furent chassés ; les plus distingués et les plus actifs s'unirent et furent rejetés, selon certains historiens, en Hellade et dans d'autres pays ; ils avaient des chefs de valeur au premier rang desquels se trouvaient Danaos et Cadmos, les plus célèbres de tous ; la masse échoua dans le pays qu'on appelle maintenant la Judée, région peu éloignée de l'Égypte, mais complètement déserte de ce temps-là.

Le guide de cet exode était celui qu'on appelle Moïse, un homme remarquable par sa sagesse et par son courage. Ce Moïse occupa le pays et fonda, entre autres villes, celle qui est aujourd'hui la plus célèbre et qu'on appelle Jérusalem. Il bâtit aussi le temple qui est chez les Juifs l'objet d'une si grande vénération, il prescrivit les cérémonies du culte et les honneurs à rendre à la divinité ; il fit des lois et prit des dispositions pour réglementer la vie publique. Il répartit la population en douze tribus parce que ce nombre passait pour le nombre parfait et parce qu'il correspond à celui des mois qui font l'année. Il ne représenta la divinité par absolument aucune image parce qu'il croyait que Dieu n'a pas de forme humaine et que le ciel qui entoure la terre est le seul Dieu et maître de l'univers. Quant aux sacrifices, il en institua de

Photius cet extrait du livre XL à la suite du morceau qu'il a tiré du livre XXXIV.

πολλοὶ τὴν αἰτίαν τῶν κακῶν ἐπὶ τὸ δαιμόνιον· πολλῶν γὰρ καὶ παντοδαπῶν κατοικούντων ξένων, καὶ διηλλαγμένοις ἔθεσι χρωμένων περὶ τὸ ἱερὸν καὶ τὰς θυσίας, καταλελύσθαι συνέβαινε παρ' αὐτοῖς τὰς πατρίους τῶν θεῶν τιμάς. Διόπερ οἱ τῆς χώρας ἐγγενεῖς ὑπέλαβον, ἐὰν μὴ τοὺς ἀλλοφύλους μεταστήσωνται, λύσιν οὐκ ἔσεσθαι τῶν κακῶν. Εὐθὺς οὖν ξενηλατουμένων τῶν ἀλλοεθνῶν, οἱ μὲν ἐπιφανέστατοι καὶ δραστικώτατοι συστραφέντες ἐξερρίφησαν (ὥς τινές φασιν) εἰς τὴν Ἑλλάδα καί τινας ἑτέρους τόπους, ἔχοντες ἀξιολόγους ἡγεμόνας, ὧν ἡγοῦντο Δαναὸς καὶ Κάδμος τῶν ἄλλων ἐπιφανέστατοι· ὁ δὲ πολὺς λεὼς ἐξέπεσεν εἰς τὴν νῦν καλουμένην Ἰουδαίαν, οὐ πόρρω μὲν κειμένην τῆς Αἰγύπτου, παντελῶς δὲ ἔρημον οὖσαν κατ' ἐκείνους τοὺς χρόνους.

Ἡγεῖτο δὲ τῆς ἀποικίας ὁ προσαγορευόμενος Μωσῆς, φρονήσει τε καὶ ἀνδρείᾳ πολὺ διαφέρων. Οὗτος δὲ καταλαβόμενος τὴν χώραν ἄλλας τε πόλεις ἔκτισε καὶ τὴν νῦν οὖσαν ἐπιφανεστάτην, ὀνομαζομένην Ἱεροσόλυμα. Ἱδρύσατο δὲ καὶ τὸ μάλιστα παρ' αὐτοῖς τιμώμενον ἱερόν, καὶ τὰς τιμὰς καὶ ἁγιστείας τοῦ θείου κατέδειξε, καὶ τὰ κατὰ τὴν πολιτείαν ἐνομοθέτησέ τε καὶ διέταξε. Διεῖλε δὲ τὸ πλῆθος εἰς δώδεκα φυλάς, διὰ τὸ τὸν ἀριθμὸν τοῦτον τελειότατον νομίζεσθαι καὶ σύμφωνον εἶναι τῷ πλήθει τῶν μηνῶν τῶν τὸν ἐνιαυτὸν συμπληρούντων. Ἄγαλμα δὲ θεῶν τὸ σύνολον οὐ κατεσκεύασε, διὰ τὸ μὴ νομίζειν ἀνθρωπόμορφον εἶναι τὸν θεόν, ἀλλὰ τὸν περιέχοντα τὴν γῆν οὐρανὸν μόνον εἶναι θεὸν καὶ τῶν ὅλων κύριον. Τὰς δὲ θυσίας ἐξηλλαγμένας συνεστήσατο

[380 a] **16** συνέβαινε A²M : *quid prius praeb.* A *non liquet* ‖ **17** διόπερ Herwerden : ὅπερ *codd.* ‖ ἐγγενεῖς M : εὐγενεῖς A ‖ **18** λύσιν Nock : κρίσιν *codd.* ‖ **22** ἔχοντες A¹ : ἔχοντας AM ‖ **28** τε Hoeschel : δὲ A δὲ πολλῇ M ‖ πολὺ A : πλεῖστον M ‖ **34** τὸν ἀριθμὸν A¹M : τῶν ἀριθμῶν A ‖ **35** τελειότατον A¹ : τελειοτάτων A τελειώτατον M τελεώτατον M².

tout différents de ceux des autres peuples et il fit de même [380 b] pour les habitudes de vie ; car, dans sa propre volonté d'écarter les étrangers, il instaura un mode de vie qui n'avait rien de sociable et qui était marqué par la haine de l'étranger.

Parmi les citoyens, il choisit les plus raffinés et ceux qui seraient les plus capables de diriger tout le peuple et il les désigna comme prêtres ; il leur imposa de consacrer leur vie au temple, au culte divin et aux sacrifices. Ces mêmes hommes furent aussi pris comme juges des procès les plus importants et il leur confia la garde des lois et des coutumes ; c'est pour cela que les Juifs n'ont jamais de roi et que la direction du peuple est toujours confiée à celui des prêtres qui est réputé le plus sage et le plus vertueux. C'est lui qu'ils appellent le grand-prêtre et ils croient qu'il est pour eux le messager des commandements divins. Ce personnage, dit l'auteur, publie dans les assemblées et autres réunions du peuple ce que Dieu ordonne et, à cet égard, les Juifs sont si soumis qu'ils se prosternent immédiatement pour vénérer le grand-prêtre quand il leur parle. A la fin des textes de loi est ajouté ceci : « Voici ce que Moïse a entendu de Dieu et dit aux Juifs ».

Le législateur s'est aussi beaucoup occupé du domaine de la guerre et il astreignait les jeunes gens à s'entraîner au courage, à l'endurance — en un mot — à ce qui aide à supporter toutes les épreuves. Il faisait aussi des expéditions militaires contre les peuplades voisines et, quand il eut conquis un territoire important, il le divisa en lots, faisant pour les simples citoyens des portions égales et, pour les prêtres, des lots plus considérables

τῶν παρὰ τοῖς ἄλλοις ἔθνεσι, καὶ τὰς κατὰ τὸν βίον [380 b] ἀγωγάς· διὰ γὰρ τὴν ἰδίαν ξενηλασίαν ἀπάνθρωπόν τινα καὶ μισόξενον βίον εἰσηγήσατο.

Ἐπιλέξας δὲ τῶν ἀνδρῶν τοὺς χαριεστάτους καὶ μάλιστα δυνησομένους τοῦ σύμπαντος ἔθνους προΐστασθαι, τούτους ἱερεῖς ἀπέδειξε· τὴν δὲ διατριβὴν ἔταξεν αὐτῶν γίνεσθαι περὶ τὸ ἱερὸν καὶ τὰς τοῦ θεοῦ τιμάς τε καὶ θυσίας. Τοὺς αὐτοὺς δὲ καὶ δικαστὰς ἀπέδειξε τῶν μεγίστων κρίσεων, καὶ τὴν τῶν νόμων καὶ τῶν ἐθῶν φυλακὴν τούτοις ἐπέτρεψε· διὸ καὶ βασιλέα μὲν μηδέποτε τῶν Ἰουδαίων, τὴν δὲ τοῦ πλήθους προστασίαν δίδοσθαι διὰ παντὸς τῷ δοκοῦντι τῶν ἱερέων φρονήσει καὶ ἀρετῇ προέχειν. Τοῦτον δὲ προσαγορεύουσιν ἀρχιερέα, καὶ νομίζουσιν αὐτοῖς ἄγγελον γίνεσθαι τῶν τοῦ θεοῦ προσταγμάτων. Τοῦτον δὲ κατὰ τὰς ἐκκλησίας καὶ τὰς ἄλλας συνόδους φησὶν ἐκφέρειν τὰ παραγγελλόμενα· καὶ πρὸς τοῦτο τὸ μέρος οὕτως εὐπειθεῖς γίνεσθαι τοὺς Ἰουδαίους ὥστε παραχρῆμα πίπτοντας ἐπὶ τὴν γῆν προσκυνεῖν τὸν τούτοις ἑρμηνεύοντα ἀρχιερέα. Προσγέγραπται δὲ καὶ τοῖς νόμοις ἐπὶ τελευτῆς ὅτι Μωσῆς ἀκούσας τοῦ θεοῦ τάδε λέγει τοῖς Ἰουδαίοις.

Ἐποιήσατο δ' ὁ νομοθέτης τῶν τε πολεμικῶν ἔργων πολλὴν πρόνοιαν, καὶ τοὺς νέους ἠνάγκαζεν ἀσκεῖν ἀνδρείαν τε καὶ καρτερίαν καὶ τὸ σύνολον ὑπομονὴν πάσης κακοπαθείας. Ἐποιεῖτο δὲ καὶ στρατείας εἰς τὰ πλησιόχωρα τῶν ἐθνῶν, καὶ πολλὴν κατακτησάμενος χώραν, κατεκληρούχησε, τοῖς μὲν ἰδιώταις ἴσους ποιήσας κλήρους, τοῖς δ' ἱερεῦσι μείζονας, ἵνα λαμβάνοντες

[380 b] **3** δυνησομένους A^{2}M : *quid prius praeb.* A *non liquet* || **4** σύμπαντος A : συμπαρόντος M || **5** τὸ A^{1} *s. v.* M : *om.* A || **11** προέχειν AM^{x} : προσέχειν M || δὲ A : *om.* M || **18** ἐπὶ A : ἐπὶ τῆς M || **21-23** ἀσκεῖν — κακοπαθείας A : καρτερίαν τε καὶ ἀνδρείαν ἀσκεῖν καὶ πάσης ὑπομονὴν κακοπαθείας M || **25** ἰδιώταις A^{2}M : *quid prius praeb.* A *non liquet.*

afin que, maîtres de revenus plus importants, ils pussent s'appliquer assidûment au service de Dieu sans en être distraits. Il avait interdit aux citoyens de vendre leurs lots empêchant des gens poussés par l'appât du gain d'acheter des lots, d'opprimer les moins pourvus et de provoquer ainsi une diminution de la population.

Il obligeait les campagnards à élever leurs enfants et comme ces petits s'entretenaient à peu de frais, la population juive était toujours nombreuse. Pour les mariages et pour les funérailles, il donna des lois qui en firent des institutions très différentes de celles des autres hommes. Mais au cours des dominations qu'ils subirent plus tard, à la suite du contact avec les peuples étrangers, sous l'hégémonie des Perses et sous celle des Macédoniens, qui détruisirent la première, beaucoup de coutumes ancestrales des Juifs changèrent[1].

[381 a] Voilà ce que Diodore dit ici également des coutumes et des lois des Juifs et de leur départ d'Égypte et du divin Moïse ; il ment la plupart du temps et, allant à nouveau au devant des critiques que méritent ses entorses à la vérité, il se ménage une porte de sortie en attribuant ici aussi à quelqu'un d'autre la relation de ce qu'il rapporte ; il ajoute en effet : « Au sujet des Juifs, voilà ce qu'Hécatée d'Abdère[2] a raconté ».

Tiré du livre XXXVIII.

L'accident qui, dit-on, arriva à l'empereur Jovien[3] et causa sa mort, à savoir qu'il s'endormit dans une maison fraîchement blanchie et que le feu allumé pour com-

1. L'extrait du livre XL (380 a 7-381 a 8) n'est connu que par Photius. Cf. Walton, t. XII, p. 278-286.

2. Ἀβδηρίτης (381 a 8) est une correction indispensable de Wesseling. A partir de 380 a 11, Diodore n'a fait que transcrire Hécatée d'Abdère. Cf. Jacoby, *F. gr. Hist.*, n° 264, fr. 6 (t. III A, p. 4). Le texte 381 a 1-7 est une conclusion de Photius.

3. Cet accident qui causa la mort de l'empereur Jovien (363-364) est un fait bien connu. Cf., par exemple, E. Stein, *Histoire du Bas-*

ἀξιολογωτέρας προσόδους ἀπερίσπαστοι συνεχῶς προσεδρεύωσι ταῖς τοῦ θεοῦ τιμαῖς. Οὐκ ἐξῆν δὲ τοῖς ἰδιώταις τοὺς ἰδίους κλήρους πωλεῖν, ὅπως μή τινες διὰ πλεονεξίαν ἀγοράζοντες τοὺς κλήρους ἐκθλίβωσι τοὺς ἀπορωτέρους καὶ κατασκευάζωσιν ὀλιγανδρίαν.

Τεκνοτροφεῖν τε ἠνάγκαζε τοὺς ἐπὶ τῆς χώρας· καὶ δι' ὀλίγης δαπάνης ἐκτρεφομένων τῶν βρεφῶν, ἀεὶ τὸ γένος τῶν Ἰουδαίων ὑπῆρχε πολυάνθρωπον. Καὶ τὰ περὶ τοὺς γάμους δὲ καὶ τὰς τῶν τελευτώντων ταφὰς πολὺ τὸ παρηλλαγμένον ἔχειν ἐποίησε νόμιμα πρὸς τὰ τῶν ἄλλων ἀνθρώπων. Κατὰ δὲ τὰς ὕστερον γενομένας ἐπικρατείας ἐκ τῆς τῶν ἀλλοφύλων ἐπιμιξίας, ἐπί τε τῆς τῶν Περσῶν ἡγεμονίας καὶ τῶν ταύτην καταλυσάντων Μακεδόνων, πολλὰ τῶν πατρίων τοῖς Ἰουδαίοις νομίμων ἐκινήθη.

[381 a] Οὕτω μὲν κἀνταῦθά φησι περὶ τῶν παρὰ Ἰουδαίοις ἐθῶν τε καὶ νομίμων, καὶ αὐτῶν ἐκείνων τῆς ἐξ Αἰγύπτου ἀπαλλαγῆς, καὶ τοῦ θείου Μωϋσέως, ψευδολογῶν τὰ πλεῖστα, καὶ διερχόμενος πρὸς τοὺς ἐλέγχους πάλιν ὧν κατεψεύσατο τῆς ἀληθείας, ἀναχώρησιν ἑαυτῷ μεθοδευσάμενος, εἰς ἕτερον καὶ νῦν ἀναφέρει τῶν εἰρημένων τὴν παριστορίαν· ἐπάγει γάρ· « Περὶ μὲν τῶν Ἰουδαίων Ἑκαταῖος ὁ Ἀβδηρίτης ταῦτα ἱστόρηκεν ».

Ἐκ τοῦ λη'.

Ὅτι ὃ λέγεται συνενεχθῆναι αἴτιον θανάτου παρά τινων Ἰοβιανῷ τῷ βασιλεῖ, τὸ κατακοιμηθῆναι ἐν οἴκῳ νεωστὶ κεκονιαμένῳ, πυρὶ δὲ διὰ τὴν ψύξιν ὑποθερ-

28 δὲ A² *s. v.* M : *om.* A ‖ **37** γενομένας M : ἐγνωσμένας A² *quid prius praeb.* A *non liquet* ‖ **38** τε τῆς Bekker : τετάρτης *codd.*

[381 a] **1** παρὰ Ἰουδαίοις ἐθῶν A² : παρὰ ἐθῶν A παρ' ἐθῶν M ‖ **3** Μωϋσέως A : Μωσέως M ‖ **8** Ἀβδηρίτης Wesseling : Μιλήσιος *codd.* ‖ **9** λη' Rhodoman : μη' *codd.*

battre l'humidité provoqua des vapeurs de chaux vive, Diodore raconte que Catulus s'y exposa de son plein gré en des temps beaucoup plus anciens. Il dit, en effet, dans son trente-huitième livre, vers le début, que Cinna et Marius se rencontrèrent avec les chefs les plus influents pour discuter des moyens d'établir une paix solide. Finalement, ils décidèrent de faire mettre à mort tous ceux de leurs ennemis qui étaient les plus considérables et qui pourraient leur disputer le pouvoir ; ainsi, quand ils auraient épuré chacun leur parti, ils pourraient désormais disposer impunément du pouvoir à leur gré avec leurs amis.

Or, leurs conventions étaient à peine arrêtées qu'ils s'en moquèrent et les exécutions de ceux qu'ils avaient condamnés commencèrent partout sans jugement. Quintus Lutatius Catulus, qui avait remporté un triomphe insigne après sa victoire sur les Cimbres, et qui était fort aimé du peuple, tomba sous le coup d'une accusation capitale lancée par un tribun de la plèbe. Dans l'inquiétude où le mettait la fausse accusation, il alla trouver Marius et lui demanda son appui. Marius avait été son ami auparavant mais, à ce moment-là, à la suite de je ne sais quel soupçon, il était mal disposé envers lui ; il se borna à lui répondre : « Il faut mourir ». Et Catulus, désespérant de son salut et cherchant à mourir sans éclat, se suicida d'une façon inédite et étrange. Il s'enferma dans une maison qu'on venait de blanchir et, en augmentant par le feu et la fumée les émanations de la chaux, il s'étouffa et mourut d'asphyxie[1].

Empire, t. I, p. 172 de l'édition française de J.-R. Palanque, Paris, Desclée et de Brouwer, 1959.

Comment Photius a-t-il été amené à établir ce parallèle entre la mort de Jovien et celle de Quintus Lutatius Catulus? Parmi les historiens qui ont raconté la mort de Jovien, on compte Zosime (III, 35, 3) et Socrate (III, 26). Photius les a lus. Cf., pour Socrate, le « codex » 28 (Bekker, p. 6 a 13-17 = t. I, p. 16-17 de la présente édition) et, pour Zosime, le « codex » 98 (Bekker, p. 84 b 3-38 = t. II, p. 66-68 de la présente édition). Photius a fort bien pu retenir d'une de ces lectures cet accident peu banal.

1. Cet extrait (381 a 10-40) n'est connu que par Photius. Cf. Walton, t. XII, p. 244-246.

μαινομένῳ καὶ ἀτμοὺς ἀφιέντι τοὺς ἐκ τῆς νενοτισμένης κονίας, τοῦτο ἑκόντα ὑπελθεῖν ἱστορεῖ Διόδωρος Κάτλον κατὰ τοὺς πολλῷ παλαιοτέρους χρόνους. Φησὶ γὰρ ἐν λη' λόγῳ πρὸς τῇ ἀρχῇ ὅτι οἱ περὶ τὸν Κίνναν καὶ Μάριον συνεδρεύσαντες μετὰ τῶν ἐπιφανεστάτων ἡγεμόνων ἐβουλεύοντο ὅπως βεβαίως καταστήσωσι τὴν εἰρήνην. Τέλος ἔδοξεν αὐτοῖς τοὺς ἐπιφανεστάτους τῶν ἐχθρῶν καὶ δυναμένους ἀμφισβητῆσαι πραγμάτων πάντας ἀποκτεῖναι, ὅπως καθαρᾶς γενομένης τῆς ἰδίας αἱρέσεως καὶ μερίδος ἀδεῶς τὸ λοιπόν, καὶ ὡς ἂν βούλωνται, μετὰ τῶν φίλων διοικῶσι τὰ κατὰ τὴν ἡγεμονίαν.

Εὐθὺς οὖν τῶν μὲν γεγενημένων συνθέσεων καὶ πίστεων ἠμέλησαν, σφαγαὶ δὲ τῶν καταψηφισθέντων αὐτοῖς ἄκριτοι καὶ πανταχοῦ ἐγίνοντο. Κόϊντος δὲ Λουτάτιος ὁ Κάτλος, τεθριαμβευκὼς μὲν ἐπισήμως ἀπὸ Κίμβρων, ἀγαπώμενος δὲ ὑπὸ τῶν πολιτῶν περιττότερον, ὑπό τινος δημάρχου κατηγορίας ἐτύγχανεν ἐν τῷ δήμῳ θανάτου. Φοβούμενος δὲ τὸν ἐκ τῆς συκοφαντίας κίνδυνον ἧκεν εἰς τὸν Μάριον, δεόμενος τυχεῖν βοηθείας. Ὁ δὲ τὸ μὲν ἔμπροσθεν ἐγεγόνει φίλος, τότε δ' ἔκ τινος ὑποψίας ἀλλοτρίως ἔχων πρὸς αὐτὸν τοῦτο μόνον ἀπεκρίθη· « Θανεῖν δεῖ ». Καὶ ὁ Κάτλος ἀπογνοὺς μὲν τὰς τῆς σωτηρίας ἐλπίδας, σπεύδων δὲ χωρὶς ὕβρεως καταστρέψαι τὸν βίον, ἑαυτὸν τοῦ ζῆν μετέστησεν ἰδίῳ τινὶ καὶ παρηλλαγμένῳ τρόπῳ. Συγκλείσας ἑαυτὸν εἰς οἶκον νεόχριστον, καὶ τὴν ἐκ τῆς κονίας ἀναφορὰν πυρὶ καὶ καπνῷ συναυξήσας, τῇ τῆς ἀναπνοῆς φθορᾷ περιπνιγὴς γενόμενος μετήλλαξεν.

15 Κάτλον A[2] *mg* : *post* χρόνους *ponit* M *om.* A || **16** λη' Rhodoman : μη' *codd.* || **20** πραγμάτων AM : περὶ πραγμάτων A[2] || **23** διοικῶσι A[1] : διοικοῦσι AM || **28** Κίμβρων A : σκίμβρων M || **36** βίον A[2]M : *quid prius praeb.* A *non liquet* || **37** τρόπῳ A : τόπῳ M || **40** περιπνιγὴς A[2] : περιπνιγεὶς AM || μετήλλαξεν A : ἀπήλλαξεν M.

Tiré du livre XXXI.

Pendant que ces événements se déroulaient[1], arrivèrent [381 b] à Rome des ambassadeurs rhodiens qui venaient dissiper les accusations portées contre leur cité. On croyait, en effet, que, au cours de la guerre contre Persée, ils avaient adopté une attitude favorable au roi et avaient trahi l'amitié romaine. Comme ils ne réalisaient aucun des buts de leur mission, ils étaient démoralisés et c'est tout en larmes qu'ils faisaient leurs requêtes. Ils furent introduits au Sénat par Antoine, un des tribuns de la plèbe ; Philophron parla le premier pour la délégation et après lui, ce fut Astymédès. Après avoir longuement demandé et supplié et, finalement, quand ils eurent, comme dit le proverbe, fait entendre leur chant du cygne, ils obtinrent à grand-peine des réponses qui les soulagèrent du gros de leurs craintes mais qui étaient de vifs reproches pour les griefs qu'on avait contre eux[2].

C'est ainsi qu'on peut voir, chez les Romains, les citoyens les plus illustres rivaliser pour la gloire, eux par qui sont obtenus presque tous les plus grands succès pour le peuple. En effet, dans les autres États, on se jalouse : chez les Romains, on s'adresse des éloges. Il s'ensuit que ce sont surtout ceux qui rivalisent dans l'accomplissement des plus belles actions qui accroissent le bien commun, tandis que les autres, en cherchant la gloire par des moyens injustes et en ruinant mutuellement leurs projets, font tort à leur patrie*.

Persée, le dernier roi de Macédoine, eut souvent des relations amicales avec les Romains, mais il leur fit aussi souvent la guerre avec une assez forte armée ; finalement, il fut battu par Paul-Émile qui le fit prisonnier et remporta un brillant triomphe pour sa victoire.

1. Allusion, si on se reporte aux extraits du livre XXX, faits par Constantin Porphyrogénète, aux démêlés d'Antiochus Épiphane avec les Romains qui lui interdisent de porter la guerre en Égypte (169-168 a. C.). Cf. Walton, t. XI, p. 312-318.

2. Le texte de Photius 381 a 41-b 14 a un parallèle dans les extraits de Constantin Porphyrogénète. Cf. Walton, t. XI, p. 320-322.

Ἐκ τοῦ λα'.

Ἅμα δὲ τούτοις πραττομένοις, εἰς Ῥώμην παρεγένοντο [381 b] πρεσβευταὶ Ῥοδίων, τὰς γεγενημένας διαβολὰς κατ' αὐτῶν ἀπολύσασθαι. Ἐδόκουν γὰρ ἐν τῷ πρὸς Περσέα πολέμῳ ταῖς εὐνοίαις ἀποκεκλικέναι πρὸς τὸν βασιλέα καὶ προδεδωκέναι τὴν πρὸς Ῥωμαίους φιλίαν. Μηδὲν δὲ ἀνύοντες ὧν ἐπρέσβευον, εἰς ἀθυμίαν ἐνέπιπτον, καὶ μετὰ δακρύων ἐποιοῦντο τὰς ἐντεύξεις. Εἰσαγαγόντος δὲ αὐτοὺς εἰς τὴν σύγκλητον ἑνὸς τῶν δημάρχων, Ἀντωνίου, πρῶτος μὲν ἐποιεῖτο τὸν ὑπὲρ τῆς πρεσβείας λόγον Φιλόφρων, μετὰ δὲ τοῦτον Ἀστυμήδης. Πολλὰ δὲ πρὸς δέησιν καὶ παραίτησιν εἰπόντες, καὶ τὸ τελευταῖον, κατὰ τὴν παροιμίαν, τὸ κύκνειον ᾄσαντες, μόλις ἔλαβον ἀποκρίσεις, δι' ὧν τοῦ μὲν ὁλοσχεροῦς φόβου παρελύθησαν, περὶ δὲ τῶν ἐγκλημάτων πικρῶς ὠνειδίσθησαν.

Διόπερ ἰδεῖν ἔστι παρὰ Ῥωμαίοις τοὺς ἐπιφανεστάτους ἄνδρας ὑπὲρ δόξης ἁμιλλωμένους, δι' ὧν ἅπαντα σχεδὸν τὰ μέγιστα τῷ δήμῳ κατορθοῦνται. Ἐν μὲν γὰρ τοῖς ἄλλοις πολιτεύμασι ζηλοτυποῦσιν ἀλλήλους, Ῥωμαῖοι δὲ ἐπαινοῦσιν. Ἐξ οὗ συμβαίνει μάλιστα τοὺς μὲν πράσσειν τὰ κάλλιστα τῶν ἔργων, ἁμιλλωμένους αὔξειν τὸ κοινῇ συμφέρον, τοὺς δ' ἄλλους ἀδικοδοξοῦντας καὶ τὰς ἀλλήλων ἐπιβολὰς λυμαινομένους βλάπτειν τὴν πατρίδα.

Ὅτι Περσέα τὸν τελευταῖον Μακεδονίας βασιλέα, πολλάκις Ῥωμαίοις διὰ φιλίας ἰόντα, πολλάκις δὲ καὶ στρατιᾷ οὐκ ἀναξιολόγῳ πολεμήσαντα, τέλος Αἰμίλιος καταπολεμήσας εἷλε, καὶ λαμπρὸν θρίαμβον ἐπὶ τῇ νίκῃ κατήγαγε. Περσεὺς δὲ τηλικαύταις περιπεσὼν

[381 b] 21 κοινῇ A² : κοινὸν AM ‖ 22 ἀλλήλων A² : ἀλλήλους AM ‖ ἐπιβολὰς A : ἐπιβουλὰς M.

Tombé dans une si grande infortune que ses malheurs semblaient fabuleux, Persée ne voulait pas quitter la vie. En effet, avant que le Sénat eût statué sur son sort, un des préteurs urbains le jeta dans la prison d'Albe avec ses enfants. Cette prison est une grotte souterraine profonde qui a tout au plus les dimensions d'une salle à neuf lits ; elle n'est que ténèbres et elle est pleine d'une puanteur infecte à cause des gens condamnés à mort qu'on avait jetés là et dont la plupart s'y trouvaient alors enfermés. Car, avec tant de monde parqué dans un aussi petit espace, ces malheureux devenaient physiquement pareils à des bêtes sauvages ; leur nourriture et leurs excréments étaient mélangés et il arrivait qu'une [382 a] telle puanteur se dégageât que personne de ceux qui s'approchaient ne pouvait la supporter aisément.

Pendant sept jours, Persée vécut là, misérable, réduit à implorer l'aide des derniers des prisonniers qui mangeaient leurs rations. Car ces gens, pris de compassion devant l'étendue de sa détresse, lui donnaient amicalement, en pleurant, une partie de la portion qu'ils recevaient. On lui avait donc jeté une épée pour se tuer, une corde pour se pendre en lui donnant la possibilité d'en user comme il le voudrait. Mais rien ne paraît si doux aux malheureux que la vie, même s'ils endurent des souffrances mortelles[1].

Et finalement, il aurait terminé ses jours dans ces

1. Ce long extrait sur les malheurs de Persée (178-168) ne nous est connu que par Photius, à l'exception de ses dernières lignes (ἀλλ' οὐδὲν — πασχόντων, 382 a 9-11) qui sont doublées par un extrait de Constantin Porphyrogénète. Cf. Walton, t. XI, p. 336. Les démêlés de Persée avec Rome, démêlés terminés par la victoire de Paul-Émile à Pydna (168 a. C.), sont des faits bien connus.

συμφοραῖς ὥστε δοκεῖν ὅμοια μύθοις ἀγενήτοις εἶναι τὰ πάθη τὰ περὶ αὐτόν, οὐδ' ἀπολυθῆναι τοῦ ζῆν ἤθελε. Πρὶν γὰρ ἢ τὴν σύγκλητον ὑπὲρ αὐτοῦ διαλαβεῖν ὃ χρὴ παθεῖν, τῶν κατὰ πόλιν στρατηγῶν εἷς ἐνέβαλεν αὐτὸν εἰς τὸν ἐν Ἄλβαις κάρκαρον μετὰ τῶν τέκνων. Ἔστι δὲ ὁ κάρκαρος ὄρυγμα κατάγειον βαθύ, τὸ μὲν μέγεθος ἔχον οἴκου μάλιστά πως ἐννεακλίνου, σκότου δὲ πλῆρες καὶ δυσοσμίας διὰ τὸ πλῆθος τῶν παραδεδομένων εἰς τοῦτον τὸν τόπον ἀνδρῶν, τῶν ἐπὶ θανατικοῖς ἐγκλήμασι καταδικαζομένων, ὧν ἐν ἐκείνοις τοῖς χρόνοις οἱ πλείους ἐνταῦθα καθείργνυντο · ἐν οὕτω γὰρ στενωπῷ συγκεκλεισμένων πολλῶν ἀνδρῶν ἀπεθηριοῦτο τὰ τῶν ἀτυχῶν σώματα, τῶν τε πρὸς τροφὴν καὶ τὴν ἄλλην πᾶσαν χρείαν ἀνηκόντων πάντων ἐν ταὐτῷ πεφυρμένων τοσαύτην [382 a] προσπίπτειν δυσωδίαν συνέβαινεν, ὥστε μηδένα τῶν προσιόντων ῥᾳδίως δύνασθαι καρτερῆσαι.

Ἐφ' ἡμέρας μὲν οὖν ἑπτὰ διετέλεσεν ἐνταῦθα κακουχούμενος, ὥστε καὶ παρὰ τῶν ἐσχάτων καὶ τακτὰ σιτουμένων ἐπικουρίας δεηθῆναι · συμπαθεῖς γὰρ οὗτοι γινόμενοι διὰ τὸ μέγεθος τῶν ἀκληρωμάτων ὧν μετελάμβανον, οὗτοι φιλανθρώπως τούτων ἐκείνῳ μετεδίδοσαν δακρύοντες. Ἔρριπτο δ' οὖν αὐτῷ καὶ ξίφος πρὸς ἀναίρεσιν καὶ κάλως πρὸς ἀγχόνην, ἐξουσίας διδομένης ὡς βούλοιτο χρήσασθαι. Ἀλλ' οὐδὲν οὕτω γλυκὺ φαίνεται τοῖς ἠτυχηκόσιν ὡς τὸ ζῆν, καίπερ αὐτῶν ἄξια θανάτου πασχόντων.

Καὶ πέρας ἐν

29 ἀγενήτοις A : ἀγεννήτοις M || **30** οὐδ' *codd.* : οὐδ' ὡς Nock || **32** τῶν — στρατηγῶν AM : τὸν — στρατηγὸν A^2 || ἐνέβαλεν *edd.* : ἐνέβαλλεν *codd.* || **35** ἔχον A^2 : ἔχων AM || ἐννεακλίνου A^2 *et* A^4 *mg* : ἐννεακλιτίου M *quid prius praeb.* A *non liquet* || σκότου AM : σκότους A^2 || πλῆρες A^2 : πλήρης AM || **37** τὸν A^2M : *om.* A || **39** στενωπῷ *codd.* : στενῷ τόπῳ Reiske.

[382 a] **4** τακτὰ M : τὰ ἔγκατα A || **6** φιλανθρώπως A^2 : φιλανθρώπων M *quid prius praeb.* A *non liquet* || **7-8** ἔρριπτο δ' οὖν : ἐρρίπτουν δ' || **9** βούλοιτο A^2 : ἂν βούλοιτο M *quid prius praeb.* A *non liquet* || **11** καίπερ M : καὶ παρ' A.

extrémités si Marcus Émilius, président du Sénat, soucieux de sa propre dignité et de l'attitude clémente de sa patrie, n'avait adressé au Sénat une admonestation irritée en disant aux sénateurs que, s'ils faisaient peu de cas de la crainte des hommes, ceux qui abusent orgueilleusement de leur puissance devaient redouter que la Némésis ne s'abattît sur eux[1]. Grâce à cette intervention, on mit Persée dans une prison plus décente et, alors qu'il se laissait aller à de chimériques espérances, il eut une fin qui était dans la ligne de ses malheurs passés. En effet, quand il se fut accroché à l'existence pendant deux ans, il mécontenta les barbares commis à sa garde ; ils l'empêchèrent de dormir et il mourut[2].

Les rois de Cappadoce disent que leur lignée remonte à Cyrus, le roi des Perses, et ils affirment descendre d'un des sept Perses qui tuèrent le Mage[3]. Et voici comment ils supputent leur degré de parenté avec Cyrus.

Cambyse, le père de Cyrus, avait une sœur légitime, Atossa ; de celle-ci et du roi de Cappadoce Pharnace naquit un fils, Gallus, et de celui-ci naquit Smerdis de qui naquit Artamnès dont naquit Anaphas qui se distingua par son courage téméraire et fut un des sept Perses.

C'est ainsi qu'ils font remonter leur origine à Cyrus et Anaphas qui, disent-ils, obtint le pouvoir sur la Cappadoce à cause de son courage, de telle sorte qu'il ne paya pas de tribut aux Perses. Après la mort de ce dernier, un fils qui portait le même nom que lui eut le pouvoir. Après la mort de celui-ci qui laissait deux fils : Datame et Arimnaios, ce fut Datame qui reçut la succession royale ; c'était un homme qu'on louait pour sa valeur guerrière et pour ses autres vertus de roi ; il en

1. Le texte καὶ πέρας — αἰδεῖσθαι (382 a 11-17) est doublé par un extrait de Constantin Porphyrogénète. Cf. Walton, t. XI, p. 336.

2. Cette relation fort complète de la mort du roi Persée n'a été retenue que par Photius. Cf. Walton, t. XI, p. 332-336.

3. Ce complot contre le Mage et son assassinat par les « sept » Perses sont longuement racontés par Hérodote, III, 71 sqq., et Photius connaissait aussi ces événements par Ctésias, *La Perse*. Cf. « codex » 72 (Bekker, p. 38 a 20-37 = t. I, p. 112-113 de la présente édition).

ταύταις ἂν ταῖς ἀνάγκαις κατέστρεψε τὸν βίον εἰ μὴ Μάρκος Αἰμίλιος προκαθήμενος τοῦ βουλευτηρίου, τηρῶν τό τε περὶ αὑτὸν ἀξίωμα καὶ τὸ τῆς πατρίδος ἐπιεικές, παρῄνεσε τῇ συγκλήτῳ σχετλιάζων, εἰ μὴ τὸν ἀνθρώπινον φόβον εὐλαβοῦνται, τήν γε τοὺς ὑπερηφάνως ταῖς ἐξουσίαις χρωμένους μετερχομένην Νέμεσιν αἰδεῖσθαι. Διόπερ εἰς ἐπιεικεστέραν δοθεὶς φυλακήν, καὶ κεναῖς ἐλπίσι προσανέχων, ὁμοίαν τοῖς προητυχημένοις ἔσχε τοῦ βίου τὴν καταστροφήν. Διετῆ γὰρ χρόνον φιλοψυχήσας, καὶ προσκόψας τοῖς φυλάττουσι βαρβάροις, κωλυόμενος ὑπ' ἐκείνων ὕπνου τυχεῖν ἐτελεύτησεν.

Ὅτι λέγουσιν ἑαυτοὺς οἱ τῆς Καππαδοκίας βασιλεῖς εἰς Κῦρον ἀναφέρειν τὸ γένος τὸν ἐν Πέρσαις, διαβεβαιοῦνται δὲ καὶ τῶν ἑπτὰ Περσῶν τῶν τὸν μάγον ἐπανελομένων ἑνὸς ὑπάρχειν ἀπόγονοι. Καὶ τὴν μὲν ἀπὸ Κύρου συγγένειαν οὕτω καταριθμοῦνται.

Καμβύσου τοῦ Κύρου πατρὸς ἀδελφὴν ὑπάρξαι γνησίαν Ἀτόσσαν· ταύτης δὲ καὶ Φαρνάκου τοῦ Καππαδοκίας βασιλέως γενέσθαι παῖδα Γάλλον, καὶ τούτου γενέσθαι Σμέρδιν, οὗ Ἀρτάμνην· τοῦ δὲ Ἀναφᾶν, ὃν καὶ διενεγκεῖν μὲν ἀνδρείᾳ καὶ τόλμῃ, γενέσθαι δ' ἕνα τῶν ἑπτὰ Περσῶν.

Τὴν μὲν οὖν εἰς Κῦρον συγγένειαν οὕτω γενεαλογοῦσι καὶ τὴν εἰς Ἀναφᾶν, ᾧ φασι δι' ἀνδρείαν συγχωρηθῆναι τὴν Καππαδοκίας δυναστείαν ὥστε μὴ τελεῖν φόρους Πέρσαις. Οὗ τελευτήσαντος ὁμώνυμος υἱὸς ἄρχει. Μετὰ δὲ τὴν τούτου τελευτὴν ἀπολειφθέντων δυοῖν υἱοῖν, Δατάμου καὶ Ἀριμναίου, διαδέξασθαι τὴν ἀρχὴν Δατάμην, ἄνδρα καὶ κατὰ πόλεμον καὶ κατὰ ἄλλα μέρη τῆς βα-

14 αὑτὸν *edd.* : αὐτὸν *codd.* || **23** λέγουσι A : λέγουσί φησιν M || **25** τὸν A^1A^2M : τῶν A || **30** παῖδα Γάλλον A^2 : παῖδα γάμον A παιδάγαμον M || **34** ᾧ Wesseling : ὃν *codd.* || **37** δυοῖν A : δυεῖν M || **39** ἄνδρα καὶ A : ἄνδρα M.

vint à la guerre avec les Perses, se battit vaillamment et périt au combat.

[382 b] Lui succéda sur le trône son fils Ariamnès dont naquirent deux garçons : Ariarathe et Holopherne ; ce prince régna cinquante ans et mourut sans avoir accompli d'action mémorable. Le pouvoir fut repris par son fils aîné, Ariarathe, dont on dit qu'il voua à son frère une affection rare et qu'il le mit aux postes les plus élevés ; envoyé se battre aux côtés des Perses contre les Égyptiens, Holopherne revint chargé de grandes marques d'honneur que le roi des Perses Ochus lui avait décernées pour son courage ; il mourut dans son pays laissant deux fils, Ariarathe et Arusès. Son frère qui régnait en Cappadoce n'avait pas de descendance légitime et il adopta Ariarathe, l'aîné de ses neveux.

Vers ce temps-là, Alexandre de Macédoine battit les Perses et mourut ; Perdiccas, alors régent de tout le royaume, envoya Eumène commander en Cappadoce. Ariarathe vaincu mourut au combat et la Cappadoce elle-même, avec les régions avoisinantes, tomba au pouvoir des Macédoniens. Ariarathe, le fils du roi précédent, qui avait pour l'instant perdu tout espoir, se replia avec peu de monde sur l'Arménie.

Un peu plus tard, Eumène et Perdiccas moururent et, tandis qu'Antigone et Séleucus s'entredéchiraient, Ariarathe reçut des troupes du roi d'Arménie Ardoate, tua le général macédonien Amyntas, chassa rapidement les

σιλείας ἐπαινούμενον, ὃς Πέρσαις διὰ μάχης ἐλθὼν καὶ λαμπρῶς κατὰ τὴν μάχην ἀγωνισάμενος ἐν αὐτῇ [382 b] τελευτᾷ.

Διεδέξατο δὲ τὴν βασιλείαν ὁ υἱὸς Ἀριάμνης, οὗ γίνονται παῖδες Ἀριαράθης καὶ Ὀλοφέρνης· οὗτος δὲ ἔτη πεντήκοντα δυναστεύσας καὶ μηδὲν ἔργον ἄξιον μνήμης πράξας τελευτᾷ. Τὴν δὲ ἀρχὴν διεδέξατο ὁ πρεσβύτερος τῶν υἱῶν Ἀριαράθης, ὃς φιλοστοργῆσαι διαφερόντως λέγεται τὸν ἀδελφόν, καὶ προάγειν αὐτὸν εἰς τὰς ἐπιφανεστάτας τάξεις· ὃν καὶ Πέρσαις κατ' Αἰγυπτίων ἀποσταλέντα συμμαχῆσαι μετὰ μεγάλων τιμῶν ἐπανελθεῖν ἃς Ὦχος ὁ Περσῶν βασιλεὺς ὑπὲρ ἀνδρείας ἐδίδου, καὶ τὸν βίον ἐν τῇ πατρίδι λιπεῖν, υἱοὺς ἐγκαταλιπόντα Ἀριαράθην καὶ Ἀρύσην. Ὁ δὲ ἀδελφὸς καὶ τῆς Καππαδοκίας ἔχων τὴν ἀρχήν (οὐ γὰρ ἦν αὐτῷ γονὴ γνησία) τὸν πρεσβύτερον τῶν παίδων τἀδελφοῦ Ἀριαράθην υἱοποεῖται.

Κατὰ δὲ τούτους τοὺς χρόνους Ἀλέξανδρος ὁ Μακεδὼν καταπολεμεῖ μὲν Πέρσας, εἶτα καὶ τελευτᾷ, καὶ Περδίκκας ὁ τῶν ὅλων τότε ἡγούμενος Εὐμένη πέμπει Καππαδοκίας στρατηγόν. Καὶ καταπολεμηθέντος Ἀριαράθου, πεσόντος τε ἐν τῇ μάχῃ, αὐτή τε ἡ Καππαδοκία καὶ τὰ πλησιόχωρα αὐτῆς ἔπεσεν ὑπὸ Μακεδόνας. Ἀριαράθης δὲ ὁ τοῦ προβεβασιλευκότος υἱός, ἀπελπίσας κατὰ τὸ παρόν, ἀποχωρεῖ μετ' ὀλίγων πρὸς τὴν Ἀρμενίαν.

Μετ' οὐ πολὺν δὲ χρόνον τῶν περὶ τὸν Εὐμένη καὶ Περδίκκαν τελευτησάντων, Ἀντιγόνου δὲ καὶ Σελεύκου περισπωμένων, λαβὼν δύναμιν παρὰ τοῦ βασιλέως τῶν Ἀρμενίων Ἀρδοάτου, τὸν μὲν τῶν Μακεδόνων στρατηγὸν Ἀμύνταν ἀπέκτεινεν, ἐξέβαλε δὲ καὶ

[382 b] **4** πράξας A : *om.* M || **8** *ante* μετὰ : καὶ *add.* A^2 *mg* || **13** γονὴ A : γυνὴ A^2M || **14** Ἀριαράθην A *et alibi* M : ἀριάθην *hic* M || **18** τε A^2M : *om.* A.

Macédoniens de son pays et reconquit son propre royaume.

Il eut trois fils dont l'aîné, Ariamnès, lui succéda ; il conclut une alliance de famille avec Antiochus surnommé le dieu en mariant la fille de ce dernier, Stratonice, à son fils aîné Ariarathe. Comme il avait une affection extrême pour ses enfants, il couronna son fils et le fit participer en égal à toutes les prérogatives royales. Après la mort de son père, Ariarathe régna seul et, quand il mourut, il laissa le trône à son fils Ariarathe encore tout petit.

Celui-ci épousa une fille d'Antiochus surnommé le Grand ; elle s'appelait Antiochis et elle était fort peu scrupuleuse. Comme il ne lui venait pas d'enfant, elle [383 a] s'adjugea deux fils supposés : Ariarathe et Holopherne, à l'insu de son mari. Peu après, cependant, la nature fit son œuvre et elle mit au monde contre tout espoir deux filles et un fils qu'on nomma Mithridate. Dès lors, elle révéla à son mari l'existence des deux fils supposés et elle fit envoyer l'aîné à Rome avec un viatique bien compté et l'autre en Ionie pour ne pas les voir contester la royauté à son fils légitime.

Celui-ci, parvenu à l'âge d'homme, prit, dit-on, le nom d'Ariarathe, reçut une éducation à la grecque et s'attira des éloges pour ses mérites. Son père essayait de payer en retour le zèle de ce fils affectueux et leurs

Μακεδόνας ταχέως τῆς χώρας, καὶ τὴν οἰκείαν ἀρχὴν ἀνεκτήσατο.

Τούτῳ δὲ τριῶν παίδων γενομένων παρέλαβε τὴν βασιλείαν ὁ πρεσβύτατος Ἀριάμνης· ὃς ἐπιγαμίαν πρὸς Ἀντίοχον ποιησάμενος τὸν ἐπονομασθέντα θεόν, τὴν τούτου θυγατέρα Στρατονίκην συνῴκισε τῷ πρεσβυτέρῳ τῶν υἱῶν Ἀριαράθῃ. Ὑπάρχων δὲ φιλότεκνος διαφερόντως περιέθετο τῷ παιδὶ διάδημα, καὶ συνάρχειν πάντων τῶν τῆς βασιλείας προτερημάτων ἐπ' ἴσης μεταδίδωσι. Τοῦ δὲ πατρὸς τελευτήσαντος, Ἀριαράθης βασιλεύει καθ' ἑαυτόν, καὶ μεταλλάσσων τὸν βίον κατέλιπε τὴν βασιλείαν Ἀριαράθῃ τῷ υἱῷ νηπίῳ παντελῶς ὄντι τὴν ἡλικίαν.

Οὗτος δὲ ἔγημε θυγατέρα τοῦ μεγάλου κληθέντος Ἀντιόχου, ὀνομαζομένην Ἀντιοχίδα, πανοῦργον μάλιστα. [383 a] Ταύτην δέ, μὴ γινομένων τέκνων, ὑποβαλέσθαι δύο παῖδας ἀγνοοῦντος τοῦ ἀνδρός, Ἀριαράθην καὶ Ὀλοφέρνην. Μετὰ δέ τινα χρόνον τῆς φύσεως ἐπιδεξαμένης ἀνελπίστως τεκεῖν αὐτὴν δύο μὲν θυγατέρας, υἱὸν δὲ ἕνα τὸν ὀνομασθέντα Μιθριδάτην. Ἐξ οὗ τοὺς ὑποβολιμαίους ἀναδιδαξαμένην τἀνδρὶ τὸν μὲν πρεσβύτερον μετὰ συμμέτρου χορηγίας εἰς Ῥώμην ἀποσταλῆναι παρασκευάσαι, τὸν δὲ νεώτερον εἰς τὴν Ἰωνίαν χάριν τοῦ μὴ διαμφισβητεῖν ὑπὲρ τῆς βασιλείας τῷ γνησίῳ. Τοῦτον δὲ ἀνδρωθέντα καὶ Ἀριαράθην φασὶ μετονομασθῆναι, παιδείας τε Ἑλληνικῆς μετασχεῖν, καὶ κατὰ τὴν ἄλλην ἐπαινεῖσθαι ἀρετήν. Καὶ ὁ μὲν πατὴρ φιλοπάτορι ὄντι τῷ υἱῷ ἔσπευδεν ἀποδοῦναι τὴν τοῦ φι-

29 τούτῳ AM : τούτου A² || **30** πρεσβύτατος M : πρεσβύτερος A || **35** τῆς βασιλείας M : βασιλείας A βασιλέως A² || **38** κατέλιπε AM : κατέλειπε A² || **40** θυγατέρα M : θυγατέραν A.

[383 a] **1** ταύτην AM : ταύτῃ A² || γινομένων A² : γενομένων AM || ὑποβαλέσθαι A : ὑποβάλλεσθαι M || **7** χορηγίας Herwerden : χρείας *codd.*

bontés réciproques allèrent si loin que le père était en discussion avec son fils pour se démettre tout à fait de la royauté et que le fils lui démontrait l'impossibilité d'accepter pareille faveur de ses parents encore vivants.

Ce fils, quand son père eut accompli sa destinée, fit montre d'une manière de vivre des plus digne et s'appliqua à la philosophie ; dès lors, la Cappadoce, autrefois ignorée des Hellènes, devint un séjour habitable pour les gens instruits. Ce prince maintint aussi ses liens d'amitié et son alliance avec le peuple romain. Mais voilà ce qui concerne la filiation des rois actuels de Cappadoce qui remonte à Cyrus[1].

Tiré du même livre.

Au sujet de Lucius Emilius qui battit Persée, l'auteur, à propos de ses funérailles qui furent, dit-il, somptueuses, ajoute ce qui suit[2] : « En effet, chez les Romains, ceux que distingue leur noblesse et la gloire de leurs ancêtres ont, après leur mort, une effigie dont la ressemblance ne s'inspire pas seulement du caractère des défunts mais de tout leur extérieur ; ils emploient à cette fin des acteurs qui ont observé durant toute leur vie leur démarche et toutes leurs particularités extérieures en détail. De même, chacun des ancêtres du défunt prend en effigie la tête du cortège avec ses habits et ornements de sorte que les assistants savent, d'après les portraits, jusqu'où chacun est allé dans les charges publiques et de quelles dignités il a été revêtu dans l'État[3]. »

[383 b] Il appelle les Ibères également Lusitaniens.

1. Aucun autre témoignage sur le sujet traité ici n'est aussi étendu ni aussi complet que ce long morceau (382 a 23-383 a 26) conservé par Photius. Cf. Walton, t. XI, p. 362-370. Il existe quelques fragments parallèles à Photius chez Constantin Porphyrogénète. Cf. Walton, t. XI, p. 370-372.

2. 383 a 28-30 est, évidemment, un « raccord » de Photius.

3. Ce que Diodore rapporte ici (383 a 30-40) n'est connu que par Photius. Cf. Walton, t. XI, p. 376.

λοτέκνου σπουδήν, καὶ ἐπὶ τοσοῦτον αὐτοῖς προέβη τὰ τῆς πρὸς ἀλλήλους εὐνοίας, ὥστε ὁ μὲν πατὴρ ἐξίστασθαι τῆς ὅλης ἀρχῆς ἠγωνίζετο τῷ παιδί, ὁ δὲ ἀδύνατον ἐδείκνυ δέξασθαι αὐτὸν παρὰ γονέων ἔτι ζώντων τὴν τοιαύτην χάριτα.

Οὗτος τὸν πατέρα τοῦ πεπρωμένου καταλαβόντος διεδέξατο τὴν βασιλείαν, τήν τε ἄλλην ἀγωγὴν τοῦ βίου ἀξιολογωτάτην ἐνδεικνύμενος καὶ φιλοσοφίᾳ προσανέχων, ἐξ οὗ καὶ ἡ παρὰ τοῖς Ἕλλησιν ἀγνοουμένη πάλαι Καππαδοκία τότε τοῖς πεπαιδευμένοις ἐμβιώτερον ὑπῆρχεν. Ἀνεσώσατο δ' οὗτος καὶ τὴν πρὸς Ῥωμαίους φιλίαν τε καὶ συμμαχίαν. Ἀλλὰ τὰ μὲν περὶ τῆς εἰς Κῦρον ἀναφορᾶς τῶν μέχρι τοῦδε τῆς Καππαδοκίας βασιλεύσαντων ἐν τούτοις.

Ἐκ τοῦ αὐτοῦ.

Ὅτι περὶ Λευκίου Αἰμιλίου, τοῦ Περσέα καταπολεμήσαντος, τῆς ταφῆς διερχόμενος, καὶ λαμπρὰν αὐτὴν ἐς τὰ μάλιστα γενέσθαι λέγων, ἐπάγει · « Τῶν γὰρ Ῥωμαίων οἱ ταῖς εὐγενείαις καὶ προγόνων δόξῃ διαφέροντες μετὰ τὴν τελευτὴν εἰδωλοποιοῦνται κατά τε τὴν τοῦ χαρακτῆρος ὁμοιότητα καὶ κατὰ τὴν ὅλην τοῦ σώματος περιγραφήν, μιμητὰς ἔχοντες ἐκ παντὸς τοῦ βίου παρατετηρηκότας τήν τε πορείαν καὶ τὰς κατὰ μέρος ἰδιότητας τῆς ἐμφάσεως. Παραπλησίως δὲ καὶ τῶν προγόνων ἕκαστος προηγεῖται τοιαύτην ἔχων διασκευὴν καὶ κόσμον, ὥστε τοὺς θεωμένους διὰ τῆς ἐκ τούτων ἐμφάσεως γινώσκειν ἐφ' ὅσον ἕκαστοι τιμῆς προήχθησαν καὶ μετέσχον τῶν ἐν τῇ πολιτείᾳ καλῶν ».

Ὅτι τοὺς Ἴβηρας καὶ Λυσιτανοὺς ὀνομάζει. Φησὶ γὰρ ὡς

14 τὰ A : τὰς M || **17** ἐδείκνυ M : ἐδείκνυεν A || **38** ἐκ AM² : *om.* M || **39** ἕκαστοι A : ἕκαστος M.

Il dit, en effet, que le préteur Memmius avait été envoyé en Ibérie avec une armée ; les Lusitaniens s'unirent contre lui, le prirent à l'improviste au moment où il débarquait et détruisirent la plus grande partie de son armée. Le succès des Ibères s'était déjà répandu et les Arvaques, qui se croyaient beaucoup plus forts que Ibères, firent peu de cas de leurs ennemis et ce fut principalement pour cette raison que la majorité de leur assemblée prit le parti de faire la guerre aux Romains [1].

Tiré du livre XXXII.

Le rempart de la ville de Carthage avait, dit l'auteur, quarante coudées de haut et vingt-deux d'épaisseur ; néanmoins, malgré ses dimensions, les machines des Romains et leurs faits d'armes se révélèrent supérieurs à la sécurité qu'il procurait et la ville fut prise et détruite [2].

Masinissa, qui fut roi de Libye et resta fidèle à son amitié pour les Romains, vécut quatre-vingt-dix ans [3] en pleine vigueur et laissa en mourant dix enfants dont il confia la tutelle aux Romains ; il était d'une force physique exceptionnelle et, depuis l'enfance, entraîné à endurer les fatigues ; il restait debout toute la journée au même endroit sans bouger ; il restait assis jusqu'à la nuit sans se lever pour passer tout le jour à réfléchir à ce qu'il faisait ; il restait à cheval jour et nuit sans interruption et il chevauchait sans fatigue. Voici un signe

1. Ce que Diodore rapporte ici (388 a 41-b 4) n'est connu que par Photius. Cf. Walton, t. XI, p. 376.
2. Photius est également ici (383 b 11-16) notre unique témoin de Diodore. Cf. Walton, t. XI, p. 406.
3. 240-148. Cf. Schur, s. v. *Massinissa*, in *R. E.*, t. XIV, 1928, col. 2154.

[383 b] **Μέμμιος ἐξαπέλεκυς στρατηγὸς εἰς τὴν Ἰβηρίαν ἐξαπέσταλτο μετὰ δυνάμεως, οἱ δὲ Λυσιτανοὶ συστραφέντες πρὸς αὐτόν, καὶ λαβόντες ἀπαράσκευον ἐκ κατάπλου μάχῃ τε ἐνίκησαν καὶ τὸ πλεῖστον τοῦ στρατοῦ διέφθειραν. Περιβοήτου δὲ γενομένης τῆς τῶν Ἰβήρων εὐημερίας οἱ μὲν Ἀρουακοὶ νομίσαντες πολὺ κρείττους εἶναι τῶν Ἰβήρων, κατεφρόνησαν τῶν πολεμίων, καὶ τὸ πλῆθος τὸ κατὰ τὴν ἐκκλησίαν διὰ ταύτην μάλιστα τὴν αἰτίαν εἵλετο τὸν πρὸς Ῥωμαίους πόλεμον.**

Ἐκ τοῦ λβʹ.

Ὅτι τὸ τεῖχος τῶν Καρχηδονίων τῆς πόλεώς φησιν ὕψος μὲν εἶναι πηχῶν τεσσαράκοντα, πλάτος δὲ εἰκοσιδύο· ὅμως καὶ τοιούτων ὄντων αἱ Ῥωμαίων μηχαναὶ καὶ τὰ κατὰ πόλεμον ἀνδραγαθήματα κρείττους ὤφθησαν τῆς ἐκείνων ἀσφαλείας, καὶ ἑάλω ἡ πόλις καὶ κατερειπώθη.

Ὅτι Μασανάσσης ὁ Λιβύων βεβασιλευκὼς καὶ τὴν πρὸς Ῥωμαίους φιλίαν τετηρηκὼς ἐνενήκοντα μὲν ἐβίω ἔτη ἐν δυνάμει, παῖδας δέκα ἐν τῷ ἀπαλλάττεσθαι καταλιπών, οὓς καὶ Ῥωμαίοις ἐπιτροπεύεσθαι παρακατέθετο· ἦν δὲ καὶ κατὰ τὴν τοῦ σώματος εὐτονίαν διαφέρων, καὶ καρτερίᾳ καὶ πόνοις συνήθης ἐκ παιδός· ὅς γε στὰς ἐν τοῖς ἴχνεσιν ὅλην τὴν ἡμέραν ἀκίνητος ἔμενε, καθεζόμενος δὲ οὐκ ἠγείρετο μέχρι νυκτὸς ἐνημερεύων ταῖς τῶν πόνων μελέταις, ἐπὶ δὲ τῶν ἵππων ἐπιμένων συνεχῶς ἡμέραν καὶ νύκτα καὶ ταῖς ἱππασίαις χρώμενος οὐκ ἐξελύετο. Σημεῖον δὲ τῆς περὶ αὐτὸν εὐεξίας τε καὶ δυνάμεως μέγιστον· ἐνενήκοντα γὰρ σχεδὸν ἔχων

[383 b] **1** ἐξαπέλεκυς M : ἐξ οὗ πέλεκυς A ‖ **3** ἀπαράσκευον Rhodoman : ἐκ παρασκευῶν A ἐκπαράσκευον M ‖ **13** καὶ τοιούτων AM : καίτοι τοιούτων A² ‖ **17** Μασανάσσης Hoeschel : μανασῆς A μανασσῆς M ‖ **25** τῶν ἵππων ἐπιμένων AM : τὸν ἵππον ἐπιβαίνων A² ‖ **27** ἐξελύετο M *et fortasse* A : ἐξελέλυτο A².

certain de sa bonne condition physique : à près de quatre-vingt-dix ans, il avait un fils de quatre ans d'une vigueur exceptionnelle. Dans les soins qu'il avait pour ses terres, il se distingua tellement qu'il laissa à chacun de ses fils un domaine de dix mille arpents complètement équipé. Il eut un règne brillant de soixante ans[1].

Nicomède vainquit Prusias, son propre père, et il le tua alors qu'il s'était réfugié dans le temple de Zeus ; il lui succéda sur le trône de Bithynie après avoir conquis le pouvoir par le plus impie des crimes[2].

Les Lusitaniens, dit l'auteur, manquaient au début d'un chef capable et ils étaient une proie facile pour les Romains dans la guerre ; plus tard, quand ils eurent Viriathe pour les diriger, ils infligèrent beaucoup de pertes aux Romains. Ce Viriathe était un des Lusitaniens [384 a] riverains de l'Océan ; pâtre depuis son enfance, il était habitué à la vie en montagne et il avait pour lui sa condition physique ; en effet, sa force, sa vitesse et l'agilité de tous ses membres lui faisaient surpasser de beaucoup tous les Ibères. Il s'était entraîné à ne prendre que peu de nourriture, à se donner beaucoup d'exercice, à ne dormir que juste ce qu'il fallait ; toujours en armes, il ne faisait que se battre contre des bêtes ou des brigands ; il devint populaire auprès des masses qui le choisirent comme chef et il rassembla rapidement autour de lui une bande de brigands. Dans ses succès guerriers, il ne fit pas seulement admirer sa force mais il donna aussi l'impression d'être un manœuvrier remarquable. Il était également équitable dans la répartition du butin et il honorait[3] par ses dons selon leur mérite tous ceux qui avaient été vaillants*.

Avec le temps, il se proclama non plus brigand mais

1. Les données (383 b 17-33) ne sont transmises que par Photius. Cf. Walton, t. XI, p. 426-428.

2. Le condensé de Photius (383 b 34-37) est tout ce qui nous reste de la relation de ces faits par Diodore. Cf. Walton, t. XI, p. 432.

3. En 384 a 14, Walton donne la leçon ἐξῆρε comme celle d'un manuscrit de Photius sans préciser lequel ; c'est le texte de A^2 qui, à mon avis, offre un sens satisfaisant. Les corrections de Wesseling (κατ' ἀξίαν τῶν τιμῶν) et de Nock (ἐξαιρέτοις ἐξῆρε τοῖς) ne me paraissent pas s'imposer.

ἔτη υἱὸν εἶχε τετραετῆ, διαφέροντα τῇ τοῦ σώματος ῥώμῃ. Ἐν δὲ ταῖς τῶν ἀγρῶν ἐπιμελείαις τοσοῦτον διήνεγκεν, ὡς ἑκάστῳ τῶν υἱῶν ἀπολιπεῖν ἀγρὸν μυριόπλεθρον κεκοσμημένον πάσαις ταῖς κατασκευαῖς. Ἐβασίλευσε δ' ἐπιφανῶς ἔτη ἑξήκοντα.

Ὅτι Νικομήδης Προυσίαν τὸν ἑαυτοῦ πατέρα καταπολεμήσας, καὶ καταφυγόντα εἰς τὸ τοῦ Διὸς ἱερὸν ἀνελών, παρέλαβε τὴν βασιλείαν τῆς Βιθυνίας, ἀσεβεστάτῳ φόνῳ κτησάμενος τὴν ἀρχήν.

Ὅτι Λυσιτανοί, φησί, τὸ μὲν πρῶτον οὐκ ἔχοντες ἀξιόχρεων ἡγεμόνα εὐάλωτοι καθίσταντο Ῥωμαίοις πολεμοῦντες, ὕστερον δὲ Ὑριάτθου κυρήσαντες μεγάλα Ῥωμαίους ἔβλαψαν. Ἦν μὲν οὖν οὗτος τῶν παρὰ τὸν [384 a] Ὠκεανὸν οἰκούντων Λυσιτανῶν, ποιμαίνων δ' ἐκ παιδὸς ὀρείῳ βίῳ κατέστη συνήθης σύνεργον ἔχων καὶ τὴν τοῦ σώματος φύσιν· καὶ γὰρ ῥώμῃ καὶ τάχει καὶ τῇ τῶν λοιπῶν μερῶν εὐκινησίᾳ πολὺ διήνεγκε τῶν Ἰβήρων. Συνεθίσας δὲ αὑτὸν τροφῇ μὲν ὀλίγῃ γυμνασίοις δὲ πολλοῖς χρῆσθαι, καὶ ὕπνῳ μέχρι μόνου τοῦ ἀναγκαίου, καθόλου δὲ σιδηροφορῶν συνεχῶς καὶ θηρίοις καὶ λῃσταῖς εἰς ἀγῶνας καθιστάμενος, περιβόητος ἐγένετο παρὰ τοῖς πλήθεσι, καὶ ἡγεμὼν αὐτοῖς ᾑρέθη, καὶ ταχὺ σύστημα περὶ ἑαυτὸν λῃστῶν ἤθροισε. Καὶ προκόπτων ἐν τοῖς πολέμοις οὐ μόνον ἐθαυμαστώθη δι' ἀλκήν, ἀλλὰ καὶ στρατηγεῖν ἔδοξε διαφερόντως. Ἦν δὲ καὶ δίκαιος ἐν ταῖς διανομαῖς τῶν λαφύρων, καὶ κατ' ἀξίαν τοὺς ἀνδραγαθήσαντας ἐξῇρε τοῖς δώροις.

Προϊὼν δὲ οὐκέτι λῃστὴν

29 τῇ M : *om.* A ‖ **32** ἐβασίλευσε A : ἐβασίλευσαν M ‖ **39** εὐάλωτοι A^2M : εὐάλωτον A ‖ **40** Ὑριάτθου AM : Ὀριάτθου A^2.

[384 a] **1** δ' Reiske : *om. codd.* ‖ **2** ἔχων A^2 *mg* : *om.* AM ‖ **5** συνεθίσας] συνεθήσας A^2 : συνήθησε A συνείθισε M ‖ δὲ M : *om.* A ‖ αὑτὸν] ἑαυτὸν A^2 αὐτὸν AM ‖ **6** ὕπνῳ M : ὕπνου A ‖ **14** ἐξῇρε τοῖς A^2 : ἐξαιρετοῖς M *quid prius praeb.* A *non liquet.*

chef de guerre ; il combattit les Romains et l'emporta dans de nombreuses rencontres au point qu'il battit le général romain Vétilius avec son armée, le captura et le passa par l'épée ; il remporta encore beaucoup d'autres succès dans la guerre jusqu'au moment où Fabius fut désigné comme général pour mener les opérations contre lui. Dès ce moment il commença à subir des revers qui durèrent longtemps, après quoi, il reprit le dessus, remporta des succès contre Fabius et le contraignit à un traité humiliant pour les Romains. Mais Cépion[1], désigné pour commander contre Viriathe, annihila les effets du traité ; il battit Viriathe à plusieurs reprises puis, après l'avoir réduit par la défaite à un tel point qu'il demanda la paix, il le fit tuer traîtreusement par son entourage. Il terrorisa Tautamus, successeur de Viriathe au commandement, et son entourage : il les amena à faire la paix à son gré et leur assigna un territoire et une ville pour s'y fixer[2].

Tiré du livre XXXIV.

Après la destruction de Carthage, alors que, pendant soixante ans, la situation en Sicile avait été bonne sous tous les rapports, la guerre servile y éclata pour les raisons que voici.

Les habitants de Sicile, qui avaient fort élevé leur niveau de vie et amassé de grandes fortunes, achetaient des esclaves en quantité ; aussitôt qu'ils les avaient fait amener en troupeaux des endroits où on les entretenait, leurs propriétaires leur faisaient appliquer sur la chair des marques et des signes de reconnaissance. Ils employaient les plus jeunes comme gardiens de troupeaux et les autres au hasard, selon l'emploi qui se présentait pour chacun. On les traitait durement dans leur service et on ne consentait à leur accorder qu'un minimum de [384 b] soins tant pour la nourriture que pour le vête-

1. Correction pertinente de Rhodoman. Il s'agit de Quintus Servilius Caepio, consul en 140 a. C.

2. Cet extrait (383 b 38-384 a 40) est notre seul témoin de la rela-

ἀλλὰ δυνάστην αὑτὸν ἀναδείξας ἐπολέμησε Ῥωμαίοις, καὶ πολλαῖς ἐκράτησε μάχαις, ὡς καὶ στρατηγὸν Ῥωμαίων Οὐετίλιον αὐτῷ καταπολεμῆσαι στρατῷ καὶ αἰχμάλωτον λαβεῖν καὶ ξίφει ἀνελεῖν, καὶ πολλὰ ἕτερα εὐημερῆσαι κατὰ πόλεμον, ἕως Φάβιος στρατηγὸς τοῦ πρὸς αὐτὸν πολέμου κεχειροτόνητο. Ἐκεῖθεν δ' ἐλαττοῦσθαι ἤρξατο ἐπ' οὐκ ὀλίγον. Εἶτα ἀναλαβὼν καὶ κατευδοκιμήσας Φαβίου εἰς συνθήκας αὐτὸν ἐλθεῖν ἀναξίους Ῥωμαίων ἠνάγκασεν. Ἀλλ' ὅ γε Καιπίων στρατηγεῖν καθ' Ὑριάτθου αἱρεθεὶς τάς τε συνθήκας ἠκύρωσε, καὶ πολλάκις Ὑρίατθον ἐλαττώσας, εἶτα εἰς ἔσχατον ἥττης συνελάσας ὥστε καὶ πρὸς σπονδὰς ὁρᾶν, διὰ τῶν οἰκείων ἐδολοφόνησε. Καὶ τὸν διαδεξάμενον αὐτοῦ τὴν στρατηγίαν Ταύταμον καὶ τοὺς μετ' αὐτοῦ καταπληξάμενος, καὶ σπονδὰς οἵας ἐβούλετο θέσθαι παρασκευασάμενος, ἔδωκε χώραν καὶ πόλιν εἰς κατοίκησιν.

Ἐκ τοῦ λδ'.

Ὅτι μετὰ τὴν Καρχηδονίων κατάλυσιν ἐπὶ ξ' ἔτεσι τῶν Σικελῶν εὐροούντων ἐν πᾶσιν, ὁ δουλικὸς αὐτοῖς ἐπανέστη πόλεμος ἐξ αἰτίας τοιαύτης.

Ἐπὶ πολὺ τοῖς βίοις ἀναδραμόντες καὶ μεγάλους περιποιησάμενοι πλούτους συνηγόραζον οἰκετῶν πλῆθος· οἷς ἐκ τῶν σωματοτροφείων ἀγεληδὸν ἀπαχθεῖσιν εὐθὺς χαρακτῆρας ἐπέβαλλον καὶ στιγμὰς τοῖς σώμασιν. Ἐχρῶντο δ' αὐτῶν τοῖς μὲν νέοις νομεῦσι, τοῖς δ' ἄλλοις ὥς πῃ ἑκάστῳ ἡ χρεία ἐπέβαλλε. Βαρέως δ' αὐτοῖς κατά τε τὰς ὑπηρεσίας ἐχρῶντο, καὶ ἐπεμελείας παντελῶς ὀλίγης ἠξίουν, [384 b] ὅσα τε ἐντρέφεσθαι καὶ ὅσα ἐνδύσασθαι. Ἐξ ὧν οἱ

15 αὑτὸν A² : αὐτὸν AM ‖ 17 Οὐετίλιος Rhodoman : Οὐϊτέλλιον A ἰουτέλλιον M ‖ 23 Καιπίων Rhodoman : Σκιπίων *codd.* ‖ 37 χαρακτῆρας Jacoby : χαρακτῆρα *codd.*

ment. Aussi la plupart se procuraient-ils de quoi vivre par le brigandage et ce n'étaient que meurtres partout car les pillards se répandaient à la manière des armées. Les gouverneurs tentaient de les en empêcher mais n'osaient sévir à cause de la puissance et de l'autorité que détenaient les patrons des pillards et ils étaient réduits à regarder la province livrée au brigandage ; en effet, la plupart des propriétaires d'esclaves étaient des chevaliers romains qui jugeaient les gouverneurs de provinces quand ils étaient mis en accusation et ils étaient redoutés des gouverneurs.

Écrasés dans leur condition misérable et souvent maltraités et battus sans rime ni raison, les esclaves ne se laissaient pas faire. Ils se réunissaient donc entre eux à l'occasion pour discuter d'un soulèvement, tant et si bien qu'ils mirent leur projet à exécution.

Il y avait un esclave syrien qui appartenait à Antigène d'Enna ; originaire d'Apamée, il était magicien et capable de réaliser des tours prodigieux. Il faisait semblant de prédire l'avenir d'après des ordres que les dieux lui donnaient dans son sommeil et il abusait nombre de gens grâce à son talent dans ce domaine. Ensuite, améliorant son système, il ne se contentait plus de vaticiner d'après ses songes, mais il se mit à prétendre qu'il voyait aussi les dieux à l'état de veille et qu'il leur entendait dire l'avenir. Beaucoup de ses prédictions manquaient leur but mais, par hasard, quelques-unes se réalisaient et, comme ce qui ne se réalisait pas ne lui était reproché par personne tandis que ce qui s'accomplissait était mis en vedette, la réputation qui entourait le personnage allait croissant. Et pour couronner le tout, il usait d'un artifice pour cracher du feu et de la flamme de sa bouche tout en se livrant à des transports violents et c'est ainsi qu'il prédisait l'avenir. En effet, dans une noix ou dans quelque

tion de ces faits par Diodore. Cf. Walton, t. XII, p. 2-4. Cet éditeur (*loc. cit.*, note 2) donne ce texte pour un extrait du livre XXXIII de Diodore en faisant valoir que Photius ou un copiste a pu omettre un titre. On notera toutefois que ce livre XXXIII ne figure pas dans l'énumération des livres qui ouvre le « codex » 244 (p. 377 a 25-28 ; *supra*, p. 126).

πλείους ἀπὸ λῃστείας τὸ ζῆν ἐπορίζοντο, καὶ μεστὰ φόνων ἦν ἅπαντα, καθάπερ στρατευμάτων διεσπαρμένων τῶν λῃστῶν. Οἱ δὲ στρατηγοὶ κωλύειν μὲν ἐπεχείρουν, κολάζειν δὲ οὐ τολμῶντες διὰ τὴν ἰσχὺν καὶ τὸ βάρος τῶν κυρίων οἳ ἐδέσποζον τῶν λῃστῶν, ἠναγκάζοντο περιορᾶν λῃστευομένην τὴν ἐπαρχίαν · οἱ πλεῖστοι γὰρ τῶν κτητόρων ἱππεῖς ὄντες τῶν Ῥωμαίων, καὶ κριταὶ τοῖς ἀπὸ τῶν ἐπαρχιῶν κατηγορουμένοις στρατηγοῖς γινόμενοι, φοβεροὶ τοῖς ἄρχουσιν ὑπῆρχον.

Πιεζόμενοι δὲ οἱ δοῦλοι ταῖς ταλαιπωρίαις, καὶ πληγαῖς τὰ πολλὰ παραλόγως ὑβριζόμενοι, οὐχ ὑπέμενον. Συνιόντες οὖν ἀλλήλοις κατὰ τὰς εὐκαιρίας συνελάλουν περὶ ἀποστάσεως, ἕως εἰς ἔργον τὴν βουλὴν ἤγαγον.

Ἦν δέ τις οἰκέτης Σύρος Ἀντιγένους Ἐνναίου τὸ γένος, ἐκ τῆς Ἀπαμείας, ἄνθρωπος μάγος καὶ τερατουργὸς τὸν τρόπον. Αὐτὸς προσεποιεῖτο θεῶν ἐπιτάγμασι καθ' ὕπνον προλέγειν τὰ μέλλοντα, καὶ πολλοὺς διὰ τὴν εἰς τοῦτο τὸ μέρος εὐφυΐαν ἐξηπάτα. Ἐντεῦθεν προϊὼν οὐ μόνον ἐξ ὀνείρων ἐμαντεύετο ἀλλὰ καὶ ἐγρηγορότως θεοὺς ὁρᾶν ὑπεκρίνετο καὶ ἐξ αὐτῶν ἀκούειν τὰ μέλλοντα. Πολλῶν δ' ὑπ' αὐτοῦ σχεδιαζομένων, ἀπὸ τύχης ἔνια πρὸς ἀλήθειαν ἐξέβαινε · καὶ τῶν μὲν μὴ γινομένων ὑπ' οὐδενὸς ἐλεγχομένων, τῶν δὲ συντελουμένων ἐπισημασίας τυγχανόντων, προκοπὴν ἐλάμβανεν ἡ περὶ αὐτὸν δόξα. Τελευταῖον διά τινος μηχανῆς πῦρ μετά τινος ἐνθουσιασμοῦ καὶ φλόγα διὰ τοῦ στόματος ἠφίει, καὶ οὕτω τὰ μέλλοντα ἀπεφοίβαζεν. Εἰς γὰρ κάρυον ἤ τι τοιοῦτον τετρημένον ἐξ ἑκα-

[384 b] **9** στρατηγοῖς Bekker *ex cod.* B : στρατηγοὶ AM ‖ γινόμενοι M : γιγνόμενοι A ‖ **11** παραλόγως A : παρὰ λόγον M ‖ **12** συνιόντες A² συνιέντες AM ‖ **14** Σύρος *hic codd.* : *post* Ἐνναίου (*v.* 15) *transp.* Reiske ‖ **18** μέρος A : γένος M ‖ **20** ἐγρηγορότως A : ἐγρηγορότος M ‖ **24** ἐπισημασίας A : ἐπὶ σημασίας M ‖ **25** αὐτὸν A : αὐτῶν A²M ‖ **26** μετά A : διά M ‖ **28** κάρυον AM : κάρανον A².

coquille du même genre qu'il perçait aux deux bouts, il introduisait du feu et quelque matière combustible puis il mettait l'objet dans sa bouche et, en soufflant, il en faisait jaillir tantôt des étincelles et tantôt de la flamme.

Ce personnage, avant le soulèvement, disait que la déesse syrienne lui apparaissait et lui annonçait qu'il serait roi ; il ne cessait de répéter cette prédiction non seulement à d'autres esclaves, mais aussi à son propre maître. On tournait l'affaire en plaisanterie et Antigène, amusé par le prodige, produisait Eunous — car c'était le nom du faiseur de miracles — dans les banquets ; il l'interrogeait sur sa royauté et lui demandait comment il traiterait chacun de ceux qui étaient là ; et lui expliquait tout invariablement et disait qu'il traiterait ses maîtres avec modération et, en somme, il leur faisait [385 a] divers contes merveilleux ; on se mettait à rire parmi les invités et certains de ceux-ci, choisissant de bons morceaux sur la table, lui en faisaient cadeau en ajoutant qu'il se souvînt de ce bienfait quand il serait roi. Mais son charlatanisme eut un succès réel, il devint roi et il paya sérieusement en retour la grâce qu'on lui avait faite en l'accueillant plaisamment dans les banquets.

Voici quel fut le commencement du soulèvement général. Un certain Damophile d'Enna[1], fier de sa fortune et d'un caractère hautain, traîtait extrêmement mal ses esclaves et sa femme Mégallis rivalisait avec lui pour les punir et les traiter durement. Aussi, pris de rage, les esclaves maltraités convinrent-ils entre eux de se révolter et d'assassiner leurs maîtres. Ils vinrent auprès d'Eunous demander si leur décision avait l'agré-

1. Enna, dans le centre de la Sicile (aujourd'hui Castro Giovanni). Cf. Ziegler, s. v. *Henna*, in *R. E.*, t. VIII, 1913, col. 284-287. Sur les événements dont il est question ici, cf. col. 286.

τέρου μέρους ἐνετίθει πῦρ καὶ τὴν συνέχειν αὐτὸ δυναμένην ὕλην· εἶτα ἐντιθεὶς τῷ στόματι καὶ προσπνέων ποτὲ μὲν σπινθῆράς ποτε δὲ φλόγα ἐξέκαεν.

Οὗτος πρὸ τῆς ἀποστάσεως ἔλεγε τὴν Συρίαν θεὸν ἐπιφαινομένην αὐτῷ λέγειν ὅτι βασιλεύσει· καὶ τοῦτο οὐ πρὸς ἄλλους μόνον ἀλλὰ καὶ πρὸς αὐτὸν τὸν κύριον αὐτοῦ διετέλει λέγων. Εἰς δὲ γέλωτα τρεπομένου τοῦ πράγματος, ὁ μὲν Ἀντιγένης ψυχαγωγούμενος ἐπὶ τῇ τερατείᾳ παρῆγε τὸν Εὔνουν εἰς τὰ σύνδειπνα (τοῦτο γὰρ ὄνομα τῷ τερατίᾳ) καὶ διηρώτα περὶ τῆς βασιλείας, καὶ πῶς ἑκάστῳ χρήσεται τῶν παρόντων· τοῦ δὲ ἀτρέπτως πάντα διηγουμένου, καὶ ὡς μετρίως χρήσεται τοῖς κυρίοις, καὶ τὸ σύνολον ποικίλως τερατευομένου, γέλωτες ἐγίνοντο [385 a] τοῖς παρακεκλημένοις, καί τινες αὐτῶν ἀπὸ τῆς τραπέζης ἀξιολόγους μερίδας αἴροντες ἐδωροῦντο, ἐπιλέγοντες ὅπως, ὅταν γένηται βασιλεύς, τῆς χάριτος μνημονεύοι. Οὐ μὴν ἀλλ' ἡ τερατεία προῆλθεν εἰς ἀληθινὸν ἀποτέλεσμα βασιλείας, καὶ τὴν ἀνταπόδοσιν τοῖς παρὰ τὰ δεῖπνα δεξιωσαμένοις ἐν γέλωτι οὐ χωρὶς σπουδῆς ἐποιήσατο τῆς χάριτος.

Ἀρχὴ δὲ τῆς ὅλης ἀποστάσεως ἐγένετο τοιαύτη. Δαμόφιλός τις ἦν Ἐνναῖος, τὴν δ' οὐσίαν μεγαλόψυχος, ὑπερήφανος δὲ τὸν τρόπον. Οὗτος κακῶς εἰς ὑπερβολὴν ἐκέχρητο τοῖς δούλοις, καὶ ἡ γυνὴ δὲ Μεγαλλὶς ἀντεφιλονείκει τῷ ἀνδρὶ πρὸς τὴν τιμωρίαν καὶ τὴν ἄλλην ἀπανθρωπίαν τὴν περὶ τοὺς δούλους. Ἐξ ὧν ἀποθηριωθέντες οἱ προπηλακιζόμενοι συνέθεντο πρὸς ἀλλήλους ὑπὲρ ἀποστάσεως καὶ φόνου τῶν κυρίων. Καὶ πρὸς τὸν Εὔνουν ἐλθόντες ἠρώτων εἰ συγχωρεῖται παρὰ τῶν θεῶν αὐτοῖς τὸ

36 μὲν A : μὲν οὖν M ‖ **40** πάντα A : ἅπαντα M.
[385 a] **6** παρὰ A : περὶ M ‖ **7** ἐποιήσατο A : ἀντεποιήσατο M.

ment des dieux. Et lui, en employant ses tours habituels, déclara que les dieux étaient d'accord et il convainquit sur le champ les esclaves de se mettre à leur entreprise. Aussitôt donc, ils rassemblèrent quatre cents de leurs frères en servitude, ils les armèrent comme ils purent et tombèrent sur la ville d'Enna conduits par Eunous qui faisait pour eux le prodige des flammes et du feu. Ils entrèrent dans les maisons et se livrèrent à un grand massacre sans même épargner les enfants à la mamelle : ils les en arrachaient et les fracassaient sur le sol. Quant aux femmes, on ne pourrait dire ce qu'alors, sous les yeux mêmes de leurs maris, ils leur firent subir comme violences et comme outrages ; il se joignit à eux une grande foule d'esclaves venus de la ville et qui, après s'être livrés, eux aussi, aux dernières cruautés contre leurs propres maîtres, se tournèrent alors vers le massacre des maîtres des autres.

Ceux qui étaient avec Eunous, apprenant que Damophile séjournait dans son domaine suburbain avec sa femme, le firent arracher de là par un groupe des leurs qu'ils y envoyèrent et ils les firent amener, traînés par des cordes, en leur faisant subir en chemin mille violences. On vit les esclaves n'épargner complètement que leur fille à cause de sa bonté et de sa compassion pour les esclaves et de sa propension à les secourir comme elle le pouvait. On voyait bien par là que ce qui arrivait aux autres n'était pas le fait d'une cruauté naturelle aux esclaves, mais une revanche contre les méchancetés qu'on leur avait fait subir auparavant.

[385 b] Quant à Damophile et à Mégallis, ceux qu'on avait envoyés chez eux les entraînèrent, comme on l'a

βεβουλευμένον. Ὁ δὲ μετὰ τερατείας, ὡς εἰώθει, συνθέμενος ὅτι συγχωροῦσι, παραχρῆμα πείθει ἔχεσθαι τῆς ἐγχειρήσεως. Εὐθὺς οὖν τετρακοσίους τῶν ὁμοδούλων συνήθροισαν, καὶ ὡς ἂν ὁ καιρὸς ἐδίδου καθοπλισθέντες, εἰς τὴν Ἔνναν τὴν πόλιν εἰσπίπτουσιν, ἀφηγουμένου αὐτῶν καὶ τοῦ πυρὸς τὰς φλόγας τερατευομένου τούτοις τοῦ Εὔνου. Ταῖς δ' οἰκίαις ἐπεισελθόντες πλεῖστον φόνον εἰργάζοντο, μηδ' αὐτῶν τῶν ὑπομαζίων φειδόμενοι, ἀλλὰ ταῦτα μὲν τῆς θηλῆς ἀποσπῶντες προσήρασσον τῇ γῇ· εἰς δὲ τὰς γυναῖκας οὐδ' ἔστιν εἰπεῖν (καὶ τότε βλεπόντων τῶν ἀνδρῶν) ὅσα ἐνύβριζόν τε καὶ ἐνησέλγαινον, πολλοῦ αὐτοῖς πλήθους τῶν ἀπὸ τῆς πόλεως δούλων προστεθέντος, οἳ καὶ κατὰ τῶν κυρίων πρότερον τὰ ἔσχατα ἐνδεικνύμενοι οὕτω πρὸς τὸν τῶν ἄλλων φόνον ἐτρέποντο.

Οἱ δὲ περὶ τὸν Εὔνουν πυθόμενοι τὸν Δαμόφιλον ὅτι κατὰ τὸν πλησίον τῆς πόλεως περίκηπον διατρίβει μετὰ τῆς γυναικός, εἷλκον ἐκεῖθεν διά τινων ἐξ αὑτῶν σταλέντων αὐτόν τε καὶ τὴν γυναῖκα δεδεμένους ἐξαγκωνίσαντες, πολλὰς κατὰ τὴν ὁδὸν ὕβρεις ὑποσχόντας. Μόνης δὲ τῆς θυγατρὸς αὐτῶν οἱ δοῦλοι ὤφθησαν εἰς πάντα φεισάμενοι διὰ τὸ φιλάνθρωπον αὐτῆς ἦθος καὶ περὶ τοὺς δούλους συμπαθὲς καὶ βοηθητικὸν κατὰ δύναμιν. Ἐξ ὧν ἐδείκνυτο τῶν δούλων οὐχὶ ὠμότης εἶναι φύσεως τὰ γινόμενα εἰς τοὺς ἄλλους, ἀλλὰ τῶν προϋπηργμένων εἰς αὐτοὺς ἀδικημάτων ἀνταπόδοσις.

[385 b] Τὸν δὲ Δαμόφιλον καὶ τὴν Μεγαλλίδα εἰς τὴν πόλιν οἱ ἀπεσταλμένοι ἑλκύσαντες, ὥσπερ ἔφημεν, εἰς τὸ

27 τότε *codd.* : ταῦτα Hertlein τοῦτο Herwerden ‖ **28** ἐνυβριζόν τε A^{2}M : *quid prius praeb.* A *non liquet* ‖ ἐνησέλγαινον A : ἠσέλγαινον M ‖ **32** Εὔνουν AM^{2} : Εὖνον M ‖ **34** αὑτῶν *edd.* : αὐτῶν *codd.* ‖ **36** ὑποσχόντας M *et* A *ut vid.* : ὑποσχόντες A^{1} ‖ **40** οὐχὶ M : οὐκ A^{2} *quid prius praeb.* A *non liquet.*

dit, vers la ville ; ils les firent entrer au théâtre où la foule des mutins les avait suivis. Damophile tenta une manœuvre pour se tirer d'affaire et il allait entraîner par ses discours l'accord de beaucoup d'esclaves qui étaient dans la foule, mais Hermeias et Zeuxis, pleins de haine pour lui, le traitèrent d'imposteur et, sans attendre la sentence définitive du peuple, l'un lui passa son épée à travers le corps et l'autre lui brisa la nuque d'un coup de hache.

Eunous fut ensuite élu roi ; il ne le devait ni à son courage personnel ni à sa valeur de chef, mais uniquement à son charlatanisme, au fait qu'il avait donné le branle à la révolte et à cet autre fait que son nom constituait en quelque sorte un heureux présage de bienveillance envers ses sujets. Devenu le chef absolu des mutins, il réunit une assemblée ; parmi les prisonniers qu'on avait faits à Enna, il fit mettre à mort tous ceux dont le métier n'était pas de fabriquer des armes ; ceux-là, il les fit enchaîner et mettre au travail. Il livra Mégallis aux femmes esclaves pour la traiter comme elles le voudraient et elles la jetèrent dans un précipice après l'avoir torturée. Lui-même tua de sa main ses propres maîtres Antigène et Python. Il ceignit la couronne, organisa tout autour de lui sur le modèle de ce que font les rois et il proclama reine la femme avec laquelle il vivait, une Syrienne de la même ville que lui ; il prit pour conseillers ceux qui lui paraissaient particulièrement intelligents ; parmi eux se trouvait un personnage appelé Achaios et Achéen d'origine, un homme supérieur par son intelligence et remarquable dans l'action et, en trois jours, il arma plus de six mille hommes du mieux qu'il put ; il en emmenait aussi d'autres, munis de cognées et de haches ou de frondes ou de faux ou de pieux durcis au feu ou encore de broches de cuisiniers ; il se mit à courir tout le pays en le pillant et en ramassant avec lui une foule innombrable d'esclaves ; il osa même

θέατρον εἰσήγαγον, συνεληλυθότος ἐνταῦθα τοῦ πλήθους τῶν ἀποστατῶν. Καὶ τοῦ Δαμοφίλου τεχνάσασθαί τι πρὸς τὴν σωτηρίαν ἐγχειρήσαντος, καὶ πολλοὺς τοῦ πλήθους τοῖς λόγοις ἐπαγομένου, Ἑρμείας καὶ Ζεῦξις πικρῶς πρὸς αὐτὸν διακείμενοι πλάνον τε ἀπεκάλουν καὶ οὐκ ἀναμείναντες τὴν ἀκριβῆ τοῦ δήμου κρίσιν ὁ μὲν διὰ τῶν πλευρῶν τὸ ξίφος ὠθεῖ, ὁ δὲ πελέκει τὸν τράχηλον ἔκοψεν.

Ἐκεῖθεν αἱρεῖται βασιλεὺς ὁ Εὔνους, οὔτε δι' ἀνδρείαν, οὔτε διὰ στρατηγίαν, διὰ δὲ μόνην τερατείαν καὶ τὸ τῆς ἀποστάσεως ἄρξαι, ἅμα δὲ καὶ τῆς προσηγορίας οἱονεί τινα καλὸν οἰωνὸν ἐχούσης πρὸς τὴν τῶν ὑποταττομένων εὔνοιαν. Τῶν ὅλων δὲ τοῖς ἀποστάταις καταστὰς κύριος καὶ συναγαγὼν ἐκκλησίαν, ἀνεῖλε μὲν τοὺς ἐζωγρημένους τῶν Ἐνναίων ὅσοις οὐκ ἦν ἡ τέχνη ὅπλα ἐργάζεσθαι, ἐκείνους δὲ δεδεμένους τοῖς ἔργοις ὑπέβαλλεν. Ἔδωκε δὲ καὶ ταῖς θεραπαίναις τὴν Μεγαλλίδα χρήσασθαι ὡς ἂν βούλοιντο· καὶ αὗται κατεκρήμνισαν αἰκισαμέναι. Καὶ αὐτὸς δὲ τοὺς ἰδίους ἀνεῖλε κυρίους Ἀντιγένη καὶ Πύθωνα. Περιθέμενος δὲ διάδημα καὶ πάντα τὰ ἄλλα τὰ περὶ αὑτὸν βασιλικῶς διακοσμήσας, τήν τε συμβιοῦσαν αὐτῷ, Σύραν καὶ συμπολῖτιν οὖσαν, βασίλισσαν ἀποδείξας, συνέδρους τε τοὺς συνέσει δοκοῦντας διαφέρειν ποιησάμενος, ὧν ἦν Ἀχαιὸς καὶ τοὔνομα καὶ τὸ γένος, ἀνὴρ καὶ βουλῇ καὶ χειρὶ διαφέρων, καὶ ἐν τρισὶν ἡμέραις πλείους τῶν ἑξακισχιλίων τὸν δυνατὸν καθοπλίσας τρόπον, καὶ ἑτέρους συνεπαγόμενος ἀξίναις καὶ πελέκεσι χρωμένους ἢ σφενδόναις ἢ δρεπάνοις ἢ ξύλοις πεπυρακτωμένοις ἢ καὶ μαγείρων ὀβελοῖς, ἐπῄει πᾶσαν λεηλατῶν τὴν χώραν, καὶ πλῆθος ἄπειρον οἰκετῶν προσ-

[385 b] **7** αὐτὸν M : αὐτὸν αὐτοὶ A ‖ **13** τῆς M² : τὰς M τὸ τῆς A ‖ **14** εὔνοιαν A : ἔννοιαν M ‖ **16** μὲν A : *om.* M ‖ **17** δὲ A² : *om.* AM ‖ **22** αὑτὸν A² : αὐτὸν AM ‖ **26** Ἀχαιὸς M : ἀρχαῖος A.

faire la guerre aux gouverneurs romains et, dans les rencontres, il l'emporta souvent grâce à sa supériorité numérique, vu qu'il avait déjà plus de dix mille soldats.

A ce moment, Cléon, un Cilicien, suscita une autre révolte d'esclaves. Tout le monde s'exaltait déjà dans l'espoir que les deux révolutions se combattraient l'une l'autre et que les mutins s'entre-détruiraient et débarrasseraient la Sicile de la sédition; contre toute attente, les révoltés se mirent d'accord : Cléon, sur un simple ordre d'Eunous, se soumit et remplit comme auprès d'un roi les fonctions de général avec l'armée [386 a] de cinq mille hommes qu'il avait à lui[1].

Il y avait près de trente jours que la révolte avait éclaté. Peu après arriva de Rome le gouverneur Lucius Hypsaeus; il avait huit mille soldats de Sicile; les révoltés entrèrent en lutte avec lui et le battirent : ils étaient plus de vingt mille. Peu après, leur bande arriva à grouper environ deux cent mille hommes; ils se signalaient par de nombreux combats heureux contre les Romains tandis que leurs revers à eux étaient moins graves. Le bruit s'en répandit à Rome où éclata une révolte de cent cinquante esclaves qui avaient ourdi un complot et, en Attique, il y en eut une de plus d'un millier de mutins ainsi qu'à Délos et en d'autres nombreux endroits. Mais grâce à la rapidité des secours et à la vigueur de la répression, ceux qui avaient la charge des intérêts publics dans chacun de ces endroits les réduisirent assez vite et ramenèrent au bon sens tous les autres qu'exaltait la sédition.

En Sicile, d'autre part, le mal s'aggravait et des villes étaient prises avec leurs garnisons; beaucoup de camps

1. Diodore relate plus loin (389 b 15-24 ; *infra*, p. 163) un épisode analogue de la guerre servile qui a pour héros deux autres chefs d'esclaves révoltés : Tryphon et Athénion.

λαμβάνων, ἐθάρρησε καὶ στρατηγοῖς Ῥωμαίων πολεμῆσαι, καὶ συμπλακείς, τῷ πλήθει πολλάκις ἐκράτησεν ἔχων ἤδη στρατιώτας ὑπὲρ τοὺς μυρίους.

Ἐν τούτῳ δὲ Κλέων τις Κίλιξ ἄλλων δούλων ἀποστάσεως ἦρξε. Καὶ πάντων ταῖς ἐλπίσι μετεωρισθέντων, ὡς ἀντιπολεμήσει τὰ στασιάσαντα πρὸς ἀλλήλους καὶ αὐτοὶ ἑαυτοὺς οἱ ἀποστάται διαφθείροντες ἐλευθερώσουσι τὴν Σικελίαν τῆς στάσεως, παρὰ δόξαν ἀλλήλοις συνέβησαν, τοῦ Κλέωνος ὑποταγέντος ψιλῷ τοῦ Εὔνου προστάγματι καὶ τὴν τοῦ στρατηγοῦ οἷα δὴ βασιλεῖ χρείαν ἀποπληροῦντος, [386 a] ἔχοντος οἰκεῖον πλῆθος στρατιωτῶν πεντακισχιλίων.

Ἡμέραι δ' ἐγγὺς ἦσαν ἀπὸ τῆς ἀποστάσεως τριάκοντα. Καὶ μετὰ βραχὺ ἐκ Ῥώμης ἥκοντι στρατηγῷ Λευκίῳ Ὑψαίῳ, ἔχοντι στρατιώτας ἐκ Σικελίας ὀκτακισχιλίους, εἰς πόλεμον καταστάντες οἱ ἀποστάται ἐνίκησαν, πλῆθος ὄντες δισμύριοι. Μετ' οὐ πολὺ δὲ ἀθροίζεται τὸ σύστημα αὐτῶν εἰς μυριάδας εἴκοσι, καὶ πολλοῖς τοῖς πρὸς Ῥωμαίους πολέμοις ἐνευδοκιμήσαντες ἔλαττον αὐτοὶ ἔπταιον. Οὗ διαβοηθέντος κατά τε Ῥώμην δούλων ἀπόστασις ἑκατὸν πεντήκοντα συνομοσάντων ἀνήπτετο, καὶ κατὰ τὴν Ἀττικὴν ὑπὲρ χιλίων, ἔν τε Δήλῳ καὶ κατ' ἄλλους πολλοὺς τόπους· οὓς τάχει τε τῆς βοηθείας καὶ τῇ σφοδρᾷ κολάσει τῆς τιμωρίας οἱ καθ' ἕκαστον ἐπιμεληταὶ τῶν κοινῶν θᾶττον ἠφάνισαν, σωφρονίσαντες καὶ τὸ ἄλλο, ὅσον ἦν ἐπὶ ἀποστάσει μετέωρον.

Κατὰ δὲ Σικελίαν ηὔξετο τὸ κακόν, καὶ πόλεις ἡλίσκοντο αὔτανδροι καὶ πολλὰ στρατόπεδα ὑπὸ τῶν ἀποστατῶν κατε-

39 ἐλευθερώσουσι A²M : ἐλευθερώσωσι A ‖ **40** στάσεως A : ἀποστάσεως M ‖ **42** δὴ A : δεῖ M.

[386 a] **12** τε A : *om.* M.

furent détruits par les mutins jusqu'au moment où Rupilius, le gouverneur romain, reprit Tauromenium pour les Romains après un rude siège où il tint les rebelles cernés jusqu'à une indicible nécessité et jusqu'à la famine, à tel point que, après avoir commencé par manger leurs enfants et continué par leurs femmes, ils ne s'abstinrent même pas de se manger entre eux. C'est alors aussi que Rupilius[1] s'empara de Comanos, le frère de Cléon, qui s'échappait de la ville assiégée. Finalement, Sarapion, un Syrien, livra la citadelle et le gouverneur se rendit maître de tous les esclaves fugitifs qui étaient dans la ville ; il les fit torturer puis jeter dans un précipice. De là, il marcha sur Enna qu'il entreprit d'assiéger de la même façon, réduisant à la dernière extrémité les espérances des mutins. Cléon, leur chef, avait fait une sortie de la ville et s'était battu en héros avec une poignée d'hommes ; Rupilius annonça qu'il était mort de ses blessures et il prit aussi cette ville grâce à une trahison car sa position la rendait imprenable de vive force.

Eunous, prenant avec lui ses gardes au nombre de mille, s'enfuit lâchement vers une région aux escarpements abrupts. Mais ceux qui étaient avec lui, sachant inévitable le malheur qui les menaçait, car déjà le gouverneur Rupilius marchait sur eux, le devançaient en se tranchant la gorge[2] les uns aux autres à coups d'épées. Et Eunous, le roi charlatan, qui s'était lâchement [386 b] réfugié dans des grottes, en fut tiré avec quatre compagnons : son cuisinier, son boulanger, celui qui le massait au bain et un quatrième qui l'amusait d'ordinaire dans les banquets. Il fut mis en prison ; son corps fut rongé par une innombrable vermine et il termina

1. En 132 a. C. Cf. Ziegler, *op. cit.*, col. 282.

2. En 386 a 39, le texte de Photius AM est bien ἔφθαζον ἀπαυχενίσαντες et il offre, à mon avis, un sens satisfaisant. En effet, φθάζω dans le sens de φθάνω est attesté en grec byzantin (cf. Ducange, s. v.). Quant à ἔσφαζον ἀπαυχενίσαντες, c'est une mauvaise, lecture de Bekker.

κόπησαν, ἕως Ῥουπίλιος ὁ Ῥωμαίων στρατηγὸς τὸ Ταυρομένιον ἀνεσώσατο Ῥωμαίοις, καρτερῶς μὲν αὐτὸ πολιορκήσας, καὶ εἰς ἄφατον ἀνάγκην καὶ λιμὸν τοὺς ἀποστάτας συγκλείσας, ὥστε ἀρξαμένους ἐκ παίδων βορᾶς καὶ διελθόντας διὰ γυναικῶν μηδὲ τῆς αὐτῶν ἀλληλοφαγίας μηδ' ὅλως φείσασθαι· ὅτε καὶ Κομανὸν τὸν ἀδελφὸν Κλέωνος φεύγοντα ἐκ τῆς πολιορκουμένης πόλεως εἷλε. Καὶ τὸ τελευταῖον Σαραπίωνος Σύρου τὴν ἄκραν προδόντος, συμπάντων τῶν ἐν τῇ πόλει δραπετῶν ὁ στρατηγὸς ἐκυρίευσεν· οὓς καὶ αἰκισάμενος κατεκρήμνισεν. Ἐκεῖθεν ἐπὶ τὴν Ἔνναν ἐλθὼν παραπλησίως ἐπολιόρκει, εἰς ἐσχάτην ἀνάγκην συγκλείων τὰς τῶν ἀποστατῶν ἐλπίδας. Καὶ Κλέωνα τὸν στρατηγόν, ἐξελθόντα τῆς πόλεως καὶ ἡρωϊκῶς ἀγωνισάμενον μετ' ὀλίγων ὑπὸ τῶν τραυμάτων δείξας νεκρόν, εἷλε καὶ ταύτην προδοσίᾳ τὴν πόλιν, ἐπεὶ οὐδ' ἦν ἁλώσιμος διὰ τὴν ὀχυρότητα βίᾳ χειρός.

Ὁ δὲ Εὔνους ἀναλαβὼν τοὺς σωματοφύλακας ὄντας χιλίους, ἔφευγεν ἀνάνδρως εἴς τινας παρακρήμνους τόπους. Ἀλλ' οἱ μὲν σὺν αὐτῷ ἄφυκτον τὸ περὶ αὐτοὺς δεινὸν ἐπιστάμενοι (ἤδη γὰρ καὶ ὁ στρατηγὸς Ῥουπίλιος ἐπ' αὐτοὺς ἤλαυνεν) ἀλλήλους τοῖς ξίφεσιν ἔφθαζον ἀπαυχενίσαντες· ὁ δὲ τερατίας Εὔνους καὶ βασιλεύς, καταφυγὼν διὰ δειλίαν ἔν τισι κοιλάσιν, ἐξειλκύσθη ἅμα τεττάρων, μαγείρου καὶ ἀρτοποιοῦ καὶ τοῦ τρίβοντος [386 b] **αὐτὸν ἐν τῷ λουτρῷ καὶ τετάρτου τοῦ παρὰ τοὺς πότους εἰωθότος ψυχαγωγεῖν αὐτόν. Καὶ παραδοθεὶς εἰς φυλακήν, καὶ τοῦ σώματος αὐτοῦ διαλυθέντος εἰς φθει-**

18, 38 *et* b **5** Ῥουπίλιος Rhodoman : Ῥουτίλιος A² Ῥοτίλιος AM || 18 ὁ M : *om.* A || **22** αὑτῶν *edd.* : αὐτῶν *codd.* || **23** Κομανὸν M : Κωμανὸν A || **24** ἐκ Reiske : *om. codd.* || **31** ὀλίγων A : ὀλίγον M || **33** οὐδ' M : μηδ' A || **34** σωματοφύλακας A²M : *quid prius praeb.* A *non liquet* || **35** χιλίους A : ἑξακοσίους M || ἔφευγεν A : ἔφυγεν M || **37** αὑτούς A² : αὐτούς AM || **39** ἔφθαζον *codd.* : ἔσφαζον *edd.*

[386 b] **1** λουτρῷ AM : λοετρῷ A².

ses jours d'une façon digne de sa friponnerie à Morgantine. Dans la suite, Rupilius, battant toute la Sicile avec quelques troupes d'élite, la débarrassa plus vite qu'on n'eût pu l'espérer de toutes les bandes de brigands.

Le roi des mutins, Eunous, s'était donné le nom d'Antiochus et avait donné celui de Syriens à son peuple d'insurgés[1].

Tiré du livre XXXVI.

Vers le même temps à Rome — c'était au moment où Marius avait défait dans une grande bataille les rois de Libye Bocchus et Jugurtha et avait massacré les Libyens par dizaines de milliers ; plus tard, Jugurtha lui-même fut capturé par Bocchus qui réussit ainsi à se faire pardonner par les Romains de leur avoir fait la guerre ; Marius qui l'avait pris là-bas le gardait prisonnier — c'était au moment où, frappés par les désastres les plus grands à cause des événements de Gaule et à cause de la guerre qu'y menaient les Cimbres, les Romains étaient démoralisés*, vers le même temps arrivèrent de Sicile des gens qui annonçaient la rébellion de plusieurs dizaines de milliers d'esclaves. A cette nouvelle, l'État romain se trouva devant une situation très difficile vu qu'il avait perdu près de trente mille auxiliaires dans la guerre contre les Cimbres en Gaule et qu'il manquait de légions* pour former un corps expéditionnaire.

Avant la révolte des esclaves de Sicile, il y avait eu en Italie plusieurs soulèvements de courte durée et de peu d'importance comme si les dieux avaient voulu annoncer par des signes l'ampleur de la révolte qui allait éclater en Sicile ; le premier eut lieu dans la région de Nucérie où trente esclaves qui avaient comploté furent vite

1. Ce long morceau (384 a 32-386 b 2 = Walton, t. XII, p. 56-70) est un résumé fortement condensé comme le montre la comparaison entre le texte de Photius et les importants extraits de Constantin Porphyrogénète. Cf. Walton, t. XII, p. 70-90.

ρῶν πλῆθος, οἰκείως τῆς περὶ αὐτὸν ῥᾳδιουργίας κατέστρεψε τὸν βίον ἐν τῇ Μοργαντίνῃ. Ἐντεῦθεν Ῥουπίλιος ἐπιτρέχων ὅλην τὴν Σικελίαν ἅμα λογάσιν ὀλίγοις, θᾶττον ἤπερ τις ἤλπισε παντὸς αὐτὴν ἠλευθέρωσε λῃστηρίου.

Ὅτι ὁ τῶν ἀποστατῶν βασιλεὺς Εὔνους ἑαυτὸν μὲν Ἀντίοχον, Σύρους δὲ τῶν ἀποστατῶν τὸ πλῆθος ἐπωνόμασεν.

Ἐκ τοῦ λϛʹ

Ὅτι ὑπὸ τοὺς αὐτοὺς χρόνους ἐν Ῥώμῃ (καθ' οὓς Μάριος μὲν τοὺς κατὰ Λιβύην βασιλεῖς Βόκχον καὶ Ἰουγούρθαν κατεπολέμησε μεγάλῃ παρατάξει, καὶ πολλὰς μὲν τῶν Λιβύων μυριάδας ἀνεῖλεν, ὕστερον δὲ καὶ αὐτὸν Ἰουγούρθαν συλληφθέντα ὑπὸ Βόκχου, ὥστε τυχεῖν συγγνώμης παρὰ Ῥωμαίων ὑπὲρ ὧν αὐτοῖς κατέστη πρὸς πόλεμον, λαβὼν ἐκεῖθεν αἰχμάλωτον εἶχε) μεγίστοις δὲ πταίσμασι τοῖς κατὰ Γαλατίαν τῶν Κίμβρων πολεμούντων Ῥωμαῖοι περιπεσόντες ἠθύμουν, κατὰ τοὺς αὐτοὺς χρόνους ἧκόν τινες ἀπὸ Σικελίας ἀπόστασιν ἀγγέλλοντες οἰκετῶν εἰς πολλὰς ἀριθμουμένων μυριάδας. Οὗ προσαγγελθέντος ἐν πολλῇ περιστάσει τὸ Ῥωμαϊκὸν ἅπαν συνεχόμενον διετέλει, ὡς ἂν στρατιωτῶν ἐπιλέκτων σχεδὸν ἑξακισμυρίων ἐν τῷ πρὸς Κίμβρους κατὰ Γαλατίαν πολέμῳ διολωλότων, καὶ ἀπόρων ὄντων εἰς ἀποστολὴν στρατιωτῶν λογάδων.

Πρὸ δὲ τῆς κατὰ τὴν Σικελίαν τῶν δούλων ἐπαναστάσεως ἐγένοντο κατὰ τὴν Ἰταλίαν πλείους ἀποστάσεις ὀλιγοχρόνιοι καὶ μικραί, καθάπερ τοῦ δαιμονίου προσημαίνοντος τὸ μέγεθος τῆς ἐσομένης κατὰ τὴν Σικελίαν ἐπαναστάσεως, πρώτη μὲν ἡ περὶ Νουκερίαν, τριάκοντα οἰκετῶν συνωμοσίαν ποιησαμένων καὶ ταχὺ

6 τὴν AM² : τὸν M *ut vid.* ‖ **7** ἤπερ AM : εἴπερ A² ‖ **15** Ἰουγούρθαν *edd.* : ἰούργαν A ἰουγούργαν M ‖ **24** στρατιωτῶν A²M : στρατιῶν A ‖ **28** τὴν A : *om.* M ‖ **31** τὴν M : *om.* A.

châtiés ; le second fut celui de Capoue où deux cents esclaves se révoltèrent et furent vite anéantis.

Le troisième eut un caractère étonnant. Titus Vettius[1] était chevalier romain et fils d'un père fort riche. Il s'était épris d'une servante étrangère à sa maison, femme d'une beauté exceptionnelle. Il devint son amant et tomba sous le coup d'un amour insensé pour elle ; il l'acheta, contraint par son fol amour ; le maître de la [387 a] jeune fille accepta difficilement le marché au prix de sept talents attiques et il fixa un délai pour l'acquittement de la dette : on faisait confiance au jeune homme à cause de la grosse fortune de son père. Le délai étant venu à échéance, Vettius n'avait pas de quoi s'acquitter et il convint d'un moratoire de trente jours. Et quand ce terme lui aussi fut arrivé, les créanciers vinrent réclamer leur dû et le débiteur n'était pas davantage en état de payer ; son amour était en pleine ardeur et il se jeta dans une entreprise inouïe.

Il tendit une embuscade à ceux qui venaient réclamer la créance et il s'arrogea le pouvoir royal. Il acheta, en effet, cinq cents équipements complets et fixa un terme pour leur payement ; on lui fit confiance et, quand il eut fait transporter les armes en cachette à la campagne, il excita ses propres esclaves à la rébellion : ils étaient quatre cents. Il prit ensuite un diadème, un manteau de pourpre et des licteurs et tous les autres insignes du pouvoir ; il se proclama roi avec l'appui de ses esclaves, il fit battre de verges et décapiter ceux qui venaient réclamer le prix de la jeune esclave ; il arma ses esclaves et alla attaquer les villas voisines ; ceux qui se joignaient spontanément aux révoltés, il les armait, et ceux qui résistaient, il les tuait. Bientôt, il eut réuni plus de

1. Sur cette correction de Wesseling, cf. Walton, t. XII, p. 144, note 1, et p. 149, note 2.

κολασθέντων, δευτέρα ἡ περὶ τὴν Καπύην, διακοσίων οἰκετῶν ἐπαναστάντων καὶ ταχὺ καταλυθέντων.

Τρίτη δὲ παράδοξος γέγονέ τις. Ἦν Τίτος Οὐέττιος, ἱππεὺς μὲν Ῥωμαίων, μεγαλοπλούτου δὲ πατρὸς παῖς. Οὗτος ἠράσθη θεραπαινίδος ἀλλοτρίας, κάλλει διαφερούσης. Συμπλακεὶς δ' αὐτῇ καὶ εἰς ἔρωτα παράδοξον αὐτῆς ἐμπεσών, ἐξηγόρασεν αὐτήν, οὕτω τοῦ τε μανιώδους ἔρωτος βιαζομένου καὶ τοῦ κυρίου τῆς κόρης [387 a] τὴν πρᾶσιν μόλις κατανεύσαντος, ταλάντων Ἀττικῶν ἑπτά, καὶ χρόνον ὥρισε καθ' ὃν ἀποτίσει τὸ χρέος· ἐπιστεύετο δὲ διὰ τὴν πατρῴαν περιουσίαν. Ἐνστάντος δὲ τοῦ ὁρισθέντος, καὶ μὴ ἔχων ἀποδοῦναι, πάλιν ἔταξε λ' ἡμερῶν προθεσμίαν. Ὡς δὲ καὶ ταύτης ἐπιστάσης οἱ μὲν ἀπῄτουν, ὁ δὲ οὐδὲν πλέον εἶχεν ἀνύειν, ὁ δ' ἔρως ἤκμαζεν, ἐπεχείρησε πράξει παραλογωτάτῃ.

Ἐπιβουλεύει μὲν γὰρ τοὺς ἀπαιτοῦντας, ἑαυτῷ δὲ μοναρχικὴν ἐξουσίαν περιέθηκε. Συναγοράσας γὰρ πεντακοσίας πανοπλίας, καὶ χρόνον τῆς τιμῆς συντάξας καὶ πιστευθείς, λάθρᾳ πρὸς ἀγρόν τινα παρακομίσας τοὺς ἰδίους ἀνέσεισε πρὸς ἀπόστασιν οἰκέτας, τετρακοσίους ὄντας. Εἶτα ἀναλαβὼν διάδημα καὶ περιβόλαιον πορφυροῦν καὶ ῥαβδούχους καὶ τὰ ἄλλα σύσσημα τῆς ἀρχῆς, καὶ βασιλέα αὐτὸν συνεργίᾳ τῶν δούλων ἀναδείξας, τοὺς μὲν ἀπαιτοῦντας τὴν τιμὴν τῆς κόρης ῥαβδίσας ἐπελέκισεν, ἐξοπλίσας δὲ τοὺς οἰκέτας ἐπῄει τὰς σύνεγγυς ἐπαύλεις, καὶ τοὺς μὲν προθύμως συναφισταμένους καθώπλιζε, τοὺς δ' ἀντιπράττοντας ἀνῄρει. Ταχὺ δὲ συναγαγὼν στρατιώτας πλείους τῶν ἑπτακοσίων, καὶ τού-

36 Οὐέττιος Wesseling *et alibi codd.* : Μενούττιος *hic codd.* || **40** τοῦ A : *om.* M.

[387 a] **12** ἀνέσεισε A : ἀνέστησε M || **14** σύσσημα Reiske : τὰ εὔσημα A εὔσημα M || **15** αὑτὸν A¹ : αὐτὸν A ἑαυτὸν M || **16** ἀπαιτοῦντας A²M : *quid prius praeb.* A *non liquet.*

sept cents soldats qu'il répartit en centuries ; il leur fit construire un camp retranché où il recueillait les esclaves qui quittaient leurs maîtres.

Quand la nouvelle de la rébellion parvint à Rome, le Sénat en discuta et en décida avec prudence. En effet, il chargea un des préteurs urbains de s'emparer des esclaves fugitifs : c'était Lucius Lucullus[1]. Celui-ci partit de Rome le jour même après avoir levé six cents soldats et il arriva à Capoue avec cinq mille fantassins et quatre cents cavaliers qu'il avait rassemblés.

Vettius, informé de l'arrivée de Lucullus, occupa une hauteur fortifiée avec tout son monde, plus de trois mille cinq cents hommes. Et au début de l'attaque, l'avantage fut aux esclaves qui combattaient de positions plus favorables ; dans la suite, Lucullus corrompit Apollonius, le général de Vettius ; il lui assura sous la garantie de l'État qu'il n'encourrait pas de châtiment et il le décida à trahir ses complices. Cet Apollonius donc, collaborant avec les Romains, s'attaqua à Vettius. Craignant le châtiment qui suivrait sa capture, Vettius se suicida et, aussitôt, ses complices périrent avec lui sauf le traître Apollonius. Tel fut donc, avant la révolte [387 b] de Sicile, l'espèce de prologue à la plus grande des révoltes, celle qui eut lieu là-bas et qui commença comme il suit[2].

Au cours de la campagne de Marius contre les Cimbres, le Sénat avait donné à Marius l'autorisation de demander de l'aide aux peuples d'outre-mer. Marius envoya à Nicomède, roi de Bithynie, pour demander du secours ; celui-ci répondit que la plupart des Bithyniens,

1. Lucius Licinius Lucullus. L'événement se situe en 103 a. C. Cf. Münzer, s. v. *L. Licinius Lucullus*, n. 103, in *R. E.*, t. XIII, 1927, col. 375-376.

2. Le sommaire de Photius, de 386 b 12 à 387 a 2 (cf. Walton, t. XII, p. 142-148), est notre seul témoin pour cette partie du récit de Diodore, sauf pour le passage de 386 b 27 à 387 a 2, pour lequel nous possédons, dans les extraits de Constantin Porphyrogénète, un parallèle qui offre un texte assez différent de celui de Photius. Cf. Walton, t. XII, p. 148-152.

τους εἰς ἑκατονταρχίας καταλέξας, ἐνεβάλλετο χάρακα καὶ τοὺς ἀφισταμένους ὑπεδέχετο.

Τῆς δ' ἀποστάσεως εἰς Ῥώμην ἀπαγγελθείσης, ἡ σύγκλητος ἐμφρόνως περὶ αὐτῆς ἐβουλεύσατο καὶ κατώρθωσε. Τῶν γὰρ κατὰ πόλιν στρατηγῶν ἀπέδειξεν ἕνα πρὸς τὴν τῶν δραπετῶν σύλληψιν, Λεύκιον Λούκουλλον. Οὗτος δὲ αὐθήμερον ἐκ τῆς Ῥώμης ἐπιλέξας στρατιώτας ἑξακοσίους, εἰς τὴν Καπύην ἦλθε συναθροίσας πεζοὺς μὲν τετρακισχιλίους, ἱππεῖς δὲ τετρακοσίους.

Ὁ δὲ Οὐέττιος τὴν ὁρμὴν τοῦ Λουκούλλου πυθόμενος, κατελάβετο λόφον καρτερόν, ἔχων τοὺς πάντας πλέον τῶν ,γ καὶ φ'. Καὶ τὸ μὲν πρῶτον συμβολῆς γενομένης ἐπλεονέκτησαν οἱ δραπέται, ἐκ τόπων ὑπερδεξίων μαχόμενοι· μετὰ δὲ ταῦτα τὸν μὲν στρατηγὸν τοῦ Οὐεττίου Ἀπολλώνιον διαφθείρας ὁ Λούκουλλος, καὶ τῇ δημοσίᾳ πίστει τὴν ἄφεσιν τῆς τιμωρίας βεβαιώσας, ἔπεισεν αὐτὸν προδότην γενέσθαι τῶν συναποστατῶν. Διὸ καὶ τούτου συνεργοῦντος τοῖς Ῥωμαίοις καὶ τὰς χεῖρας προσφέροντος τῷ Οὐεττίῳ, φοβηθεὶς τὴν ἐκ τῆς ἁλώσεως τιμωρίαν ἑαυτὸν ἀπέσφαξεν, αὐτίκα συναπολωλότων καὶ τῶν τῆς ἀποστάσεως κεκοινωνηκότων, πλὴν τοῦ προδόντος Ἀπολλωνίου. Καὶ ταῦτα μὲν πρὸ τῆς κατὰ Σικελίαν
[387 b] ὥσπερ προοιμιαζόμενα ταύτῃ μεγίστης ἀποστάσεως ἥτις ἀρχὴν ἔλαβε τοιαύτην.

Κατὰ τὴν ἐπὶ τοὺς Κίμβρους τοῦ Μαρίου στρατείαν ἔδωκεν ἡ σύγκλητος ἐξουσίαν τῷ Μαρίῳ ἐκ τῶν πέραν θαλαττῆς ἐθνῶν μεταπέμπεσθαι συμμαχίαν. Ὁ μὲν Μάριος ἐξέπεμψε πρὸς Νικομήδην τὸν τῆς Βιθυνίας βασιλέα περὶ βοηθείας· ὁ δὲ ἀπόκρισιν ἔδωκε τοὺς

30 πυθόμενος A²M : πυνθανόμενος A.

[387 b] **1** ταύτῃ A : ταυτὶ A² ταύτην M || **5** θαλάττης Rhodoman : θαλαττῶν *codd.* || ὁ μὲν A : ὅθεν M.

dépouillés par les collecteurs d'impôts, étaient réduits en esclavage dans leurs provinces. Le Sénat décréta qu'aucun allié libre ne devait être esclave dans les provinces et que les gouverneurs devaient veiller à leur affranchissement ; Licinius Nerva, alors gouverneur de Sicile, en exécution du décret, fit affranchir un grand nombre d'esclaves après jugement de sorte que, en quelques jours, plus de huit cents d'entre eux obtinrent leur liberté. Et tous ceux qui étaient esclaves dans l'île étaient impatients d'avoir leur liberté. Mais les notables accoururent engager le gouverneur à abandonner cette entreprise. Lui, soit décidé par de l'argent, soit esclave du désir de plaire, renonça à s'occuper de ces sentences et, quand des gens venaient à lui pour obtenir leur liberté, il les tançait et leur enjoignait de retourner chez leurs maîtres. Les esclaves se groupèrent, quittèrent Syracuse et, réfugiés au temple des Paliques [1], ils se mirent à discuter entre eux d'un soulèvement. Il s'ensuivit qu'en beaucoup d'endroits l'audace des esclaves se montrait au grand jour et les premiers à revendiquer leur liberté furent, dans la région d'Halicyai, trente esclaves de deux frères immensément riches et à la tête desquels était un personnage nommé Oarius ; au cours de la nuit, ils commencèrent par égorger leurs maîtres endormis puis ils passèrent dans les domaines voisins pour appeler les esclaves à la liberté ; dans la même nuit, ils furent plus de cent et vingt à se grouper. Ils occupèrent une position naturellement fortifiée qu'ils renforcèrent encore et ils y reçurent quatre-vingts autres esclaves armés.

Le gouverneur de la province, Licinius Nerva [2], marcha

1. Sur les Paliques, cf. 389 b 8 ; *infra*, p. 162, note 2.
2. Propréteur en 104 a. C. Cf. Münzer, s. v. *P. Licinus Nerva*, n. 135, in *R. E.*, t. XIII, 1926, col. 453-454.

πλείους τῶν Βιθυνῶν ὑπὸ τῶν δημοσιωνῶν διαρπαγέντας δουλεύειν ἐν ταῖς ἐπαρχίαις. Τῆς δὲ συγκλήτου ψηφισαμένης ὅπως μηδεὶς σύμμαχος ἐλεύθερος ἐν ἐπαρχίᾳ δουλεύῃ καὶ τῆς τούτων ἐλευθερώσεως οἱ στρατηγοὶ πρόνοιαν ποιῶνται, τότε κατὰ τὴν Σικελίαν ὢν στρατηγὸς Λικίνιος Νερούας ἀκολούθως τῷ δόγματι συχνοὺς τῶν δούλων ἠλευθέρωσε, κρίσεις προθείς, ὡς ἐν ὀλίγαις ἡμέραις πλείους τῶν ὀκτακοσίων τυχεῖν τῆς ἐλευθερίας. Καὶ ἦσαν πάντες οἱ κατὰ τὴν νῆσον δουλεύοντες μετέωροι πρὸς τὴν ἐλευθερίαν. Οἱ δ' ἐν ἀξιώμασι συνδραμόντες παρεκάλουν τὸν στρατηγὸν ἀποστῆναι ταύτης τῆς ἐπιβολῆς. Ὁ δ' εἴτε χρήμασι πεισθεὶς εἴτε χάριτι δουλεύσας τῆς μὲν τῶν κριτηρίων τούτων σπουδῆς ἀπέστη, καὶ τοὺς προσιόντας ἐπὶ τῷ τυχεῖν τῆς ἐλευθερίας ἐπιπλήττων εἰς τοὺς ἰδίους κυρίους προσέταττεν ἐπαναστρέφειν. Οἱ δὲ δοῦλοι συστραφέντες, καὶ τῶν Συρακουσῶν ἀπαλλαγέντες, καὶ καταφυγόντες εἰς τὸ τῶν Παλικῶν τέμενος, διελάλουν πρὸς ἀλλήλους ὑπὲρ ἀποστάσεως. Ἐκεῖθεν ἐν πολλοῖς τόποις τῆς τῶν οἰκετῶν τόλμης ἐκδήλου γινομένης, πρῶτοι τῆς ἐλευθερίας ἀντεποιήσαντο κατὰ τὴν Ἁλικυαίων χώραν ἀδελφῶν δυεῖν μεγαλοπλούτων οἰκέται τριάκοντα, ὧν ἡγεῖτο Ὀάριος ὄνομα· οἳ πρῶτον μὲν νυκτὸς κοιμωμένους τοὺς ἰδίους δεσπότας ἀπέσφαξαν, εἶτα ἐπὶ τὰς γειτνιώσας ἐπαύλεις παρελθόντες παρεκάλουν ἐπὶ τὴν ἐλευθερίαν τοὺς δούλους· καὶ ἐν αὐτῇ τῇ νυκτὶ συνέδραμον πλείους τῶν ρκʹ. Καὶ καταλαβόμενοι χωρίον φύσει ὀχυρόν, τοῦτο μᾶλλον ἐπωχύρωσαν, προσδεξάμενοι καὶ ἑτέρους δούλους ὡπλισμένους πʹ.

Ὁ δὲ στρατηγὸς τῆς ἐπαρχίας Λικίνιος

8 δημοσιωνῶν A : δημοσίων M || **11** δουλεύῃ M : δουλεύοι A || **17** ἀξιώμασι A : ἀξιώματι M || **20** χάριτι Dindorf : χάρισι *codd.* || **21** τῷ A : τὸ M || **23** Συρακουσῶν A : συκουσῶν M || **27** ἐκδήλου A²M : *quid prius praeb.* A *non liquet* || γινομένης A : γενομένης M || **28** Ἁλικυαίων Dindorf : Ἀγκυλίων *codd.*

en hâte contre eux et les assiégea, mais sa tentative ne réussit pas. Et comme il voyait que le poste était imprenable par la force, il chercha du côté de la trahison; en lui promettant de lui laisser la vie sauve, il décida Gaius Titinius, surnommé Gadaius; cet individu, deux ans auparavant, avait été condamné à mort et il avait échappé à l'exécution; il vivait de brigandage, tuant [388 a] beaucoup d'hommes libres de la région sans vexer aucun des esclaves; Nerva eut en lui l'instrument de son dessein. Avec un bon nombre d'esclaves fidèles à lui, Titinius s'avança vers le poste des mutins comme pour prendre part à la bataille contre les Romains; reçu avec bienveillance et amitié, il fut même choisi comme chef à cause de son courage et il livra la position. Certains des révoltés furent tués en combattant; les autres, craignant le châtiment qui suivrait leur capture, se jetèrent dans un précipice. La première sédition d'esclaves fut donc anéantie de la manière qu'on vient de dire.

Les soldats une fois renvoyés chez eux, il arriva des gens qui annonçaient que Publius Clonius, chevalier romain, avait été égorgé par ses esclaves révoltés au nombre de quatre-vingts et que ceux-ci organisaient une bande. Trompé par les conseils d'autres gens, le gouverneur, dont la plupart des soldats étaient déjà démobilisés, donnait par ses tergiversations le temps aux révoltés pour consolider leur position. Il se mit en marche avec les hommes dont il disposait et, franchissant l'Alba, il passa à côté des mutins qui se tenaient sur une hauteur nommée le mont Caprianus et il atteignit la ville d'Héraclée[1]. Du fait donc que le gouverneur n'attaquait pas, les mutins lui firent une réputation de couardise et ils se mirent à provoquer de l'agitation chez beaucoup d'esclaves. Ils accouraient en grand

1. Sur Héraclée de Sicile, cf. Ziegler, s. v. *Herakleia*, n. 28, in *R. E.*, t. VIII, 1913, col. 436-439. Sur les événements dont il est question ici, cf. col. 439.

Νερούας κατὰ τάχος αὐτοῖς ἐπελθὼν καὶ πολιορκῶν ἄπρακτον ἔσχε τὴν σπουδήν. Ἐπεὶ δὲ βίᾳ ἀνάλωτον τὸ φρούριον ἑώρα, ἐπὶ τὴν προδοσίαν ὁρᾷ, καὶ σωτηρίας ὑποσχέσεσι Γάϊον Τιτίνιον ἐπικαλούμενον Γαδαῖον ἀναπείσας (ἦν δ' οὗτος πρὸ δυεῖν ἐτῶν καταδικασθεὶς μὲν θανάτῳ, τὴν τιμωρίαν δ' ἐκφυγὼν καὶ πολλοὺς τῶν κατὰ [388 a] τὴν χώραν ἐλευθέρων κατὰ ληστείαν ἀναιρῶν, οὐδένα δὲ τῶν οἰκετῶν παραλυπῶν) εἶχεν ὑπηρέτην τοῦ σκοποῦ. Οὗτος ἔχων αὐτῷ πιστοὺς οἰκέτας ἱκανοὺς πρόσεισι τῷ φρουρίῳ τῶν ἀποστατῶν ὡς δὴ συμμεθέξων τοῦ κατὰ Ῥωμαίων πολέμου· εὐμενῶς δὲ καὶ φιλοφρόνως προσδεχθεὶς ᾑρέθη διὰ τὴν ἀνδρείαν καὶ στρατηγός, καὶ προὔδωκε τὸ φρούριον. Τῶν δ' ἀποστατῶν οἱ μὲν μαχόμενοι κατεκόπησαν, οἱ δὲ τὴν ἀπὸ τῆς ἁλώσεως δεδιότες τιμωρίαν ἑαυτοὺς κατεκρήμνισαν. Ἡ μὲν οὖν πρώτη τῶν δραπετῶν στάσις κατελύθη τὸν εἰρημένον τρόπον.

Τῶν δὲ στρατιωτῶν πρὸς τὰ οἰκεῖα ἤθη ἀπολυθέντων, ἧκόν τινες ἀπαγγέλλοντες ὅτι Πόπλιον Κλόνιον, γενόμενον ἱππέα Ῥωμαίων, ἐπαναστάντες οἱ δοῦλοι κατέσφαξαν ὀγδοήκοντα ὄντες, καὶ ὅτι πλῆθος ἀγείρουσι. Καὶ ὁ μὲν στρατηγὸς ἑτέρων βουλαῖς παρακρουσθείς, ἤδη καὶ τῶν πλείστων στρατιωτῶν ἀπολελυμένων, καιρὸν παρεῖχε διὰ τῆς ἀναβολῆς τοῖς ἀποστάταις βέλτιον αὑτοὺς ἀσφαλίσασθαι. Προῆγε δὲ μετὰ τῶν ἐνόντων στρατιωτῶν, καὶ διαβὰς τὸν Ἄλβαν ποταμὸν παρῆλθε τοὺς ἀποστάτας διατρίβοντας ἐν ὄρει καλουμένῳ Καπριανῷ, καὶ κατήντησεν εἰς πόλιν Ἡράκλειαν. Ἐκ γοῦν τοῦ μὴ προσβαλεῖν αὐτοῖς τὸν στρατηγὸν ἀτολμίαν αὐτοῦ διαφημίσαντες συχνοὺς ἀνέσειον τῶν οἰκετῶν. Καὶ πολλῶν συρ-

38 τὸ M || *om.* A.

[388 a] **3** αὐτῷ *edd.* : αὐτῷ M *et* A *ut vid.* αὑτοῦ A² || **4** τῶν M : καὶ τῶν A || **4-7** ὡς — ἀποστατῶν A⁵ *mg* M : *om.* A || **16** στρατιωτῶν ἀπολελυμένων M : *om.* A || **17** αὑτοὺς *edd.* : αὐτοὺς *codd.* || **21** γοῦν A : γὰρ M.

nombre et on les équipait pour la guerre comme on le pouvait ; dans les sept premiers jours, on en arma plus de huit cents ; tout de suite après, ils ne furent pas loin de deux mille ; informé à Héraclée de cet accroissement de leurs effectifs, le gouverneur désigna Marcus Titinius pour commander l'opération et il lui donna comme troupes les six cents hommes de la garnison d'Enna. Titinius livra bataille aux révoltés qui avaient l'avantage du nombre et du terrain difficile ; il fut mis en déroute avec ses hommes dont beaucoup furent tués tandis que les autres, jetant leurs armes, eurent peine à trouver leur salut dans la fuite. Et les mutins, qui avaient recueilli d'un seul coup quantité d'armes et une victoire, attaquèrent à leur tour avec plus d'audace, tous les esclaves étant exaltés à l'idée de la révolte. Nombre d'entre eux quittaient leurs maîtres chaque jour ; leurs effectifs grossissaient vite et dans des proportions inouïes si bien qu'en quelques jours ils furent plus de six mille ; c'est alors qu'ils se réunirent en assemblée et, quand leur dessein eut été expliqué, ils commencèrent par se choisir [388 b] pour roi l'homme appelé Salvius qu'on croyait versé dans l'art augural et qui entrait en transes en jouant de la flûte [1] dans les spectacles destinés aux femmes.

Devenu roi, il évita les villes qu'il jugeait paresseuses et molles ; il partagea les révoltés en trois corps et donna à chacun un chef ; il leur ordonna de battre le pays et de se retrouver tous à un même endroit et à un même moment. Leur raid les ayant, en un rien de temps, bien pourvus en bêtes et notamment en chevaux, ils équipèrent plus de deux mille cavaliers et pas moins de vingt mille fantassins qui se distinguaient déjà par leur entraînement au combat. Ils lancèrent donc une attaque brusquée sur la ville forte de Morgantine et ils lui livrèrent de vigoureux et continuels assauts.

Et le gouverneur, qui faisait route vers la ville pour

1. La leçon αὐλομανοῦντα de AM me paraît offrir un sens satisfaisant. Il semble bien que ce soit un *hapax*, mais c'est aussi une *lectio difficilior* en face de αὐλοῦντα de Scaliger et de ὑλομανοῦντα de Wesseling.

ρεόντων καὶ τὸν δυνατὸν τρόπον εἰς μάχην παρασκευαζομένων, ἐν ἑπτὰ ταῖς πρώταις ἡμέραις καθωπλίσθησαν πλείους τῶν ὀκτακοσίων, ἐφεξῆς δ' ἐγένοντο τῶν δισχιλίων οὐκ ἐλάττους· πυθόμενος δ' ἐν Ἡρακλείᾳ τὴν αὔξησιν αὐτῶν ὁ στρατηγὸς ἡγεμόνα προεχειρίσατο Μάρκον Τιτίνιον, δοὺς αὐτῷ στρατιώτας τοὺς ἐκ τῆς Ἔννης φρουροὺς ἑξακοσίους. Οὗτος δὲ μάχῃ προσβαλὼν τοῖς ἀποστάταις, ἐπεὶ καὶ τῷ πλήθει καὶ ταῖς δυσχωρίαις ἐπλεονέκτουν ἐκεῖνοι, ἐτράπη σὺν τοῖς περὶ αὐτόν, πολλῶν μὲν ἀναιρεθέντων, τῶν δὲ λοιπῶν ῥιψάντων τὰ ὅπλα καὶ φυγῇ μόλις διασωθέντων. Καὶ οἱ ἀποστάται ὅπλων τε εὐπορήσαντες τοσούτων ἀθρόον καὶ νίκης, θρασύτερον εἴχοντο τῶν ἔργων, καὶ πάντες τῶν δούλων ἐμετεωρίζοντο πρὸς ἀπόστασιν. Καὶ πολλῶν καθ' ἡμέραν ἀφισταμένων σύντομον καὶ παράδοξον ἐλάμβανον αὔξησιν, ὡς ἐν ὀλίγαις ἡμέραις πλείους γενέσθαι τῶν ἑξακισχιλίων, ὅτε δὴ καὶ εἰς ἐκκλησίαν συνελθόντες καὶ βουλῆς προτεθείσης, πρῶτον μὲν εἵλαντο βασιλέα τὸν
[388 b] ὀνομαζόμενον Σαλούϊον δοκοῦντα τῆς ἱεροσκοπίας ἔμπειρον εἶναι καὶ ταῖς γυναικείαις θέαις αὐλομανοῦντα.

Οὗτος βασιλεύσας τὰς μὲν πόλεις ἀργίας καὶ τρυφῆς νομίζων ἐξέκλινεν, εἰς τρία δὲ μερίσας τοὺς ἀποστάτας, καὶ ἴσους ἡγεμόνας ἐγκαταστήσας ταῖς μερίσι, προσέταξεν ἐπιέναι τὴν χώραν καὶ πρὸς ἕνα τόπον καὶ καιρὸν ἅπαντας ἀπαντᾶν. Διὸ πολλῶν ἐκ τῆς ἐπελασίας ἄλλων τε ζῴων καὶ ἵππων εὐπορήσαντες, ἐν ὀλίγῳ χρόνῳ κατεσκευάσθησαν ἱππεῖς μὲν πλείους τῶν δισχιλίων, πεζοὶ δὲ οὐκ ἐλάττους τῶν δισμυρίων, ἤδη καὶ γυμνασίαις πολεμικαῖς ἐνδιαπρέποντες. Προσπεσόντες οὖν ἄφνω πόλει ὀχυρᾷ Μοργαντίνῃ προσβολὰς ἐνεργεῖς καὶ συνεχεῖς ἐποιοῦντο.

Ὁ δὲ στρατηγὸς ὡς βοηθήσων

31 δυσχωρίαις A : δυσχερείαις M.

[388 b] **2** αὐλομανοῦντα *codd.* : ὑλομανοῦντα Wesseling αὐλοῦντα Scaliger || **3-4** οὗτος — ἐξέκλινεν A : *om.* M || **13** βοηθήσων A : βοηθῶν M.

la secourir, marcha de nuit avec environ dix mille hommes levés en Italie et en Sicile ; il surprit les mutins occupés au siège ; il attaqua leur camp où il trouva une faible garnison mais une foule de captives et quantité de toute autre sorte de butin. Il prit aisément leur camp, le pilla et poussa vers Morgantine[1], mais les révoltés, contre-attaquant aussitôt et bénéficiant d'une position plus favorable, foncèrent avec violence et eurent aussitôt le dessus. Les troupes du gouverneur furent mises en fuite.

Le roi des révoltés avait ordonné dans une proclamation de ne tuer aucun de ceux qui jetaient leurs armes ; la plupart des soldats les jetaient dans leur fuite. L'ennemi ainsi vaincu, Salvius reprit son campement, remporta une brillante victoire et s'empara d'une grande quantité d'armes. Au cours du combat, il n'y eut, grâce à l'humanité de la proclamation, que six cents Italiotes et Siciliens tués ; environ quatre mille furent faits prisonniers.

Salvius, à la suite de son succès, vit affluer les gens vers lui ; il doubla ses propres effectifs, se rendit maître des campagnes et entreprit à nouveau le siège de Morgantine après avoir proclamé qu'il accorderait la liberté aux esclaves de cette ville. Leurs maîtres la leur offrirent aussi à condition de se battre à leurs côtés ; les esclaves préférèrent la liberté offerte par leurs maîtres, ils se

1. Sur l'histoire de cette ville et sur son emplacement, cf. K. Ziegler, s. v. *Morgantina*, in *R. E.*, t. XVI, 1935, col. 299-301. Sur les vicissitudes qu'elle connut durant la guerre servile, cf. col. 300.

τῇ πόλει ἐπελθών, νυκτοπορίᾳ χρησάμενος, ἔχων μεθ' ἑαυτοῦ Ἰταλιώτας τε καὶ ἐκ Σικελίας σχεδὸν στρατιώτας μυρίους, κατέλαβε τοὺς ἀποστάτας ἀσχολουμένους περὶ τὴν πολιορκίαν, καὶ ἐπιθέμενος αὐτῶν τῇ παρεμβολῇ, καὶ εὑρὼν ὀλίγους μὲν τοὺς φυλάττοντας, πλῆθος δὲ γυναικῶν αἰχμαλώτων καὶ λείας ἄλλης παντοδαποῦς, ῥᾳδίως ἐξεῖλε τὴν στρατοπεδείαν. Καὶ ταύτην μὲν διήρπασεν, ἐπὶ δὲ τὴν Μοργαντίνην ἦγεν. Οἱ δ' ἀποστάται ἐξαίφνης ἀντεπιθέμενοι καὶ ὑπερδέξιον τὴν τάξιν ἔχοντες, βιαίως τε ἐπιρράξαντες εὐθὺς ἐπὶ προτερήματος ἦσαν. Οἱ δὲ τοῦ στρατηγοῦ ἐτράπησαν πρὸς φυγήν.

Τοῦ δὲ βασιλέως τῶν ἀποστατῶν κήρυγμα ποιησαμένου μηδένα κτείνειν τῶν τὰ ὅπλα ῥιπτόντων, οἱ πλεῖστοι ῥίπτοντες ἔφευγον. Καὶ τούτῳ τῷ τρόπῳ καταστρατηγήσας τοὺς πολεμίους ὁ Σαλούϊος τήν τε παρεμβολὴν ἀνεκτήσατο, καὶ περιβόητον νίκην ἀπενεγκάμενος πολλῶν ὅπλων ἐκυρίευσεν. Ἀπέθανον δὲ ἐν τῇ μάχῃ τῶν Ἰταλιωτῶν τε καὶ Σικελῶν οὐ πλείους ἑξακοσίων διὰ τὴν τοῦ κηρύγματος φιλανθρωπίαν, ἑάλωσαν δὲ περὶ τετρακισχιλίους.

Ὁ δὲ Σαλούϊος, πολλῶν πρὸς αὐτὸν ἀπὸ τοῦ κατορθώματος συρρεόντων, διπλασιάσας τὴν ἰδίαν δύναμιν, ἐκράτει τῶν ὑπαίθρων, καὶ πολιορκεῖν πάλιν ἐπεχείρει τὴν Μοργαντῖναν, κήρυγματι δοὺς τοῖς ἐν αὐτῇ δούλοις τὴν ἐλευθερίαν. Τῶν δὲ κυρίων ἀντιπροτεινόντων αὐτοῖς ταύτην, εἰ σφίσι συναγωνίσαιντο, εἵλοντο μᾶλλον τὴν ἀπὸ τῶν κυρίων,

15 Ἰταλιώτας A^2M : *quid prius praeb.* A *non liquet* ‖ **16** κατέλαβε M : *om.* A ‖ **19** παντοδαποῦς AM : παντοδαπῆς A^2 ‖ **22** τάξιν M : στάσιν A ‖ **23** ἐπιρράξαντες AM : ἐπαρράξαντες A^2 ‖ ἐπὶ Scaliger : ὑπὸ *codd.* ‖ **26** ῥιπτόντων A^1 : ῥιπτούτων AM ‖ **27** ῥίπτοντες A : ῥιπτοῦντες M ‖ τούτῳ τῷ A^1 : τούτῳ AM ‖ **34** αὐτὸν A : αὐτῶν M ‖ **36** κηρύγματι Rhodoman : κήρυγμα *codd.* ‖ **38** ἀντιπροτεινόντων M : ἀντιπαρατεινόντων A.

battirent avec vaillance et brisèrent le siège, mais le gouverneur, en leur refusant après coup la liberté promise, [389 a] fit passer la plupart d'entre eux dans le camp des mutins.

Dans les régions d'Égeste et de Lilybée, comme en d'autres territoires voisins, les foules d'esclaves étaient contaminées par l'idée de rébellion. Un certain Athénion se fit leur chef ; c'était un homme d'un courage peu commun, il était d'origine cilicienne. Cet Athénion était intendant chez deux frères immensément riches et il était très versé en astrologie ; il convainquit d'abord ceux des esclaves qui étaient sous ses ordres — ils étaient environ deux cents — puis les esclaves du voisinage, de sorte qu'en cinq jours il en eut groupé plus de mille. Élu roi par eux, il ceignit le diadème et adopta une attitude opposée à celle de tous les autres mutins. Il n'acceptait pas, en effet, tous ceux qui quittaient leurs maîtres, mais seulement les meilleurs dont il faisait des soldats ; les autres, il les forçait à rester à leurs travaux habituels et à s'occuper chacun de son propre domaine et de sa place : c'est d'eux qu'il tirait des approvisionnements abondants pour ses troupes. Il feignait que les dieux lui prédisaient par les astres qu'il serait roi de toute la Sicile ; c'était pour cela qu'il fallait ménager le pays lui-même, son bétail et ses récoltes comme des biens personnels.

Finalement, il rassembla plus de dix mille hommes et il eut l'audace d'assiéger la place inexpugnable de Lilybée. Comme il ne réussissait pas à la prendre, il leva le siège en disant que les dieux le lui ordonnaient et qu'en restant au siège, ils éprouveraient un revers. Comme il prenait ses dispositions pour s'éloigner de la ville, débar-

καὶ προθύμως ἀγωνισάμενοι ἀπετρίψαντο τὴν πολιορκίαν. Ὁ δὲ στρατηγὸς μετὰ ταῦτα τὴν ἐλευθερίαν [389 a] ἀνατρέψας αὐτομολῆσαι τοὺς πλείστους παρεσκεύασε τοῖς ἀποστάταις.

Περὶ δὲ τὴν Αἰγεσταίων καὶ Λιλυβαϊτῶν χώραν, ἔτι δὲ τῶν ἄλλων τῶν πλησιοχώρων, ἐνόσει πρὸς ἀπόστασιν τὰ πλήθη τῶν οἰκετῶν. Γίνεται δὲ τούτων ἀρχηγὸς Ἀθηνίων ὄνομα, ἀνὴρ ἀνδρείᾳ διαφέρων, Κίλιξ τὸ γένος. Οὗτος οἰκονόμος ὢν δυοῖν ἀδελφῶν μεγαλοπλούτων, καὶ τῆς ἀστρομαντικῆς πολλὴν ἔχων ἐμπειρίαν, ἔπεισε τῶν οἰκετῶν πρῶτον μὲν τοὺς ὑφ' ἑαυτὸν τεταγμένους, περὶ διακοσίους ὄντας, ἔπειτα τοὺς γειτνιῶντας, ὥστε ἐν πέντε ἡμέραις συναχθῆναι πλείους τῶν χιλίων. Ὑπὸ δὲ τούτων αἱρεθεὶς βασιλεὺς καὶ διάδημα περιθέμενος, ἐναντίαν τοῖς ἄλλοις ἅπασιν ἀποστάταις τὴν διάθεσιν ἐποιεῖτο. Οὐ γὰρ προσεδέχετο πάντας τοὺς ἀφισταμένους, ἀλλὰ τοὺς ἀρίστους ποιούμενος στρατιώτας, τοὺς ἄλλους ἠνάγκαζε μένοντας ἐπὶ τῶν προγεγενημένων ἐργασιῶν ἐπιμελεῖσθαι τῆς ἰδίας ἕκαστον οἰκονομίας καὶ τάξεως, ἐξ ὧν καὶ τροφὰς ἀφθόνους τῶν στρατιωτῶν ἐχορηγεῖτο. Προσεποιεῖτο δὲ τοὺς θεοὺς αὐτῷ διὰ τῶν ἄστρων προσημαίνειν ὡς ἔσοιτο τῆς Σικελίας συμπάσης βασιλεύς· διὸ δεῖν αὐτῆς τε τῆς χώρας καὶ τῶν ἐν αὐτῇ ζῴων τε καὶ καρπῶν ὡς ἰδίων φείδεσθαι.

Τέλος, ἀθροίσας ὑπὲρ τοὺς μυρίους ἐτόλμησε πόλιν ἀπόρθητον τὸ Λιλύβαιον πολιορκεῖν. Μηδὲν δὲ ἀνύων, μετανίστατο αὐτῆς, εἰπὼν αὐτῷ τοὺς θεοὺς τοῦτο ἐπιτάττειν· ἐπιμένοντας γὰρ τῇ πολιορκίᾳ δυστυχήματος πειραθῆναι. Παρασκευαζομένου δὲ αὐτοῦ τὴν ἀπὸ τῆς

[389 a] **1** παρεσκεύασε A^2 : παρασκευάσαι M *et* A *ut vid.* || **7** δυοῖν A^1M : *quid prius praeb.* A *non liquet* || **9** τεταγμένους A^2M : τεταμμένους A || **19** θεοὺς M : *om.* A || **20** Σικελίας A : βασιλείας M || **21** αὐτῆς A^2M : αὐτοῖς A || **23** πόλιν A : πάλιν M || **25** μετανίστατο M : ἀνίστατο A || **26** γὰρ *codd.* : γὰρ ἂν Herwerden.

quèrent des gens qui amenaient dans leurs bateaux des auxiliaires maures envoyés au secours de Lilybée sous le commandement d'un nommé Gomon. Celui-ci et ses troupes attaquèrent de nuit à l'improviste les hommes d'Athénion occupés à faire mouvement ; ils en tuèrent beaucoup, en blessèrent quelques-uns et retournèrent vers la ville ; aussi les mutins furent-ils en admiration devant la prédiction tirée des astres.

La Sicile tout entière était en proie au désordre et à une Iliade de calamités. Car ce n'étaient pas seulement les esclaves mais aussi les hommes libres réduits à la misère qui se livraient au vol et vivaient en hors la loi, tuant sans scrupule esclaves et hommes libres qu'ils rencontraient pour que personne ne dénonçât leur folie. Aussi tous les habitants des villes considéraient-ils que [389 b] les biens qu'ils avaient dans l'enceinte étaient encore tout juste à eux et que ceux qu'ils avaient hors les murs appartenaient à autrui et étaient à la merci des violences qui bravaient la loi ; et beaucoup d'autres entreprises audacieuses étaient en Sicile le fait de beaucoup de gens[1].

Quant à Salvius, qui avait assiégé Morgantine, il fit des incursions dans tout le pays jusqu'à la plaine de Léontium ; il regroupa toute son armée qui ne comptait pas moins de trente mille soldats d'élite, il sacrifia aux héros Paliques[2], il leur dédia une de ses robes bordées de pourpre pour les remercier de sa victoire, il se proclama roi et il se faisait appeler Tryphon par les mutins. Il pensait à s'emparer de Triocala et à s'y construire un

1. Le texte de Photius (387 b 2-389 b 4) est notre seul témoin pour le récit de ces épisodes par Diodore. Cf. Walton, t. XII, p. 150-162.

2. Correction de Wesseling qui s'impose devant ἰταλικοῖς des manuscrits. Les Paliques étaient des héros qui avaient leur culte dans la région de l'actuelle Palagonia. Cf. Ziegler, s. v. *Palikoi*, in *R. E.*, t. XIII, 1949, col. 100-123, et Bloch, s. v. *Palikoi*, dans Roscher, t. III, col. 1281-1295.

πόλεως ἀναχώρησιν κατέπλευσάν τινες ἐν ταῖς ναυσὶ κομίζοντες ἐπιλέκτους Μαυρουσίους, οἳ ἐπὶ βοήθειαν ἦσαν ἀπεσταλμένοι τοῖς Λιλυβαΐταις, ἔχοντες ἡγούμενον ὃς ὠνομάζετο Γόμων. Οὗτος σὺν τοῖς ἅμ' αὐτῷ κατὰ νύκτα καὶ ἀνελπίστως ἐπιθέμενος τοὺς περὶ Ἀθηνίωνα ὁδοιποροῦντας, πολλοὺς καταβαλόντες, οὐκ ὀλίγους δὲ τραυματίσαντες εἰς τὴν πόλιν ἐπανῆλθον. Διόπερ οἱ ἀποστάται τὴν ἐκ τῆς ἀστρομαντείας πρόρρησιν ἐθαύμαζον.

Εἶχε δὲ τὴν Σικελίαν πᾶσαν σύγχυσις καὶ κακῶν Ἰλιάς. Οὐ γὰρ οἱ δοῦλοι μόνον ἀλλὰ καὶ τῶν ἐλευθέρων οἱ ἄποροι πᾶσαν ἁρπαγὴν καὶ παρανομίαν ἐργαζόμενοι, καὶ τοὺς περιτυγχάνοντας δούλους τε καὶ ἐλευθέρους, ὅπως μηδεὶς ἀπαγγέλλοι τὴν περὶ αὐτοὺς ἀπόνοιαν, ἐφόνευον ἀναιδῶς. Διὸ καὶ πάντες οἱ κατὰ τὰς πόλεις [389 b] ὑπελάμβανον τὰ μὲν ἐντὸς τειχῶν μόλις εἶναι ἴδια, τὰ δ' ἐκτὸς ἀλλότρια καὶ δοῦλα τῆς παρανόμου χειροκρασίας· καὶ ἄλλα δὲ πολλὰ πολλοῖς ἄτοπα κατὰ τὴν Σικελίαν ἐτολμᾶτο.

Ὁ δὲ τὴν Μοργαντίνην πολιορκήσας Σαλούϊος, ἐπιδραμὼν τὴν χώραν μέχρι τοῦ Λεοντίνου πεδίου, ἤθροισεν αὐτοῦ τὸ σύμπαν στράτευμα, ἐπιλέκτους ἄνδρας οὐκ ἐλάττους τῶν τρισμυρίων, καὶ θύσας τοῖς Παλικοῖς ἥρωσι τούτοις μὲν ἀνέθηκε μίαν τῶν ἁλουργῶν περιπορφύρων στολὴν χαριστήρια τῆς νίκης, αὐτὸς δὲ ἀναγορεύσας ἑαυτὸν βασιλέα, Τρύφων μὲν ὑπὸ τῶν ἀποστατῶν προσηγορεύετο, διανοούμενος δὲ τὰ Τριόκαλα καταλαβέσθαι καὶ κατασκευάσαι βασίλεια, πέμπει καὶ

31 οὗτος A²M : οὕτως A ‖ ἅμ' M : *om.* A ‖ **32** κατὰ — ἐπιθέμενος A : *om.* M ‖ **35** ἐκ A : ἀπὸ M ‖ **37** πᾶσαν M : πᾶσα A ‖ **42** ἀναιδῶς *codd.* : ἀνέδην Herwerden.

[389 b] **3** πολλοῖς A¹M : δὲ πολλοῖς A ‖ **7** αὐτοῦ Bekker : αὐτοῦ *codd.* ‖ **8** τῶν A : *om.* M ‖ Παλικοῖς Wesseling : ἰταλικοῖς *codd.* ‖ **11-12** Τρύφων — προσηγορεύετο Bekker : Τρύφωνα (Τρόφωνα M) μετὰ τῶν ἀποστατῶν προσηγάγετο AM ‖ **12** Τριόκαλα M : Τριόκελα A.

palais royal; il envoya aussi un message à Athénion pour le mander auprès de lui comme un roi qui convoque un général.

Tout le monde donc pensait qu'Athénion lui contesterait le rang suprême et que, grâce à la mésentente entre les mutins, la guerre serait aisément liquidée; mais la fortune, renforçant comme à dessein les forces des esclaves déserteurs, fit que leurs chefs s'accordèrent. En effet, Tryphon arriva rapidement à Triocala avec son armée; Athénion arriva de son côté avec trois mille hommes et se mit aux ordres de Tryphon comme un général se met aux ordres d'un roi, après avoir envoyé le reste de ses troupes battre le pays et exciter les esclaves à la révolte[1].

Plus tard, Tryphon, soupçonnant qu'Athénion s'en prendrait à lui à la première occasion, le mit sous garde. La place où il le gardait était forte mais Tryphon voulut lui donner un équipement coûteux et la fortifier davantage. Triocala[2] porte ce nom, dit l'auteur, parce qu'on y voit trois sortes de beautés : d'abord, des eaux de source abondantes et d'une douceur rare, ensuite, une campagne toute proche plantée de vignes et d'oliviers où on pourrait faire de bien belles cultures; en troisième lieu, une défense sans pareille, comme qui dirait un énorme rocher inexpugnable; Tryphon y ajouta une enceinte de huit stades et creusa un fossé profond; il en fit une résidence royale qui regorgeait de tous les approvisionnements vitaux. Il construisit aussi un palais royal et aménagea une place qui pouvait accueillir une foule considérable. Il choisit les plus capables de ceux qui se distinguaient par leur intelligence, il les nomma ses conseillers et les fit siéger auprès de lui; il portait une toge bordée de pourpre; il revêtait la tunique laticlave [390 a] dans l'exercice de ses fonctions; il avait des licteurs armés de haches qui le précédaient et il affichait

1. On se souviendra d'un cas analogue, celui de Cléon et d'Eunous. évoqué plus haut dans un autre épisode de la guerre servile (Bekker, p. 383 b 35; *supra*, p. 152).

2. Sur l'histoire et l'emplacement de cette ville, cf. K. Ziegler, s. v. *Triokala*, in *R. E.*, 2e sér., t. VII, 1939, col. 166-168.

πρὸς Ἀθηνίωνα, μεταπεμπόμενος αὐτὸν ὡς στρατηγὸν βασιλεύς.

Πάντες μὲν οὖν ὑπελάμβανον τὸν Ἀθηνίωνα τῶν πρωτείων ἀντιποιήσεσθαι, καὶ διὰ τὴν στάσιν τῶν ἀποστατῶν ῥᾳδίως καταλυθήσεσθαι τὸν πόλεμον· ἡ δὲ τύχη καθάπερ ἐπίτηδες αὔξουσα τὰς τῶν δραπετῶν δυνάμεις, ὁμονοῆσαι τοὺς τούτων ἡγεμόνας ἐποίησεν. Ἧκε μὲν γὰρ συντόμως μετὰ τῆς δυνάμεως ἐπὶ τὰ Τριόκαλα ὁ Τρύφων, ἧκε δὲ καὶ Ἀθηνίων μετὰ τρισχιλίων, ὑπακούων ὡς στρατηγὸς βασιλεῖ τῷ Τρύφωνι, τὴν ἄλλην αὐτοῦ δύναμιν κατατρέχειν τὴν χώραν καὶ ἀνασείειν πρὸς ἀπόστασιν τοὺς οἰκέτας ἀπεσταλκώς. Μετὰ δὲ ταῦτα ὑπονοήσας ὁ Τρύφων τὸν Ἀθηνίωνα ἐπιθήσεσθαι ἐν καιρῷ παρέδωκεν εἰς φυλακήν. Τὸ δὲ φρούριον ὀχυρώτατον ὂν κατεσκεύαζε πολυτελέσι κατασκευαῖς καὶ ἐπὶ μᾶλλον ὠχύρου. Τριόκαλα δὲ αὐτό φησιν ὠνομάσθαι διὰ τὸ τρία καλὰ ἔχειν, πρῶτον μὲν ναματιαίων ὑδάτων πλῆθος, διαφόρων τῇ γλυκύτητι, δεύτερον παρακειμένην χώραν ἀμπελόφυτόν τε καὶ ἐλαιόφυτον καὶ γεωργεῖσθαι δυναμένην θαυμαστῶς, τρίτον ὑπερβάλλουσαν ὀχυρότητα, ὡς ἂν οὔσης μεγάλης πέτρας ἀναλώτου· ἣν καὶ περιβόλῳ πόλεως σταδίων ὀκτὼ προσπεριβαλὼν καὶ ταφρεύσας βαθείᾳ τάφρῳ, βασιλείοις ἐχρῆτο, πάσῃ ἀφθονίᾳ τῶν κατὰ τὸν βίον ἁπάντων πεπληρωμένην. Κατεσκεύασε δὲ καὶ βασιλικὴν οἰκίαν καὶ ἀγορὰν δυναμένην δέξασθαι πλῆθος ἀνθρώπων. Ἐξελέξατο δὲ καὶ τῶν φρονήσει διαφερόντων ἀνδρῶν τοὺς ἱκανούς, οὓς ἀποδείξας συμβούλους ἐχρῆτο συνέδροις αὐτοῖς· τήβεννάν τε περιπόρφυρον περιεβάλλετο καὶ πλατύσημον ἔδυ χιτῶνα κατὰ τοὺς χρηματισμούς, καὶ
[390 a] ῥαβδούχους εἶχε μετὰ πελέκεων τοὺς προηγουμέ-

16 ἀντιποιήσεσθαι M : ἀντιποιήσασθαι A ‖ **20** μετὰ τῆς δυνάμεως A : *om.* M ‖ **30** ναματιαίων A²M : ἁματιαίων A ‖ **37** ἁπάντων A : ἅπαντα M ‖ **40** συμβούλους A²M : *quid prius praeb.* A *non liquet.*

tous les autres attributs qui font et ornent la dignité royale.

Le Sénat romain désigna pour faire la guerre aux mutins Lucius Licinius Lucullus qui avait quatorze mille soldats romains et italiens, huit cents Bithyniens, Thessaliens et Acarnaniens et six cents Lucaniens que commandait Cleptius, un bon chef renommé pour son courage ; il avait encore six cents autres hommes. Au total, seize mille soldats[1] avec lesquels il gagna la Sicile.

Tryphon, qui avait déchargé Athénion de l'accusation qu'il avait portée contre lui, faisait ses plans de guerre contre les Romains. Il était d'avis de se battre à Triocala, mais Athénion conseillait de ne pas se laisser enfermer pour soutenir un siège et de se battre en rase campagne. Ce dernier parti l'emporta et ils campèrent près de Skirthaia ; ils n'étaient pas moins de quarante mille hommes ; le camp romain était à douze stades du leur.

Il y eut d'abord de fréquentes escarmouches ; ensuite, les deux armées se firent face ; la bataille penchait tantôt d'un côté tantôt de l'autre et beaucoup d'hommes tombaient dans les deux camps ; entouré de deux cents cavaliers qui se battaient à ses côtés, Athénion était vainqueur et il couvrit de cadavres tout le terrain autour de lui ; mais déjà blessé aux deux genoux, une troisième blessure le mit hors de combat ; dès lors, le courage des esclaves tomba et ils prirent la fuite. Athénion laissé pour mort ne fut pas découvert ; il fit le mort et, la nuit venue, il se sauva. Les Romains remportèrent

1. Cette correction de Wesseling a pour elle le fait que le nombre de seize mille est le chiffre rond le plus proche du total qu'on obtient en additionnant les données numériques de 390 a 4-11.

νους, καὶ τἄλλα πάντα ὅσα ποιοῦσί τε καὶ ἐπικοσμοῦσιν ἐπετήδευε βασιλείαν.

Προχειρίζεται δὲ κατὰ τῶν ἀποστατῶν ἡ σύγκλητος τῶν Ῥωμαίων Λεύκιον Λικίνιον Λούκουλλον, ἔχοντα στρατιώτας μυρίους μὲν καὶ τετρακισχιλίους Ῥωμαίους καὶ Ἰταλούς, Βιθυνοὺς δὲ καὶ Θετταλοὺς καὶ Ἀκαρνᾶνας ὀκτακοσίους, ἐκ δὲ τῆς Λευκανίας ἑξακοσίους ὧν ἡγεῖτο Κλέπτιος, ἀνὴρ στρατηγικὸς καὶ ἐν ἀνδρείᾳ περιβόητος, ἔτι δὲ καὶ ἑτέρους ἑξακοσίους, ὡς γενέσθαι σύμπαντας ἑξακισχιλίους καὶ μυρίους, οὓς ἔχων κατέλαβε τὴν Σικελίαν.

Ὁ δὲ Τρύφων ἀπολύσας Ἀθηνίωνα τῆς αἰτίας ἐβουλεύετο περὶ τοῦ πρὸς Ῥωμαίους πολέμου. Καὶ τῷ μὲν ἤρεσκεν ἐν τοῖς Τριοκάλοις ἀγωνίζεσθαι, Ἀθηνίων δὲ συνεβούλευε μὴ συγκλείειν ἑαυτοὺς εἰς πολιορκίαν, ἀλλ' ἐν ὑπαίθρῳ διαγωνίζεσθαι. Κρατησάσης δὲ ταύτης τῆς βουλῆς κατεστρατοπέδευσαν πλησίον Σκιρθαίας, ὄντες οὐκ ἐλάττους τῶν τετρακισμυρίων· ἀπεῖχε δ' αὐτῶν ἡ Ῥωμαίων παρεμβολὴ στάδια δώδεκα.

Τὸ μὲν οὖν πρῶτον ἐγίνοντο συνεχεῖς ἀκροβολισμοί· εἶτα παραταξαμένων ἑκατέρων, καὶ τῆς μάχης ὧδε κἀκεῖσε ῥεπούσης, καὶ πολλῶν ἑκατέρωθεν πιπτόντων, ὁ μὲν Ἀθηνίων ἔχων συναγωνιζομένους διακοσίους ἱππεῖς ἐπικρατῶν πάντα τὸν περὶ αὑτὸν τόπον νεκρῶν ἐπλήρωσε, τρωθεὶς δὲ εἰς ἀμφότερα τὰ γόνατα καὶ τρίτην λαβὼν ἄχρηστος ἐγένετο πρὸς τὴν μάχην, ἐξ οὗ οἱ δραπέται ταῖς ψυχαῖς πεσόντες πρὸς φυγὴν ἐτράπησαν. Ὁ δὲ Ἀθηνίων ὡς νεκρὸς ὢν ἔλαθε, καὶ προσποιηθεὶς τετελευτηκέναι τῆς νυκτὸς ἐπιλαβούσης διεσώθη. Ἐπεκράτησαν

[390 a] **5** Λούκουλλον A : Λεύκουλλον M || **7** Ἀκαρνᾶνας M : καρνάνας A || **10** ἑξακισχιλίους Wesseling : ἑπτακισχιλίους *codd.* || **16** ταύτης M : αὐτῆς A || **17** Σκιρθαίας M : Σκριθαίας A || **23** ἔχων M : *om.* A || ἐπικρατῶν A^2 : ἐπιλέκτων AM *et* A^x *s. v.* || **24** αὑτὸν *edd.* : αὐτὸν *codd.* || **25** τὰ A : *om.* M.

une victoire éclatante : les troupes de Tryphon et Tryphon lui-même avaient pris la fuite ; beaucoup de fuyards furent abattus et, en fin de compte, il n'y eut pas moins de vingt mille morts. A la faveur de la nuit, les survivants s'échappèrent en direction de Triocala.

Au reste, le préteur aurait pu facilement les massacrer aussi s'il les avait poursuivis. Mais le parti des esclaves avait été tellement affaibli qu'ils envisagèrent même de retourner chez leurs maîtres et de se rendre à eux ; toutefois, l'avis de ceux qui proposaient de lutter jusqu'au bout et de ne pas se rendre à leurs ennemis l'emporta. Dix jours plus tard, le préteur vint assiéger Triocala ; il tua du monde et en perdit ; il eut le dessous et battit en retraite et le moral des rebelles remonta. Soit [390 b] faiblesse, soit vénalité, le préteur n'atteignit aucun des objectifs qu'il aurait dû atteindre ; c'est pourquoi les Romains lui intentèrent plus tard un procès et il fut condamné.

Caïus Servilius, le préteur[1] qu'on envoya comme successeur à Lucullus, ne fit, lui non plus, rien de mémorable ; c'est pourquoi, comme Lucullus, il fut plus tard condamné à l'exil. Après la mort de Tryphon, Athénion prit sa succession ; tantôt il assiégeait des villes, tantôt il faisait impunément des raids dans tout le pays et il s'assura beaucoup d'avantages sans que Servilius réagît[2].

Un an se passa ; à Rome, Caius Marius fut élu consul pour la cinquième fois[3] avec Caius Aquilius ; des deux, ce fut Aquilius qu'on envoya prendre le commandement contre les mutins et, grâce à son courage personnel, il les vainquit dans un combat fameux. Il engagea la bataille contre le roi des rebelles Athénion lui-même et livra un combat héroïque contre lui. Il le tua ; lui-même

1. Préteur ou propréteur en Sicile en 102 a. C. Cf. Münzer, s. v. *C. Servilius*, n. 12, in *R. E.*, 2e sér., t. II, 1923, col. 1762-1764.

2. Le texte de Photius de 389 b 5 à 390 b 10 est notre seul témoin pour cette partie du récit de Diodore. Cf. Walton, t. XII, p. 164-172.

3. Année 101-100 a. C. Le collègue de Marius n'est pas Gaius, mais Manius Aquilius. Cf. Walton, t. XII, p. 173, note 1.

δὲ λαμπρῶς οἱ Ῥωμαῖοι, φυγόντων καὶ τῶν μετὰ Τρύφωνος καὶ αὐτοῦ ἐκείνου· καὶ πολλῶν κατὰ τὴν φυγὴν κοπέντων τέλος οὐκ ἐλάττους τῶν δισμυρίων ἀνῃρέθησαν. Οἱ δὲ λοιποὶ τῆς νυκτὸς συνεργούσης διέφυγον εἰς τὰ Τριόκαλα.

Καίτοι ῥᾷον ἦν ἐπιδιώξαντι τῷ στρατηγῷ καὶ τούτους ἀνελεῖν. Ἐπὶ τοσοῦτον δ' ἐτεταπείνωτο τὸ οἰκετικόν, ὥστε καὶ ἐβουλεύσαντο ἐπὶ τοὺς κυρίους ἐπαναδραμεῖν καὶ σφᾶς αὐτοῖς ἐγχειρίσαι· πλὴν ἐπεκράτησεν ἡ γνώμη τῶν μέχρι τελευτῆς ὑποθεμένων ἀγωνίσασθαι καὶ μὴ τοῖς ἐχθροῖς ἑαυτοὺς καταπροδοῦναι. Μετὰ δ' ἐνάτην ἡμέραν ὁ στρατηγὸς ἧκε πολιορκήσων τὰ Τριόκαλα καὶ τὰ μὲν ἀναιρῶν τὰ δὲ ἀναιρούμενος, ἔλαττον ἔχων ἀπηλλάγη, καὶ οἱ ἀποστάται αὖθις ἐφρονηματίζοντο. [390 b] Ἤνυε δὲ τῶν δεόντων ὁ στρατηγός, εἴτε διὰ ῥᾳστώνην εἴτε διὰ δωροδοκίαν οὐδέν, ἀνθ' ὧν καὶ δίκην ὕστερον κριθεὶς Ῥωμαίοις ἔδωκε.

Γάϊος δὲ Σερουΐλιος καταπεμφθεὶς στρατηγὸς διάδοχος Λουκούλλου οὐδ' αὐτός τι ἄξιον μνήμης ἔπραξε· διὸ καὶ ὁμοίως Λουκούλλῳ ὕστερον φυγῇ κατεδικάσθη. Τελευτήσαντος δὲ Τρύφωνος διάδοχος τῆς ἀρχῆς ὁ Ἀθηνίων καθίσταται, καὶ τοῦτο μὲν πόλεις ἐπολιόρκει, τοῦτο δὲ πᾶσαν τὴν χώραν ἀδεῶς κατέτρεχε, καὶ πολλῶν ἐκυρίευσε, τοῦ Σερουϊλίου μηδὲν ἀντιπράττοντος.

Τοῦ δ' ἐνιαυσίου χρόνου διελθόντος ὕπατος ἐν Ῥώμῃ Γάϊος Μάριος ᾑρέθη τὸ πέμπτον καὶ Γάϊος Ἀκύλλιος· ὧν ὁ Ἀκύλλιος στρατηγὸς κατὰ τῶν ἀποστατῶν σταλείς, διὰ τῆς ἰδίας ἀνδρείας ἐπιφανεῖ μάχῃ τοὺς ἀποστάτας ἐνίκησε. Καὶ πρὸς αὐτὸν δὲ τὸν βασιλέα τῶν ἀποστατῶν Ἀθηνίωνα συμβαλὼν ἡρωϊκὸν ἀγῶνα συνεστήσατο. Καὶ τοῦτον μὲν ἀνεῖλεν, αὐτὸς δὲ εἰς τὴν κε-

35 δ' ἐτεταπείνωτο Nock : δὲ τεταπείνωτο M δὲ ἐταπείνωτο A || **39** δ' ἐνάτην AM : δ' ἕκτην A[2] || **41** δὲ AM : δὲ καὶ A[2].

[390 b] **10** μηδὲν A : δὲ μηδὲν M || **17** αὐτὸς A[1]M : αὐτὸν A.

fut blessé à la tête et guérit. Il reprit la campagne contre le reste des rebelles, soit dix mille hommes.

Ceux-ci n'attendirent pas son attaque mais se réfugièrent dans leurs défenses ; néanmoins, Aquilius ne relâchait pas et il n'eut de cesse qu'il ne les eût débusqués et soumis. Il en restait encore un millier sous les ordres de Satyrus ; Aquilius essaya d'abord de les soumettre par les armes ; dans la suite, ils envoyèrent une ambassade et se rendirent ; il leur épargna un châtiment immédiat mais il les envoya à Rome et en fit des bestiaires. Ceux-ci, à ce que disent certains, mirent une fin très glorieuse à leur existence : ils refusèrent, en effet, de combattre les fauves et ils s'immolèrent entre eux sur les autels publics et, quand Satyrus eut lui-même tué le dernier, il se tua héroïquement, après eux tous, de sa propre main. Donc, la guerre servile de Sicile avait duré environ quatre ans et elle eut ce dénouement tragique[1].

Un personnage nommé Battakès[2] arriva, dit l'auteur, de Pessinonte en Phrygie ; il était prêtre de la Grande Mère des dieux. Prétendant qu'il venait sur un ordre de la déesse, il eut des contacts avec les magistrats et avec le Sénat ; il leur dit que le temple de la déesse avait été souillé et qu'il fallait célébrer en son honneur des cérémonies purificatoires officielles à Rome.

Il portait une robe et tout un accoutrement étrange [391 a] que ne toléraient pas les coutumes romaines ; il avait, en effet, une énorme couronne d'or et une robe brodée de fleurs d'or, insignes d'un rang royal. Quand il

1. Le texte de Photius (390 b 11-35) est notre seul témoin pour cette partie du récit de Diodore. Cf. Walton, t. XII, p. 172-174.

2. Sur ce personnage, cf. Thrämer, s. v. *Battakès*, n. 2, in *R. E.*, t. III, 1894, col. 146.

φαλὴν τρωθεὶς ἐθεραπεύθη. Καὶ στρατεύει ἐπὶ τοὺς ὑπολειπομένους τῶν ἀποστατῶν ὄντας μυρίους.

Οὐχ ὑπομεινάντων δὲ τὴν ἔφοδον ἀλλ' εἰς τὰ ὀχυρώματα καταφυγόντων, ὅμως Ἀκύλλιος οὐκ ἐνεδίδου πάντα πράττων, ἕως αὐτοὺς ἐκπολιορκήσας ἐχειρώσατο. Ἔτι δ' ὑπολειπομένων χιλίων, καὶ στρατηγὸν ἐχόντων τὸν Σάτυρον, τὸ μὲν πρῶτον ἐπεβάλετο διὰ τῶν ὅπλων αὐτοὺς χειρώσασθαι, μετὰ δὲ ταῦτα διαπρεσβευόντων καὶ παραδόντων ἑαυτούς, τῆς μὲν παραυτίκα τιμωρίας ἀπέλυσεν, ἀπαγαγὼν δὲ εἰς τὴν Ῥώμην θηριομάχας αὐτοὺς ἐποίησε. Τοὺς δέ φασί τινες ἐπιφανεστάτην ποιήσασθαι τοῦ βίου καταστροφήν· τῆς μὲν γὰρ πρὸς τὰ θήρια μάχης ἀποστῆναι, ἀλλήλους δὲ ἐπὶ τῶν δημοσίων βωμῶν κατασφάξαι, καὶ τὸν τελευταῖον αὐτὸν τὸν Σάτυρον ἀνελόντα, τοῦτον δ' ἐπὶ πᾶσιν αὐτοχειρίᾳ ἡρωϊκῶς καταστρέψαι. Ὁ μὲν οὖν κατὰ Σικελίαν τῶν οἰκετῶν πόλεμος, διαμείνας ἔτη σχεδόν που τέτταρα, τραγικὴν ἔσχε τὴν καταστροφήν.

Ὅτι Βαττάκης τις ὄνομα ἧκε, φησίν, ἐκ Πισινοῦντος τῆς Φρυγίας, ἱερεὺς ὑπάρχων τῆς μεγάλης τῶν θεῶν μητρός. Οὗτος κατὰ πρόσταγμα τῆς θεοῦ παρεῖναι φήσας τοῖς ἄρχουσιν ἐνέτυχε καὶ τῇ συγκλήτῳ, λέγων τὸ ἱερὸν τῆς θεοῦ μεμιάνθαι καὶ δεῖν αὐτῇ δημοσίᾳ καθαρμοὺς ἐπὶ τῆς Ῥώμης συντελεσθῆναι.

Ἐφόρει δὲ ἐσθῆτα καὶ τὴν περὶ τὸ σῶμα ἄλλην κατασκευὴν ἐξηλλαγμένην [391 a] καὶ ὑπὸ τῶν Ῥωμαίων ἐθῶν οὐκ ἐπιχωρουμένην· χρυσοῦν τε γὰρ στέφανον εἶχεν ὑπερμεγέθη καὶ στολὴν ἀνθίνην διάχρυσον, βασιλικὴν ἀξίαν ἐπιφαίνουσαν.

22 ἐκπολιορκήσας A : ἐκπολεμήσας M ‖ **29** καταστροφὴν A : καστροφὴν M ‖ **40** αὐτῇ Wesseling : αὐτούς *codd.*

[391 a] **1** ἐθῶν Scaliger : ἐθνῶν *codd.* ‖ ἐπιχωρουμένην Reiske : ἐπιχωρημένην *codd.*

eut pris la parole aux Rostres devant le peuple, il jeta la foule dans une terreur superstitieuse, il fut honoré de l'hospitalité et de présents officiels, mais il fut empêché de porter sa couronne par un des tribuns, Aulus Pompée. Mené aux Rostres par un autre tribun et interrogé sur les purifications à accomplir pour le temple, il se lança dans des réponses pleines de superstition. Pris à partie par Pompée et ramené sans ménagement à l'endroit où on le logeait, il ne se montra plus, prétendant que ce n'était pas seulement lui qui avait subi ces outrages impies, mais aussi la déesse. Quant à Pompée, il fut pris sur le champ d'une fièvre violente, il perdit ensuite la parole et mourut d'esquinancie trois jours plus tard; les gens supposèrent qu'une providence divine l'avait privé de la vie pour le punir des fautes qu'il avait commises contre le prêtre et contre la déesse, car les Romains sont fort superstitieux. Battakès reçut donc la permission de porter la robe sacrée; il fut honoré de présents somptueux par beaucoup de gens, hommes et femmes, et on lui fit cortège à son départ de Rome[1].

C'était la coutume chez les soldats romains, quand leur général avait livré bataille à l'ennemi avec eux et qu'on était sûr qu'il avait tué plus de six mille ennemis, de le proclamer et nommer *imperator*, ce qui veut dire *roi*[2].

Tiré des livres XXXVII et XXXVIII et des suivants.

Diodore déclare que la guerre dite guerre des Marses qui eut lieu de son temps[3], fut un conflit plus grave que

1. Nous n'avons que Photius (390 b 6-391 a 23) comme témoin du récit de cet événement. Cf. Walton, t. XII, p. 174-178.

2. Photius (391 a 23-28) est encore notre seul témoin de Diodore pour ce détail. Cf. Walton, t. XII, p. 178.

3. La correction αὐτοῦ de Bekker (391 a 31) est pertinente, car Diodore était le contemporain de Jules César et d'Auguste.

Ποιησάμενος δὲ λόγους ἐπὶ τῶν ἐμβόλων ἐν τῷ δήμῳ, καὶ τὸ πλῆθος εἰς δεισιδαιμονίαν ἐμβαλών, καταλύματος μὲν δημοσίου καὶ ξενίων ἠξιώθη, τὸν δὲ στέφανον ἐκωλύθη φορεῖν ὑφ' ἑνὸς τῶν δημάρχων Αὔλου Πομπηΐου. Διά τινος δ' ἑτέρου δημάρχου προαχθεὶς ἐπὶ τὰ ἔμβολα, καὶ περὶ τῆς εἰς τὸ ἱερὸν ἁγνείας ἐπερωτώμενος, ἀποκρίσεις ἐποιεῖτο δεισιδαιμονίαν περιεχούσας. Καταστασιασθεὶς δὲ ὑπὸ τοῦ Πομπηΐου, καὶ μεθ' ὕβρεως ἀπαλλαγεὶς ἐπὶ τὴν κατάλυσιν, οὐκέτι προεπορεύετο, λέγων μὴ μόνον ἑαυτὸν ἀσεβῶς προπεπηλακίσθαι, ἀλλὰ καὶ τὴν θεόν. Ὁ δὲ Πομπήϊος παραχρῆμα μὲν λάβρῳ πυρετῷ συνεσχέθη, μετὰ δὲ ταῦτα ἄφωνος γενόμενος καὶ καταληφθεὶς κυναγχικῷ πάθει τριταῖος κατέστρεψε τὸν βίον, παρὰ τοῖς πολλοῖς ὑποληφθεὶς θείᾳ τινὶ προνοίᾳ, ἀνθ' ὧν εἰς τὸν ἱερέα καὶ τὴν θεὸν ἐπλημμέλησε, τοῦ ζῆν ἐστερῆσθαι· σφόδρα γὰρ Ῥωμαῖοι δεισιδαιμονοῦσι. Διόπερ ὁ Βαττάκης λαβὼν τὴν συγχώρησιν τῆς κατὰ τὴν ἱερὰν στολὴν κατασκευῆς, καὶ τιμηθεὶς ἀξιολόγοις ξενίοις ὑπὸ πολλῶν, ἀνδρῶν τε καὶ γυναικῶν, προεπέμφθη τὴν ἐκ τῆς Ῥώμης ἐπάνοδον ποιούμενος.

Ὅτι ἔθος ἦν τοῖς Ῥωμαίων στρατιώταις, ἡνίκα ὁ στρατηγὸς αὐτῶν σὺν αὐτοῖς μάχῃ πρός τινας τῶν πολεμίων συμπλακεὶς ὑπὲρ τοὺς ἑξακισχιλίους τῶν ἐχθρῶν ἐφαίνετο ἀνελών, ἰμπεράτορα αὐτὸν ἀναγορεύειν καὶ ἀποκαλεῖν, ὅ ἐστι βασιλέα.

Ἐκ τοῦ λζ' καὶ η' καὶ τῶν ἐφεξῆς.

Ὅτι τὸν Μαρσικὸν ὀνομασθέντα πόλεμον ἐπὶ τῆς αὐτοῦ ἡλικίας Διόδωρος μείζονα πάντων τῶν προγε-

9 εἰς A[5] *s. v.* : *om.* AM ‖ **11** τοῦ A : *om.* M ‖ **14** λάβρῳ A : λαύρῳ M ‖ **17** ὑποληφθεὶς AM[x] : ὑπολειφθεὶς M ‖ **27** ἰμπεράτορα Bekker *ex cod.* B : ἰνπεράτορα AM ‖ **28** βασιλέα A[3] : *om.* AM ‖ *post* βασιλέα *versus vacui in* A 3, *in* M 4 ‖ **31** αὐτοῦ Bekker : αὐτοῦ M αὐτῆς A

tous les précédents. Elle fut appelée guerre des Marses, dit-il, d'après le nom de ceux qui donnèrent le branle à la rébellion, car tous les Italiens menèrent cette guerre contre les Romains. La première cause de la guerre fut que, de la vie ordonnée, sobre et austère qui les avait élevés à une telle grandeur, les Romains tombèrent dans une funeste rivalité pour le luxe et la licence. C'est en effet à la suite de cette dégradation que la plèbe se souleva contre le Sénat ; celui-ci appela ensuite à l'aide les Italiens et promit de leur donner le très envié droit de [391 b] cité romain et de leur assurer ce droit par une loi ; comme aucune des promesses faites aux Italiens ne se réalisait, la guerre éclata entre eux et les Romains ; les consuls à Rome étaient Lucius Marcius Philippus et Sextus Julius[1] ; c'était dans le courant de la cent soixante-douzième Olympiade.

Au cours de cette guerre, des épreuves variées et de fortune diverse et des prises de ville furent le lot des deux belligérants : la victoire balançait comme à dessein d'un parti à l'autre et ne restait sûrement acquise à aucun des deux ; toutefois, c'est après que des morts innombrables furent tombés dans les deux camps, et bien tard et de justesse, que les Romains parvinrent à assurer définitivement leur domination. Pour combattre les Romains, il y avait les Samnites, les gens d'Asculum, les Lucaniens, les gens du Picenum, de Nole et il y avait encore d'autres cités et d'autres peuplades ; parmi elles, la ville la plus remarquable, la plus considérable et depuis peu élevée au rang de métropole italienne était Corfinium ; entre autres éléments qui affirment la grandeur d'une cité et d'un état, les Italiens y avaient aménagé un forum de belles dimensions, une salle du conseil et ils y avaient réuni en abondance toutes les ressources nécessaires à la guerre : un riche trésor et un stock consi-

1. Consuls en 91 a. C., donc bien dans la cent soixante-douzième Olympiade (correction de Scaliger) et non dans la cent soixante-dixième (leçon des manuscrits de Photius).

γονότων ἀποφαίνεται. Ὠνομάσθαι δέ φησι Μαρσικὸν ἐκ τῶν ἀρξάντων τῆς ἀποστάσεως, ἐπεὶ σύμπαντές γε Ἰταλοὶ κατὰ Ῥωμαίων τοῦτον ἐξήνεγκαν τὸν πόλεμον. Αἰτίαν δὲ πρώτην γενέσθαι τοῦ πολέμου τὸ μεταπεσεῖν τοὺς Ῥωμαίους ἀπὸ τῆς εὐτάκτου καὶ λιτῆς ἀγωγῆς καὶ ἐγκρατοῦς, δι' ἧς ἐπὶ τοσοῦτον ηὐξήθησαν, εἰς ὀλέθριον ζῆλον τρυφῆς καὶ ἀκολασίας. Ἐκ γὰρ τῆς διαφθορᾶς ταύτης στασιασάντος τοῦ δημοτικοῦ πρὸς τὴν σύγκλητον, εἶτα ἐκείνης ἐπικαλεσαμένης τοὺς ἐκ τῆς Ἰταλίας ἐπικουρῆσαι, καὶ ὑποσχομένης τῆς πολυεράστου Ῥωμαϊκῆς πολιτείας [391 b] μεταδοῦναι καὶ νόμῳ κυρῶσαι, ἐπεὶ οὐδὲν τῶν ὑπεσχημένων τοῖς Ἰταλιώταις ἐγένετο, ὁ ἐξ αὐτῶν πόλεμος πρὸς Ῥωμαίους ἐξεκαύθη, ὑπατευόντων ἐν τῇ Ῥώμῃ Λευκίου Μαρκίου Φιλίππου καὶ Σέξτου Ἰουλίου · Ὀλυμπιὰς δ' ἤχθη δευτέρα πρὸς ταῖς ἑκατὸν ἑβδομήκοντα.

Ἐν τούτῳ τῷ πολέμῳ ποικίλα καὶ πολύτροπα πάθη καὶ πόλεων ἁλώσεις ἑκατέρῳ μέρει τῶν διαπολεμησάντων συνέβη, ταλαντευομένης ὥσπερ ἐπίτηδες παρὰ μέρος τῆς νίκης καὶ μηδετέροις ἐν βεβαίῳ διαμενούσης · ὅμως ἀπείρου πλήθους ἑκατέρωθεν πεσόντος, ὀψὲ καὶ μόλις Ῥωμαίοις ἐξενίκησε βεβαιωθῆναι τὸ κράτος. Ἐπολέμουν δὲ Ῥωμαίοις Σαυνῖται, Ἀσκολανοί, Λευκανοί, Πικεντῖνοι, Νωλανοὶ καὶ ἕτεραι πόλεις καὶ ἔθνη · ἐν οἷς ἐπισημοτάτη καὶ μεγίστη καὶ κοινὴ πόλις ἄρτι συντετελεσμένη τοῖς Ἰταλιώταις τὸ Κορφίνιον ἦν ἐν ᾗ τά τε ἄλλα ὅσα μεγάλην πόλιν καὶ ἀρχὴν κρατύνουσι συνεστήσαντο καὶ ἀγορὰν εὐμεγέθη καὶ βουλευτήριον, καὶ τὰ ἄλλα τὰ πρὸς πόλεμον ἀφθόνως ἅπαντα, καὶ χρημάτων πλῆθος,

32 φησι A : φασι M ‖ **39** εἶτα A¹M : εἰ A.

[391 b] **4** Μαρκίου Wesseling : Μάρκου *codd.* ‖ **5** δευτέρα Scaliger : *om. codd.* ‖ **12** Ἀσκολανοί M : Ἀσκαλανοί A ‖ **15** ἐν ᾗ A : *om.* M ‖ **16** συνεστήσαντο A¹ : συνεστήσατο AM ‖ **17** τὰ ἄλλα τὰ A : τὰ ἄλλα M.

dérable de vivres. Ils avaient aussi constitué un Sénat commun de cinq cents membres parmi lesquels devaient être promus les hommes dignes de diriger la patrie et capables de pourvoir au salut commun. C'est à eux qu'ils confièrent la tâche de mener la guerre et ils donnèrent les pleins pouvoirs aux sénateurs. Ceux-ci décidèrent par une loi de choisir chaque année deux consuls et douze préteurs. Et on établit au consulat Quintus Pompaedius Silon, d'origine marse, qui était à la tête de sa peuplade ; le second, qui appartenait au peuple samnite, fut Caius Aponius Motulus que sa gloire et ses exploits avaient mis, lui aussi, à la tête de son peuple. Ils divisèrent l'ensemble de l'Italie en deux régions qu'ils appelèrent provinces et circonscriptions consulaires ; à Pompaedius, ils attribuèrent le pays qui s'étend depuis la ville de Cercola jusqu'à la mer Adriatique, c'est-à-dire les régions orientées vers l'ouest et le nord, et ils mirent six préteurs sous ses ordres. Le reste de l'Italie, qui s'oriente vers l'est et le sud, ils l'attribuèrent à Caius Motulus et ils lui adjoignirent également six préteurs.

C'est ainsi qu'en tout point ils réglèrent avec habileté et, en somme, à l'imitation de l'ancienne organisation romaine, leur propre commandement et ils s'attachèrent dès lors avec plus d'énergie à la poursuite de la guerre ; ils donnèrent à leur ville commune le nom d'Italia et [392 a] ils continuèrent la guerre contre les Romains, la plupart du temps avec succès jusqu'au moment où Cneius Pompée, choisi comme consul et comme général pour mener cette guerre, et Sylla, légat sous les ordres de l'autre consul, Caton, battirent en des rencontres fameuses les Italiens, non pas une fois mais à plusieurs reprises et les mirent dans une situation désastreuse.

Ils luttèrent donc encore, mais quand Caius Cosconius

καὶ τροφῆς δαψιλῆ χορηγίαν. Συνεστήσαντο δὲ καὶ σύγκλητον κοινὴν πεντακοσίων ἀνδρῶν, ἐξ ὧν οἵ τε τῆς πατρίδος ἄρχειν ἄξιοι προαχθήσεσθαι ἔμελλον καὶ οἱ προβουλεύεσθαι δυνάμενοι περὶ τῆς κοινῆς σωτηρίας. Καὶ τούτοις ἐπέτρεψαν τὰ κατὰ τὸν πόλεμον διοικεῖν, αὐτοκράτορας ποιήσαντες τοὺς συνέδρους. Οὗτοι δὲ ἐνομοθέτησαν δύο μὲν ὑπάτους κατ' ἐνιαυτὸν αἱρεῖσθαι, δώδεκα δὲ στρατηγούς. Καὶ κατεστάθησαν ὕπατοι μὲν Κόϊντος Πομπαΐδιος Σίλων, Μάρσος μὲν τὸ γένος, πρωτεύων δὲ τῶν ὁμοεθνῶν, καὶ δεύτερος ἐκ τοῦ Σαυνιτῶν γένους Γάϊος Ἀπώνιος Μότυλος, καὶ αὐτὸς δόξῃ καὶ πράξεσι τοῦ ἔθνους προέχων. Τὴν δ' ὅλην Ἰταλίαν εἰς δύο μέρη διελόντες ὑπατικὰς ἐπαρχίας ταύτας καὶ μερίδας ἀπέδειξαν, καὶ τῷ μὲν Πομπαϊδίῳ προσώρισαν χώραν ἀπὸ τῶν Κερκώλων καλουμένων μέχρι τῆς Ἀδριατικῆς θαλάσσης, τὰ πρὸς δυσμὰς καὶ τὴν ἄρκτον νεύοντα μέρη, καὶ στρατηγοὺς ἔταξαν αὐτῷ ἕξ· τὸ δὲ λοιπὸν τῆς Ἰταλίας, τὴν πρὸς ἕω καὶ μεσημβρίαν νεύουσαν, προσώρισαν Γαΐῳ Μοτύλῳ, στρατηγοὺς ὁμοίως συζεύξαντες ἕξ.

Οὕτω πάντα δεξιῶς καὶ κατὰ μίμησιν, τὸ σύνολον φάναι, τῆς Ῥωμαϊκῆς καὶ ἐκ παλαιοῦ τάξεως τὴν ἑαυτῶν ἀρχὴν διαθέμενοι, κατὰ τὸ σφοδρότερον λοιπὸν εἴχοντο καὶ τοῦ ἐφεξῆς πολέμου, τὴν κοινὴν πόλιν Ἰταλίαν ἐπονομάσαντες· [392 a] καὶ διεπολέμησαν Ῥωμαίοις τὰ πλεῖστα κατὰ τὸ ἐπικρατέστερον, ἕως Γναῖος Πομπήϊος ὕπατος αἱρεθεὶς καὶ στρατηγὸς τοῦ πολέμου, καὶ Σύλλας στρατηγὸς ὑπὸ τῷ ἑτέρῳ ὑπάτῳ Κάτωνι, ἐπιφανεστάταις μάχαις τοὺς Ἰταλιώτας οὐχ ἅπαξ ἀλλὰ καὶ πολλάκις νικήσαντες, τὰ πράγματα αὐτῶν εἰς τὸ συντρίβεσθαι περιέστησαν.

Ἐπολέμησαν δ' οὖν καὶ ἔτι· ἀλλὰ Γαίου Κοσκονίου στα-

20 κοινὴν *edd.* : καινὴν A² καὶ μὴν M κενὴν A *ut vid.* || **21** προβουλεύεσθαι M : παραβουλεύεσθαι A || **23** ἐπέτρεψαν M : ἐπιτρέψαντες A² *quid prius praeb.* A *non liquet* || **29** Ἀπώνιος *codd.* : Πάπιος Voss || **41** ἐπονομάσαντες A : ὀνομάσαντες M.

[392 a] **7** καὶ ἔτι M : οὐκέτι A.

eut été envoyé prendre le commandement en Iapygie, ils furent battus à de nombreuses reprises. Ensuite, affaiblis et demeurés peu nombreux de la foule qu'ils avaient été, ils abandonnèrent d'un commun accord leur ville fédérale, Corfinium, parce que les Marses et toutes les tribus voisines étaient passées aux Romains. Ils allèrent s'établir chez les Samnites, à Aesernia et ils se donnèrent cinq préteurs parmi lesquels ils confièrent, de préférence à tout autre, le commandement suprême à Quintus Pompaedius Silon à cause de sa valeur et de sa réputation militaires.

Celui-ci, les préteurs étant unanimement d'accord, équipa une grande armée qui, avec les hommes qu'il avait d'avance, atteignit environ trente mille soldats. En outre, il affranchit les esclaves, les arma au gré des circonstances et n'en réunit pas moins de dix mille avec mille cavaliers. Il livra bataille aux Romains commandés par Mamercus, il ne leur tua que peu de monde, mais il perdit six mille des siens.

En Apulie, vers le même moment, Métellus prit d'assaut Venouse, ville importante, qui avait une nombreuse garnison, et il fit plus de trois mille prisonniers. Comme les Romains affirmaient de plus en plus leur supériorité, les Italiens envoyèrent une ambassade à Mithridate, le roi du Pont, dont les actions de guerre et les ressources étaient alors en plein épanouissement ; ils lui demandèrent d'amener ses forces en Italie pour combattre les Romains ; ainsi, en effet, en s'unissant, ils abattraient aisément la puissance romaine. Mithridate répondit qu'il amènerait ses troupes en Italie quand il serait le maître de toute l'Asie : c'était, en effet, ce à quoi il était

λέντος εἰς Ἰαπυγίαν στρατηγοῦ πολλάκις ἡττήθησαν. Εἶτα ἐλαττωθέντες καὶ ἐκ πολλῶν ὀλίγοι καταλειφθέντες κοινῇ γνώμῃ τὴν κοινὴν ἐκλείπουσι πόλιν, τὸ Κορφίνιον, διὰ τὸ τοὺς Μάρσους καὶ πάντα τὰ γειτνιῶντα τῶν ἐθνῶν προσκεχωρηκέναι τοῖς Ῥωμαίοις. Εἰς δὲ τὴν ἐν Σαυνίταις Αἰσερνίαν καθιδρύθησαν πέντε στρατηγοὺς αὑτοῖς ἐπιστήσαντες, ὧν ἑνὶ μάλιστα Κοΐντῳ Πομπαϊδίῳ Σίλωνι τὴν πάντων ἡγεμονίαν ἐπίστευσαν διὰ τὴν περὶ αὐτὸν ἐν τῷ στρατηγεῖν ἀρετήν τε καὶ δόξαν.

Οὗτος δὲ μετὰ τῆς κοινῆς τῶν στρατηγῶν γνώμης κατεσκεύασε μεγάλην δύναμιν, ὡς τοὺς σύμπαντας μετὰ τῶν προϋπαρχόντων περὶ τρισμυρίους γενέσθαι. Χωρὶς δὲ τούτων τοὺς δούλους ἐλευθερώσας καὶ ὡς ὁ καιρὸς ἐδίδου καθοπλίσας, συνῆγεν οὐ πολὺ λείποντας τῶν δισμυρίων, ἱππεῖς δὲ χιλίους. Συμβαλὼν δὲ Ῥωμαίοις Μαμέρκου στρατηγοῦντος αὐτῶν, Ῥωμαίους μὲν ἀναιρεῖ ὀλίγους, τῶν δ' οἰκείων ὑπὲρ ἑξακισχιλίους ἀποβάλλει. Καὶ Μέτελλος κατὰ τὴν Ἀπουλίαν τὴν Οὐενουσίαν πόλιν ἀξιόλογον καὶ στρατιώτας πολλοὺς ἔχουσαν ἐξεπολιόρκησε κατὰ καιρὸν τὸν αὐτόν, καὶ πλείους τῶν τρισχιλίων αἰχμαλώτους εἷλεν. Ἐπικρατούντων δ' ἐπὶ μᾶλλον καὶ μᾶλλον τῶν Ῥωμαίων, πέμπουσιν οἱ Ἰταλοὶ πρὸς Μιθριδάτην τὸν βασιλέα Πόντου, ἀκμάζοντα τότε πολεμικῇ χειρὶ καὶ παρασκευῇ, ἀξιοῦντες ἐπὶ τὴν Ἰταλίαν κατὰ Ῥωμαίων ἄγειν τὰς δυνάμεις· οὕτω γὰρ ῥᾳδίως ἂν συναφθέντων τὸ Ῥωμαϊκὸν καταβληθήσεσθαι κράτος. Ὁ δὲ Μιθριδάτης ἀπόκρισιν δίδωσιν ἄξειν τὰς δυνάμεις εἰς τὴν Ἰταλίαν, ἐπειδὰν αὐτῷ καταστήσῃ τὴν Ἀσίαν· τοῦτο γὰρ καὶ ἔπραττε. Διὸ παν-

13 καθιδρύθησαν Bekker *ex cod.* B : καθίδρυσαν AM || 14 αὑτοῖς *edd.* : αὐτοῖς *codd.* || μάλιστα A : *om.* M || 17 οὗτος A^1M : οὕτως A || 22 δισμυρίων M : μυρίων A || 26 ἀξιόλογον A : ἀξιόλογον οὖσαν M || ἔχουσαν A : ἀνέχουσαν M || 33 ῥᾳδίως A : ῥᾴδιον M || 35 ἐπειδὰν αὐτῷ A : ἐπειδ' αὐτῷ M || 36 καταστήσῃ A : καταστήσει M.

occupé. Aussi les rebelles, complètement démoralisés, désespéraient-ils car il ne leur restait que quelques Samnites et quelques Sabelliens qui se tenaient à Nole et à ces effectifs s'ajoutaient Lampon et Clepitius avec ce qui restait des Lucaniens.

Aussi, au moment où la guerre des Marses était déjà presque terminée, les désordres intérieurs qui s'étaient [392 b] produits auparavant à Rome reprirent du fait que beaucoup de grands personnages rivalisaient pour obtenir le commandement contre Mithridate vu l'importance des enjeux ; en effet, Caius Julius et Caius Marius, qui fut six fois consul, se le disputaient et le peuple partageait ses suffrages entre eux deux.

Il éclata encore d'autres troubles : Sylla, qui était consul, quitta Rome et alla rejoindre les armées concentrées dans la région de Nole ; il força en les intimidant beaucoup de populations voisines à se rendre avec leurs villes. Sylla partit en Asie faire la guerre à Mithridate et Rome était déchirée par de graves désordres et des tueries entre citoyens ; Marcus Aponius et Tibérius Clépitius et aussi Pompée, qui commandaient le reste des Italiens, séjournaient dans le Bruttium ; ils assiégèrent longtemps la ville forte d'Isias sans pouvoir la prendre ; ils laissèrent au siège un détachement de leur armée et, avec le reste, ils entreprirent d'assiéger vigoureusement Rhégium avec l'espoir, s'ils s'en emparaient, de faire passer facilement leurs forces en Sicile et de s'emparer de l'île la plus opulente qu'il y ait sous le soleil. Mais le gouverneur de la ville, Caius Norbanus[1], qui disposait de

1. Sur ce personnage, cf. F. Münzer, s. v. *C. Norbanus*, n. 5, in *R. E.*, t. XVII, 1939, col. 930-931.

τελῶς οἱ ἀποστάται τεταπεινωμένοι ἀπεγίνωσκον· λοιποὶ γὰρ ὑπῆρχον Σαυνιτῶν ὀλίγοι καὶ Σάβελλοι διατρίβοντες ἐν τῇ Νώλᾳ καὶ πρός γε τούτοις οἱ περὶ Λαμπώνιον καὶ Κλεπίτιον ἔχοντες λείψανα τῶν Λευκανῶν.

Διὸ καὶ τοῦ Μαρσικοῦ πολέμου σχεδὸν ἤδη διαλυομένου [392 b] πάλιν αἱ προγεγενημέναι στάσεις ἐμφύλιοι κατὰ τὴν Ῥώμην κινήσεις ἐλάμβανον, ἀντιποιουμένων πολλῶν ἐνδόξων τὸ τυχεῖν τῆς κατὰ Μιθριδάτου στρατηγίας διὰ τὸ μέγεθος τῶν ἐπάθλων· Γάϊός τε γὰρ Ἰούλιος καὶ Γάϊος Μάριος ὁ ἑξάκις ὑπατεύσας ἀντεφιλονείκουν, καὶ τὸ πλῆθος ἦν ἑκατέροις συμμεριζόμενον ταῖς γνώμαις.

Συνέβησαν δὲ καὶ ἕτεραι ταραχαί. Ὁ μέντοι Σύλλας ὕπατος ὤν, χωρισθεὶς τῆς Ῥώμης πρὸς τὰς περὶ Νῶλαν ἠθροισμένας παρεγένετο δυνάμεις, καὶ πολλοὺς τῶν πλησιοχώρων καταπληξάμενος ἠνάγκασε παραδοῦναι σφᾶς αὐτοὺς καὶ τὰς πόλεις. Τοῦ δὲ Σύλλα στρατεύσαντος μὲν ἐπὶ τὴν Ἀσίαν κατὰ Μιθριδάτου, τῆς δὲ Ῥώμης μεγάλαις ταραχαῖς καὶ φόνοις ἐμφυλίοις περισπωμένης, Μάρκος Ἀπώνιος καὶ Τιβέριος Κλεπίτιος, ἔτι δὲ Πομπήϊος, οἱ τῶν ὑπολοίπων Ἰταλιωτῶν στρατηγοί, διατρίβοντες ἐν τῇ Βρεττίᾳ, Ἰσίας μὲν πόλιν ὀχυρὰν ἐπὶ πολὺν χρόνον πολιορκήσαντες οὐκ ἴσχυσαν ἑλεῖν, μέρος δὲ ἐπὶ τῆς πολιορκίας τοῦ στρατεύματος καταλιπόντες, τῇ λοιπῇ τὸ Ῥήγιον ἰσχυρῶς ἐπολιόρκουν, ἐλπίζοντες, εἰ ταύτης κρατήσαιεν, ῥᾳδίως εἰς τὴν Σικελίαν διαβιβάσειν τὰς δυνάμεις καὶ κρατήσειν τῆς εὐδαιμονεστάτης τῶν ὑπὸ τὸν ἥλιον νήσων. Ἀλλ' ὁ ταύτης στρατηγὸς Γάϊος Νορβανός,

37 λοιποὶ A : λοιπὸν M.

[392 b] **3** τὸ *codd.* : *del.* Krebs || **10** πλησιοχώρων A^2M : πλησίων χώρων A || **12** ἐπὶ A : κατὰ M || **14** Ἀπώνιος *codd.* : Λαμπώνιος Wesseling || **15** Κλεπίτιος M : Κλέπτιος A^2 *quid prius praeb.* A *non liquet* || Πομπήϊος *codd.* : Πόντιος *edd.* || **15-16** Ἰταλιωτῶν στρατηγοὶ A : στρατηγοὶ Ἰταλιωτῶν M || **20** κρατήσαιεν A : κρατήσειε M || **23** Νορβανός Wesseling : Ὀρβανός *codd.*

forces et de ressources importantes et qui avait beaucoup d'allant, intimida les Italiens par son dispositif imposant et sauva Rhégium. Ensuite, la guerre civile se ralluma chez les Romains entre Marius et Sylla, les uns s'alliant à Sylla, les autres à Marius. La plupart d'entre eux tombèrent au cours des combats et le reste se soumit à Sylla victorieux. Et c'est ainsi que s'éteignit, avec la guerre civile, le conflit qui avait été le plus grave et qu'on avait appelé la guerre des Marses[1].

Une guerre civile d'envergure éclata juste au moment où la guerre des Marses se terminait ; elle avait pour protagonistes Sylla et Caius Marius encore jeune, le fils du Marius qui avait été consul tant de fois — il l'avait, en effet, été sept fois. Dans cette sédition, plusieurs dizaines de milliers d'hommes périrent. Sylla l'emporta et, devenu dictateur, il se donna le nom d'Épaphrodite et il ne démentit pas sa jactance ; car ce vainqueur dans les combats mourut d'une mort naturelle ; Marius, qui avait vaillamment combattu dans la lutte contre Sylla et qui avait néanmoins été vaincu, se réfugia [393 a] à Préneste avec quinze mille hommes. Enfermé dans cette place, il soutint un long siège ; abandonné qu'il était par tous et ne voyant aucune voie de salut, il fut contraint de requérir la main d'un esclave fidèle pour se libérer de ses malheurs. Cet esclave se laissa persuader et, d'un seul coup, délivra son maître de la vie ; il se tua ensuite sur son corps. Et ce fut la fin de cette guerre civile ; il y eut toutefois des séquelles de guerre ; les débris de la faction de Marius luttèrent encore un certain temps contre Sylla jusqu'au moment où il les détruisit comme il avait détruit les autres[2].

Cependant, après la fin de ces malheurs, Pompée, surnommé le Grand à cause des exploits qu'il avait réussis

1. Dans les extraits de Constantin Porphyrogénète, on lit des considérations sur la gravité exceptionnelle de cette guerre (cf. Walton, t. XII, p. 182-186), mais Photius est le seul à donner un sommaire des événements (391 a 30-392 b 32 = Walton, t. XII, p. 188-196). Walton (*loc. cit.*) estime que cette partie du sommaire appartient au livre XXXVII.

2. Photius (392 b 33-393 a 11) est ici encore notre seul témoin du

πολλῇ δυνάμει καὶ παρασκευῇ καὶ προθυμίᾳ χρησάμενος, καὶ καταπληξάμενος τοὺς Ἰταλιώτας τῷ μεγέθει τῆς παρασκευῆς, ἐξήρπασε τοὺς Ῥηγίνους. Εἶτα τῆς περὶ Σύλλαν καὶ Μάριον ἐμφυλίου στάσεως ἀναρριπισθείσης Ῥωμαίοις, οἱ μὲν Σύλλᾳ, οἱ δὲ Μαρίῳ συνεμάχησαν. Καὶ τὸ μὲν πλέον αὐτῶν ἔπεσε τοῖς πολέμοις, τὸ δ' ὑπόλοιπον ἐπικρατήσαντι Σύλλᾳ προσεχώρησε. Καὶ οὕτω τέλεον τῇ ἐμφυλίῳ συναπέσβη στάσει μέγιστος γεγονὼς καὶ ὁ Μαρσικὸς ἐπικληθεὶς πόλεμος.

Ὅτι μεγάλη στάσις ἐμφύλιος ἤδη διαλυομένου τοῦ Μαρσικοῦ γέγονε πολέμου, ἧς ἡγοῦντο Σύλλας καὶ Γάϊος Μάριος, νέος ὤν, ὁ Μαρίου τοῦ πολλάκις ὑπατευκότος (ἑπτάκις γὰρ ὑπάτευσε) παῖς. Ἐν δὲ τῇ στάσει πολλαὶ μυριάδες ἀνθρώπων ἀνῃρέθησαν. Ἐκράτησε δ' ὁ Σύλλας, καὶ δικτάτωρ γεγονὼς Ἐπαφρόδιτόν τε ὀνομάσας ἑαυτόν, οὐκ ἐψεύσθη τῆς ἀλαζονείας· κρατῶν γὰρ τοῖς πολέμοις ἰδίῳ ἀπεβίω θανάτῳ· ὁ δὲ Μάριος μάχῃ τῇ πρὸς Σύλλαν γενναίως ἀγωνισάμενος, ὅμως [393 a] ἡττηθεὶς κατέφυγεν εἰς Πραίνεστον ἅμα μυρίοις πεντακισχιλίοις. Συγκλεισθεὶς δ' ἐν αὐτῇ καὶ χρόνον οὐκ ὀλίγον πολιορκηθεὶς ἠναγκάσθη, πάντων αὐτὸν ἐγκαταλειπόντων, καὶ μηδεμίαν σωτηρίας ὁδὸν καθορῶν, τὴν ἑνὸς οἰκέτου τῶν πιστῶν χεῖρα εἰς λύσιν τῶν δεινῶν παρακαλέσαι. Καὶ ὅ γε πεισθείς, καὶ μιᾷ πληγῇ τοῦ βίου τὸν δεσπότην ἀπαλλάξας, ἑαυτὸν ἐπικατέσφαξε. Καὶ παύεται μὲν αὕτη ἡ στάσις, λείψανα μέντοι τοῦ πολέμου ὑπολειφθέντα τῆς Μαρίου μοίρας ἐπὶ χρόνον Σύλλᾳ διεμαχέσαντο, ἕως καὶ αὐτὰ συνδιέφθορε τοῖς ἄλλοις.

Μετὰ μέντοι τὴν τούτων ἀπαλλαγὴν Πομπηΐῳ τῷ ἐπικληθέντι Μάγνῳ διὰ τὰς πράξεις ἃς κα-

26 Ῥηγίνους A : ῥηγίους M || **30** προσεχώρησε A^2 : προεχώρησε AM || **32** *post* πόλεμος *versus vacui in* M 2 ½.

[393 a] **3** ἐγκαταλειπόντων A : ἐγκαταλιπόντων A^2M.

pour Rome en agissant sous l'autorité de Sylla et pour son propre compte, Pompée, donc, eut avec Jules César une querelle qui força les Romains à s'adonner encore une fois aux massacres entre citoyens. Quand Pompée eut été battu à grand éclat et qu'il eut été assassiné à Alexandrie, le pouvoir consulaire fut changé en monarchie au profit de Jules César et la guerre civile aussi cessa complètement.

Après l'assassinat de César, une guerre civile fut entreprise contre Brutus et Cassius, ses meurtriers, conduite par Lépide, Antoine et Octave-Auguste qui détenaient le pouvoir consulaire. La décision des armes trancha vite le sort de la guerre : Cassius et Brutus furent vaincus et tués. Peu après éclata au grand jour la rivalité d'ambition latente entre Auguste et Antoine. Beaucoup de sang de citoyens coula dans les deux partis et le pouvoir d'Auguste fut assuré ; le pouvoir absolu lui resta à vie et le pouvoir consulaire perdit désormais son rang et sa puissance propres.

La dignité des Illustres tient le troisième rang après le patriciat, dit l'auteur.

Avant la monarchie d'Auguste, voici les noms des magistratures que les Romains connaissaient : le patriciat, qu'on appelait aussi le conseil ou Sénat, les tribuns, qui étaient à la tête de la classe populaire, les édiles, les consuls qui avaient un pouvoir souverain à responsabilité et le dictateur qui l'avait aussi, mais sans avoir de comptes à rendre et dans des domaines plus [393 b] étendus, des propréteurs, des préteurs, des pro-

récit de Diodore. Cf. Walton, t. XII, p. 260, qui juge que cette partie du sommaire appartient aux livres XXXVIII-XXXIX.

La fin du « codex » (393 a 11-b 5) n'est pas reprise dans l'édition de Walton. Consulté par moi à ce sujet, l'éditeur de Diodore m'écrit aimablement, en date du 24 juillet 1968, qu'il n'a pas repris ce texte parce qu'il tombe en dehors de la période traitée par l'historien. Il me déclare également n'avoir aucune idée quant à l'origine de cet appendice.

τώρθωσε Σύλλᾳ τε πράττων καὶ καθ' ἑαυτὸν Ῥωμαίοις, τούτῳ δὴ καὶ Ἰουλίῳ Καίσαρι ἔρις ἐκκαεῖσα εἰς ἐμφυλίους σφαγὰς τοὺς Ῥωμαίους πάλιν ἠνάγκασε συστραφῆναι. Πομπηΐου δὲ λαμπρῶς τοῖς ὅλοις ἡττηθέντος καὶ κατὰ τὴν Ἀλεξάνδρειαν ἀναιρεθέντος, συστέλλεται μὲν ἡ τῶν ὑπάτων ἀρχὴ εἰς μοναρχίαν Καίσαρι τῷ Ἰουλίῳ, παύει δὲ τέλεον καὶ ἡ στάσις.

Ἐκείνου δὲ ἀνῃρημένου, κατὰ Βρούτου καὶ Κασσίου τῶν ἀνελόντων πόλεμος ἐμφύλιος κινεῖται, χειριζομένων Λεπίδου τε καὶ Ἀντωνίου καὶ Ὀκταβιανοῦ τοῦ Αὐγούστου τὴν ὕπατον ἀρχὴν ἐχόντων. Οὐ βραδέως δὲ τοῦ πολέμου κρίσιν τοῖς ὅπλοις λαβόντος, καὶ νικηθέντων καὶ ἀναιρεθέντων τῶν περὶ Κάσσιον καὶ Βροῦτον, μετ' οὐ πολὺ ῥήγνυται εἰς τὸ φανερὸν ἡ ἐνδομυχοῦσα Αὐγούστου καὶ Ἀντωνίου ὑπὲρ τῆς φιλοπρωτείας ἅμιλλα. Καὶ πολλῶν συγγενῶν αἱμάτων ἑκατέρωθεν ῥυέντων, τὸ κράτος Αὐγούστῳ βεβαιοῦται καὶ τῶν ὅλων ἡ ἐξουσία αὐτῷ παραμένει διὰ βίου, τῆς τῶν ὑπάτων λοιπὸν ἀρχῆς τὴν ἰδίαν τάξιν καὶ δυναστείαν ἀποβεβληκυίας.

Ὅτι τὸ τῶν ἰλλουστρίων ἀξίωμα τρίτην ἀπὸ τῶν πατρικίων τάξιν ἐπέχειν οὗτός φησιν.

Ὅτι πρὸ τῆς τοῦ Αὐγούστου μοναρχίας ταῦτα ἐγίνωσκον Ῥωμαῖοι ἀρχικοῦ κράτους ὀνόματα· πατρικίους, οἳ καὶ βουλὴ καὶ σύγκλητος ἐκαλοῦντο, δημάρχους τοὺς προεστῶτας τοῦ δήμου, ἀγορανόμους, ὑπάτους τοὺς ἔχοντας ὑπεύθυνον τὸ κατὰ πάντων κράτος, δικτάτορα ἔχοντα καὶ αὐτὸν ἀλλ' ἀνυπεύθυνον καὶ μεῖζον
[393 b] τὸ κατὰ πάντων κράτος, στρατηγοὺς ὑπάρχους αὐ-

21 χειριζομένων Bekker *ex cod.* B : χειριζομένου A χειμαζομένου M ‖ **22** Ἀντωνίου M *et infra* v. 27 A : Ἀντωνίνου *hic* A ‖ **31** ἰδίαν A : *om.* M ‖ **33** ἐπέχειν A^2M : ἐπέχει A ‖ **34** τοῦ M : *om.* A ‖ **37** δήμου A^1 *s. v.* M : *om.* A ‖ ὑπάτους M : ὑπάτους καὶ A ‖ **38** ὑπεύθυνον AM : οὐκ ἀνυπεύθυνον A^2 ‖ **38-b 1** δικτάτορα — κράτος A : *om.* M.

[393 b] **1** στρατηγοὺς A^2M : στρατηγὸς A.

consuls et d'autres dignités du même genre. Les insignes du pouvoir du proconsul étaient douze licteurs et la toge laticlave et, pour les dictateurs, des licteurs...

245

Lu, parmi les *Vies parallèles* de Plutarque*, divers morceaux dont mon ouvrage, en manière de vue d'ensemble, donne un choix varié[1].

De la Vie de Dion.

Mais Timée, tout en ayant pour lui comme un motif valide le zèle et la fidélité que Philistos manifeste pour la tyrannie, est tout plein des insultes qu'il lui lance[2]. On peut sans doute pardonner à ceux qui ont souffert de se laisser aller à une colère qui n'arrive plus à se contrôler; mais ceux qui écrivent les faits après coup, qui n'ont pas été lésés du vivant du personnage et qui agissent sous le contrôle de la raison, le souci de leur réputation doit leur interdire de se livrer à des critiques insultantes ou railleuses vis-à-vis de malheurs dont rien n'empêche que le hasard fasse part même au meilleur des hommes.

Toutefois, Éphore[3] n'a pas plus de bon sens dans les éloges qu'il fait de Philistos; lui qui est pourtant habile entre tous à entourer de raisons honnêtes des actions injustes et de mauvaises mœurs, habile à trouver pour en parler de beaux discours, ne peut, malgré toutes ses roueries, se soustraire à l'accusation d'avoir plus que tout autre aimé les tyrans et d'avoir plus que quiconque

1. Les références au texte des *Vies parallèles* sont établies d'après l'édition de Lindskog-Ziegler, Leipzig, Teubner, 1914-1915, renouvelée en partie par Ziegler. Parmi les volumes de cette édition nouvelle, seuls le t. I, 2, 1959, et le t. II, 1, 1964, intéressent mon travail. Dans mes références, je citerai l'édition ancienne au moyen des initiales L.-Z. et l'édition revue au moyen de l'initiale Z.

2. Jacoby, *F. gr. H.*, 566, F. 154, t. III B, p. 644.

3. Ib., *op. cit.*, 70, F. 220, t. II, p. 107.

τοκράτορας στρατηγούς, ἀνθυπάτους, καὶ ἕτερα τοιαῦτα. Σύμβολα μὲν οὖν τῆς τοῦ ἀνθυπάτου ἀρχῆς πελέκεις δώδεκα καὶ τήβεννα περιπόρφυρος, τοῦ δὲ δικτάτωρος πελέκεις μέν...

245

Ἀνεγνώσθη ἐκ τῶν Πλουτάρχου παραλλήλων διάφοροι λόγοι, ὧν ἡ ἔκδοσις κατὰ σύνοψιν ἐκλέγεται διάφορον χρηστομαθίαν.

Ἐκ τοῦ Δίωνος.

Ἀλλὰ Τίμαιος οὐκ ἄδικον λαβὼν πρόφασιν τὴν ὑπὲρ τῆς τυραννίδος τοῦ Φιλίστου σπουδὴν καὶ πίστιν, ἐμπίπλαται τῶν κατ' αὐτοῦ βλασφημιῶν. Ὃ τοὺς μὲν ἀδικηθέντας σύγγνωστόν ἐστιν ἴσως ἄχρι τῆς εἰς ἀναίσθητον ὀργῆς χαλεποὺς γενέσθαι · τοὺς δ' ὕστερον συγγράφοντας τὰ πεπραγμένα, καὶ τῷ μὲν βίῳ μὴ λυπηθέντας αὐτοῦ, τῷ δὲ λόγῳ χρωμένους, ἡ δόξα παραιτεῖται μὴ μεθ' ὕβρεως μηδὲ μετὰ βωμολοχίας ὀνειδίζειν τὰς συμφοράς, ὧν οὐδὲν ἐπέχει καὶ τὸν ἄριστον ἀνδρῶν ἐκ τύχης μετασχεῖν.

Οὐ μὴν οὐδ' Ἔφορος ὑγιαίνει τὸν Φίλιστον ἐγκωμιάζων · ὃς καίπερ ὢν δεινότατος ἀδίκοις πράγμασι καὶ πονηροῖς ἤθεσιν εὐσχημόνας αἰτίας περιβάλλειν καὶ λόγους ἔχοντας κόσμον ἐξευρεῖν, αὐτὸς ἑαυτὸν οὐ δύναται πάντα μηχανώμενος ἐξελέσθαι τῆς γραφῆς ὡς οὐ φιλοτυραννότατος ἀνθρώπων γένοιτο

5 *post* μὲν, *versus vacui iu* M 6 ½ || **6** 245] σμε' M : σμδ' A || **7** ἀνεγνώσθη A : ἀνεγνώσθησαν M || **9** διάφορον χρηστομαθίαν M *et* A *pinax* : διάφορον χρηστομαθία A *in textu* διαφόρω χρηστομαθία A² || **10** ἐκ τοῦ Δίωνος A³ *mg* : ἐκ τοῦ βίου Δίωνος M *om.* A || **18** τῶν A : *om.* M || **ὃ** A : ᾧ M || **14** ἀναίσθητον A : ἀναισθήτου M || **17** παραιτεῖται A²M : *quid prius praeb.* A *non liquet* || **18** βωμολοχίας A²M : μολοχίας A *ut vid.* || **24** ἑαυτὸν AM : ἑαυτῷ A².

envié et admiré le luxe, la puissance, les richesses et les alliances matrimoniales des tyrans. Mais celui qui ne loue pas les actions de Philistos et qui ne fait pas non plus injure à ses malheurs est le plus avisé de tous[1].

De la Vie de Brutus.

Tels étaient donc les propos de Brutus dans ses premières lettres[2] ; mais déjà les Romains se divisaient pour aller les uns vers César et les autres vers Antoine ; les armées étaient à vendre comme à l'encan au plus offrant ; tout à fait désespéré par la situation, Brutus décida de quitter l'Italie et, traversant la Lucanie à pied, il arriva à Élée au bord de la mer. Porcia était sur le point de repartir de là pour Rome et elle essayait de cacher son grand chagrin, mais elle se trahit à cause d'un tableau, elle qui était pourtant courageuse. Le sujet du tableau [394 a] était une histoire grecque : Hector recevant les adieux d'Andromaque qui, emportant leur petit enfant loin de lui, se retournait pour voir encore son mari. Tandis que Porcia considérait le tableau, l'image de cette douleur la fit fondre en larmes et elle y revenait plusieurs fois le jour et elle pleurait[3].

De la Vie d'Émile.

Parmi les passions de toute sorte et les défauts qui étaient en lui, c'était l'amour de l'argent qui dominait. (C'est du roi de Macédoine Persée que parle Plutarque*.)

De la Vie de Démosthène.

Quand les envoyés d'Athènes furent arrivés auprès

1. L'extrait ἀλλὰ Τίμαιος — ἐμμελέστατος (393 b 11-29) est un morceau d'une seule venue et à peu près textuel de *Dion*, 36 ; Z., t. II, 1, p. 119, 24-120, 9.

2. Le contexte qui précède l'extrait nous apprend qu'il s'agit des premières lettres que Brutus écrivit à Cicéron pour lui reprocher son empressement envers César.

3. L'extrait ἐν μὲν οὖν — ἔκλαιεν (393 b 31-394 a 5)

καὶ μάλιστα πάντων ἀεὶ ζηλώσας καὶ θαυμάσας τρυφὴν καὶ δύναμιν καὶ πλούτους καὶ γάμους τοὺς τῶν τυράννων. Ἀλλὰ γὰρ Φιλίστου μὲν ὁ μήτε τὰς πράξεις ἐπαινῶν μήτε τὰς τύχας ὀνειδίζων ἐμμελέστατος.

Ἐκ τοῦ Βρούτου.

Ἐν μὲν οὖν ταῖς πρώταις ἐπιστολαῖς τοιοῦτος ὁ Βροῦτος· ἤδη δὲ τῶν μὲν ὡς Καίσαρα τῶν δὲ ὡς Ἀντώνιον διϊσταμένων, ὠνίων δὲ τῶν στρατοπέδων ὥσπερ ὑπὸ κήρυκι προστιθεμένων τῷ πλεῖον διδόντι, παντάπασιν ἀπογνοὺς τῶν πραγμάτων ἔγνω καταλιπεῖν Ἰταλίαν, καὶ πεζῇ διὰ Λευκανίας εἰς Ἐλαίαν ἐπὶ θάλασσαν ἧκεν. Ὅθεν ἡ Πορκία μέλλουσα πάλιν εἰς Ῥώμην ἀποτρέπεσθαι, λανθάνειν μὲν ἐπειρᾶτο περιπαθῶς ἔχουσα, γραφὴ δέ τις αὐτὴν προὔδωκε, τἆλλα γενναίαν [394 a] οὖσαν. Ἦν γὰρ ἐκ τῶν Ἑλληνικῶν διάθεσις Ἕκτωρ ὑπὸ Ἀνδρομάχης προπεμπόμενος, κομιζομένης παρ' αὐτοῦ τὸ παιδίον, ἐκείνῳ δὲ προσβλεπούσης. Ταῦτα θεωμένην τὴν Πορκίαν ἡ τοῦ πάθους εἰκὼν ἐξέτηξεν εἰς δάκρυα, καὶ πολλάκις φοιτῶσα τῆς ἡμέρας ἔκλαιεν.

Ἐκ τοῦ Αἰμιλίου.

Ἐν ᾧ παθῶν τε παντοδαπῶν καὶ νοσημάτων ἐνόντων ἐπρώτευεν ἡ φιλαργυρία. (Περὶ τοῦ Περσέως τῶν Μακεδόνων βασιλέως ὁ Πλούταρχος λέγει).

Ἐκ τοῦ Δημοσθένους.

Ὅτι τῶν πρέσβεων ἐξ Ἀθηνῶν πρὸς Φίλιππον πα-

30 ἐκ τοῦ Βρούτου *edd.* : *om. codd.* || **33** ὠνίων A : ἐνίων M || **34** προστιθεμένων AM : προτιθεμένων A² || **37** ἧκεν A : ἐπανῆκεν M || Πορκία A : πολιορκία M.

[394 a] **1** Ἕκτωρ AM : ἐκ τῶν A² || **2** κομιζομένης M : κομιζόμενος A || **6** Αἰμιλίου *edd.* : Βρούτου *codd.* || **8** περὶ A : περὶ δὲ M || **9** βασιλέως Bekker *ex cod.* B : *om.* AM.

de Philippe[1], il les écouta tous mais répondit avec le plus grand soin au discours de Démosthène ; toutefois, dans les autres marques d'honneur et d'amitié qu'il prodigua, il n'en fit pas autant pour Démosthène mais il s'attachait surtout à Eschine et à Philocrate. Aussi, comme ceux-ci louaient Philippe pour son talent oratoire, pour sa beauté physique et, bien sûr, pour sa grande capacité de buveur, Démosthène ne pouvait s'empêcher de se moquer en disant que le premier éloge convenait à un sophiste, l'autre à une femme et le troisième à une éponge, mais nullement à un roi[2].

La fille de Démosthène venait de mourir ; il avait appris par une voie secrète la mort de Philippe ; il se présenta radieux devant le Conseil en rassurant les Athéniens quant à l'avenir[3] et il dit avoir eu un songe d'après lequel il s'attendait à quelque grande nouvelle pour les Athéniens ; et peu après arrivèrent les messagers qui annonçaient la mort de Philippe ; et Démosthène parut en public couronné et en vêtement de fête sept jours après la mort de sa fille, comme le dit Eschine qui l'insulte à ce propos et l'accuse de peu d'affection pour son enfant alors que lui-même, Eschine, est assez vil et assez mou pour considérer l'abattement et les gémissements comme les signes d'une âme tendre et pour condamner le fait de supporter ces accidents sans manifestations de douleur et avec patience.

Pour moi, je ne dirai pas que les Athéniens, aient bien fait, au moment de la mort d'un roi clément et qui, dans ses succès, les avait traités avec tant d'humanité dans leurs revers mêmes, de porter des couronnes et de faire des sacrifices ; c'est exciter la colère des dieux et se conduire bassement qu'honorer quelqu'un de son vivant et d'en faire un citoyen, puis, après qu'il est tombé

est tiré textuellement de *Brutus*, 23 ; Z., t. II, 1, p. 53, 9-19.

1. Formule d'introduction que Photius a tirée de *Démosthène*, 16.

2. L'extrait ἤκουσε — ἐγκώμιον (394 a 12-21) est emprunté textuellement à *Démosthène*, 16 ; Z., t. I, 2, p. 295-296.

3. Ces lignes ὅτι — μέλλοντα (394 a 22-25) sont un arrangement très proche de *Démosthène*, 22 ; Z., t. I, 2, p. 300, 26-301, 1.

ραγεγονότων ἤκουσε μὲν ἁπάντων ὁ Φίλιππος, ἀντεῖπε δὲ μετὰ πλείστης ἐπιμελείας πρὸς τὸν Δημοσθένους λόγον· οὐ μὴν ταῖς ἄλλαις τιμαῖς καὶ φιλοφροσύναις ὅμοιον αὐτὸν τῷ Δημοσθένει παρεῖχεν, ἀλλὰ καὶ προσήγετο τοὺς περὶ Αἰσχίνην καὶ Φιλοκράτην μᾶλλον. Ὅθεν ἐπαινούντων ἐκείνων τὸν Φίλιππον ὡς λέγειν δυνατώτατον καὶ κάλλιστον ὀφθῆναι καί, νὴ Δία, συμπιεῖν ἱκανώτατον, ἠναγκάζετο βασκαίνων ἐπισκώπτειν ὡς τὸ μὲν σοφιστοῦ, τὸ δὲ γυναικός, τὸ δὲ σπογγιᾶς εἴη, βασιλέως δὲ οὐδὲν ἐγκώμιον.

Ὅτι τῆς θυγατρὸς τοῦ Δημοσθένους ἀποθανούσης, γνοὺς αὐτὸς κρύφα τὴν τοῦ Φιλίππου τελευτήν, προῆλθε φαιδρὸς εἰς τὴν βουλήν, ἐπιθαρρύνων τοὺς Ἀθηναίους πρὸς τὰ μέλλοντα, καὶ ὄναρ ἑωρακέναι ἔλεγεν ἀφ᾽ οὗ τι μέγα προσδοκᾶν Ἀθηναίοις ἀγαθόν· καὶ μετ᾽ οὐ πολὺ παρῆσαν οἱ τὸν Φιλίππου θάνατον ἀπαγγέλλοντες, καὶ παρῆλθεν ὁ Δημοσθένης ἐστεφανωμένος, ἔχων καὶ λαμπρὸν ἱμάτιον, ἑβδόμην ἡμέραν τῆς θυγατρὸς αὐτοῦ τεθνηκυΐας, ὡς Αἰσχίνης φησὶ λοιδορῶν αὐτὸν ἐπὶ τούτῳ καὶ κατηγορῶν αὐτοῦ μισοτεκνίαν, αὐτὸς ὢν ἀγεννὴς καὶ μαλακός, εἰ τὸ ταπεινὸν καὶ τοὺς ὀδυρμοὺς ἡμέρου καὶ φιλοστόργου ψυχῆς ποιεῖται σημεῖα, τὸ δὲ ἀλύπως καὶ πρᾴως ταῦτα φέρειν ἀπεδοκίμαζεν.

Ἐγὼ δὲ ὡς μὲν ἐπὶ θανάτῳ βασιλέως ἡμέρως οὕτω καὶ φιλανθρώπως ἐν οἷς ηὐτύχησε χρησαμένου πταίσασιν αὐτοῖς στεφανηφορεῖν καλῶς εἶχε καὶ θύειν, οὐκ ἂν εἴποιμι· πρὸς γὰρ τῷ νεμεσητῷ καὶ ἀγεννὲς ζῶντα μὲν τιμᾶν καὶ ποιεῖσθαι πολίτην, πεσόντος δὲ ὑπ᾽ ἑτέρου μὴ φέρειν

12 μὲν A : *om.* M ‖ **15** αὑτὸν A² : αὐτὸν AM ‖ **21** βασιλέως δὲ A : δὲ βασιλέως M ‖ **22** τοῦ M : *om.* A ‖ **23** τὴν A²M : *quid prius praeb.* A *non liquet* ‖ προῆλθε A² : προσῆλθε AM ‖ **26** Ἀθηναίοις M : Ἀθηναίους A ‖ **28** παρῆλθεν A : προῆλθεν M ‖ **35** ἡμέρως M : ἡμέρου A ‖ **36** ηὐτύχησε *edd.* : εὐτύχησε *codd.* ‖ πταίσασιν A : πταίσμασιν M.

sous les coups de quelqu'un d'autre, de ne pas supporter [394 b] sa joie avec mesure mais de danser sur son cadavre. Mais que Démosthène ait abandonné aux femmes ses malheurs de famille et les larmes et les lamentations, pour faire ce qu'il croyait utile à la cité, je l'en loue et je le considère comme un homme doué d'une âme civique et virile, toujours tendu vers le bien commun, et qui faisait passer ses affaires et ses peines personnelles après celles de l'État et qui sauvegarda sa dignité beaucoup plus que les acteurs qui jouent des personnages de rois ou de tyrans et que nous voyons, au théâtre, pleurer ou rire non quand ils le veulent, mais quand leur jeu l'exige en fonction du sujet de la pièce.

En outre, il ne fallait pas laisser le malheureux sans consolation, perdu dans sa douleur, mais employer des mots qui allègent la peine et détourner sa pensée vers des sujets plus agréables, comme on ordonne à ceux qui souffrent des yeux de détourner leur vue des couleurs vives et dures vers les couleurs douces et tendres. Et d'où quelqu'un pourrait-il tirer un meilleur soulagement qu'en faisant, quand les choses vont bien pour sa patrie, un mélange de ses propres malheurs et des épreuves publiques et qu'en estompant le pire par le meilleur[1]?

Démosthène, dit l'auteur, neutralisé par les présents d'Harpale aussi sûrement que s'il avait été mis sous garde[2], s'était rangé de son côté. Une assemblée s'était réunie pour examiner l'affaire d'Harpale — car Démosthène était contre ceux qui voulaient le mettre à l'abri et lui faire accueil avant qu'il eût mis la main sur l'or[3] — Démosthène, donc, vint à l'assemblée le cou bien enveloppé de laines et de bandelettes, puis, quand on lui ordonna de se lever et de parler, il se mit à faire des signes de dénégation, donnant à entendre qu'il avait

1. De καὶ ὄναρ — τὰ χείρω (394 a 25-b 20) l'extrait de *Démosthène*, 22 ; Z., t. I, 2, p. 301, 2-302, 7, est à peu près textuel ; on y relève quelques omissions, transpositions et variantes de détail propres à un travail d'abréviateur.

2. *... étant abattu par ce présent ni plus ni moins que s'il eût reçu garnison en son logis...* (tr. Amyot).

3. Le passage ὅτι — ὑποσχεῖν (394 b 21-26) est une paraphrase fort libre du début de *Démosthène*, 25.

[394 b] τὴν χαρὰν μετρίως, ἀλλ' ἐπισκιρτᾶν τῷ νεκρῷ. Ὅτι μέντοι τὰς οἴκοι τύχας καὶ δάκρυα καὶ ὀδυρμοὺς ἀπολιπὼν ταῖς γυναιξὶν ὁ Δημοσθένης ἃ τῇ πόλει συμφέρειν ᾤετο, ταῦτα ἔπραττεν, ἐπαινῶ καὶ τίθεμαι πολιτικῆς καὶ ἀνδρώδους ψυχῆς, ἀεὶ πρὸς τὸ κοινὸν ἐνιστάμενον καὶ τὰ οἰκεῖα πράγματα καὶ πάθη τοῖς δημοσίοις ἐπανέχοντα, τηρεῖν τὸ ἀξίωμα πολὺ μᾶλλον ἢ τοὺς ὑποκριτὰς τῶν βασιλικῶν καὶ τυραννικῶν προσώπων, οὓς ὁρῶμεν οὔτε κλαίοντας οὔτε γελῶντας ἐν τοῖς θεάτροις ὡς αὐτοὶ θέλουσιν, ἀλλ' ὡς ὁ ἀγὼν ἀπαιτεῖ πρὸς τὴν ὑπόθεσιν.

Χωρὶς δὲ τούτων ἔδει τὸν ἀτυχήσαντα μὴ περιορᾶν ἀπαρηγόρητον ἐν τῷ πάσχειν κείμενον, ἀλλὰ καὶ λόγοις χρῆσθαι κουφίζουσι καὶ πρὸς ἡδίω πράγματα τρέπειν τὴν διάνοιαν, ὥσπερ τοὺς ὀφθαλμιῶντας ἀπὸ τῶν λαμπρῶν καὶ ἀντιτύπων ἐπὶ τὰ μαλακὰ καὶ χλωρὰ χρώματα τὴν ὄψιν ἀπάγειν κελεύοντες. Πόθεν ἂν τις ἐπάγοιτο βελτίω παρηγορίαν, ἢ πατρίδος εὐτυχούσης ἐκ τῶν κοινῶν παθῶν ἐπὶ τὰ οἰκεῖα σύγκρασιν ποριζόμενος καὶ τοῖς βελτίοσιν ἐναφανίζουσαν τὰ χείρω;

Ὅτι Δημοσθένης, φησί, πληγεὶς ὑπὸ τῆς δωροδοκίας Ἁρπάλου ὥσπερ δεδεγμένος φρουράν, προσεκεχωρήκει αὐτῷ. Καὶ ἀθροισθείσης ἐκκλησίας ᾗ ἔμελλε τὰ περὶ Ἅρπαλον ἐπισκέψασθαι, (ἀντέλεγε γὰρ τοῖς βουλομένοις σῴζειν αὐτὸν καὶ δέχεσθαι πρὸ τοῦ τὴν χεῖρα τῷ χρυσίῳ ὑποσχεῖν) εὖ καὶ καλῶς ἐρίοις καὶ ταινίαις κατὰ τοῦ τραχήλου κατελιξάμενος εἰς τὴν ἐκκλησίαν προῆλθε, καὶ κελευόντων ἀνίστασθαι καὶ λέγειν διένευεν ὡς ἀπο-

[394 b] **1** χαρὰν M : χώραν A || **2** ἀπολιπὼν A : ἀποβαλὼν M || **13** ἡδίω M : ἴδιον A || **14** πράγματα A : πρᾶγμα A²M || τρέπειν AM : μετατρέπειν A² || **19** καὶ *secl.* Bekker : *habent* AM || ἐναφανίζουσαν A : ἐμφανιζούσας M || **22** Ἁρπάλου M : Ἅρπαλος A || ὥσπερ AM : ὅσπερ A² || δεδεγμένος A : δεδεμένος M || **24** ἀντέλεγε(ν) A : ἀντέλεγον M.

une extinction de voix. Et les gens d'esprit disaient en riant que ce n'était pas d'esquinancie mais « d'argyrancie[1] » que l'orateur avait été pris pendant la nuit[2].

Après son bannissement pour l'affaire du trésor d'Harpale[3], Démosthène essayait de détourner de la politique les jeunes gens qui venaient à lui et vivaient dans son entourage ; il disait que si, à ses débuts, deux chemins s'étaient offerts à lui, l'un vers la tribune et l'assemblée, l'autre vers la mort, et que, s'il avait pu savoir les mécomptes de la politique, les craintes, les haines, les calomnies et les angoisses qu'elle suscite, il se serait élancé sur le chemin qui va droit vers la mort[4].

[395 a] *De la Vie de Cicéron.*

Cicéron, dit l'auteur, tirait, pour persuader, un avantage considérable de son talent d'acteur ; il se moquait des orateurs qui parlaient à grands éclats de voix en disant qu'ils recouraient aux cris comme des boiteux sautent à cheval*. Recourir contre des ennemis ou des adversaires en justice à des plaisanteries assez acerbes peut passer pour un procédé de rhétorique, mais s'en prendre aux premiers venus pour faire rire valut à Cicéron beaucoup d'inimitiés. C'est ainsi qu'il est devenu insupportable à pas mal de gens* et que les partisans de Clodius se sont ligués contre lui à partir de ce premier grief*. Leur plus légère monnaie de bronze, les Romains l'appellent *quadrant**. On rapporte, dit l'auteur, qu'après avoir lutté pendant les premiers jours pour défendre Cicéron, César livra son ami le troisième jour et l'abandonna. Les termes du marché étaient les suivants : César devait abandonner Cicéron, Lépide son frère Paul, et Antoine devait abandonner Lucius César, son oncle maternel. Ainsi cette colère rabique leur fit perdre rai-

1. J'emprunte cette traduction du calembour grec à Rollin, cité par Littré, s. v. *esquinancie.*

2. 394 b 26-31 est un extrait textuel de *Démosthène*, 25 ; Z., t. I, 2, p. 304, 28-305, 6.

3. Formule d'introduction.

4. Δημοσθένης — τείνουσαν (394 b 33-39) est un extrait textuel

κεκομμένης αὐτῷ τῆς φωνῆς. Οἱ δὲ εὐφυεῖς χλευάζοντες οὐχ ὑπὸ συνάγχης ἔφραζον ἀλλ' ἀργυράγχης εἰλῆφθαι νύκτωρ τὸν δημαγωγόν.

Ὅτι μετὰ τὸ φυγαδευθῆναι διὰ τὰ Ἁρπάλεια χρήματα Δημοσθένης τοὺς προσιόντας αὐτῷ καὶ συνδιατρίβοντας νεανίσκους ἀπέτρεπε τῆς πολιτείας, λέγων ὡς εἰ δυεῖν αὐτῷ προκειμένων ἀπ' ἀρχῆς ὁδῶν, τῆς μὲν ἐπὶ τὸ βῆμα καὶ τὴν ἐκκλησίαν, τῆς δὲ ἄντικρυς εἰς τὸν ὄλεθρον, ἐτύγχανεν εἰδὼς τὰ κατὰ τὴν πολιτείαν κακά, φόβους καὶ φθόνους καὶ διαβολὰς καὶ ἀγωνίας, ἐπὶ ταύτην ἂν ὁρμῆσαι τὴν εὐθὺ τοῦ θανάτου τείνουσαν.

[395 a] Ἐκ τοῦ Κικέρωνος.

Ὅτι οὐ μικρά (φησίν) ἐκ τοῦ ὑποκρίνεσθαι ῥοπὴ προσῆν εἰς τὸ πείθειν τῷ Κικέρωνι· καὶ τοὺς τῷ μεγάλα βοᾶν χρωμένους ῥήτορας ἐπισκώπτων ἔλεγε δι' ἀσθένειαν ἐπὶ τὴν κραυγὴν ὥσπερ τοὺς χωλοὺς ἐφ' ἵππον πηδᾶν. Ὅτι τὸ μὲν πρὸς ἐχθροὺς ἢ πρὸς ἀντιδίκους σκώμμασι χρῆσθαι πικροτέροις δοκεῖ ῥητορικὸν εἶναι· τὸ δὲ οἷς ἔτυχε προσκρούειν ἕνεκα τοῦ γελοίου πολὺ συνήγαγε μῖσος τῷ Κικέρωνι, καὶ ἐκ τούτου πολλοῖς γέγονεν ἐπαχθής, καὶ οἱ μετὰ Κλωδίου συνέστησαν ἐπ' αὐτὸν ἀρχὴν τοιαύτην λαβόντες. Ὅτι τὸ λεπτότατον τοῦ χαλκοῦ νόμισμα κουαδράντην Ῥωμαῖοι καλοῦσιν. Ὅτι λέγεται, φησί, τὰς πρώτας ἡμέρας διαγωνισάμενος ὑπὲρ τοῦ Κικέρωνος ὁ Καῖσαρ ἐνδοῦναι τῇ τρίτῃ καὶ προέσθαι τὸν φίλον. Τὰ δὲ τῆς ἀντιδόσεως οὕτως εἶχεν· ἔδει Κικέρωνος μὲν ἐκστῆναι Καίσαρα, Παύλου δὲ τἀδελφοῦ Λέπιδον, Λευκίου δὲ Καίσαρος Ἀντώνιον, ὃς ἦν θεῖος αὐτῷ πρὸς μητρός. Οὕτως ἐξέπεσον ὑπὸ θυμοῦ καὶ λύσσης τῶν ἀν-

32 διὰ A : *om.* M || **33** Δημοσθένης M[2] : Δημοσθένην AM.

[395 a] **4-5** δι' — κραυγὴν A : ἐπὶ τὴν κραυγὴν δι' ἀσθένειαν M || **5** ἵππον A : ἵππων A[2]M || **18** τῶν A : *om.* M.

son humaine et même, ils démontrèrent qu'il n'est aucun fauve plus féroce que l'homme quand la puissance s'ajoute à sa passion[1].

De la Vie de Phocion.

Phocion, dit l'auteur, était rude et d'humeur sombre[2]; c'est pourquoi, quand Aristogiton le sycophante, qui le combattait dans les assemblées et excitait le peuple à l'action, vint, au moment de l'enrôlement des troupes, appuyé sur un bâton et les deux jambes bandées, Phocion qui, de la tribune, l'avait vu venir de loin s'écria : « Inscris aussi Aristogiton, boiteux et coquin ». Aussi se demande-t-on comment et en vertu de quoi un homme aussi rude et d'humeur aussi noire a acquis le nom de Bon. Il est, je pense, difficile, mais non pas impossible, que, comme un vin, un homme soit à la fois agréable et dur, comme d'autres, au contraire, qui, ayant l'air de gens d'humeur douce, sont des plus désagréables pour ceux qu'ils fréquentent et malfaisants entre tous. Pourtant, on dit qu'Hypéride déclara un jour au peuple : « Athéniens, ne vous demandez pas seulement si je suis acerbe, mais si c'est sans raison que je le suis[3]. »

En tout cas, jamais l'inimité personnelle ne poussa Phocion à léser un de ses concitoyens ou à le traiter en ennemi ; c'était seulement dans la mesure où il devait tenir tête à l'adversaire qui s'opposait à ses entreprises en faveur de sa patrie qu'il était rude, tenace et intraitable, [395 b] tandis que, dans la vie courante, il se montrait bienveillant à tous et humain, au point de secourir ceux qui étaient tombés dans l'infortune et de défendre ceux qui risquaient d'être condamnés en justice*.

On rapporte qu'Antipater, le général macédonien, avait dit que, de deux amis qu'il avait à Athènes, Pho-

avec de légères retouches de *Démosthène*, 27 ; Z., t. I, 2, p. 306, 19-26.

1. A un ou deux petits détails près, cet extrait (λέγεται — προσλαβόντος : 395 a 12-21) est tiré textuellement de *Cicéron*, 46 ; Z., t. I, 2, p. 364, 17-25.

2. Formule d'introduction.

3. L'extrait διὸ — πικρός (395 a 23-37) est tiré textuellement de *Phocion*, 10 ; Z., t. II, 1, p. 9, 6-16.

θρωπίνων λογισμῶν, μᾶλλον δὲ ἀπέδειξαν ὡς οὐδὲν θηρίον ἀνθρώπου ἐστὶν ἀγριώτερον, ἐξουσίαν πάθει προσλαβόντος.

Ἐκ τοῦ Φωκίωνος.

Ὅτι, φησίν, ὁ Φωκίων τραχὺς ἦν καὶ κατηφής· διὸ καὶ Ἀριστογείτονος τοῦ συκοφάντου πολεμικοῦ ὄντος ἐν ταῖς ἐκκλησίαις καὶ παροξύνοντος ἐπὶ τὰς πράξεις τὸν δῆμον, ἐν δὲ τῷ καταλόγῳ προσελθόντος ἐπὶ βακτηρίᾳ τὼ σκέλη καταδεδεμένω, πόρρωθεν αὐτὸν ἀπὸ τοῦ βήματος ἰδὼν ὁ Φωκίων ἀνέκραγε· « Γράφε καὶ Ἀριστογείτονα χωλὸν καὶ πονηρόν ». Ὥστε θαυμάζειν ὅπως καὶ ὁπόθεν τραχὺς οὕτως ἀνὴρ καὶ σκυθρωπὸς ἐκτήσατο τὴν τοῦ χρηστοῦ προσηγορίαν. Ἔστι δέ, οἶμαι, χαλεπόν, οὐ μὴν ἀδύνατον, ὥσπερ οἶνον, καὶ ἄνθρωπον τὸν αὐτὸν ἡδὺν ἅμα καὶ αὐστηρὸν εἶναι, καθάπερ ἕτεροι πάλιν φαινόμενοι γλυκεῖς ἀηδέστατοι τοῖς χρωμένοις εἰσὶ καὶ βλαβερώτατοι. Καίτοι φασὶν Ὑπερείδην ποτὲ εἰπεῖν πρὸς τὸν δῆμον· « Ἄνδρες Ἀθηναῖοι, μὴ σκοπεῖτε μόνον εἰ πικρός εἰμι, ἀλλ' εἰ προῖκά εἰμι πικρός ».

Φωκίων τοίνυν ἔχθρᾳ μὲν τῶν πολιτῶν κακῶς οὐδένα ἐποίησεν, οὐδὲ ἐνόμιζεν ἐχθρόν· ἀλλ' ὅσον ἔδει μόνῳ τῷ ἐνισταμένῳ οἷς ἔπραττεν ὑπὲρ τῆς πατρίδος κατεξαναστῆναι, τραχὺς ὢν καὶ δυσεκβίαστος καὶ ἀπαραίτητος, εἰς [395 b] τὸν ἄλλον βίον εὐμενῆ πᾶσι καὶ κοινὸν καὶ φιλάνθρωπον ἑαυτὸν παρεῖχεν, ὥστε καὶ πταίσασι βοηθεῖν καὶ κινδυνεύουσι συνεξετάζεσθαι τοῖς διαφόροις.

Ὅτι Ἀντίπατρον τὸν Μακεδονίας στρατηγὸν λέγεται εἰπεῖν ὡς δυεῖν αὐτῷ φίλων Ἀθήνῃσιν ὄντων, Φω-

27 τὼ σκέλη *edd.* : τῷ σκέλει *codd.* || **31** χρηστοῦ A²M : *quid prius praeb.* A *non liquet* || **36** σκοπεῖτε AM : σκοπῆτε A² || **41** ὢν A : τε ὢν M.

[395 b] **3** συνεξετάζεσθαι M : συνετάζεσθαι A.

cion et Démade, il ne pouvait persuader le premier d'accepter un présent ni satisfaire le second par ses dons[1].

De la Vie de Caton.

Quand donc Caton se mit à l'étude, il était indolent et lent à comprendre mais, quand il avait compris, il retenait et se souvenait. C'est ce qui arrive en général : les mieux doués ont surtout la mémoire prompte ; en revanche, ceux qui emmagasinent en se donnant du mal et en travaillant ont la mémoire tenace, car chaque chose apprise devient une sorte de marque au fer rouge dans leur âme[2].

De la Vie d'Alexandre.

Alexandre, dit l'auteur, était blanc de teint et cette blancheur se colorait de rougeur sur sa poitrine et sur son visage. Sa peau dégageait une odeur très agréable et l'haleine de sa bouche était fraîche ainsi que l'odeur de tout son corps au point que tout son linge même en était imprégné, comme plusieurs auteurs l'ont écrit. La cause en est peut-être dans sa complexion physique qui avait beaucoup de chaleur et tenait du feu ; car la bonne odeur vient aussi de la coction des humeurs par la chaleur, selon l'avis de Théophraste. C'est ainsi que ce sont les régions sèches et chaudes de la terre qui portent le plus de beaux aromates, car le soleil fait évaporer l'humidité qui est une sorte de matière putrescible répandue dans les corps. Pour Alexandre, semble-t-il, c'est la chaleur de son tempérament qui le portait à boire et à s'emporter*.

Comme on avait amené Bucéphale offert en vente pour treize talents par le Thessalien Philonicos, Philippe voulait renvoyer le cheval qui n'acceptait aucun cavalier et ne supportait la voix de personne de son entourage ;

1. Mis à part les premiers mots, qui sont une formule d'introduction, nous avons ici (εἰπεῖν — ἐμπέπληκεν : 395 b 5-7) un extrait textuel de *Phocion*, 30 ; Z., t. II, 1, p. 24, 22-27.

2. Extrait à peu près textuel de *Caton*, 1 ; Z., t. II, 1, p. 32, 6-20.

κίωνος καὶ Δημάδου, τὸν μὲν λαβεῖν οὐ πέπεικε, τὸν δὲ διδοὺς οὐκ ἐμπέπληκεν.

Ἐκ τοῦ Κάτωνος.

Ὡς οὖν εἰς τὸ μανθάνειν ἧκεν ὁ Κάτων, νωθρὸς ἦν ἀναλαβεῖν καὶ βραδύς, ἀναλαβὼν δὲ κάτοχος καὶ μνημονικός. Ὃ δὴ καὶ πέφυκεν ἄλλως τοὺς μὲν εὐφυεστάτους ἀναμνηστικοὺς μᾶλλον εἶναι, μνημονικοὺς δὲ τοὺς μετὰ πόνου καὶ πραγματείας παραδεχομένους· γίνεται γὰρ οἷον ἔγκαυμα τῆς ψυχῆς τῶν μαθημάτων ἕκαστον.

Ἐκ τοῦ Ἀλεξάνδρου.

Ὅτι, φησί, λευκὸς ἦν ὁ Ἀλέξανδρος, ἡ δὲ λευκότης ἐπεφοίνισσεν αὐτοῦ μάλιστα περὶ τὸ στῆθος καὶ τὸ πρόσωπον. Ὅτι δὲ τοῦ χρωτὸς ἥδιστον ἀπέπνει καὶ τὸ στόμα κατεῖχεν εὐωδία καὶ τὴν σάρκα πᾶσαν ὥστε πληροῦσθαι καὶ τοὺς χιτωνίσκους πολλοὶ γεγράφασιν. Αἰτία δὲ ἴσως ἡ τοῦ σώματος κρᾶσις, πολύθερμος οὖσα καὶ πυρώδης· ἡ γὰρ εὐωδία γίνεται πέψει τῶν ὑγρῶν ὑπὸ θερμότητος, ὡς οἴεται Θεόφραστος. Ὅθεν οἱ ξηροὶ καὶ διάπυροι τόποι τῆς οἰκουμένης τὰ πλεῖστα καὶ κάλλιστα τῶν ἀρωμάτων φέρουσιν· ἐξαίρει γὰρ ὁ ἥλιος τὸ ὑγρὸν ὥσπερ ὕλην σηπεδόνος ἐπιπολάζον τοῖς σώμασι. Ἀλέξανδρον δέ, ὡς ἔοικεν, ἡ θερμότης καὶ ποτικὸν καὶ θυμοειδῆ παρεῖχεν.

Ὅτι τὸν Βουκέφαλον προσαχθέντα ὤνιον ταλάντων δέκα καὶ τριῶν παρὰ Φιλονείκου τοῦ Θετταλοῦ ὁ μὲν Φίλιππος ἀπεπέμπετο ὡς τὸν ἀναβάτην οὐ δεχόμενον οὐδὲ φωνήν τινος τῶν περὶ τὸν Φίλιππον ὑπομένοντα· ὁ

11 ἄλλως AM² : ἄλλω M ‖ **13** οἷον A : *om.* M ‖ **14** ἔγκαυμα Plutarque : ἔκκαυμα Photius ‖ τῆς A² *s. v.* M : *om.* A ‖ μαθημάτων M² *v. l.* : παθημάτων AM ‖ **19** καὶ AM : ὡς καὶ A² ‖ ὥστε M : *om.* A ‖ **20** καὶ A⁵ *s. v.* : *om.* AM ‖ **22** πέψει M : καὶ πέψει A ‖ **26** Ἀλέξανδρον A² : Ἀλεξάνδρου AM ‖ **28** Βουκέφαλον A : Βουκέφαλαν M ‖ **30** ὡς *edd.* : πρὸς *codd.*

Alexandre, qui désapprouvait le renvoi du cheval, demanda à son père la permission de le prendre ; et quand on lui eut donné le cheval qui paraissait sauvage et impossible à dresser à tous ceux qui s'en étaient approchés, Alexandre courut à l'animal, le prit par la bride et le mit face au soleil parce qu'il avait sans doute remarqué que la bête s'effrayait de voir son ombre tomber et bondir devant elle. Quand il l'eut ainsi un peu calmée et flattée, comme il la voyait pleine de flamme et d'ardeur, il rejeta doucement son manteau et, prenant son [396 a] élan, il se mit en selle avec assurance et poussa la monture à fond.

Et les uns étaient pris de crainte et d'angoisse qu'il n'arrivât malheur au jeune prince ; d'autres applaudissaient et trouvaient plaisir au spectacle. Tous cependant étaient également stupéfaits. Et quand, ayant fait demi-tour, il revint tout droit, fier et joyeux, tous se mirent à pousser des cris d'allégresse et son père pleura même de joie, dit-on ; quand Alexandre eut mis pied à terre, il lui baisa la tête et lui dit : « Mon enfant, cherche un royaume à ta mesure, car la Macédoine ne peut te suffire[1]. »

Alexandre, dit l'auteur, estimait plus digne d'un roi de se dominer que de vaincre ses ennemis ; aussi ne toucha-t-il à aucune des filles de Darius malgré leur beauté exceptionnelle et, avant son mariage, il ne connut aucune autre femme que Barsinè qui était veuve[2].

Une brebis, dit l'auteur, avait mis bas un agneau portant autour de la tête une empreinte qui avait la forme et la couleur d'une tiare et, de part et d'autre de cette empreinte, des testicules ; effrayé devant ce présage, Alexandre se fit purifier par les Babyloniens qu'il avait l'habitude d'avoir près de lui pour ce genre d'affaires

1. Le texte de Photius 395 b 28-396 a 9 provient de *Alexandre*, 6 ; L.-Z., t. II, 2, p. 181, 18-183, 7. Le début du paragraphe, jusqu'à ἀκόλαστον (395 b 35), est un texte aménagé ; de προσδραμὼν (395 b 35) à περιέβη (396 a 1), l'extrait est à peu près textuel ; de καὶ ἤλαυνεν (396 a 1) à ἔκπληξις (396 a 4), le texte de Photius s'écarte fort de l'original ; de ὡς δὲ (396 a 4) à χωρεῖ (396 a 9), l'extrait est à nouveau textuel.

2. Le passage ὅτι — κεχηρωμένης (396 a 9-14) offre un texte fort arrangé de *Alexandre*, 21 ; L.-Z., t. II, 2, p. 206, 14-18, avec quelques emprunts textuels.

δὲ Ἀλέξανδρος μεμψάμενος τὴν ἀποπομπὴν τοῦ ἵππου ᾐτήσατο παρὰ τοῦ πατρὸς λαβεῖν αὐτόν, καὶ λαβὼν τὸν δοκοῦντα ἵππον ἄγριον εἶναι πρὸς πάντας οἳ προσῄεσαν αὐτῷ, καὶ ἀκόλαστον, προσδραμὼν τῷ ἵππῳ καὶ παραλαβὼν τὴν ἡνίαν ὁ Ἀλέξανδρος ἐπέστρεψε πρὸς τὸν ἥλιον, ὡς ἔοικεν ἐννοήσας ὅτι τὴν σκιὰν προσπίπτουσαν καὶ σαλευομένην ὁρῶν πρὸ αὑτοῦ διαταράττοιτο. Μικρὰ δὲ οὕτω παρακαλπάσας καὶ καταψήσας, ὡς ἑώρα θυμοῦ πληρούμενον ὁμοῦ καὶ πνεύματος, ἀπορρίψας ἡσυχῇ τὴν χλαμύδα καὶ μετεωρίσας ἑαυτὸν ἀσφαλῶς [396 a] περιέβη, καὶ ἤλαυνεν ἀνὰ κράτος τὸν ἵππον.

Καὶ τοῖς μὲν δέος καὶ ἀγὼν ἐνέπιπτε, μή τι τὸ μειράκιον πάθῃ, τοῖς δὲ κρότος ἦν χειρῶν καὶ τερπνὸν θέαμα. Πάντας δ' ὁμοίως εἶχεν ἔκπληξις. Ὡ δὲ κάμψας ὑπέστρεψεν ὀρθῶς σοβαρὸς καὶ γεγηθώς, ἅπαντες μὲν χαίροντες ἀνηλάλαξαν, ὁ δὲ πατὴρ καὶ δακρῦσαι λέγεται πρὸς τὴν χαράν, καταβάντος δὲ αὐτοῦ τὴν κεφαλὴν φιλήσας· « Ὦ παῖ, φάναι, ζήτει σεαυτῷ βασιλείαν ἴσην· Μακεδονία γάρ σε οὐ χωρεῖ ».

Ὅτι Ἀλέξανδρος (φησί) τοῦ νικᾶν τοὺς πολεμίους τὸ κρατεῖν ἑαυτοῦ βασιλικώτερον ἡγούμενος, οὔτε τινὸς τῶν Δαρείου θυγατέρων, κάλλει διαπρεπεστάτων οὐσῶν, οὐδεμιᾶς ἔθιγεν, οὔτε ἄλλην ἔγνω γυναῖκα πρὸ γάμου πλὴν Βαρσίνης ἀνδρὸς οὔσης κεχηρωμένης.

Ὅτι προβάτου (φησί) τεκόντος ἄρνα περὶ τὴν κεφαλὴν σχῆμα καὶ χρῶμα ἔχοντα τιάρας καὶ διδύμους ἑκατέρωθεν αὐτοῦ, βδελυχθεὶς τὸ σημεῖον ἐκαθάρθη μὲν ὑπὸ τῶν Βαβυλωνίων ὁ Ἀλέξανδρος οὓς ἐξ ἔθους ἐπήγετο πρὸς τὰ τοιαῦτα,

38 πρὸ M : πρὸς A || αὑτοῦ *edd.* : αὐτοῦ *codd.*

[396 a] **3** τερπνὸν A[1] : τέρπον AM || **5** σοβαρὸς A[2] : σοβαρῶς AM || **10** τὸ A[2]M[2] : τοῦ AM.

et il dit à ses amis qu'il était inquiet non pour lui-même mais pour eux de peur que son pouvoir, quand il les aurait quittés, ne fût remis par la divinité à un homme de rien et sans vaillance. Mais, par ailleurs, il se produisit un présage plus favorable qui mit fin à son découragement. En effet, le préposé à la garde de son lit[1], un nommé Proxène, qui creusait le sol pour dresser la tente royale près de l'Oxus, mit au jour une source d'un liquide épais et gras ; quand on eut enlevé ce qui affleurait à la surface, il jaillit tout de suite une huile pure et claire qui ne semblait différer ni par son odeur ni par sa saveur de celle de l'olivier et qui n'en différait pas non plus par sa limpidité ni par son brillant, et cela sans que la région portât un seul olivier. On dit d'ailleurs que l'Oxus a une eau des plus douces qui va jusqu'à graisser légèrement la peau de ceux qui s'y baignent. Néanmoins, Alexandre fut ravi d'étonnement par ce prodige[2].

Arrhidée était né à Philippe d'une obscure fille publique, Philinè ; il n'était pas d'une intelligence normale et une maladie s'était répandue dans tout son organisme ; ce n'était toutefois pas un mal de naissance car on dit que, quand il était enfant, il montrait un naturel gracieux et qui ne manquait pas de noblesse, mais dans la suite, il fut rendu malade par les poisons d'Olympias et sa raison en fut ruinée[3].

De la Vie de César.

César, dit-on, au cours de la nuit qui précéda son
[396 b] arrivée à Ariminum — c'est une grande ville de la Gaule celtique dont il s'empara par une attaque brusquée — vit un songe effrayant ; il lui semblait, en effet, qu'il s'unissait à sa mère dans une union monstrueuse*.

1. Ici, le texte de Photius σωματοφυλάκων (396 a 23) n'a pas de sens satisfaisant ; il faut bien recourir au texte de Plutarque.

2. Dans ὅτι προβάτον — ἥσθη (396 a 14-33) nous avons un extrait textuel avec de légères variantes de *Alexandre*, 57 ; L.-Z., t. II, 2, p. 260, 13-261, 9.

3. Ὅτι Ἀρριδαῖος — διάνοιαν (396 a 33-39) est un texte légèrement arrangé de *Alexandre*, 77 ; L.-Z., t. II, 2, p. 289, 4-11.

διειλέχθη δὲ πρὸς τοὺς φίλους ὡς οὐ δι' αὐτὸν ἀλλὰ δι' ἐκείνους ταράττοιτο, μὴ τὸ κράτος εἰς ἀγεννῆ καὶ ἄναλκιν ἄνθρωπον ἐκλιπόντος αὐτοῦ περιστήσῃ τὸ δαιμόνιον. Οὐ μὴν ἀλλὰ βέλτιόν τι σημεῖον γενόμενον τὴν ἀθυμίαν ἔλυσεν. Ὁ γὰρ ἐπὶ τῶν στρωματοφυλάκων τεταγμένος, ὄνομα Πρόξενος, χώραν ὀρύττων τῇ βασιλικῇ σκηνῇ παρὰ τὸν Ὄξον ποταμόν, ἀπεκάλυψε πηγὴν ὑγροῦ λιπαροῦ καὶ πιμελώδους, ἀπαντλουμένου δὲ τοῦ πρώτου, καθαρὸν ἀνέβλυζεν ἤδη καὶ διαυγὲς ἔλαιον, οὔτε ὀσμῇ δοκοῦν οὔτε γεύσει ἐλαίου διαφέρειν, στιλβότητα δὲ καὶ λαμπρότητα παντάπασιν ἀπαράλλακτον, καὶ ταῦτα τῆς χώρας μηδὲ ἐλαίας φερούσης. Λέγεται μὲν οὖν καὶ τὸν Ὄξον αὐτὸν μαλακώτατον ὕδωρ, ὥστε τὸ δέρμα τοὺς λουομένους ἐπιλιπαίνειν. Οὐ μὴν ἀλλὰ καὶ θαυμαστῶς Ἀλέξανδρος τῷ σημείῳ ἥσθη.

Ὅτι Ἀριδαῖος μὲν γέγονε τῷ Φιλίππῳ ἐξ ἀδόξου γυναικὸς καὶ κοινῆς, Φιλίνης, ἀτελὴς δὲ τῷ φρονεῖν διὰ σώματος ἐγεγόνει νόσον, οὐ μὴν φύσει, ἀλλὰ καὶ πάνυ φασὶν αὐτοῦ παιδὸς ὄντος διαφαίνεσθαι χάριεν ἦθος καὶ οὐκ ἀγεννές, εἶτα μέντοι φαρμάκοις ὑπὸ Ὀλυμπιάδος κακωθέντα διαφθαρῆναι τὴν διάνοιαν.

Ἐκ τοῦ Καίσαρος.

Ὅτι Καῖσαρ λέγεται τῇ προτέρᾳ νυκτὶ τῆς ἐπ' Ἀρίμινον [396 b] διαβάσεως (πόλις δέ ἐστιν αὕτη τῆς Κελτικῆς μεγάλη, ἣν καὶ ἀθρόον ἐπελθὼν ἔσχεν) ὄναρ ἰδεῖν ἔκθεσμον· ἐδόκει γὰρ αὐτὸς τῇ ἑαυτοῦ μητρὶ μίγνυσθαι τὴν ἄρρητον μίξιν.

19 αὐτὸν A[2] : αὑτὸν AM || **21** ἄνθρωπον A : *om.* M || περιστήσῃ A : περιστήσει M || **23** ἔλυσεν A : διέλυσεν M || ὁ γὰρ A : ὅπερ M || στρωματοφυλάκων Plutarque : σωμάτων Photius || **26** ἀπαντλουμένου A[2] : ἀπαντλωμένου AM || **28** γεύσει ἐλαίου A : ἐλαίου γεύσει M || **30** Ὄξον A : ὄζον M || **32** θαυμαστῶς M : θαυμαστὸν A || **35** τῷ φρονεῖν A[2] : τῷ σωφρονεῖν M *quid prius praeb. A non liquet* || **41** Ἀρίμινον A : Ἀριμίνου M.

De la Vie d'Eumène.

La bonne fortune exalte les esprits, même chez ceux qui sont naturellement médiocres, au point qu'une certaine grandeur et une certaine majesté semblent les revêtir lorsqu'on les voit parvenus à un haut degré d'honneur. Mais celui qui est vraiment magnanime et qui a le cœur ferme, c'est dans les échecs et dans les mauvais jours que sa noblesse se manifeste plutôt, comme ce fut le cas d'Eumène[1] après ses revers. Car la noblesse de son âme apparut avec plus d'éclat en même temps que son esprit intrépide et inébranlable dans le malheur.

Il s'était rendu compte, dit l'auteur, que ceux qui étaient sous ses ordres n'avaient que mépris les uns pour les autres, tandis qu'ils le craignaient, lui, et qu'ils se tenaient prêts à l'assassiner si l'occasion s'en présentait; il fit semblant d'avoir besoin d'argent et il emprunta des sommes considérables à ceux qui le détestaient le plus pour les amener à lui faire crédit et à renoncer ainsi à leurs entreprises par crainte pour leurs créances. Ainsi, il se fit qu'il eut l'argent d'autrui comme sauvegarde pour sa vie et que, alors que les autres donnent de l'argent pour assurer leur salut, il fut le seul à assurer sa sécurité en en recevant*.

L'homme qui aime la guerre, dit l'auteur, est celui qui fait passer le profit avant sa sécurité; le guerrier, c'est celui qui assure sa sécurité par la guerre*.

De la Vie de Sertorius.

Pendant que Sertorius séjournait en Ibérie*, dit l'auteur, il rencontra des marins qui revenaient des Iles Atlantiques; celles-ci sont deux et elles sont séparées par un chenal très étroit; elles sont à dix mille stades de la Libye et on les appelle les Iles des Bienheureux.

1. Le texte τὸ μὲν — Εὐμένης (396 b 6-11) est un extrait textuel de *Eumène*, 9; Z., t. II, 1, p. 290, 12-16. Le reste du paragraphe n'est pas dans Plutarque; c'est un résumé très vague des malheurs d'Eumène.

Ἐκ τοῦ Εὐμένους.

Τὸ μὲν εὐτυχεῖν καὶ τοὺς φύσει μικροὺς συνεπικουφίζει τοῖς φρονήμασιν, ὥστε φαίνεσθαί τι μέγεθος περὶ αὐτοὺς καὶ ὄγκον ἐκ πραγμάτων ὑπερεχόντων ἀποβλεπομένους. Ὁ δέ γε ἀληθῶς μεγαλόφρων καὶ βέβαιος ἐν τοῖς σφάλμασι μᾶλλον καὶ ταῖς δυσημερίαις ἀναφέρων γίνεται κατάδηλος, ὥσπερ ὁ Εὐμένης κακοπραγήσας. Μᾶλλον γὰρ αὐτοῦ τῆς ψυχῆς τὸ γενναῖον διεφάνη καὶ ἐξέλαμψε καὶ τὸ ἀπτόητον τοῦ φρονήματος καὶ ταῖς συμφοραῖς ἀταπείνωτον.

Ὅτι αἰσθόμενος (φησί) τοὺς ὑπ' αὐτὸν ἀλλήλων μὲν καταφρονοῦντας, αὐτὸν δὲ φοβουμένους καὶ παραφυλάττοντας ἀνελεῖν, εἰ γένοιτο καιρός, ἐσκήψατο χρημάτων δεῖσθαι, καὶ συνεδανείσατο τάλαντα πολλὰ παρὰ τῶν μάλιστα μισούντων, ἵνα καὶ πιστεύωσι καὶ ἀπέχωνται περὶ τὸ δάνειον ἀγωνιῶντες. Ὥστε συνέβη τὸν ἀλλότριον πλοῦτον φύλακα τοῦ σώματος ἔχειν, καὶ τῶν ἄλλων ἐπὶ σωτηρίᾳ διδόντων μόνον ἐκ τοῦ λαβεῖν κτήσασθαι τὴν ἀσφάλειαν.

Ὅτι φιλοπόλεμος μέν ἐστι (φησίν) ὁ τῆς ἀσφαλείας τὴν πλεονεξίαν προτιμῶν, πολεμικὸς δὲ ὁ τῷ πολέμῳ κτώμενος τὴν ἀσφάλειαν.

Ἐκ τοῦ Σερτωρίου.

Ὅτι διατρίβοντι (φησί) Σερτωρίῳ περὶ Ἰβηρίαν ναῦταί τινες ἐντυγχάνουσιν αὐτῷ ἐκ τῶν Ἀτλαντικῶν νήσων ἀναπεπλευκότες, αἳ δύο μέν εἰσι λεπτῷ παντάπασι πορθμῷ διαιρούμεναι, μυρίους δὲ ἀπέχουσι Λιβύης σταδίους, καὶ ὀνομάζονται Μακάρων. Ὄμβροις δὲ χρώμεναι

[396 b] **12** τῆς ψυχῆς τὸ γενναῖον A : τὸ γενναῖον τῆς ψυχῆς M || **15** μὲν A : *om.* M.

Elles ne connaissent que des pluies douces et rares et, la plupart du temps, des vents légers et humides ; elles n'offrent pas seulement une terre fertile et grasse pour y labourer et y planter, mais elles portent aussi une végétation naturelle qui suffit, par son abondance et sa saveur, à nourrir sans peine ni travail une population oisive. L'air y est bon et fait régner sur les îles un climat tempéré qui ne connaît que peu de variations. En effet, les vents du nord et de l'est qui soufflent du continent de ce côté-là, vu la distance, tombent dans un vaste espace, s'y dispersent et s'y perdent en-deçà des îles ; les vents d'ouest et du sud qui soufflent de la mer amènent [397 a] du large des pluies faibles et rares et ils ont une haleine humide qui nourrit doucement l'île. Aussi s'est-il répandu jusque chez les barbares une croyance vivace que c'est là que se situent les Champs Élysées et le séjour des Bienheureux qu'Homère a chanté[1].

A ce récit, Sertorius fut pris d'une étrange envie d'aller habiter ces îles et d'y vivre tranquille, loin du pouvoir et les guerres terminées[2], mais son désir fut réduit à rien et détourné de son accomplissement par le désordre que suscita l'agitation des Ciliciens qu'il avait avec lui et par les soucis que lui causèrent de nouveaux ennemis.

On rapporte, dit l'auteur, que Sertorius n'était accessible ni au plaisir ni à la crainte, qu'il avait un caractère inébranlable devant le danger et qu'il accueillait la bonne fortune avec modération ; aucun des chefs de son temps n'était plus hardi que lui pour combattre à découvert ; quant à tout ce qui, dans la guerre, est le fait de la ruse, quant à s'assurer l'avantage de fortes positions, quant aux manœuvres de franchissement qui demandent de la vitesse et, au besoin, de la ruse et de l'adresse à dissimuler, c'était un artisan habile entre tous. Dans la récompense des actions d'éclat, il se mon-

1. Réminiscence d'Homère, *Odyssée*, IV, 563 sqq. L'extrait ναῦται — ὕμνησε (396 b 28-397 a 5) est textuel ; il vient de *Sertorius*, 8 ; Z., t. II, 1, p. 263, 14-264, 3.

2. Le paragraphe ταῦτα — ἀπαύστων (397 a 5-8) est un extrait textuel de *Sertorius*, 9 ; Z., t. II, 1, p. 264, 4-5. La suite (ἀλλὰ — πολεμίων : 397 a 8-10) est un condensé de la fin de *Sertorius*, 9, qui relate les empêchements qui s'opposèrent aux projets de Sertorius.

μετρίοις σπανίως, τὰ πλεῖστα πνεύμασι μαλακοῖς καὶ δροσοβόλοις οὐ μόνον ἀροῦν καὶ φυτεύειν παρέχουσιν ἀγαθὴν καὶ πίονα χώραν, ἀλλὰ καὶ καρπὸν αὐτοφυῆ φέρουσιν, ἀποχρῶντα πλήθει καὶ γλυκύτητι βόσκειν ἄνευ πόνων καὶ πραγματείας σχολάζοντα δῆμον. Ἀὴρ δὲ ἄλυπος ὡρῶν τε κράσει καὶ μεταβολῆς μετριότητι κατέχει τὰς νήσους. Οἱ γὰρ ἐνθένδε τῆς γῆς ἀποπνέοντες ἔξω Βορέαι καὶ Ἀπηλιῶται διὰ μῆκος ἐκπεσόντες εἰς τόπον ἀχανῆ διασπείρονται καὶ προαπολείπουσι· πελάγιοι δὲ περιρρέοντες Ἀργέσται καὶ Ζέφυροι [397 a] βληχροὺς μὲν ὑετοὺς καὶ σποράδας ἐκ θαλάττης ἐπάγοντες, τὰ δὲ πολλὰ νοτεραῖς αἰθρίαις ἐπιψύχοντες, ἡσυχῇ τρέφουσιν. Ὥστε μέχρι τῶν βαρβάρων διῆχθαι πίστιν ἰσχυρὰν αὐτόθι τὸ Ἠλύσιον εἶναι πεδίον καὶ τὴν τῶν εὐδαιμόνων οἴκησιν, ἣν Ὅμηρος ὕμνησε.

Ταῦτα ὁ Σερτώριος ἀκούσας ἔρωτα θαυμαστὸν ἔσχεν οἰκῆσαι τὰς νήσους καὶ ζῆν ἐν ἡσυχίᾳ, τυραννίδος ἀπαλλαγεὶς καὶ πολέμων ἀπαύστων. Ἀλλὰ διεμάραναν αὐτοῦ καὶ περιέσπασαν τὸν ἔρωτα ἥ τε κίνησις τῶν μετ' αὐτοῦ Κιλίκων ἐκταραχθεῖσα καὶ νεωτέρων φροντὶς πολεμίων.

Ὅτι λέγεται (φησίν) ὁ Σερτώριος οὔτε ὑφ' ἡδονῆς οὔτε ὑπὸ δέους εὐάλωτος γενέσθαι, φύσει δὲ ἀνέκπληκτος παρὰ τὰ δεινὰ καὶ μέτριος ἐνεγκεῖν εὐτυχίαν· οὐδενὸς μέντοι οὐδὲ πρὸς εὐθυμαχίαν ἀτολμότερος τῶν καθ' ἑαυτὸν ἡγεμόνων, ὅσα δὲ κλοπείας ἐν πολέμοις ἔργα καὶ πλεονεξίας περὶ τόπους ὀχυροὺς καὶ διαβάσεις τάχους δεομένας, ἀπάτης τε καὶ ψευδῶν ἐν δέοντι, σοφιστὴς δεινότατος. Ἐν δὲ ταῖς τιμαῖς τῶν ἀνδραγαθημάτων δα-

33 καὶ φυτεύειν A : ἀλλὰ καὶ φυτεύειν M || **37** κράσει... μετριότητι M *et* A *ut vid.* : κρᾶσις... μετριότης A².

397 a] **1** βληχροὺς A : καὶ βληχροὺς M || **8** ἀπαύστων A : ἀπάντων M || διεμάραναν M : διεμάρανον A || **10** ἐκταραχθεῖσα A : ἐκταχθεῖσα M || **12** δὲ A : τε M || παρὰ A : περὶ M || **13** καὶ A : *om.* M || **15** κλοπείας A : κλοπίας M.

trait généreux et il usait de modération dans la répression des fautes ; pourtant, vers la fin de sa vie, un acte d'une cruauté innommable qu'il provoqua à l'égard des otages semble témoigner d'un naturel sans douceur mais que la raison freinait par nécessité. Pour moi, une vertu sans tache et fondée sur la raison ne me paraît jamais avoir pu être déviée vers son contraire par quelque infortune ; d'autre part, je ne pense pas qu'il soit impossible à la destinée de modifier le caractère de résolutions et de natures bonnes lorsqu'elles se trouvent indignement atteintes par l'adversité. C'est, à mon avis, ce qui est arrivé à Sertorius quand la fortune l'eut abandonné : aigri par les circonstances, il devint méchant pour ceux qui lui faisaient tort[1].

De la Vie de Démétrius.

Démétrius, dit l'auteur, n'était pas aussi grand que son père bien qu'il fût lui-même de belle taille ; les traits et la beauté de son visage étaient merveilleux et si rares que nul sculpteur ou peintre ne pouvait en exprimer la ressemblance. En effet, le même visage était plaisant et grave, redoutable et beau, à son air de jeunesse et de vivacité se mêlaient une allure héroïque et une majesté royale qu'il était difficile d'exprimer. Ainsi donc, son caractère lui aussi était naturellement fait pour étonner les hommes et les charmer tout à la fois[2].

L'auteur dit que l'invention la plus étrange de Stratoclès[3] [397 b] — car c'était lui qui innovait dans ce genre de flagorneries — ce fut de faire décréter que ceux qu'on enverrait par décision publique à Antigone ou à Démétrius, au lieu de s'appeler ambassadeurs, s'appelleraient

1. Le passage ὅτι λέγεται — ἀδικοῦντας (397 a 11-31) est un extrait textuel, avec quelques légères variantes, de *Sertorius*, 10 ; Z., t. II, 1, p. 265, 10-24.

2. Ὅτι Δημήτριος — καὶ χάριν (397 a 33-40) est un extrait à peu près textuel de *Démétrius*, 2 ; L.-Z., t. III, 1, p. 3, 20-4, 3.

3. Sur ce personnage, cf. Fiehn, s. v. *Stratoklès*, n. 5, in *R. E.*, 2e sér., t. IV, 1932, col. 269-271.

ψιλῆς φαινόμενος, περὶ τὰς τιμωρίας ἐμετρίαζε τῶν ἁμαρτημάτων· καίτοι δοκεῖ περὶ τὸν ἔσχατον αὐτοῦ βίον ὠμότητός τε καὶ βαρύτητος τὸ περὶ τοὺς ὁμήρους προαχθὲν ἔργον ἐπιδεῖξαι τὴν φύσιν οὐκ οὖσαν ἥμερον, ἀλλ' ἐπεχομένην λογισμῷ διὰ τὴν ἀνάγκην. Ἐμοὶ δ' ἀρετὴν μὲν εἰλικρινῆ καὶ κατὰ λόγον συνεστῶσαν οὐκ ἄν ποτε δοκεῖ τύχη τις ἐκστῆσαι πρὸς τοὐναντίον· ἄλλως δὲ προαιρέσεις καὶ φύσεις χρηστὰς ὑπὸ συμφορῶν μεγάλων παρ' ἀξίαν κακωθείσας οὐκ ἀδύνατον τῷ δαίμονι συμμεταβαλεῖν τὸ ἦθος· ὃ καὶ Σερτώριον οἶμαι παθεῖν, ἤδη τῆς τύχης αὐτὸν ἐπιλιπούσης ἐκτραχυνόμενον ὑπὸ τῶν πραγμάτων καὶ γινόμενον πονηρὸν πρὸς τοὺς ἀδικοῦντας.

Ἐκ τοῦ Δημητρίου.

Ὅτι Δημήτριος (φησί) μεγέθει μὲν ἦν τοῦ πατρὸς ἐλάττων, καίπερ ὢν μέγας, ἰδέᾳ δὲ καὶ κάλλει προσώπου θαυμαστὸς καὶ περιττός, ὥστε τῶν πλαττόντων καὶ γραφόντων μηδένα τῆς ὁμοιότητος ἐφικέσθαι. Τὸ γὰρ αὐτὸ χάριν καὶ βάρος καὶ φόβον καὶ ὥραν εἶχε, καὶ συνεκέκρατο τῷ νεαρῷ καὶ ἰταμῷ δυσμίμητος ἡρωϊκή τις ἐπιφάνεια καὶ βασιλικὴ σεμνότης. Οὕτω δέ πως καὶ τὸ ἦθος ἐπεφύκει πρὸς ἔκπληξιν ἀνθρώπων ἅμα καὶ χάριν.

Ὅτι τὸ ὑπερφυέστατον ἐνθύμημα τοῦ Στρατοκλέους [397 b] φησίν — οὗτος γὰρ ἦν ὁ τῶν σοφῶν τούτων καὶ περιττῶν καινουργὸς ἀρεσκευμάτων — ἔγραψεν ὅπως οἱ πεμπόμενοι κατὰ ψήφισμα δημοσίᾳ πρὸς Ἀντίγονον ἢ Δημήτριον ἀντὶ πρεσβευτῶν θεωροὶ λέγοιντο, καθάπερ οἱ

21 τε A : *om.* M ‖ προαχθὲν A : πραχθὲν M ‖ **23** ἐπεχομένην A : ἀπεχομένην M ‖ **25** δὲ A : *om.* M ‖ **29** ἐπιλιπούσης AM : ἐπιλειπούσης M² ‖ **30** γινόμενον πονηρὸν Coraes : γινομένου πονηροῦ *codd.* ‖ **36** τὸ γὰρ αὐτὸ A¹M : τῷ γὰρ αὐτῷ A ‖ **37** εἶχε M : ἔχει A ‖ συνεκέκρατο A : συγκέκρατο M.

[397 b] **3** δημοσίᾳ AM : δημόσιον A².

théores comme ceux qui convoyaient les offrandes de leur patrie à Delphes ou à Olympie aux solennités helléniques[1].

Ainsi, en se moquant de Démétrius, ils achevèrent de troubler son cerveau qui, par ailleurs, n'était pas sain[2].

Les Athéniens, tandis que Philippe les assiégeait, capturèrent des porteurs de messages et lurent toutes les lettres mais n'ouvrirent pas celle qu'il adressait à Olympias : ils la lui retournèrent scellée comme elle était[3].

Rien, dit l'auteur, ne convient tant à un roi que la pratique de la justice ; en effet, Arès est un tyran, comme le dit Timothée, tandis que la loi règne sur tous, selon le mot de Pindare*.

Jusqu'à Démétrius, fils d'Antigone, qui était aussi surnommé le Preneur de villes*, personne n'avait vu auparavant un bateau à quinze ni à seize rangs de rames ; plus tard, Ptolémée Philopator fit même construire un bateau à quarante rangs de rames qui avait deux cent quatre-vingts coudées de long et quarante-huit de haut à la pointe de l'avant ; il était manœuvré par quatre cents hommes d'équipage sans compter les rameurs qui étaient quatre mille ; en outre, il pouvait porter dans les coursives et sur le pont près de trois mille hoplites. Mais [quatre cents matelots, quatre mille rameurs et à peu près trois mille hoplites : au total, sept mille quatre cents hommes] ce bateau n'était qu'une curiosité à voir et elle différait fort peu des constructions fixes ; c'était un engin d'apparat qui n'était pas utilisable et on ne le mit en mouvement qu'avec beaucoup de risques et de difficultés*.

1. Cet extrait (ὅτι — ἑορταῖς : 397 a 41-46) de *Démétrius*, 13 ; L.-Z., t. III, 1, p. 13, 22-14, 9, est à peu près textuel.

2. La phrase οὕτω — διάνοιαν (397 b 6-8) n'est pas de Plutarque, mais elle se rapporte à *Démétrius*, 13 ; L.-Z., t. III, 1, p. 16, 23-25, et elle fait allusion à un décret bassement flatteur des Athéniens en l'honneur de Démétrius, décret dont Plutarque rapporte le texte.

3. Le texte ὅτι — ἀπέλυσαν (397 b 8-12) est un extrait à peu près textuel de *Démétrius*, 22 ; L.-Z., t. III, 1, p. 26, 8-12.

Πυθοῖ καὶ Ὀλυμπίαζε τὰς πατρίους θυσίας ἀπάγοντες ἐν ταῖς Ἑλληνικαῖς ἑορταῖς.

Οὕτω δὲ καταμωκώμενοι τοῦ Δημητρίου προσδιέφθειραν αὐτὸν οὐδὲ ἄλλως ὑγιαίνοντα τὴν διάνοιαν.

Ὅτι Ἀθηναῖοι, πολιορκοῦντος αὐτοὺς Φιλίππου, γραμματοφόρους ἑλόντες, τὰς μὲν ἄλλας ἀνέγνωσαν ἐπιστολάς, μόνην δὲ τὴν Ὀλυμπιάδος οὐκ ἔλυσαν, ἀλλ' ὥσπερ ἦν, κατασεσημασμένην πρὸς ἐκεῖνον ἀπέλυσαν.

Ὅτι οὐδέν φησιν οὕτω βασιλεῖ προσήκειν ὡς τὸ τῆς δίκης ἔργον. Ἄρης μὲν τύραννος, ὥς φησι Τιμόθεος, νόμος δὲ πάντων βασιλεὺς κατὰ Πίνδαρόν ἐστιν.

Ὅτι μέχρι Δημητρίου τοῦ Ἀντιγόνου παιδός, ὃς καὶ Πολιορκητὴς ἐπωνομάζετο, οὐδεὶς εἶδεν ἀνθρώπων οὔτε πεντεκαιδεκήρη ναῦν πρότερον οὔτε ἑκκαιδεκήρη · ὕστερον δὲ καὶ τεσσαρακοντήρη Πτολεμαῖος ὁ Φιλοπάτωρ ἐναυπηγήσατο, μῆκος διακοσίων ὀγδοήκοντα πηχῶν, ὕψος δὲ ἕως ἀκροστολίου πεντήκοντα δυεῖν δεόντων, ναύταις δὲ χωρὶς ἐρετῶν ἐξηρτυμένην τετρακοσίοις, ἐρέταις δὲ τετρακισχιλίοις, χωρὶς δὲ τούτων ὁπλίτας δεχομένην ἐπί τε τῶν παρόδων καὶ τοῦ καταστρώματος ὀλίγῳ τρισχιλίων ἀποδέοντας. Ἀλλὰ [ναῦται υʹ, ἐρέται ͵δ, ὁπλῖται παρὰ μικρὸν ͵γ, ὁμοῦ ͵ζυʹ] θέαν μόνην ἐκείνη παρέσχε, καὶ μικρὸν ὅσον διαφέρουσα τῶν μονίμων οἰκοδομημάτων φανῆναι πρὸς ἐπίδειξιν, οὐ χρείαν, ἐπισφαλῶς καὶ δυσέργως ἐκινήθη.

7 οὐδὲ A : οὐδὲν M ‖ **9** αὐτοὺς AM^2 : αὐτοῖς M ‖ **11** κατασεσημασμένην A : κατασεσημασμένη M ‖ **15** τοῦ A : *om.* M ‖ **16** καὶ A : *om.* M ‖ ἐπωνομάζετο A : ὠνομάζετο M ‖ **17-18** πεντεκαιδεκήρη — ἑκκαιδεκήρη M : *om.* A ‖ **18** καὶ M : *om.* A : **21** ἐξηρτυμένην A : ἐξηρτημένην M ‖ **25** ναῦται — ζυʹ *secl.* Bekker ‖ **26** διαφέρουσα A^{2}M : διαφέρουσαν A ‖ **27** τῶν A^{1}M : τῷ A ‖ μονίμων A : νομίμων M.

De la Vie d'Antoine.

Antoine, dit l'auteur, ignorait beaucoup de choses qui se passaient sous le couvert de son autorité, moins par nonchalance qu'en raison de la confiance que, dans la simplicité de son caractère, il faisait à son entourage ; il y avait, en effet, de la simplicité dans son caractère ; il était lent à se rendre compte de ce qui se passait mais, quand il se rendait compte des fautes commises, il en avait un vif repentir et il les confessait auprès de ceux mêmes qui avaient été lésés ; il mettait de la grandeur tant à récompenser qu'à punir ; toutefois, c'était plutôt dans la récompense que dans le châtiment qu'il semblait passer la mesure. Quant à ses excès dans la plaisanterie et dans la moquerie, ils avaient leur remède en eux-mêmes car on pouvait lui rendre moquerie pour moquerie, brocart pour brocart et il avait autant de plaisir à être raillé qu'à railler. Et c'est cela qui fit le plus souvent [398 a] tort à ses affaires, car il n'aurait jamais cru que ceux qui lui parlaient librement en plaisantant le flatteraient dans les affaires sérieuses ; il se laissait aisément prendre aux louanges parce qu'il ne se rendait pas compte qu'il y avait des gens pour mêler la liberté de langage à la flatterie comme quelque condiment piquant destiné à l'empêcher d'en être écœuré et pour s'arranger, grâce à la liberté des propos qu'on tenait autour des coupes, pour lui céder et lui condescendre dans les affaires sans avoir l'air d'être d'accord avec lui pour lui faire plaisir, mais censément parce qu'ils étaient moins avisés que lui*.

De la Vie de Pyrrhus.

Pyrrhus, dit l'auteur, avait le visage plutôt terrible d'aspect alors qu'il avait un caractère d'une grandeur royale ; il n'avait pas de dents séparées, mais un os d'une seule pièce marqué à sa partie inférieure de sortes de petites coches qui dessinaient les dents. Il passait pour soulager les maladies de la rate : pendant qu'il sacrifiait un coq blanc et que les patients étaient couchés sur le dos, il leur tâtait

Ἐκ τοῦ Ἀντωνίου.

Ὅτι Ἀντώνιος (φησίν) ἠγνόει πολλὰ τῶν ὑπ᾽αὐτῷ γινομένων, οὐχ οὕτω ῥᾴθυμος ὢν ὡς δι᾽ ἁπλότητα πιστεύων τοῖς περὶ αὐτόν· ἐνῆν γὰρ ἁπλότης τῷ ἤθει, καὶ βραδεῖα μὲν αἴσθησις, αἰσθανομένῳ δὲ τῶν ἁμαρτανομένων ἰσχυρὰ μετάνοια καὶ πρὸς αὐτοὺς ἐξομολόγησις τοὺς ἀγνωμονηθέντας, μέγεθος δὲ καὶ περὶ τὰς ἀμοιβὰς καὶ περὶ τὰς τιμωρίας· μᾶλλόν γε μὴν ἐδόκει χαριζόμενος ἢ κολάζων ὑπερβάλλειν τὸ μέτριον. Ἡ δὲ περὶ τὰς παιδιὰς καὶ τὰς σκώψεις ὕβρις ἐν αὐτῇ τὸ φάρμακον εἶχεν· ἀντισκῶψαι γὰρ ἐξῆν καὶ ἀνθυβρίσαι, καὶ γελώμενος ἢ γελῶν ἔχαιρε. Καὶ τοῦτο διελυμήνατο τὰ πολλὰ τῶν πραγμάτων· τοὺς γὰρ ἐν τῷ παίζειν παρρησιαζομένους [398 a] **οὐκ ἂν οἰηθεὶς σπουδάζοντας κολακεύειν αὐτόν, ἡλίσκετο ῥᾳδίως ὑπὸ τῶν ἐπαίνων, ἀγνοῶν ὅτι τὴν παρρησίαν τινὲς ὡς ὑπόστυφον ἥδυσμα τῇ κολακείᾳ παραμιγνύντες ἀφῄρουν τὸ πλήσμιον, τῇ παρὰ τὴν κύλικα θρασύτητι καὶ λαλιᾷ διαμηχανώμενοι τὴν τῶν πραγμάτων ὕφεσιν καὶ συγκατάθεσιν, ὡς μὴ πρὸς χάριν ὁμιλεῖν, ἀλλὰ τῷ φρονεῖν ἡττωμένων φαίνεσθαι.**

Ἐκ τοῦ Πύρρου.

Ὅτι Πύρρος (φησί) τῇ μὲν ἰδέᾳ τοῦ προσώπου φοβερώτερος ἦν ἔχων ἦθος σεμνότερον καὶ βασιλικόν, πολλοὺς δὲ ὀδόντας οὐκ εἶχεν, ἀλλ᾽ ἓν ὀστοῦν συνεχὲς ἦν, ἄνωθεν οἷον λεπταῖς ἀμυχαῖς τὰς διαφυὰς ὑπογεγραμμένον τῶν ὀδόντων. Τοῖς δὲ σπληνιῶσιν ἐδόκει βοηθεῖν ἀλεκτρυόνα θύων λευκόν, ὑπτίων τε κατακειμένων τῷ

30 φησὶν A : *om.* M ‖ **32** αὐτὸν Plutarque : αὑτὸν Photius ‖ **33** μὲν A : δὲ M ‖ **38** αὐτῇ A : ἑαυτῇ M ‖ **39** ἐξῆν A : ἐχρῆν M.

[398 a] **5** ὕφεσιν A : ἔφεσιν M ‖ **9** φοβερώτερος A : φοβερώτερον M ‖ **10** ἦθος A : ἢ M ‖ βασιλικὸν A : βασιλικώτερον M ‖ **12** ὑπογεγραμμένον A[1] : ὑπογεγραμμένων AM.

doucement le ventre du pied droit. Il n'y avait personne, si pauvre ou de condition si humble fût-il, qui n'obtînt ses soins quand il les demandait. Il prenait aussi le coq du sacrifice et c'était pour lui le plus agréable des cadeaux. On dit aussi que le gros orteil de ce pied avait une vertu particulière, à tel point qu'après la mort de Pyrrhus, quand son corps eut été brûlé, on retrouva cet orteil que le feu n'avait ni entamé ni touché[1].

De la Vie de Marius.

On connaît par des témoins la tempérance et l'endurance de Marius ; une preuve de cette dernière vertu est fournie par son comportement au cours d'une intervention chirurgicale. Il avait, en effet, les deux jambes toutes couvertes de varices et, comme cette disgrâce l'importunait, il résolut de se livrer aux médecins. Et il leur présenta une de ses jambes sans se faire attacher et sans bouger, sans se plaindre, le visage impassible et sans mot dire, il supporta des souffrances inouïes tandis qu'on le taillait. Mais quand le médecin voulut s'attaquer à l'autre jambe, Marius ne le laissa plus faire, disant qu'il voyait bien que l'amélioration obtenue ne valait pas la souffrance endurée*.

Revenu de Libye avec son armée, Marius obtint le consulat et reçut les honneurs du triomphe au cours duquel il offrit aux Romains un spectacle incroyable : Jugurtha prisonnier, Jugurtha du vivant duquel on n'aurait pas espéré venir à bout de l'ennemi ; ce Jugurtha était un homme de ressources pour s'accommoder des coups du sort et il joignait l'ardeur à une grande astuce. Dans le cortège triomphal, on porta, dit-on, trois mille sept cents livres d'or, cinq cent soixante-quinze d'argent non monnayé et vingt-huit mille dix-sept drachmes*.

Les gens laborieux qui exécutent sans mot dire et de bon [398 b] cœur les ordres qu'on leur donne — car Marius était infatigable pour faire lui-même la plupart des

1. L'extrait ὅτι Πύρρος — εὑρεθῆναι (398 a 9-21) est repris à peu près textuellement à *Pyrrhus*, 3 ; L.-Z., t. III, 1, p. 178, 15-179, 5.

δεξιῷ ποδὶ πιέζων ἀτρέμα τὸ σπλαγχνόν. Οὐδεὶς δ' ἦν πένης οὔτε ἄδοξος οὕτως ὥστε μὴ τυχεῖν τῆς ἰατρείας δεηθείς. Ἐλάμβανε δὲ καὶ τὸν ἀλεκτρυόνα θύσας, καὶ τὸ γέρας τοῦτο ἥδιστον ἦν αὐτῷ. Λέγεται δὲ τοῦ ποδὸς ἐκείνου τὸν μείζονα δάκτυλον ἔχειν δύναμιν ἰδίαν, ὥστε μετὰ τὴν τελευτὴν τοῦ λοιποῦ σώματος κατακαέντος, ἀπαθῆ καὶ ἄθικτον ὑπὸ τοῦ πυρὸς εὑρεθῆναι.

Ἐκ τοῦ Μαρίου.

Ὅτι τῷ Μαρίῳ (φησί) καὶ σωφροσύνην καὶ καρτερίαν μαρτυροῦσιν· ἧς δεῖγμα καὶ τὸ περὶ τὴν χειρουργίαν ἐστίν. Ἰξῶν γὰρ ἀνάπλεως ἄμφω τὰ σκέλη γεγονὼς καὶ τὴν ἀμορφίαν δυσχεραίνων, ἔγνω παρασχεῖν ἑαυτόν. Καὶ παρέσχεν ἄδετος θάτερον σκέλος οὐδὲ κινηθείς, οὐδὲ στενάξας, ἀλλὰ καθεστῶτι τῷ προσώπῳ καὶ μετὰ σιωπῆς ὑπερβολάς τινας ἀλγηδόνων ἐπὶ ταῖς τομαῖς ἀνασχόμενος. Τοῦ δὲ ἰατροῦ μετιόντος ἐπὶ θάτερον οὐκέτι παρέσχε, φήσας ὁρᾶν τὸ ἐπανόρθωμα τῆς ἀλγηδόνος οὐκ ἄξιον.

Ὅτι Μάριος ἐκ Λιβύης μετὰ τοῦ στρατεύματος ἀνακομισθεὶς τήν τε ὑπατείαν ἀνέλαβε καὶ τὸν θρίαμβον εἰσήλασεν, ἄπιστον ἐπιδειξάμενος θέαμα Ῥωμαίοις, Ἰουγούρθαν αἰχμάλωτον, οὗ ζῶντος οὐδ' ἂν εἷς ἤλπισε πολεμίων κρατήσειν· οὗτος ἦν ποικίλος ἀνὴρ τύχαις ὁμιλῆσαι, καὶ πανουργίᾳ πολλῇ μεμιγμένον ἔχων τὸ θυμοειδές. Ἐν δὲ τῷ θριάμβῳ κομισθῆναι λέγουσι χρυσίου μὲν ἑπτὰ καὶ τρισχιλίας λίτρας, ἀργύρου δὲ ἀσήμου ͵ε ψοε', νομίσματος δὲ δραχμὰς ͵ζ ἐπὶ μυριάσιν η' καὶ κ'.

Ὅτι τοὺς φιλοπόνους καὶ σιωπῇ μετ' εὐκολίας τὰ προστασσόμενα [398 b] πράττοντας (ἄτρυτος γὰρ ἦν ὁ Μάριος καὶ αὐτουργεῖν τὰ πολλά, καὶ μιμεῖσθαι διδάσκειν αὐτὸν καὶ ἐξομοιοῦσθαι τοὺς στρατιώτας) ἡμιόνους Μαριανοὺς

19 ἔχειν δύναμιν A : δύναμιν ἔχειν M ‖ 21 ἄθικτον A : ἄλυπον M.

choses, pour enseigner à les faire comme lui et pour se mettre au régime du soldat — ces gens-là, on les appelait les « mulets de Marius ». D'autres disent, rapporte l'auteur, que c'est parce que Marius, qui servait sous Scipion, lequel s'occupait beaucoup de l'armement et des bêtes de bât de ses troupes, amena un cheval bien nourri et une mule d'une taille, d'une docilité et d'une vigueur tout à fait exceptionnelles. Le général, content des bêtes de Marius, en reparla souvent et c'est ainsi donc que, quand on voulait plaisanter en vantant le soldat persévérant, endurant et travailleur, on l'appelait un « mulet de Marius[1] ».

Quand Marius eut battu les Teutons qui étaient cent mille[2], les Massaliotes, dit-on, firent pour leurs vignes des haies avec leurs os ; la terre fut tellement engraissée par les morts en décomposition et par les pluies d'hiver qui y tombèrent et elle s'emplit à une telle profondeur des chairs putréfiées qui l'avaient pénétrée qu'elle porta en saison une abondance extraordinaire de produits et qu'elle témoigna en faveur d'Archiloque[3] d'après lequel les labours s'engraissent d'une telle pourriture. Et il est normal, dit-on, qu'il tombe de grosses pluies après les grandes batailles ; ou bien c'est un dieu qui, par des eaux pures tombant du ciel, purifie et lave ; ou bien le sang et la putréfaction dégagent une exhalaison humide et lourde qui, en s'élevant, condense l'air dont la nature est prompte à se modifier et qui connaît facilement de grands changements provoqués par une cause infime*.

Les esclaves de Cornutus méritent l'admiration. Dans la ville en émeute, beaucoup d'innocents avaient été condamnés à mort et les massacres allaient leur train, multiples et variés ; ces esclaves cachèrent leur maître, prirent un mort au tas, le pendirent par le cou, lui mirent

1. Dans ce morceau (ὅτι τοὺς — προσαγορεύειν : 398 a 41-b 12) de *Marius*, 13 ; L.-Z., t. III, 1, p. 248, 14-249, 4, nous avons des extraits textuels : 398 a 41-b 1 (ὅτι τοὺς — πράττοντας) ; 398 b 3-4 ἡμιόνους — ὠνόμαζον) et 398 b 6-12 (προσήγαγεν — προσηγόρευον). Les passages intermédiaires sont des raccords inspirés d'une façon très libre du texte de Plutarque.

2. Formule d'introduction à l'extrait.

3. Fr. 148 B 4.

ὠνόμαζον. Οἱ δέ, ὅτι Μάριος, φησίν, ὑπὸ Σκιπίωνι πάλαι στρατευόμενος, καὶ πολυπραγμονοῦντι περί τε τῶν ὅπλων καὶ τῶν ὑποζυγίων τὸν στρατιώτην προσήγαγεν ἵππον τε κάλλιστα τεθραμμένον καὶ ἡμίονον εὐεξίᾳ καὶ πρᾳότητι καὶ ῥώμῃ διαφέροντα πολὺ τῶν ἄλλων. Ἡσθέντος δὲ τοῦ στρατηγοῦ τοῖς τοῦ Μαρίου θρέμμασι καὶ πολλάκις αὐτῶν μνησθέντος, οὕτως ἄρα τοὺς σκώπτοντας ἐν ἐπαίνῳ τὸν ἐνδελεχῆ καὶ τλήμονα καὶ φιλόπονον Μαριανὸν ἡμίονον προσαγορεύειν.

Ὅτι Τεύτονας Μαρίου καταπολεμήσαντος, μυριάδας δέκα, Μασσαλιῶται τοῖς ὀστέοις λέγονται περιθριγκῶσαι τοὺς ἀμπελῶνας· τὴν δὲ γῆν, τῶν νεκρῶν καταναλωθέντων ἐν αὐτῇ καὶ διὰ χειμῶνος ὄμβρων ἐπιπεσόντων, οὕτως ἐκλιπανθῆναι καὶ γενέσθαι διὰ βάθους ἀνάπλεω τῆς σηπεδόνος ἐνδύσης, ὥστε καρπῶν ὑπερβάλλον εἰς ὥρας πλῆθος ἐξενεγκεῖν, καὶ μαρτυρῆσαι τῷ Ἀρχιλόχῳ λέγοντι πιαίνεσθαι πρὸς τοῦ τοιούτου τὰς ἀρούρας. Ἐπιεικῶς δὲ ταῖς μεγάλαις μάχαις ἐξαισίους ὑετοὺς ἐπικαταρρήγνυσθαι λέγουσιν, εἴτε δαιμονίου τινὸς τοῖς καθαροῖς καὶ διιπέτεσιν ἁγνίζοντος ὕδασι καὶ κατακλύζοντος, εἴτε τοῦ φόνου καὶ τῆς σηπεδόνος ἐξανιείσης ὑγρὰν καὶ βαρεῖαν ἀναθυμίασιν, ἣ τὸν ἀέρα συνίστησιν, εὔτρεπτον ὄντα καὶ ῥᾳδίως μεταβάλλειν ἐπὶ πλεῖστον ἀπὸ σμικροτάτης ἀρχῆς.

Ὅτι ἄξιον θαυμάσαι τοὺς Κουρνούτου θεράποντας. Πολλῶν γὰρ ἐν στασιαζούσῃ τῇ πόλει θανάτῳ καὶ τῶν ἀναιτίων καταψηφισαμένων, καὶ μυρίων σφαγῶν καὶ ποικίλων προελθόντων, οὗτοι τὸν δεσπότην ἀποκρύψαντες, νεκρὸν δέ τινα τῶν πολλῶν ἀναρτήσαντες ἐκ τοῦ τραχήλου καὶ περιθέντες αὐτῷ

[398 b] **14** Μασσαλιῶται *edd.* : μασαλαῖται A μασαλιῖται M ‖ περιθριγκῶσαι A : περιτροχῶσαι M ‖ **17** ἀνάπλεω AM : ἀνάπλεων A² ‖ **20** τοῦ τοιούτου A² : τὸ τοιοῦτο AM.

une bague en or et le montrèrent aux séides de Marius, puis ils lui firent sa toilette funèbre et l'ensevelirent comme si ce mort avait été Cornutus. Personne n'eut de soupçon et Cornutus, ainsi caché par ses esclaves, échappa au massacre et passa en Gaule[1].

De la Vie d'Aratus.

Aratus, dit l'auteur, s'était bien battu contre le tyran Aristippe et ses gens ; le tyran lui-même était tombé sous les coups d'un Crétois nommé Tragiscus ; le nombre des [399 a] autres morts s'élevait à cinq cents[2], lui n'avait perdu aucun des siens ; pourtant, il ne put prendre Argos ni délivrer ses habitants parce que Agis et Aristomaque le Jeune y étaient arrivés soudainement avec des troupes du roi et s'étaient rendus maîtres de la situation.

Il détourna donc de lui la plupart des calomnies et les racontars, les lazzis et les moqueries que faisaient à son sujet ceux qui voulaient flatter les tyrans en leur racontant qu'au moment des combats, le chef de la ligue achéenne avait des ennuis intestinaux, que le vertige et le frisson s'emparaient de lui au moment où le trompette s'avançait et que, quand il avait mis ses troupes en ligne et communiqué le mot d'ordre, il demandait à ses lieutenants si sa présence était nécessaire puisque les dés étaient jetés, et qu'il s'éloignait pour observer de loin l'issue du combat. Ces bruits s'accréditèrent tellement que les philosophes discutaient dans leurs écoles sur le point de savoir si les battements de cœur, l'altération du teint et le flux d'entrailles au moment du danger étaient des signes de lâcheté ou de quelque mauvaise complexion ou froideur du corps ; Aratus était,

1. Le paragraphe ὅτι ἄξιον — διεκομίσθη (398 b 27-36) est emprunté à *Marius*, 43 ; L.-Z., t. III, 1, p. 296, 1-8. L'emprunt n'est textuel qu'à partir de οὗτοι (398 b 30). De ὅτι ἄξιον (398 b 27) à προεληλυθότων (398 b 30) nous avons affaire à un sommaire du texte de Plutarque qui précède l'extrait.

2. Le morceau ὅτι ὁ Ἄρατος — ἀναιρεθέντων (398 b 38-399 a 1) est un résumé fort condensé du début de *Aratus*, 29 ; L.-Z., t. III, 1, p. 335, 1-18.

χρυσοῦν δακτύλιον ἐπεδείκνυον τοῖς Μαρίου δορυφόροις, καὶ κοσμήσαντες ὡς ἐκεῖνον αὐτὸν ἔθαπτον. Ὑπενόησε δὲ οὐδείς, ἀλλ' οὕτω λαθὼν ὁ Κουρνοῦτος ὑπὸ τῶν οἰκετῶν εἰς Γαλατίαν διεκομίσθη.

Ἐκ τοῦ Ἀράτου.

Ὅτι ὁ Ἄρατος (φησί) λαμπρῶς κατὰ Ἀριστίππου τοῦ τυράννου καὶ κατὰ τῶν σὺν αὐτῷ ἀριστεύσας, πεσόντος καὶ αὐτοῦ τοῦ τυράννου ὑπὸ Κρητός τινος Τραγίσκου τοὔνομα, καὶ τοῦ πλήθους τῶν ἄλλων ὄντων αφ' [399 a] τῶν ἀναιρεθέντων, καὶ μηδένα τῶν αὐτοῦ στρατιωτῶν ἀποβαλών, ὅμως οὐκ ἔλαβε τὸ Ἄργος οὐδὲ ἠλευθέρωσε τοὺς ἐν αὐτῷ τῶν περὶ Ἄγιν καὶ τὸν νεώτερον Ἀριστόμαχον μετὰ δυνάμεως βασιλικῆς παρεισπεσόντων καὶ κατασχόντων τὰ πράγματα.

Τὸ μὲν οὖν πολὺ τῆς διαβολῆς καὶ λόγους καὶ σκώμματα καὶ βωμολοχίας παρείλετο τῶν κολακευόντων τοὺς τυράννους, καὶ διεξιόντων, ἐκείνοις χαριζομένων, ὡς τοῦ στρατηγοῦ τῶν Ἀχαιῶν ἐκταράττοιτο μὲν ἡ κοιλία παρὰ τὰς μάχας, κάρος δὲ καὶ ἴλιγγος προσπίπτοι ἅμα τῷ παραστῆναι τὸν σαλπιγκτήν, ἐκτάξας δὲ τὴν δύναμιν καὶ τὸ σύνθημα παρεγγυήσας, καὶ πυθόμενος τῶν ὑποστρατήγων μή τις αὐτοῦ χρεία παρόντος, βεβλῆσθαι γὰρ τοὺς ἀστραγάλους, ἀπέρχοιτο καραδοκήσων πόρρωθεν τὸ συμβησόμενον. Ταῦτα γὰρ οὕτως ἴσχυσεν ὥστε καὶ τοὺς φιλοσόφους ἐν ταῖς σχολαῖς ζητεῖν εἰ τὸ πάλλεσθαι τὴν καρδίαν καὶ τὸ χρῶμα τρέπεσθαι καὶ τὴν κοιλίαν ἐξυγραίνεσθαι παρὰ τὰ φαινόμενα δεινὰ δειλίας ἐστὶν ἢ δυσ-

33 χρυσοῦν AM : χρυσῶν M² ‖ **40** τυράννου A²M : ράννου A.

[399 a] **1** αὐτοῦ *edd.* : αὐτοῦ *codd.* ‖ **10** προσπίπτοι *edd.* : προσπίπτει *codd.* ‖ **16** ζητεῖν A : ζητοῦντας M ‖ **17** τρέπεσθαι A : φαίνεσθαι ἠλλοιωμένον M.

en effet, toujours considéré comme un bon chef tout en souffrant constamment de ces troubles au moment des combats[1].

Comme il existait, dit l'auteur, une loi ancienne interdisant d'ensevelir quelqu'un au dedans des murs de la ville et qu'une grande crainte superstitieuse s'ajoutait à l'interdiction légale, ils envoyèrent interroger la Pythie de Delphes sur ce sujet, et elle leur donna liberté d'action. Tous les Achéens s'en réjouirent et tout particulièrement les gens de Sicyone; changeant leur deuil en fête, aussitôt, couronnés et vêtus de blanc, ils ramenèrent le corps d'Aratus d'Aegion à la ville, ils choisirent pour sa sépulture un lieu bien en vue et l'ensevelirent comme un fondateur et un sauveur de la cité; l'endroit est encore de nos jours appelé Arateion[2].

Il mourut empoisonné par traîtrise sous le couvert de faux-semblants d'amitié; le général Taurion fut l'instrument du meurtre commandé par Philippe, maître de la ligue péloponnésienne, qui voulait avoir les mains libres pour tous les crimes qu'il avait envie de commettre*.

De la Vie d'Artoxerxès.

La mère d'Artoxerxès, Parysatis, était une femme intelligente et, selon l'auteur, très forte aux dés*. La lâcheté est, dit-il, ce qu'il y a de plus meurtrier sous les gouvernements tyranniques*.

[399 b] *De la Vie d'Agis.*

Antigone, roi de Macédoine, que les Achéens, au dire de l'auteur, avaient appelé à l'aide contre Cléomène,

1. Le passage καὶ μηδένα — ἀγῶνας (399 a 1-4) est un extrait à peu près textuel de *Aratus*, 29; L.-Z., t. III, 1, p. 335, 1-23.

2. Tout le morceau ὅτι νόμον — Ἀράτειον (399 a 21-31) est repris textuellement à *Aratus*, 53; L.-Z., t. III, 1, p. 362, 25-363, 15, excepté les mots ἡ δὲ ἐπέτρεπε (399 a 25) qui remplacent tout un passage du chapitre 53 de la *Vie d'Aratus* où Plutarque rapporte l'oracle rendu aux Thébains.

κρασίας τινὸς περὶ τὸ σῶμα καὶ ψυχρότητος· τὸν γὰρ Ἄρατον ἀεὶ μὲν ἀγαθὸν ἡγεῖσθαι στρατηγόν, ἀεὶ δὲ ταῦτα πάσχοντα παρὰ τοὺς ἀγῶνας.

Ὅτι νόμου, φησίν, ὄντος ἀρχαίου μηδένα θάπτεσθαι τειχῶν ἐντός, ἰσχυρᾶς τε τῷ νόμῳ δεισιδαιμονίας προσούσης, ἔπεμψαν εἰς Δελφοὺς ὑπὲρ τούτων ἐρησόμενοι τὴν Πυθίαν· ἡ δὲ ἐπέτρεπε. Καὶ οἵ τε Ἀχαιοὶ ἅπαντες ἥσθησαν, καὶ διαφερόντως οἱ Σικυώνιοι, μεταβάλλοντες εἰς ἑορτὴν τὸ πένθος, εὐθὺς ἐκ τοῦ Αἰγίου τὸν νεκρὸν Ἀράτου ἐστεφανωμένοι καὶ λευχειμονοῦντες ὑπὸ παιάνων καὶ χορῶν εἰς τὴν πόλιν ἀνῆγον, καὶ τόπον ἐξελόμενοι περίοπτον, ὥσπερ οἰκιστὴν καὶ σωτῆρα τῆς πόλεως ἐκήδευσαν· καὶ καλεῖται μέχρι νῦν Ἀράτειον.

Ἡ δὲ τελευτὴ αὐτῷ ἐν φιλοφροσύνης σχήματι φαρμάκῳ καὶ δόλῳ γέγονε, Ταυρίωνος μὲν τοῦ στρατηγοῦ ὑπηρετησαμένου τῷ φόνῳ, Φιλίππου δὲ τοῦ Πελοποννησίου τυράννου, ὡς ἄδειαν ἔχοι πράττειν ἃ βούλοιτο τῶν ἐκθέσμων, προστάξαντος.

Ἐκ τοῦ Ἀρτοξέρξου.

Ὅτι ἡ τοῦ Ἀρτοξέρξου μητὴρ Παρύσατις θυμόσοφος ἦν γυνὴ καὶ δεινή, φησί, κυβεύειν. Ὅτι ἡ δειλία, φησί, φονικώτατόν ἐστιν ἐν ταῖς τυραννίσιν.

[399 b]

Ἐκ τοῦ Ἄγιδος.

Ὅτι Ἀντίγονος, φησίν, ὁ Μακεδονίας βασιλεύς, ἐπικαλεσαμένων αὐτὸν ἐπὶ βοήθειαν κατὰ Κλεομέ-

21 πάσχοντα A[1]M : παρασχόντα A || **23** τε M : *om.* A || **24** τούτων AM : τούτου A[2] || **27** εὐθὺς A : εὐθὺ M || **37** *et* **38** Ἀρτοξέρξου A : Ἀρταξέρξου M || **40** φησί M : *om.* A || ταῖς A[2]M : *quid prius praeb.* A *non liquet.*

battit ce dernier; après la fuite de Cléomène, il prit la ville et il traita les Lacédémoniens avec bonté sans abattre ou insulter la dignité de Sparte, mais il lui rendit ses lois et sa constitution; il se retira en Macédoine trois jours plus tard parce que des guerres y avaient éclaté et exigeaient sa présence. Il était déjà aux prises avec la maladie qui évoluait en phtisie grave et qui lui causait de violents écoulements d'humeurs. Il n'abandonna pourtant pas la partie, mais il fit assez face aux combats qu'il fallait livrer pour son pays pour mourir en pleine gloire, après une belle victoire et un grand massacre de barbares; comme il est vraisemblable, et à ce que dit Phylarque, il se fit éclater les vaisseaux à force de crier pendant le combat; mais, dans les écoles, on pouvait entendre raconter que c'était en criant, après la victoire « Ô la belle journée », qu'il avait rendu du sang en quantité et que, pris de fièvre, il était mort sur le champ[1].

Cléomène s'était enfui en Égypte après sa défaite devant Antigone; dans les premiers temps, le roi d'Égypte l'avait traité avec honneur et affabilité; peu après, sans que Cléomène eût fait le moindre mal, il changea d'attitude envers lui sur la foi de soupçons injustifiés et de méchantes calomnies et il le mit en captivité sans fers tout en méditant de le faire mourir. Cléomène, avec seize de ses compagnons, sauta l'épée au poing hors de la maison et se mit à courir à travers la place publique en appelant les citoyens et les autres à la liberté; on approuvait son dessein et on admirait son audace, mais personne, par peur du tyran, n'osait venir à la rescousse. Quand ils eurent donc tué ceux qui en étaient venus aux mains avec eux, parmi lesquels figuraient deux hommes des plus détestés, une foule de gens se jeta sur eux; ils en tuèrent beaucoup

1. C'est dans Agis et Cléomène, 37 (16); L.-Z., t. III, 1, p. 446, 12, qu'il est dit qu'Aratus a appelé Antigone en Grèce (399 b 2-4). Le passage ἐξ ἐφόδου — βιαζομένων (399 b 4-10) paraphrase *Agis et Cléomène*, 51 (30); L.-Z., t. III, 1, p. 464, 19-462, 6. De ἤδη (399 b 10) à ἐτελεύτησεν (399 b 19), nous avons un extrait textuel, avec quelques variantes, de *Agis et Cléomène*, 51 (30); L.-Z., t. III, 1, p. 465, 2-11.

νους Ἀχαιῶν, μάχῃ ἐνίκησεν, καὶ ἐξ ἐφόδου φυγόντος Κλεομένους τὴν πόλιν παραλαβών, καὶ τοῖς Λακεδαιμονίοις φιλανθρώπως χρησάμενος, καὶ τὸ ἀξίωμα τῆς Σπάρτης οὐ προπηλακίσας οὐδὲ ἐνυβρίσας, ἀλλὰ καὶ νόμους καὶ πολιτείαν ἀποδούς, ἀνεχώρησεν εἰς Μακεδονίαν ἡμέρᾳ τρίτῃ, πολέμων αὐτῷ φυέντων ἐκεῖσε καὶ παρεῖναι βιαζομένων. Ἤδη δὲ καὶ τὸ νόσημα κατεῖχεν αὐτόν, εἰς φθίσιν ἐκβεβηκὸς ἰσχυρὰν καὶ κατάρρουν συντεῖνον. Οὐ μὴν ἀπεῖπεν, ἀλλ' ἀντήρκεσε πρὸς τοὺς οἰκείους ἀγῶνας, ὅσον ἐπὶ νίκῃ μεγίστῃ καὶ φόνῳ πλείστῳ τῶν βαρβάρων εὐκλεέστερος ἀποθανεῖν, ὡς μὲν εἰκός ἐστι καὶ λέγουσιν οἱ περὶ Φύλαρχον, αὐτῇ τῇ περὶ τὸν ἀγῶνα κραυγῇ τὸ σῶμα προσαναρρήξας· ἐν δὲ ταῖς σχολαῖς ἦν ἀκούειν ὅτι βοῶν μετὰ τὴν νίκην ὑπὸ χαρᾶς· « Ὦ καλῆς ἡμέρας », πλῆθος αἵματος ἀνήγαγε καὶ πυρέξας συντόνως ἐτελεύτησεν.

Ὅτι Κλεομένους Αἰγύπτῳ προσπεφευγότος μετὰ τὴν ὑπ' Ἀντιγόνου ἧτταν, τὰ μὲν πρῶτα ὁ βασιλεὺς Αἰγύπτου ἐν τιμῇ καὶ δεξιώσεσι περιεῖπε τὸν ἄνδρα, μετ' οὐ πολὺ δὲ μηδὲν ἀδικοῦντα, ἐξ ὑποψιῶν ἀλόγων καὶ συκοφαντιῶν κακούργων ὑπορρυϊσκόμενος τῆς περὶ αὐτὸν διαθέσεως, ἐν φρουρᾷ κατεῖχεν ἀδέσμῳ, μελετῶν κατ' αὐτοῦ θάνατον. Ὁ δὲ μετά τινων ἑκκαίδεκα τῶν αὑτοῦ ἑταίρων ἐκπηδήσας μετὰ ξιφῶν τοῦ οἰκήματος ἔθει μὲν διὰ τῆς ἀγορᾶς, καὶ τοὺς πολίτας καὶ τοὺς ἄλλους εἰς ἐλευθερίαν ἐκάλει· οἱ δὲ ἐπῄνουν μὲν τὴν γνώμην καὶ ἐθαύμαζον τὸ γενναῖον, οὐδεὶς μέντοι διὰ τὸν ἐκ τῆς τυραννίδος φόβον ἐτόλμα συνεπιλαβέσθαι. Ἀνελόντες δ' οὖν τοὺς εἰς χεῖρας ἐλθόντας καὶ δύο τῶν ἐχθίστων, πολλοῦ συρρυέντος ἐπ' αὐτοὺς πλήθους, καὶ πολλοὺς ἀνε-

[399 b] **11** ἐκβεβηκὸς A : ἐκβεβληκὸς M || **19** πυρέξας M : πῦρ ἐξάψας A || **25** αὐτὸν A^{1}M : αὐτῶν A || **27** αὑτοῦ *edd.* : αὐτοῦ *codd.* || **30** τὸ A^{2}M : τὸν A || **32** ἐλθόντας καὶ A : καὶ ἐλθόντας M.

mais ils furent eux-mêmes abattus et mis en croix[1].

Peu de jours après, ceux qui gardaient le corps de Cléomène en croix virent un long serpent lové autour de sa tête ; il lui cachait le visage et empêchait qu'aucun oiseau carnassier vînt s'y poser. A ce prodige, une terreur superstitieuse s'empara du roi avec la peur d'avoir fait mourir un homme supérieur et aimé des dieux. Et les [400 a] gens d'Alexandrie venaient visiter l'endroit et ils proclamaient que Cléomène était un héros et un fils de dieux jusqu'au moment où les savants les rassurèrent en leur expliquant que, de même que les bœufs en décomposition donnent naissance à des abeilles, les chevaux à des guêpes, et les ânes en cet état à des scarabées, de même, les corps humains en qui les humeurs s'écoulent et se rassemblent dans la région de la moelle produisent des serpents ; les anciens l'avaient compris et c'est pourquoi ils avaient associé le serpent, de préférence à tous les animaux, au culte des héros[2].

De la Vie de Titus[3].

Pendant la célébration des Jeux isthmiques, une foule de gens avait pris place dans le stade et regardait le concours gymnique, car l'Hellade, qui était quitte en ce temps-là des guerres, célébrait la fête dans une liberté sans nuages et dans la paix ; la trompette fit faire silence à tous et le héraut s'avança dans l'arène et proclama que le Sénat romain et le consul Titus Quintus, ayant vaincu le roi Philippe et les Macédoniens, libéraient de troupes d'occupation, affranchissaient, exemptaient du tribut et remettaient sous l'autorité de leurs lois ancestrales les Hellènes : Corinthiens, Locriens,

1. Photius, 399 b 20-34 (ὅτι Κλεομένους — ἀνεσταυρώθησαν) résume à larges traits *Agis et Cléomène*, 53 (32)-59 (38) ; L.-Z., t. III, 1, p. 467, 6-475, 28.

2. Le morceau ὀλίγαις — συνῳκείωσαν (399 b 35-400 a 10) est un extrait textuel, avec quelques variantes, de *Agis et Cléomène*, 60 (39) ; L.-Z., t. III, 1, p. 476, 4-21.

3. Titus Quintus Flaminius.

λόντες, καὶ αὐτοὶ κατεκόπησαν, εἶτα ἀνεσταυρώθησαν. Ὀλίγαις δὲ ὕστερον ἡμέραις οἱ τὸ σῶμα τοῦ Κλεομένους ἀνεσταυρωμένον παραφυλάττοντες εἶδον εὐμεγέθη δράκοντα τῇ κεφαλῇ περιπεπλεγμένον καὶ ἀποκρύπτοντα τὸ πρόσωπον, ὥστε μηδὲν ὄρνεον ἐφίπτασθαι σαρκοφάγον. Ἐκ δὲ τούτου δεισιδαιμονία προσέπεσε τῷ βασιλεῖ καὶ φόβος, ὡς ἀνδρὸς ἀνῃρημένου θεοφιλοῦς καὶ κρείττονος [400 a] τὴν φύσιν. Οἱ δὲ Ἀλεξανδρεῖς καὶ προσετρέποντο φοιτῶντες, ἥρωα τὸν Κλεομένην καὶ θεῶν παῖδα προσαγορεύοντες, ἄχρις οὗ κατέπαυσαν αὐτοὺς οἱ σοφώτεροι διδόντες λόγον ὡς μελίττας μὲν βόες, σφῆκας δὲ ἵπποι ἀποσαπέντες ἐξανθοῦσι, κάνθαροι δὲ τὸ αὐτὸ παθόντων ὄνων ζῳογονοῦνται, τὰ δὲ ἀνθρώπινα σώματα περὶ τὸν μυελὸν ἰχώρων συρροήν τινα καὶ σύστασιν ἐν ἑαυτοῖς λαβόντων ὄφεις ἀναδίδωσι. Καὶ τοῦτο κατιδόντες οἱ παλαιοὶ μάλιστα τῶν ζῴων τὸν δράκοντα τοῖς ἥρωσι συνῳκείωσαν.

Ἐκ τοῦ Τίτου.

Ὅτι Ἰσθμίων ἀγομένων πλῆθος μὲν ἀνθρώπων ἐν τῷ σταδίῳ καθῆστο τὸν γυμνικὸν ἀγῶνα θεωμένων, ἅτε διὰ χρόνων πεπαυμένης μὲν πολέμων τῆς Ἑλλάδος ἐν ἐλευθερίᾳ δὲ σαφεῖ καὶ εἰρήνῃ πανηγυριζούσης· τῇ σάλπιγγι δὲ σιωπῆς εἰς ἅπαντας διαδοθείσης, προελθὼν εἰς μέσον ὁ κῆρυξ ἀνεῖπεν ὅτι Ῥωμαίων ἡ σύγκλητος καὶ Τῖτος Κόϊντος στρατηγὸς ὕπατος, καταπολεμήσαντες βασιλέα Φίλιππον καὶ Μακεδόνας, ἀφιᾶσιν ἀφρουρήτους καὶ ἐλευθέρους καὶ ἀφορολογήτους τοὺς Ἕλληνας, νόμοις χρωμένους τοῖς πατρίοις, Κορινθίους, Λοκρούς, Εὐβοέας,

34 εἶτα ἀνεσταυρώθησαν M : *om.* A.

[400 a] 1 προσετρέποντο A : προσετέρποντο A^1M || 12 Ἰσθμίων A : ἰσθμῶν M || 14 πεπαυμένης A^2M : πεπαυμένον A || 15 ἐν A : *om.* M || 17 εἰς μέσον ὁ κῆρυξ A : ὁ κῆρυξ εἰς μέσον M || 18 Τῖτος A : Τίτου M || 21 Εὐβοέας A^2 : Εὐβοέεις AM.

Eubéens, Phocidiens, Achéens, Phtiotes, Magnètes, Thessaliens et Perrhèbes.

Tout le monde, d'abord, n'avait pas clairement entendu, mais il y avait dans le stade une agitation confuse et bruyante de gens qui s'émerveillaient, questionnaient et demandaient qu'on répétât la proclamation. Dès que le calme fut rétabli, le héraut, haussant la voix, se fit entendre plus fort de tous et répéta le décret ; une clameur de joie inouïe déferla jusqu'à la mer ; toute l'assistance était debout ; il n'était plus question des concurrents, mais tous à l'envi sautaient, s'embrassaient et acclamaient le sauveur et le champion de l'Hellade. Et ce qu'on raconte souvent de l'ampleur extraordinaire d'une clameur se manifesta alors ; en effet, des corbeaux qui, par hasard, volaient aux alentours, tombèrent dans le stade. La cause du phénomène est dans la rupture de la couche d'air ; car, lorsqu'une grande et forte clameur monte, l'air se déchire sous son effet et il ne soutient plus le vol des oiseaux mais il les laisse glisser comme des gens qui marcheraient dans le vide, à moins toutefois qu'ils ne tombent morts atteints par quelque onde de choc comme d'un projectile. Il peut s'agir aussi d'un tourbillon d'air qui, comme un tournoiement de vagues dans la mer, provoque un remous à cause de son ampleur. [400 b] Quant à Titus, si, aussitôt le spectacle terminé, il n'avait pressenti le danger et évité l'élan du peuple accouru, il semble qu'il aurait eu du mal à se dégager d'une pareille foule répandue autour de lui[1].

Plutarque, comme il le dit lui-même dans la présente biographie[2] et ailleurs, vivait sous Néron.

1. Le texte ὅτι Ἰσθμίων — περιχεομένων (400 a 12-b 4) est un extrait à peu près textuel de *Titus*, 10-11 ; L.-Z., t. II, 2, p. 45, 1-46, 14.

2. *Titus*, 12 ; L.-Z., t. II, 2, p. 49, 16-22. Or les extraits s'arrêtent à *Titus*, 11. Cela veut dire que Photius a lu plus qu'il n'a transmis et que ses extraits sont donc bien un *choix*.

Φωκεῖς, Ἀχαιούς, Φθιώτας, Μάγνητας, Θετταλούς, Περρεβούς.

Τὸ μὲν οὖν πρῶτον οὐ πάντες οὐδὲ σαφῶς ἤκουσαν, ἀλλ' ἀνώμαλος καὶ θορυβώδης κίνησις ἦν ἐν τῷ σταδίῳ θαυμαζόντων καὶ διαπυνθανομένων καὶ πάλιν ἀνειπεῖν κελευόντων. Ὡς δ' ἅπαξ ἡσυχίας γενομένης ἀναγαγὼν ὁ κῆρυξ τὴν φωνὴν προθυμότερον εἰς ἅπαντας ἐγεγώνησε καὶ διῆλθε τὸ κήρυγμα, κραυγὴ μὲν ἄπιστος τὸ μέγεθος διὰ χαρὰν ἐχώρει μέχρι θαλάσσης, ὀρθὸν δὲ ἀνειστήκει τὸ θέατρον, οὐδεὶς δὲ λόγος ἦν τῶν ἀγωνιζομένων, ἔσπευδον δὲ πάντες ἀναπηδῆσαι καὶ δεξιώσασθαι καὶ προσειπεῖν τὸν σωτῆρα τῆς Ἑλλάδος καὶ πρόμαχον. Τὸ δὲ πολλάκις λεγόμενον εἰς ὑπερβολὴν καὶ μέγεθος τῆς φωνῆς ὤφθη τότε· κόρακες γὰρ περιπετόμενοι κατὰ τύχην ἔπεσον εἰς τὸ στάδιον. Αἰτία δὲ ἡ τοῦ ἀέρος ῥῆξις· ὅταν γὰρ ἡ φωνὴ πολλὴ καὶ μεγάλη φέρηται, διασπώμενος ὑπ' αὐτῆς οὐκ ἀντερείδει τοῖς πετομένοις, ἀλλ' ὀλίσθημα ποιεῖ καθάπερ κενεμβατοῦσιν, εἰ μὴ νὴ Δία πληγῇ τινι μᾶλλον ὡς ὑπὸ βέλους διελαυνόμενα πίπτει καὶ ἀποθνῄσκει. Δύναται δὲ καὶ περιδίνησις εἶναι ἀέρος οἷον ἑλιγμὸν ἐν πελάγει καὶ παλιρρύμην [400 b] διὰ μέγεθος λαβόντος. Ὁ δ' οὖν Τῖτος εἰ μὴ τάχιστα τῆς θέας διαλυθείσης ὑπειδόμενος τὴν φορὰν τοῦ πλήθους καὶ τὸν δρόμον ἐξέκλινεν, οὐκ ἂν ἐδόκει περιγενέσθαι τοσούτων αὐτῷ περιχεομένων.

Ὅτι Πλούταρχος, ὡς αὐτὸς κἀν τῷ παρόντι παραλλήλῳ καὶ ἐν ἄλλοις φησίν, ἐπὶ Νέρωνος ἦν.

22 Φθιῶτας A : φθισιώτας M || **31** δὲ M : *om.* A || **38** ὀλίσθημα A : ὀλιγίσθημα M || **39** τινι A : *om.* M || **41** παλιρρύμην Bryan : πάλιν ῥυμὴν *codd.*

[400 b] **2** φορὰν A : φθορὰν M || **6** ἐπὶ A : ἐκ τοῦ M.

NOTES COMPLÉMENTAIRES

Page 8, *ligne* 1 :

Le lecteur de la *Bibliothèque* a déjà pu faire connaissance avec l'auteur traité ici par le « codex » 130 (Bekker, p. 96 b 36-97 a 7 = t. II, p. 104 de la présente édition) et par le « codex » 181 (Bekker, p. 125 b 29-127 a 14 = t. II, p. 189-192 de la présente édition). Ce dernier « codex » est une notice générale sur l'ouvrage dont nous avons ici *trois* séries d'extraits. Cf. sur ce point R. Asmus, *Zur Rekonstruktion von Damascius' Leben des Isidoros*, in *B. Z.*, t. XVIII (1909), p. 426-427.

Le lecteur voudra bien se reporter aux notes relatives à ces deux chapitres (t. II, p. 218 pour le « codex » 130 ; p. 189-192 et 224 pour le « codex » 181).

Il sera constamment question, dans les notes au présent « codex », de deux ouvrages fondamentaux : R. Asmus, *Das Leben des Philosophen Isidoros von Damaskios aus Damaskos*, Leipzig, 1911, et C. Zintzen, *Damascii Vitae Isidori reliquiae*, Hildesheim, Olms, 1967.

Pour alléger mes notes, je les citerai au moyen des initiales A. et Z.

R. Asmus a reconstruit en langue allemande une *Vie d'Isidore* en se basant sur les « codices » 181 et 242 de Photius et sur de nombreuses notices de Suidas. La critique de cet ouvrage fondamental n'est plus à faire.

M. Zintzen, lui, a regroupé tous les textes grecs qui concernent la *Vie d'Isidore*, nous donnant ainsi pour la première fois les pièces nécessaires à la reconstruction *en grec* de l'écrit de Damascius ; son ouvrage est du plus haut intérêt.

J'ai exprimé ailleurs (dans la *Revue belge de philologie et d'histoire*, t. XLVI [1968], p. 853-858) mes regrets sur la présence, dans ce livre si intéressant, de nombreuses erreurs de lecture en ce qui concerne les manuscrits de Photius.

M. Zintzen a repris dans ses textes la division en paragraphes de Westerman ; j'ai fait de même.

En tête de leurs reconstructions, A., p. 1, et Z., p. 2, ont placé un morceau du « codex » 181 (Bekker, p. 125 b 32-126 a 8 = t. II, p. 189 de la présente édition) et ensuite (A., p. 1-3 ; Z., p. 2-3) la *Prothéorie* de l'ouvrage identifiée dans le *Vaticanus gr.* 1950, fol. 401, par A. Brinkmann et publiée par lui dans le *Rh. M.*, t. LXV (1910), p. 618-626.

Aux ouvrages déjà cités dans la présente note et aux références qui accompagnent le « codex » 181 (t. II, p. 189, note 1 de la présente édition), on ajoutera : Th. Whittaker, *The Neoplatonists*, Hildesheim, Olms, 1961, 4e éd. ; J. Trouillard, *Le néoplatonisme*, dans *Histoire*

de la philosophie, publiée sous la direction de Brice Parain, Paris, Gallimard, t. I, 1969, p. 886-935 (coll. « La Pléiade ») ; P. Bastid, *Proclus et le crépuscule de la pensée grecque*, Paris, Vrin, 1969, p. 477-480 ; Proclus, *Théologie platonicienne*, t. I, t. et trad. H. D. Saffrey et G. L. Westerink, Paris, Les Belles Lettres, 1969, p. I-LIV.

Page 8, *ligne* 7 :

A., p. 3, 25 ; Z., p. 4. A la suite de ce paragraphe, il faut placer Ph. 231 (Bekker, p. 349 b 15-19 ; *infra*, p. 47 ; A., p. 3-4 ; Z., p. 5) et Ph. 232 (Bekker, p. 349 b 19-21, *infra*, p. 47 ; A., p. 4-5 ; Z., p. 7).

Page 8, *ligne* 11 :

A., p. 4, 5 ; Z., p. 4. Les derniers mots du paragraphe sont un rappel de Platon, *Rép.*, 540 A.

Page 8, *ligne* 15 :

A., p. 7, 14 ; Z., p. 6.

Page 8, *ligne* 16 :

A., p. 5, 28 ; Z., p. 8. On ne connaît aucun recoupement relatif à cette note purement lexicologique.

Page 8, *ligne* 17 :

Sur cette traduction, cf. A., p. 142, et Jamblique, *Vie de Pythagore*, 33, cité par Z., p. 8, note à 5, 2.

Page 9, *ligne* 24 :

A., p. 8, 7 ; Z., p. 10. On trouvera une version plus étendue du même trait en Ph. 233 (Bekker, p. 349 b 21-38 ; *infra*, p. 47). Il sera encore question de Sévère en Ph. 64 et 108 (Bekker, p. 340 a 4-27 ; *infra*, p. 21 ; p. 343 b 4-9 ; *infra*, p. 30). C'est un personnage bien connu ; il a été consul en 470.

A propos de ce texte, A. souligne (p. 143) le penchant de Damascius pour le merveilleux. Dans son article déjà cité de la *B. Z.*, t. XVIII (1909), p. 430-432, Asmus a relevé tous les passages de la *Vie d'Isidore* qui rappellent le recueil de παράδοξα de Damascius dont Photius a traité au « codex » 130.

Page 9, *ligne* 28 :

Sur la fréquence de l'épithète μέγας chez les néoplatoniciens, cf. A., p. 144, et E. Évrard, *Le maître de Plutarque d'Athènes et les origines du néoplatonisme athénien*, in *L'Ant. class.*, t. XXIX (1960), p. 129, note 134.

Page 9, *ligne* 34 :

A., p. 9, 1 a ; Z., p. 12-14.

Page 12, *ligne* 10 :

Sur ce sujet, cf. R. Joly, *Le thème des genres de vie dans l'Antiquité classique*, Bruxelles, 1956.

Page 12, *ligne* 21 :

Z. laisse ce morceau de côté ; Schott ne l'a pas traduit. Nos deux manuscrits le donnent à cette place. Je l'ai gardé dans l'idée qu'il se rapporte peut-être au contenu de Ph. 23 qui insiste sur l'absence de dissimulation chez Isidore.

Page 12, *ligne* 26 :

A., p. 17, 14 ; Z., p. 40.

Page 12, *ligne* 32 :

A., p. 18, 13 ; Z., p. 42. On reconnaîtra au passage l'expression ὄναρ ἀντὶ ὀνείρατος de Platon, *Théét.*, p. 201 D. Les éditeurs situent, après ce paragraphe 25, Ph. 242 (Bekker, p. 350 a 32-36 ; *infra*, p. 48).

Page 13, *ligne* 13 :

A., p. 19, 29 ; Z., p. 46. Ce fragment est obscur et je ne me flatte pas de l'avoir bien traduit. Schott l'a rendu comme ceci : *atque ostendet quantum sciverit singularum rerum explicatio.* Peut-être est-ce le *quantum sciverit de* Schott qui a fait imprimer ᾔδη à Z. alors que les manuscrits donnent ἤδη. A., p. 19, traduit : *Zu einem derartigen Ergebnis wird aber die Einzelausführung unsere Darstellung in ihrem weiteren Verfolg erst recht gelangen...*

Page 13, *ligne* 15 :

A., p. 19, 33 ; Z., p. 46.

Page 13, *ligne* 19 :

A., p. 21, 1 ; Z., p. 50. On reconnaîtra dans la fin du paragraphe une citation libre d'Homère, *Iliade*, XIII, 227.

Page 13, *ligne* 28 :

A., p. 21, 12 ; Z., p. 50-52.

Page 15, *ligne* 27 :

A., p. 24, 34 a ; Z., p. 62.

Page 15, *ligne* 29 :

Cette formule vise le christianisme. Cf. Z., p. 64, note à 38, 1.

Page 16, *ligne* 23 :

Z., p. 66, note à 42, 13, glose διδασκάλου : *id est Procli.*

Page 17, *ligne* 4 :

A., p. 28, 33 ; Z., p. 68. Rien ne permet de préciser le sens de ce passage.

Page 17, *ligne* 10 :

A., p. 28, 36 ; Z., p. 68. Pour les deux éditeurs, ce Léontius est un inconnu. Damascius fait sans doute allusion ici à une conversion au christianisme.

Page 17, *ligne* 11 :

A., p. 29, 7 ; Z., p. 68. Peut-être s'agit-il toujours du même Léontius.

Page 17, *ligne* 16 :

A., p. 29, 14 ; Z., p. 68.

Page 17, *ligne* 21 :

A., p. 29, 28 ; Z., p. 68-70. La comparaison avec Suidas s. v. Ὄλυμπος (cité par Z., p. 69 et 71) montre qu'il s'agit ici d'un personnage du nom d'Olympos — plus exactement Olympios ; cf. Ensslin, s. v. *Olympios*, n. 19, in *R. E.*, t. XVIII, 1939, col. 245, qui était un fidèle du culte de Sarapis.

Après le paragraphe 49, les éditeurs situent Ph. 247 (Bekker, p. 350 b 15-16 ; *infra*, p. 49).

Page 17, *ligne* 25 :

A., p. 30, 23 ; Z., p. 72.

Page 17, *ligne* 29 :

A., p. 30, 28 ; Z., p. 72. Dans la marge du *Marcianus A*, le correcteur A[3] (Théodore Skutariotès) a écrit παροιμία· ἧλιξ ἥλικα τέρπει. On voit ici une allusion à Platon, *Phèdre*, 240 C.

Pour Asmus, *B. Z.*, t. XVIII (1909), p. 459, et t. XIX (1910), p. 270, ce paragraphe et le précédent se rapportent à Isidore.

Page 17, *ligne* 35 :

A. et Z. omettent ces lignes (388 b 21-24) parce qu'elles sont visiblement une scolie. Je les laisse à leur place pour ne pas perturber l'ordre du texte de Bekker ; elles figurent dans les deux manuscrits de Photius.

Page 17, *ligne* 37 :

A., p. 32, 20 ; Z., p. 76.

Page 18, *ligne* 22 :

A., p. 35, 16 ; Z., p. 82. Selon ce dernier, le paragraphe 55 concerne Théosébius dont il est question en Ph. 56-59.

Page 18, *ligne* 29 :

A., p. 35, 20 ; Z., p. 82.

Page 18, *ligne* 33 :

A., p. 35, 31 ; Z., p. 82. A propos de πάντα κάλων, Z., *loc. cit.*, observe qu'il s'agit d'une expression proverbiale qu'il retrouve chez Euripide, *Médée*, 277, et chez Aristophane, *Cavaliers*, 756. Le caractère proverbial de cette expression est encore attesté, entre autres, par Grégoire le Thaumaturge, *Remerciement à Origène*, VI, 9-10 : καὶ πάντα κάλων (τοῦτο δὴ τὸ τοῦ λόγου) κινῶν, *il larguait, comme dit le proverbe, toutes les voiles* (trad. H. Crouzel, Paris, Éd. du Cerf, 1969, p. 124, « Sources chrétiennes », n° 148).

Page 21, *ligne* 16 :

Dans une *Vie de Tibère* qui est perdue. Cf. A., p. 157.

Page 21, *ligne* 20 :

En réalité, c'est Théodemir, frère de Balimer, qui est le père de Théodoric.

Page 21, *ligne* 20 :

Terminus ante quem pour la rédaction de la *Vie d'Isidore*. Théodoric est mort en septembre 526.

Page 21, *ligne* 31 :

A., p. 40, 35 ; Z., p. 94.

Page 21, *ligne* 33 :

A., p. 41, 30 ; Z., p. 96.

Page 25, *ligne* 34 :

A., p. 49, 8 a ; Z., p. 110. Sur Ammonius, cf. Freudenthal, s. v., *Ammonius*, n. 15, in *R. E.*, t. I, 1894, col. 1863-1865. Ce personnage fut aussi un des maîtres de Damascius, d'après Photius, « codex » 181 (Bekker, p. 128 a 2-8 = t. II, p. 192 de la présente édition).

Page 26, *ligne* 17 :

A., p. 53, 21 ; Z., p. 120. Selon ce dernier (p. 120, note à 85), ce texte se rapporte à Lacharès et le mot ἱερός, sous la plume de Damascius, désigne un fidèle de l'hellénisme.

Page 26, *ligne* 18 :

A., p. 53, 27 ; Z., p. 120. Cf. Kroll, s. v. *Metrophanes*, n. 6, in *R. E.*, t. XV, 1932, col. 1491.

Page 26, *ligne* 20 :

Il s'agit d'Hérode Atticus. Cf. A., p. 163.

Page 26, *ligne* 28 :

A., p. 54, 12 ; Z., p. 122.

Page 26, *ligne* 29 :

Sur Plutarque d'Athènes, cf. E. Évrard, *Le maître de Plutarque d'Athènes et les origines du néoplatonisme athénien*, in *L'Ant. class.*, t. XXIX (1960), p. 108-133 et 391-406.

Sur Hiérius, cf. Praechter, s. v. *Hierios*, n. 10, in *R. E.*, t. VIII, 1914, col. 1459.

Page 26, *ligne* 31 :

Mes devanciers n'ont identifié ni ce personnage ni cette « maison ». Je n'ai rien trouvé non plus à ce sujet.

Page 27, *ligne* 30 :

Il aurait prédit la mort de Marcellin. Cf. Z., p. 132, note à 92, 8.

Page 28, ***ligne*** 26 :

A., p. 62 ; Z., p. 140. Les éditeurs ne donnent aucune précision sur le sens de ce paragraphe.

Page 28, ***ligne*** 26 :

A., p. 62, 10 ; Z., p. 140. Après ce paragraphe 96, les éditeurs situent Ph. 252 (Bekker, p. 350 b 29-31 ; *infra*, p. 50).

Page 28, ***ligne*** 28 :

Sur le symbolisme de ces deux animaux, cf. A., p. 136.

Page 28, ***ligne*** 32 :

A., p. 68, 21 ; Z., p. 140. L'hippopotame était consacré à Typhon. Sur ce symbolisme hiéroglyphique, cf. A., p. 166.

Page 29, ***ligne*** 16 :

A., p. 63, 23 ; Z., p. 144. Pour les deux éditeurs (A., p. 167 ; Z., p. 144, note à 10. 1), les ἡγεμόνες dont il s'agit ici sont deux évêques : Jean Ier Talaïas, dyophysite, et Pierre Monge, monophysite, qui se trouvèrent en conflit vers 480.

Page 29, ***ligne*** 17 :

A., p. 63, 27 ; Z., p. 144. D'après un texte parallèle de Suidas, s. v. Ἡραΐσκος, il semble bien que ce paragraphe 104 concerne le personnage de ce nom dont il va être question ci-dessous.

Page 29, ***ligne*** 22 :

A., p. 63, 22 ; Z., p. 144.

Page 29, ***ligne*** 24 :

A., p. 64, 28 ; Z., p. 146. En comparant à ce texte un passage de Suidas, s. v. Ἡραΐσκος (cf. A., p. 168, et Z., p. 147), on apprend que le personnage divin en question ici est Aïôn.

Page 29, ***ligne*** 26 :

A., p. 64, 32, traduit : *Der Philosoph Heraîscos hatte aben auch einem natürlichen Instinkt demzufolge et sich gegen alles Umreine* in der Welt des Werdens *ablehnend verhielt.* Je traduis γενέσεως par *création* en me basant sur le φύσεως correspondant de Suidas, s. v. διαγνώμων (cité par Z., p. 147, 9).

Page 30, ***ligne*** 27 :

A., p. 66, 20 b ; Z., p. 150. Sur Pamprépius, cf. J. B. Bury, *op. cit.*, t. II, p. 396 ; E. Stein, *op. cit.*, p. 23-29 ; Keydell, s. v. *Pamprepios*, n. 1, in *R. E.*, t. XVIII, 1949, col. 409-415.

Page 30, ***ligne*** 29 :

A., p. 67, 11 ; Z., p. 152. Selon A., p. 171, et Z., p. 152, note à 111, 1, ce texte ferait allusion à la conversion d'Ammonius au christianisme.

Page 30, *ligne* 30 :

A., p. 67, 26 ; Z., p. 154.

Page 30, *ligne* 31 :

A., p. 67, 28 ; Z., p. 154.

Page 31, *ligne* 25 :

A., p. 69, 31 ; Z., p. 158. ἐπιεικῶν καὶ ἱερῶν désigne des païens pratiquants.

Page 31, *ligne* 27 :

Médecin d'Alexandrie assez connu, né en 411. Cf. Gossen, s. v. *Iakobos*, n. 3, in *R. E.*, t. IX, 1916, col. 622-623.

Tous les textes relatifs à la médecine qu'on va lire dans les pages qui suivent ont été revus par mon ami R. Joly, éditeur bien connu de plusieurs traités hippocratiques. La traduction et l'annotation de ces textes lui doivent ce qu'elles ont de plus valable.

Page 32, *ligne* 17 :

A., p. 74, 17 ; Z., p. 168. Ce dernier déduit de ce texte que les médecins en question étaient des pythagoriciens.

Page 32, *ligne* 20 :

A., p. 74, 24 a ; Z., p. 168.

Page 32, *ligne* 23 :

A., p. 74, 32 ; Z., p. 168.

Page 32, *ligne* 27 :

A., p. 74, 37 ; Z., p. 168. Sur cette interdiction, cf. A., p. 173. R. Joly me signale un parallèle intéressant tiré d'Élien, *V. H.*, IV, 17 : ἔλεγε (Pythagore) ἱερώτατον εἶναι τὸ τῆς μαλάχης φύλλον. Sur la mauve dans les régimes alimentaires pythagoriciens, cf. M. Detienne, *La cuisine de Pythagore*, dans *Archives de Sociologie des Religions*, t. XXIX (1970), p. 149 et 150-152.

Page 32, *ligne* 35 :

Il avait écrit un commentaire sur le *Timée*. Cf. A., p. 173 ; Freudenthal, s. v. *Asklepiodotos*, n. 11, in *R. E.*, t. II, 1896, col. 1642-1642.

Page 33, *ligne* 17 :

La traduction de ce paragraphe 127 est de mon ami Fr. Duysinx, le musicologue bien connu. On trouvera cette traduction avec un commentaire technique très complet dans un article de lui intitulé *Asclépiodote et le monocorde*, in *L'Ant. class.*, t. XXXVIII, 2 (1969), p. 447-458. Je remercie vivement Fr. Duysinx de m'avoir communiqué le manuscrit de son étude pendant que je travaillais au présent volume.

Page 35, ***ligne*** 9 :

A., p. 79, 30 ; Z., p. 180. Les éditeurs situent ici Ph. 263 (Bekker, p. 351 a 7-9 ; *infra*, p. 50).

Page 35, ***ligne*** 11 :

A., p. 80, 12 ; Z., p. 180.

Page 35, ***ligne*** 12 :

A., p. 80, 33 ; Z., p. 182.

Page 35, ***ligne*** 16 :

A., p. 82, 22 ; Z., p. 184. Ce dernier situe ici Ph. 264 (Bekker, p. 351 a 9-10 ; *infra*, p. 50) que A. situe p. 83, 33. Viennent ensuite Ph. 265 et 266 (Bekker, p. 351 a 10-12 ; *infra*, p. 50).

Page 35, ***ligne*** 18 :

A., p. 85, 17 ; Z., p. 190. Après ce paragraphe 136, on situe Ph. 267-269 (Bekker, p. 351 a 13-22 ; *infra*, p. 51).

Page 35, ***ligne*** 19 :

On retrouve cette phrase dans un contexte plus étendu en Ph. 269 (Bekker, p. 351 a 19-22 ; *infra*, p. 51).

Page 35, ***ligne*** 27 :

A., p. 86, 16 ; Z., p. 192.

Page 35, ***ligne*** 30 :

A., p. 86, 27 a ; Z., p. 194. On retrouve un abrégé de ce texte en Ph. 270 (Bekker, p. 351 a 22-23 ; *infra*, p. 51). Les éditeurs placent après ce paragraphe 139 Ph. 271 (Bekker, p. 351 a 23-25 ; *infra*, p. 51).

Page 36, ***ligne*** 26 :

A., p. 88, 34 ; Z., p. 198. On associe à ce passage deux phrases du « codex » 181 (Bekker, p. 126 b 42-127 a 2 et 127 a 8-10 = t. II, p. 192 de la présente édition).

Page 36, ***ligne*** 28 :

A., p. 89 b 9 ; Z., p. 198.

Page 36, ***ligne*** 32 :

A., p. 89, 13 ; Z., p. 198. L'allusion à Platon vise le *Phèdre*, 276 D. Après ce paragraphe 146, les éditeurs placent Ph. 275 (Bekker, p. 351 a 30-35 ; *infra*, p. 51).

Page 36, ***ligne*** 33 :

A., p. 90, 15 ; Z., p. 202. Les craintes de Proclus concernent Marinus. Cf. Saffrey-Westerink, p. xxiv ; cf. aussi Ph. 152 (Bekker, p. 346a 19-20 ; *infra*, p. 37).

Page 37, *ligne* 27 :
A., p. 93, 30 ; Z., p. 210.

Page 37, *ligne* 29 :
A., p. 94, 1 a ; Z., p. 210.

Page 38, *ligne* 19 :
A., p. 95, 29 b ; Z., p. 214. Le sens de cet extrait s'éclaire par la comparaison avec Ph. 279 (Bekker, p. 351 b 1-6 ; *infra*, p. 52) d'après lequel on voit que la *source* est une image pour désigner l'enseignement de Proclus.

Les éditeurs situent après ce paragraphe 161 Ph. 280-284 (Bekker, p. 351 b 6-15 ; *infra*, p. 52).

Page 38, *ligne* 21 :
A., p. 97, 9 ; Z., p. 216.

Page 38, *ligne* 23 :
A., p. 97, 24 b ; Z., p. 218.

Page 38, *ligne* 26 :
A., p. 97, 32 ; Z., p. 218.

Page 38, *ligne* 32 :
A., p. 99, 1 ; Z., p. 220. Ce paragraphe 165 doit être complété par Ph. 285 (Bekker, p. 351 b 15-21 ; *infra*, p. 52) et suivi de Ph. 286 (Bekker, p. 351 b 21-23 ; *infra*, p. 52).

Suidas, s. v. Σεβηριανός, a tiré de Damascius une notice assez substantielle sur ce Sévérien. Cf. Seeck, s. v. *Severianus*, n. 15, in *R. E.*, 2e sér., t. II, 1923, col. 1930, qui doute que le personnage dont il est question ici soit le même que celui qu'on rencontrera en Ph. 290 (Bekker, p. 351 b 21-23 ; *infra*, p. 52).

Page 38, *ligne* 12 :
A., p. 102, 12 b ; Z., p. 230. Sur Théodore d'Asina, cf. Praechter, s. v. *Theodoros*, n. 35, in *R. E.*, 2e sér., t. V, col. 1833-1838.

Page 39, *ligne* 23 :
A., p. 105, 24 a ; Z., p. 236.

Page 39, *ligne* 25 :
A., p. 105, 31 ; Z., p. 238.

Page 39, *ligne* 28 :
A., p. 105, 36 ; Z., p. 238. Je crois qu'il faut rapprocher de ce paragraphe 173 Ph. 254 (Bekker, p. 350 b 33-35 ; *infra*, p. 50).

Page 40, *ligne* 8 :
A., p. 109, 15 ; Z., p. 248. Ce dernier suppose, avec raison, je crois, que ce texte évoque l'attitude d'Isidore pendant la persécution dont les philosophes furent l'objet à Alexandrie.

Page 40, *ligne* 11 :

A., p. 110, 19 ; Z., p. 250. Sur l'irruption intempestive du nom d'Athanase dans ce texte — où il faut voir une allusion à Pierre Monge — cf. Z., p. 250, note à 178-179. Ce paragraphe 179 a un parallèle plus étendu en Ph. 292 (Bekker, p. 352 a 11-14 ; *infra*, p. 53).

Page 40, *ligne* 12 :

A., p. 110, 6 ; Z., p. 252. Ce sont des livres qu'on jette dans les bagages de Julien, le frère de Damascius. Ce texte et ceux qui suivent — jusqu'à Ph. 186 inclus — font allusion aux persécutions contre les philosophes. Après le paragraphe 180, il faut situer Ph. 293 (Bekker, p. 352 a 14-15 ; *infra*, p. 53).

Page 40, *ligne* 14 :

A., p. 111, 7 ; Z., p. 252.

Page 40, *ligne* 15 :

A., p. 111, 11 ; Z., p. 252.

Page 40, *ligne* 17 :

A., p. 111, 17 ; Z., p. 252. « Il », c'est Isidore ; les ξύστραι doivent servir d'armes de défense contre les hommes de main des persécuteurs.

Page 40, *ligne* 18 :

A., p. 111, 20 ; Z., p. 252.

Page 40, *ligne* 22 :

A., p. 111, 26 a ; Z., p. 254. Il faut rattacher à ce paragraphe 185 Ph. 310 (Bekker, p. 353 a 3-4 ; *infra*, p. 56).

Page 40, *ligne* 24 :

A., p. 112, 1 ; Z., p. 254.

Page 40, *ligne* 26 :

A., p. 113, 36 ; Z., p. 258.

Page 40, *ligne* 27 :

A., p. 114, 4 ; Z., p. 258. Même sujet en Ph. 297 (Bekker, p. 352 a 32-34 ; *infra*, p. 54). Proclus est mort en 485.

Page 41, *ligne* 17 :

A., p. 118, 11 ; Z, p. 268.

Page 41, *ligne* 19 :

A., p. 118, 21 ; Z., p. 270. A., p. 189, note qu'Anatolius *est peut-être* le personnage de ce nom qui a été préfet d'Illyrie sous Arcadius en 397-399, et que Jean *pourrait être* l'usurpateur de 425.

Page 41, *ligne* 19 :

A., p. 118, 33 ; Z., p. 270.

Page 41, *ligne* 22 :

A., p. 118, 32 ; Z., p. 290. La mission dont il s'agit serait celle dont l'Académie aurait chargé Damascius auprès d'Isidore (A., *loc. cit.*). D'après le même (p. 189), Émésion et Némésion sont des surnoms du cynique Salustios.

Page 41, *ligne* 23 :

A., p. 119, 7 ; Z., p. 270.

Page 41, *ligne* 26 :

A., p. 119, 9 ; Z., p. 270. L'empereur dont il est question ici est Alexandre Sévère (193-211).

Page 41, *ligne* 31 :

A., p. 119, 14 ; Z., p. 270. L'étymologie suggérée concerne le nom de la ville de Bostra (βοῦς-οἶστρος).

Page 41, *ligne* 33 :

A., p. 119, 19 ; Z., p. 272. Théandritès était un dieu fort honoré chez les Arabes et dans les milieux néoplatoniciens des ve-vi^e^ siècles d'après Marinus, *Vie de Proclus*, 19. Cf. H. D. Saffrey, *Un lien objectif entre le Pseudo-Denys et Proclus*, in *Studia Patristica*, IX, p. 98-105, Berlin, 1966.

Page 43, *ligne* 12 :

Pour A., p. 190, on serait ici en présence de la tradition rapportée par Hésychius, s. v. βαίτυλος, selon laquelle cette pierre serait celle que Rhéa avait donnée à manger à Cronos au moment de la naissance de Zeus. Par ailleurs, ces pierres sont bien connues dans la tradition hébraïque, où elles passent pour avoir des vertus magiques. Philon de Byblos (fr. II, 19) les appelle λίθους ἐμψύχους. Elles ont reçu leur nom grec au début de notre ère ; il vient de « bét'el » qui veut dire « maison du Seigneur ». Cf. A. Lods, *Israël des origines au milieu du VIIIe siècle*, Paris, A. Michel, 1949, p. 302.

Page 43, *ligne* 27 :

Sur cette divinité, cf. F. Cumont, s. v. *Gennaios*, in *R. E.*, t. VII, 1912, col. 1174.

Page 45, *ligne* 17 :

A., p. 124, 32 ; Z., p. 282. Pour A., *loc. cit.*, nous avons ici une allusion à une apparition qui aurait visité Isidore dans le sanctuaire d'Asclépios à Beyrouth, où il s'était rendu parce qu'il était malade.

Page 45, *ligne* 18 :

A., p. 125, 9 ; Z., p. 282. Ce court morceau se retrouve en Ph. 320 (Bekker, p. 352 b 11-27 ; *infra*, p. 55) dans un contexte beaucoup plus long qui explique le sens de cet extrait-ci.

Page 45, *ligne* 21:

A., p. 125, 24 ; Z., p. 282.

Page 45, *ligne* 21 :
A., p. 125, 27 ; Z., p. 282.

Page 45, *ligne* 23 :
A., p. 125, 30 ; Z., p. 282.

Page 45, *ligne* 24 :
A., p. 125, 35 ; Z., p. 284.

Page 45, *ligne* 25 :
A., p. 126, 1 ; Z., p. 284.

Page 45, *ligne* 26 :
A., p. 126, 3 ; Z., p. 284.

Page 45, *ligne* 27 :
A., p. 126, 11 ; Z., p. 284. Note purement lexicologique. Cf. Asmus, *B. Z.*, t. XVIII (1909), p. 455. Elle se rapporterait à un personnage féminin apparu en songe à Isidore (A., p. 126 et 192).

Page 46, *ligne* 12 :
A., p. 128, 14 ; Z., p. 288. Suidas, s. v. Εὐπείθιος, cité en parallèle à Ph. 222 et 223 par Z., p. 287-289, nous apprend qu'Archiadas et Eupeithius étaient les fils d'Hégias.

Page 46, *ligne* 13 :
A., p. 129, 25 ; Z., p. 290. Selon A., *loc. cit.*, il s'agit dans ce texte de Marinus malade qui persuade Isidore (cf. *infra*, Ph. 226) d'accepter sa succession.
A la suite de ce paragraphe 224, on place Ph. 303 et 304 (Bekker, p. 352 b 27-30 ; *infra*, p. 55).

Page 46, *ligne* 15 :
A., p. 129, 37 ; Z., p. 292. Selon A., *loc. cit.*, il s'agit ici de Marinus qui écoute Hégias.

Page 46, *ligne* 19 :
A., p. 130, 6 ; Z., p. 292.

Page 46, *ligne* 23 :
Il s'agirait ici, selon Z., p. 292, note à 227, 7, d'une opinion d'Hégias selon laquelle les hommes peuvent devenir des dieux grâce à la théurgie.

Page 46, *ligne* 25 :
Platon, *Timée*, 41 B.

Page 46, *ligne* 26 :
Vieux proverbe qui remonte à une parole d'Homère, *Iliade*, X, 173.

Page 46, *ligne* 27 :

A., p. 130, 21 ; Z., p. 292.

Page 46, *ligne* 29 :

A., p. 131, 33 ; Z., p. 296. La situation à laquelle le texte fait allusion, c'est, selon Z., *loc. cit.*, le triomphe du christianisme.

Page 46, *ligne* 31 :

A., p. 131, 37 ; Z., p. 296.

Page 46, *ligne* 33 :

A., p. 132, 1 ; Z., p. 296. Après ce paragraphe 230, les éditeurs situent Ph. 305 et 306 (Bekker, p. 352 b 30-34 ; *infra*, p. 55).

Page 46, *ligne* 36 :

C'est ici le deuxième exemple que nous offre la *Bibliothèque* d'un « codex » fait de deux séries d'extraits d'un auteur. Le premier de ces exemples est, on s'en souvient, le « codex » 241 qui est consacré à la *Vie d'Apollonius de Tyane* par Philostrate.

Le lecteur voudra bien se reporter à ce que j'ai dit à propos de cette double série dans les notes complémentaires du t. V de la présente édition (p. 228-229). Dans ce cas privilégié où la comparaison entre les extraits et l'original est possible, l'étude du « codex » 241 montre que les deux séries d'extraits sont de la même facture et qu'il ne faut pas en imputer une à un reviseur de la *Bibliothèque*. C'est ce qui me fait penser, à l'encontre de l'opinion émise par Asmus, in *B. Z.*, t. XVIII (1909), p. 426-427, qu'il ne faut pas voir, dans le « codex » 242 non plus, le travail de deux, voire de trois personnages différents.

Page 47, *ligne* 7 :

A., p. 4, 21 ; Z., p. 7. Texte obscur ; un parallèle tiré de Suidas, s. v. ἱερατικῇ (cité par Z., p. 7, 3 a), nous apprend qu'il s'agit ici d'une distinction entre philosophie et sacerdoce.

Page 47, *ligne* 12 :

Le lecteur se souviendra d'avoir déjà lu cette partie du paragraphe 223 dans Ph. 9 (Bekker, p. 335 b 16-20 ; *supra*, p. 9).

Page 47, *ligne* 13 :

Je crois cette interprétation valable, car le texte désigne assez explicitement un phénomène dû à la rencontre du soleil et de la lune. A., p. 7, traduit par *Konstellationsteine* en glosant le mot par *wörtlich* « *Mitwanderer* ».

Page 47, *ligne* 27 :

A., p. 7, 8 ; Z., p. 11.

Page 47, *ligne* 28 :

A., p. 8, 23 ; Z., p. 13.

Page 47, *ligne* 30 :

A., p. 8, 25 ; Z., p. 13.

Page 47, *ligne* 32 :

A., p. 11, 27 ; Z., p. 21. Selon A., p. 146, c'est la colère que Plotin et Marinus situaient en dehors du domaine de la volonté.

Page 47, *ligne* 34 :

A., p. 12, 18 a ; Z., p. 23.

Page 48, *ligne* 28 :

A., p. 15, 34 b ; Z., p. 25-27. Selon A., p. 147-148, ce texte fait allusion à des éléments propres à des théories néoplatoniciennes comme celles de l'extase et des trois degrés de la prière.

Page 48, *ligne* 30 :

A., p. 16, 26 ; Z., p. 39. Le personnage loué par Isidore est Sarapion. Cf. Asmus, in *B. Z.*, t. XVIII (1909), p. 448, et t. XIX (1910), p. 269.

Page 49, *ligne* 24 :

A., p. 29, 34 c ; Z., p. 71. Ce fragment de texte pourrait se rapporter à l'activité d'Olympos, rénovateur du paganisme à Alexandrie ; cf. Suidas, s. v. Ὄλυμπος, cité par Z., p. 73.

Page 49, *ligne* 27 :

A., p. 48, 26 ; Z., p. 111.

Page 49, *ligne* 30 :

A., p. 49, 32 ; Z., p. 113. On a déjà lu à peu près le même texte en Ph. 80 (Bekker, p. 341 b 28-33 ; *supra*, p. 80-81).

Page 50, *ligne* 11 :

A., p. 63, 11 ; Z., p. 143. Ce texte, ainsi que Ph. 104 (Bekker, p. 343 a 15 ; *supra*, p. 29), se rapporte à Héraïscus et à ses dons de prophétie.

Page 50, *ligne* 13 :

Encore une glose de Photius. A., p. 63, 14 ; Z., p. 143.

Page 50, *ligne* 15 :

A., p. 63, 19 ; Z., p. 143. Il s'agit ici, selon A., *loc. cit.*, des Alexandrins restés fidèles au paganisme.

Page 50, *ligne* 18 :

A., p. 67, 17 ; Z., p. 153. A., *loc. cit.*, voit ici une allusion aux châtiments qui frappaient les païens qui se convertissaient au christianisme.

Page 50, ***ligne*** 19 :
A., p. 67, 23 ; Z., p. 153.

Page 50, ***ligne*** 21 :
A., p. 73, 35 a ; Z., p. 167. Il s'agit des chrétiens.

Page 50, ***ligne*** 23 :
A., p. 77, 27 ; Z., p. 177. Selon A., *loc. cit.* il s'agit ici de la réaction des gens d'Aphrodisias aux enseignements d'Asclépiodote.

Page 50, ***ligne*** 25 :
A., p. 79, 32 ; Z., p. 179. Les éditeurs mettent en parallèle à ce paragraphe 260 un passage de Ph. 131 (Bekker, p. 345 a 24-25 ; *supra*, p. 34) duquel il apparaît qu'il s'agit ici d'Asclépiodote.

Page 50, ***ligne*** 26 :
A., p. 79, 38 ; Z., p. 179. Selon A., *loc. cit.*, et p. 175, et Z., p. 179, note à 210, il s'agit de Patrice donnant sa fille en mariage à Asclépiodote. Cf. Beutler, s. v. *Patrikios*, in *R. E.*, t. XVIII, 1949, col. 2244.

Page 50, ***ligne*** 28 :
A., p. 79, 13 ; Z., p. 179. L'épousée est Damianè, fille d'Asclépiodote.

Page 50, ***ligne*** 30 :
A., p. 80, 4 ; Z., p. 181.

Page 50, ***ligne*** 31 :
A., p. 83, 33 ; Z., p. 187. A., *loc. cit.*, croit que ce texte concerne Hilaire dont il est question en Ph. 266. Z., p. 187, note à 264, pense, à juste titre selon moi, qu'il s'agit d'Asclépiodote.

Page 50, ***ligne*** 32 :
A., p. 83, 37 ; Z., p. 117. La comparaison avec le parallèle tiré de Suidas, s. v. Ἱλάριος (cité par Z., p. 187), montre que le présent paragraphe concerne cet Hilaire dont il va être question. Cf. Seeck, s. v. *Hilarios*, n. 2, in *R. E.*, t. VIII, 1913, col. 1600, et Saffrey-Westerink, p. LII-LIII.

Page 51, ***ligne*** 9 :
A., p. 85, 28 a ; Z., p. 193.

Page 51, ***ligne*** 12 :
A., p. 85, 30 ; Z., p. 193. En Ph. 268 et 269, il s'agit de la vie conjugale d'Asclépiodote. On a déjà rencontré en Ph. 137 (Bekker, p. 345 a 8 ; *supra*, p. 35) un court texte à peu près identique à la fin de Ph. 269.

Page 51, ***ligne*** 14 :
A., p. 86, 27 b ; Z., p. 195. On retrouve ici une donnée déjà lue en Ph. 139 (Bekker, p. 345 b 5-8 ; *supra*, p. 35).

Page 51, *ligne* 16 :

A., p. 86, 36 b ; Z., p. 195. Les éditeurs mettent ce paragraphe 271 en parallèle avec Ph. 140 (Bekker, p. 345 b 8-10 ; *supra*, p. 36).

Page 51, *ligne* 17 :

A., p. 87, 15 ; Z., p. 195.

Page 51, *ligne* 19 :

Glose lexicologique, A., p. 87, 17 ; Z., p. 195.

Page 51, *ligne* 22 :

A., p. 87, 20 ; Z., p. 195. L'auteur définit ici l'attitude d'Asclépiodote après qu'il eut perdu sa femme Damianè, morte assez jeune.

Page 51, *ligne* 28 :

A., p. 89, 21 a ; Z., p. 199. Firmus était un élève de Plotin et un condisciple de Porphyre. Le Galien dont il est question ici est le médecin bien connu.

Page 51, *ligne* 29 :

A., p. 93, 17 ; Z., p. 211. On sait qu'il s'agit ici de Marinus grâce à un parallèle tiré de Suidas, s. v. Θεαγένης cité par Z., p. 211.

Page 51, *ligne* 32 :

A., p. 95, 1 ; Z., p. 213. A. pense (p. 94) qu'il s'agit de troubles provoqués par les chrétiens.

Page 51, *ligne* 33 :

A., p. 95, 26 ; Z., p. 215.

Page 52, *ligne* 10 :

A., p. 96, 9 ; Z., p. 215. Selon les éditeurs, la femme dont il est question ici est Asclépigéneia, épouse de Théagène, qui fit beaucoup pour convaincre Isidore d'accepter la direction de l'École d'Athènes.

Page 52, *ligne* 12 :

A., p. 96, 29 ; Z., p. 217. La comparaison avec Suidas, s. v. Θεαγένης et ἄμφω (cf. Z., p. 217, note à 274), montre que le personnage dont il s'agit ici est Théagène.

Page 52, *ligne* 17 :

A., p. 97, 3 ; Z., p. 217. Ce texte concerne Isidore.

Page 52, *ligne* 24 :

A., p. 99, 30 ; Z., p. 223. Il s'agit de Sévérien, comme le montre la comparaison avec Suidas, s. v. Σεβηριανός (cité par Z., p. 221-223).

Page 52, *ligne* 26 :

A., p. 100, 24 ; Z., p. 225.

Page 52, *ligne* 28 :

A., p. 105, 11 ; Z., p. 237. Les « choses anciennes », c'est le retour du paganisme.

Page 52, *ligne* 29 :

A., p. 105, 15 ; Z., p. 237. Ph. 287 et 288 se rapportent au conflit entre Zénon et Illous. Cf. Asmus, in *B. Z.*, t. XVIII (1909), p. 468.

Page 52, *ligne* 31 :

A., p. 105, 19 ; Z., p. 237. Il s'agit sans doute d'une glose ; j'ai essayé de rendre tant bien que mal ces deux locutions synonymes.

Page 52, *ligne* 34 :

Ces lignes (351 b 27-30) sont une phrase d'introduction de Photius.

Page 53, *ligne* 24 :

A., p. 110 ; Z., p. 251.

Il s'agirait d'un accord entre le païen Ammonius et Athanase II, évêque d'Alexandrie. Il s'engageait à abandonner, au profit de la philosophie d'Aristote, l'enseignement théologique et platonicien discrédité pour longtemps dans les milieux chrétiens à la suite de l'étroite liaison établie entre le platonisme et le paganisme par l'École d'Athènes. Il obtenait en retour la permission d'ouvrir ses cours aux chrétiens et des subventions, d'où, sans doute, l'épithète αἰσχροκερδής.

Telle est l'interprétation que donne de ce passage Mme Wanda Wolska, *La topographie chrétienne de Cosmas Indicopleustès. Théologie et science au VIe siècle*, Paris, P. U. F., 1962, p. 149 et notes 1-3.

Page 53, *ligne* 25 :

A., p. 111, 5 ; Z., p. 253. Allusion aux préparatifs de fuite des philosophes persécutés. Cf. Ph. 180 et 181 (Bekker, p. 347 a 20-23 ; *supra*, p. 40).

Page 53, *ligne* 26 :

A., p. 112, 15 ; Z., p. 255. Selon Asmus, in *B. Z.*, t. XVIII (1909), p. 470, ce texte serait une remarque d'Isidore à Damascius sur le mariage.

Page 53, *ligne* 29 :

A., p. 112, 18 ; Z., p. 255.

Page 55, *ligne* 23 :

A., p. 129, 34 ; Z., p. 293. La comparaison avec Suidas, s. v. προσηγάσθησαν (cité par Z., p. 293), montre que l'admiration des compagnons de Marinus allait à Proclus.

Page 55, *ligne* 24 :

A., p. 132, 11 ; Z., p. 297.

Page 55, *ligne* 28 :

A., p. 132, 13 b ; Z., p. 297. Ce texte semble bien appartenir à une conclusion ; c'est pourquoi il faut admettre l'idée d'Asmus, in *B. Z.*, t. XVIII (1909), p. 426-427, que Ph. 307-312 constituent une *troisième série* d'extraits.

Page 55, *ligne* 34 :

A., p. 132, 27 ; Z., p. 247. On a vu que ce paragraphe s'intègre dans la *Vie* reconstruite après Ph. 176 (Bekker, p. 347 a 13-14 ; *supra*, p. 34).

Page 55, *ligne* 35 :

A., p. 106, 19 b ; Z., p. 239. Ce court fragment se rattache à Ph. 174 (Bekker, p. 347 a 5-11 ; *supra*, p. 39).

Page 56, *ligne* 25 :

On se souviendra que Photius a déjà consacré à Himérius une première notice faite d'un catalogue assez complet des œuvres du sophiste et d'une appréciation sur leur valeur littéraire. C'est le « codex » 165 (Bekker, p. 107 b 13-109 a 4 = t. II, p. 136-140 de la présente édition).

Himérius (environ 310-390) est un auteur peu étudié. Le travail le plus important que je connais sur lui reste encore l'article de C. Schenkl, s. v. *Himerios*, in *R. E.*, t. VIII, 1913, col. 1622-1635. L'édition la plus récente des œuvres d'Himérius est celle de A. Colonna, *Himerii declamationes et orationes cum deperditarum fragmentis*, Rome, 1951, édition complète, qui contient les discours conservés en tradition directe (voir, sur les manuscrits d'Himérius les p. XXVIII-XXXVI), les extraits de Photius, ceux du *Codex Neapolitanus* II C 22, publiés auparavant par H. Schenkl, *Neue Bruchstücke des Himerios*, in *Hermes*, t. XLVI (1911), p. 414, et ceux qu'on trouve dans les gloses du *Lexicon Vindobonense* d'André Lopadiotès (XIVe siècle ; cf. Krumbacher, *Gesch. der byz. Lit.*, Munich, 1897², p. 576-578).

A. Colonna a consacré un article à l'étude des relations entre la tradition directe des écrits d'Himérius et les extraits de Photius : *Il testo di Imerio nella « Biblioteca » di Fozio*, in *Miscellanea G. Galbiati*, Milan, 1950, p. 1-12. Il y démontre que tous les manuscrits connus d'Himérius dépendent de celui que Photius lisait.

C. Schenkl, *op. cit.*, col. 1627, et A. Colonna, sur un dépliant fixé après la p. x des prolégomènes à son édition, ont établi des tables de concordance entre le catalogue des discours du « codex » 165 et les extraits du présent « codex » 243.

Photius est tantôt témoin unique du texte d'Himérius et tantôt témoin parallèle à sa tradition directe. Le lecteur trouvera à ce sujet des indications dans les notes aux extraits. Les références sont établies par rapport à l'excellente édition de Colonna.

Page 69, *ligne* 27 :

Ici se termine le texte de l'*Oratio* III. Le titre de l'*Oratio* IV de Colonna (p. 29-36) manque ; il figure dans le catalogue du « codex » 165

(Bekker, p. 107 b 22 = t. II, p. 136 de la présente édition) : ὁ δὲ κατὰ πλουσίου πένητος ἀνδρὸς οἰκίαν ὅλην μυσαροῖς κενώσαντος δράμασι. Il ne nous en reste que les extraits de Photius.

Page 109, *ligne* 15 :

M. G. Donnay, qui a bien voulu m'aider à débrouiller ce texte, me signale que cette œuvre allégorique de Lysippe est bien connue. La description qu'en fait Himérius est la plus complète, à sa connaissance ; elle est la seule qui mentionne la balance parmi les attributs du jeune dieu.

Page 109, *ligne* 26 :

C'est l'*Oratio* XIV de Colonna (p. 101-102). Le *Neapolitanus* a conservé, lui aussi, quelques extraits de cette déclamation.

Page 113, *ligne* 25 :

373 a 10-11 (σπάνια — τὰ τίμια) se retrouve dans le *Neapolitanus*.

Page 117, *ligne* 17 :

Si on se reporte au texte malheureusement lacuneux d'Himérius R, on lit : ... εἴπωμεν, ἀπὸ Μαιάνδρου πρῶτον ἀρξάμενοι ἐπεὶ καὶ πρεσβεύειν... κειν τὸν Μαίανδρον. Ὁ γὰρ ποταμὸς... Il est certain que ὁ γὰρ ποταμὸς ne pouvait aller au début d'un extrait. Ὁ κὰρ de Photius A est, aux yeux de Colonna, une mauvaise lecture de ὁ Καρῶν qu'on lit dans Photius M. Nous sommes en présence d'un travail plus ou moins heureux d'abréviateur ; c'est pourquoi il ne faut pas corriger le texte de Photius par celui d'Himérius.

Page 118, *ligne* 10 :

P. 125, 2.

Page 118, *ligne* 14 :

P. 127, 33.

Après cet extrait, comme le montre la comparaison avec le catalogue du « codex » 165 (Bekker, p. 108 a 28 = t. II, p. 138 de la présente édition), il manque un titre, εἰς Ἀθηναῖον κόμητα, titre de l'*Oratio* XXVIII, dont il existe de longs extraits dans le *Neapolitanus*.

Page 118, *ligne* 16 :

P. 128, 2.

Page 118, *ligne* 18 :

P. 129, 13.

Page 118, *ligne* 20 :

P. 129, 15.

Page 118, *ligne* 29 :

Dans les notes critiques de Colonna on lit : *ante* καὶ χρημάτων *verba* μᾶλλον δέ *suppl. Duebner*. Ce μᾶλλον δὲ est dans AM.

Page 119, *ligne* 11 :

Oratio XXX de Colonna (p. 133). Cette déclamation est connue par Himérius R, les extraits de Photius et ceux du *Neapolitanus*.

Page 119, *ligne* 17 :

Oratio XXXI de Colonna. Nous connaissons ce texte par Photius et par les extraits du *Neapolitanus* dont quelques lignes sont communes avec le texte gardé par Photius. Il faut ajouter à ces deux sources quelques gloses d'André Lopadiotès. Le titre de la déclamation manque dans le catalogue du « codex » 165.

Sur le destinataire de ce discours cf. Seeck, s. v. *P. Ampelius*, n. 2, in *R. E.*, t. I, 1894, col. 1881.

Page 119, *ligne* 21 :

P. 135, 2.

Page 121, *ligne* 7 :

Cette œuvre lui est attribuée à tort. Cf. P. Jacobstahl, *Ornamente gr. Vasen*, Berlin, 1927, p. 102 et 172. (Je dois cette référence à M. G. Donnay.)

Page 121, *ligne* 25 :

P. 139, 86. Le texte 375 b 13-15 (Σὺ καὶ — κλεπτόμενος) se retrouve dans le *Neapolitanus*.

Page 121, *ligne* 27 :

Oratio XXXII de Colonna. Cette déclamation est connue par Photius, par des extraits du *Neapolitanus* et par des gloses d'André Lopadiotès.

Dans le catalogue du « codex » 165, Photius n'a pas noté le titre de cette pièce ni celui de la précédente, dont il donne des extraits ici (εἰς 'Αμπέλιον. p. 375 a 1 ; εἰς 'Ανατόλιον, p. 375 b 19). Toutes deux manquent dans Himérius R. Colonna, p. xii-xiii, ne croit pas qu'il faille expliquer cette situation par le fait que Photius a lu Himérius dans deux manuscrits différents, ce qui, selon moi, n'aurait rien d'impossible (qu'on se souvienne du cas de Flavius Josèphe). Colonna pense que Photius a omis les deux titres dans son catalogue et que les deux déclamations se sont perdues par hasard.

Sur le destinataire de l'*Oratio* XXXII, cf. Seeck, s. v. *Anatolius*, n. 1, in *R. E.*, t. I, 1894, col. 2071-2072.

Page 122, *ligne* 26 :

P. 141, 36. Le texte 375 b 41-376 a 4 (οὐκ ἠγνόει — ἐκτυπωσάμενος) se retrouve tel quel dans le *Neapolitanus*. M. G. Donnay, qui a bien voulu revoir avec moi la traduction de ce passage, me signale qu'il fait partie d'une collection très nombreuse de textes qui ont parlé de la création la plus fameuse de Phidias. La plupart de ces textes ont été réunis par J. Overbecq, *Schriftquellen zur Geschichte der bildenden Künstler*, 1869 (réimpr. 1959), n. 692-754.

Page 123, *ligne* 18 :

Le texte 376 a 24-28 (Ἰσοκράτης — ἀνεπετάννυεν) se retrouve tel quel dans le *Neapolitanus*.

Page 123, *ligne* 19 :

Oratio XXXIV de Colonna. Cette déclamation est connue par Himérius R, par les extraits de Photius et par ceux du *Neapolitanus*. Son destinataire ne semble pas connu par ailleurs.

Page 123, *ligne* 24 :

P. 144, 4.

Page 123, *ligne* 25 :

P. 144, 11.

Page 123, *ligne* 27 :

P. 145, 33. Ce texte se retrouve dans le *Neapolitanus*. A propos de Démocède, on lit dans Himérius *Oratio* LXIV de Colonna, p. 230, 18, que ce personnage vécut à la cour de Perse, mais qu'il ne trouva dans son luxe rien qui valût la vie qu'on menait à Crotone.

Page 123, *ligne* 28 :

Oratio XXXV de Colonna. Ce discours est connu par Himérius R, par les extraits de Photius et par ceux du *Neapolitanus*. La correction de προπεμπτικοῦ en προτρεπτικοῦ (p. 376 a 37) s'appuie sur Himérius R et sur le *Neapolitanus*.

Page 124, *ligne* 18 :

P. 149, 2.

Page 124, *ligne* 21 :

P. 149, 9.

Page 124, *ligne* 23 :

P. 149, 11.

Page 124, *ligne* 26 :

P. 149, 12.

Page 124, *ligne* 30 :

P. 150, 15.

Page 124, *ligne* 31 :

P. 150, 17.

Page 124, *ligne* 34 :

P. 150, 18.

Page 125, *ligne* 19 :

P. 151, 49. Le texte 377 a 2-3 (λεκτέον — ἔξεστι) se retrouve dans le *Neapolitanus*.

Page 125, *ligne* 24 :
P. 151, 49.

Page 125, *ligne* 28 :
P. 151, 53.

Page 125, *ligne* 31 :
P. 151, 56.

Page 126, *ligne* 17 :
On sait que ces livres n'existent plus dans l'original. Pour les livres XXXII à XL, nous possédons, à côté des extraits de Photius, ceux de Constantin Porphyrogénète et, en outre, pour les livres XXXII à XXXVI, les extraits faits au XVIIe siècle par David Hoeschel sur un manuscrit aujourd'hui perdu.

L'édition la plus récente, qui groupe tous ces documents, est celle de F. R. Walton, *Diodorus Siculus*, Londres, Cambridge, Mass., 1957 ; t. XI (livres XXI-XXXII) et t. XII (livres XXXIII-XL), « Loeb class. libr. ».

C'est à cette édition que je renvoie dans mes notes.

On remarquera que Photius a cité les livres dans un ordre qui n'est pas à première vue normal. Cet ordre se retrouve dans les intitulés des extraits ; ceux-ci ont été groupés par sujets : cas d'androgynie, guerre servile, guerre sociale, etc.

Pour l'interprétation, je me suis inspiré par endroits de Diodore de Sicile, *Bibliothèque historique*, trad. nouvelle par E. Hoeffer, t. IV, Paris, Charpentier, 1846.

Page 126, *ligne* 29 :
C'est le texte tel qu'il est dans Photius qui conduit à cette traduction. En réalité, Diodore (cf. Walton, t. XI, p. 446) a écrit οἱ περὶ Ἡλιάδην καὶ Κάσιον ἡγεμόνες qu'on lit chez Constantin Porphyrogénète et qui veut dire *les chefs Hélias et Casius*.

Page 132, *ligne* 21 :
Walton, t. XI, p. 456, note 2, soupçonne ici une erreur de Photius dans la répartition de la matière en livres.

Page 139, *ligne* 27 :
Cet extrait (381 b 15-23) n'est connu que par Photius. Cf. Walton, t. XI, p. 322.

Page 146, *ligne* 31 :
Il y a, dans les extraits de Constantin Porphyrogénète, un court morceau (cf. Walton, t. XII, p. 4-6) à mettre en parallèle avec ce passage-ci (384 a 12-14, ἦν δὲ — τοῖς δώροις).

Page 154, *ligne* 20 :
Dans ce court passage, remarque Walton, t. XII, p. 142, note 1, Photius condense à l'extrême les événements de plusieurs années.

Page 154, *ligne* 26 :

Pour le sens de ἐπίλεκτοι (*socii*) et de λογάδες (*légionnaires*), cf. Walton, t. XII, p. 143, note 2. Il relève ἐπίλεκτοι au sens de *socii* chez Polybe, mais il impute à Photius l'emploi de λογάδες dans le sens de *légionnaires*, sens qui n'apparaît, dit-il, qu'à l'époque post-classique.

Page 171, *ligne* 5 :

J'ai indiqué, *supra*, p. 171, note 1, comment sont établies dans les notes les correspondances entre les extraits de Photius et le texte des *Vies parallèles*.

Pour l'établissement du texte du présent « codex », on ne doit pas s'attendre à ce que je note dans mon apparat critique toutes les variantes de la tradition directe de Plutarque. C'est Photius qui est un témoin de l'histoire du texte de Plutarque et l'inverse n'est pas vrai. Il ne faut donc pas retoucher le travail personnel d'abréviateur de Photius en recourant au texte de son modèle : il faut laisser à son compte les aménagements et même les erreurs et ne recourir à la tradition directe que là où Photius AM n'offrent qu'un texte impossible.

L'importance de Photius comme témoin indirect du texte de Plutarque a été soulignée depuis longtemps par K. Ziegler, *Die Ueberlieferungsgeschichte der vergleichenden Lebensbeschreibungen Plutarchs*, Leipzig, 1907, qui a essayé de déterminer à quelle famille des manuscrits de Plutarque appartenait l'exemplaire des *Vies* utilisé par Photius.

Plus tard, un article de mon regretté maître A. Severyns, *Les « Vies parallèles » de Plutarque dans la Bibliothèque de Photius*, in *Mélanges Desrousseaux*, Paris, 1937, p. 435-450, a comparé la tradition de Photius à celle de Plutarque et montré la supériorité de Photius A sur Photius M. A. Severyns a fait en même temps le procès de l'édition Lindskog-Ziegler pour ce qui concerne l'utilisation du témoignage de Photius. Je ne puis que souscrire à ses propos et qu'affirmer qu'ils sont valables aussi pour la réédition de 1959-1964 dont je me suis servi en contrôlant à tout instant les données critiques sur les photographies des manuscrits de Photius que j'ai constamment sous la main.

Page 175, *ligne* 25 :

394 a 7-8 (ἐν ᾧ — φιλαργυρία) est un extrait textuel de Émile, 8 ; Z., t. II, 1, p. 190. Περὶ τοῦ Πέρσεως — λέγει est évidemment une remarque de Photius.

Page 178, *ligne* 18 :

Le texte οἱ μικρὰ — πηδᾶν (395 a 2-5) est un extrait à peu près textuel de *Cicéron*, 5 ; Z., t. I, 2, p. 317, 21-27.

Page 178, *ligne* 23 :

L'extrait τὸ μὲν — ἐπαχθὴς (395 a 6-9) est repris à peu près textuellement à *Cicéron*, 27 ; Z., t. I, 2, p. 341, 18-21.

Page 178, *ligne* 25 :

Cette phrase (καὶ οἱ — λαβόντες ; 359 a 9-11) résume le début de Cicéron, 28 ; Z., t. I, 2, p. 342.

Page 178, *ligne* 26 :

Cette remarque (ὅτι τὸ — καλοῦσιν ; 395 a 11-12) est extraite à peu près textuellement de *Cicéron*, 29 ; Z., t I, 2, p. 344, 6-7.

Page 179, *ligne* 30 :

Dans ce passage (Φωκίων — διαφόροις ; 395 a 37-b 3) Photius n'a introduit que des modifications minimes à Phocion, 10 ; Z., t. II, 1, p. 9, 19-24.

Page 180, *ligne* 28 :

Ce paragraphe (ὅτι — παρεῖχεν ; 395 b 16-27) est emprunté à *Alexandre*, 4 ; L. Z., t. II, 2, p. 178, 4-17 ; il a subi à son début et à sa fin quelques aménagements d'abréviateur. Sur la relation entre la chaleur solaire, les terres chaudes et les aromates, cf. M. Detienne, *art. cité*, p. 150, n. 63.

Page 182, *ligne* 31 :

Ce paragraphe (396 a 41-b 4) est un extrait textuel de César, 33 ; L. Z., t. II, 2, p. 333, 11-14, dans lequel Photius a introduit les mots πόλις δὲ (396 b 1) — ἔσχεν (396 b 4) qui sont un emprunt fort libre à César, 32 ; L. Z., t. II, 2, p. 332, 2-5.

Page 183, *ligne* 23 :

Ce morceau (ὅτι — ἀσφάλειαν ; 396 b 14-22) est un extrait textuel avec de légères variantes de *Eumène*, 13 ; Z., t. II, 1, p. 295, 17-23.

Page 183, *ligne* 26 :

Le paragraphe ὅτι — ἀσφάλειαν (396 b 22-25) est tiré textuellement de Eumène, 22 ; Z., t. II, 1, p. 302, 18-20.

Page 183, *ligne* 28 :

Formule d'introduction.

Page 186, *ligne* 15 :

Le morceau ὅτι οὐδὲν — ἐστιν (397 b 12-15) est un extrait textuel de *Démétrius*, 42 ; L. Z., t. III, 1, p. 53, 10-13. Les allusions poétiques visent le fr. 10 B de Timothée et le fr. 169 de Pindare (= fr. 49 ; t. IV, p. 218, éd. Puech).

Page 186, *ligne* 17 :

Ce morceau de phrase (397 b 16-17) est une formule d'introduction à l'extrait qui suit.

Page 186, *ligne* 28 :

Cette parenthèse (397 b 25) ne peut être qu'une note marginale qui s'est glissée dans le texte.

Page 186, ***ligne*** 32 :

Cet extrait (οὐδεὶς — ἐκινήθη ; 397 b 17-28) est la reproduction presque textuelle de *Démétrius*, 32 ; L. Z., t. III, 1, p. 54, 18-57, 7.

Page 187, ***ligne*** 29 :

Ce morceau (ὅτι 'Αντώνιος — φαίνεσθαι ; 397 b 30-398 a 6) est un extrait à peu près textuel de *Antoine*, 24 ; L. Z., t. III, 1, p. 94, 22-95, 17.

Page 188, ***ligne*** 22 :

Ce paragraphe (ὅτι — οὐκ ἄξιον ; 398 a 23-31) est une reprise à peu près textuelle de *Marius*, 6 ; L. Z., t. III, 1, p. 238, 9-19.

Page 188, ***ligne*** 32 :

Ce morceau (ὅτι Μάριος — η' καὶ κ' ; 398 a 32-40) est un extrait à peu près textuel de *Marius*, 12 ; L. Z., t. III, 1, 247, 7-10.

Page 189, ***ligne*** 29 :

De Μασσαλιῶται (398 b 14) à ἀρχῆς (27), nous avons un extrait textuel avec de légères variantes de *Marius*, 21 ; L. Z., t. III, 1, p. 261, 14-262, 5.

Page 191, ***ligne*** 21 :

Le texte ἡ δὲ τελευτὴ — προστάξαντος (399 a 31-36) est un sommaire fort condensé de *Aratus*, 52 ; L. Z., t. III, 1, p. 362, 2-19.

Page 191, ***ligne*** 24 :

Ici (ὅτι ἡ — κυβεύειν ; 399 a 38-39) nous avons une courte citation de Artoxerxès, 17 ; L. Z., t. III, 1, p. 384, 24-385, 1.

Page 191, ***ligne*** 26 :

Le morceau ὅτι ἡ δειλία — τυραννίσιν (399 a 30-40) est un court extrait de *Artoxerxès*, 25 ; L. Z., t. III, 1, p. 397, 10-11.

Ce volume,
de la Collection des Universités de France,
publié aux Éditions Les Belles Lettres,
a été achevé d'imprimer
en janvier 2003
sur presse rotative numérique
de Jouve
11, bd de Sébastopol, 75001 Paris

N° d'édition : 5952
Dépôt légal : janvier 2003

Imprimé en France